吕彦直研究

中国近现代建筑奠基人

达志翔 周学鹰 著

南京出版传媒集团
南京出版社

广州新华出版发行集团
广州出版社
GUANGZHOU PRESS

图书在版编目（CIP）数据

中国近现代建筑奠基人. 吕彦直研究 / 达志翔, 周学鹰著. -- 南京：南京出版社；广州：广州出版社，2024.6
　ISBN 978-7-5533-4754-7

Ⅰ.①中… Ⅱ.①达… ②周… Ⅲ.①吕彦直 – 人物研究 Ⅳ.①K826.16

中国国家版本馆CIP数据核字（2024）第083253号

书　　名	中国近现代建筑奠基人：吕彦直研究
作　　者	达志翔　周学鹰
出版发行	南京出版传媒集团
	南 京 出 版 社
	社址：南京市太平门街53号　　邮编：210016
	网址：http://www.njcbs.cn　　电子信箱：njcbs1988@163.com
	联系电话：025-83283893、83283864（营销）　025-83112257（编务）
	广 州 出 版 社
	社址：广州市天河区天润路87号9、10楼　　邮编：510635
	网址：www.gzcbs.com.cn
责任编辑	杨传兵　田宇星
封面设计	赵海玥
版式设计	张　淼
责任印制	杨福彬
排　　版	南京新华丰制版有限公司
印　　刷	南京工大印务有限公司
开　　本	787毫米×1092毫米　1/16
印　　张	29.25
字　　数	420千
版　　次	2024年6月第1版
印　　次	2024年6月第1次印刷
书　　号	ISBN 978-7-5533-4754-7
定　　价	130.00元

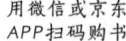

用微信或京东APP扫码购书　　用淘宝APP扫码购书

前 言

一、研究背景

在中国近现代建筑史乃至整个中国近现代史研究中，南京中山陵都是一个绕不开的案例。作为推翻帝制、首创共和、缔造民国的伟人孙中山的妥灵之所，其承载的历史记忆和象征的政治符号，凝聚了上至国家层面、下至寻常百姓的关注[①]；作为传递施政理念、彰显政治抱负的国家工程[②]，其表达的建筑精神和体现的纪念性质，树立了东方传统形式、风格与西方现代理念、技术相结合的典范。然而，在相当长一段时间内，世人无不知晓南京中山陵及广州中山纪念堂，而设计监造者吕彦直的名字与事迹，在某些特殊时期内却几乎湮没无闻[③]。

时间回溯到近百年前，当时情况却迥然不同。彼时吕彦直先是在南京中山陵面向世界的设计竞赛中摘得首奖，后又在广州中山纪念堂及纪念碑全球悬奖征求活动中斩获头名。从一名默默无闻的归国建筑师，到一年之内在两项世人瞩目的工程设计竞赛中相继夺魁，吕彦直一时声名鹊起、名动中外。诚如当时一则刊登于报端的短评《吕彦直复活》所言："总理孙中山先生陵墓图案获居首奖以后，吕氏之名，几遍全国。嗣后复应广州北平各建设厅之聘，绘画种种革命纪念建筑，表现我中华民族之精神，留人们深刻纪念的印象。吕氏之功，可谓伟矣……庶几吕氏之名，将

[①] 李恭忠：《中山陵：一个现代政治符号的诞生》，北京：生活·读书·新知三联书店，2019年，第1页。

[②] A. 彭长欣：《一个现代中国建筑的创建——广州中山纪念堂的建筑与城市空间意义》，《南方建筑》2010年06期；
B. 路中康：《孙中山现代中国理念与中山陵》，《华中师范大学研究生学报》2009年02期。

[③] A. 黄建德：《吕彦直与中山陵》，《人物杂志》1986年05期；
B. 张在元：《并非角落的领域——关于我国建筑学发展的几个问题》，《建筑学报》1986年01期；
C. 殷力欣：《吕彦直集传》，北京：中国建筑工业出版社，2019年，第4页；
D.《建筑创作》杂志社编：《伟大的建筑：纪念中国杰出的建筑师吕彦直逝世八十周年画集》，天津：天津大学出版社，2009年，第3页。

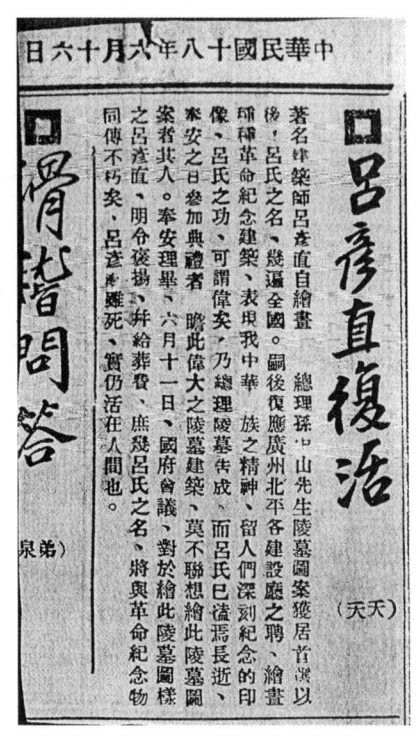

图 0-1-1 报端所载《吕彦直复活》
（图片来源：黄建德提供）

与革命纪念物同传不朽矣，吕彦直虽死，实仍活在人间也。"①（图 0-1-1）功名在身的吕彦直，成为建筑设计界一颗急速升起的新星。然而天妒英才，就在担任此两项工程建筑师期间，吕氏却因积劳成疾而癌生肝肠，以致未及目睹工程完竣便溘然长逝，犹如流星，骤然陨落，年止三十六岁。

鉴于吕氏之勋劳功绩，国民政府特颁发褒扬令以示嘉奖："总理葬事筹备处建筑师吕彦直，学识优长，勇于任事，此次筹建总理陵墓，计划图样，昕夕勤劳，适届工程甫竣之时，遽尔病逝。眷念劳勤，悼惜殊深，应予褒扬，并给营葬费二千元，以示优遇。"②由此，吕彦直成为现代中国历史上唯一获得过政府通令褒奖的建筑师③，其声誉和地位达到了新高度。

然而，或由于英年早逝没有后人，或由于其建成作品较少，或由于几千年来"见物不见人"的积习所致，或因某种时代的缘由使然，身前的功名似乎并未让一代建筑巨匠与其作品一起同传不朽。以至 21 世纪初，竟有文章称负责设计、建设、监理中山陵的总工程师为刘梦锡④，后虽有学者撰文澄清⑤，但此应可以说明社会乃至学界对中山陵设计者认识的不足。作为与梁思成、刘敦桢、杨廷宝、童寯等并列的建筑宗师，吕彦直并未获得如其他几位同等的关注与重视⑥。以致有学者感叹，"关

---

① 据《中山纪念建筑》中称，该则短评刊登于《申报》1929 年 6 月 16 日（参见建筑文化考察组：《中山纪念建筑》，天津：天津大学出版社，2009 年，第 324 页）。但据我们核实，当日《申报》并无该短评，且从保存下来的报纸照片所观察到的报纸特征来看，似与《申报》不符，具体出处待考。
② 《褒扬病逝建筑师吕彦直》，《国民政府公报》1929 年 6 月，第 189 号。
③ 赖德霖：《阅读吕彦直》，《读书》2004 年 08 期。
④ 周建民：《孙中山陵墓的设计师——汉中人刘宝锷》，《团结报》2000 年 10 月 5 日；另见《陕西史志》2001 年 02 期。
⑤ 黄野鲁：《孙中山陵墓的设计师是吕彦直》，《陕西史志》2001 年 03 期。
⑥ 目前，梁、刘、杨、童四位均有文集问世（参见梁思成：《梁思成全集》，北京：中国建筑工业出版社，2001 年；刘敦桢：《刘敦桢全集》，北京：中国建筑工业出版社，2007 年；杨廷宝：《杨廷宝全集》，北京：中国建筑工业出版社，2021 年；童寯：《童寯文集》，北京：中国建筑工业出版社，2001 年），唯独吕彦直缺如。

前 言

一、研究背景

在中国近现代建筑史乃至整个中国近现代史研究中，南京中山陵都是一个绕不开的案例。作为推翻帝制、首创共和、缔造民国的伟人孙中山的妥灵之所，其承载的历史记忆和象征的政治符号，凝聚了上至国家层面、下至寻常百姓的关注[①]；作为传递施政理念、彰显政治抱负的国家工程[②]，其表达的建筑精神和体现的纪念性质，树立了东方传统形式、风格与西方现代理念、技术相结合的典范。然而，在相当长一段时间内，世人无不知晓南京中山陵及广州中山纪念堂，而设计监造者吕彦直的名字与事迹，在某些特殊时期内却几乎湮没无闻[③]。

时间回溯到近百年前，当时情况却迥然不同。彼时吕彦直先是在南京中山陵面向世界的设计竞赛中摘得首奖，后又在广州中山纪念堂及纪念碑全球悬奖征求活动中斩获头名。从一名默默无闻的归国建筑师，到一年之内在两项世人瞩目的工程设计竞赛中相继夺魁，吕彦直一时声名鹊起、名动中外。诚如当时一则刊登于报端的短评《吕彦直复活》所言："总理孙中山先生陵墓图案获居首奖以后，吕氏之名，几遍全国。嗣后复应广州北平各建设厅之聘，绘画种种革命纪念建筑，表现我中华民族之精神，留人们深刻纪念的印象。吕氏之功，可谓伟矣……庶几吕氏之名，将

[①] 李恭忠：《中山陵：一个现代政治符号的诞生》，北京：生活·读书·新知三联书店，2019年，第1页。

[②] A. 彭长欣：《一个现代中国建筑的创建——广州中山纪念堂的建筑与城市空间意义》，《南方建筑》2010年06期；
B. 路中康：《孙中山现代中国理念与中山陵》，《华中师范大学研究生学报》2009年02期。

[③] A. 黄建德：《吕彦直与中山陵》，《人物杂志》1986年05期；
B. 张在元：《并非角落的领域——关于我国建筑学发展的几个问题》，《建筑学报》1986年01期；
C. 殷力欣：《吕彦直集传》，北京：中国建筑工业出版社，2019年，第4页；
D.《建筑创作》杂志社编：《伟大的建筑：纪念中国杰出的建筑师吕彦直逝世八十周年画集》，天津：天津大学出版社，2009年，第3页。

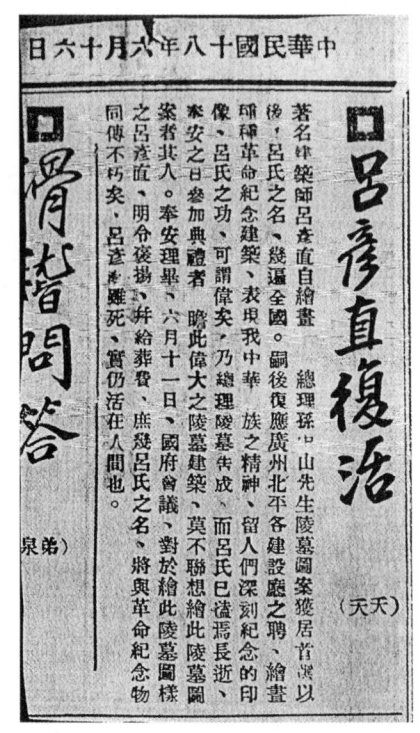

图 0-1-1 报端所载《吕彦直复活》
（图片来源：黄建德提供）

与革命纪念物同传不朽矣，吕彦直虽死，实仍活在人间也。"[①]（图 0-1-1）功名在身的吕彦直，成为建筑设计界一颗急速升起的新星。然而天妒英才，就在担任此两项工程建筑师期间，吕氏却因积劳成疾而癌生肝肠，以致未及目睹工程完竣便溘然长逝，犹如流星，骤然陨落，年止三十六岁。

鉴于吕氏之勋劳功绩，国民政府特颁发褒扬令以示嘉奖："总理葬事筹备处建筑师吕彦直，学识优长，勇于任事，此次筹建总理陵墓，计划图样，昕夕勤劳，适届工程甫竣之时，遽尔病逝。眷念劳勚，惋惜殊深，应予褒扬，并给营葬费二千元，以示优遇。"[②]由此，吕彦直成为现代中国历史上唯一获得过政府通令褒奖的建筑师[③]，其声誉和地位达到了新高度。

然而，或由于英年早逝没有后人，或由于其建成作品较少，或由于几千年来"见物不见人"的积习所致，或因某种时代的缘由使然，身前的功名似乎并未让一代建筑巨匠与其作品一起同传不朽。以至 21 世纪初，竟有文章称负责设计、建设、监理中山陵的总工程师为刘梦锡[④]，后虽有学者撰文澄清[⑤]，但此应可以说明社会乃至学界对中山陵设计者认识的不足。作为与梁思成、刘敦桢、杨廷宝、童寯等并列的建筑宗师，吕彦直并未获得如其他几位同等的关注与重视[⑥]。以致有学者感叹，"关

---

① 据《中山纪念建筑》中称，该则短评刊登于《申报》1929 年 6 月 16 日（参见建筑文化考察组：《中山纪念建筑》，天津：天津大学出版社，2009 年，第 324 页）。但据我们核实，当日《申报》并无该短评，且从保存下来的报纸照片所观察到的报纸特征来看，似与《申报》不符，具体出处待考。
② 《褒扬病逝建筑师吕彦直》，《国民政府公报》1929 年 6 月，第 189 号。
③ 赖德霖：《阅读吕彦直》，《读书》2004 年 08 期。
④ 周建民：《孙中山陵墓的设计师——汉中人刘宝锷》，《团结报》2000 年 10 月 5 日；另见《陕西史志》2001 年 02 期。
⑤ 黄野鲁：《孙中山陵墓的设计师是吕彦直》，《陕西史志》2001 年 03 期。
⑥ 目前，梁、刘、杨、童四位均有文集问世（参见梁思成：《梁思成全集》，北京：中国建筑工业出版社，2001 年；刘敦桢：《刘敦桢全集》，北京：中国建筑工业出版社，2007 年；杨廷宝：《杨廷宝全集》，北京：中国建筑工业出版社，2021 年；童寯：《童寯文集》，北京：中国建筑工业出版社，2001 年），唯独吕彦直缺如。

于吕彦直这位中国近代建筑史的第一人的资料甚少"[①]。

的确，客观而言，关于吕彦直的研究现状（研究的广度、深度以及研究成果等）与其在中国近现代建筑史上的地位并不相称。作为我国第一代建筑师的杰出代表，学界对吕彦直的研究主要集中在其留下的两座经典作品上；而关于其本人生平、行迹乃至思想的研究，或鲜有涉及，或深度不够，或不成系统，或以讹传讹等。这是我们开展本研究的必要性暨背景之一。

另一个背景即研究的可能性，或曰系统研究吕彦直的条件已然成熟。这一方面得益于前人积累的成果逐渐推动学界关于吕彦直的认识不断走向深入，如赖德霖等对吕彦直作品的分析与阐释，卢洁峰等对吕彦直生平的考证与介绍，殷力欣等对吕彦直资料的收集与整理；另一方面则得益于相关资料的陆续公布，如黄檀甫（吕彦直挚友兼重要合作伙伴）后人通过多种方式（口述、捐赠、撰文等）披露了不少关于吕彦直的重要资料；南京出版社近年出版的《中山陵档案》系列丛书则公布了大量关于中山陵建设过程的原始图档。此外，随着中外学术交流的日益频繁、深入，我们得以与康奈尔大学、耶鲁大学等美国学校的档案馆直接取得联系，并获取到吕彦直赴美留学期间的相关图档，想必会丰富和深化学界关于吕彦直留学经历的认识。

此外，日益成熟的数字技术和数据库建设，不仅使得近现代文献的检索、获取更加便捷，也为进一步挖掘与吕彦直相关的原始文献提供了条件。可惜，已有研究中，有些关于吕彦直的信息、资料，或未明来源，或缺乏考证，或相互抵牾，并由之产生颇多疑点甚或错讹。因此，本书将利用相关数据库和数字检索技术弥补这一缺憾，以期正本清源，符合规范。

更值得一提的是，我们即将迎来吕彦直诞辰 130 周年，亦离孙中山逝世百年和中山陵筹备建设百年不远。在这样值得纪念的重要时刻，开展关于吕彦直的综合研究，献给中山陵的设计与监造者暨探索中国传统建筑复兴的先驱与巨匠，应是一件既合时宜又颇有意义的事情。

[①] 杨永生、刘叙杰、林洙：《建筑五宗师》，天津：百花文艺出版社，2005 年，第 14 页。

二、研究综述

（一）20世纪80年代

前文述及，荣膺两项设计竞赛首奖并担任建筑师之后的吕彦直，民国时期成为家喻户晓乃至享誉中外的人物。毋庸讳言，1949年以后，吕氏之名在相当长一段时间被冷落以至沉寂；直到20世纪80年代后，才重新逐渐获得关注。

1980年，《风采》杂志刊登文章介绍广州中山纪念堂及其设计者吕彦直[1]。文中对吕氏的介绍是由发表于《中国建筑》上的《故吕彦直建筑师传》转述而来，其中还将原文的"五城学堂"——吕彦直初中就读的学校，误作"王城学堂"（该错误还误导了一些后来的研究者[2]），并误将吕彦直的去世时间记为1929年5月。次年，《建筑工人》杂志登载一篇名为《吕彦直和中山纪念堂》的类似文章，内容大抵相同[3]。

受《中山纪念堂设计师——吕彦直》一文的触动和启发，黄檀甫之子黄建德将其所了解的关于吕彦直的情况，撰文发表[4]。由于信息来自吕彦直的挚友兼重要合作伙伴的哲嗣，黄建德所披露的信息生动而富于细节，且不少是上述吕彦直传略中所未见。例如，文中提到吕彦直与黄檀甫在巴黎卢浮宫参观时邂逅；吕氏曾对北京故宫建筑作过精心研究；其除作大型纪念建筑外，还为客户设计纯粹西洋式的，小巧、精致且舒适的住宅；中山陵建设期间，吕彦直等曾受宋庆龄、何香凝等接见；中山纪念堂建设时，吕彦直采取了一系列防治白蚁的措施（包括在地桩周围涂抹很厚的柏油精），以应对广州炎热潮湿的环境和严重的蚁害等。几年后，黄建德再次撰文披露吕彦直从事中山陵设计及监工的相关细节信息[5]。

这些信息的披露，无疑对我们完整、全面地认识吕彦直具有不可替代的重要作用。但也应注意的是，文中披露的情况或是口述相传，或是回忆得来，信息的丢失甚或错讹亦在所难免。例如，其称工程完成的庆祝仪式上，国民党各派大打出手以致会场秩序大乱。而在后文的研究中我们将了解到，该事件的发生实际是在1926年3月12日中山陵奠基仪式上而非完工仪式上。又如，其称中山陵的总设计师是吕彦

---

[1] 婉雯、兰英：《中山纪念堂设计师——吕彦直》，《风采》1980年03期。
[2] 孙敏：《近代著名建筑师——吕彦直》，《山东建筑史志》1986年02期。
[3] 甘霖：《吕彦直和中山纪念堂》，《建筑工人》1981年10期。
[4] 黄建德：《吕彦直先生生平事迹补遗》，《风采》1981年02期。
[5] 黄建德：《吕彦直与中山陵》，《人物杂志》1986年05期。

直，监造人是黄檀甫。虽然由于病痛和早逝，黄檀甫在中山陵和中山纪念堂的工程中承担了极其重要的工作（甚至代表吕彦直出席中山陵奠基仪式并演讲），但无论是建筑师合同还是时人记述[①]，工程监造的角色恐还应归于吕彦直。另外，《吕彦直与中山陵》中称"（吕彦直）1913年被公费派往美国，在康奈尔大学建筑系深造五年。此后，他又受到美国建筑师茂飞的指导，才华初露端倪。1921年吕彦直回国，先在上海中南建筑公司任职"。实际上，吕彦直1913年从清华学校毕业，1914年才被公费派往美国留学，而回国后吕彦直任职的公司应是东南建筑公司等[②]。

尽管如此，瑕不掩瑜，文中披露的一手信息，不仅弥补了一般公开资料中关于吕彦直生平细节信息的缺失，从而让吕彦直的形象更加生动、鲜活；也推动了我们关于吕彦直的认识走向深入。

或是重新进入视线的吕彦直还不被人熟悉，或是思想的禁锢还未解放，20世纪80年代关于吕彦直的文章多是介绍性的文字[③]。这些介绍或是依据民国时期的几则吕彦直略传，准确但过于简略；或是依据口述与回忆，详细但缺乏考证。与此同时，某些介绍侧重生平事迹叙述，还未深入到思想观念的探讨。

如果认识到这一背景，林克明于1982年发表在《建筑学报》上的《广州中山纪念堂》一文就显得弥足珍贵了。作为广州中山纪念堂建设与后期修缮的亲历者，林氏在文中不仅披露了较多历史细节，还着重从专业的角度介绍了中山纪念堂的平面布局、设计构思与特点、后期修缮等。更加难得的是，作者于文中回答了中山纪念堂采用民族形式的原因——在西方建筑技术、思潮涌入和中国传统木构架建筑转型困境的双重背景下，部分爱国的建筑师们在民族主义的激发下，探索使用新结构、

---

① 见于姚新记给孙中山先生葬事筹备委员会的信函中，所谓"病中日常深居简出，虽经委人代理，而事事仍须亲裁""工程在宁、取决于沪，每有一事发生必须宁沪间奔驰数日方能定夺""吕建筑师欲成其千载一时艺术之名，处处以试验出之"。参见刘凡：《吕彦直及中山陵建造经过》，汪坦主编：《第三次中国近代建筑史研究讨论会论文集》，北京：中国建筑工业出版社，1991年，第135—145页。
② 黄建德之所以将"东南建筑公司"误作"中南建筑公司"，很可能是参考了《申报》1925年9月23日刊登的《吕彦直君之谈话》，因为后者将"东南建筑公司"误作"中南建筑公司"，参见：《吕彦直君之谈话》，《申报》1925年9月23日，第020版。
③ 除前述介绍的几篇文章外，还有如下几篇：
A. 钟灵：《中山陵图案的青年设计师：吕彦直》，《史志文摘》1985年01期；
B. 孙敏：《近代著名建筑师——吕彦直》，《山东建筑史志》1986年02期；
C. 张道康编文、吴继勋绘画：《南国圣堂——建筑师吕彦直的故事》，《建筑工人》1986年10期；
D. 周道纯：《中山陵园博记》，南京：江苏人民出版社，1989年，第172—173页。

新材料以创作具有民族风格的新建筑的努力。同时，林氏于文末提的几点意见，如评价一座建筑不能脱离建筑物的时代背景和历史条件，风格具有时代性——肯定广州中山纪念堂的民族建筑风格不等于主张今天的建筑要照搬当时的建筑手法等，至今仍有相当的启发意义[1]。此外，林克明还承担了《中国大百科全书》中有关吕彦直词条的撰写任务[2]。

同样的，八十年代末关于中山陵设计意匠的一段争论也值得关注。1988年，清华大学84级本科生张天新在《新建筑》上发表题为《成败在于立意——中山陵等纪念建筑论评》一文。文中直指中山陵在设计立意和意境创造两方面均属失败。前者是指从传统文化中汲取精华以设计陵墓造型不符合孙中山作为民主革命先驱的身份，或称为民主思想与封建君权的矛盾与对立；后者则指中山陵设计中的台阶、墓圹等尺度欠妥[3]。不过，该文发表后的次年即有文章提出了不同看法——《南京中山陵不是失败之作——与"立意篇"作者商榷》。文中，作者从设计立意和意境创造两方面对张天新的观点进行了驳斥，意在说明中山陵的设计并非失败[4]。该争论的积极意义在于学界开始关注吕彦直设计作品的思想与观念，并作出批判性的反思与评论。不过，由于对吕彦直缺乏深度认识与了解，该评论似乎失之偏颇。

总体来看，20世纪80年代学界与社会对吕彦直的认识尚待深入。相关文章多偏于对吕氏生平的简单介绍，缺乏对吕彦直设计中山陵、广州中山纪念堂及纪念碑等作品过程细节的考证和设计意匠的分析，更缺乏对吕氏思想及其思想形成背景的深究，由此导致部分研究者对中山陵设计理念的模糊，甚至误解。这也启示我们，需要更加深入、全面地认识吕彦直及其作品。

（二）20世纪90年代

如果说20世纪80年代学界对吕彦直的认识尚处于了解和熟悉的初期，那么九十年代则进入对吕彦直及其作品的考证与探究阶段。在此阶段推动关于吕彦直的认识走向深入的学者中[5]，有两位作者尤其值得关注：一位是当时供职于南京市建

---

[1] 林克明：《广州中山纪念堂》，《建筑学报》1982年03期。
[2] 姜椿芳、梅益总编：《中国大百科全书·建筑、园林、城市规划》，北京：中国大百科全书出版社，1992年，第312页。
[3] 张天新：《成败在于立意——中山陵等几年建筑论评》，《新建筑》1988年02期。
[4] 钟鸿英：《南京中山陵不是失败之作——与"立意篇"作者商榷》，《新建筑》1989年02期。
[5] 除刘凡和赖德霖外，殷志强、赵远景等均发表了关于吕彦直的文章，参见殷志强：《中山陵营造始末》，《建筑师》1991年第40卷，第100—104页；赵远景：《中山陵建陵史实与吕彦直》，《华中建筑》1994年02期。

材工业公司修志办公室的刘凡，另一位则是当时还在清华大学读博的赖德霖。

刘凡于第三次中国近代建筑史研讨会上提交了《吕彦直及中山陵建造经过》一文[1]。文中对吕彦直的生平经历和中山陵的建造经过作了较详细的考证。言其考证，因其在文中并不盲从前人既有之说法、观点，而是依据相关史料展开辨析。例如，在叙述吕彦直生平时，针对黄建德在《吕彦直与中山陵》（1986）一文中所称"（吕彦直）在清华大学建筑系学习期间即学业超群"的说法，作者指出"清华大学"应为"清华学堂"，且当时并无建筑系；又如，在述及吕彦直应征中山陵设计竞赛过程时，其指出蒋彝在《重访中国》中所称"吕当时远在美国求学，他把设计图样寄回国，参加中山陵图样设计比赛"的观点有误；再如，关于吕彦直去世后中山陵工程的继任监工问题，其指出《当代中国的建筑业》中所言"改聘陵墓设计第三名获奖者范文照继任"不确，实际应由李锦沛继任等。

尽管该文中仍有部分错误（例如，称吕彦直1913年赴美留学，1921年独力创办彦记建筑事务所等），但却是当时关于吕彦直生平经历及中山陵建造过程最详细、准确的论述。究其原因，很大程度上归功于作者所依据的文献史料——《中山陵档案史料选编》《孙中山先生陵墓图案》和《总理陵园管理委员会报告》等。这些文献收录了关于中山陵建设的一手档案史料，因而在真实性和可靠性上得到了保证。此外，文中对中山陵设计特点的概括与分析——结构完整、聚散巧妙、构思奇特、寓意深远、中西一体、珠联璧合、视角见奇、气势磅礴，同样独到而精辟，点出了中山陵杰出的设计意匠。

正是由于对吕彦直的了解，刘凡承担了《中国科学技术专家传略·工程技术编·土木建筑》卷1中关于吕彦直的撰写任务[2]，撰写的内容则基本与其发表的《吕彦直及中山陵建造经过》内容相同。

1994年，刘凡又在《建筑师》杂志上发表题为《"警钟长鸣"并非吕彦直设计中山陵的寓意》[3]一文，对吕彦直设计中山陵的意匠展开讨论。通过对民国相关文献的辨析，其认为中山陵范界略呈钟形仅是巧合，并非吕彦直设计时有意为之。尽

---

[1] 刘凡：《吕彦直及中山陵建造经过》，汪坦主编：《第三次中国近代建筑史研究讨论会论文集》，北京：中国建筑工业出版社，1991年，第135—144页。
[2] 中国科学技术协会编：《中国科学技术专家传略·工程技术编·土木建筑》卷1，北京：中国科学技术出版社，1994年，第10—23页。
[3] 刘凡：《"警钟长鸣"并非吕彦直设计中山陵的寓意》，《建筑师》1994年总第57期，第50—51页。

管目前来看,关于中山陵钟形平面是否体现设计师企图表达"警钟长鸣""唤醒民众"的争议似乎尚无定论,但刘凡的这一讨论是八十年代关于中山陵设计意匠讨论的延续,有助于加深学界关于中山陵及吕彦直设计思想的认识。

1996年,赖德霖在《光明日报》上发表《吕彦直和中山陵及中山堂》一文[①]。文中在简要介绍吕彦直生平之后,展开对中山陵和广州中山纪念堂结构与造型的分析。赖德霖首先指出,吕彦直赴美留学期间,正值美国建筑界受古典主义影响时期,故而包括吕彦直在内的一批留美建筑师的创作都打上了古典主义的烙印。基于此背景,其分析认为中山陵主体建筑祭堂的立面造型是古典主义"三段式"构图,且最直接的参照对象可能是美国近代建筑名作——华盛顿的泛美联盟大厦。同时,文中指出,中山陵墓室内孙中山灵柩和卧像放置于下沉墓圹的做法,模仿了法国巴黎的拿破仑墓。关于广州中山纪念堂,作者分析认为其采用了"希腊十字"的平面,且设计过程中很可能受到纽约哥伦比亚大学娄氏图书馆和清华大学大礼堂的启发等。显然,赖氏对中山陵和广州中山纪念堂的结构与造型分析,超越了以往主观的风格描述,转而探究设计活动所参照的"原型",从而推动关于吕彦直设计作品及设计思想的认识进入新高度。

（三）21世纪

进入21世纪后,尽管仍有个别学者致力于吕彦直基本信息的介绍（表0-1）,但关于吕彦直的研究已进入了新阶段。

表0-1 21世纪有关吕彦直基本信息介绍的论著举例

作者	题目	出处	备注
郑晓笛	《吕彦直:南京中山陵与广州中山纪念堂》	《建筑史论文集》2001年,第176—188页	文中关于吕彦直赴美时间及创立彦记建筑事务所时间有误
吴焕加	《中山陵的设计者》	《少儿科技博览》2003年07期	文中关于吕彦直回国时间有误
鄢增华	《吕彦直设计监造中山陵》	《炎黄春秋》2006年09期	文中关于吕彦直赴美时间及创立彦记建筑事务所时间有误
张国富	《吕彦直:设计中山陵的年轻人》	《志苑》2007年02期	文中提及吕彦直与吕本元的关系无依据
杨光丰山	《中山陵的设计者吕彦直》	方兆本主编:《安徽省文史资料全书·滁州卷》,合肥:安徽人民出版社,2007年,第728—730页	文中关于吕彦直赴美留学时间有误

---

① 赖德霖:《吕彦直和中山陵及中山堂》,《光明日报》1996年10月23日、30日。

（续表）

喻梦哲	《吕彦直与中山陵》	张怀安、成卫东主编：《大户人家建筑家卷》，上海：上海社会科学院出版社，2007年，第147—186页	文中对吕彦直生平的介绍较为详细，但关于吕彦直赴美留学时间等信息有误
颜晓烨	《吕彦直》	《装饰》2008年07期	文中关于吕彦直赴美留学和归国时间有误
娄承浩 薛顺生	《吕彦直》	《历史环境保护的理论与实践：上海百年建筑师和营造师》，上海：同济大学出版社，第48—54页	文中关于吕彦直生平经历各时间节点基本不误，唯吕彦直旅法归国时间误作1928年
娄承浩	《吕彦直：南京中山陵的设计者》	《上海档案》2012年05期	文中关于吕彦直生平经历的简介基本不误
张开森	《吕彦直：用生命铸就中山陵》	《中国档案》2014年02期	文中关于吕彦直赴美时间有误，且采用了不少卢洁峰传记文学式说法
赵迪	《建筑大师吕彦直》	《传记文学》2016年05期	文中关于吕彦直旅法及归国时间、赴美留学时间及吕父姓名均有误
祁建	《中山陵设计者吕彦直》	《炎黄纵横》2019年12期	文中关于吕彦直赴美留学时间及吕父姓名有误

1. 生平与家世

首先是关于吕彦直生平与家世的认识，不仅有所拓展，而且走向深入。这一方面得益于相关原始档案的披露，另一方面则缘于有关学者的考证。其中，卢洁峰等人付出的努力不可忽视。

2003年，卢洁峰著《广州中山纪念堂钩沉》出版。作者通过查阅大量历史档案、民国报刊及其他相关文献材料，并结合实地调研，完成了对广州中山纪念堂、纪念碑从建造动议到竣工使用再到后期修缮的全过程考察①。如作者所言，该书在系统性、首论性、勘误性和实用性等方面具有重要价值。确实，通过该书，我们对广州中山纪念堂及纪念碑的营建过程有了更加全面、深入的认识，且作者的考察建立在较为翔实的史料论据基础之上，论从史出，颇为可信。

书中还专辟一章，介绍广州中山纪念堂及纪念碑的设计者吕彦直。作者先是罗列当时可见的几则介绍吕彦直的材料②，指出这些材料之间存在相互出入和不尽确切之处，且认为产生问题的原因应系未采用一手文献史料。此后，通过实地踏访（包

---

① 卢洁峰：《广州中山纪念堂钩沉》，广州：广东人民出版社，2003年。
② 即前述黄建德《吕彦直与中山陵》，周道纯《中山陵园博记》《民国人物小传》，刘凡《吕彦直及中山陵建造经过》，赵远景《中山陵建陵史实与吕彦直》和林克明所撰写《中国大百科全书·建筑、园林、城市规划》中关于吕彦直的词条。

括走访山东东平和安徽滁州这两处疑似吕彦直的籍贯所在，以及清华大学档案馆）和查阅民国文献，作者对吕彦直的生平与家世，尤其是籍贯，展开考证，最终得出吕氏为安徽滁县（今安徽滁州）人的结论。

卢洁峰为学术研究不辞辛苦、奔波调查的精神着实令人敬佩，但赖德霖指出卢著中关于吕彦直的介绍仍有欠准确和周详之处[1]。确实，相较于对中山纪念堂及纪念碑的考察，卢洁峰在《广州中山纪念堂钩沉》中对吕彦直的介绍和研究有待深入和进一步严谨化。例如，其介绍吕彦直生平时，夹带了个别推测和传记文学式的写法，缺乏对信息来源的交代（此问题在卢洁峰2007年出版的《吕彦直与黄檀甫——广州中山纪念堂秘闻》中或更加严重[2]），或拉低了其专著的学术性，颇为可惜。

实际上，卢洁峰对吕彦直的研究本身也是一个不断深入的过程。在后续发表的论著中，其观点几经更新和修正，认识不断深入。例如，关于吕彦直父亲吕增祥去世的时间，其在2003年出版的《广州中山纪念堂钩沉》中称是1903年，依据的是前人的观点[3]；2008年，其在《环球人物》杂志上发表《中国近代杰出建筑师：吕彦直生平揭秘》一文，称"1901年5月，仅50岁出头的吕增祥卒于开州知州任上"[4]，同年发表的《严复与吕增祥的旷世情谊》亦持此说[5]，但均未注明支撑此观点的依据；2009年发表的《吕彦直的家学渊源与他的建筑思想》又称吕父亡于1901年4月[6]，亦未注明依据；2011年，卢洁峰发表另一本专著——《"中山"符号》，其中称吕增祥1901年1月，卒于开州知州任上[7]。可以看到，卢洁峰关于吕父去世时间这一问题的认识在不断迫近历史的真相，反映其对吕彦直的认识是一个渐进深入的过程。

此外，在《中国近代杰出建筑师：吕彦直生平揭秘》《严复与吕增祥的旷世情谊》《吕彦直的家学渊源与他的建筑思想》和《"中山"符号》这些论著中，卢氏对吕彦直的研究延伸到对其家世、家学和受教育经历等方面的考察，尤其在《"中山"符号》中公布和总结了对吕彦直家世及生平经历研究的最新成果[8]，相当程度地推动了我

---

[1] 赖德霖：《卢洁峰著〈广州中山纪念堂钩沉〉吕彦直材料辨误——纪念吕彦直诞辰110周年、逝世85周年》，《中国建筑艺术年鉴》，2003年，第400—408页。
[2] 卢洁峰：《吕彦直与黄檀甫——广州中山纪念堂秘闻》，广州：花城出版社，2007年。
[3] 卢洁峰：《广州中山纪念堂钩沉》，广州：广东人民出版社，2003年，第109页。
[4] 卢洁峰：《中国近代杰出建筑师：吕彦直生平揭秘》，《环球人物》2008年8月（下）。
[5] 卢洁峰：《严复与吕增祥的旷世情谊》，《人物》2008年11期。
[6] 卢洁峰：《吕彦直的家学渊源与他的建筑思想》，《建筑创作》2009年05期。
[7] 卢洁峰：《"中山"符号》，广州：广东人民出版社，2011年，第88页。
[8] 卢洁峰：《"中山"符号》，广州：广东人民出版社，2011年，第84—90页。

们关于吕彦直的认识。值得一提的是，这些成果的取得自当归功于作者的努力求证和不断探索，也离不开黄檀甫后人黄建德等人的慷慨帮助[①]。

不过，也应指出的是，与前文提到的问题一样，卢氏后续发表的这些论著仍然存在信息来源不明或依据材料缺失等问题。例如，《中国近代杰出建筑师：吕彦直生平揭秘》一文通篇无一例注释，资料和信息来源的缺失，很大程度上削弱了文中披露信息的可信度；又如，关于吕彦直与所谓未婚妻严璆（严复次女）的情缘以及后者在前者英年早逝后为其削发殉情的说法，卢氏始终未指明信息的出处等。如此，不仅导致读者对文中一些观点产生怀疑，继而缺乏进一步探讨的便利，从而削弱了论文的整体价值和贡献；同时也可能会衍生一些讹传，不利于学术的发展。例如，关于吕彦直与严璆的关系，尚未经充分论证，细节亦缺乏考证，但已被一些学者或媒体作为既定事实介绍或宣传[②]，于学术研究而言或失严谨。

2004 年，赖德霖在《读书》杂志上发表《阅读吕彦直》一文，补充了不少关于吕彦直生平的信息[③]。例如，根据康奈尔大学保存的吕彦直学籍材料，文中指出吕彦直的生日为 1894 年 7 月 28 日，且获得建筑学学士学位的时间为 1918 年 12 月 20 日；又如，文中指出郭伟杰（Jeffrey W. Cody）在 Building in China: Henry K. Murphy's "Adaptive Architecture", 1914—1935 中提到吕彦直脱离茂飞的具体时间[④]；此外，文中还依据孙常伟编著的《蔡元培先生年谱传记》及民国时期的报纸、杂志等文献，简要梳理了吕彦直回国后的事迹等。

2005 年，以研究茂飞及其在华实践闻名国内的郭伟杰，在 Encyclopedia of 20th-Century Architecture 一书中撰写了吕彦直的条目。尽管文中还有某些瑕疵（例如，称吕彦直在法国旅居至 1908 年，将孙中山的去世时间误作 1924 年，称吕彦直在广州去世，将广州中山纪念堂的继任建筑师误作范文照等），但大致梳理了吕彦直的

[①] 卢洁峰本人在《"中山"符号》提及黄建德在 2007 年春向其提供了关于吕彦直家世的原始线索，参见卢洁峰：《"中山"符号》，广州：广东人民出版社，2011 年，第 85 页。

[②] A. 娄承浩：《吕彦直：南京中山陵的设计者》，《上海档案》2012 年 05 期；
B. 祁建：《中山陵设计者吕彦直》，《炎黄纵横》2019 年 12 期；
C.《吕彦直与严璆》，《今晚报》2016 年 10 月 10 日，第 16 版。

[③] 赖德霖：《阅读吕彦直》，《读书》2004 年 08 期。

[④] 郭伟杰根据吕彦直给茂飞的辞职信（现藏于耶鲁大学）指出吕彦直脱离茂飞的时间在 1922 年 3 月左右，参见 [美] 郭伟杰：《筑业中国》，卢伟、冷天译，北京：文化发展出版社，2021 年，第 188 页。

生平经历，也基本反映了西方学者对吕彦直的了解情况[①]。

另一位对吕彦直家世和籍贯研究着力较多的学者，是安徽省滁州市琅琊区政协副主席徐茵。谈及吕彦直的籍贯这一目前尚存分歧的问题，先后曾有山东东平、安徽滁县和江苏江宁三说。徐茵根据吕氏后人——薛晓育——吕彦直长兄吕彦深的外孙女提供的材料，认为山东东平是吕彦直祖籍，江苏江宁是吕彦直青少年时期读书的地方，而滁州为吕彦直真正的籍贯[②]。此外，依据吕氏后人提供的资料并结合相关文献，徐茵还对吕彦直的家世作出进一步考察，深化了学界对吕彦直的认识，并提出了有关吕彦直曾就读南京汇文书院（今金陵中学）、吕彦直与严璆的关系实则为严璜与熊正瑾关系的误传等新观点[③]。

2. 作品与思想

进入 21 世纪，有关吕彦直研究取得重要进展的另一个表现是对吕彦直设计作品的分析更加丰富和深入。这其中，既有将作品置于大的社会历史背景下解读，以阐释其反映的社会思潮、政治生态或文化观念；也有通过设计作品分析设计者的设计意匠与理念，从而深入到关于设计者思想层面的认识。

前文有述，赖德霖在清华大学读博时已展开对吕彦直及其作品的研究；此后，通过一系列的论著，赖氏结合建筑史、政治文化史和社会史研究之长，深度剖析了吕彦直的两件代表作品——中山陵和广州中山纪念堂——亦是中国近现代建筑史上最重要的两个案例。其中，《探寻一座现代中国式的纪念物——南京中山陵设计》一文，论述了中山陵——一座现代中国式纪念物的诞生过程：通过对孙中山现代理想的介绍和葬事筹委会所拟竞图条例的辨析交代历史背景，通过对获奖作品的分析考察中外建筑师的应对策略，尤其通过对吕彦直方案的解读回答了其如何在风格、功能、象征性和经济可行性等方面满足了国民党的期望，从而在四十余份参赛作品

[①] Jeffrey W.Cody, "Lu Yanzhi," in R.Stephen Sennott, ed., *Encyclopedia of 20th-Century Architecture*, 2004, Vol.2, New York and London, pp.798—799.

[②] 徐茵：《南京中山陵设计者吕彦直籍贯新证》，《滁州学院学报》2009 年 04 期。

[③] A. 徐茵：《吕彦直与滁州》，安徽省滁州市政协文史资料委员会编：《皖东文史》第 11 辑，2011 年，第 167—172 页；

B. 徐茵：《秋樵情融〈天演论〉》，林长源、徐茵主编：《琅琊人文》，合肥：黄山书社，2011 年，第 211—218 页。

中脱颖而出，成为现代中国的理想表达[1]。关于广州中山纪念堂的研究则主要见于其《中山纪念堂——一个现代中国的宣讲空间》。此文中，作者将广州中山纪念堂视为现代宣讲空间的一个案例，通过结构与形式的分析，展示了吕彦直在设计大型会堂这一新建筑类型时，如何通过对西方建筑原型造型要素作中国风格的变形以实现中国化和现代化的双重目标[2]等。

赖德霖对中山陵和广州中山纪念堂研究的重要贡献之一，即指出了两座建筑的西方建筑原型。但对于两座建筑从中国古代建筑中所汲取的"养分"，赖氏似乎着墨不多，而关于这方面的探讨，则主要见诸周学鹰、殷力欣、马晓等人的论著中。2009年6月，适逢孙中山先生奉安大典80周年，建筑文化考察组推出《中山纪念建筑》一书，其中收录了周学鹰、殷力欣、马晓合著《南京中山陵、广州中山纪念堂的建筑特色及启示》一文。文中论述了中山陵和广州中山纪念堂的建设过程，并对两座建筑的设计意匠展开分析。关于中山陵，作者指出，无论是总体平面布局还是单体建筑造型，均受我国古代陵墓建筑的深刻影响。前者体现在中山陵总体设计构思采用我国传统陵墓"因山为陵"葬制，并吸收明清帝陵的建筑布局；后者则表现在外观与造型上对传统建筑的模仿。与此同时，中山陵设计也结合了西方建筑形制、材料与技术。关于广州中山纪念堂，作者认为是在大体量公共建筑中采用我国传统宫殿建筑形式的大胆尝试，是采用混凝土、钢结构等新技术模拟传统木构建筑的典范[3]。此后，马晓、周学鹰又相继发文[4]，就中山陵、广州中山纪念堂的设计意匠以及吕彦直的规划、设计思想做了进一步的探讨等[5]。

---

[1] 该文或源于赖德霖赴美留学芝加哥大学期间撰写的博士学位论文（Chinese Modern: Sun Yat-sen's Mausoleum as a Crucible for Defining Modern Chinese Architecture, August 2007），英文发表于 Journal of the Society of Architectural Historians, 2005, Vol.64, No.1, pp.22—55. 中译版发表于范景中、曹意强主编：《美术史与观念史（Ⅳ）》，南京：南京师范大学出版社，2005年，第159—208页，并收录入赖德霖《中国近代建筑史研究》（清华大学出版社，2007年，第248—288页）和《民国礼制建筑与中山纪念》（中国建筑工业出版社，2012年，第97—154页）中。
[2] 赖德霖：《中山纪念堂——一个现代中国的宣讲空间》，乐正维、张颐武主编：《反思二十世纪中国：文化与艺术——纪念何香凝诞辰130周年国际学术研讨会论文集》，广州：岭南美术出版社，2009年，第160页。该文也收录入《民国礼制建筑与中山纪念》（中国建筑工业出版社，2012年，第155—180页）中。
[3] 建筑文化考察组：《中山纪念建筑》，天津：天津大学出版社，2009年，第29—86页。
[4] 马晓、周学鹰：《吕彦直的设计思想与中山陵建筑设计意匠》，《南京社会科学》2009年06期。
[5] 马晓、周学鹰：《广州中山纪念堂之建造缘起及其规划建设意匠》，《华中建筑》2013年10期。

除了上述研究从中、西两方面对中山陵与广州中山纪念堂的分析外，针对这两座中国近现代建筑史上的经典作品的研究还有不少。例如，卢洁峰认为广州中山纪念堂的造型是中国古代宝塔的变体，而非赖德霖所称是吕彦直对清华大学大礼堂和哥伦比亚大学娄氏图书馆的"翻译"设计[1]；卢氏还对中山陵的平面布局提出新的见解，认为其是钟形与十字架的叠加[2]。需要指出的是，卢洁峰在文中交代其之所以认为吕彦直是以中国宝塔的理念设计的广州中山纪念堂，很大程度上是受黄檀甫后人提供的黄檀甫谈话记录的启发。尽管如此，这一新颖却略带附会的观点，仍受到有关学者的批评[3]。

又如，李恭忠从政治文化史的视角，探讨了中山陵作为一个现代政治符号的营造过程。文中专辟一章分析中山陵的建筑精神，认为无论是初始设计，还是建成后效果，其都呈现出一种"开放的纪念性"[4]。彭长欣也将广州中山纪念堂视作一种符号，不过这个符号更偏于建筑和城市空间意义：其通过考察中山纪念堂的酝酿、设计全过程，指出建筑师恰当利用了场地的历史联想和地理位置的重要性，并在营造兼具纪念性和象征性的城市空间方面与赞助人进行紧密合作，反映了建筑师在技术专业领域服务于政治理念传达和现代中国表述的双重使命[5]。

任职于广州中山纪念堂管理处的学者徐楠，对广州中山纪念堂的建筑设计和建筑工程都有深入细致的解读[6]。在分析设计原型时，除了肯定赖德霖的观点——认为广州中山纪念堂吸收了清华大学大礼堂、哥伦比亚大学娄氏图书馆和福建协和大学小教堂的元素外，还提出其设计存在一个不断修正改善的过程。根据新发现的图档，徐楠认为建筑师在设计广州中山纪念堂时曾有将北京天坛与四出抱厦相结合的

---

[1] 卢洁峰：《广州中山纪念堂》，《建筑创作》2008年09期。
[2] 卢洁峰：《大钟与十字架的叠加——中山陵新解》，《建筑创作》2011年11期。
[3] 刘丹枫、程建军：《中山纪念堂：一座中国固有式建筑的重读与解析》，《南方建筑》2016年05期。
[4] 李恭忠：《开放的纪念性：中山陵建筑精神的表达与实践》，《南京大学学报（哲学社会科学版）》2004年03期；《中山陵：一个现代政治符号的诞生》，北京：生活·读书·新知三联书店，2019年。
[5] 彭长欣：《一个现代中国建筑的创建——广州中山纪念堂的建筑与城市空间意义》，《南方建筑》2010年06期。
[6] 徐楠：《以伟大之建筑 做永久之纪念——广州中山纪念堂建筑设计解读》，《中国文化遗产》2017年05期；《广州中山纪念堂建筑工程解读》，《中国建筑文化遗产》第21辑，天津：天津大学出版社，2018年，第126—135页。

努力;而结合1932年中国工程师学会会刊《工程》的报道①,其认为吕彦直最终以宋代宫殿建筑法式作为纪念堂设计的主要原则。论及广州中山纪念堂的总体布局,作者依据相关图档梳理了布局设计的几次变化,并指出其既体现了坐北朝南、左右对称、强调中轴线的中国传统建筑精神,又借鉴了法国古典主义造园艺术,兼有罗马帝国时期广场的影响。此外,文中还对广州中山纪念堂、纪念碑建筑群内的各单体建筑,进行了比较细致的介绍和解读。对纪念堂工程的解读,作者主要是依据《工程》上刊发的李铿、冯宝龄(纪念堂工程结构工程师)和崔蔚芬(纪念堂工程驻场监工)分别撰写的文章②,深化了学界关于广州中山纪念堂工程经过和细节的认识。

关于吕彦直的建筑思想,除了前述周学鹰等在相关论著中有所涉及外,卢洁峰根据吕彦直《规划首都都市区图案大纲草案》一文中的相关阐述③也有归纳总结④。近年,我们欣喜地看到越来越多的学者开始关注和讨论吕彦直的建筑设计思想⑤,但遗憾的是创新和突破似乎尚显不足。因此,薛颖通过分析吕彦直在康奈尔大学的受教育经历,解读布扎体系对其设计理念、思想的影响等,就显得颇为难能可贵⑥。

3. 综合研究

21世纪,得益于上述几方面关于吕彦直的研究不断丰富与深入,系统整理、介绍和研究吕彦直的生平与家世、作品与思想等,便具备了相当的条件。

2005年出版的《建筑五宗师》将吕彦直与刘敦桢、童寯、梁思成、杨廷宝并称,介绍了其生平、部分作品及历史地位⑦。

赖德霖主编的《近代哲匠录:中国近代重要建筑师、建筑事务所名录》于2006年出版。书中"吕彦直"条目下不仅简要介绍了吕彦直的生卒年、籍贯、教育背景、

---

① 《广州孙中山先生纪念堂碑落成》,《工程:中国工程学会会刊》1932年第7卷第1期,第41页;该报道首见于《时事新报(上海)》1931年11月30日,第三张第一版;亦见于《山东省建设月刊》1931年第1卷第11期,第276—277页。
② A. 李铿、冯宝龄:《广州中山纪念堂工程设计》,《工程:中国工程学会会刊》1932年第3期;
  B. 崔蔚芬:《广州中山纪念堂施工实况》,《工程:中国工程学会会刊》1932年第4期。
③ 吕彦直:《规划首都都市区图案大纲草案》,《首都建设》1929年第1期。
④ 卢洁峰:《吕彦直的家学渊源与他的建筑思想》,《建筑创作》2009年05期。
⑤ A. 董铁军:《吕彦直的建筑设计思想及实践》,《兰台世界》2013年10期;
  B. 赵冉:《浅析建筑大师吕彦直和他的建筑思想》,《美术教育研究》2015年09期。
⑥ 薛颖:《美国布扎教育对中国第一代建筑师的影响——以康奈尔大学吕彦直、杨锡宗为例》,《南方建筑》2020年01期。
⑦ 杨永生、刘叙杰、林洙:《建筑五宗师》,天津:百花文艺出版社,2005年,第1—22页。

生平经历、作品及著作等基本信息，还将部分关于吕彦直的文献一一列出[①]，既做到了凭材料说话，亦给相关研究者提供了方便，于是成为研究吕彦直以至近现代建筑师和建筑史的重要参考书。

2006年，喻梦哲发表《吕彦直与中山陵》一文，文中简要介绍吕彦直生平后，着重叙述了中山陵的设计、施工过程，并述及吕彦直的社会活动和其他建筑作品，已具备系统研究吕彦直的雏形[②]。

当然，前述《中山纪念建筑》中也有对吕彦直较为系统的介绍，涉及吕彦直的生平、家世、作品和著作，尤其对吕彦直设计的中山陵和广州中山纪念堂展开了分析和解读，并阐述了吕彦直的建筑思想。此外，书中还附有大量关于中山陵和广州中山纪念堂的设计图纸、施工照片等，从资料的角度而言，颇为翔实[③]。

2019年，作为《中山纪念建筑》的作者之一，殷力欣编著出版了《吕彦直集传》一书。诚如刘叙杰在书内序言中所称，该书是"首次系统介绍吕彦直先生生平与成就，并将其遗存的文稿、设计图稿等合集出版的专著"[④]。全书分上、中、下三编，上编介绍吕彦直的生平、作品和成就，中编辑录、校订吕彦直的文存，下编介绍例选的吕彦直设计资料[⑤]。尽管卢洁峰对该书有所批评[⑥]，而书中也确实存有个别瑕疵，例如，称吕彦直病逝于上海古拔路51号（应为55号），称吕彦直父亲吕增祥1903年病逝于天津（应为1901年病逝于开州任上），称吕彦直1904—1908年旅居巴黎（应为1902—1905年），称吕彦直1913年赴美入康奈尔大学留学（应为1914年），称吕彦直1923年脱离东南建筑公司（应为1924年），称吕彦直1926年往返沪宁之间督导中山陵工程（往返沪宁督导工程的实际是裘燮钧）等[⑦]，但其在吕彦直研究方面的贡献仍不可忽视，亦可称道。

[①] 赖德霖主编：《近代哲匠录：中国近代重要建筑师、建筑事务所名录》，北京：中国水利水电出版社、知识产权出版社，2006年，第104—106页。
[②] 喻梦哲：《吕彦直与中山陵》，张怀安、成卫东主编：《大户人家》（建筑家卷），上海：上海社会科学院出版社，2007年，第147—186页。
[③] 建筑文化考察组：《中山纪念建筑》，天津：天津大学出版社，2009年。
[④] 殷力欣：《吕彦直集传》，"序"，北京：中国建筑工业出版社，2019年。
[⑤] 殷力欣：《吕彦直集传》，北京：中国建筑工业出版社，2019年。
[⑥] 卢洁峰：《亟需诚实研究——浅议〈建筑师吕彦直集传〉》，微信公众号"山边峰子"，2021年7月14日。
[⑦] 分别参见殷力欣：《吕彦直集传》，北京：中国建筑工业出版社，2019年，第3、7、10、12、17、24页。

（四）总结与反思

综上，历经近半个世纪，关于吕彦直的认识已取得不少突破与成果。但整体而言，某些研究在如下方面仍有进一步探索与努力的空间：

（1）系统性。目前，关于吕彦直的研究已涉及其生平与家世、作品与思想等方面，或可谓系统研究的框架已基本搭建。但框架之下的各部分仍需丰富和充实。例如，关于吕彦直的生平，虽然已了解其梗概，但各阶段吕彦直的活动与事迹仍可挖掘；又如，关于吕彦直的作品与文存，虽有整理、汇总，但似乎并不全面，有待完善。

（2）准确性。已有成果中，关于吕彦直的生平、作品，尚有争议或不准确之处。例如，关于吕彦直的籍贯，即有山东东平、江苏江宁和安徽滁县等多种说法；又如，关于吕彦直赴美留学时间，则有1913年和1914年两种说法；再如，关于吕彦直在上海银行工会大楼设计中的角色，也有不同的认识等。这些分歧或不准确，有的是相关资料缺失导致研究的障碍而产生不同观点，有的却是学界对资料未全面掌握背景下出现的问题，有待于厘清和解决。

（3）学术性。学术研究需要纵深和规范，在关于吕彦直的某些研究中尚需加强。例如，关于吕彦直设计、监工中山陵的经过，目前的探讨尚停留在叙述基本史实阶段，还未如卢洁峰研究广州中山纪念堂般利用原始档案深入到细节；又如，关于吕彦直建筑思想的探讨，已有成果虽有涉及，但似乎略显片面且有待深入。同时，在个别学者论著中，由于未严格遵守论文写作规范，尤其表现为引注缺失，导致一些信息来源不可追索，并因此产生一些讹传，亟待澄清和探明等。

三、研究思路与方法

（一）研究思路

基于上文的学术史回顾及总结反思后形成的认识，我们拟定了本书的研究思路，即围绕吕彦直生平（包括家世）、作品、思想等开展研究，以形成关于吕彦直较全面、立体的认识。具体而言：

首先，系统考察吕彦直生平。深入探究吕彦直各人生阶段的活动与事迹，并作为后文讨论吕彦直作品与思想的铺垫。具体论述过程中，我们以第一手的档案和文献为基本资料，甄选并参考相关回忆、口述资料，力求做到论必有据，论从史出，准确、客观还原吕彦直的人生经历。

其次，着重论述吕彦直建筑设计的代表作品——亦是中国近现代建筑史上最重要的两个案例——中山陵和广州中山纪念堂、碑。这部分考察将以相关档案馆收藏的档案为主要参考资料，结合有关数据库中获取的民国文献，并参考有关回忆、口述资料，结合古典建筑史学知识等，试图较深入、全面地了解两项工程。

再次，除中山陵和广州中山纪念堂、碑这两项集中代表吕彦直设计风格和建筑思想的案例外，吕氏还有一些赴美留学期间的设计习作、协助或参与设计的作品，以及一些未落地实施的设计方案；加以吕彦直各阶段撰写的文稿、演讲稿、书信、设计说明等，本书以"吕彦直设计作品与文存"的名义汇编。汇编过程中我们一方面将尽力搜集以求全面，另一方面将明确来源出处以求准确。

又次，本书将着力探讨吕彦直建筑思想。分为三方面，包括建筑设计思想、规划设计思想和遗产保护思想等。该部分讨论将主要从吕彦直设计作品切入，佐以吕氏相关文存中的阐述，以期尽可能系统、准确、客观地解读吕彦直的建筑思想。

最后，在前述基础上，本书将评估和阐述吕彦直的影响。这种影响来自两个方面，一方面是吕彦直设计作品对其后建筑师设计实践的影响，或可称之为有形的遗产；另一方面则是吕彦直设计思想对我国传统建筑转型和近现代建筑探索的启示意义，亦可称之为无形的遗产。

（二）研究方法

作为我国第一代建筑师中的翘楚，吕彦直在荣膺中山陵和广州中山纪念堂设计竞赛首奖后声名鹊起，享誉中外；同时，中山陵和广州中山纪念堂作为国家工程，亦吸引全社会极大关注。因而，当时的报纸、杂志、书籍等对中山陵、广州中山纪念堂及其设计者吕彦直多有报道、介绍或记载。这些散落在故纸堆里的文献资料本难找寻，但得益于长期以来的数据库建设，检索、获取这些文献成为可能。为此，我们获取到"上海图书馆《全国报刊索引》""中国历史文献总库·近代报纸数据库""中国历史文献总库·民国图书数据库""大成老旧期刊全文数据库""瀚文民国书库""民国文献大全"等数据库的访问权限，系统检索、收集、整理相关文献，作为本研究的重要支撑和依据。

因英年早逝且无子嗣，吕彦直去世后的部分遗物①交由其生前挚友兼重要合作伙伴黄檀甫保存，据称共有一百多件（套）②。1956年和1986年，黄家曾两次向南京市捐赠该批文物，其中包括南京中山陵设计图纸、设计文件和中山陵奠基礼上展出的木制模型等在内的重要文物。2012年6月1日，适逢孙中山奉安大典83周年之际，黄檀甫哲嗣黄建武、黄建德两兄弟再次捐赠剩下的四十多件（套）文物③。目前，这批文物主要收藏在南京博物院、南京孙中山纪念馆等机构，除公开展陈部分外，难窥全貌。为此，我们联系到黄建德先生，得其鼎力相助，获得大部分文物的照片或复印件；蒙其慨允，用于本研究中，以资说明、佐证和深化关于吕彦直的认识。

除上述黄檀甫及其后人保存的文物资料外，还有相当一部分与吕彦直设计作品或人生经历相关的图档、文件等分散收藏在各档案馆中。例如，吕彦直康奈尔大学求学期间的设计作品、学籍卡等资料收藏在美国康奈尔大学档案馆（Kroch Asia Collections），吕彦直协助设计金陵女子大学的图纸、文件以及给茂飞的辞职信等资料收藏在耶鲁大学档案馆，吕彦直参与设计的上海银行公会大楼图纸收藏在上海市城市建设档案馆，中山陵设计图纸及文件收藏在南京市城市城建档案馆④（有可能是黄檀甫1956年所捐赠），广州中山纪念堂设计图纸及文件收藏在广州市档案馆等。这部分资料，我们通过实地踏访、查档、调阅、影印或邮件书信沟通等方式获得了相当一部分⑤，引入文中，既存其真，亦利其用。

民国距今并不遥远，与吕彦直相关的一些人物，其泽裔（如前述黄檀甫哲嗣黄建德、黄建武等，吕彦直长兄吕彦深后人薛晓育等）尚有在世者。这些亲友们的回忆中保存了不少关于吕彦直的信息，弥足珍贵。为此，我们将通过口述的方式，在征得本人同意的情况下获取相关信息，以丰富和深化关于吕彦直的认识。同时，我们意识到，由于时间、年龄及其他个人因素，回忆具有模糊性、主观性等特征，因而我们将结合获取到的民国档案或文献以甄别、验证，以求尽可能可靠、准确。

当然，我们的研究是建立在前辈学者们探究的基础之上，因而对既有研究文献

---

① 由于吕彦直去世时，其姐夫严璩亦在身边助其料理后事，因而我们目前不能确定吕彦直遗物是否全部交给黄檀甫。参见侯疑始：《吕彦直病笃》，《晶报》1929年3月21日，第003版。
② 《吕彦直中山陵设计手稿回到南京 黄檀甫后人昨日捐赠一批珍贵中山陵文物》，《金陵晚报》2012年6月2日，第A06版。
③ 《一张"工作照"破解孙中山卧像之谜》，《南京日报》2012年6月2日，第A05版。
④ 该批图档与文件，经过整理，已于2016年以《中山陵档案》系列丛书的形式陆续公开出版。
⑤ 部分由于版权、产权以及档案保存质量等原因暂时无法获取，实为缺憾。我们将继续收集。

的搜集、整理、分析必不可少。这部分资料我们主要通过相关文献检索工具搜集，并运用文献管理软件（Note Express）整理、分析。

除上述获取研究资料的方法外，在论述过程中，本书还将运用比较与归纳等研究方法。例如，在中山陵设计竞赛中共计收到中外应征方案四十余种（套），最终遴选出获奖作品十份，我们对这些获奖方案进行比较分析，以明确吕彦直所提交方案的特点、价值和设计意匠。而在分析吕彦直建筑思想时，我们将在分析吕彦直设计作品的基础上，结合其本人在有关文存中阐述，总结归纳其建筑设计理念与思想等。

目 录

前 言 ··· 1
  一、研究背景 ··· 1
  二、研究综述 ··· 4
  三、研究思路与方法 ··· 17

第一章　天妒英才：吕彦直生平 ································· 1
  第一节　出生与家世（1894—1902） ······························· 1
  第二节　求学经历（1902—1918） ································ 18
  第三节　追随茂飞（1918—1922） ································ 31
  第四节　回国发展（1921—1925） ································ 33
  第五节　声名鹊起（1925—1929） ································ 42
  第六节　患病与逝世（1925—1929） ····························· 49
  第七节　未竟事业 ··· 54
  第八节　几则吕彦直略传辨析 ······································ 57
  第九节　小结 ··· 59

第二章　伟人陵寝：巍巍中山陵 ································· 61
  第一节　中山陵建设缘起 ·· 61
  第二节　吕彦直夺标经过 ·· 75
  第三节　中山陵建设与吕彦直监工 ································ 84
  第四节　吕彦直逝世与中山陵善后 ······························ 126
  第五节　中山陵中轴线单体建筑意匠 ··························· 141
  第六节　小结 ·· 150

第三章　纪念杰构：泱泱中山堂 ······························ 152
  第一节　中山堂建设缘起 ·· 152

1

第二节　吕彦直夺标经过 ………………………………………… 159
　　第三节　中山堂建设与吕彦直监工 ……………………………… 168
　　第四节　吕彦直逝世与中山堂善后 ……………………………… 197
　　第五节　纪念堂中轴线单体建筑意匠 …………………………… 210
　　第六节　小结 ……………………………………………………… 218

第四章　流芳千古：吕彦直作品与文存 ……………………………… 219
　　第一节　吕彦直设计作品 ………………………………………… 219
　　第二节　吕彦直文存 ……………………………………………… 261
　　第三节　小结 ……………………………………………………… 293

第五章　瑕不掩瑜：吕彦直建筑思想 ………………………………… 295
　　第一节　吕彦直建筑设计思想 …………………………………… 295
　　第二节　吕彦直规划设计思想 …………………………………… 343
　　第三节　吕彦直遗产保护思想 …………………………………… 350
　　第四节　小结 ……………………………………………………… 353

第六章　启示来者：吕彦直建筑遗产 ………………………………… 354
　　第一节　有形之遗产 ……………………………………………… 354
　　第二节　无形之遗产 ……………………………………………… 364
　　第三节　小结 ……………………………………………………… 374

结　语 ………………………………………………………………… 376
　　一、创新与收获 …………………………………………………… 376
　　二、不足与展望 …………………………………………………… 377

参考文献 ……………………………………………………………… 379

附　录 ………………………………………………………………… 395
　　附录1　吕彦直作品及文存相关档案与文献 …………………… 395
　　附录2　吕彦直（1894—1929）年谱 …………………………… 415

图表目录

一 图片目录

图 0-1-1	报端所载《吕彦直复活》	2
图 1-1-1	吕彦直康奈尔大学学籍卡	1
图 1-1-2	吕彦深任驻巴拿马总领事馆主事档案	2
图 1-1-3	严复译《天演论》封面（富文书局 1901 年本）	8
图 1-1-4	吕彦直签名	15
图 1-1-5	吕彦直中山陵与广州中山纪念堂参赛作品暗号	16
图 1-1-6	吕彦直中文签名	17
图 1-1-7	吕彦直英文签名（左下）	17
图 1-1-8	彦记建筑事务所所用与吕彦直相关制图符号	18
图 1-2-1	吕彦直在巴黎之童年照纪念卡	19
图 1-2-2	清华学堂 1911 年录取学生名单	24
图 1-2-3	清华学校 1913 年毕业生成绩	26
图 1-2-4	1913 年清华学校高等科学生合影	27
图 1-2-5	中国科学社认股一览表	29
图 1-2-6	中国科学社创始股东合影（1914）	30
图 1-2-7	康奈尔大学中国留学生合影（第二排左一为吕彦直）	30
图 1-3-1	埃弗里特·米克思	31
图 1-3-2	亨利·K·茂飞	31
图 1-4-1	黄檀甫名片	35
图 1-4-2	真裕地产股份有限公司股票	38
图 1-4-3	真裕地产股份有限公司股票股款临时收据	38
图 1-4-4	《申报》载《吕彦直建筑师启事》	41
图 1-5-1	1925 年 9 月吕彦直在办公室摄影	43
图 1-5-2	规划首都都市两区图案	46

图1-5-3	国民政府五院建筑设计图案	46
图1-5-4	南京政府中心设计图	46
图1-5-5	国民革命军遗族学校建筑总地盘图	47
图1-5-6	朱葆初、益东荣绘国民革命军遗族学校鸟瞰图	48
图1-5-7	广州中山纪念堂奠基礼	48
图1-6-1	《良友》杂志刊发的纪念吕彦直稿件	52
图1-6-2	高祺为吕彦直所作石像	53
图1-7-1	教育部全国美术展览会出品目录（建筑部分）	55
图1-7-2	国民革命军遗族学校鸟瞰图	56
图2-1-1	孙中山率临时政府成员赴明孝陵谒陵	62
图2-1-2	孙中山等行猎紫金山	63
图2-1-3	灵柩暂厝北京碧云寺	65
图2-1-4	宋庆龄等勘察墓地	70
图2-2-1	孙中山先生陵墓图案（形势全图）	77
图2-2-2	孙中山先生陵墓图案（总平面图）	77
图2-2-3	孙中山先生陵墓图案（全部正面立视图）	78
图2-2-4	孙中山先生陵墓图案（全部纵切剖视图）	78
图2-2-5	孙中山先生陵墓图案（祭堂平面图）	78
图2-2-6	孙中山先生陵墓图案（祭堂正立面图）	78
图2-2-7	孙中山先生陵墓图案（祭堂侧面立视图）	79
图2-2-8	孙中山先生陵墓图案（祭堂侧视油画效果图）	79
图2-2-9	孙中山先生陵墓图案（祭堂横切剖视图）	79
图2-2-10	孙中山先生陵墓图案（祭堂纵切剖视图）	79
图2-3-1	总平面图	91
图2-3-2	全工程详图	91
图2-3-3	祭堂暨坟墓底脚图	91
图2-3-4	祭堂暨坟墓地面图	91
图2-3-5	祭堂正立面图	92
图2-3-6	祭堂暨坟墓侧面图	92
图2-3-7	祭堂暨坟墓背立面图	92
图2-3-8	祭堂与坟墓横剖面图	92
图2-3-9	祭堂纵切面图	92
图2-3-10	祭堂墓室挡土详结构图	92
图2-3-11	祭堂屋顶檩架详图	93

图 2-3-12　图纸（上）与合同（下）签名 …………………………………… 94
图 2-3-13　祭堂脊饰大样图（1926 年 9 月 14 日绘） ……………………… 95
图 2-3-14　中山陵模型 …………………………………………………………… 103
图 3-2-15　中山陵奠基石 ………………………………………………………… 104
图 2-3-16　中山陵墓用砖两种 …………………………………………………… 117
图 2-3-17　1927 年 6 月陵墓现场施工 …………………………………………… 120
图 2-4-1　总理奉安纪念章 ………………………………………………………… 133
图 2-4-2　奉安大典当日之中山陵 ………………………………………………… 134
图 2-4-3　总理陵园管理委员会组织系统表 ……………………………………… 136
图 2-4-4　总理陵园管理委员会办公用房 ………………………………………… 137
图 2-4-5　陵门图纸图签 …………………………………………………………… 139
图 2-4-6　中山陵第三部工程竣工照 ……………………………………………… 140
图 2-4-7　全部工程完竣之中山陵 ………………………………………………… 140
图 2-5-1　孝经鼎 …………………………………………………………………… 141
图 2-5-2　博爱坊 …………………………………………………………………… 142
图 2-5-3　博爱坊明间局部 ………………………………………………………… 142
图 2-5-4　陵门（单檐歇山顶） …………………………………………………… 143
图 2-5-5　陵门山面及翼角 ………………………………………………………… 143
图 2-5-6　陵门明间局部 …………………………………………………………… 144
图 2-5-7　碑亭（重檐歇山顶） …………………………………………………… 145
图 2-5-8　碑亭侧立面 ……………………………………………………………… 145
图 2-5-9　碑亭内立碑 ……………………………………………………………… 145
图 2-5-10　祭堂 ……………………………………………………………………… 146
图 2-5-11　祭堂正面局部 …………………………………………………………… 146
图 2-5-12　祭堂山花 ………………………………………………………………… 147
图 2-5-13　祭堂正面明间局部 ……………………………………………………… 147
图 2-5-14　祭堂内景及中山先生坐像 ……………………………………………… 148
图 2-5-15　墓室内墓池 ……………………………………………………………… 149
图 2-5-16　墓室穹隆顶饰 …………………………………………………………… 149
图 2-5-17　墓室穹隆顶饰 …………………………………………………………… 149
图 2-5-18　中山陵全景 ……………………………………………………………… 150
图 3-1-1　《良友》杂志"孙中山先生纪念特刊封面" …………………………… 154
图 3-2-1　总平面图 ………………………………………………………………… 164
图 3-2-2　纪念堂平面图 …………………………………………………………… 165

图 3-2-3	纪念堂正立面图	165
图 3-2-4	纪念堂侧立面图	165
图 3-2-5	纪念堂剖视图	165
图 3-2-6	纪念堂透视效果图	165
图 3-2-7	纪念碑平面与立面图	165
图 3-2-8	纪念堂与纪念碑整体效果图	166
图 3-3-1	总平面及铜像台座、华表、灯柱图	172
图 3-3-2	纪念堂正立面图	172
图 3-3-3	纪念堂首层平面图	173
图 3-3-4	纪念碑总平面图	173
图 3-3-5	纪念碑立面图	174
图 3-3-6	纪念碑局部详图	174
图 3-3-7	《广州孙中山先生纪念碑工程章程》封面	179
图 3-3-8	馥记营造厂宣传广告	183
图 3-3-9	建筑总理纪念堂地址图	186
图 3-3-10	广州中山纪念堂道路管线图	187
图 3-3-11	广州中山纪念堂占地范围内现存民房平面图	189
图 3-3-12	中山纪念碑内刻石题字拓片（胡汉民、萧佛成）	191
图 3-4-1	《良友》杂志所刊登李锦沛与黄檀甫照片及介绍	197
图 3-4-2	黄檀甫视察中山纪念堂施工现场（铜像基座上立者为黄檀甫）	197
图 3-4-3	广州中山纪念堂总平面图	201
图 3-4-4	广州中山纪念堂开幕时摄影	202
图 3-4-5	广州中山纪念堂施工照（1930年8月）	206
图 3-4-6	新落成之广州中山纪念堂	207
图 3-4-7	广州中山纪念堂开幕典礼合影	208
图 3-4-8	开幕式之开门礼	208
图 3-4-9	纪念堂与纪念碑向民众开放	209
图 3-4-10	广州中山纪念堂开幕时周边环境	209
图 3-5-1	南门楼	210
图 3-5-2	南门楼侧立面	211
图 3-5-3	纪念堂近景俯视	212
图 3-5-4	纪念堂正面	212
图 3-5-5	纪念堂正面局部及孙中山铜像	213
图 3-5-6	纪念堂正面横向局部及孙中山铜像	214

图 3-5-7	正面明间	214
图 3-5-8	正面明间檐下	214
图 3-5-9	正面前廊（图片来源：殷力欣摄影）	215
图 3-5-11	室内看台局部	215
图 3-5-12	穹隆顶下装饰局部	215
图 3-5-10	室内看台及屋顶局部	215
图 3-5-13	穹隆顶局部	215
图 3-5-14	纪念碑正面	216
图 3-5-15	纪念碑正面局部	216
图 3-5-16	纪念碑正面壸门	217
图 3-5-17	纪念碑基座局部	217
图 3-5-18	纪念碑基座局部之二	217
图 4-1-1	"公园里的餐厅"（左：立面；右：平面）	219
图 4-1-2	"洗礼池"	220
图 4-1-3	"剧院前厅"	220
图 4-1-4	锡耶纳圣若望洗礼堂中的洗礼池	221
图 4-1-5	"洗礼池"局部	222
图 4-1-6	"西弗吉尼亚的春宅"	222
图 4-1-7	"一座美国大学美术系大楼"	222
图 4-1-8	《科学》杂志发表吕彦直所绘"汉张衡候风地动仪"	223
图 4-1-9	服部一三复原的候风地动仪	224
图 4-1-10	米伦复原的候风地动仪	224
图 4-1-11	金陵女子大学绣花巷校舍平面图	226
图 4-1-12	金陵女子大学校园鸟瞰图（1918 年）	228
图 4-1-13	金陵女子大学鸟瞰图（1919 年）	230
图 4-1-14	金陵女子大学鸟瞰图左下角的吕彦直签名	230
图 4-1-15	金陵女子大学 1922 年建设时场景	233
图 4-1-16	燕京大学盔甲厂男部校舍平面图	235
图 4-1-17	燕京大学佟府夹道女部校舍平面图	235
图 4-1-18	茂飞团队 1919 年设计的燕京大学校园方案	236
图 4-1-19	1920 年基于测绘图的燕京大学设计草案	237
图 4-1-20	燕京大学 1921 年校园规划设计鸟瞰图	238
图 4-1-21	燕京大学 1922 年校园规划设计平面图	238
图 4-1-22	上海银行工会原办公房屋	241

图 4-1-23	银行公会大楼图样	244
图 4-1-24	上海银行公会大楼落成照片	246
图 4-1-25	疑似"吕彦直建筑设计稿"	248
图 4-1-26	彦记建筑事务所设计之持志大学校园平面图	249
图 4-1-27	彦记建筑事务所设计之持志大学校园鸟瞰图	250
图 4-1-28	江湾路持志大学校门	251
图 4-1-29	持志大学 1925 年新建宿舍	251
图 4-1-30	一·二八事变中被炸毁的持志大学水电路校舍	254
图 4-1-31	重建的持志大学水电路校舍	254
图 4-1-32	廖仲恺先生暂葬之墓	255
图 4-1-33	刘福泰设计的廖仲恺墓	257
图 4-2-1	黄檀甫代表吕彦直在中山陵奠基礼上致辞手稿（部分）	271
图 4-2-2	《吕彦直致夏光宇函》原稿	276
图 4-2-3	《规画首都设计大纲草案》原稿	281
图 4-2-4	中山陵墓室施工照	292
图 4-2-5	中山陵全景	293
图 4-2-6	广州中山纪念堂模型	293
图 5-1-1	名誉奖第一名孚开洋行乃君方案	300
图 5-1-2	名誉奖第四名恩那与佛雷方案	300
图 5-1-3	名誉奖第三名开尔思方案	301
图 5-1-4	名誉奖第五名戈登士达方案	301
图 5-1-7	名誉奖第七名赵深方案	301
图 5-1-4	名誉奖第五名戈登士达方案	301
图 5-1-6	名誉奖第七名戈登士达打样建筑公司方案	301
图 5-1-8	第三奖杨锡宗方案	303
图 5-1-9	第二奖范文照方案（上：鸟瞰；中：立面；下：平面）	304
图 5-1-10	范文照方案剖面图	305
图 5-1-11	拿破仑墓下沉之墓圹	308
图 5-1-12	林肯纪念堂内景	309
图 5-1-13	中山陵祭堂工作详图（局部）	310
图 5-1-14	甬道及警卫室	312
图 5-1-15	第三部工程接收签字图	313
图 5-1-16	墓平台上铜鼎图	313
图 5-1-17	清定陵与中山陵平面布局比较	316

图 5-1-18　1930 年绘制的广州中山纪念堂总平面图 ⋯⋯⋯⋯⋯⋯⋯⋯⋯ 327
图 5-1-19　吕彦直设计的广州中山纪念堂方案之一 ⋯⋯⋯⋯⋯⋯⋯⋯⋯ 330
图 5-1-20　北京天坛 ⋯⋯⋯⋯⋯⋯⋯⋯⋯⋯⋯⋯⋯⋯⋯⋯⋯⋯⋯⋯⋯⋯ 330
图 5-1-21　河北正定隆兴寺摩尼殿（左：立面；右：平面）⋯⋯⋯⋯⋯ 331
图 5-1-22　哥伦比亚大学娄氏图书馆 ⋯⋯⋯⋯⋯⋯⋯⋯⋯⋯⋯⋯⋯⋯⋯ 332
图 5-1-23　清华大学大礼堂 ⋯⋯⋯⋯⋯⋯⋯⋯⋯⋯⋯⋯⋯⋯⋯⋯⋯⋯⋯ 332
图 5-1-24　福建协和大学小教堂 ⋯⋯⋯⋯⋯⋯⋯⋯⋯⋯⋯⋯⋯⋯⋯⋯⋯ 333
图 5-1-25　中山纪念堂基础示意图 ⋯⋯⋯⋯⋯⋯⋯⋯⋯⋯⋯⋯⋯⋯⋯⋯ 336
图 5-1-26　中山纪念堂桩基础分布图（局部）⋯⋯⋯⋯⋯⋯⋯⋯⋯⋯⋯ 336
图 5-1-27　中山纪念堂屋顶大钢架 ⋯⋯⋯⋯⋯⋯⋯⋯⋯⋯⋯⋯⋯⋯⋯⋯ 337
图 5-1-28　中山纪念堂屋顶架设抹角钢梁 ⋯⋯⋯⋯⋯⋯⋯⋯⋯⋯⋯⋯⋯ 338
图 5-1-29　中山纪念堂钢梁上架设钢柱 ⋯⋯⋯⋯⋯⋯⋯⋯⋯⋯⋯⋯⋯⋯ 338
图 5-1-30　广州中山纪念堂内景 ⋯⋯⋯⋯⋯⋯⋯⋯⋯⋯⋯⋯⋯⋯⋯⋯⋯ 339
图 5-2-1　茂飞的中央政治区规划方案 ⋯⋯⋯⋯⋯⋯⋯⋯⋯⋯⋯⋯⋯⋯ 346
图 6-1-1　建设中之中山陵 ⋯⋯⋯⋯⋯⋯⋯⋯⋯⋯⋯⋯⋯⋯⋯⋯⋯⋯⋯ 356
图 6-1-2　中山陵现状 ⋯⋯⋯⋯⋯⋯⋯⋯⋯⋯⋯⋯⋯⋯⋯⋯⋯⋯⋯⋯⋯ 361

二　表格目录

表 0-1　21 世纪有关吕彦直基本信息介绍的论著举例 ⋯⋯⋯⋯⋯⋯⋯⋯ 8
表 1-1　关于吕彦直籍贯信息的民国材料举例 ⋯⋯⋯⋯⋯⋯⋯⋯⋯⋯⋯ 10
表 2-1　评判顾问意见书摘要 ⋯⋯⋯⋯⋯⋯⋯⋯⋯⋯⋯⋯⋯⋯⋯⋯⋯⋯ 80
表 2-2　葬事筹委会 1925 年会议有关葬事经费内容汇总 ⋯⋯⋯⋯⋯⋯ 84
表 2-3　中山陵祭堂与墓室工作详图（1925 年 12 月 5 日）⋯⋯⋯⋯⋯ 90
表 2-4　徐镇藩、裘燮钧监工情况一览 ⋯⋯⋯⋯⋯⋯⋯⋯⋯⋯⋯⋯⋯⋯ 111
表 2-5　孙中山移灵奉安经过节点一览 ⋯⋯⋯⋯⋯⋯⋯⋯⋯⋯⋯⋯⋯⋯ 129
表 2-6　奉安大典前中山陵各工程进展情况 ⋯⋯⋯⋯⋯⋯⋯⋯⋯⋯⋯⋯ 132
表 3-1　各阶段所成立关于纪念堂的委员会 ⋯⋯⋯⋯⋯⋯⋯⋯⋯⋯⋯⋯ 160
表 3-2　广州市国家档案馆藏中山堂图档目录（1927 年 4 月 30 日批次）175
表 4-1　茂飞所拟金女大第一期建筑建设工作计划 ⋯⋯⋯⋯⋯⋯⋯⋯⋯ 229
表 5-1　有关中山陵钟形平面的民国时期文本举例 ⋯⋯⋯⋯⋯⋯⋯⋯⋯ 314
表 5-2　中山陵与明清帝陵形制比较表 ⋯⋯⋯⋯⋯⋯⋯⋯⋯⋯⋯⋯⋯⋯ 315
表 5-3　中山陵祭堂应用材料分类 ⋯⋯⋯⋯⋯⋯⋯⋯⋯⋯⋯⋯⋯⋯⋯⋯ 319
表 6-1　中国传统建筑与西方现代建筑约略比照表 ⋯⋯⋯⋯⋯⋯⋯⋯⋯ 368

第一章　天妒英才：吕彦直生平

第一节　出生与家世（1894—1902）

一、出生

1894 年（清光绪二十年）7 月 28 日，吕彦直出生于天津。

关于吕彦直出生时间，目前所见公开出版物中，多标示到年份。最早注明其出生年、月、日信息者，据我们目前所知，是赖德霖的《阅读吕彦直》一文。文中披露，康奈尔大学档案馆保存的吕彦直学籍材料显示，吕的生日为 1894 年 7 月 28 日，但未公布该学籍材料原件[①]。

我们经过不间断地努力，与该校联系、沟通，获取到该学籍卡扫描件（图 1-1-1）。经确认，卡片右上角清楚注明吕彦直出生日期。由于该材料是与吕彦直密切相关的官方文件，可信度较高，可资参考。

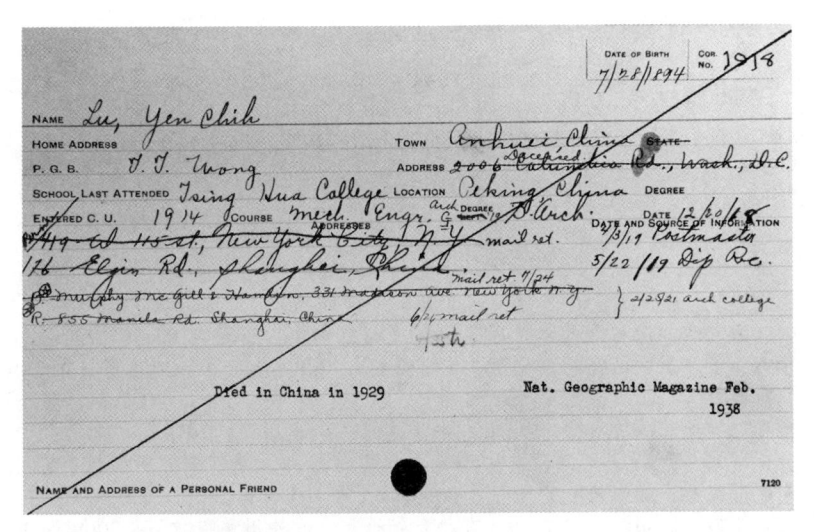

图 1-1-1　吕彦直康奈尔大学学籍卡［图片来源：康奈尔大学档案馆（Kroch Asia Collections）提供］

---

① 赖德霖：《阅读吕彦直》，《读书》2004 年 08 期。

二、家世

有关吕彦直的家世，学界多有涉及，尤以卢洁峰、徐茵等人最为详细、丰富。但其中有些信息或缺乏考证，或未明来源，或相互抵牾，使得读者颇多疑虑。例如，关于吕彦直父亲吕增祥去世年份，就有1901年[1]、1903年[2]和1902年左右[3]三种，但均未注明资料来源。同时，部分关于吕彦直家世信息来自吕家后人或亲友后人的回忆或追述，这其中也包含某些不确定性。譬如，关于吕彦直父亲姓名，卢洁峰言黄檀甫后人提供信息为"吕凤祥"，因此导致其2007年出版的《吕彦直与黄檀甫——广州中山纪念堂秘闻》中产生错误[4]。直到吕氏后人（薛晓育）出示吕彦直兄长吕彦深的人事档案（图1-1-2），其上明确为吕增祥，始知黄檀甫后人记述有误。鉴于此，以下我们将本着求真原则，试图从民国时期的一手资料出发，对吕彦直家世作一番考察：

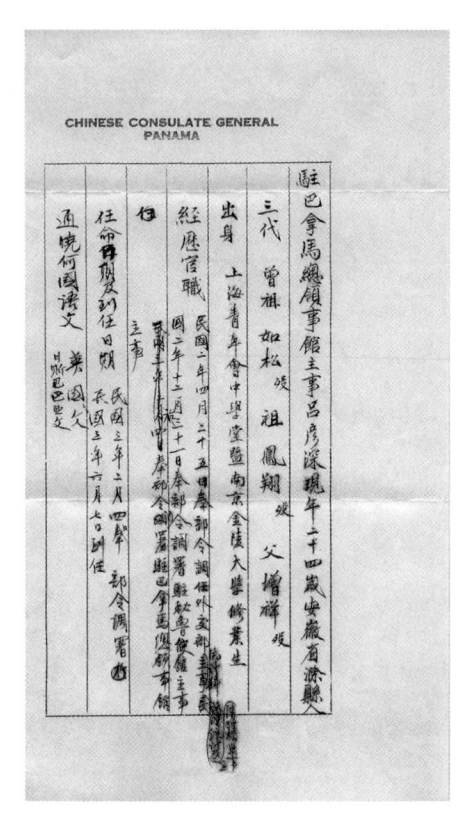

图1-1-2 吕彦深任驻巴拿马总领事馆主事档案（图片来源：建筑文化考察组：《中山纪念建筑》，天津：天津大学出版社，2009年，第83页，图66）

实际上，上述吕彦深的人事档案仅能说明吕彦深的父亲为吕增祥，并未与吕彦直产生直接关系。而真正将三者关联到一起的材料，见于《晶报》1929年3月21日第3版刊布的《吕彦直病笃》一文[5]。文中称：

---

[1] 卢洁峰：《中国近代杰出建筑师：吕彦直生平揭秘》，《环球人物》2008年8月（下）；《吕彦直的家学渊源与他的建筑思想》，《建筑创作》2009年05期。

[2] A. 卢洁峰：《广州中山纪念堂钩沉》，广州：广东人民出版社，2003年，第109页；《吕彦直与黄檀甫——广州中山纪念堂秘闻》，广州：花城出版社，2007年，第5页；
B. 殷力欣：《吕彦直集传》，北京：中国建筑工业出版社，2019年，第7页。

[3] A. 赖德霖主编：《近代哲匠录：中国近代重要建筑师、建筑事务所名录》，北京：中国水利水电出版社、知识产权出版社，2006年，第104页；
B. 徐茵：《南京中山陵设计者吕彦直籍贯新证》，《滁州学院学报》2009年04期；《吕彦直与滁州》，安徽省滁州市政协文史资料委员会编：《皖东文史》第11辑，2011年，第171页。

[4] 卢洁峰：《"中山"符号》，广州：广东人民出版社，2011年，第85页。

[5] 侯疑始：《吕彦直病笃》，《晶报》1929年3月21日，第三版。

吕彦直，字古愚，皖之来安人，前年中山陵墓征求图案，应征获首选即此君也。古愚父秋樵先生增祥，尝任日本参赞，旋为直隶县宰，与劳乃宣、李兆珍、卢木斋称四循吏，文章、书法、政事，皆一时所仅见，与先师严文惠先生最相友善，吴桐城先生汝纶亦极推重先生。先生有子二，长伯远，今方任西国领事，次即古愚，女二，长适新会伍昭扆光建，次适文惠先生长公伯玉璩。秋樵先生捐馆，古愚尚幼，依伯玉伉俪居燕京，尝从不佞学文字，聪慧好学，沉默寡言。后肄业清华学校，被遣游学美国，治美术、建筑，造诣特绝。

该文作者是曾教授吕彦直文字且为严复学生的侯疑始。据该文，同时结合吕彦深人事档案可知，吕彦直父亲为吕增祥，祖父为吕凤翔，曾祖为吕如松；长兄为吕彦深（字伯远），另有两姊妹，一嫁伍光建[1]（号昭扆），一嫁严复长子严璩[2]（字伯玉）。另外，我们在郑孝胥日记中发现如下记录[3]：

小七初愈，令至北京往汤山养息，以一月为度，乘特别快车晨七点五十五分行。过严又陵（笔者按：严复），以吕秋樵手钞余诗示余，皆少作，感怅久之。严云，秋樵夫人生二女，长适伍昭扆，次为伯玉妇。侧室章氏生四子，长曰伯远，次曰渤生小名，皆在美国；次曰叔达，次曰季刚，皆在上海；一女曰东宝，嫁罗稷臣之侄。余曰：秋樵诸子皆未见，将往视之。有倾，季刚来谒，云：又陵使之来。谈良久，其人谨愿，不甚开展。闻杨小楼来沪，在天蟾，今夕演《长坂坡》，昔尝见杨月楼演此剧，三十余年矣。骤凉，月极明。

该日记记于民国八年（1919）九月九日，此时吕增祥已去世多年。其中关于吕增祥妻室和子女的记述源于严复告知，且作者与吕之四子季刚面谈良久。日记部分内容如与前述侯疑始《吕彦直病笃》一文相对照，基本吻合，可为互证。从此则日

---

[1] 伍光建（1867—1943），广东新会人，原名光鉴，号昭扆，笔名君朔。1884年毕业于天津北洋水师学堂，1886年赴英国留学，1892年归国后历任出使日本大臣随员、出洋考察政治大臣头等参赞、海军处顾问、军枢司司长等职。1910年清廷赏文科进士出身。1911年与张元济等发起组织中国教育会，任副会长。1912年后，历任南京临时政府财政部顾问、盐务署参事、复旦大学教授等。著有《中国英文读本》（五册）等，译有《十日谈》《悲惨世界》《列宁与甘地》等近70种。参见李盛平主编：《中国近现代人名大辞典》，北京：中国国际广播出版社，1989年，第140页。
[2] 严璩，字伯玉，又字贯轩，福建闽侯人，为严文惠先生（复）之长公子。天津水师学堂学生，留学英国。前清历充北京大学教员，驻英、法、俄、德使署参赞，外务部郎中，宪政遍查馆办事，广东洋务局督办，福建财政监理官。入民国充长芦稽核所总办，转盐务署参事，兼稽核总所办秘书。参见《新任财次严璩略历》，《舆论》1922年5月26日，第003版。
[3] 郑孝胥著，劳祖德整理：《郑孝胥日记》（第四册），北京：中华书局，1993年，第1796页。

记可知，吕增祥曾娶两房夫人，先后育四子三女。正室生两女，长女嫁于伍昭扆，次女嫁于严伯玉；侧室章氏生四子，依次为伯远、渤生（吕彦直小名）、叔达和季刚；并有一女曰东宝，嫁罗稷臣之侄。

依据此则日记的记述，吕彦直家庭成员已基本明确，唯吕增祥的长女和次女名讳尚不可知。卢洁峰《吕彦直与黄檀甫——广州中山纪念堂秘闻》中称吕彦直二姐为吕静宜，长姐和三姐姓名失记，且三姐嫁罗稷臣之子罗仪韩[①]；殷力欣《吕彦直集传》从此说[②]。这里需要说明的是，据郑孝胥日记，吕增祥三女为吕东宝，且嫁罗稷臣之侄而非其子。同时，吕彦直二姐——嫁于严复长子严璩的吕增祥次女，卢著中称吕静宜（未注明消息来源或依据），但徐茵认为是吕韫清（字叔宜）[③]，严复族孙严孝潜亦称严复长媳为吕韫清[④]。徐茵还指出嫁于伍光建的吕增祥长女为吕韫玉（字慎宜），而民国文史掌故大家郑逸梅称伍光建"夫人吕慎仪，娴淑端庄，为增祥长女，先九年逝世"[⑤]。"慎宜"与"慎仪"，音同字异，或为口述之误。关于吕增祥长女与次女名讳，目前说法不一，但均来自当代研究或当事人后人回忆，故目前尚难判断。

此外，吕增祥三子叔达和四子季刚，我们目前掌握资料亦少。卢洁峰著《吕彦直与黄檀甫——广州中山纪念堂秘闻》中描述似较详细[⑥]，但均未注明信息来源和依据，此处暂按不表。需要指出者，吕增祥四子，在前述郑孝胥记于1919年9月9日的日记中称"季刚"，但在1921年11月17日的日记中称"季操"[⑦]，且在《民国日报》1929年3月23日第三张第二版《吕彦直事迹续志》中亦称"兹据吕季操君来函"，我们推测其或可能在1919—1921年间有过更名。

---

① 卢洁峰：《吕彦直与黄檀甫——广州中山纪念堂秘闻》，广州：花城出版社，2007年，第7—11页。
② 殷力欣：《吕彦直集传》，北京：中国建筑工业出版社，2019年，第9页。
③ 徐茵：《吕彦直与滁州》，安徽省滁州市政协文史资料委员会编：《皖东文史》第11辑，2011年，第169页。
④ 严孝潜：《严复一九一八年的未刊笔记》，《今晚报》2010年12月9日；《严复长子严璩曾任长芦盐运使》，鲍国之、张津策主编：《长芦盐业与天津》，天津：天津古籍出版社，2015年，第31页。
⑤ 郑逸梅著，郑汝德整理：《艺林拾趣》，杭州：浙江文艺出版社，1990年，第94页。
⑥ 卢洁峰：《吕彦直与黄檀甫——广州中山纪念堂秘闻》，广州：花城出版社，2007年，第10页。
⑦ "为吕季操代作严又陵挽联曰：'诸夏兴衰，无怪《太元》杂符命；后生安放，从今河岳罢英灵'"，参见郑孝胥著，劳祖德整理：《郑孝胥日记》（第四册），北京：中华书局，1993年，第1886页。

在吕彦直家世关系中，其父吕增祥无疑是关键人物。吕父虽在吕彦直童年时即已去世，但因其结成的严、吕亲家和其他社会关系，深刻影响了吕彦直的生活与教育。换言之，欲研究吕彦直生平、思想与实践，不可不了解吕之家世；而欲了解其家世，不能不分析吕增祥的生平与社会关系。

有关吕增祥生平信息，多散见于清末民初的官府公文、亲友日记或书信以及后人追述中，惜未见有详细考证者。有研究者称其著有《秋樵先生文集》，但未刻印出版[①]。我们在清末民初盱眙名士王伯恭所撰《蜷庐随笔》中，检索到一则有关吕增祥生平的记载[②]：

> 滁州吕秋樵增祥，余丙子冬与之订交扬州，直谅多闻，最为平生挚友。光绪己卯与先从兄蔚甫同举孝廉，会试两次报罢，以总令需次直隶。余丙戌年客天津，主其家者半载。后从李伯行使日本为参赞，使还仍官直隶，补临榆县，调署天津，廉静为一时之冠。辛丑权开州牧，到官二十五日，以勤劳得疾遽卒，乡民巷哭，哀痛如丧其亲，争以青蚨相赠，始克成敛。呜呼，斯可谓循吏者矣。时当拳匪之后，李文忠方与联军议和，骤闻君卒，惊愕不语者半日，未几徐寿朋亦物故，文忠复怛悼悲切，盖两君皆文忠最赏者也。文忠年将八十，两度哀伤，遂薨于位，遗折命于晦若主稿，举周馥为代，杨士骧时与晦若同在文忠幕中主缮写，辄于周馥下添注山东巡抚袁世凯，于是项城遂继合肥督直矣。

该笔记中称吕增祥"最为生平挚友"，可见其与吕关系密切，因而所述应较可信。我们拟在该随笔基础上，结合相关文献，对吕增祥生平略作考证：

《蜷庐随笔》记吕增祥于光绪己卯（光绪五年，1879年）举孝廉，此说得《滁州志》佐证。后者卷六选举志记载："己卯，吕增祥。"[③]

吕增祥早年求学及日后入李鸿章府中任幕僚，乃至与严复相交并结为亲家，均与一人密切相关，此人系全椒名儒彭倬。"彭倬，字子亭，号赤石山人，天资英睿……名噪江右，李文忠鸿章重其品学，延请教其子经方、经述，一时从游者多获携。吕增祥，其高足也。严复、马建忠亦造门问业"[④]。全椒为滁州辖县，与吕增祥可谓乡邻。

---

① 徐茵：《秋樵情融〈天演论〉》，林长源、徐茵主编：《琅琊人文》，合肥：黄山书社，2011年，第213页。
② 王伯恭：《蜷庐随笔》，郭建平点校，太原：山西古籍出版社，1999年，第83—84页。另，该文还以《蜷庐笔记》为题发表在《中国商报》1940年1月11日，第二张第五版。
③ （清）熊祖诒纂修：《滁州志》卷六，清光绪二十三年刻本，第8页。
④ 张其浚修，江克让等纂：《全椒县志》卷十，民国九年刊本，第31—32页。

在彭㐷门下，吕增祥不仅受业研学，且得以结识李鸿章、严复、马建忠等，因受提携，始入仕途。

中举第二年即光绪六年（1880），吕增祥进入北洋水师李鸿章幕中任文案幕僚①。

光绪八年（1882）三月，吕增祥陪同马建忠②出使朝鲜，助其与美、英、法三国立约通商，并参与处理朝鲜"壬午兵变"③。同年，因援护朝鲜出力有功，李鸿章等奏请，著以知县留直隶，归后补班前，先补用并赏加五品衔④。此后至1885年，吕增祥在天津紫竹林水师营务处助李鸿章协理北洋海军。

光绪十一年（1885），李鸿章奏陈吕增祥以候补知县身份到省一年期满，例应甄别考察。经查其办事慎勤，堪胜繁缺之任，俟有应补缺出，照例序补⑤。

光绪十六年（1890），随李经方（字伯行，李鸿章长子）出使日本为参赞，同行者包括伍光建（后为吕增祥长婿）等人⑥。1891年，郑孝胥作为随员亦至日本，在日期间，吕、郑二人交往甚密⑦。

光绪二十四年（1898）正月二十二日，吕增祥从陈鸿保手中接任天津县令，开始主政地方⑧。

同年九月十一日，日本维新重臣伊藤博文访华。翌日，时任直隶总督荣禄于北

---

① 徐茵：《秋樵情融〈天演论〉》，林长源、徐茵主编：《琅琊人文》，合肥：黄山书社，2011年，第213页。
② 马建忠（1845—1900），近代语言学家、外交家。别名干，学名马斯才，字眉叔。江苏丹徒（今镇江）人。同治九年（1870）成为李鸿章的幕僚。光绪二年（1876）被派往法国留学，学习国际法，并担任中国驻法公使郭嵩焘的翻译。1879年，获巴黎自由政治学堂（巴黎政治大学前身）法学学位。1880年，回国随李鸿章办洋务，主要负责对外交涉等事宜，次年出使印度。1882年，出使朝鲜协助政府与英、美等国签订商约。其著有中国第一部全面系统的汉语语法著作《马氏文通》，并撰有记述其外交事迹的《东行三录》。参见宋林飞主编：《江苏历代名人辞典》，南京：江苏人民出版社，2019年，第261—262页。
③ A. 马建忠：《东行初录》，陈演生辑录，神州国光社，1939年，第5页；
B. 王伯恭：《蜷庐随笔》，郭建平点校，太原：山西古籍出版社，1999年，第30页。
④ （清）朱寿朋：《光绪朝东华录》，北京：中华书局，1960年，第1409—1410页。
⑤ 顾廷龙、戴逸主编：《李鸿章全集》，合肥：安徽教育出版社，2008年，第50页。
⑥ A. 王伯恭：《蜷庐随笔》，郭建平点校，太原：山西古籍出版社，1999年，第83—84页；
B. （清）薛福成：《出使英法义比四国日记》卷五，清光绪十八年铅印本，第1页。
⑦ 郑孝胥著，劳祖德整理：《郑孝胥日记》（第一册），北京：中华书局，1993年，第200—346页。
⑧ A. （清）王文韶：《王文韶日记》，北京：中华书局，1989年，第985页；
B. （清）徐宗亮纂：《光绪重修天津府志》，清光绪二十五年刻本，卷首，第14页。

洋医学堂设宴接待，作为当时天津县知县的吕增祥列席[①]；九月十三日晚，北洋大学堂总办王修植设宴款待伊藤一行，吕增祥亦作陪[②]。

光绪二十五年（1899），吕增祥调任南宫县知县，"以本任临城县[③]调署县事，精勤干练，杜防一切吏敝，清保甲，办团练，改牌为庄，风化一新，邑人立戴德碑于东门，升开州知州"[④]。

光绪二十六年（1900）四月，复任临城知县[⑤]。同年八月，已调任献县知县[⑥]。

光绪二十七年（1901），在献县知县任上升任直隶候补知府。同年五月，升任开州知州，但到任仅25日即病逝于任上[⑦]。

前文述及，关于吕增祥去世年份，学界有多种看法，但似未注意两则史料。其一，是吴汝纶记于光绪辛丑年（1901）阴历六月十一日的日记："闻吕秋樵亡，伤盡之至。"[⑧]其二，是郑孝胥记于同年六月初九（公历七月二十四日）的日记："腹泻。李一琴来，言得伍昭扆书，云吕秋樵卒于开州。夜，热甚。子春弟自信阳来。"[⑨]这两则日记均是吕增祥密友所记，且时间均为1901年，当属可靠，因此吕增祥应卒于此年。同时，根据《李鸿章全集》中光绪二十七年（1901）阴历五月初四日"孟广翰请署临城县知县折"所奏，此时吕增祥仍在献县知县任上；而《蜷庐笔记》中称吕增祥"到官二十五日，以勤劳得疾遽卒"[⑩]。综合上述信息来看，吕增祥去世的具体时间应在1901年阴历五月底至六月初。

关于吕彦直长兄吕彦深，其人事档案中记有如下信息（图1-1-2）：

驻巴拿马总领事馆主事　吕彦深　现年二十四岁　安徽省滁县人

三代　曾祖如松（殁）　祖凤翔（殁）　父增祥（殁）

出身　上海青年会中学堂暨南京金陵大学修业生

[①]《中堂款待伊侯》，《国闻报》1898年9月13日。
[②]《嘉宾式宴》，《国闻报》1898年9月14日。
[③] 根据前文所引《王文韶日记》《光绪重修天津府志》等记载，吕增祥应由天津知县调任南宫知县，故此处记载应有误，当为本任天津县调署南宫县。
[④] 黄容惠修，贾恩绂纂：《民国南宫县志》卷十三，民国二十五年刊本，第10页。
[⑤] 北京大学历史系中国近现代史教研室编：《义和团运动史料丛编》，北京：中华书局，1964年，第99页。
[⑥] 顾廷龙、戴逸主编：《李鸿章全集》，合肥：安徽教育出版社，2008年，第319页。
[⑦] 王伯恭：《蜷庐笔记》，《中国商报》1940年1月11日，第二张第五版。
[⑧] 宋开玉整理：《桐城吴先生日记》（上册），石家庄，河北教育出版社，1999年，第650页。
[⑨] 郑孝胥著，劳祖德整理：《郑孝胥日记》（第二册），北京：中华书局，1993年，第803页。
[⑩] 王伯恭：《蜷庐笔记》，《中国商报》1940年1月11日，第二张第五版。

经历官职　民国二年四月二十五日奉部令调任外交部主事　民国二年十二月三十一日奉部令调署驻秘鲁使馆主事　奉部令调署驻巴拿马总领事馆主事

任命日期及到任日期　民国三年二月四奉部令调署　民国三年六月七日到任

通晓何国语文　英国文　日斯巴尼亚文

根据该人事档案，除可了解吕氏家族信息外，亦可知吕彦深曾就读于上海青年会中学堂和南京金陵大学。民国二年（1913），时年22岁的吕彦深调任外交部主事，具体在外交部总务厅统计科[①]。同年十二月调任驻秘鲁使馆主事，翌年二月四日调任驻巴拿马总领事馆主事[②]。根据民国时期《驻外各使领馆职员录》载，吕彦深长期驻任巴拿马总领事馆，先后任主事、随署习领事、属副领事、二等秘书等职[③]。另外，作为一名外交家，其编有《外交公文范》[④]一书。

侯疑始在《吕彦直病笃》一文中已指出"古愚父秋樵先生增祥，……与先师严文惠先生最相友善"，可见吕增祥与严复关系密切。徐茵在《秋樵情融〈天演论〉》一文中就两人交往介绍详细，包括吕增祥在严复翻译赫胥黎名著《天演论》过程中给予的帮助[⑤]（图1-1-3），此处不再赘述。正因严、吕两人不同寻常的关系促成双方结成秦晋之好——严复长子严璩娶吕增祥长女为妻。而这样的关系也对吕彦直的人生产生了重要影响——吕增祥去世后吕彦直跟随严璩夫妇旅法，以及回国后入北京五城学堂就读等。

图1-1-3　严复译《天演论》封面（富文书局1901年本）（图片来源：王栻主编：《严复集·第三册·著译、日记、附录》，北京：中华书局，1986年，第5页）

---

① 《外交部部令第一百四十三号（中华民国二年五月一日）》，《政府公报》1913年第355期，第3页。
② 关于吕彦深任职驻巴拿马总领事馆主事的信息，亦可参见北洋政府外交部编：《驻外各使领馆职员录》，1914年，第10页。
③ 详见外交部编：《驻外各使领馆职员录》，1914年、1921年、1922年、1924年、1936年和1943年等条文。
④ 吕彦深编：《外交公文范》，中华书局，1936年。
⑤ 徐茵：《秋樵情融〈天演论〉》，林长源、徐茵主编：《琅琊人文》，合肥：黄山书社，2011年，第211—218页。

三、关于吕彦直籍贯、名讳与符号的辨析

（一）籍贯

目前，关于吕彦直的籍贯，主要有山东东平[①]、安徽滁县[②]、南京江宁三种观点，且尤以前两种流传甚广，研究者或宗其一，或兼采之[③]。其中，卢洁峰、徐茵和殷力欣等曾对吕彦直籍贯作过较详细的考证。

卢洁峰在比较当代研究吕彦直论著中关于吕彦直生平的介绍后，认为需从一手资料入手考证吕的籍贯。于是其通过实地踏访（山东东平和安徽滁州），查阅档案（清华大学档案馆藏"民国二十六年四月国立清华大学校长办公室印行"的《清华同学录》），并参考民国时《申报》《民国日报（上海）》中关于吕彦直逝世消息资料，认为吕彦直祖籍在安徽滁县与江苏江宁一带，并非山东东平，且滁县应是吕彦直籍贯所在地[④]。

2009年，徐茵发表《南京中山陵设计者吕彦直籍贯新证》一文。该文说明了形成吕彦直籍贯三种说法的历史原因：首先，吕家后人薛晓育（吕彦深的外孙女）回

[①] 此说见于南京中山陵和广州中山纪念堂的"吕彦直生平"，并为不少研究者所宗，兹列举几条如下：
  A.《辞海·工程技术分册·下》，"建筑及建筑史"条，上海：上海人民出版社，1977年，第9页；
  B. 沈柔坚主编，邵洛羊撰：《中国美术辞典》，上海：上海辞书出版社，1987年，第265页；
  C. 杨永生、刘叙杰、林洙：《建筑五宗师》，天津：百花文艺出版社，2005年，第7页；该书虽然认为吕彦直为山东东平人，但以脚注的形式指出存在吕彦直为南京人和安徽滁县人的说法。
  D. 颜晓烨：《吕彦直》，《装饰》2008年07期；
  E. 王志民主编：《山东重要历史人物》（第6卷），济南：山东人民出版社，2009年，第182页；
  F. 刘先觉：《中国近现代建筑与城市》，武汉：华中科技大学出版社，2018年，第107页；
  G. 陈从周：《梓室余墨》（上），上海：上海书店出版社，2019年，第42页。

[②] 此说近年渐为多数研究者所采纳，如：
  A. 蒋赞初：《南京史话》（下），南京：南京出版社，1995年，第62页；
  B. 滁州市地方志编纂委员会编：《安徽省地方志丛书·滁州市志》，北京：方志出版社，2013年，第1982页；
  C. 夏征农、陈至立主编：《大辞海·美术卷》，上海：上海辞书出版社，2015年，第304页；
  D. 中国文物学会20世纪建筑遗产委员会编纂：《中国20世纪建筑遗产名录》（第1卷），天津：天津大学出版社，2016年，第504页。

[③] A. 刘凡：《吕彦直及中山陵建造经过》，汪坦主编：《第三次中国近代建筑史研究讨论会论文集》，北京：中国建筑工业出版社，1991年，第135—145页；
  B. 姜椿芳、梅益总编：《中国大百科全书·建筑、园林、城市规划》，北京：中国大百科全书出版社，2002年，第312页；
  C. 杨光主编：《新教材解读·苏教版·七年级语文·下》，北京：农村读物出版社，2006年，第134页。

[④] 卢洁峰：《广州中山纪念堂钩沉》，广州：广东人民出版社，2003年，第94—109页。

忆吕家祖籍确实来自山东，吕增祥借籍滁州参加科举考试，自吕彦深一辈起籍贯俱称安徽滁县（文中附吕彦深人事档案手稿照片为证），加上前文《清华同学录》中对吕彦直籍贯的认定，吕彦直籍贯应为安徽滁县。其次，吕彦直之所以被称江宁人，一方面是由于吕彦直给夏光宇信函中称"南京为弟之桑梓"，另一方面则因为当时报纸对吕氏籍贯的误写。值得注意的是，文中认为吕彦直之所以将南京视为"桑梓"，与吕童年在南京生活有关，即文中披露吕彦直曾在南京汇文书院读书[①]。

殷力欣在《吕彦直集传》中对吕彦直籍贯问题亦有辨析。除再次明确吕彦直籍贯为安徽滁县外，还认为吕彦直称南京为"桑梓"，是因为吕氏曾在南京学习、生活、工作；且滁县历史上曾属省级建制的南京范围之内，所以将南京视为故乡或第二故乡，体现的是一种心理上的文化认同倾向。另外，关于卢洁峰否定吕家出自山东的看法，其认为目前下结论为时尚早，似乎证据不足[②]。

比较上述三家观点，共同之处是均认为吕彦直籍贯为安徽滁县，但关于吕彦直与山东东平、南京江宁的关系则尚存歧见。我们认为要廓清该问题，需回到原始材料中讨论，以摒除后人研究误导和相关回忆追述的不确定性。为此，我们检索、搜集了民国时关于吕彦直籍贯的材料，并将其分类整理如下表（表1-1）。

表1-1 关于吕彦直籍贯信息的民国材料举例

类别	序号	材料	来源	备注
山东东平说	1	吕彦直，字仲宜，又字古愚，山东东平人。先世居处无定，逊清末叶，曾与安徽滁州吕氏通谱，故亦称滁人。君生于天津，八岁丧父，九岁从次姊往法国，居巴黎数载……	《吕古愚略传》，《科学》1929年第14卷第3期，第455—466页	此四则发表于民国时期杂志或报纸上的关于吕彦直生平的略传，文意与词句颇多相似，或出自同一底稿
	2	本会会员吕彦直，字仲宜，又字古愚，山东东平人。先世居处无定，逊清末叶，曾与安徽滁州吕氏通谱，故亦称滁人。君生于天津，八岁丧父，九岁从次姊往法国，居巴黎数载……	《本会会员吕彦直先生遗像（附生平简介）》，《工程：中国工程学会会刊》1929年第4卷第3期，第1页	
	3	吕君彦直，字仲宜，别字古愚，鲁之东平人。先世居处未详，逊清末叶，曾与滁州吕氏通谱，故亦称皖之滁人。生于津沽，髫龄遭父丧，九岁从姊之法，居巴黎数载……	《故吕彦直建筑师小传》，《时事新报（上海）》1930年12月5日，第二张第三版	
	4	吕彦直，字仲宜，又字古愚，山东东平人。先世居处无定，逊清末叶，曾与安徽滁州吕氏通谱，故亦称滁人。君生于天津，八岁丧父，九岁从次姊往法国，居巴黎数载……	《故吕彦直建筑师传》，《中国建筑》1933年第1卷第1期，第1页	

---

① 徐茵：《南京中山陵设计者吕彦直籍贯新证》，《滁州学院学报》2009年04期。
② 殷力欣：《吕彦直集传》，北京：中国建筑工业出版社，2019年，第7—10页。

（续表）

南京江宁说	5	工程师吕彦直，于前年设计紫金山总理陵墓图案，获得首奖，忽于本月十八日患肠癌逝世，年仅三十六岁。吕字古愚，江宁人，而生于天津……	《工程师吕彦直逝世》，《申报》1929年3月21日，第十五版	此三则登于当时报纸的关于吕彦直逝世的通告，文字亦多雷同，或亦有同一底稿
	6	名工程师吕彦直，于前年设计紫金山总理陵墓图案，获得首奖，忽于本月十八日患肠癌逝世，年仅三十六岁。吕字古愚，江宁人，而生于天津……	《工程师吕彦直逝世》，《新闻报》1929年3月21日，第十五版	
	7	名工程师吕彦直，于前年设计紫金山总理陵墓图案，获得首奖，忽于本月十八日患肠癌逝世，年仅三十六岁。吕字古愚，江宁人，而生于天津……	《工程师吕彦直逝世》，《民国日报》1929年3月21日，第三张第二版	
	8	定都南京为总理最力之主张。在弟私衷以为此钟灵毓秀之邦，实为一国之首府，而实际上南京为弟之桑梓，故其期望首都之实现尤有情感之作用……	《吕彦直致夏光宇函》，1928年6月5日，黄建德先生提供信件原件	
	9	Mr. Yen Chih-lu architect, was born in 1894 in Tientsin, his ancestral home is Nanking.	*The China Weekly Review*, September 1, 1928, p.28.	
安徽滁县说	10	孙中山先生陵墓图案展览会，吕邦彦先生应征得第一名。吕君，安徽人，美国康奈尔大学毕业，建筑专家……	《吕彦直君之谈话》，《申报》1925年9月23日，第二十版	
	11	吕彦直君逝世消息，曾志本报，兹据吕季操君（彦直君之弟）来函，谓报载尚有误点，列举如下：（一）建筑师误作工程师，与工程性质全异；（二）籍贯讹为江宁，按本是山东东平人，逊清末曾与安徽滁州吕氏通谱，故亦称滁人，生于天津，幼时曾居法国数年，其后久在北平……	《吕彦直事迹续志》，《民国日报》1929年3月23日，第三张第二版	
	12	吕彦直 古愚 安徽滁县 已故 建筑——（Cornell）	北平清华大学编：《清华同学录》，国立清华大学校长办公处，1937年	
	13	DATE OF BIRTH: 7/28/1894 COR.NO. 1918 NAME：Lu, yen chih HOME ADDRESS: TOWN: an hui China	康奈尔大学图书馆提供	吕彦直在康奈尔大学学生卡
安徽来安说	14	吕彦直，字古愚，皖之来安人，前年中山陵墓征求图案，应征获首选即此君也。古愚父秋樵先生增祥……	侯疑始：《吕彦直病笃》，《晶报》1929年3月21日，第三版	

梳理表中材料我们发现，吕彦直籍贯的三种说法早在民国时既已存在。"山东东平"一说见之于四则发表于民国时期杂志或报纸上的关于吕彦直生平的略传（下文简称"四则略传"或"略传"）。比较可知，这四则略传文意与词句颇多相似，或出自同一底稿。同时，值得注意的是，这四则略传中在说明吕彦直为山东东平人时，

11

都指出其先世居处无定，清末时与滁州吕氏通谱，因此也称为滁人。这与前文所述吕彦直之父吕增祥生平以及吕家后人薛晓育关于吕增祥借滁县籍赴考的回忆吻合。按前文分析，吕家在吕增祥之父吕凤翔时或已迁居滁县，因此上述四则吕彦直略传中言及吕为山东东平人，应指的是其祖籍。

"江宁"一说见于三则刊登在当时报纸上关于吕彦直逝世的通告，文字亦多雷同，或亦有同一底稿。目前，多数研究者仅注意到此三则通告，却忽视了另一细节。在《申报》1929年3月21日发布吕彦直逝世通告两天后，该报又刊发了一则《吕彦直事迹续志》[①]，其中提到吕季操（吕彦直胞弟）来函指出两天前发布的通告有四处错误，为此特作修改说明。而这四处错误中就包括吕彦直的籍贯，即"籍贯讹为江宁，按本是山东东平人，逊清末曾与安徽滁州吕氏通谱，故亦称滁人"。换言之，吕彦直籍贯江宁实际是当时报纸在发布吕逝世消息时的失误，且得到了吕彦直胞弟的澄清。

如果细读吕季操来函澄清吕彦直籍贯错误的文字，我们会发现其与前述四则发表于杂志或报纸上的吕彦直略传中关于籍贯的表述近同，而此四则略传很有可能出自同一底稿。因此，推测吕彦直逝世后，或由吕家人提供了一份关于吕彦直生平略传底稿用于布告；而报纸上刊发的吕彦直逝世通告，并非出自吕家人之手。

除吕季操在澄清《申报》通告错误时指出吕彦直籍贯安徽滁县外，《清华同学录》中对吕彦直的介绍、吕在康奈尔大学的学生卡以及吕彦深人事档案资料等，均证明吕彦直籍贯为安徽滁县。而这些资料或与当事人密切相关，或是官方文件，因此可信度很高。

至于吕彦直自称"南京为弟之桑梓"，一方面尚不能确定此处南京所指的范围（或因滁州曾经长期属于南京有关[②]）；另一方面，"桑梓"为文学用语，一般意指故乡。因此，或如殷力欣所言，南京因是吕彦直生活、工作的地方，或已被吕视作故乡或第二故乡。但我们认为不能据此将南京作为吕的籍贯，否则天津作为其出生地和童年生活处，亦可为其籍贯，如此将致混乱。

---

① 《吕彦直事迹续志》，《民国日报》1929年3月23日，第三张第二版。
② 清初袭明制，称南直隶，领府十四：应天、凤阳、太平、池州、宁国、淮安、扬州、松江、常州、镇江、庐州、安庆、徽州、苏州；直隶州四：徐州、滁州、和州、广德（《读史方舆纪要》卷十九）。牛平汉、陈普：《清代政区沿革综表》，北京：中国地图出版社，1990年，第120页。

民国时期关于吕彦直籍贯资料中,前述刊登于《晶报》1929年3月21日第三版《吕彦直病笃》消息引起了我们的注意,文中称吕彦直为"皖之来安人"。该文作者侯疑始,自称曾教授幼年吕彦直文字,并在1929年吕病笃期间前往上海古拔路寓所探望,对吕之病情和治疗经过颇为了解。从该文作者描述来看,其对吕家情况熟悉,因此所称应非空穴来风。如此,侯疑始称吕彦直为"皖之来安人"作何理解?

经查宣统年修订的《来安县志》,滁州明初属凤阳府,后改直隶州。清朝因之,领全椒、来安二县,来安县东与六合、南与江浦接壤[①]。民国元年(1912),安徽省废道、府、州、厅,原属滁州直隶州的来安、全椒二县直属省府,同年改滁州为滁县。1914—1918年,北洋政府实行省、道、县三级行政体制,滁县、来安、全椒等县属安徽省淮泗道[②]。概言之,来安在清代为滁州之下辖县,与江宁西北之六合、江浦等地接壤。虽然民国初年废滁州建置后,滁县与来安县同属安徽省,但来安曾隶属滁州仍有孑遗。例如,《时事新报(上海)》1914年4月7日刊登消息称:"安徽滁州之来安等镇,被土匪劫掠一空,现由中央电饬张巡阅使来宁会剿,闻张军不日即到。"[③]

如此,关于侯疑始所称吕彦直为"皖之来安人",我们或可这样理解:前述证明吕彦直籍贯为滁县的材料中,滁县所指范围实际是清朝滁州的州域范围。这也解释了前述四则关于吕彦直略传中称"逊清末叶,曾与安徽滁州吕氏通谱,故亦称滁人",此处仅言"滁州"和"滁人"而不称"滁县"。1912年废滁州为滁县,于是在吕彦深人事档案(1914)和《清华同学录》中关于吕彦直的介绍(1937)这种较官方的文件中,对吕氏籍贯认定为安徽滁县。因此,侯疑始所指来安,可能系吕彦直父辈或祖父辈在清末迁到滁州居住的具体位置,即当时的滁州来安县。

(二)名讳

前述四则发表于民国时杂志或报纸上的吕彦直生平略传中称"吕彦直,字仲宜,别字古愚",这也是常见的关于吕彦直名讳的表述。除此之外,我们在搜集有关吕彦直材料时尚见到其他称呼,一并在此列出,并略作辨析或说明:

(1)1992年出版的《中国大百科全书·建筑·园林·城市规划》在介绍吕彦直时,

---

① (清)刘廷槐纂修,余培森修订:《来安县志》,合肥:黄山书社,2007年,第17、26页。
② 滁州市地方志编纂委员会编:《滁县地区志》,北京:方志出版社,1998年,第56页。
③ 《时事新报(上海)》1914年4月7日,第一张第三版。

称吕彦直"字仲直"①。经检索，我们发现此说更早见之于1989年邱树森主编《中国历代人名辞典》②和李盛平主编《中国近现代人名大辞典》③。此后，在学界内论著④或科普类出版物⑤中均可见到，甚至用于中学教材中⑥，流传较广，影响不小。但据我们目前掌握的资料，该称谓未见于民国时关于吕彦直的相关介绍。卢洁峰已指出，"字仲直"一说可能系笔误⑦。

（2）《申报》1925年9月23日第二十版刊登《吕彦直君之谈话》中称："孙中山先生陵墓图案展览会，吕邦彦先生应征得第一名。吕君，安徽人，美国康奈尔大学毕业，建筑专家，曾在中南建筑公司任职……"。其中，吕彦直被称"吕邦彦"。由于此则消息标题已称"吕彦直君"，说明作者清楚吕的名讳。而此处称"邦彦"，或是作者敬称，以示吕为国家之栋梁优才；或是作者笔误，因为下文中称吕"曾在中南建筑公司任职"，同样存在错误，"中南建筑公司"应为"东南建筑公司"。

（3）1909年严复写给夫人朱明丽的信中说"吕渤生在五城中学，甚勤敏，可爱敬。此儿甚似其父也"⑧。由于严、吕两家关系，加之前述吕彦直略传中称吕自法国回国后入北平五城学堂学习，此处"吕渤生"应指吕彦直，而渤生系吕之小名，前述《郑孝胥日记》可为佐证⑨。

（4）由于吕彦直有国外求学背景，因此英文名也较常使用。其在康奈尔大学的学籍卡上英文名为"Lu, yen-chih"，而参加社团或学会所列的英文名一般为"Yen Chih Lu"⑩，往往也简写为"Y.C. Lu"⑪。此三者也常见于日后英文报纸、杂志等对吕的报道中，例如，*The China Weekly Review*和*The China Press*两份报

---

① 姜椿芳、梅益总编：《中国大百科全书·建筑、园林、城市规划》，北京：中国大百科全书出版社，1992年，第312页。2002年版的《中国大百科全书·建筑、园林、城市规划》仍沿用这一表述。
② 邱树森主编：《中国历代人名辞典》，南昌：江西教育出版社，1989年，第1356页。
③ 李盛平主编：《中国近现代人名大辞典》，北京：中国国际广播出版社，1989年，第126页。
④ 北京市建筑设计研究院有限公司、中国文物学会20世纪建筑遗产委员会主编：《中国20世纪建筑遗产大典·北京卷》，天津：天津大学出版社，2018年，第210页。
⑤ 蔡耀鸣主编：《中学生文化常识手册》，北京：北京教育出版社，2011年，第470页。
⑥ 杨光主编：《新教材解读·苏教版·七年级语文·下》，北京：农村读物出版社，2006年，第134页。
⑦ 卢洁峰：《广州中山纪念堂钩沉》，广州：广东人民出版社，2003年，第98页。
⑧ 王栻主编：《严复集·第三册·书信》，北京：中华书局，1986年，第750页。
⑨ 郑孝胥著，劳祖德整理：《郑孝胥日记》（第四册），北京：中华书局，1993年，第1796页。
⑩ *The Cornellian*., v.49 1917.Ithaca, N.Y.:Secret Societies of Cornell University.p.352；*The Cornellian*., v.51 1919.Ithaca, N.Y.:Secret Societies of Cornell University.p.440.
⑪ *The Cornellian*., v.47 1914/15.Ithaca, N.Y.:Secret Societies of Cornell University.p.390；*The Cornellian*., v.50 1918.Ithaca, N.Y.:Secret Societies of Cornell University.p.419.

纸在介绍吕彦直时，均写作"Yen Chih-lu"[①]。而吕彦直病逝后，*The North-China Herald and Supreme Court & Consular Gazette* 报纸发布的讣告中，吕的英文名写作"Lu Yen-chi"，与学籍卡上之英文名略有不同。另外，郭伟杰（Jeffrey W. Cody）在 *Encyclopedia of 20th-Century Architecture* 中采用的是汉语直译的形式，即"Lu Yanzhi"[②]。

（三）符号

在吕彦直短暂一生中，其留下的作品、手稿并不算多。我们在整理过程中发现一些代表其身份的签名或符号，兹列举如下并作简要说明，以存其真：

在康奈尔大学留学期间，吕彦直绘制的建筑设计习作，保留有其签名和符号。一是位于名为"公园里的餐厅（A RESTAURANT IN A PARK）"设计图右下角，签名为"y.c. lu Feb 12 1917"（图1-1-4 A）；二是位于"洗礼池（A BAPTIS MAL FONT）"图的右下角，签名为"Y.C.LU　Cornell Univ　Mar.25, 1918"（图1-1-4 B）；三为"西弗吉尼亚春宅"设计图的右下角，签名为"Y.C.LU CORNELL UNIV. ITHACA, N.Y."，并附有符号——似乎是其姓名首字母的组合（图1-1-4 C）。此外，在"剧院前厅"图右下角也有吕的签名，但仅能辨识出"Y.C.LU"和"1918"字样。

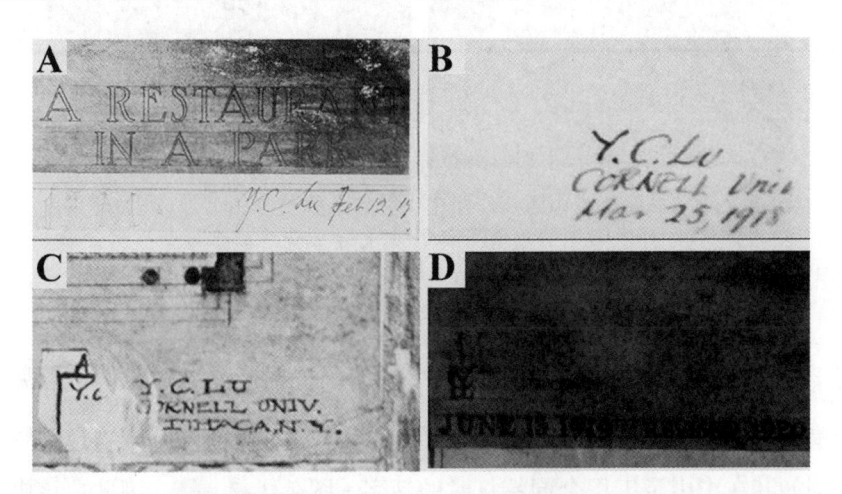

图1-1-4　吕彦直签名（图片来源：A."公园里的餐厅"局部；B."洗礼池"局部；C."西弗吉尼亚春宅"局部，此三均为康奈尔大学档案馆提供；D. 金陵女子大学校舍鸟瞰图，局部，殷力欣：《吕彦直集传》，北京：中国建筑工业出版社，2019年，第257页）

[①] A.*The China Weekly Review*, September 1, 1928, p.28;
B.*The China Press*, May 29, 1929, No.2.
[②] Jeffrey W.Cody, "Lu Yanzhi," in R.Stephen Sennott, ed., *Encyclopedia of 20th—Century Architecture*, 2004, Vol.2, New York and London, pp.798—799.

从康奈尔大学毕业后吕彦直进入茂飞建筑事务所实习，期间参与金陵女子大学校园规划设计项目。在1919年绘制并于1920年修改的金陵女子大学校舍鸟瞰图左下角，保留有吕彦直的签名符号——同样是其姓名首字母的组合图案（图1-1-4 D）。

1925年悬奖征求孙中山陵墓图案，吕彦直应征。根据《孙中山先生陵墓建筑悬奖征求图案条例》规定，"一切应征图案须注明应征者之暗号，另以信封藏应征者之姓名、通讯址与暗号"[①]提交。吕彦直所提交图案上注明的暗号，《孙中山先生陵墓图案评判报告》中记为"中"[②]；但从图案上看，实际为类似中国古代建筑中的一斗三升形象（图1-1-5左）。换言之，前者为后者简化的结果。该暗号，既似"山"字，又像"中"字，暗指总理；同时，顶部三升如托举之状，象征三民主义为立国基石，形象独特而寓意深远。

1926年广州中山纪念堂悬奖征求图案，同样也是匿名提交[③]。吕彦直所提交图案的右下角标有代表其身份的暗号，系一"中"字居一方框内（图1-1-5右）。

图1-1-5　吕彦直中山陵与广州中山纪念堂参赛作品暗号（图片来源：左：吕彦直绘孙中山先生陵墓图案局部，孙中山先生葬事筹备委员会编：《孙中山先生陵墓图案》，民智书局，1925年；右：吕彦直绘广州中山纪念堂图案局部，殷力欣提供）

在1928年6月5日吕彦直写给夏光宇的信函末尾落款处，我们可以见到吕彦直的亲笔中文签名（图1-1-6）。就目前所见关于吕彦直的资料中，吕的签名多用英文，例如其在中山陵工程合同签订时的签字（图1-1-7）等，因此，该中文签名是吕彦直留下的不多见的亲笔中文签名，颇为珍贵。

---

① 《孙中山先生陵墓建筑悬奖征求图案条例》，《民国日报》1925年5月17日，第十二版。
② 《孙中山先生陵墓图案评判报告》，孙中山先生葬事筹备委员会编：《孙中山先生陵墓图案》，民智书局，1925年，第19页。
③ 《悬赏征求建筑孙中山先生纪念堂及纪念碑图案》，《广州民国日报》1926年2月23日，第二版。

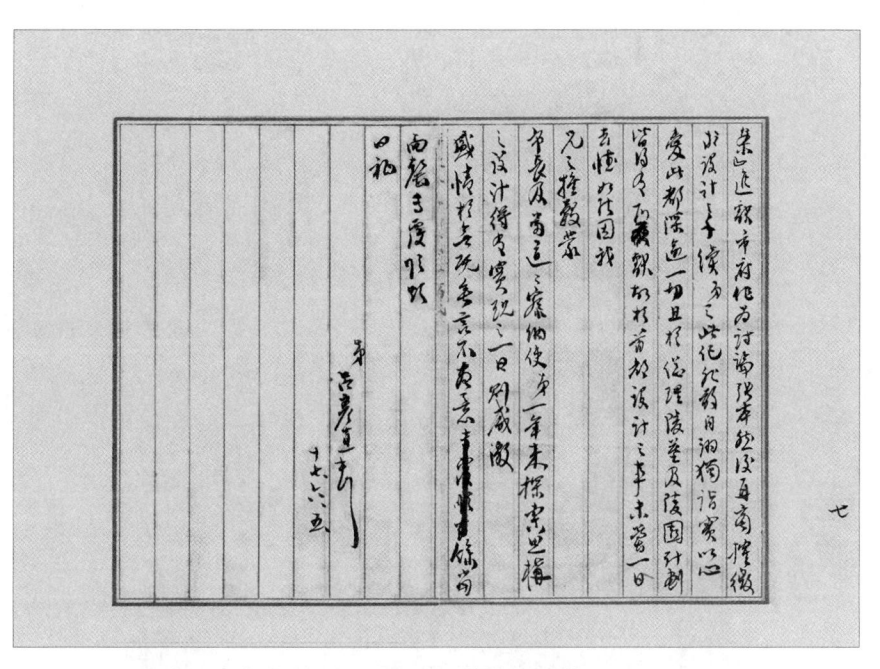

图1-1-6　吕彦直中文签名（图片来源：黄建德提供）

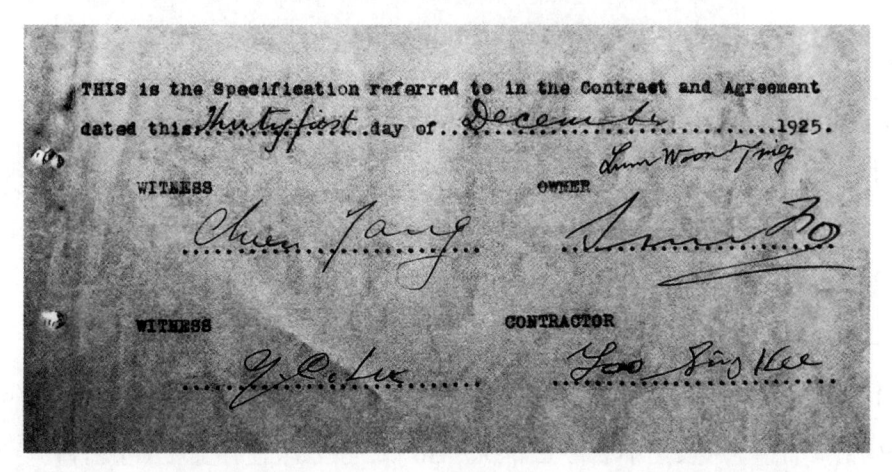

图1-1-7　吕彦直英文签名（左下）（图片来源：《中山陵档案》编委会：《中山陵档案：陵墓及纪念工程》，南京：南京出版社，2016年，第72页）

此外，在吕彦直及彦记建筑事务所绘制的中山陵和中山纪念堂图纸上，常在对称轴线上标示一符号。该符号最初是由"L"和"C"两字母构成——应是吕彦直姓名中"吕"（Lu）与"直"（Chih）首字母的组合（图1-1-8上）；后来该符号进一步演化为带有艺术字体性质的形象，且更像是"L""Y""C"三字母的组合（图1-1-8中）。不过，该符号并非吕彦直专用，而应是彦记建筑事务所制图时通用，且在吕彦直去世后继续使用（图1-1-8下）。

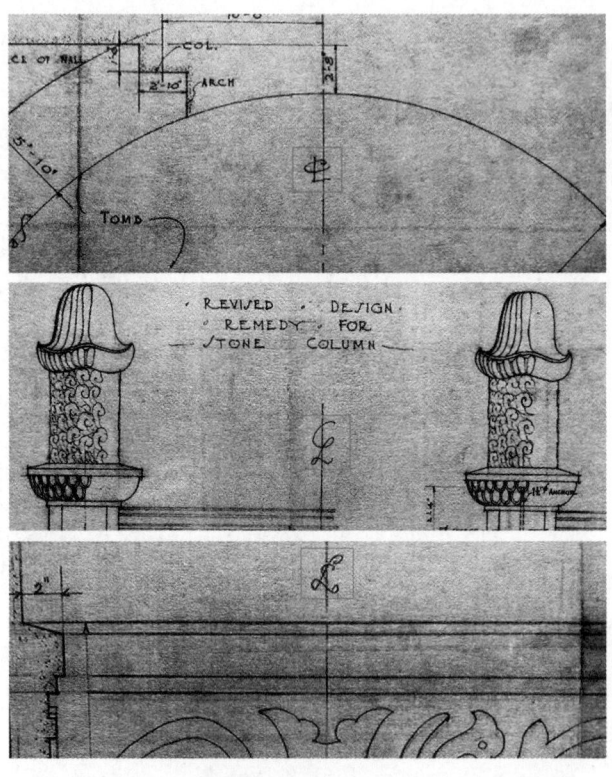

图 1-1-8　彦记建筑事务所所用与吕彦直相关制图符号
（图片来源：上：《中山陵档案》编委会：《中山陵档案：陵墓建筑》，南京：南京出版社，2016 年，第 90 页；中：同上，第 206 页；下：同上，第 10 页）

第二节　求学经历（1902—1918）

一、游学法国（1902—1905）

1901 年 5 月底（或 6 月初），到任开州仅二十五日的吕增祥突然去世，年仅 7 周岁的吕彦直遭遇丧父之痛。1902 年 9 月 30 日，驻法公使孙宝琦（字慕韩）[1]离京赴任，作为参赞的严璩携夫人随往[2]，林纾（吕彦直在五城学堂时的老师）作《送严伯玉之巴黎序》赠别[3]。

---

[1] 孙宝琦（1867—1931），字慕韩，浙江杭州人。1900 年入清政府军机处办理电报，后任刑部秘书、直隶道台。1902 年任驻法公使兼驻西班牙公使。1905 年奉调回国。1906 年调任驻德公使，1908 年回国。1911 年初调任山东巡抚。1912 年任全国税务会办，次年 8 月至 1915 年 1 月，先后任熊希龄、徐世昌内阁的外交总长。1916 年任段祺瑞内阁的财政总长。1917 年 7 月张勋复辟后，任督办税务大臣。1924 年 1 月，任国务总理兼外交委员会委员长。1926 年任中法大学董事长。参见马洪武等主编：《中国近现代史名人辞典》，北京：档案出版社，1993 年，第 202 页。
[2] 孙宝瑄：《忘山庐日记》（上册），上海：上海古籍出版社，1983 年，第 575—576 页。
[3] 张旭、车树昇编著：《林纾年谱长编》，福州：福建教育出版社，2014 年，第 91 页。

根据前述吕彦直略传中的记述："君生于天津，八岁（笔者按：此应为虚岁）丧父，九岁从次姊往法国，居巴黎数载。时孙慕韩亦在法，君戏窃画其像，俨然生人。"[1] 可见，吕彦直即在此次随严璩夫妇赴法旅居。同时，其中还描述吕彦直偷画孙慕韩像，惟妙惟肖，俨然生人，说明吕童年时即表现出不俗的艺术天赋。

有关吕彦直在法的经历，目前学界掌握的资料甚少。仅在吕彦直的遗物中，发现一帧摄于 1905 年巴黎的吕彦直童年照纪念卡（图 1-2-1），可资一窥。照片右侧题为"生一八九四年，即光绪甲午年"，左侧题为"卒民国十八年三月十八日，即己巳岁二月初八日"。背面左侧题写"迈达先生惠存 吕彦直敬呈"，右侧记为"此古愚十二岁在巴黎所映小影也。迈达女士检出见赠。因为题识，不禁泫然。己巳秋抄，璩识"。背面两侧题记笔迹有别，应非同一时间所写。据吕彦直亲友回忆，吕彦直留美回国时曾绕道欧洲游历，并重访巴黎拜访迈达先生——巴黎一名小学女教师[2]。如此，"迈达先生惠存 吕彦直敬呈"（法文名 POSSEUN LU）应是吕彦直当年敬送此纪念卡给迈达先生时所题，另一侧则有可能是当年吕重访迈达先生时，迈达先生回赠此卡后吕的补记。如果该纪念卡的赠送对象——迈达先生，确为小学教师，则或可推测吕彦直在巴黎接受了小学教育。

图 1-2-1 吕彦直在巴黎之童年照纪念卡（图片来源：吕彦直外甥罗兴旧藏，黄建德提供）

---

[1] 《本会会员吕彦直先生遗像（附生平简介）》，《工程：中国工程学会会刊》1929 年第 4 卷第 3 期，第 1 页。
[2] 殷力欣：《吕彦直集传》，北京：中国建筑工业出版社，2019 年，第 10 页。

目前，关于吕彦直游学法国的起止时间，学界尚有不同认识。首先，卢洁峰早年在《广州中山纪念堂钩沉》和《吕彦直与黄檀甫——广州中山纪念堂秘闻》中称吕彦直1903年丧父，翌年（1904）随姊期望法国[①]；殷力欣在《吕彦直集传》中认为吕于1904—1908年寄居法国巴黎[②]，应该是沿袭了卢的这一说法。但前文述及卢在后来的相关文章中改变了此看法，认为吕父1901年去世，因此吕彦直前往巴黎的时间相应改为1902年[③]。而通过前文分析，我们证实了吕1901年丧父，1902年旅法；《吕彦直集传》中尚未更新这一认识。

同样，《吕彦直集传》中沿用《吕彦直与黄檀甫——广州中山纪念堂秘闻》的观点，认为严伯玉1908年卸任归国，吕彦直随之[④]。但严复的书信中却有如下记述：

"弟此行惟重游英、法两都[⑤]，得见儿、媳（笔者按：指严璩夫妇），差为可乐"[⑥]，"复在此候身东归，三月之初，当与小儿（笔者按：指严璩）及慕韩家眷东渡。但小儿乃奉差越南，查检商务及人头税等事……严复顿首正月廿六（笔者按：1905年阴历正月二十六，公历1905年3月1日）在巴黎泐"[⑦]，"客冬随人薄游欧洲，道经英、法、瑞、义，如温州书。逮今夏四月（笔者按：公历1905年5月）而后返沪"[⑧]。

按严复所言，其于1905年初抵伦敦处理开平矿务局纠纷一事，后至巴黎与严璩夫妇相聚，并于当年3月与严璩、孙慕韩携家眷等一同东渡归国，5月抵沪，且严璩此次回国是为奉差越南。既然严璩夫妇与孙慕韩等人尽数回国，而吕彦直此时尚幼，当不会孤身一人留居法国，应一同返回。

综上，吕彦直游学法国的起止时间应为1902年10月至1905年3月。

[①] 卢洁峰：《广州中山纪念堂钩沉》，广州：广东人民出版社，2003年，第109页；《吕彦直与黄檀甫——广州中山纪念堂秘闻》，广州：花城出版社，2007年，第11页。
[②] 殷力欣：《吕彦直集传》，北京：中国建筑工业出版社，2019年，第10页。
[③] 卢洁峰：《中国近代杰出建筑师：吕彦直生平揭秘》，《环球人物》2008年8月（下）；《吕彦直的家学渊源与他的建筑思想》，《建筑创作》2009年05期；《"中山"符号》，广州：广东人民出版社，2011年，第88—89页。
[④] A. 卢洁峰：《吕彦直与黄檀甫——广州中山纪念堂秘闻》，广州：花城出版社，2007年，第12页；
B. 殷力欣：《吕彦直集传》，北京：中国建筑工业出版社，2019年，第12页。
[⑤] 严复于1904年12月随张翼启程赴伦敦协助处理开平矿务局诉讼一事，1905年1月6日抵达伦敦，事后前往巴黎，居严璩处。参见孙应祥：《严复年谱》，福州：福建人民出版社，2014年，第195—198页。
[⑥] 王栻主编：《严复集》（第三册），北京：中华书局，1986年，第553页。
[⑦] 王栻主编：《严复集》（第三册），北京：中华书局，1986年，第556页。
[⑧] 王栻主编：《严复集》（第三册），北京：中华书局，1986年，第568页。

二、修学五城（1908—1911）

关于吕彦直自巴黎归国后至入学清华前的学习经历，学界亦有不同看法。卢洁峰早年论著如《广州中山纪念堂钩沉》和《吕彦直与黄檀甫——广州中山纪念堂秘闻》等均认为吕于 1908 年回国并进入五城学堂读书[①]，殷力欣 2019 年出版的《吕彦直集传》仍沿袭此看法[②]；2011 年出版的卢著《"中山"符号》中则将吕回国时间改为 1905 年，且认为时年 11 岁的吕彦直入读五城学堂并在此完成了全部中学学业[③]；徐茵则认为吕彦直在 1908 年底或 1909 年初随其姑妈吕汶[④]南下南京，并在南京汇文书院读书[⑤]。

首先，民国时期有关吕彦直的四则略传均言吕彦直"回国后，入北平（京）五城学堂"，加之前述 1909 年严复写给夫人朱明丽的信中说"吕渤生在五城中学，甚勤敏，可爱敬。此儿甚似其父也"，据此我们应可判断吕彦直确实曾就读于北京五城中学。徐茵之所以认为吕彦直曾在南京汇文书院读中学，主要是依据曾在该校读书的校友洪润庠、王子定两人所写的回忆文章《清末民初之毕业生及学校生活》。但从严复给夫人朱明丽的信中我们得知 1909 年吕彦直尚在五城中学堂读书，因此洪、王两人的回忆可能有误。

其次，吕彦直并非于 1905 年进入五城学堂读书，理由有二：其一，《申报》1905 年 3 月 27 日第 010 版刊登有当年五城中学堂录取学生名单，经查其中无吕彦直[⑥]。实际上，根据前文分析可知，此时吕彦直正在归国途中；其二，根据五城学堂章程[⑦]，报考五城学堂的学生年龄须在十四岁以上，二十岁以下[⑧]。吕彦直 1905 年 11 岁，不满足报考条件。

就目前我们掌握的资料来看，吕彦直当于 1906 年至 1909 年中的某一年进入

---

① 卢洁峰：《广州中山纪念堂钩沉》，广州：广东人民出版社，2003 年，第 110 页；《吕彦直与黄檀甫——广州中山纪念堂秘闻》，广州：花城出版社，2007 年，第 12 页。
② 殷力欣：《吕彦直集传》，北京：中国建筑工业出版社，2019 年，第 12 页。
③ 卢洁峰：《"中山"符号》，广州：广东人民出版社，2011 年，第 89 页。
④ 吕汶，字鲁东，安徽滁县人，吕增祥之妹，民国才女吕碧城舅妈。参见傅瑛：《略谈吕碧城成才的外家姻亲背景》，纪健生主编：《安徽文献研究集刊》（第 2 卷），合肥：黄山书社，2006 年，第 159—161 页。
⑤ 徐茵：《南京中山陵设计者吕彦直籍贯新证》，《滁州学院学报》2009 年 04 期。
⑥ 《五城中学堂录取附学生名单》，《申报》1905 年 3 月 27 日，第十版。较为遗憾的是，我们并未查到 1905 年之后至 1911 年吕彦直进入清华之前各年五城中学堂的录取学生名单，因而无法直接确认吕于哪一年进入五城中学堂就读。
⑦ 《京师五城学堂简要章程》，《申报》1902 年 1 月 27 日，第二版。
⑧ 《京师五城学堂简要章程》，《申报》1902 年 1 月 27 日，第二版。

五城中学堂就读。如果按照五城学堂章程中对报考学生年龄的限制——十四岁以上二十岁以下，吕彦直入学五城的最早年份当在 1908 年。但我们同样注意到章程中明确规定学制六年，因此即使吕彦直 1908 年入学五城中学堂，其毕业应当在 1914 年，这与下文所述吕彦直 1911 年进入清华读书不符。经查，我们发现，五城中学堂当时实行的是癸卯学制，即包括了初中和高中，学生 6 年毕业后择优升入大学堂学习，如北洋大学等[1]。通过下文分析，吕彦直于 1911 年进入清华学堂高等科学习，则其在五城中学堂的学习应属初中阶段，按照三年算，反推得知其恰好于 1908 年就读五城中学堂。

虽然，我们通过上述分析得出的吕彦直入学五城中学堂的时间与卢洁峰、殷力欣等人的结论相同，但两者的推导过程及其反映的背后真相完全不同。后者是默认吕彦直自巴黎回国的同年入学五城，并在错误认知吕回国时间的情况下得出 1908 年为吕就读五城的时间。本书则是综合五城中学堂的章程、录取学生名单和吕彦直旅法回国时间、年龄以及入学清华的情况等，综合而得的判断。同时，需要指出，上述分析表达的仅是合理性，并非唯一性。由于严、吕两家的关系以及严复与五城学堂的关系，我们不能排除因特殊原因造成的吕彦直入学五城中学堂时间的变动（如以插班生的身份入学就读、打破章程中对年龄或学制的限制等）。

提到严复与五城学堂的关系，严复于 1902 年 2 月 5 日写给张元济的书信即可窥见一斑："君潜（笔者按：严君潜，严复族侄）则经五城学堂请作分教，束五十金。其洋总教系敝徒天津人王君少泉邵廉，其汉总教则林孝廉琴南纾在杭东林讲舍作山长者。二君学皆有根底。少泉肫挚沈实，琴南豪爽恺悌，皆真君子人也。"[2]五城学堂于 1902 年 1 月首创，严复学生林少泉为洋文总教习，严复族侄为学堂分教习；作为汉文总教习的林纾（字琴南）日后亦与严复交往甚密[3]，严复长子严璩更是与林琴南同舍居住，并合作翻译《伊索寓言》[4]。丧父后，幼年吕彦直长期跟随严璩夫妇生活（包括旅居法国巴黎以及回国后"依伯玉伉俪居燕京"），于是适龄时进入教习人员熟悉的五城学堂就读自然顺理成章，而这样的背景与关系无疑也为吕彦

---

[1]《直督造送五城中学堂毕业生升入北洋大学肄业各生名册》，《学部官报》1906 年第 5 期，第 23—25 页。
[2] 王栻主编：《严复集》（第三册），北京：中华书局，1986 年，第 547 页。
[3] 郭道平：《辛亥以前严复林纾交游考论》，《现代中文学刊》2017 年 02 期。
[4] 林纾：《〈伊索寓言〉序》，阿英编：《晚清文学丛钞·小说戏曲研究卷》，北京：中华书局，1960 年，第 199—200 页。

直在五城中学学习创造了良好的条件。

五城中学堂的教员中，林纾无疑是最有名的一位。其人品与才气不仅得到严复的肯定，更被康有为评为"译才并世数严林，百部虞初救世心"①。作为中国近代最重要的翻译家之一，林纾同样具备深厚的传统文化功底，可谓通晓中西②。从游于名师，加上严复等人的特殊关系，吕彦直深受教益。正因如此，民国时期的四则吕彦直略传中均称吕"回国后，入北京五城学堂，时林琴南任国文教授。君之文字，为侪辈之冠"。

除林纾外，通过前述《吕彦直病笃》消息："秋樵先生捐馆，古愚尚幼，依伯玉伉俪居燕京，尝从不佞学文字，聪慧好学，沉默寡言"③。据此，可知严复的学生，工篆刻、善诗文的侯毅（字雪农，号疑始），亦曾教授吕彦直文字。并且，根据其描述，吕彦直"聪慧好学，沉默寡言"，这不仅与四则吕彦直略传中所记"君平居寡好，劬学成疾"相印证；且与严复的评价"甚勤敏，可爱敬"一起，构成了我们对吕彦直品性的整体了解。

三、求学清华（1911—1913）

民国时期四则略传中均记吕彦直于民国二年（1913）从清华学校毕业，但并未交代其入学时间。卢洁峰称吕于1911年入学清华，后仅用2年时间就完成了4年的高等课程，并于1913年提前毕业④。卢认为这是其研究的新得，之前未被学界所认识，但卢著中并未说明其得此认识的依据或来源。以下我们拟就该问题略作分析：

我们通过上海图书馆"全国报刊索引"数据库检索到刊登于1911年8月25日《大公报（天津）》第三张第二版上的一则消息，题为"清华学堂录取学生名单"⑤（图1-2-2），该消息公布了1911年清华学堂录取高等科、中等科学生名单，共计100名（包括高等科第三年级9名、第二年级24名、第一年级38名，中等科第五年级24名，第四年级5名），其中吕彦直名列于高等科第二年级的24名学生中。该消息证实吕彦直确在1911年被清华学堂录取，但同时引出另一个问题，即为何吕被录取时直接进入第二年级学习，或者说吕彦直为何进入清华学习两年即毕业？要解释这一问题还需回到清华学堂的创设及其招生情况的分析。

---

① 康有为：《琴南先生写万木草堂图题诗见赠赋谢》，《庸言》第一卷第七号，"诗录"页。
② 江中柱编：《林纾集》，福州：福建人民出版社，2020年，第559—560页。
③ 侯疑始：《吕彦直病笃》，《晶报》1929年3月21日，第三版。
④ 卢洁峰：《"中山"符号》，广州：广东人民出版社，2011年，第89—90页。
⑤ 《清华学堂录取学生名单》，《大公报（天津）》1911年8月25日，第三张第二版。

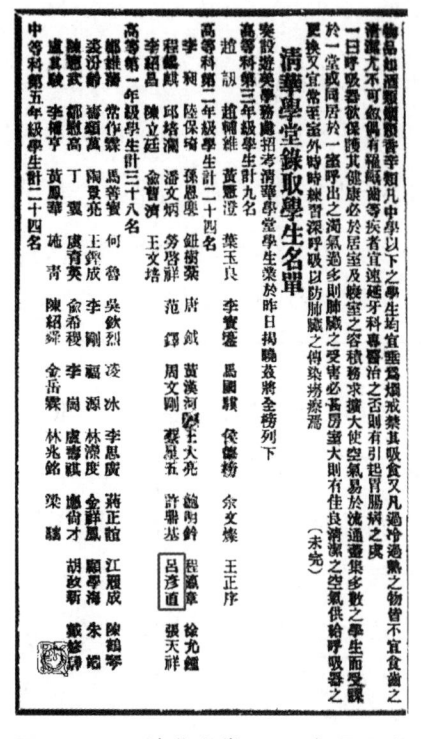

图1-2-2 清华学堂1911年录取学生名单〔图片来源：《清华学堂录取学生名单》，《大公报（天津）》1911年8月25日，第三张第二版〕

清华学堂的创设缘起于庚子赔款中经中美交涉后归还中国的一部分，时任美国总统罗斯福决定该部分赔款于1909年归还中国并鼓励中国派遣留学生入美学习深造。在此背景下，清外务部与学部于1909年5月23日联名上奏成立游美学务处，由外务部与学部派员管理，并附设游美肄业馆，选取学生入馆试验并择优遣送美国深造，该奏折当日即奉朱批"依议"①。同年9月下旬，外务部、学部奏请拨清华园筑造游美肄业馆，同样得到准奏②。于是，清廷一边派留学生赴美深造，一边培养、储备留美学生。1911年3月，游美肄业馆开学③。但由于游美肄业馆原为选取预备留美学生而设，后随着学生名额推广和办学方针的调整——不全然限于留美，亦为培养国内人才，原名取义显得狭窄，于是在1911年4月更名为清华学堂④。

从1909年5月动议设游美肄业馆到1911年3月开馆办学，仅有不到两年时间，加之各项制度、章程、办法、人员、校舍均属草创，到1910年招收学生时游美肄业

---

① A.《清华学校纪略》，《东方杂志》1917年第14卷，第10期，第169—176页；
B.《清华历史》，清华学校编：《清华年报（1923—1924）》；
C.清华大学校史研究室编：《清华大学史料选编》（第一卷），北京：清华大学出版社，1991年，第116—117页。
② A.《外务部为何日移交清华园地亩兴筑游美肄业馆事致内务府咨文（1909年9月30日）》《外务部给游美学务处札（1909年9月30日）》《外务部抄送请拨清华园地亩筑游美肄业馆折件致内务府片（附外务部为兴筑游美肄业馆奏稿）》，参见清华大学校史研究室编：《清华大学史料选编》（第一卷），北京：清华大学出版社，1991年，第2—4页；
B.《华商联合报》1909年第16期，第45页。
③ 《游美肄业馆将开办》，《教育杂志》1911年第3卷第1期，第5—6页。
④ A.《外务部、学部呈明游美肄业馆改名清华学堂缘由（1910年12月）》《学部札核准游美肄业馆改名清华学堂并将初等科改名中等科编定高等、中等两科课程报部查核（1911年1月5日）》《外务部札奏游美肄业馆改名清华学堂订章开学（1911年4月11日）》，参见清华大学校史研究室编：《清华大学史料选编》（第一卷），北京：清华大学出版社，1991年，第141—145页；
B.《游美肄业馆改名清华学堂准其立案文》，《学部官报》1911年第151期，第43—45页。

馆各项工程仍在兴作,因此当年8月先招考的第一批学生全为第一格(即高等科)[①]。经考试、阅卷和统分,最终录取周均等游美肄业馆高等科学生143名。1911年2月,再次招考,本次招考皆为第二格即中等科学生,分在京招考和各省按定额选取送京复试两类[②],最终在京招考录取116名(另有25名备选,后均录取,即合计141名)[③],各省选取送京复试录取184人[④]。

至1911年3月份开学时,游美肄业馆已招录高等科、中等科学生合计460余名。但随着学额推广至500名、游美肄业馆更名为清华学堂以及办学方针的调整,游美学务处于1911年5月拟增招以储备人才,此次"拟添招学生一百名,查照上次考试学生办法略予变通,不分高等、中等及第一、二格名目,考取之后,视其年龄、学力编入相当班次"[⑤]。本次招考自1911年6月28日至6月30日在北京西城铁匠胡同学部考棚报名,考生年龄须在15岁以上18岁以下[⑥]。前述1911年8月25日《大公报(天津)》公布的"清华学堂录取学生名单"(共100名),正是此次考试的录取结果。而吕彦直时龄17周岁,正好满足要求。并且,此次考试不分等次,待录取后视年龄和学力编入相当班次,吕因此被列入高等科第二年级。

从清华学堂章程和当时报刊的报道,我们获知:①学堂参合中、美中学以上办法,设高等、中等两科,高等科学制三年,中等科学制五年,中等科五年毕业升入高等科,高等科三年毕业升送美国留学;②高等科科目包括修身、国文、英文、世界历史、美国史、高等代数、几何、三角、解析几何、物理、化学、动物学、植物学、矿物学、生理学、法文或德文、拉丁文、手工、画图、体操;③高等科在第二年即分文、实两科,实科仍教授数学、物理、化学,文科则略去,仅以伦理学、拉丁文等代替;④高等科学生毕业后,择优派遣游学美国五年,五年以外则由学生自费[⑦]。

---

① A.《游美学务处招考第一格学生》,《申报》1910年6月28日,第四版;
　B.《游美学务处出示招考学生》,《闻报》1910年7月7日,第二版。
② A.《奏设游美学务处告示》,《政治官报》1911年11月,第5页;
　B.《京师奏设游美学务处告示》,《北洋官报》1910年第2643期,第7—8页。
③ 《游美学务处考取清华学堂中等科学生名单》,《大公报(天津)》1911年2月24日,第十六版。
④ 《清华学堂甄别考试录取各生名单》,《大公报(天津)》1911年7月5日,第十一版。
⑤ A.《游美学务处添招留美学生缘由及招考简章致外务部申呈》,参见清华大学校史研究室编:《清华大学史料选编》(第一卷),北京:清华大学出版社,1991年,第136页;
　B.《清华学堂招生补额》,《新闻报》1911年6月16日,第三页。
⑥ 《游美学生处招生》,《北洋官报》1911年第2809册,第8—9页。
⑦ A.《外务部札奏准游美肄业馆改名清华学堂订章开学(1911年4月11日)》《游美学务处改行清华学堂章程缘由致外务部申呈》,参见清华大学校史研究室编:《清华大学史料选编》(第一卷),北京:清华大学出版社,1991年,第143—155页;
　B.《清华学堂之内容》,《时报》1911年9月13日,第二版。

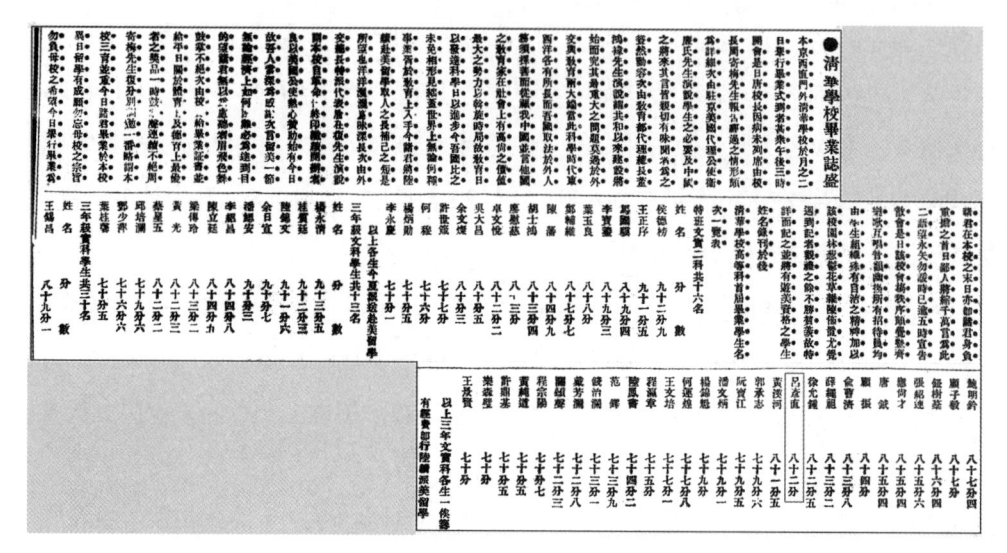

图 1-2-3 清华学校 1913 年毕业生成绩（图片来源：《清华学校毕业志盛》，《新中国报》1913 年 7 月 4 日，第九版）

入学两年后，吕彦直于 1913 年 7 月从清华学校[1]毕业。关于吕彦直自清华毕业和赴美留学，前述民国时期的有关报纸、杂志多称"民国二年由清华卒业，派送赴美留学"。仅刊登在《科学》杂志 1929 年第 14 卷第 3 期的《吕古愚略传》记"后入清华学校，民国二年毕业，三年遣送出洋，入美国康乃尔大学"。通过吕彦直在康奈尔大学的学籍卡，我们亦可获知其在民国三年（1914）入学康奈尔。由此产生一个疑问，即吕彦直从清华毕业后为何没有立即赴美留学？

我们在"中国历史文献总库－近代报纸数据库"中检索到一则刊登于《新中国报》1913 年 7 月 4 日第九版上的一则消息，题为《清华学校毕业志盛》[2]（图 1-2-3），似乎未被已有研究者所注意和重视。该消息是对 1913 年清华学校高等科首届毕业典礼的报道，文中除记录典礼仪式过程外，还详细列举了毕业生的姓名与成绩，吕彦直名列其中[3]。根据此资料，我们可获得如下认识：

（1）吕彦直是清华学校首届毕业生，同年毕业的还有另一位日后亦成长为知名建筑师的关颂声。

（2）吕彦直所在的实科三年级毕业生共三十名，吕彦直成绩为八十二分，位

---

[1] 1912 年 11 月，清华学堂改名为清华学校，监督改称校长，同时唐国安被任命为第一任校长，周贻春为第一任副校长，参见《呈外交部文》，清华大学校史研究室编：《清华大学史料选编》（第一卷），北京：清华大学出版社，1991 年，第 158 页。
[2] 《清华学校毕业志盛》，《新中国报》1913 年 7 月 4 日，第九版。
[3] 该消息，另见《教育杂志》1913 年第 5 卷第 5 号，第 39—40 页。

列中上游，优于关颂声（七十二分三）；

（3）该届毕业生设特班（包括文、实二科）共十六名学生，毕业后于当年夏天即派送赴美留学；吕彦直所在的实科和其他十三名文科毕业生则需等经费落实后陆续派美留学。正因如此，吕才于翌年（1914）在经费筹措到位后入学康奈尔大学。1914年8月14日，《时报》披露了该年度清华赴美留学生名单[①]，吕彦直位列其中，同在名单上的还有关颂声、金岳霖和戴恩赛（1921年娶孙中山次女孙婉，成为孙中山女婿）[②]。

此外，《益智》杂志1913年第2卷第2期第1页登载一张清华学校高等科学生合影照片（图1-2-4）。从照片中合影人数来看应是该年高等科一至三年级全体合影，则吕彦直当列其中。但由于吕彦直早年影像稀缺，加之该合影照片清晰度较低，难以辨认。因此，我们目前无法从中确认吕彦直的位置，故仅存其资料留待日后考辨。

以上是吕彦直入学清华和从清华毕业的大致情况。通过上述梳理亦可说明，卢著中所称吕仅用2年时间就完成了4年的高等课程，并于1913年提前毕业的说法应值得商榷。

图1-2-4 1913年清华学校高等科学生合影（图片来源：《清华学校高等科学生摄影》，《益智》1913年第2卷第2期，第1页）

[①] 《清华学生赴美留学》，《时报》1914年8月14日，第八版。
[②] 《清华学生赴美留学》，《时报》1914年8月14日，第八版。

四、留学美国（1914—1918）

1914年，经费筹措到位后，吕彦直开启了留学美国之旅。从吕彦直的康奈尔大学学籍卡（图1-1-1）上我们了解到，其英文名为"Lu, Yen-chih"，籍贯为"anhui, China"，毕业于"qoing Hua College"（清华学校）。吕彦直入学康奈尔的时间（ENTERED C.U.）为1914年；所学课程（COURSE）有"Mech. Engi"（Mechanical Engineering）和"arch"（architecture），翻译应为机械工程和建筑；所获学位为"B.arch"，即建筑学学士学位；获得学位时间或毕业时间为1918年12月20日。以上，是吕彦直留学康奈尔大学的基本信息。

根据四则吕彦直略传记载，吕进入康奈尔大学后，"初习电学（政），以性不相近，改习建筑"，反映了吕曾有转专业的经历。这似乎可以与学籍卡上的课程信息——"Mech. Engi"和"arch"所反映的情况相吻合。经查，Mechanical Engineering和Architecture都是当时康奈尔大学的独立院系[①]，前者翻译应为机械工程，后者则为建筑，因此吕彦直确实经历过转专业。但是，"电学"或"电政"究竟是"Mech. Engi"的讹误，还是后者之下细分的方向，目前暂未得知。

吕彦直留美时，正是美国布扎（Beaux-Arts）建筑教育发展的巅峰时期，而康奈尔大学又是最早执行布扎教育的院校之一，因此吕的学习训练与设计实践深受布扎建筑教育的影响[②]。康奈尔大学的建筑教育兼顾艺术与工程，不仅注重学生在人文艺术方面的熏陶与训练，还传授学生工程技术专业方面的知识，以求培养和提高学生建筑设计的综合素质[③]。根据档案，1914年康奈尔大学建筑专业的课程安排为：第一学年课程包括分析几何与计算、画法几何、建筑历史、建筑元素、手绘、水彩、阴影、房屋建造、石砖建造、夏季阅读等课程；第二学年课程包括建筑历史、设计、古典物绘画、水彩、透视、历史装饰、模型、机械、切割术、口语表达、夏季阅读等课程；第三学年课程包括绘画和雕塑历史、设计、古典物绘画、防火结构、居住建筑规划、细部设计、工程绘画、材料强度、结构设计、建筑热工、水暖工、照明等；

---

① *The Cornellian*., v.47 1914/15.Ithaca, N.Y.:Secret Societies of Cornell University.pp.38—51.
② 薛颖:《美国布扎教育对中国第一代建筑师的影响——以康奈尔大学吕彦直、杨锡宗为例》，《南方建筑》2020年01期。
③ The Announcement of the College of Architecture, the Register of Cornell University, College of Architecture, Ithaca: Cornell University Archives, Jan.1915—1916, Vol.Ⅵ, No.15, p.129.

第四学年课程包括近现代建筑、设计、人体写生、其他选修课等课程①。上述课程中，设计类课程学时最多，工程技术与基础绘画类课程学时大约相当，反映其强调训练学生设计、图面表现、工程技术、古典审美等方面能力②，而吕彦直在康奈尔大学求学期间的设计习作，即是此表现之一（详见本书第四章）。

求学之余，吕彦直还加入了相关社团。据目前所见资料，以其在中国科学社的活动最丰富。中国科学社，原名科学社（Science Society），由留学康奈尔大学的胡明复、赵元任、过探先、任鸿隽等9人于1914年6月10日创设③，创设时的宗旨在于"提倡科学，鼓吹实业，审定名词，传播知识"④。由于成立科学社的主要目的在于集股400美元创办《科学》杂志，因此科学社初创时采取的是股份公司的形式（后改组为学术社团形式），入社会员认筹股金成为股东⑤。根据上海市档案馆所藏档案《科学社股东姓名住址录》，吕彦直于1914年11月10日加入科学社⑥，认筹一股（图1-2-5），交股10美金，成为创始股东之一（图1-2-6），社员号为33⑦。

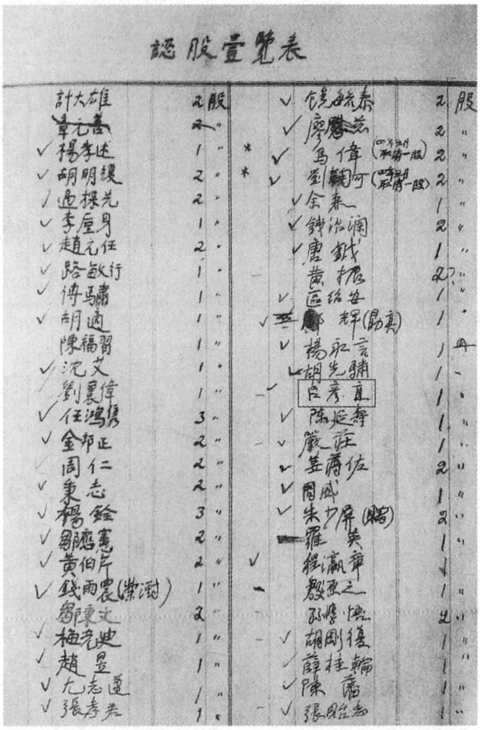

图1-2-5 中国科学社认股一览表（图片来源：林丽成、章立言、张剑编注：《中国科学社档案资料整理与研究：发展历程史料》，上海：上海科学技术出版社，2015年，第6页）

---

① The Announcement of the College of Architecture, the Register of Cornell University, College of Architecture, Ithaca: Cornell University Archives, Jan.1914—1915, Vol.VI, No.3, p.129.
② 薛颖：《美国布扎教育对中国第一代建筑师的影响——以康奈尔大学吕彦直、杨锡宗为例》，《南方建筑》2020年01期。
③ 张剑：《赛先生在中国：中国科学社研究》，上海：上海科学技术出版社，2018年，第27页。
④ 《科学社招股章程》，1914年6月，摘录自胡适：《追想胡明复》，《胡适散文经典》，五家渠：新疆生产建设兵团出版社，2019年，第170—171页。
⑤ 《科学社招股章程》，1914年6月，摘录自胡适：《追想胡明复》，《胡适散文经典》，五家渠：新疆生产建设兵团出版社，2019年，第170—171页。
⑥ 《科学社股东姓名住址录》，上海市档案馆藏，档案号：Q546-1-90。
⑦ 林丽成、章立言、张剑编：《中国科学社档案资料整理研究·发展历程史料》，上海：上海科学技术出版社，2015年，第5、6、8、19页。

图 1-2-6　中国科学社创始股东合影（1914）（图片来源：赵新那、黄培云编：《赵元任年谱》，北京：商务印书馆，2001 年）

图 1-2-7　康奈尔大学中国留学生合影（第二排左一为吕彦直）（图片来源：The Chinese Students' Monthly, Vol.10, 1914—1915）

科学社的核心活动是创办《科学》杂志。该杂志于 1915 年 1 月 1 日出版发行，而目前我们所知吕彦直在科学社的主要活动亦见之于其发表在《科学》杂志上的几篇作品。第一篇是发表于《科学》1915 年第 1 卷第 4 期上的《海底水雷》，为吕彦直翻译自美国世界报战争第二号上的文章；第二篇是吕氏整理的《爱迭生年谱》，以附录的形式发表于 1915 年第 1 卷第 11 期上；第三则是吕彦直所绘的"汉张衡候风地动仪"，见于 1917 年第 3 卷第 9 期第 1 页上。

除了科学社外，进入康奈尔大学后，吕彦直随即以"Freshman"（一年级新生）的身份加入了康奈尔大学中国学生会（Chinese Students' Club）[1]（图 1-2-7）；

---

[1] *The Cornellian.*, v.47 1914/15.Ithaca, N.Y.:Secret Societies of Cornell University.p.390.

1917年升入"Juniors"[①]；1918年，吕又进入康奈尔大学大同会（Cosmopolitan Club）[②]；1919年，又入选了建筑会（Architectural Society, Gargoyle Club）[③]。

第三节　追随茂飞（1918—1922）

1918年12月20日，吕彦直从康奈尔大学毕业，获得建筑学学士学位[④]。毕业后，据称经建筑教授埃弗里特·米克思（Everett Meeks，图1-3-1）推荐进入Murphy & Dana（茂飞&丹纳事务所）事务所实习[⑤]。实际上，郭伟杰根据吕彦直于1922年3月给茂飞（图1-3-2）的辞职信内容指出，吕彦直在1918年的夏天已进入茂飞&丹纳事务所担任绘图员[⑥]。

图1-3-1　埃弗里特·米克思（图片来源：The Cornellian., v.51 1919. Ithaca, N.Y.:Secret Societies of Cornell University. p.116）

图1-3-2　亨利·K·茂飞（图片来源：《茂飞建筑师小传》，《建筑月刊》1934年第2卷第1期，第51页）

---

① *The Cornellian.*, v.49 1917.Ithaca, N.Y.:Secret Societies of Cornell University.p.352.
② *The Cornellian.*, v.50 1918.Ithaca, N.Y.:Secret Societies of Cornell University.p.419.
③ *The Cornellian.*, v.51 1919.Ithaca, N.Y.:Secret Societies of Cornell University.p.440.
④ 根据前述吕彦直康奈尔大学学生卡上信息，其毕业时间为1918年12月20日，所获学位为"B.Arch"；同时，《中国建筑》创刊号上所列《中国建筑师学会会员录》中，吕彦直的出身一栏填写为"B.Arch., Cornell University"，参见《中国建筑师学会会员录》，《中国建筑》创刊号，1932年11月。
⑤ 王浩娱、赖德霖：《清华校园文化与中国第一代建筑家》，北京：中国建筑工业出版社，2021年，第112—113页。
⑥ [美]郭伟杰：《筑业中国》，卢伟、冷天译，北京：文化发展出版社，2021年，第67—68页。

也正是在这一年，茂飞接受金陵女子大学的委托，开始着手设计该校校舍；而来自中国同时已萌发融合中西之建筑设计思想的吕彦直，顺理成章地参与到这个被视为茂飞中国适应性建筑代表作之一的项目中。民国时期的几则吕彦直略传中称这次实践是吕彦直"中西建筑参合之初步"[①]。通过相关档案与已有研究我们得知，吕彦直在金陵女子大学校舍项目中主要承担的是绘图员的工作，是为展示性图纸和工作详图的绘制（详情参见本书第四章）。包括吕彦直在内的金陵女子大学项目团队所做的工作令茂飞十分满意，茂飞曾对该团队在蓝图绘制和细部设计上所表现的"热切兴趣和快乐"赞叹不已，并对将足尺模型与细部图纸相互对比的方法十分感兴趣[②]。值得注意的是，在后来的中山陵与广州中山纪念堂建设中，吕彦直沿用了这一方法——在施工前制作整体缩小模型和构件足尺模型（详见本书第二章与第三章），或即是受这段实践经历的影响，此亦为中国传统匠作之法。

《中国建筑》1933年第1期上刊布的《故吕彦直建筑师传》中曾称吕彦直还参与了北平燕京大学的校园设计，且这一说法目前被大部分学者所接受。但需要指出的是，民国时期登载于《中国工程学会会刊》《科学》和《时事新报》上的三则吕彦直略传均未提及此点。其次，在本书第四章我们通过考证指出，茂飞及其团队为燕京大学校园设计的方案主要有1919年11月、1921年12月至1922年1月、1926年8至11月等多个版本，且这些方案的鸟瞰图和总平面图均在美国纽约绘制完成后送至北京。由于吕彦直于1921年回国——四则吕彦直略传中均有记载，因此其可能参与的燕京大学校园设计仅有前两版，而这两版设计方案图中我们尚未发现于吕彦直相关的信息。因此，吕彦直是否参与了燕京大学的校园设计以及参与的程度或具体承担的工作等，我们暂不清楚。

---

① 《本会会员吕彦直先生遗像（附生平简介）》，《中国工程学会会刊》1929年第4卷第3期，第1页；《吕古愚略传》，《科学》1929年第14卷第3期，第455—466页；《故吕彦直建筑师传》，《中国建筑》1933年第1卷第1期，第1页。
② [美]郭伟杰：《筑业中国》，卢伟、冷天译，北京：文化发展出版社，2021年，第185页。

1921年，吕彦直结束留美生活回国，继续在茂飞建筑事务所上海分部工作。然而，吕彦直回国不久后的1922年3月，即向茂飞提交了辞呈。辞职信中，吕彦直除赞扬茂飞外，还指出了其离职的主要原因——上海分部办公室不愉快的气氛，同时其也表达了想要拓展能力和业务范围并与中国境内的一些"买办"建筑作斗争的强烈愿望[①]。

从1918年夏入茂飞&丹纳事务所开启执业生涯，到1922年3月辞职离开时成长为具有民族意识的建筑师，追随茂飞这段经历，对吕彦直的影响无疑是巨大的。这种影响不仅体现在具体的绘图技巧、设计手法上，更重要的是吕彦直对茂飞中国适应性建筑设计理念的认同和在此期间得到的实践和训练，为其在康奈尔大学留学期间即萌发的融合中西之建筑设计思想的落地提供了路径选择、策略支持和经验积累。此后，令吕氏得以扬名中外的中山陵与中山纪念堂设计均是这一思想的延续表现，开启了中国传统建筑民族复兴的浪潮。

第四节　回国发展（1921—1925）

一、合组东南

前文有述，四则吕彦直略传中关于吕回国时间的记载并不一致。其中，《中国工程学会会刊》上所记为"十一年回国"，即1922年；其他三则为"民国十年回国""民十归来""十年回国"，所记归国时间为1921年。由于吕彦直回国后参与合组东南建筑公司，而该公司于1921年5月14日已发布广告开幕营业，则吕彦直回国时间当在1921年[②]，即《中国工程学会会刊》所记可能有误。

---

① [美]郭伟杰：《筑业中国》，卢伟、冷天译，北京：文化发展出版社，2021年，第188页。
② 诚如有关专家所言，在康奈尔大学留美学籍卡上信息：有吕彦直在纽约和上海（马尼拉路）的地址，显示信息由建筑学院于1921年提供，可直接佐证吕彦直的回国时间。此外，吕彦直学生卡上其在纽约和上海的地址，亦可说明吕彦直此时应在茂飞建筑事务所工作。

此外，四则吕彦直略传均称吕回国后与过养默①、黄锡霖②二人合组东南建筑公司于上海。我们注意到一则标题为《东南建筑公司开幕广告》的消息，刊登在当时的《申报》与《新闻报》上。消息称：

本公司由欧美留学多年富有经验诸专门工程师等组成，专代各界计划、测量、绘图、估价、建造厂栈、市屋、道路、桥梁、水沟市政各种工程，于钢凝三合土建筑纱厂、毛绒厂建筑尤所擅长，倘蒙委办，无不悉心规划，取费从廉，总公司设在上海江西路B字五十一号，电话中央五六一九。经理黄锡霖谨启。③

通过该则广告消息，我们得知：①东南建筑公司正式成立于1921年，总公司地址设在上海江西路B字五十一号④。②公司由留学欧美、富有经验的工程师组成。这其中不仅包括吕彦直和过养默等留美毕业生，还包括英国伦敦大学学院土木工程系毕业的黄锡霖和利兹大学纺织系毕业的黄檀甫。此时，吕彦直与黄檀甫已为同事。1922年该公司发布的另一则广告中称："本公司纺织机器部特聘英国里治

---

① 过养默，1895年生于江苏无锡，1917年毕业于佳通大学之塘山路矿学校土木工程系，得理科学士学位；后赴美留学，入康奈尔大学、哈佛大学，以求深造，于1919年毕业于麻省工业学院，得理科硕士学位（土木工程系）。毕业后，入麻省波士顿Stone & Webster厂实习，后于当年离美回国。回国后初任南洋公学（即后来交通大学）土木工程副教授（1921—1923），旋任北京政府航空署总工程师，建筑飞机场于上海、南京、徐州、济南等地（1924—1925）。曾建南京之东南大学、梧州之广西大学、上海香港路之银行公会及其他在上海与国内各地之大厦、工厂、住宅，不胜枚举。其同时兼任圣约翰大学土木工程教授，为中国工程师学会永久会员。参见李元信编纂：《寰球中国名人传略》，环球出版社，1944年，第117—118页；许晚成主编：《上海百业人才小史》，龙文书店，1945年，第388页。

② 黄锡霖，1893年生于广东新安，1906年进入德律治小及中学（Dulwich Preparatory and Dulwich College），后进入伦敦大学学院土木工程系，1914年毕业。1920年在曼彻斯特、里子（利兹）及勒斯特（莱斯特）大学学习。之后进入LeamingtonMunicipal Engineer's Office & Redpath Brow, Company实习市政及水泥工程。1921年合办东南建筑公司（上海），1924年香港建筑师注册登记，1927年加入中国建筑师学会。在上海、广州、香港等处开设黄锡霖工程、设计、测量工程公司，并任香港金兴制造厂总经理及执行工程师。喜好山球（Golf）和驰车（Motoring），曾担任中国留学生手足球队长。参见上海留英同学会编：《留英同学录》，上海留英同学会，1934年，第108页；赖德霖主编：《近代哲匠录：中国近代重要建筑师、建筑事务所名录》，北京：中国水利水电出版社、知识产权出版社，2006年，第54页。

③ 《东南建筑公司开幕广告》，《申报》1921年5月14日，第一版，5月15日，第二版，5月17日，第十二版；《新闻报》1921年5月14日，第一张第一版，5月15日，第一张第二版，5月18日，第一张第四版，5月19日，第三张第二版。

④ 该公司地址在1922年12月1日后迁至江西路六十号鸿裕新屋内，"本公司现因原有房屋不敷应用，于十二月一号迁移江西路六十号鸿裕新屋内（自来水塔斜对过），照常营业。电话：中央五六一九"，《东南建筑公司迁移广告》，《申报》1922年12月1日，第一版；该公司1926年改组后，地址位于上海九江路113号811室。参见申报社工商名录编辑室编：《上海工商名录》，申报社，1945年，第407页。

大学毕业生黄檀甫君担任，计划羊毛纺织染一切工程。国内实业家有志于羊毛制造业者请赐接洽。上海江西路五一号 东南建筑公司谨启 电话中央五六一九。"①可见，黄檀甫主要负责该公司与纺织相关的业务，任纺织部主任（图1-4-1）。正因如此，该公司尤其擅长"纱厂、毛绒厂建筑"。③该公司成立之初，经理为黄锡霖，而非过养默②。

关于吕彦直在东南建筑公司的角色、工作和作品，卢洁峰在《广州中山纪念堂钩沉》称：

"当时还没有建筑师执照的吕彦直，是没有可能与人合组建筑公司的，而'在上海东南建筑公司任职'的可能性则较大……据《上海通史·第八卷·民国经济》第320页的表7-15：注明中国建筑师的标志性作品概览上记载，银行公会的设计者为过养默。这说明吕彦直并不是银行公会的设计者，但既然他曾在过养默、黄锡霖开设的东南建筑公司里任职，就有可能参与银行公会设计图的制作……1920年，吕彦直在上海东南建筑公司任职……"③

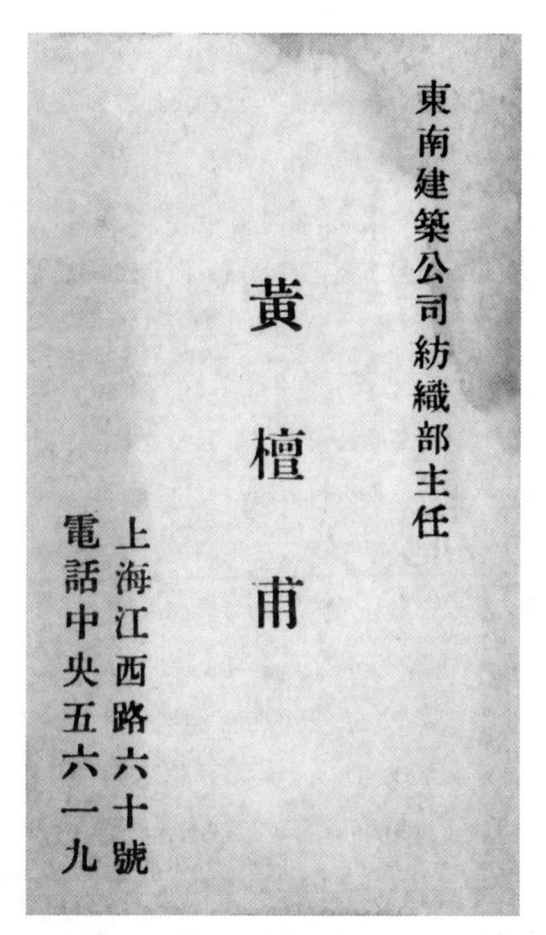

图1-4-1 黄檀甫名片（图片来源：黄建德提供）

该论述中的错误之一，即上海银行公会大楼的设计者归属问题，赖德霖在《卢

---

① 张迭生：《染色学》，华商纱厂联合会，1922年，后附广告页。
② 根据《上海商业名录》所录，1921—1922年，东南建筑公司的经理亦为黄锡霖（参见徐珂：《上海商业名录》，商务印书馆，1921年，第499页；商务印书馆编：《上海商业名录》，商务印书馆，1922年，第499页），因此赖德霖主编《近代哲匠录：中国近代重要建筑师、建筑事务所名录》中"东南建筑公司"条下仅记过养默为经理应是不准确的。参见《近代哲匠录：中国近代重要建筑师、建筑事务所名录》，北京：中国水利水电出版社、知识产权出版社，2006年，第229页。
③ 卢洁峰：《广州中山纪念堂钩沉》，广州：广东人民出版社，2003年，第114—115页。

洁峰著〈广州中山纪念堂钩沉〉吕彦直材料辨误》中已有辨析。概括来说，吕彦直是上海银行公会大楼项目的设计者和负责建筑师，而过养默则是该项目签订合同时东南建筑公司的"法人代表"[①]。

另外，卢著论述还有如下两个错误：其一，吕彦直确实是以股东身份与过养默、黄锡霖合组东南建筑公司，而非仅仅在该公司任职。这不仅被四则吕彦直略传中所记"与过养默、黄锡霖二君合组东南建筑公司于上海"所支持，更被1924年7月16、17日刊登在《申报》《新闻报》上的《东南建筑公司改组启事》所证明[②]，该启事称："本公司自本日起经敝股东会之同意决议改组，股东黄锡霖、股东吕彦直宣布退股，股东过养默继续进行公司营业，仍称东南建筑公司。再，本公司除前由黄君介绍经手事件议决仍归黄君独自经理负责外，其他所有已往、现在及将来一切营业上之责任及权利概与黄、吕二君完全无涉。恐未周知，特此布告。东南建筑公司 黄锡霖 过养默 吕彦直 同启。"[③] 该启事刊布之后，作为股东的黄锡霖、吕彦直退股[④]，股东过养默则继续经营东南建筑公司，说明吕彦直确实是东南建筑公司的股东和主要创办人之一，并非仅仅任职该公司。其二，吕彦直进入东南建筑公司的时间并非1920年，因为此时吕彦直并未回国，而且东南建筑公司尚未开幕营业。实际上，吕彦直到底是于1921年东南建筑公司开幕营业时加入，还是1922年3月脱离茂飞后加入，我们目前尚未掌握确凿证据。

述及吕彦直回国发展的早期，不得不提到其脱离茂飞的经过。1922年3月，吕彦直辞去了茂飞事务所上海分部的工作，而辞职的主要原因是上海分部不愉快的工作氛围[⑤]。由于茂飞长期不在中国，上海分部在负责人福赛斯（J·D·Forsyth）和伯恩特（F·Berndt）的管理之下，员工精神和创造力均受破坏，导致事务所渐渐滑

---

① 赖德霖：《卢洁峰著〈广州中山纪念堂钩沉〉吕彦直材料辨误》，《建筑师》2004年03期。
② 《东南建筑公司改组启事》，《申报》1924年7月16日，第一版；7月17日，第一版；《新闻报》1924年7月16日，第一张第一版；7月17日，第一张第二版。
③ 《东南建筑公司改组启事》，《申报》1924年7月16日，第一版；7月17日，第一版；《新闻报》1924年7月16日，第一张第一版；7月17日，第一张第二版。
④ A.《黄锡霖启事》，《申报》1924年7月16日，第一版；7月17日，第一版；《新闻报》1924年7月16日，第一张第一版；7月17日，第一张第二版；
B.《吕彦直建筑打样家启事》，《申报》1924年7月16日，第一版；7月17日，第一版；《新闻报》1924年7月16日，第一张第一版；7月17日，第一张第二版。
C.《吕彦直建筑师启事》，《申报》1925年9月22日，第一版；9月23日，第五版，9月24日，第五版；《新闻报》1925年9月22日，第一张第一版；9月23日，第一张第三版；9月24日，第一张第三版。
⑤ [美]郭伟杰：《筑业中国》，卢伟、冷天译，北京：文化发展出版社，2021年，第188页。

向"最糟糕的图纸工厂"①。吕彦直则在辞职信中称赞了茂飞在金陵女子大学项目中的工作，并表达出想要拓展能力和业务范围的强烈愿望②。于是，在过养默和黄锡霖的邀请之下，吕彦直加入创办东南建筑公司的行动中。

二、合办真裕

在东南建筑公司，吕彦直与挚友黄檀甫仅是同事关系，而真裕公司则是两人真正合作开办公司的开始。目前，关于吕、黄两人创办真裕公司的时间，尚有不同说法：

1992年出版的《中国大百科全书·建筑·园林·城市规划》中称吕彦直先与人合作开设东南建筑公司，后与他人合作开设真裕公司，1921年改为彦记建筑事务所③。如此，则真裕公司的创办当在1921年或以前。

卢洁峰在2003年出版的《广州中山纪念堂钩沉》中称"1921年，吕彦直与黄檀甫合办真裕公司于上海仁记路25号，主要承接一些花园洋房之类的小型建筑的设计和建造工程"④；在2007年出版的《吕彦直与黄檀甫——广州中山纪念堂秘闻》中说"1922年3月，吕彦直辞去洋人事务所的工作后，即刻转到东南建筑公司来，与黄檀甫同事……离开了东南建筑公司，着手创办自己的'真裕公司'了"⑤。后又在《中山纪念堂的图纸是如何保存下来的》一文中指出"1922年3月，吕彦直与黄檀甫共同创办了'真裕公司'"⑥。

赖德霖在《近代哲匠录》中指出吕彦直与黄檀甫合办真裕公司于1922年⑦。陈伟国主编的《稀珍老上海股票鉴藏录》中收录有改组后的真裕地产股份有限公司股票（图1-4-2），在附文介绍真裕公司时称其创立于1922年⑧。

王鹏善主编的《中山陵志》中称："1923年（黄檀甫）与吕彦直合组真裕公司，

---

① [美]郭伟杰：《筑业中国》，卢伟、冷天译，北京：文化发展出版社，2021年，第161页。
② [美]郭伟杰：《筑业中国》，卢伟、冷天译，北京：文化发展出版社，2021年，第188页。
③ 姜椿芳、梅益总编：《中国大百科全书·建筑、园林、城市规划》，北京：中国大百科全书出版社，1992年，第312页。
④ 卢洁峰：《广州中山纪念堂钩沉》，广州：广东人民出版社，2003年，第115页。
⑤ 卢洁峰：《吕彦直与黄檀甫——广州中山纪念堂秘闻》，广州：花城出版社，2007年，第23—24页。
⑥ 卢洁峰：《中山纪念堂的图纸是如何保存下来的》，梁力编：《羊城沧桑》，广州：花城出版社，2014年，第264页。
⑦ 赖德霖主编：《近代哲匠录：中国近代重要建筑师、建筑事务所名录》，北京：中国水利水电出版社、知识产权出版社，2006年，第104页。
⑧ 陈伟国编著：《稀珍老上海股票鉴藏录》，上海：上海远东出版社，2007年，第235—236页。

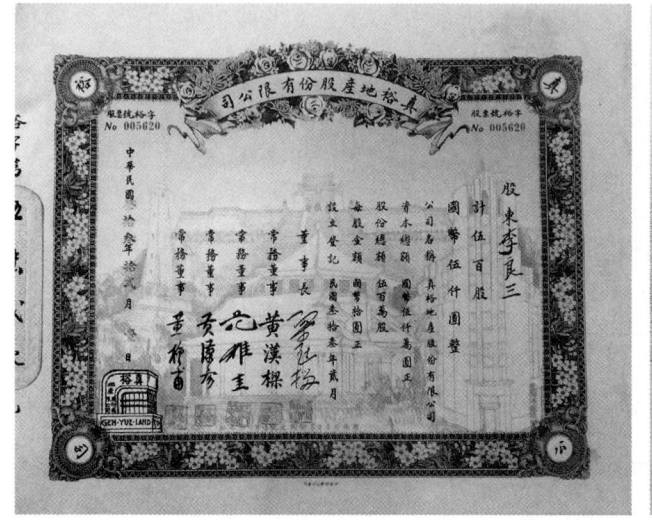

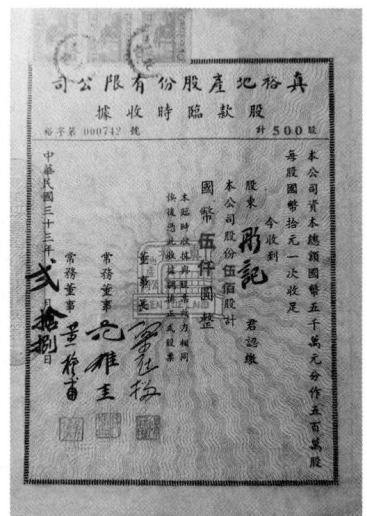

图1-4-2 真裕地产股份有限公司股票（图片来源：黄建德提供）

图1-4-3 真裕地产股份有限公司股票股款临时收据（图片来源：黄建德提供）

承接房屋设计、租赁及建筑修缮业务。"[1]徐楠的《广州中山纪念堂建筑工程解读》[2]以及殷力欣的《吕彦直集传》[3]均持此说。

综上，关于吕、黄二人创办真裕公司的时间，至少有1921年、1922年和1923年三种说法，且每种说法似乎未见切实可靠的依据或出处。我们仍然主张要在当时的文献或信息中寻找证据，因此通过检索上海图书馆"全国报刊索引"数据库，获得如下两条资料：

第一条题为《真裕公司改组为真裕地产股份有限公司启事》，刊登于《申报》1944年2月27日第001版上，该启事开篇即称"本公司创设于中华民国十三年，向以经营房地产设计、建筑、代理买卖、监造工程为业务。创办伊始便即设计监造南京国父陵墓，嗣又续办广州市中山纪念堂及纪念碑等重要工程……"[4]显然，这是真裕公司改组真裕地产股份有限公司时发布的公告，其中明确指出真裕公司创设于中华民国十三年，即1924年。

---

[1] 王鹏善主编：《中山陵志》，南京：南京出版社，2013年，第373页。
[2] 徐楠：《广州中山纪念堂建筑工程解读》，《中国建筑文化遗产》第21辑，天津：天津大学出版社，2018年，第126页。
[3] 殷力欣：《吕彦直集传》，北京：中国建筑工业出版社，2019年，第17页。
[4] 《真裕公司改组为真裕地产股份有限公司启事》，《申报》1944年2月27日，第001版。

凭此一条似乎已经解决真裕公司的创设时间问题，然而另一条刊登于《新闻报》1945年6月28日第002版上的题为《真裕地产今日上市》的消息引起了我们的注意。该消息称："真裕地产股份有限公司，在江西路三五三号广东银行大楼四楼，创设于民国十一年……"[①] 依据该条信息，则真裕公司创设于民国十一年，即1922年。

如此，两则刊登于民国时期报纸上的信息似乎相互矛盾。但我们不妨再来看两则消息，一则是刊登于《申报》上题为《现货机器廉价出售》的广告："计三头水力压邦浦、五部立式三十四匹马力蒸汽引擎、三部吨起重机、一部暖气发热器、四套全具三十匹马力立式锅炉、一座四十寸径风扇、四把附全具皮带轮盘等，石棉一寸厚纸板十五箱、制饼干打蛋机二部、石棉四门汀二桶、立式三十匹马力蒸汽引擎连喷风机一座，以上机器，如欲知详细，请临仁记路二十五号五楼真裕公司接洽。"该广告刊登于《申报》1924年7月5、7、9日的广告版面上。

另一则是《吕彦直建筑打样家启事》："鄙人前与黄锡霖、过养默二君合办之东南建筑公司，现已改组。自即日起，鄙人除与该公司另议合办事物外，业已退股脱离关系，不日即将自设事务所（现因须离沪月余，暂借上海仁记路念五号真裕公司为通信处），承办一切公私建筑、中外屋宇之打样及督理工程事宜，并担任顾问或襄理打样业务于建筑美观上之需要，尤专注意，如蒙委托，无任欢迎，特此布闻。民国十三年七月十五日。"刊登于《申报》和《新闻报》1924年7月16、17日的广告版面上。

根据这两则消息可知，在吕彦直退股东南建筑公司并与其脱离关系之时，真裕公司已经存在，故而吕得以借其挂靠通信地址。而从真裕公司此前发布的广告来看，其经营的业务似乎与建筑设计、建造等关系较小。

结合上述材料，我们提出一种可能的解释，即真裕公司最初是以黄檀甫为主创办的一家主要经营设备、资产代理买卖的公司，创设时间可能早到1922年；至1924年吕彦直脱离东南建筑公司加入后，成为一家经营范围包括建筑设计、监造、房地产代理买卖、进出口贸易等的公司。前述《真裕地产今日上市》中所指的创设时间可能指其最早成立的时间，而《真裕公司改组为真裕地产股份有限公司启事》中所称的创设时间可能指吕彦直加入后经营范围扩充的时间。

---

① 《真裕地产今日上市》，《新闻报》1945年6月28日，第002版。

三、创设彦记

1924年7月15日,东南建筑公司召开股东会,决议改组。翌日,《东南建筑公司改组启事》发布于《申报》《新闻报》相关版面,正式宣告黄锡霖、吕彦直退股并脱离东南建筑公司。与之同时,同版面发布的还有黄锡霖和吕彦直各自的个人启事:

鄙人前与过养默、吕彦直二君合办东南建筑公司,业于新历本月十五日退股并脱离一切关系。兹于即日起在江西路五十一号A江苏银行楼上个人单独营业执行一切打样建筑工程及经理地产职务,定名黄锡霖建筑公司。恐未周知,特此公告。①

鄙人前与黄锡霖、过养默二君合办之东南建筑公司,现已改组。自即日起,鄙人除与该公司另议合办事物外,业已退股脱离关系,不日即将自设事务所(现因须离沪月余,暂借上海仁记路念五号真裕公司为通信处),承办一切公私建筑、中外屋宇之打样及督理工程事宜,并担任顾问或襄理打样业务于建筑美观上之需要,尤专注意,如蒙委托,无任欢迎,特此布闻。民国十三年七月十五日。②

上述两则启事除了宣告黄、吕二人从东南建筑公司退股并脱离关系外,更进一步表明各自建筑事务所的设立。黄的建筑师事务所——黄锡霖建筑公司于《东南建筑公司改组启事》发布的当日宣布创立,而吕则要迟到一年后:

鄙人现设彦记建筑事务所于仁记路念五号,专营建筑打样业务,从前与他人机关合营实物除用鄙人名义注明与他家合作者外,其余概不与闻。恐未周知,特此声明,以专责任。③

该则标志着彦记建筑事务所成立的《吕彦直建筑师启事》刊登于1925年9月22、23、24连续三日的《申报》和《新闻报》相关版面上。巧合的是,同版面发布的还有《孙中山先生陵墓图案征求成绩公开展览》(图1-4-4)。而就在几天前,吕彦直刚刚获得孙中山先生陵墓设计竞赛的首奖④。于是,这样的巧合给了我们关

---

① 《黄锡霖启事》,《申报》1924年7月16日,第一版;7月17日,第一版;《新闻报》1924年7月16日,第一张第一版;7月17日,第一张第二版。
② 《吕彦直建筑打样家启事》,《申报》1924年7月16日,第一版;7月17日,第一版;《新闻报》1924年7月16日,第一张第一版;7月17日,第一张第二版。
③ 《吕彦直建筑师启事》,《申报》1925年9月22日,第一版;9月23日,第五版;9月24日,第五版;《新闻报》1925年9月22日,第一张第一版;9月23日,第一张第三版;9月24日,第一张第三版。
④ 《孙中山先生陵墓图案选定》,《时报》1925年9月21日,第五版;《民国日报》1925年9月21日,第三张第一版。

图1-4-4 《申报》载《吕彦直建筑师启事》（图片来源：《申报》1925年9月22日，第一版）

于彦记建筑事务所成立背景与原因更多的想象空间。

结合前文所述，1924年7月16日，吕彦直从东南建筑公司退股并脱离关系后，并未像黄锡霖一样独立创办自己的建筑师事务所，而是暂借真裕公司为通信处，"承办一切公私建筑、中外屋宇之打样及督理工程事宜，并担任顾问或襄理打样业务于建筑美观上之需要"。而真裕公司并非专门的建筑师事务所，其经营的业务范围还包括设备、资产代理买卖、房产租赁等。一年后，吕彦直"应中山陵墓图案之征，褎然举首，一时名动中外，政府并使督造陵墓，外人见所制图案及金陵油画，莫不交口赞叹，弘丽建筑，往往请为设计。"[1]侯疑始的这份记述一方面表明吕彦直获首奖后被委任为陵墓建筑师，主持计划建筑详图及监工事务[2]。于是，创设独立、专业的建筑师事务所对接随之而来的中山陵设计、建造、监工项目势在必行（1925年11月3日，吕彦直即是以彦记建筑事务所的名义与孙中山先生葬事筹备委员会签订合同[3]），而与黄檀甫合办的真裕公司因经营业务较为宽泛而并不适合，因此彦

---

[1] 侯疑始：《吕彦直病笃》，《晶报》1929年3月21日，第三版。
[2] 《孙中山先生陵墓图案及建筑师选定》，《民国日报》1925年9月29日，第三张第一版。
[3] 《葬事筹委会与建筑师订立合同译文》，南京市档案馆、中山陵园管理处：《中山陵档案史料选编》，南京：江苏古籍出版社，1986年，第162页。

记建筑事务所应运而生。另一方面，中山陵设计竞赛首奖带来的不仅是巨大的声誉，还有陡增的公私业务；在这种背景下，创设专营的建筑师事务所以应对日益增长的业务需求亦是当务之急。

此外，需要说明的是，《中国大百科全书·建筑·园林·城市规划》等论著中有"……真裕公司，1921年改为彦记建筑事务所"[①]这一说法。虽然这些论著中并未注明此说法的出处，但我们推测其可能依据的是1930年12月5日《时事新报》上登载的《故吕彦直建筑师小传》："民十归来，在沪与过养默、黄锡霖两君合组东南建筑公司，上海银行公会等亦系君所计画者。嗣与黄檀甫设立真裕公司，旋改彦记建筑事务所，获孙总理陵墓及广州纪念堂、纪念碑等设计首奖。"[②]但根据前文分析，彦记建筑事务所创设于1925年9月22日，并非1921年。同时，彦记建筑事务所成立后，并未取代真裕公司，后者继续运营（既可通过其在报纸、杂志上登载广告获知，又可通过当时的行名录证明[③]），并在1944年改组为真裕地产股份有限公司[④]。而经过比较，我们发现其他三则吕彦直略传与该则刊登于《时事新报》上的略传在表述此段经历时略有不同，前者均称"与黄檀甫君设立真裕公司，后又改办彦记建筑事务所"。一为"改办彦记建筑事务所"，一为"改彦记建筑事务所"，虽仅一字之差，含义却截然不同：前者指创办了彦记建筑事务所，而后者指以新成立的彦记建筑事务所替代了原真裕公司。从我们前面分析的史实来看，后者显然不符，因此很有可能是《时事新报》上的这则吕彦直略传此处存在疏漏，并造成了后来研究者的误解与讹传。

第五节　声名鹊起（1925—1929）

1925年9月21日，《申报》《时报》《新闻报》《民国日报》等报纸均刊登消息，宣布孙中山先生陵墓图案征选评比结果，吕彦直从海内外四十多位应征者中脱颖而

[①] 姜椿芳、梅益总编：《中国大百科全书·建筑、园林、城市规划》，北京：中国大百科全书出版社，1992年，第312页。
[②] 《故吕彦直建筑师小传》，《时事新报（上海）》1930年12月5日，第二张第三版。
[③] A.《大洋房出售》，《申报》，1925年11月19日，第十九版；
B.《真裕公司/Gen Yue & Co.》，The North China Desk Hong List，1932年7月，第112页。
[④] 《真裕公司改组为真裕地产股份有限公司启事》，《申报》1944年2月27日，第一版。

出，摘得首奖①。翌年，在广州中山纪念堂及纪念碑悬赏征求图案的竞赛中，吕彦直抱病应征，再获头名②。一年之内，在两项世人瞩目的工程设计竞赛中相继夺魁，吕彦直一时名动中外。关于这两项工程的建设缘起以及吕彦直夺标、监工、交涉等经过，本书第二、三章将有详述。此处我们主要关注声名鹊起之后吕彦直其他的生平事迹与社会活动。

是年9月，吕彦直夺标孙中山陵墓图案设计竞赛后，社会采访接踵而至③。其中一则刊登于1925年9月30日的《申报》上，留下了一帧吕彦直的办公室近景摄影④（图1-5-1）。照片中，吕彦直身着西装、佩系领带，端坐案前，面带微笑，在为数不多的吕彦直照片中弥足珍贵。

图1-5-1　1925年9月吕彦直在办公室摄影（图片来源：《申报》1925年9月30日，第十九版）

1926年3月12日，中山陵奠基礼在南京举行，吕彦直因身体违和无法出席，由黄檀甫代表参加，并在典礼上发言，代为阐释中山陵设计理念和思想⑤。

4月24日，范文照、黄锡霖、庄俊、张光圻、巫振英等十余人在上海香港路银行公会开会，正式成立"上海中华建筑师学会"⑥（The Society of Chinese Architects

---

① A.《孙墓图案选定》，《申报》1925年9月21日，第二十二版；
  B.《孙中山先生陵墓图案选定》，《时报》1925年9月21日，第五版；
  C.《孙中山陵墓图案选定》，《新闻报》1925年9月21日，第三张第二版；
  D.《孙中山先生陵墓图案选定》，《民国日报》1925年9月21日，第三张第一版。
② A.《总理纪念堂图案之结果》，《广州民国日报》1926年9月2日，第三版；
  B.《孙中山先生广州纪念堂征求图案揭晓》，《广州民国日报》1926年9月21，第十版；9月24日，第七版；
  C.《孙中山先生广州纪念堂征求图案揭晓》，《申报》1926年9月27日，第一版。
③ 《吕彦直君之谈话》，《申报》1925年9月23日，第二十版。
④ 《孙中山先生陵墓建筑师吕彦直君在办公室摄影》，《申报》1925年9月30日，第十九版。
⑤ 《孙中山陵墓奠基礼纪》，《申报》1926年3月14日，第十版；《代表吕彦直建筑师在中山陵墓奠基礼上的致辞》（黄建德提供）。
⑥ 此处的名称为当时的报纸所载。如果根据范文照在《中国建筑》创刊号上发表的《中国建筑师学会缘起》中的回忆，该团体的名称应为"上海建筑师学会"，且正式成立于1927年冬，后由于范围扩大，改为"中国建筑师学会"，参见范文照：《中国建筑师学会缘起》，《中国建筑》创刊号，1932年11月。

of Shanghai）。会议选举庄俊为正会长，范文照为副会长，张光圻为书记，黄锡霖为会计，吕彦直为干事[①]。

9月5日，驻粤委员会召开会议，与会者有张静江、邓泽如、叶楚伧、孙科、宋子文、陈果夫、杨杏佛等，会议议决廖仲恺墓地选址在磨盘山，墓式由吕彦直计划（旁设一纪念亭），要求简单坚固，另有省墓庐一所，约三、四千元。墓及庐共约大洋三万元，阴历十月中图绘好[②]。

1927年4月，国民政府定都南京，吕彦直开始自发从事南京城市规划工作[③]。

11月，王云五所拟《商务印书馆印行千种丛刊目录》出版，其中从属于"百科小丛书目录"下的"建筑术"条目内有吕彦直《建筑学大意》一文[④]，但条目中注明"拟"字，说明该目录出版时，吕彦直的《建筑学大意》一文仅有安排，还未成文排版。根据文中给出的"编译凡例"可知，按照计划千种丛刊需从民国十七年（1928）一月起刊出，两年内出齐。而吕彦直逝于1929年3月18日，因此其《建筑学大意》最终是否成文出版，尚待考究。

11月27日，蔡元培在上海主持召开国民政府大学院艺术委员会第一次会议，吕彦直出席。会议决定召开全国美术展览会和筹设国立艺术大学（其组织预定为五院：①国画院，②西画院，③图案院，④雕塑院，⑤建筑院）[⑤]。

12月1日，"中华建筑师学会"全体会员于上海华安合群保寿公司餐堂召开常年会议，讨论此后进行方针，并选举新一届职员。吕彦直当选副会长，会长为范文照，李锦沛任会计兼书记，庄俊任理事部职员[⑥]。

---

① A.《上海中华建筑师学会成立》，《申报》1926年4月27日，第十四版；
B.《上海中华建筑师学会成立》，《新闻报》1926年4月27日，第四张第三版；
C.*The North-China Herald and Supreme Court & Consular Gazette*（1870—1941），September 4, 1926, No.015.
② 《驻粤委员会议记录》，南京市档案馆、中山陵园管理处：《中山陵档案史料选编》，南京：江苏古籍出版社，1986年，第97—98页。
③ 从吕彦直1928年6月5日致夏光宇函中所述："自去岁党国奠都以来，即私自从事都市设计之研究，一年以来差有心得"可知。
④ 王云五拟：《商务印书馆印行千种丛刊目录》，商务印书馆，1927年11月，第12页。
⑤ 孙常炜编著：《蔡元培先生年谱传记》（中册），台北"国史馆"，1985年，第930页。
⑥ A.《中华建筑师学会年会纪》，《申报》1927年12月8日，第十五版；《新闻报》1927年12月8日，第三张第四版；
B.Society of Chinese Architects, *The North-China Herald and Supreme Court & Consular Gazette*（1870—1941），December 10, 1927, No.017.

1928年，国民政府大学院筹备召开全国教育会议；3月8日第三次筹备会议，由许寿裳报告大会徽章式样，议决请吕彦直审查斟酌后再定夺；3月16日，第四次筹备会议，决定采用吕彦直所提交的徽章图样①。

5月，吕彦直被遴聘为国民政府大学院艺术教育委员会委员（包括林风眠、萧友梅、吕征、周峻、张静江、高鲁、张继、李金发、王代之、李重鼎等）②。

6月，复函夏光宇③，婉辞南京市府设计委员会专门委员之聘，并将《建设首都市区计画大纲草案》委托其转呈南京首都建设委员会④。该《草案》中包括吕彦直绘制的南京城市规划及行政中心部分建筑设计方案图。《良友》杂志1929年第40期载有《建筑家吕彦直及其最后遗作》，刊布了其中的"规划首都都市两区图案"（图1-5-2）和"国民政府五院建筑设计"两幅⑤（图1-5-3），《字林西报》则披露了"南京政府中心设计图"⑥（图1-5-4）。

6月3日，大学院（不久改称教育部）艺术教育委员会召开第四次常会，确定第一次全国美展的进行办法。吕彦直与张静江、陈树人、齐白石、黄宾虹、徐悲鸿、李金发、刘既漂等被聘为审查委员会委员，主任为林风眠⑦。7月14日，国民政府大学院公布大学院美术展览会组织大纲九条、美展会筹备委员会组织大纲七条、美展会审查委员会组织大纲八条、美展会征集出品简章十四条及美展会奖励简章十条⑧。

---

① A. 中华民国大学院编：《全国教育会议报告》，商务印书馆，1928年，第65页；
  B.《全国教育会议今日开幕》，《申报》1928年5月15日，第十版。
② 孙常炜编著：《蔡元培先生年谱传记》（中册），台北"国史馆"，1985年，第1037页，文中误将吕彦直姓名写为"吕彦道"。
③ 夏光宇（1889—1970），江苏青浦人（现上海青浦），毕业于北京大学，学习市政工程，毕业后担任武汉长江铁路桥工程师，后赴美国、日本、加拿大等国学习铁路工程。1927年被聘任为孙中山先生葬事委员会筹备处主任干事。参见上海密勒氏评论报编：《中国名人录》（第5集），上海密勒氏评论报，1936年，第86页；北京大学五十周年筹备委员会编：《国立北京大学历届同学录》，国立北京大学出版部，1948年，第180页；南京市档案馆、中山陵园管理处：《中山陵档案史料选编》，南京：江苏古籍出版社，1986年，第102页。
④ 原稿为《建设首都市区计画大纲草案》（黄建德先生提供），后入编1929年10月印行的《首都建设》第一期，标题为《规画首都都市区图案大纲草案》。
⑤ 《建筑家吕彦直及其最后遗作》，《良友》1929年第40期，第4页。
⑥ The Three Principles in Bricks and Mortar: Design for the Government Centre in Nanking Sketched by Late Mr.Lu and Elaborated by Colleagues, *The North-China Daily News*, July 19, 1929, No.007.
⑦ 《美展览会大体办法已定》，《广州民国日报》1928年6月12日，第八版。
⑧ 孙常炜编著：《蔡元培先生年谱传记》（中册），台北"国史馆"，1985年，第1059页。

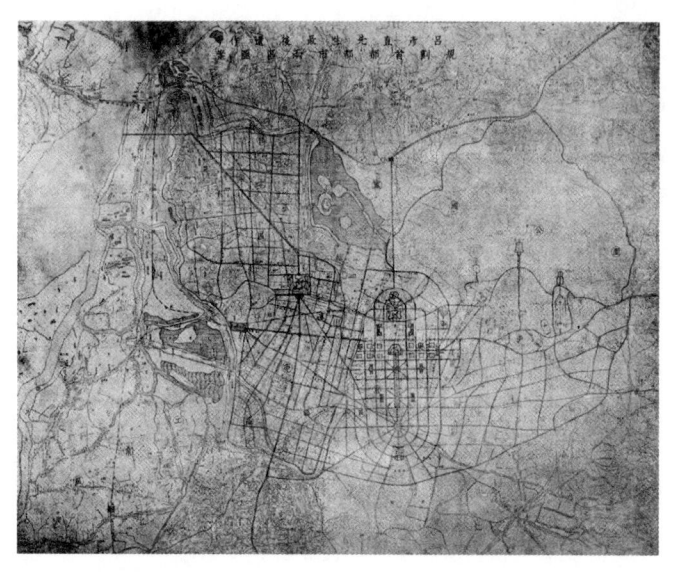

图1-5-2 规划首都都市两区图案（图片来源：《良友》1929年第40期，第4页）

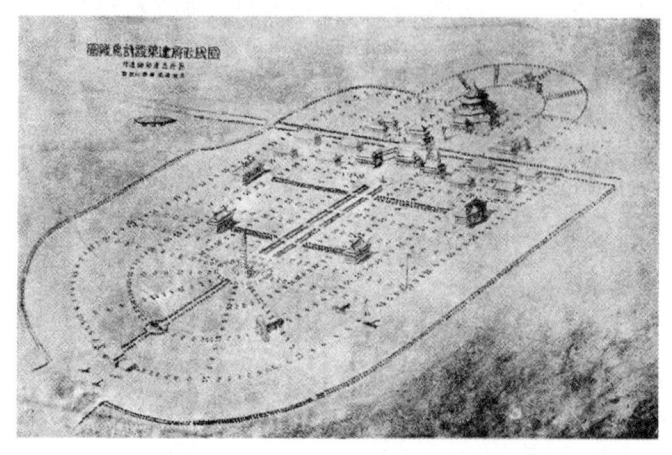

图1-5-3 国民政府五院建筑设计图案（图片来源：《良友》1929年第40期，第4页）

图1-5-4 南京政府中心设计图（图片来源：The Three Principles in Bricks and Mortar: Design for the Government Centre in Nanking Sketched by Late Mr. Lu and Elaborated by Colleagues, The North-China Daily News, July 19, 1929, No.007）

6月23日，时任南京特别市市长何民魂呈请国民政府组织成立"规划首都图案委员会"，以推进首都南京的城市规划与建设。吕彦直与韦以黻、周象贤、庄俊、范文照、董修甲、夏光宇、杨孝述、陈扬杰共计九人被聘为委员①。

9月1日，*The China Weekly Review* 刊专文介绍吕彦直②。

1928年10月至12月，受委托与江苏省建设厅一起计划南京国民革命军遗族学校校舍③。此时正值吕彦直计划中山陵园布景，而遗族学校在陵园内，校舍建筑与陵园布景颇有关系，因此吕亦绘就校舍地盘图。后吕因病中止，转由朱葆初继续绘制校舍

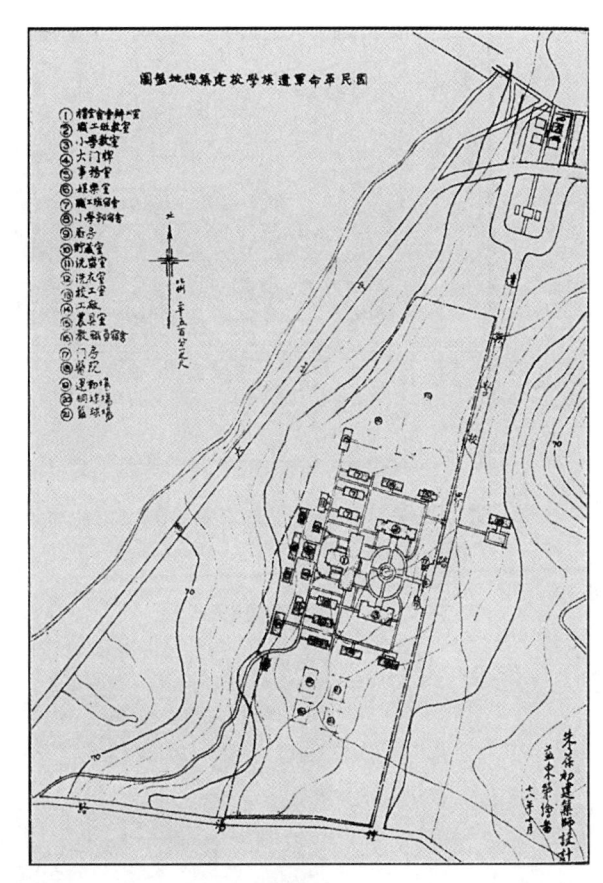

图 1-5-5　国民革命军遗族学校建筑总地盘图（图片来源：国民革命军遗族学校筹备委员会编：《国民革命军遗族学校筹备委员会筹备报告·筹备经过》，1929年，图表二）

详图（图 1-5-5、图 1-5-6）。*The China Weekly Review* 1928年10月13日披露此时吕彦直已因病住进上海疗养院（Shanghai Sanitorium）治疗④。

1929年1月15日，广州中山纪念堂及纪念碑举行奠基典礼，金曾澄报告筹备

---

① A.《组织规划首都图案委员会》，《南京特别市市政公报》1928年第16期，第27—28页；
B.《京市府建设首都市政之规划 组织规划首都图案委员会 请国府立案聘定委员九人》，《时事新报（上海）》1928年6月26日，第二张第二版；
C.《中华民国国民政府指令（第五九〇号，中华民国十七年七月二日）：呈为组织规划首都图案委员会以重首都建设请核示由》，《国民政府公报（南京1927）》1928年第72期，第35页；
D.《建设首都之先声 组织规划首都图案委员会 拟定工作进行步骤》，《新闻报》附《首都市政周刊》1928年7月3日，第一页。
② *The China Weekly Review*, September 1, 1928, p.28.
③ 国民革命军遗族学校筹备委员会编：《国民革命军遗族学校筹备委员会筹备报告·筹备经过》，1929年，第1页。
④ *The China Weekly Review*, October 13, 1928, p.228.

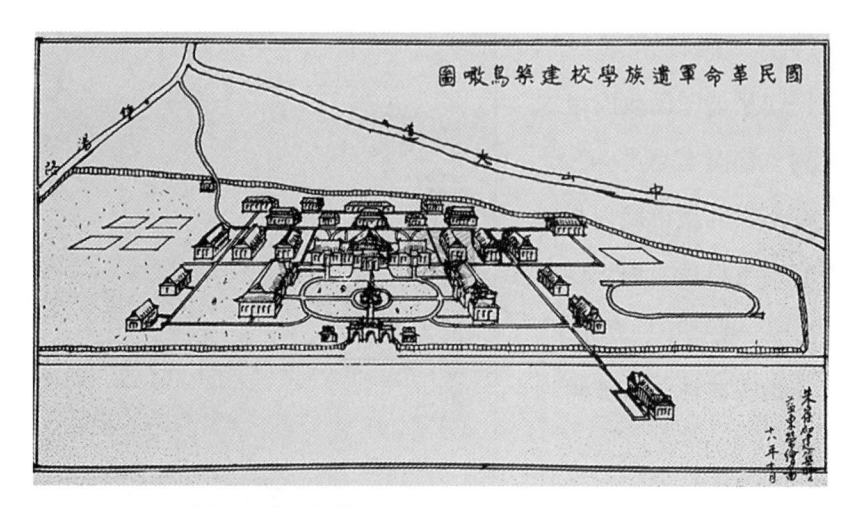

图 1-5-6　朱葆初、益东荣绘国民革命军遗族学校鸟瞰图（图片来源：同上图，图表三）

图 1-5-7　广州中山纪念堂奠基礼（图片来源：黄建德提供）

经过，陈铭枢发表演说，冯祝万代表李济深立石[1]。吕彦直因病未能出席，再度委派挚友黄檀甫代表参加[2]（图 1-5-7）。

---

[1] 《总理纪念堂纪念碑奠基典礼》，《广州民国日报》1929 年 1 月 16 日，第三版；《广州中山纪念堂奠基》，《申报》1929 年 1 月 17 日，第九版；《粤中山纪念堂奠基》，《民国日报》1929 年 1 月 17 日，第二张第三版。
[2] 卢洁峰：《广州中山纪念堂钩沉》，广州：广东人民出版社，2003 年，第 134 页。

第六节　患病与逝世（1925—1929）

1929年3月18日，吕彦直病逝于上海古拔路55号寓所，年仅36岁（虚岁）。关于吕彦直逝世的具体时间、地点等信息，当时的中、英文报纸均有披露①。其中 *Millard's Review* 称：

"Y.C. Lu, architect for Dr. Sun Yat-Sen's Memorial Hall and Tomb in Nanking and Memorial Auditorium and a Monument in Canton, died at his home, 55 Rue Amiral Courbet on the morning of March 17. Mr. Lu was 36 years old and unmarried. Mr. Lu had been suffering from cancer for about a year."②

根据该消息，吕彦直病逝于1929年3月17日早晨。然而根据其他国内报纸的报道③，吕逝世的时间一致为3月18日，因而我们推测该消息中对吕逝世时间的披露可能有误。该消息中还披露了吕彦直逝世的具体地点，亦即吕彦直在上海的住所，为"55 Rue Amiral Courbet"。该位置赖德霖翻译为"古柏路55号"④，但据曾在吕临终之际探望过的侯疑始记述，其"病舍"为"古拔路"⑤，因此翻译为"古拔路55号"似乎更妥。同时需要指出的是，殷力欣在《吕彦直集传》中称吕逝于"上海古拔路51号"，而非"55号"，暂不清楚其信息来由。

通过 *Millard's Review* 中披露的消息，我们还得知吕彦直逝世时仍属于未婚状

---

① A. Death of Chinese Architect: Mr.Lu Yen-chi Designer of the Sun Yat-sen Tomb at Nanking, *The North-China Daily News(1864—1951)*, March 21, 1929. 该文亦见于 Obituary: Mr.Lu Yen-chi, *The North-China Herald and Supreme Court & Consular Gazette (1870—1941)*, March 23, 1929, No.018.
B.《吕彦直逝世》，《中央日报》1929年3月21日，第二张第一版；
C.《吕彦直病故》，《华北日报》1929年3月21日，第二版；
D.《工程师吕彦直逝世》，《申报》1929年3月21日，第十五版；又见《新闻报》1929年3月21日，第十五版；
E.《工程师吕彦直逝世》，《民国日报》1929年3月21日，第三张第二版；
F.《吕彦直事迹续志》，《民国日报》1929年3月23日，第三张第二版。
G.Y.C.Lu, *Millard's Review*, March 23, 1929, p.171.
H.He Conceived Sun Yat-sen Mausoleums, *The China Press*, May 29, 1929, No.2.
② *The China Weekly Review*, March 23, 1929, p.171.
③ A.《吕彦直逝世》，《中央日报》1929年3月21日，第二张第一版；
B.《吕彦直病故》，《华北日报》1929年3月21日，第二版；
C.《工程师吕彦直逝世》，《申报》1929年3月21日，第十五版；又见《新闻报》1929年3月21日，第十五版；
D.《工程师吕彦直逝世》，《民国日报》1929年3月21日，第三张第二版；
E.《吕彦直事迹续志》，《民国日报》1929年3月23日，第三张第二版。
④ 赖德霖：《卢洁峰〈广州中山纪念堂钩沉〉吕彦直材料辨误》，《建筑师》2004年03期；《阅读吕彦直》，《读书》2004年08期。
⑤ 侯疑始：《吕彦直病笃》，《晶报》1929年3月21日，第三版。

态①。同时，消息中指出吕遭受癌症之苦已一年左右，这与四则吕彦直略传中所记"困于医药者四年"不符。结合下文所引侯疑始对吕彦直病情的描述——癌症初生于肠，经割治渐愈，后转生于肝，则《密勒氏评论报》中所称吕彦直所受的约一年的癌症之苦可能指肝癌。

1929年3月21日，《申报》《新闻报》《中央日报》《民国日报》《华北日报》均发文披露吕彦直逝世消息②："工程师吕彦直，于前年设计紫金山总理陵墓图案，获得首奖，忽于本月十八日患肠癌逝世，年仅三十六岁。吕字古愚，江宁人，而生于天津。民国二年由清华卒业，派送赴美留学，卒业于康奈尔大学，富美术思想，专心工程研究。民国十年在美时，曾担任南京金陵大学新式房屋设计工程。是年返国，设事务所于上海，上海银行工会会所工程之设计，亦出其手。其后则于设计总理陵墓建筑获首选，而担任建筑工程，继而复为广东总理纪念堂、纪念碑设计，皆以世界之最新之建筑方法，兼采中国华丽建筑方式镕合而成，而竟不及睹此两建筑之完成而逝，甚可悲也。"3月23日，*The North-China Herald* 发布讣告③。面对刚刚崭露头角就名动一时的建筑师新星的骤然陨落，社会各界既惊愕又惋惜。

同年5月1日，戴季陶于葬事筹委会第六十七次会议上提议并获通过：建筑师吕彦直，计划建筑总理陵墓，卓著劳绩，为纪念其功绩，并奖励专门人才起见，拟请国府给予隆重表扬案④。6月3日，教育部与内政部联合呈请对吕彦直明令褒奖⑤；11日，经国民政府第三十一次国务会议议决照准颁发褒扬令："总理葬事筹

---

① 卢洁峰、殷力欣等的著作中称严复次女严璆系吕彦直未婚妻，且在闻讯吕彦直病逝后遁入空门（参见卢洁峰：《吕彦直与黄檀甫——广州中山纪念堂秘闻》，广州：花城出版社，2007年，第89—92页；《中国近代杰出建筑师：吕彦直生平揭秘》，《环球人物》2008年8月〈下〉；殷力欣：《吕彦直集传》，北京：中国建筑工业出版社，2019年，第39页），徐茵则在《吕彦直与滁州》一文中否定了该观点，且认为其可能是严复长女严璸婚姻情况的嫁接与误传（参见徐茵：《吕彦直与滁州》，安徽省滁州市政协文史资料委员会编：《皖东文史》第11辑，2011年，第172页），但由于上述论者均未就自己所持观点提供出处可靠的证据，关于严璆为吕彦直未婚妻的消息只能暂时存疑。

② A.《工程师吕彦直逝世》，《申报》1929年3月21日，第十五版；
B.《工程师吕彦直逝世》，《新闻报》1929年3月21日，第十五版；
C.《工程师吕彦直逝世》，《民国日报》1929年3月21日，第三张第二版；
D.《吕彦直逝世》，《中央日报》1929年3月21日，第二张第一版；
E.《吕彦直病故》，《华北日报》1929年3月21日，第二版。

③ Obituary: Mr.Lu Yen-chi, *The North-China Herald,* March 23, 1929.

④ 《葬事筹委会第六十六次会议记录（1929年5月1日）》，南京市档案馆、中山陵园管理处：《中山陵档案史料选编》，南京：江苏古籍出版社，1986年，第144—145页。

⑤ 《奉办孙中山先生葬事筹备处函请褒扬建筑师吕彦直一案拟具办法祈鉴核转陈由（中华民国十八年六月三日）》，《内政公报》1929年第2卷第6期，第1页。

备处建筑师吕彦直,学识优长,勇于任事,此次筹建总理陵墓,计划图样,昕夕勤劳,适届工程甫竣之时,遽尔病逝。眷念劳勚,悯惜殊深,应予褒扬,并给营葬费二千元,以示优遇。此令。"[①]翌日,《申报》转载该褒扬令[②]。14日,褒扬令下达至行政院,并令内政、教育两部会同拟具办法遵照执行[③]。18、20日,褒扬令下达内政、教育两部[④]。因此,吕彦直成为现代中国唯一获得过政府通令褒奖抚恤的建筑师[⑤]。

不久,《中国工程学会会刊》《科学》《时事新报(上海)》《中国建筑》相继刊发吕彦直略传[⑥]。《中国工程学会会刊》《良友》《山东民国日报》等杂志、报纸等,则陆续登载吕彦直遗作(图1-6-1)以示纪念[⑦]。

上述民国时期的报纸在披露吕彦直逝世消息时,多提到吕英年早逝于肠癌;而四则吕氏略传则称吕彦直"以肝肠生癌逝世"。当代研究者,或言其死于肝癌[⑧],或称其逝于肠癌[⑨],或说其卒于肠痈[⑩],亦有称先患肠癌后扩散至肝脏者[⑪],颇不一致。关于吕彦直的病情和治疗过程,学界知之甚少。据我们目前所见,仅卢洁峰在《吕

---

① 《褒扬病逝建筑师吕彦直》,《国民政府公报》1929年6月,第189号。
② 《国府褒恤吕彦直》,《申报》1929年6月12日,第四版。
③ A.《(第一一六二号令)令行政院:呈复关于总理葬事筹备处呈请抚恤建筑师吕彦直一案交内政教育两部会同拟具办法转请鉴核示遵由》,《国民政府公报》1929年6月,第195号;
   B.《行政院公报》1929年第58期,第25页;
   C.《内政公报》1929年第2卷第6期,第15页;
   D.《行政院公报》1929年第59期,第11页。
④ 《(第二〇一四号令)令内政、教育部:为明令褒扬建筑师吕彦直案由》,《行政院公报》1929年第58期,第25页;《(第二〇四四号令)令内政、教育部:为饬拨建筑师吕彦直营业葬费由》,《行政院公报》1929年第59期,第11页。
⑤ 赖德霖:《阅读吕彦直》,《读书》2004年08期。
⑥ A.《本会会员吕彦直先生遗像(附生平简介)》,《工程:中国工程学会会刊》1929年第4卷第3期,第1页;
   B.《吕古愚略传》,《科学》1929年第14卷第3期,第455—466页;
   C.《故吕彦直建筑师小传》,《时事新报(上海)》1930年12月5日,第二张第三版;
   D.《故吕彦直建筑师传》,《中国建筑》1933年第1卷第1期,第1页。
⑦ A.《建筑家吕彦直及其最后遗作》,《良友》1929年第40期,第3页;
   B.《本会会员吕彦直先生遗作》,《工程:中国工程学会会刊》1929年第4卷第3期,第1页;
   C.《广州之中山纪念堂》,《山东民国日报》1929年9月5日,第三版。
⑧ A.赵远景:《中山陵建陵史实与吕彦直》,《华中建筑》1994年02期;
   B.卢洁峰:《吕彦直与黄檀甫——广州中山纪念堂秘闻》,广州:花城出版社,2007年,第84页;《中国近代杰出建筑师:吕彦直生平揭秘》,《环球人物》2008年8月(下);
   C.殷力欣:《吕彦直集传》,北京:中国建筑工业出版社,2019年,第31页。
⑨ 卢洁峰:《广州中山纪念堂钩沉》,广州:广东人民出版社,2003年,第108页。
⑩ 杨永生、刘叙杰、林洙:《建筑五宗师》,天津:百花文艺出版社,2005年,第11页。
⑪ 卢洁峰:《"中山"符号》,广州:广东人民出版社,2011年,第123页。

图 1-6-1 《良友》杂志刊发的纪念吕彦直稿件（图片来源：《建筑家吕彦直及其最后遗作》，《良友》1929年第 40 期，第 3 页）

彦直与黄檀甫——广州中山纪念堂秘闻》描述了吕在上海虹桥肺病疗养院的一些治疗细节，但因未注明信息来源，难言确实。而值得注意的是，前文提及的刊登于《晶报》1929 年 3 月 21 日第三版的《吕彦直病笃》[①]，披露了一些有关吕彦直病情的信息。兹摘录如下：

> ……古愚自任督造陵墓之后，昕夕劳心筹计，积久致疾。客秋初患肠癌，割治渐愈，忽又□生于肝，病状与总理所患什九相若，西医咸束手。近延中医陆仲安[②]整治，始投参、耆二剂大效。嗣病象转变，大便不通，只能从剖割之大肠裂口排泄而出，于是势益危殆。伯玉（古愚姊丈）以事滞沪，即于古愚古拔路病舍。不佞昨诣古拔路，

---

① 侯疑始：《吕彦直病笃》，《晶报》1929 年 3 月 21 日，第三版。
② 陆仲安，民国初年北京知名中医，曾在孙中山先生患肝癌后为其医治。参见《葬事筹备处关于孙中山病逝记述》，南京市档案馆、中山陵园管理处：《中山陵档案史料选编》，南京：江苏古籍出版社，1986 年，第 3 页。

伯玉已为延请律师，布置后事，盖已生机垂绝，希望至微。古愚年仅三十四，以彼术艺，所能贡献于人世者，正复无可限量，设有不讳，至足痛心。吾为此记，终犹冀天之勿遽□此才也。

该消息来自曾教授吕彦直文字的老师侯疑始，且侯氏曾在吕病逝前几日到访其古拔路寓所，所言应较符合实情。通过该消息我们获知：其一，吕彦直是先患肠癌，经割治而渐愈；后却因癌转移至肝脏，最终病逝。这一记述与四则吕彦直略传中所言"以肝肠生癌逝世"并不矛盾。其二，吕彦直所患病症与孙中山先生所患肝癌十分相似。其三，吕彦直肝脏患癌后，西医束手无策，后曾延请民国知名中医陆仲安医治，但已无力回天。其四，吕彦直生命末期，颇受病痛折磨。其五，吕彦直临终之际，其姐夫严璩因事滞留上海，看护之余助其料理后事。

1930年5月28日，总理陵园管理委员会议决在中山陵祭堂西侧休息室内为吕彦直立石纪念（图1-6-2），大小照奠基石一样①。所立石像系由捷克雕刻家高祺氏（亦即中山陵祭堂内孙中山大理石卧像的作者）所作，高约三十寸左右。高氏虽与吕彦直素未谋面，但仅凭一纸遗容奏刀，像成后惟妙惟肖、传神阿堵。石像下端镌

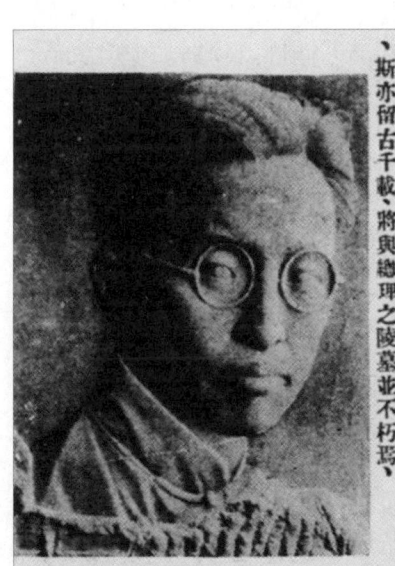

图1-6-2 高祺为吕彦直所作石像［图片来源：左：《雕刻家高祺氏为故吕彦直建筑师所造石像》，《时事新报（上海）》1930年12月25日，第三张第四版；右：《总理陵墓建筑师吕彦直石像》，《中央画刊》1930年第69期，第3页］

---

① 总理陵园管理委员会编：《总理陵园管理委员会第十七次委员会议纪录》，京华印书馆，1931年，"会议记录"部分，第37页。

刻"总理陵墓建筑师吕彦直监理陵工，积劳病故，总理陵园管理委员会于十九年五月二十八日议决立石纪念"字样[①]。至此，为总理陵墓、纪念堂及纪念碑设计、监工殚精竭虑，积劳病故的吕彦直将与总理陵墓并存不朽，留芳千载。

第七节　未竟事业

吕彦直积劳病故时，南京中山陵尚有第三部工程未开工，而广州中山纪念堂的工程进展也仅及计划之半。两项未竟工程如何善后，将在本书第二、三章中详述。此处，仅略及梗概，而把重点放在吕彦直参加的其他社会活动的后续进展上。

原定于1929年1月1日[②]举办的第一次全国美术展览会一再延期，至本年4月10日才在上海新普育堂国货展览会会场开幕[③]。吕彦直生前不仅参与筹备此次展览（被聘为审查委员会委员），亦有作品送展。本次展览分书画、金石、西画、雕塑、建筑、工艺美术、摄影和参考品（古代书画、近人遗作、国外绘画雕塑）七个部类[④]。其中，建筑一部，根据上海图书馆所藏《教育部全国美术展览会出品目录》，结合时人的参观展览的记述[⑤]，有吕彦直、李锦沛、庄俊、杨锡镠、杨锡宗、董大酉、刘既漂、范文照、赵深（与孙照明合报）、李宗侃等十位建筑师共报送34件作品展出[⑥]，分图样、照相、模型三种。吕彦直的送展作品共四件，分别是中山陵墓、广州中山纪念堂、广州中山纪念碑和持志大学鸟瞰图（图1-7-1）[⑦]。

[①] 《雕刻家高祺氏为故吕彦直建筑师所造石像》，《时事新报（上海）》1930年12月25日，第三张第四版；《总理陵墓建筑师吕彦直石像》，《中央画刊》1930年第69期，第3页。
[②] 《全国美术展览会期已定》，《时事新报（上海）》1928年7月8日，第三张第四版。
[③] 《全国美术展览会十日在沪开幕》，《中央日报》1929年4月6日，第三张第一版；《全国美术展览会昨日开幕》，《时报》1929年4月11日，第六版。
[④] 《教育部全国美术展览会组织大纲（附表）》，《广西教育公报》1929年第3卷第6期，第107—113页。
[⑤] 李寓一：《教育部全国美术展览会参观记》，《妇女杂志（上海）》1929年第15卷第7期。
[⑥] 《教育部全国美术展览会出品目录——建筑部分》，根据上海图书馆藏《教育部全国美术展览会出品目录》整理。
[⑦] 《教育部全国美术展览会出品目录》，上海图书馆藏。殷力欣在《吕彦直集传》中称："吕彦直绘'规划首都都市两区图案''国民政府五院建筑设计鸟瞰图'等图稿，以及一个体量颇大的'孙中山先生陵园'沙盘模型，均有可能以'吕彦直先生遗作'的名义展出。"（参见殷力欣：《吕彦直集传》，北京：中国建筑工业出版社，2019年，第43页）根据《教育部全国美术展览会出品目录》，则殷力欣的这一说法可能有误。此外，《吕彦直集传》中还提到出现于北京华夏国拍2011年9月10日仲夏拍卖会上一件存疑的"吕彦直建筑设计稿"，拍卖会的拍品说明是"1929年4月国民政府教育部举办的第一届全国美术展览会展出作品"（参见殷力欣：《吕彦直集传》，北京：中国建筑工业出版社，2019年，第90—91页），同样，依据《教育部全国美术展览会出品目录》，吕彦直的送展作品中，除中山陵和广州中山纪念堂及纪念碑外，仅有持志大学鸟瞰图，而该拍品显然非后者，因此拍卖会的说明应有误。

此次全国美展之所以有如此多的建筑师作品参展，与“中华建筑师学会”的鼓动不无关系。其于 1929 年 3 月 8 日召开的年会中即议决：“此次教育部开全国美术展览会，实系空前未有之第一盛举，而建筑艺术，亦得有绝好之机会，以供社会人士之观瞻，故本会议决，全体加入，并对于陈列物品之最优者，由本会备给奖状，以示鼓励。”[①] 而时任“中华建筑师学会”会长的范文照也发表参展感言：“此次教育部在上海开全国美展会，为中国从来未有之创举，鄙人得参与其间，不胜荣幸……美展会陈列美术出品甚多，而第五部中所列建筑出品，在中国尤为仅见，盖中国建筑，犹在幼稚时代，社会普通人士，对于建筑师职业，多不明瞭其服务之目的，现将建筑出品公开陈列，俾社会普通认识观览之余，即知建筑图样与社会有密切关系，诚我建筑界之荣光也。”[②] 然而，遗憾的是，由于一再延期，原定于 1929 年 1 月 1 日举行的第一次全国美术展览会延迟到 4 月 10 日方才开幕，展会盛况，吕彦直已无缘得见。

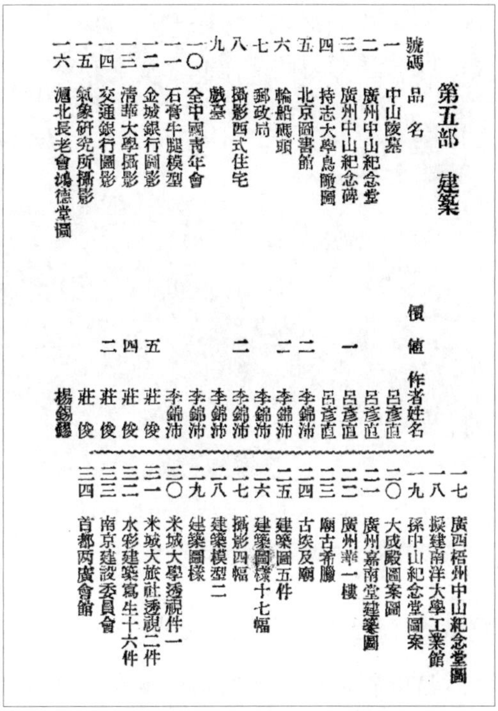

第五部　建築

號碼	品名	價值	作者姓名
一	中山陵墓		呂彥直
二	廣州中山紀念堂		呂彥直
三	廣州中山紀念碑	一	呂彥直
四	持志大學鳥瞰圖		呂彥直
五	北京圖書館	二	李錦沛
六	輪船碼頭	二	李錦沛
七	郵政局		李錦沛
八	攝影西式住宅	二	李錦沛
九	戲臺		李錦沛
一〇	全中國青年會		李錦沛
一一	石膏牛腿模型		李錦沛
一二	金城銀行圖影	五	莊俊
一三	清華大學攝影	四	莊俊
一四	交通銀行圖影	二	莊俊
一五	氣象研究所攝影		莊俊
一六	滬北長老會鴻德堂圖		楊錫鏐
一七	廣西梧州中山紀念堂圖		
一八	擬建南洋大學工業館		
一九	孫中山紀念堂圖案		
二〇	大成殿圖案圖		
二一	廣州嘉南堂建築圖		
二二	廣州華一樓		
二三	廟古希臘		
二四	古埃及廟		
二五	建築圖五件		
二六	建築圖樣十七幅		
二七	攝影四幅		
二八	建築模型二		
二九	建築圖樣		
三〇	米城大學透視件一		
三一	米城大旅社透視二件		
三二	水彩建築寫生十六件		
三三	南京建設委員會		
三四	首都兩廣會館		

图 1-7-1　教育部全国美术展览会出品目录（建筑部分）（图片来源：上海图书馆藏）

亦是在 3 月 8 日召开的这次“中华建筑师学会”年会上，选举了新一届的职员，范文照继续当选会长，庄俊为副会长，赵深为书记，李锦沛为会计，刘福泰为理事，原为副会长的吕彦直因病情日笃，已退出领导职务[③]。1932 年，《中国建筑》创刊号上，范文照在回顾中国建筑师学会缘起时，提及了吕彦直在该组织筹备成立初期所作的

① 《上海中华建筑师学会年会记》，《申报》1929 年 3 月 8 日，第十五版；《上海中华建筑师学会年会》，《新闻报》1929 年 3 月 8 日，第十六版。

② 范文照：《参观美展建筑部之感想》，《美展》第 9 期，1929 年 5 月 4 日，第 4 页。

③ 《上海中华建筑师学会年会记》，《申报》1929 年 3 月 8 日，第十五版；《上海中华建筑师学会年会》，《新闻报》1929 年 3 月 8 日，第十六版。

图 1-7-2　国民革命军遗族学校鸟瞰图（图片来源：国民革命军遗族学校编辑：《国民革命军遗族学校图标册》，1933 年）

贡献[1]，而此时已故的吕彦直亦荣列中国建筑师学会会员之中[2]。

　　吕彦直参与设计的国民革命军遗族学校工程共分五期。至 1929 年 9 月，部分校舍已建成，学生开始迁入新校区（原校区在南京城内大仓园）。1930 年 12 月，实行男、女分校区，男校区在中山门外四方城（即规划建设的中山陵园内新校区），女校区暂设南京城内羊皮巷。至 1931 年 4 月，校舍一、二期工程已完工，正着手第三期工程建设，已建成校舍计三十六座[3]。该校设施颇为齐备，建筑整体风格则呈吕彦直所倡导的"中国固有式"（图 1-7-2），但较之中山陵、广州中山纪念堂等，更为简朴、实用[4]。

　　1929 年 10 月，国民政府首都建设委员会秘书处编印的《首都建设》第一期出版，其中收录吕彦直遗著《规划首都都市区图案大纲草案》[5]。该《草案》系吕彦直于 1928 年 7 月委托夏光宇，转呈首都建设委员会的《建设首都市区计画大纲草案》。

---

[1] 范文照：《中国建筑师学会缘起》，《中国建筑》创刊号，1932 年 11 月。
按：该文发表于《中国建筑》杂志创刊号，虽然该期目录上所刊印日期为"民国十年"即 1931 年，但据赖德霖等考证，该期杂志实际出版时间应为 1932 年，参见赖德霖：《卢洁峰著〈广州中山纪念堂钩沉〉吕彦直材料辨误》，《建筑师》2004 年 03 期。另外，该文中"张光沂"可能也系刊印错误，应为"张光圻"。
[2] 《中国建筑师学会会员录》，《中国建筑》创刊号，1932 年 11 月。
[3] 《国民革命军遗族学校概况》，《中央日报》1931 年 4 月 5 日，第三张第二版；4 月 6 日，第三张第二版。
[4] 殷力欣：《吕彦直集传》，北京：中国建筑工业出版社，2019 年，第 86 页。
[5] 国民政府首都建设委员会秘书处编印：《首都建设》第一期，1929 年 10 月，第 19—28 页。

据殷力欣汇校，此次刊行，编者对吕彦直原稿作了多处修改①。

1931年，王云五主编的《英汉对照百科名汇》出版。据书中王云五在序言中的叙述，这是一本介绍各学科专业名词的书籍，有助于新科学的宣传介绍和学术的研究进步，而书中"建筑学的部分曾经吕彦直先生的审定"②。

1935年，经国民党中央议决，廖仲恺在去世十年之后终于迁葬至总理陵园之四方城内（原本暂葬于广州），并于9月1日举行安葬礼③。当初拟由吕彦直计划的廖墓图案形式后由刘福泰完成设计④，随即举行墓葬工程招标⑤，并拟于当年11月举行奠基礼，且在翌年清明前工程告竣⑥。

第八节　几则吕彦直略传辨析

作为中山陵和广州中山纪念堂的设计者，亦是中国科学社的创始会员以及中国建筑师学会的重要成员，吕彦直去世后，《科学》《工程》《时事新报》《中国建筑》等报纸杂志曾相继刊载吕彦直的略传，以示纪念⑦。这几则略传简要概括了吕彦直的生平经历，且发表在与吕彦直身份或经历相关的出版物上，是研究吕彦直的重要文献。今人研究吕彦直，多有参考引用，然而较少关注到这几则吕彦直略传彼此的异同，以致产生了个别分歧乃至错误，在此有必要辨析并澄清。

首先，四则略传的主体内容以及文字表述基本相同，应是出自同一底稿。这其中，同是刊载于1929年的《吕古愚略传》和《本会会员吕彦直先生遗像（附生平简介）》仅有个别词句略有差别。

四则略传中，除《故吕彦直建筑师小传》未明确外，其他三则均记吕彦直八岁丧父，结合吕彦直的出生日期即1894年，则吕父去世的时间似乎为1902年。这也

---

① 殷力欣：《吕彦直集传》，北京：中国建筑工业出版社，2019年，第116—137页。
② 王云五主编：《英汉对照百科名汇》，商务印书馆，1931年，"序言"。
③ A.《国内时事》，《东方杂志》第32卷第13期，第1页；
　　B.《革命先烈廖仲恺昨举行安葬礼》，《民报》1935年9月2日，第一张第二版。
④ 《廖仲恺墓之建筑进行》，《铁报》1935年10月25日，第三版。
⑤ 《中国国民党中央执行委员会秘书处建筑廖仲恺先生墓招标通告》，《中央日报》1935年9月11日，第一张第一版；《申报》9月11日，第二版。
⑥ 《廖仲恺墓之建筑进行》，《铁报》1935年10月25日，第三版。
⑦ A.《吕古愚略传》，《科学》1929年第14卷第3期，第455—466页；
　　B.《本会会员吕彦直先生遗像》，《工程：中国工程学会会刊》1929年第3期，第1页；
　　C.《故吕彦直建筑师小传》，《时事新报（上海）》1930年12月5日，第二张第三版；
　　D.《故吕彦直建筑师传》，《中国建筑》1933年第1卷第1期，第1页。

应是部分研究者将吕父去世时间定为1902年的来由①。不过，四则略传中均称吕彦直1929年3月18日去世时仅三十六岁，由此可知略传中对吕彦直岁数的计算采用的是虚岁而非周岁，故而吕父去世的时间当为1901年，且吕彦直跟随其次姊去法国的时间为1902年。实际上，关于吕父去世的时间，当时的其他文献亦有记载②，确为1901年。

其次，关于吕彦直赴美留学时间，仅《吕古愚略传》称"民国二年毕业，三年遣送出洋"，其他则称"民国二年毕业，遣送出洋"或"民二毕业于清华大学，得官费入美之康纳尔大学"。通过康奈尔大学档案馆保存的吕彦直学生卡以及当时报纸刊登的消息③，我们得知吕彦直确于民国三年即1914年赴美入康奈尔大学留学。据此，四则略传中仅发表于《科学》杂志上的《吕古愚略传》表述正确。这应与该杂志主要由留美中国学生所组织之中国科学社主办且吕彦直为该社创始成员，因而对吕彦直留美情况较为了解有关。

吕彦直的留学归国时间，仅《工程：中国工程学会会刊》中所记为"（民国）十一年"（1922），其他三则皆称民国十年（1921）。由于吕彦直回国后与过养默、黄锡霖合组东南建筑公司，而该公司于1921年5月已开张营业④，故而吕彦直的回国时间很有可能在1921年；加之据黄檀甫之子黄建德回忆，吕彦直亦是在1921年回国⑤。因此，《工程：中国工程学会会刊》所记吕彦直回国时间或有误。

此外，四则略传在述及吕彦直协助茂飞进行建筑设计时，仅《中国建筑》所载《故吕彦直建筑师传》称吕氏参与了金陵女子大学和北平燕京大学两个项目，其他三则

---

① A. 赖德霖主编：《近代哲匠录：中国近代重要建筑师、建筑事务所名录》，北京：中国水利水电出版社、知识产权出版社，2006年，第104页；
B. 徐茵：《南京中山陵设计者吕彦直籍贯新证》，《滁州学院学报》2009年04期；《吕彦直与滁州》，安徽省滁州市政协文史资料委员会编：《皖东文史》第11辑，2011年，第171页。

② A. 王伯恭：《蜷庐随笔》，郭建平点校，太原：山西古籍出版社，1999年，第83—84页。另，该文还以《蜷庐笔记》为题发表在《中国商报》1940年1月11日，第二张第五版；
B. 宋开玉整理：《桐城吴先生日记》（上册），石家庄：河北教育出版社，1999年，第650页；
C. 郑孝胥著，劳祖德整理：《郑孝胥日记》（第二册），北京：中华书局，1993年，第803页。

③ A.《清华学校毕业志盛》，《新中国报》1913年7月4日，第九版；另见《教育杂志》1913年第5卷第5号，第39—40页；
B.《清华学生赴美留学》，《时报》1914年8月14日，第八版。

④ 《东南建筑公司开幕广告》，《申报》1921年5月14日，第一版。

⑤ 黄建德：《吕彦直与中山陵》，《人物杂志》1986年05期。

只提金陵女子大学。今人引用时，多据《中国建筑》所记。然而，根据我们目前所掌握的资料，尚未见到吕彦直参与燕京大学校园设计的直接证明。

实际上，关于吕彦直生平的记载，除上述四则吕彦直略传外，还有两篇值得注意。一篇是刊载于 The China Weekly Review 1928年9月1日第28页上的"Mr.Yen Chih-lu（吕彦直字古愚）"，文中记述的内容与前述四则略传大体相同——不排除是四则吕彦直略传的底稿。由于此时吕氏尚未去世，故叙事时间截至吕彦直赢得中山陵和广州中山纪念堂、纪念碑两项设计竞赛。值得注意的是，文中称吕彦直的"ancestral home"是南京。

另一篇是刊登在《晶报》1929年3月21日第003版上的《吕彦直病笃》，作者系曾教授吕彦直文字的严复高徒侯毅（字雪农，号疑始）。这篇文章与前述几篇在内容上有明显区别，其不仅披露了吕彦直的家世，而且公布了吕彦直患病、治疗以及临终前的重要信息，是目前尚未被学界所重视的重要资料。同样值得注意的是，文中称吕彦直籍贯是"皖之来安人"，与前述吕彦直略传均不相同；并且，文中记述吕彦直去世时年仅三十四岁应有误。

第九节　小结

本章主要利用民国时期报纸、杂志、公文、书信等文献资料，在已有研究基础上，较为系统、完整地考察了吕彦直的生平，主要涉及其家世背景、求学过程、执业经历、社会活动、患病逝世及未竟事业等方面。通过本章的工作，我们基本勾勒出吕彦直的人生轨迹，一方面深化了对吕彦直生平的了解和认识，另一方面则为下文进一步解读和阐释吕彦直的事迹、作品及其思想奠定了基础。

需要指出的是，得益于相关文献数据库的应用和新材料的发现，本章对吕彦直的家世、籍贯、求学过程、执业经历和社会活动等均作了较之已有研究更加深入的考察，纠正了一些错误，澄清了一些分歧，更新了某些认识。兹小结如下：

其一，鉴于吕彦直父亲吕增祥去世时间的重要性——关系到吕彦直早期经历的研究，本书首先通过考证指出吕父去世于1901年阴历五月底至六月初。同时，在此过程中通过考察吕增祥的生平及社会关系获得关于其家世背景的认识，从而为下文讨论其早期经历、思想萌芽和设计理念等奠定基础。

其二，籍贯对一名建筑师的成就与思想似无关宏旨，但本着求真原则和纵深研究的需要，我们在已有研究基础上对吕彦直的籍贯重新进行了辨析和考证，最终得出其祖籍为山东东平，父籍为安徽滁县，且生活在与江宁接壤的来安一带的结论。

其三，依据一手档案或文献，本章对吕彦直的求学经历作了完整考察，主要包括其1902—1905年游学法国、1908—1911年修学五城学堂、1911—1913年求学清华学校和1914—1918年留学美国康奈尔大学的经过。

其四，吕彦直的执业经历主要包括追随茂飞、合组东南建筑公司、合办真裕公司以及创办彦记建筑事务所四个阶段，反映了其毕业实习、合作设计到独立执业的全过程。依据民国文献或档案，本章对这一过程进行了完整考察，明确了吕彦直在各阶段的角色和工作内容。

其五，褒然举首于民国时期两项国家级的建筑设计竞赛为吕彦直带来了巨大的声誉和地位，社会活动亦接踵而至。利用当时报纸与杂志的报道，我们较详细地梳理了吕彦直当时参加的社会活动及在其中承担的角色和作用。

最后，本章针对吕彦直生平略传的几则不清楚之处，深入进行了辨析。

第二章　伟人陵寝：巍巍中山陵

第一节　中山陵建设缘起

一、生前择墓与临终遗愿

1925年3月12日上午九时三十分，伟大的革命先行者、现代中国奠基人、时任国民党总理孙中山先生于北京逝世[①]。临终之际，孙中山先生曾亲自对夫人宋庆龄和亲信汪精卫等交代，表示死后愿葬于南京紫金山。

孙中山先生逝世当日上午，德国人克利——孙中山的主治医生发表"中山逝世之报告"："孙博士今晨九时三十分安然而逝，神志清明，临终不改。昨日下午，发表其中对于诸事之最后嘱咐，并告孙夫人谓愿如其友人列宁保存遗体，且愿葬于南京。孙博士之遗体，现已移至协和医院，施行保存手续。"[②] 其中透露，孙中山先生曾于3月11日下午告诉夫人宋庆龄愿死后葬于南京。

根据孙中山先生在该日下午神志清明时与汪精卫的谈话内容，其明确表示："吾死之后，可葬于南京紫金山麓，因南京为临时政府成立之地，所以不可忘辛亥革命也。遗体可用科学方法永久保存。"[③] 更详细情形见于《申报》的报道："约十时，吴稚晖、李石曾、于右任等于客厅偏房之南室，贴一治丧主任办事处条，以决一切。十一时，吴手书一纸，略谓'总理遗嘱须保存遗体，已由哲生（科字）与协和院商定……又先生遗嘱葬于南京紫金山'。纸贴于招待大厅，黄膺白曰：'最好葬于景山。'精卫曰：'吾初意亦如是，惟先生之遗嘱如是，殆示当年南京改革未彻底之意耳。'"[④]

另据3月12日《北京宪治通信社关于孙中山在北京逝世新闻稿》载："十二

[①] 《孙中山逝世》，《上海夜报》1925年3月12日，第二版；《申报》1925年3月13日，第五版；《新闻报》1925年3月13日，第二张第一版。
[②] 《中山之逝世》，《国闻周报》1925年第2卷第10期，第9页。
[③] 《千古一瞥时之孙先生：最后之话》，《民国日报》1925年3月16日，第一张第三版。
[④] 壮行：《孙寓吊唁记》，《申报》1925年3月16日，第五版。

时略安眠，昨晨四时（按：指3月12日凌晨4时）症象稍变，孙自知不起，遂嘱孙哲生等云：余之遗体须设法保存永久，将来葬地最好以南京之紫金山为宜云云。……丙、葬地遵总理遗嘱葬于南京紫金山。"①

此外，登载于《醒狮》杂志的消息——《孙中山先生逝世详情》："（三）遗骸处置。孙先生遗言，用防腐法保存其遗骸。现已商之协和医院，数日内即可完成，永远保存。现已将尸体送协和医院。先生又遗言，愿葬于南京之紫金山。"②也披露孙中山先生的遗愿是葬于南京紫金山。

可见，孙中山先生临终之际曾对身旁亲属与亲信均表达过死后归葬南京紫金山的遗愿。实际上，中山先生希冀身后能够长眠于钟山的愿望，由来已久。《时报》在披露孙中山先生逝世消息时称："中山临终前，遗嘱将来遗骸，可葬于南京之紫金山。民国元年，孙任临时大总统时，曾一度致祭明太祖，太祖光复汉土，孙氏推翻满清，葬于紫金山，盖追从洪武之意。"③该消息点出了孙中山先生希望归葬南京紫金山与其民国元年任临时大总统时，致祭紫金山明太祖孝陵（图2-1-1）的联系，

图 2-1-1 孙中山率临时政府成员赴明孝陵谒陵（图片来源：《时事月报》1931年第5卷第4期，第14页）

① 《北京宪治通信社关于孙中山在北京逝世新闻稿》，北京政府京畿卫戍总司令部档案，转引自徐友春、吴志民主编《江苏文史资料·26辑·孙中山奉安大典》，北京：华文出版社，1989年，第7—8页。
② 《孙中山先生逝世详情》，《醒狮》1925年第24期，第4页。
③ 《孙中山在京逝世》，《时报》1925年3月16日，第一张第一版。

但对孙登临紫金山并择墓的细节未过多描述。

该细节，1926年出版的《孙中山轶事集》则有披露："中山先生当民元之初，在南京任第一任临时大总统时，曾与参军某游览紫金山，甚爱该处形胜。当语某参军云：'安得结庐此地，以息余年。'某参军当谓；'总统如有所欲，安得不遂。'先生谓：'我身安有休息之时，候他日逝世，当向国民乞此一抔土，以安置躯壳耳。'"[1]

检索当时报纸，孙中山先生确于1912年3月10日（星期日），停办公事，偕胡汉民、孙科等往紫金山游猎（图2-1-2），并摄影而返[2]。据孙中山先生侍从郭汉章的回忆："中山先生……叫我备几匹马一起打猎去，遂与胡汉民等骑马出朝阳门到明孝陵，后转至半山寺（即今中山陵所在），中山先生打中一只野鸡，就在一个土地庙旁下马休息。我和胡汉民跟着中山先生步行上山，走到现在中山陵墓穴地方，先生四面环顾，指着对面远处方山和回环如带的秦淮河说：'你们看，这里地势比明孝陵还要好，有山有水，气象雄伟，我真不懂当初明太祖为什么不葬在这里！'胡汉民说：'这里确比明孝陵好，拿风水讲，前有照，后有靠，左右有沙环抱，加以秦淮河环绕着，真是一方大好基地。'中山先生接着带笑说：'我将来死后葬在这里那就好极了。'"[3]

图 2-1-2　孙中山等行猎紫金山（图片来源：高萍萍：《忠孝两全情未尽：孙科》，南京：南京出版社，2014年，第35页）

因此，孙中山先生自选墓茔于南京紫金山确有其事。其生前择墓于紫金山的原因，我们认为主要或有三点：

---

[1] 三民公司编译部纂：《孙中山轶事集》，上海：三民公司出版部，1926年，第196页。
[2] 《申报》1912年3月12日，第二版。
[3] 郭汉章：《南京临时大总统三月见闻实录》，转引自王耿雄编：《孙中山史事详录（1911—1923）》，天津：天津人民出版社，1986年，第223页。

其一，南京对于孙中山先生具有特殊意义。其既是中华民国临时政府的成立之地，亦是孙中山就任和卸任临时大总统之所。死后葬于南京，正所谓"不可忘辛亥革命也"。

其二，孙中山领导辛亥革命，推翻清政府统治，其丰功伟业可与朱元璋驱除元朝、创建明朝比拟，即所谓"太祖光复汉土，孙氏推翻满清，葬于紫金山，盖追从洪武之意"。

其三，南京为虎踞龙盘之地，襟长江、环秦淮，衔钟山、佩玄武，优越的地理位置加之十朝建都的经历，缔造了南京城的恢宏气度。钟山形胜，历代帝王对之青睐有加，东吴大帝孙权、明太祖朱元璋等均葬于此。孙中山所择紫金山墓地，位于明孝陵东侧之中茅山，"前有照，后有靠，左右有沙环抱，加以秦淮河环绕着，真是一方大好墓地"。

因此，葬于南京紫金山不仅是孙中山的临终遗愿，更是其生前的选择。

二、葬事筹备与人员组织

丧葬包括丧与葬两阶段，孙中山先生的丧葬过程亦大约可分为前期治丧和后期安葬两部。

孙中山先生逝世当日，国民党即在北京成立"孙中山先生北京治丧处"，分秘书、招待和事务三股，处理治丧事宜[①]："孙中山逝世后，即由李石曾、李烈钧、喻毓西、汪精卫等上午十一时在大客厅集议，当决定组织治丧处，并分别职务。治丧处主任人员为于右任、吴稚晖、孔庸之、李石曾、汪精卫、邹海滨、宋子文、林森等。治丧处暂分（一）秘书股，主任汪精卫；文件，邵元冲、杨杏佛、吴玉章；主稿，谢慧生等；函件，谢无量等；新闻，杨杏佛等。（二）招待股，主任李协和；常务，邓孟硕等；特别，马夷初等，女界招待员伍智梅等。（三）事务股，主任孔庸之；事务，吴大业、朱卓文、陈鸿勋、吴雅觉、陆元炜、马超俊、贺锡瓒等。"

治丧处成立后，一方面通电全国，布告总理逝世之噩耗；一方面招待前来凭吊的宾客和处理收到的吊唁。此后，3月19日出殡移灵（灵柩由协和医院礼堂移至中央公园内社稷坛大殿安放），24日起大殓会吊（接受社会团体、个人等凭吊），

---

① 《孙中山逝世情形汇闻》，《新闻报》1925年3月16日，第二张第一版；《孙中山在京逝世》，《时报》1925年3月16日，第一版。

以及4月2日升榇暂厝西山碧云寺等，均由治丧处操办①。

1925年4月初，治丧事宜基本结束后，经治丧处主任孔祥熙、杨杏佛等人开会议决，北京治丧处各股事务于4月4日全部结束，所有雇员、书记等，分别发薪解职②。治丧结束后，接续而来的即是葬事安排。但由于此时陵墓尚未开建，故经议决，孙中山灵柩暂厝北京西山碧云寺（图2-1-3），待南京紫金山陵墓建成后，再行奉安③。接下来的主要任务即是筹建陵墓，而该工作由另一个组织——孙中山先生葬事

图2-1-3 灵柩暂厝北京碧云寺（图片来源：黄檀甫旧藏，黄建德提供）

筹备委员会（以下简称"葬事筹委会"）及其常设机构——孙中山先生葬事筹备处（以下简称"葬事筹备处"）负责。

1925年4月3日，葬事筹备处于上海成立："孙先生遗体前已决定卜葬南京，所有一切营建事宜，现应积极规划进行。兹特在环龙路四十四号设孙先生葬事筹备处，各界如有关于葬事一切事宜之函电，请迳寄本处，俾便接洽，此启。"④次日，国民党驻京中央执委会全体会议推定汪精卫、林焕廷（业明）、宋子文、叶楚伧、邵仲辉（力子）、林子超（森）、杨沧白（庶堪）、于右任、戴季陶、张静江、陈佩忍（后辞职，陈果夫补）、孔庸之（祥熙）共12人，为驻沪葬事筹备处委员⑤，

---

① A.《孙中山治丧处电》，《时报》1925年3月17日，第二版；
   B.《治丧报告》，孙中山先生葬事筹备处编：《哀思录》第一编，1925年，第126—151页。
② 《孙中山治丧处办理结束》，《时报》1925年4月8日，第二版。
③ 孙中山先生葬事筹备处编：《哀思录》第一编，1925年，第137页。
④ 《孙先生葬事筹备处启事》，《申报》1925年4月3日，第一版；《民国日报》1925年4月3日，第一版。
⑤ 《孙中山先生葬事筹备处十五年报告》，《孙中山先生陵墓工程报告》（第1册），1927年，第1页。

孙中山先生葬事筹备委员会正式成立。

4月18日，孙中山葬事筹备处，于上海张静江家中召开第一次会议（葬事筹委会一般将本次会议作为葬事筹备处正式成立的标志）。议定宋子文、林焕廷、叶楚伧三人为常务委员，分别主持工程、会计和文牍三方面事务，并推定杨杏佛为主任干事，负执行责任，孙科为家属代表[1]。所谓"筹备葬事，头绪纷繁，非推举专员办理不可"[2]，在治丧处结束办理治丧事务后，葬事筹备处开始接续办理葬事筹备事宜，并成为料理孙中山葬事的主理机构[3]。

葬事筹委会第一次会议还推定宋子文代表全体委员赴粤接洽葬事经费事宜[4]，宋氏南下后常驻广州，极少参加在上海召开的葬事筹备会议，因此葬事筹委会在第九次会议（1925年8月24日召开）上议决增加陈佩忍为常务委员[5]。

葬事筹备处主要由家属代表（孙科、宋庆龄等）、筹备委员会（即前述汪精卫、林焕廷、宋子文、叶楚伧等十二人）和干事部三部分组成。其中干事部为主要执行机构，下设陵墓工程处（专为监督、处理陵墓工程之进行而设）、测量工程处（专为测量陵园地形及修造各种马路而设）、购地处（专为办理收购陵园范围以内土地而设）和中山陵园（系在接收江苏省立第一造林场后改隶葬事筹备处专办园林事业）[6]。

1925年11月，葬事筹委会第十五次会议通过《葬事筹备处办事简则》[7]。1927年，又经葬事筹委会第四十八次会议通过《葬事筹备处办事细则》。

---

[1] A.《葬事筹委会第一次会议纪录（1925年4月18日）》，南京市档案馆、中山陵园管理处：《中山陵档案史料选编》，南京：江苏古籍出版社，1986年，第54—55页；
B.《孙先生葬事之筹备》，《民国日报》1925年5月7日，第十版；
C.《孙中山葬事之筹备，进行圈地手续征求墓式办法》，《时报》1925年5月7日，第六版；
D.《孙中山葬事之筹备》，《时事新报（上海）》1925年5月7日，第三张第二版。
[2] 《推定筹备中山葬事委员》，《申报》1925年4月19日，第十三版；另见《民国日报》1925年4月19日，第十版；《时事新报（上海）》1925年4月19日，第二张第三版。
[3] 《孙中山葬事之筹备》，《申报》1925年5月7日，第十三、十四版；另见《民国日报》1925年5月7日，第十版；《时报》1925年5月7日，第六版；《时事新报（上海）》1925年5月7日，第三张第二版。
[4] 《葬事筹委会第一次会议纪录（1925年4月18日）》，南京市档案馆、中山陵园管理处：《中山陵档案史料选编》，南京：江苏古籍出版社，1986年，第54页。
[5] 《葬事筹委会第九次会议纪录（1925年8月24日）》，南京市档案馆、中山陵园管理处：《中山陵档案史料选编》，南京：江苏古籍出版社，1986年，第63页。
[6] 《葬事筹备处组织系统表》，南京市档案馆、中山陵园管理处：《中山陵档案史料选编》，南京：江苏古籍出版社，1986年，第9页。
[7] 《葬事筹备处办事简则》，南京市档案馆、中山陵园管理处：《中山陵档案史料选编》，南京：江苏古籍出版社，1986年，第8—9页。

1926年3月25日，受中山陵奠基礼上国民党左右派党员冲突事件影响，为避免纠纷和误会，葬事筹备处办公地点由上海环龙路四十四号——西山会议派之中央党部亦设于此[1]，迁至陶尔斐斯路（在环龙路东首）廿四号[2]。

葬事筹委会自成立以来，其常设机构——葬事筹备处一直在上海，而陵墓选址于南京。为方便处理葬事和陵工等事宜，葬事筹委会早在1925年9月8日召开第十次会议时，即决定在宁设立葬事筹备处南京事务所[3]，并于十月正式办公和支付薪水[4]。据悉，南京事务所位于南京城内石板桥第二号，办公场所甚宽敞，还腾出房舍，专为招待各名流参观陵墓工程进行[5]。

1927年，葬事筹委会和葬事筹备处经历人员调整和地点迁移。随着国民政府定都南京，为便于监督、处理陵墓建设工程事宜和筹备葬事，葬事筹备处由沪迁宁：

敝处兹定于本月二十六日迁并南京，上海事务所即日撤销，所有以前在沪一切未清手续及以后有以葬事见商者，请迳向南京石板桥本筹备处就接洽可也。至各方发来函电亦请按照上述地质投递为荷[6]。

同时，面临新环境和新形势，葬事筹委会决定扩大组织，以利葬事积极、顺利筹备，由是增补蒋介石、伍朝枢、邓泽如、古应芬、吴铁城、陈群、杨杏佛等7名委员[7]。至9月时，葬事筹委会委员有胡汉民、汪精卫、蒋介石、张静江、谭延闿、程潜、李煜瀛、蔡元培、许崇智、于右任、林森、谢持、邓泽如、伍朝枢、宋子文、孔祥熙、林业明、叶楚伧、杨杏佛，常务委员中叶楚伧、林焕廷继续负责文牍、会计部分，工程部分则由林森主持，且主任干事已变更为夏光宇[8]。

1929年6月，随着孙中山先生奉安大典结束，葬事筹备委员会的任务与工作亦

---

[1] 黄修荣：《国民革命史》，重庆：重庆出版社，1992年，第524页。
[2] 《孙中山先生葬事筹备处迁地启事》，《申报》1926年3月26日，第一版。
[3] 《葬事筹委会第十次会议纪录（1925年9月8日）》，南京市档案馆、中山陵园管理处：《中山陵档案史料选编》，南京：江苏古籍出版社，1986年，第65页。
[4] 《葬事筹委会第十四次会议记录（1925年10月31日）》，南京市档案馆、中山陵园管理处：《中山陵档案史料选编》，南京：江苏古籍出版社，1986年，第70页。
[5] 《孙中山逝世周年纪念之筹备 南京设立孙墓办事处》，《时报》1926年2月21日，第五版。
[6] 《孙中山先生葬事筹备处迁宁启事》，《时事新报（上海）》1927年4月26日，第一张第一版。
[7] 《葬事筹委会关于加推蒋介石等七人为委员致中执委会呈》，南京市档案馆、中山陵园管理处：《中山陵档案史料选编》，南京：江苏古籍出版社，1986年，第11页。
[8] 《葬事筹委会委员及职员》，南京市档案馆、中山陵园管理处：《中山陵档案史料选编》，南京：江苏古籍出版社，1986年，第12—13页。

告完成，旋即被改组为总理陵园管理委员会（下文简称"总理陵管会"）。陵墓未竟工程及陵园管理事务等由其接任，且葬事筹委会之前对外签订的合同、契约则继续有效①。

三、现场勘测与交涉圈地

前文已述，葬于南京紫金山是孙中山先生生前选择和临终遗愿。孙中山先生逝世后，段祺瑞政府发布临时执政令："前临时大总统孙文，倡导共和，肇新中夏。辛亥之役，成功不居……所有饰终典礼著内务部详加拟议，务极优隆，用符国家崇德报功之至意。"②后经非常国会于3月14日上午十一时在参议院开会议决，参照国葬条例第一条第一项为中山先生举行国葬③，"葬地遵总理遗嘱葬于南京紫金山"④。

此时决定的葬地仅是南京紫金山这一较大的范围，进一步工作需确定其具体位置。当年中山先生自选墓茔虽有明确所指，但由于身旁仅胡汉民、郭汉章等亲信侍从，时过经年，具体位置仍需勘察；并且，墓茔所在土地涉及征购，需沟通协商，非立即可用。

孙中山去世不久，国民党内以陈佩忍、唐昌治、戴季陶等为代表的党员即提出过关于总理陵墓的相关主张⑤，认为总理陵墓位置应设"于孝陵之东部，灵谷寺相近之一带"，原因是该地民国以来"设造林场，而每岁清明则在山之上下植树尤众，十数年来郁郁葱葱，渐成林麓，谒陵衢路亦极修整，而加广矣。吾总理妥灵于此，凡大部已不须规划，只求地位得当，布置得宜，自足以慰在天之灵，而来万姓之瞻礼"。至于布置之法，"亦应有几个要点：（一）偏于平民思想之形势者，（二）有伟大之表现者，（三）能永久保存者，（四）能使游览人了然于先生之伟绩者"。关于墓地图案，"墓前筑石阶为广大之灵台，台之中央，立碑以四方形，篆刻总理之遗嘱、教训及一生之事迹，顶端安置先生全身铜像；最前辟地为广场，中置喷水池，

---

① 《总理葬事筹备委员会通告（七月三日）》，《申报》1929年7月10日，第二版。
② 《临时执政令》，《国际公报》1925年第16期，第75页。
③ 《非常国会通过关于孙中山国葬案》，南京市档案馆、中山陵园管理处：《中山陵档案史料选编》，南京：江苏古籍出版社，1986年，第2页。
④ 《北京宪治通信社关于孙中山在北京逝世新闻稿》，北京政府京畿卫戍总司令部档案，转引自徐友春、吴志民主编《江苏文史资料·26辑·孙中山奉安大典》，北京：华文出版社，1989年，第7页。
⑤ 《国民党对中山陵寝之商榷》，《大公报（天津）》1925年3月21日，第一张第四版；该文又以《关于孙公陵寝之商榷》为题，登载于《广州民国日报》1925年3月31日，第八版。

左立音乐亭，右为纪念室；广场之南，建屋五楹，环植松柏石楠之属，并开池叠石，养鹤栽花，以为游人休息之所。全园材料宜多采巨石，园门尤宜坚林，亦建筑时所宜于此注意也"。

上述主张中不少方面，如陵墓形式、材料和环境等，在后来中山陵建设中多有体现；其关于陵墓位置的建议亦与后来实际建设位置大体相当，只是目前我们并不清楚国民党和葬事筹委会对其建议的采纳程度及过程。

1925年4月初，北京临时政府秘书厅关于孙中山拟葬紫金山致电江苏省长官："奉执政谕，中山先生现经决定国葬，其葬地拟在南京紫金山，应请饬属妥为照料，将来灵榇奉移，尤须责成地方官沿途保护。"[①] 而在此前，治丧处已派林森赴南京紫金山勘察葬地并回京汇报[②]。之后，北京治丧告一段落，宋庆龄、孙科等孙中山家属及葬事筹委会委员开始离京南下，并取道南京，于4月11日上午赴紫金山视察墓地，后于当日下午赴沪[③]。

4月18日，葬事筹委会第一次会议召开，确定葬事筹备进行程序[④]：（一）决定墓地。（二）测量墓地。（三）交涉圈拨墓地。（四）征求陵墓图案。（五）决定陵墓图案与建筑师。（六）投标征求陵墓建筑包工。（七）陵墓建筑开工。根据该程序，首要工作即决定陵墓具体地点并测量墓地范围。

为此，4月20日，家属代表宋庆龄、孙科与葬事筹委会委员再次赴南京紫金山实地察勘（图2-1-4）。此行前，叶恭绰、郑洪年从北京致电孙科告知已安排人员与车辆接洽[⑤]。本次调查较上次更周详，山南山北均有涉足，不仅考虑位置，更顾及地势、交通、安全、环境等因素。几日后，带着本次察勘结果，孙科与葬事筹委会于4月23日召开的葬事筹委会第二次会议上讨论[⑥]，最终决定将陵墓位置设于紫

---

① 《北京临时政府秘书厅关于孙中山拟葬紫金山致江苏省长官电》，南京市档案馆、中山陵园管理处：《中山陵档案史料选编》，南京：江苏古籍出版社，1986年，第2页。
② 《治丧报告》，孙中山先生葬事筹备处编：《哀思录》第一编，1925年，第151页。
③ 《孙夫人莅宁勘墓》，《新闻报》1925年4月13日，第二张第三版。
④ A.《葬事筹委会第一次会议纪录（1925年4月18日）》，南京市档案馆、中山陵园管理处：《中山陵档案史料选编》，南京：江苏古籍出版社，1986年，第54—55页；
B.《孙中山先生葬事筹备处十五年报告》，《孙中山先生陵墓工程报告》（第1册），1927年，第1页。
⑤ 《叶恭绰、郑洪年为孙夫人勘视紫金山致孙科电》，南京市档案馆、中山陵园管理处：《中山陵档案史料选编》，南京：江苏古籍出版社，1986年，第33页。
⑥ 《葬事筹委会第二次会议纪录（1925年4月23日）》，南京市档案馆、中山陵园管理处：《中山陵档案史料选编》，南京：江苏古籍出版社，1986年，第55—57页。

图 2-1-4　宋庆龄等勘察墓地（图片来源：高萍萍：《忠孝两全情未尽：孙科》，南京：南京出版社，2014年，第39页）

金山南坡之中茅山，距明孝陵之东三四里[①]。

确定墓地位置后，紧随而来即是测量并划定墓地范围。据孙科回忆，葬事筹委会原意是拟将紫金山全部尽定为总理纪念园林，以造成一规模宏大之纪念森林。后以占地过广，恐不易成功，乃缩小圈地范围——西至孝陵，东至灵谷寺，南至钟汤路，北至山巅，共计面积一万两千余亩，经函准北京内务部备案，并委托江苏陆军测量局测绘地图。然而，至1925年8、9月份着手圈地时，江苏省长郑谦忽以范围太大，恐引起地方人士反对为由，请求在内务部备案指定范围中再缩小。经过交涉，范围再度缩小至六千余亩，为即将圈用之陵园地界；而原经内务部备案之范围定为未来造林面积[②]。

实际圈地交涉过程较上述更为复杂。4月23日葬事筹委会第二次会议决定派杨

---

① A.《孙中山先生葬事筹备处十五年报告》，《孙中山先生陵墓工程报告》（第1册），1927年，第1页；
　B.《孙科关于总理葬事筹备经过之报告》，该报告系孙科于1926年1月12日在国民党全国第二次代表大会上的报告，参见《中国国民党第二次全国代表大会会议纪录》，上海图书馆藏，1926年，第75—77页。此外，该报告在《新闻报》上亦有披露，参见《孙科筹办中山陵墓之报告》，《新闻报》1926年1月21日，第二张第三版，下文引用时据《中国国民党第二次全国代表大会会议纪录》所载。
② A.《孙科筹办中山陵墓之报告》，《新闻报》1926年1月21日，第二张第三版；
　B.《灵柩暂厝西山之原因》，《广州民国日报》1925年4月14日，第八版。

杏佛赴宁接洽、交涉圈地及测量、照像等事务[1]。杨抵达南京后同廖交涉员（廖恩涛）于4月30日会见已离任的江苏省省长韩国钧和督办卢某，韩国钧请求圈地时将造林场除外且少圈民地。5月1日，测量员、照相技师开始摄影并划定测量范围，确认墓地范围内包括义农会、造林场及民地三种，但落实圈地需等新省长到任方可进行，且须推定专员办理[2]。后经葬事筹委会第四次会议（5月2日）推定孙科代表家属、陈佩忍代表委员会，担任圈地事务[3]。此后至5月13日间，孙科与新到任江苏省长郑谦电商圈地事宜[4]。

7月2日，江苏实业厅下发训令至圈地涉及的义农会、造林场，饬其按照之前测量的墓地详图及圈地范围图圈拨土地[5]。7月13日，葬事筹备处致函内务部部长，上报勘定墓址、圈征墓地情况[6]：

迳启者：孙中山先生墓地，前经孙先生家属及葬事筹备委员会遵孙先生遗嘱，择定南京紫金山南坡，并经家属及委员会代表勘定墓地范围，计山地包括紫金山第一峰、第二峰、平地北以山脚为界，南以钟汤路为界，东西以距墓基中心左右各一华里半之直线为界（参看孙先生墓地形势图上红线范围），平地面积阔三华里，长约四华里，共约六千五百亩。据各方估计，内：

义农会地，约四千余亩（紫金山地不在内）。

造林场地，约一千余亩。

民地，约一千余亩。

以上仅为估计之数，至墓地所占各部分确实亩数及界线，已由敝处函请江苏陆军测量局派员代为实测、打桩，作为正式依据。兹因建墓工程进行在即，墓地范围亟须圈定，顷由七月十二日葬事筹备委员会议决，所有墓地圈占之义农会、造林场地原系公产，拟请照土地公用征收法拨用。至所圈民地，拟请照公用征收法，由地

---

[1] 《葬事筹委会第二次会议纪录（1925年4月23日）》，南京市档案馆、中山陵园管理处：《中山陵档案史料选编》，南京：江苏古籍出版社，1986年，第56页。
[2] 《孙中山葬事之筹备》，《申报》1925年5月7日，第十三版。
[3] 《葬事筹委会第四次会议纪录（1925年5月2日）》，南京市档案馆、中山陵园管理处：《中山陵档案史料选编》，南京：江苏古籍出版社，1986年，第59页。
[4] 《葬事筹委会第五次会议纪录（1925年5月13日）》，南京市档案馆、中山陵园管理处：《中山陵档案史料选编》，南京：江苏古籍出版社，1986年，第60页。
[5] 《江苏实业厅关于查明墓地圈拨涉及造林场界之训令》，南京市档案馆、中山陵园管理处：《中山陵档案史料选编》，南京：江苏古籍出版社，1986年，第33—34页。
[6] 《筹备处致内务部请将圈定墓址立案函》，《孙中山先生陵墓工程报告》（第1册），1927年，第11—12页。

方官委托该地乡董按照实值给价收买，所需经费自当由敝处担任。其所圈义农会、造林场地，除现时建墓筑路必需者外，一切地上林木之柴草利益，在葬事筹备委员会未施用该地以前，仍归原有机关享受，至林木之管理事项，在同一时期则由委员会与原有机关共同担负，以期无碍原有造林事业。事关纪念创造民国元勋，想荷大部赞同。除函呈江苏省长外，相应函达左右，敬希查照，并咨请江苏省长施行为荷。

此致

龚内务部长

孙中山先生葬事筹备处启

七月十三日

据该函件，葬事筹委会于7月12日召开的第六次会议已决定圈地范围和拨用办法。所圈之地包括山地和平地两种，平地阔约三华里，长约四华里，面积约六千五百亩，包括义农会四千余亩、造林场一千余亩、民地一千余亩。义农会对被圈征的四千余亩地十分支持，表示尽可划用，且该会会长仇徕之、孙绍筠赞助尤力[①]。造林场则以圈地造成损失太多且所圈之地主管权无法保障等因，颇为抵触，并提出最好免圈造林场地，万不得已则以造林场之东面山沟为界，且被圈之地需以相当之地交换和贴补垦费[②]。

鉴于是造林场所请，江苏省当局提出解决办法，将所需圈拨之地分为即用与未用两种，即用者即拨，以俾葬事得以进行，未用者待将来商办。对此，葬事筹委会经第八次会议讨论后回复：

"除就圈定范围由内务部及省长指定，作为中山先生墓地及陵园之用，并树立界石，并存案备考外，应将建墓、筑路及其他纪念建筑需用之地亩，先行拨用，俾

[①] A.《义农会关于被圈征场址事致葬事筹备处复函》，南京市档案馆、中山陵园管理处：《中山陵档案史料选编》，南京：江苏古籍出版社，1986年，第37页；
B.《孙中山先生葬事筹备处十五年（1926）报告》，《孙中山先生陵墓工程报告》（第1册），1927年，第1—2页。

[②] A.《造林场关于墓地涉及场界致江苏实业厅呈》，南京市档案馆、中山陵园管理处：《中山陵档案史料选编》，南京：江苏古籍出版社，1986年，第34—35页；
B.《造林场关于被圈土地有碍场务致葬事筹备处函》，南京市档案馆、中山陵园管理处：《中山陵档案史料选编》，南京：江苏古籍出版社，1986年，第38页；
C.《造林场请求免予圈地致江苏实业厅呈》，南京市档案馆、中山陵园管理处：《中山陵档案史料选编》，南京：江苏古籍出版社，1986年，第38—29页；
D.《江苏省实业厅江宁交涉公署呈省长文》，《孙中山先生陵墓工程报告》（第1册），1927年，第17页。

葬事得以进行。至未用部分，俟将来实施必要之时，再向原有机关商定拨用办法。"①

按照葬事筹委会意愿，拟在已向内务部报备的原圈定墓地边界树立界石，存案备考，以为将来之凭据。但时任江苏省实业厅厅长徐兰墅致函葬事筹备处称如此易致滋生纠葛，于是从缓；而是依照即将应用的墓地范围树立界石，且即将应用墓地范围调整为东西及南北各两华里，墓道马路及沿路纪念建筑用地约占二千余亩，此部分建墓、筑路及纪念建筑需用之地先行拨用，俾葬事得以进行②。至1925年9月13日，开始树立圈征公地界石③。

解决了公用土地圈拨问题，接下来即是民地征购。按照计划，墓地所需圈征的民地面积约为一千二百亩。葬事筹委会第六次会议议决征购民地由江苏省政府担任执行，经费由筹委会拨付④。第八次会议又决定令江宁县知事办理，由筹委会备价，且由廖凤书、徐兰墅、孙启椿、吴养田、徐尔耕、仇徕之为圈购民地委员，与葬事筹委会委员一起合定圈购办法⑤。第十次会议又议决圈购民地暂由杨杏佛筹备，且先征收修筑马路所经过之必要土地，同时决定征收土地等次⑥。在此期间，有谣言称此次圈征墓地将强占民地，挖坟掘墓，毁拆民房。为止谣言，避免误会，江宁县知事贴出布告，以作澄清⑦。

1925年10月31日，葬事筹委会召开第十四次会议，讨论通过圈购民地规

---

① 《葬事筹委会第八次会议纪录（1925年8月18日）》，南京市档案馆、中山陵园管理处：《中山陵档案史料选编》，南京：江苏古籍出版社，1986年，第62页。
② A.《徐兰墅关于如何圈购墓地致葬事筹备处函》，南京市档案馆、中山陵园管理处：《中山陵档案史料选编》，南京：江苏古籍出版社，1986年，第41—42页；
B.《葬事筹备处关于圈征墓地致徐兰墅复函》，南京市档案馆、中山陵园管理处：《中山陵档案史料选编》，南京：江苏古籍出版社，1986年，第42页；
C.《孙中山先生葬事筹备处十五年报告》，《孙中山先生陵墓工程报告》（第1册），1927年，第1—2页。
③ 《葬事筹委会第十次会议纪录（1925年9月8日）》，南京市档案馆、中山陵园管理处：《中山陵档案史料选编》，南京：江苏古籍出版社，1986年，第64页。
④ 《葬事筹委会第六次会议纪录（1925年7月12日）》，南京市档案馆、中山陵园管理处：《中山陵档案史料选编》，南京：江苏古籍出版社，1986年，第61页。
⑤ 《葬事筹委会第八次会议纪录（1925年8月18日）》，南京市档案馆、中山陵园管理处：《中山陵档案史料选编》，南京：江苏古籍出版社，1986年，第62页。
⑥ 《葬事筹委会第十次会议纪录（1925年9月8日）》，南京市档案馆、中山陵园管理处：《中山陵档案史料选编》，南京：江苏古籍出版社，1986年，第64页。
⑦ 《江宁县知事关于征地中勿听谣言之布告》，南京市档案馆、中山陵园管理处：《中山陵档案史料选编》，南京：江苏古籍出版社，1986年，第44—45页。

则①，并于11月8日由江宁县公署布告②。根据该规则，拟圈购之民地总面积约一千二百亩，而此次仅征收墓道马路经过所需土地共四十余亩。在征购过程中，竟有个别乡民串通村长，任意浮报，将政府已拨充总理国葬墓地之官荒山场诬报为民地，为此，葬事筹委会致函江宁县并委托其处理③。

至此，在陵墓兴工前，建墓、筑路及纪念建筑需用之地基本落实。但诚如奉安专刊委员会后来总结所言，虽然总理葬事经北京政府颁有国葬明令，但圈购过程并不顺利。墓地范围由最初包括整个紫金山到后来一万两千亩，再到缩小至六千余亩。几经交涉磋商，至最后真正落实即用之地仅墓地、墓道及纪念建筑所需的二千余亩④。有学者指出，圈地效果的前后反差及圈购过程的曲折复杂，既体现了国民党人企图改造国家与社会的雄心勃勃，亦反映在分裂、动荡的时局背景下，在国家体制尚未理顺、土地产权关系尚未厘清的情况下，国民党人推动墓地圈拨的无力与艰难⑤。

此外，在陵墓建设过程中，还有临时征地。例如，由于意识到位于孙中山墓地对面之邵家山顶民地，正处墓道正面，且有坟墓，对孙墓有所影响。故经委员会讨论，最终决定征购⑥。又如，万寿寺地基，因影响陵墓建设，经葬事筹委会开会议决购买⑦。

---

① 《葬事筹委会第十四次会议记录（1925年10月31日）》，南京市档案馆、中山陵园管理处：《中山陵档案史料选编》，南京：江苏古籍出版社，1986年，第70页。
② 《江宁县公署关于陵墓圈购民地之布告》，南京市档案馆、中山陵园管理处：《中山陵档案史料选编》，南京：江苏古籍出版社，1986年，第50—51页。
③ 《关于乡民将墓地内官荒山场诬为民地案》，《孙中山先生陵墓工程报告》（第1册），1927年，第28—31页。
④ 《奉安专刊委员会关于葬事筹委会筹备纪述》，南京市档案馆、中山陵园管理处：《中山陵档案史料选编》，南京：江苏古籍出版社，1986年，第24—25页。
⑤ 李恭忠：《中山陵：一个现代政治符号的诞生》，北京：生活·读书·新知三联书店，2019年，第129—144页。
⑥ A.《葬事筹委会第三十五次会议纪录（1926年3月24日）》，南京市档案馆、中山陵园管理处：《中山陵档案史料选编》，南京：江苏古籍出版社，1986年，第91页；
B.《葬事筹委会第三十八次会议纪录（1926年5月19日）》，南京市档案馆、中山陵园管理处：《中山陵档案史料选编》，南京：江苏古籍出版社，1986年，第93页；
C.《葬事筹委会第四十次会议纪录（1926年7月19日）》，南京市档案馆、中山陵园管理处：《中山陵档案史料选编》，南京：江苏古籍出版社，1986年，第95页；
D.《葬事筹委会第四十一次会议纪录（1926年7月27日）》，南京市档案馆、中山陵园管理处：《中山陵档案史料选编》，南京：江苏古籍出版社，1986年，第96页。
⑦ 《葬事筹委会第三十八次会议纪录（1926年6月24日）》，南京市档案馆、中山陵园管理处：《中山陵档案史料选编》，南京：江苏古籍出版社，1986年，第94页．

第二节 吕彦直夺标经过

一、悬赏征求陵墓图案

与勘测、圈征墓地同时进行的，是征求陵墓图案。在当时的国民党人看来，"（孙中山）先生之陵墓，为人群之公物，非有坚朴雄厚之建筑，无以纪念此崇高伟大之人格……先生陵墓不特为民族史上之伟大永久纪念，即在中国之文化与美术上亦有其不朽之价值"。因此，其陵墓建筑设计方案，理应"纯取公开态度""期合海内外美术专家之心思才力"以征求[①]。于是，葬事筹委会组织举办了一场面向海内外的公开设计竞赛，以期征求最佳陵墓设计方案。

葬事筹委会正式成立时召开的第一次会议就决定征求图案，并对时间有所计划，即1925年5月15日至8月15日征求，8月15日至9月15日决定，9月15日动工，工程以一年为期[②]。

1925年5月2日，葬事筹委会召开的第四次会议再次讨论征求陵墓图案问题。孙科在会上提出征求墓式图案，须设奖金；委员们认为头奖如设五百元似太少，宋子文主张头奖三千元，汪精卫赞成，后定全部奖金五千元，分别为头奖二千至三千元、二奖一千至一千五百元、三奖五百至一千元；宋子文还提议请赫门担任建筑顾问；而孙科转达赫门提议，应征者不必限定建筑师，普通美术家亦可应征，众委员赞成[③]。

5月13日，葬事筹委会第五次会议在上海成都路广仁里张静江家中举行，出席者有张静江、林焕廷、邵力子、孙科和杨杏佛。会议通过了征求陵墓图案条例——由家属代表孙科和主持建筑之常务委员宋子文代表赫门共同起草，并加"得奖之应征者，在实际建筑时，是否担任监工，由委员会自由决定"一条，且规定应征者提交图案时姓名、住址需密封。为昭示信誉，孙科提议将奖金五千元预先提存银行并

[①] 孙中山先生葬事筹备处编：《孙中山先生陵墓图案》，"缘起"，民智书局，1925年，第1页。
[②] 《葬事筹委会第一次会议纪录（1925年4月18日）》，南京市档案馆、中山陵园管理处：《中山陵档案史料选编》，南京：江苏古籍出版社，1986年，第54—55页。
[③] 《葬事筹委会第四次会议纪录（1925年5月2日）》，南京市档案馆、中山陵园管理处：《中山陵档案史料选编》，南京：江苏古籍出版社，1986年，第58—59页。

获议决通过①。此外，会议决定通过登载广告的方式宣传本次悬赏征求陵墓图案②。

5月15日开始，《申报》《民国日报》《新闻报》等报纸开始登载《孙中山先生葬事筹备处悬奖征求陵墓图案启事》：

"中山先生墓地已择定，在南京紫金山之中茅山南坡。兹特悬奖征求陵墓图案，凡海内外建筑师及美术家均可报名应征。此项建筑包括陵墓及祭堂两部分，祭堂图案以能采用中国古式而有特殊与纪念之性质者为宜，陵墓即在祭堂内用大理石建筑，内贮石椁。凡应征者可向下列地址索取征求图案条例。（国人应征者）上海法租界环龙路四十四号孙中山先生葬事筹备处，（西人应征者）上海四川路二十九号大洲公司向赫门君接洽。"③

据该启事，国内应征者须至上海法租界环龙路四十四号孙中山先生葬事筹备处、海外应征者须至上海四川路二十九号大洲公司赫门处领取征求图案条例。而5月17日，《民国日报》以"专件"的形式全文登载了《孙中山先生陵墓建筑悬奖征求图案条例》④；两日后，《字林西报》又发布了英文版的征求条例⑤，无疑为准备海内外应征者获知征求图案条例内容提供了方便。

葬事筹委会登载悬奖征求图案启事并公布征求条例的同时，亦致电广州请国民党中央执行委员会先将奖金五千元汇拨至沪，存放银行，以厚信用⑥。

悬奖征求消息一经传出，海内外建筑师积极响应，踊跃应征。但由于葬事筹备处来不及赶制墓地详图和照像，导致最初报名者至筹备处报名应征时无法领取，直到六月中旬方可报名注册成功⑦。

---

① 《孙中山葬事筹备消息》，《申报》1925年5月18日，第十四版；《大公报（天津）》1925年5月24日，第一张第四版。
② A.《葬事筹委会第五次会议纪录（1925年5月13日）》，南京市档案馆、中山陵园管理处：《中山陵档案史料选编》，南京：江苏古籍出版社，1986年，第59—60页；
　B.《孙中山葬事之筹备》，《申报》1925年5月7日，第十三版；
　C.《孙中山葬事之筹备》，《时事新报（上海）》1925年5月7日，第三张第二版；
　D.《孙中山葬事之筹备》，《时报》1925年5月7日，第六版；
　E.《孙先生葬事之筹备》，《民国日报》1925年5月7日，第十版。
③ 《孙中山先生葬事筹备处悬奖征求陵墓图案启事》，《申报》1925年5月15日，第一版；《民国日报》1925年5月15日，第一版；《新闻报》1925年5月15日，第一版。
④ 《孙中山先生陵墓建筑悬奖征求图案条例》，《民国日报》1925年5月17日，第十二版。
⑤ *The North-China Daily News*, May 19, 1925, No.8.
⑥ 《孙中山葬事筹备消息》，《申报》1925年5月18日，第十四版；《大公报（天津）》1925年5月24日，第一张第四版。
⑦ 《孙中山先生葬事筹备处启事》，《申报》1925年6月16日，第一版；《民国日报》1925年6月16日，第一版；《新闻报》1925年6月16日，第一版。

图 2-2-1　孙中山先生陵墓图案（形势全图）　　　　　　图 2-2-2　孙中山先生陵墓图案（总平面图）

  吕彦直闻讯后，按规定至葬事筹备处领取墓地摄影和地形标高图，并多次赴南京紫金山之中茅山南坡踏勘，以熟悉环境；且反复修改完善设计方案①。最终，于征求截止日期前，吕氏提交了设计方案图 10 张（图 2-2-1~图 2-2-10 分别是墓地鸟瞰图、陵墓鸟瞰图、全部正面立视图、祭堂平面剖视图、祭堂正立面图、祭堂侧面立视图、祭堂侧面透视图、祭堂横切剖视图、祭堂纵切剖视图、全部纵切剖视图）和《孙中山陵墓建筑图案说明》（见第四章）一份。

  根据条例规定，征求截止日期为 1925 年 8 月 31 日，较之第一次葬事筹委会计划的截止日期（8 月 15 日）延迟半月。嗣后又因海外应征者要求（主要缘于邮寄不及），且经葬事筹委会第九次会议议决，征集截止日期再次展期至 9 月 15 日②。

  同年 7 月底，葬事筹委会召开第七次会议时，挂号应征者已有十余人③；至 9 月 8 召开第十次会议时，已收到设计方案二十余份④；而在最后短短的一周内，应

---

① 卢洁峰在《吕彦直与黄檀甫——广州中山纪念堂秘闻》和《"中山"符号》中均称吕彦直为设计应征方案，多次前往南京紫金山踏勘，且据黄檀甫后人黄建德回忆，黄檀甫称吕彦直为设计中山陵废寝忘食，反复修改设计方案，并捏制模型。参见卢洁峰：《吕彦直与黄檀甫——广州中山纪念堂秘闻》，广州：花城出版社，2007 年，第 25 页；《"中山"符号》，广州：广东人民出版社，2011 年，第 81 页。

② A.《孙中山先生葬事筹备处十五年（1926）报告》，《孙中山先生陵墓工程报告》（第 1 册），1927 年，第 2 页；
B.《葬事筹委会第九次会议记录（1925 年 8 月 24 日）》，南京市档案馆、中山陵园管理处：《中山陵档案史料选编》，南京：江苏古籍出版社，1986 年，第 63 页。

③ 《葬事筹委会第七次会议记录（1925 年 7 月 29 日）》，南京市档案馆、中山陵园管理处：《中山陵档案史料选编》，南京：江苏古籍出版社，1986 年，第 61 页。

④ 《葬事筹委会第十次会议记录（1925 年 9 月 8 日）》，南京市档案馆、中山陵园管理处：《中山陵档案史料选编》，南京：江苏古籍出版社，1986 年，第 65 页。

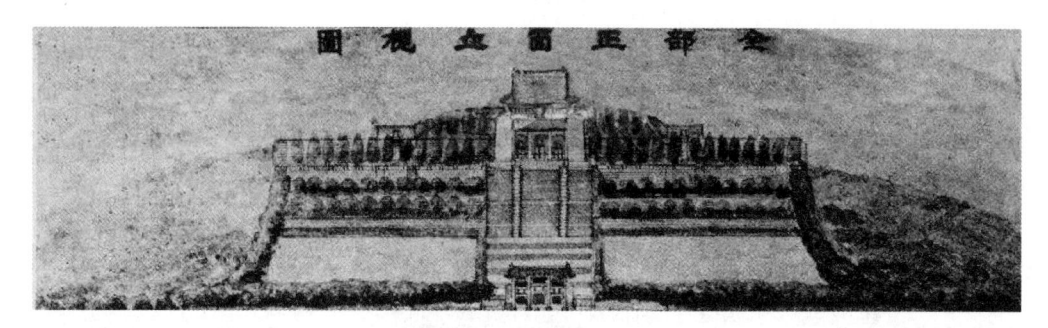

图 2-2-3 孙中山先生陵墓图案（全部正面立视图）

图 2-2-4 孙中山先生陵墓图案（全部纵切剖视图）

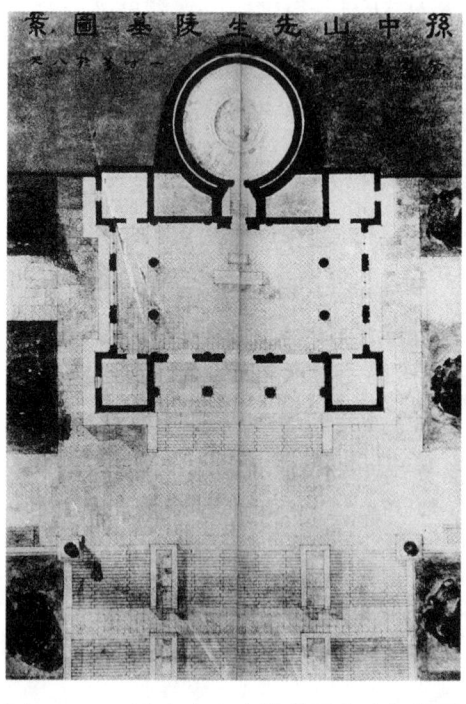

图 2-2-5 孙中山先生陵墓图案（祭堂平面图）

图 2-2-6 孙中山先生陵墓图案（祭堂正立面图）

图 2-2-7 孙中山先生陵墓图案（祭堂侧面立视图）

图 2-2-8 孙中山先生陵墓图案（祭堂侧视油画效果图）

图 2-2-9 孙中山先生陵墓图案（祭堂横切剖视图）

图 2-2-10 孙中山先生陵墓图案（祭堂纵切剖视图）

（图片来源：图 2-2-1 至图 2-2-10 均采自孙中山先生葬事筹备委员会编：《孙中山先生陵墓图案》，民智书局，1925 年）

征者方案陆续提交，最终共收到图案四十余种（套）[①]。

二、评比经过与结果

临近征求截止日期，葬事筹委会即开会讨论图案评选问题，并拟请中国美术家、建筑师和土木工程师，组成评判顾问，以确保评选的专业性。最终议决请中国美术家王一亭、德国建筑师朴士、南洋大学校长暨土木工程师凌鸿勋、雕刻家李金发四

---

① A.《筹筑孙中山陵墓近讯》，《时报》1925 年 9 月 13 日，第四版；
B.《孙中山先生葬事筹备处十五年（1926）报告》，《孙中山先生陵墓工程报告》（第 1 册），1927 年，第 2 页。

人担任评判顾问①。这样的人员组合显示出葬事筹备处的周密考虑，即在竞赛中平衡艺术与技术、本土艺术与外来艺术，以及中国性与国际性之间的关系②。另外，为保证评选公正，葬事筹委会还拟定了《孙中山先生陵墓图案评判规则》和《孙中山先生陵墓图案评判要点》③，以供评判顾问参考以及社会大众监督。

9月16日至20日，收到的四十余份设计图案陈列于上海四川路36号大洲公司（即大洲贸易公司，China International Corporation，宋子文所经营）三楼，四位评判顾问亲临评阅现场，仔细观摩，详加比较，并参考评判要点拟具评判意见书，于20日前交至葬事筹委会。

表2-1 评判顾问意见书摘要

	王一亭	朴士	凌鸿勋	李金发
第一名	（1）墓在祭堂后合于中国观念（2）建筑朴实坚固（3）形势及气魄极似中山先生之气概及精神	似根据中国宋代格式而参加己意，与评判要点第一项之观念最合，对其他各项，亦极能合格，之定为首奖	此案全体结构简朴浑厚，最适合于陵墓之性质及地势之情形，且全部平面作钟形，尤有木铎警世之想。祭堂与停柩处布置极佳，光线尚足，祭堂外观形式甚美。正面略嫌促狭，祭堂内部地位亦似略小（深三十余呎，宽七十余呎，内有碑，有祭桌及柱四条，余地恐不多），将来建筑时尚须注意减少房屋尖细之处，以资耐久，此案建筑费较廉	是图结构精美雄静，一望令人生凄然景仰之念，所有设置，均适合所征求诸条件，庙中多色玻璃，及几线阳光透入，尤有西洋Gotteique式之余风，及神秘之暗示，惟觉窗上红色过多，宜多用深蓝及金紫，瓦面若改青蓝或灰色，尤合全之谐和。中央坟位，亦宜稍为下降

---

① A.《孙中山先生葬事筹备处十五年（1926）报告》，《孙中山先生陵墓工程报告》（第1册），1927年，第3页；
B.《葬事筹委会第十次会议记录（1925年9月8日）》，南京市档案馆、中山陵园管理处：《中山陵档案史料选编》，南京：江苏古籍出版社，1986年，第65页。
② Delin Lai, "Searching for A Modern Chinese Monument: The Design of the Sun Yat-sen Mausoleum in Nanjing", *Journal of the Society of Architectural Historians*, 2005, Vol.64, No.1, pp.22—55.
③ 《孙中山先生陵墓图案评判规则》，孙中山先生葬事筹备委员会编：《孙中山先生陵墓图案》，民智书局，1925年，第8—9页。

（续表）

	王一亭	朴士	凌鸿勋	李金发
第二名	计划极好，惜乎墓在祭堂之中，不甚尊重	惟念故大总统孙公常以融合中西文化为心，鄙意此种精诚之表现，似应为陵墓建筑之特殊性质，故鄙人推荐范君之图案为第二奖，且为实际采用之图案。此图案所以未得被荐为第一奖者，由于其墓室位置之观念错误，此点在采用时应加以改正。此项改正极易实现，但将墓室降于地面之下即可。关于条例中其他各项，均极相合。此建筑简单、庄严而坚固，为根据于中国建筑而同时参加西方建筑文化之极佳观念。全部布置（路径）尤善	此案陵墓部分建筑宏壮，美术方面殊觉满意，且结实简朴，足以耐久，陵墓形式，尤极相称。由墓门以上甬道一带布置亦佳，大理石建筑，颜色浑朴，价值较昂。此案最大缺点，为室内四壁矗立，光线不足，上虽有塔窗可以透光，但地位太高且狭，不能达到下层。若能略加修改，增加室内光线，则此案殊有研究之价值。至于石像及停柩处地位，似尚须略加修改	建筑上之组织，古雅纯正，惟较少夺眼之处，以全部形势而论，似太平坦，惟从上下望建筑全部，适成一大钟形，尤为有趣之结构
第三名	完全为中国古式，惟与中山先生融合中西之精神似不合，且墓之位置亦在祭堂之中	第三奖拟赠Liberty，惟鄙人对于决定此奖之信仰，殊不若于以前两奖之深。Liberty可称为纯粹中国式样，惟绝无创造观念，但同时鄙人以为，以下所推荐之名誉奖，应排列在Liberty之后	此案全部结构甚佳，远观当甚宏壮，且全用中式意义，尤觉有致，惟陵寝房屋似较平削，用料及颜色似宜改变，方不致太像古代陵寝。又石桥一部分，亦宜改平，庶可通车，停柩处水平亦宜降低。此式对于采用上尚须研究，惟奖金似可给予	全部工整庄严、华丽调和，惟此种工作不宜于坟墓，恐需费亦远过三十万元
备注	吕彦直为第一名	吕彦直为第一名	吕彦直为第一名	吕彦直为第二名

资料来源：孙中山先生葬事筹备委员会编：《孙中山先生陵墓图案》，民智书局，1925年，第19—26页

由表2-1所列四位评判顾问对第一、二、三名评判意见来看，吕彦直的设计图案除被李金发评为第二名外，其他三位均推为第一，不仅评价甚高，且意见基本一致。

1925年9月20日下午二时，葬事筹委会在大洲公司三楼召集孙中山先生家属及葬事筹备委员召开联席会议暨葬事筹委会第十一次会议，列席者有宋庆龄、孙科及夫人、孔祥熙、林焕庭、叶楚伧、陈佩忍、杨杏佛等。会上，杨杏佛报告评判顾问意见书后，众人结合征求条例、评判规则及要点对获奖方案展开讨论。孙科认为

吕彦直的设计方案对墓之地位安排极佳；而范文照的方案缺点在于墓在堂之中间，像在后，光线不足，顶太华丽，黄瓦近于官式；Liberty的方案则完全中国式，无新意。根据会议纪录，讨论时众人对第一、二奖的归属意见似皆一致，惟第三奖有主Liberty，有主杨锡宗，有主天下大同等。后经叶楚伧提议第三奖归杨锡宗，陈佩忍附议，众赞成[1]。于是决议得奖者如下[2]，并登报公告[3]：

头奖：吕彦直

二奖：范文照

三奖：杨锡宗

名誉奖：1. 孚开洋行乃君（Cyrill Nebuskad）；2. 赵深；3. 开尔思（Francis Kales）；4. 恩那与佛雷（C.Y. Anney and W. Frey）；5. 戈登士达（W. Livin. Goldenstaedt）；6. 士达打样建筑公司（Zdanwitch and Goldenstaedt）；7. 士达打样建筑公司（Zdanwitch and Goldenstaedt）。

除获奖者外，葬事筹委会考虑到应征者之计划，各具匠心，俱为惨淡经营之作，因而各赠以中山先生之遗像、遗书以示感谢。

由于孙科在会上提议编印陵墓图案小册，以为纪念，于是留下了关于本次悬赏征求孙中山陵墓图案的重要资料——民智书局于1925年出版的《孙中山先生陵墓图案》。书中较详细交代了本次悬奖征求的缘起、经过和结果，并录有征求条例、评判规则和评判要点全文。更重要的是，其保存了各获奖图案及评判顾问意见书，是我们考察和还原整个事件的重要原始档案[4]。

另外，本次会议还决定将所有应征图案在大洲公司三楼公开展览五日（9月22日至26日每日下午二时至六时），并在上海各报登载广告[5]，一为公布评选结果，二为邀请社会见证与评判。据当时统计，每日来观者平均约在一千人左右，而中西

---

[1] 《葬事筹委会第十一次会议记录（1925年9月20日）》，南京市档案馆、中山陵园管理处：《中山陵档案史料选编》，南京：江苏古籍出版社，1986年，第65—67页。
[2] A.《葬事筹委会第十一次会议记录（1925年9月20日）》，南京市档案馆、中山陵园管理处：《中山陵档案史料选编》，南京：江苏古籍出版社，1986年，第66页；
B.《孙中山先生葬事筹备处十五年（1926）报告》，《孙中山先生陵墓工程报告》（第1册），1927年，第3页。
[3] 《孙中山先生陵墓图案选定》，《民国日报》1925年9月21日，第三张第一版。
[4] 孙中山先生葬事筹备委员会编：《孙中山先生陵墓图案》，民智书局，1925年。
[5] 《孙中山先生陵墓图案征求成绩公开展览》，《申报》1925年9月22、23、24、25、26日；《新闻报》1925年9月22日、23、24、25、26日；《民国日报》1925年9月22、23、24、25、26日。

各报纸杂志均有记述、评论①，盛况空前，蔚为壮观②。

经过五日的公开展览和社会评判，9月27日下午四时，葬事筹委会在张静江家中召开第十二次会议（孙科参加，宋庆龄因病未出席），讨论采用何种图案以及建筑师与监工、包工等问题③。"开会时，并将第一及第二奖之图案与说明书估价表及各方关于图案之意见陈列会场，以供研究。经长时间之讨论，众以第一奖吕彦直君之图案简朴坚雅，且完全根据中国古式建筑精神，因决定采用并请得奖人吕彦直君为建筑师，主持计划建筑详图及监工事务"④。

至此，本次历时近五个月，规模空前、形式新颖、过程公开、评比公平，兼具技术与艺术、国内与海外、本土性与国际性及专业与公众的孙中山先生陵墓设计竞赛告一段落。吕彦直凭借其高超设计水平和勤奋踏实的工作态度，参合其对孙中山先生思想与主张的理解，在众多应征者中脱颖而出，襃然夺魁。这不仅为吕彦直带来了巨大的声誉，亦从众多优秀的应征作品中遴选出具有独特设计意匠和现实建造可能的设计方案，并最终建成为中国近现代建筑史上不朽的经典。

李恭忠认为，本次陵墓设计方案的征求与评选，其实是一次大型的文化传播事件："国民党人在其中扮演了导演角色，建筑师、艺术家、记者和参观者，则分饰不同的演出角色。借助于这种独特的传播方式，国民党人不仅得到了最佳的设计方案，而且吸纳了建筑界、艺术界的支持与合作，使自己的政治形象得到了更广泛的传播，取得了纯粹政治宣传难以达到的效果。"⑤

---

① 《孙墓图案展览会》，《申报》1925年9月23日，第十四版。
② Chinese Architect Gets Palm For Sun's Tomb Plan, *The China Press*, September 22, 1925, No.8.《孙墓图案及建筑师正式选定》，《申报》1925年9月29日，第十四版；另见《时报》1925年9月25日，第四版；《时事新报（上海）》1925年9月29日，第三张第一版；《新闻报》1925年9月29日，第三张第三版。Prize Winning Design of Mausoleum for Body of Dr.Sun Yat-sen is Won By Shanghai Architect, *The China Weekly Review*, October 3, 1925. Architects' Contest For Dr. Sun Yat-sen's Tomb, *The China Press*, October 4, 1925, No.4.
③ 《葬事筹委会第十二次会议记录（1925年9月27日）》，南京市档案馆、中山陵园管理处：《中山陵档案史料选编》，南京：江苏古籍出版社，1986年，第67页。
④ A.《孙墓图案及建筑师正式选定》，《申报》1925年9月29日，第十四版；
B.《孙中山先生陵墓图案及建筑师选定，陵墓工程约十二月间开始》，《民国日报》1925年9月29日，第七版；
C.《筹筑孙中山陵墓昨讯，陵墓图案及建筑师已正式选定》，《时报》1925年9月29日，第四版；
D.《孙墓图案及建筑师选定》，《时事新报（上海）》1925年9月29日，第三张第一版；
E.《孙墓图案及建筑师之选定》，《新闻报》1925年9月29日，第三张第三版；
F.《孙墓图案及建筑师选定》，《兴华》1925年第22卷第39期，第46—47页。
⑤ 李恭忠：《中山陵：一个现代政治符号的诞生》，北京：生活·读书·新知三联书店，2019年，第166页。

第三节 中山陵建设与吕彦直监工

一、兴工前筹备

（一）筹款

工程建设，经费是至关重要的方面，一旦兴工，时时需款，如不预先筹划，难保工程顺利进行。有鉴于此，葬事筹委会早早即开始筹备，其成立后召开的第一次会议即议定：葬事经费请求广州政府每月拨大洋五万元存储备用[①]。此后至陵墓兴工前历次会议，亦常常讨论、处理、决定经费问题（表2-2）。

表2-2 葬事筹委会1925年会议有关葬事经费内容汇总

会议序号	内容
第一次	葬事经费请求广州政府每月拨大洋五万元存储备用（根据之后的会议纪录，申请的葬事经费总额应为五十万大洋，分十个月拨付）
第二次	张静江主张因时局不宁，筹款期限越短越好，最好限于半年内，宋子文则称至多八个月
第三次	①请永安公司郭标君代管葬事存款，所有筹款，用葬事筹备处名义存放该公司。提款时，需林焕廷和孙科共同签字，方能提取，以昭慎重。如两人有事故，得各自择人代理，且须同时报告葬事筹委会；②请汪精卫赴粤与广州政府接洽，请其指定每月收入确定之税款，划充葬费，且希望能于短期内拨妥，以便动工
第五次	议决由汪精卫转国民党执行委员会，请其先汇五千元至沪，作为悬赏征求陵墓图案奖金
第七次	截止1925年7月25日，已收大洋十万五千元，汇沪者一万元（交郭标处保存），余款（九万五千元）存粤中央银行，随时可提用；向广州政府申请的剩余三十九万五千元，已由广州政府指定于每月印花税收入内拨付，约八个月可拨齐
第九次	①一万元交孔祥熙清理北京丧事及卫灵用费；②拨一万五千两购美商运来之铜柩
第十三次	①吕彦直预算总理陵墓分祭堂与墓、围墙与石级两部分，第一部分三十四万一千两，第二部分十三万余两，大门一万余两，总数五十余万两；②致电宋子文：马路已动工，望其汇五万大洋，用于征购民地
第十五次	葬事经费，原定为五十万元，此次会议议定应改为五十一万两，请广州政府修改旧预算，并按月汇寄，从1925年12月起，每月寄四万两，至1926年止。另，造像、碑铭雕刻、移灵安葬等费用，不在五十一万两经费之内
第十八次	全部预算，除建筑费四十五万两外，其余如铜瓦、铜门、铜窗、造像、头门、碑亭、三合土马路、卫灵室、石碑及雕刻、围墙、种树、筹备处办公经费等仍需三十五万，共八十万两，合粤币一百五十万元。由葬事筹备处请广州国民政府核准照拨

资料来源：南京市档案馆、中山陵园管理处：《中山陵档案史料选编》，南京：江苏古籍出版社，1986年，第54—76页

据上表，自1925年4月18日至12月28日，葬事筹委会共召开了十八次会议，其中九次讨论了葬事经费问题。其一方面说明经费的重要性，另一方面则暗示经费

[①] 《葬事筹委会第一次会议纪录（1925年4月18日）》，南京市档案馆、中山陵园管理处：《中山陵档案史料选编》，南京：江苏古籍出版社，1986年，第54页。

筹措的复杂与困难。

根据葬事筹委会会议纪录，葬事经费由葬事筹备处向广州国民政府申请，并由后者指定于每月印花税收入内拨付。换言之，"此项陵墓工程经费，完全由广州政府担任"[①]。葬事筹委会最初所拟的葬事经费总额为五十万元（大洋），每月拨付五万元，十个月拨完。然而，经建筑师吕彦直估算，仅陵墓建筑经费已达五十余万两。于是筹委会又请广州国民政府修改原预算，经费总额由原定五十万元改为五十一万两。至1925年底时，葬事经费全部预算又升至八十万两（包括铜瓦、铜门、铜窗、造像、头门、碑亭、三合土马路、卫灵室、石碑及雕刻、围墙、种树、筹备处办公经费等在内），合粤币一百五十万。

经费申请与核准是一方面，而拨付则是另一回事。在向广州政府提出申请后的最初两月，葬事经费按月如期照拨。于是，至1925年7月25日，葬事筹委会已收到十万五千元，并将其存在广州中央银行，随时可提取使用。然而，此后至工程动工前，经费拨付便告中断。好在此时陵墓工程尚未动工，需款不多，此前之余款尚能应付。但至1925年底时，与姚新记的工程承包合同已签且开工在即，建设经费亟待敲定，于是葬事筹委会编制全部葬事经费预算后以筹备处名义致函国民政府请求拨付。为此，孙科还于开工前亲赴广州，进一步落实建筑经费的拨付问题[②]。终于，在开工之际，孙科电告筹备处，葬事经费已指定款额，将按期拨汇[③]。于是，陵墓工程开工经费暂得以解决。

（二）筑路

孙中山先生的陵墓择址于紫金山南坡之中茅山。该地原为官荒山场，虽然南边临近钟汤路，但两者之间仍有一定距离。葬事筹委会在1926年陵墓工程报告中指出："因利便工程材料运输起见，于墓工未开始以前，先筑粗简之墓道土路，由墓址向南直达钟汤路，计约五华里。原定两个月完工，继因军事及其他波折至十五年三月

---

① 《孙墓工程正式开工 广州政府派定梁仍楷监工》，《申报》1926年1月19日，第十三版；另见《孙中山陵墓工程正式开工 广州政府派定梁仍楷监工》，《新闻报》1926年1月19日，第三张第二版；《孙中山陵墓工程开工》，《时报》1926年1月19日，第二版。

② A.《孙科关于总理葬事筹备经过之报告》，1926年1月12日，《中国国民党第二次全国代表大会会议纪录》，上海图书馆藏，1926年，第75—77页；
B.《孙哲生返粤之任务筹中山筑墓工费》，《时事新报（上海）》1926年1月8日，第一张第四版。

③ 《孙墓工程正式开工 广州政府派定梁仍楷监工》，《申报》1926年1月19日，第十三版；另见《孙中山陵墓工程正式开工 广州政府派定梁仍楷监工》，《新闻报》1926年1月19日，第三张第二版。

始成。将来墓工告成，此项土路尚须改筑坚良之墓道马路也。"[①]可见，该段自钟汤路至墓址的马路系为方便陵墓工程建设而提前构筑，是兴工前的重要筹备工作之一。以下，我们依据葬事筹委会会议纪录等资料，简述该段马路的筑造过程：

1925年7月12日，葬事筹委会第六次会议即准备提前构筑该段马路，但当时仅拟计划[②]，进一步的办法还需等到7月29日第七次会议时讨论决定：就近于南京寻找马路工程师开始建路，并委托马超俊在宁办理路线测量等事[③]。

8月18日，第八次筹委会会议议决马路工程由工程局估价[④]。至第十次会议时（9月8日），马路路线已定，且估价在七千至万元之间，但经讨论定为六千元。会上，委员们决定请河海大学道路教授吴复初担任该段马路工程监工，每月送车马费百元作为酬劳[⑤]。9月27日，第十二次筹委会会议，由杨杏佛报告马路工程合同，经讨论照原议通过；同时决定在国庆节后支付第一笔工程款。会上，杨杏佛还报告拟请陵墓附近村长数人担任马路监工助理员，月送薪水六元至十元，以联络地方感情。此外，林森提议，将来该段马路须用水门汀路[⑥]。林森之所以作此提议，是因为当时拟筑的这条路为石子路，待陵墓工程结束后再改为三合土路面，以资耐久[⑦]。

该段马路于1925年10月3日动工兴建[⑧]。10月11日，筹委会第十三次会议时，议决以孙科名义致电宋子文，因该段马路已动工，须购民地，望其汇五万大洋以资支付[⑨]。

成文于1925年10月10日的《孙中山葬事筹备及陵墓图案征求经过》记载，

---

① 《孙中山先生葬事筹备处十五年（1926）报告》，《孙中山先生陵墓工程报告》（第1册），1927年，第4页。
② 《葬事筹委会第六次会议纪录（1925年7月12日）》，南京市档案馆、中山陵园管理处：《中山陵档案史料选编》，南京：江苏古籍出版社，1986年，第61页。
③ 《葬事筹委会第七次会议记录（1925年7月29日）》，南京市档案馆、中山陵园管理处：《中山陵档案史料选编》，南京：江苏古籍出版社，1986年，第61页。
④ 《葬事筹委会第八次会议纪录（1925年8月18日）》，南京市档案馆、中山陵园管理处：《中山陵档案史料选编》，南京：江苏古籍出版社，1986年，第62页。
⑤ 《葬事筹委会第十次会议纪录（1925年9月8日）》，南京市档案馆、中山陵园管理处：《中山陵档案史料选编》，南京：江苏古籍出版社，1986年，第64—65页。
⑥ 《葬事筹委会第十二次会议记录（1925年9月27日）》，南京市档案馆、中山陵园管理处：《中山陵档案史料选编》，南京：江苏古籍出版社，1986年，第68页。
⑦ 《孙科筹办中山陵墓之报告》，《新闻报》1926年1月21日，第二张第三版。
⑧ 《孙中山葬事筹备及陵墓图案征求经过》，南京市档案馆、中山陵园管理处：《中山陵档案史料选编》，南京：江苏古籍出版社，1986年，第16页。
⑨ 《筹委会第十三次会议纪录（1925年10月11日）》，南京市档案馆、中山陵园管理处：《中山陵档案史料选编》，南京：江苏古籍出版社，1986年，第69页。

该段马路照原计划可于两月内完工[①]。孙科于1926年1月撰写的关于葬事筹备经过之报告亦称："修筑墓道马路，由中茅山坡南向直出连接钟汤路，阔四丈长六里，自十月兴工修筑，至去年十二月底，已全路竣工，所费仅七八千元。所以先修此路者，系为便利运输建筑材料计。路面现铺石子，俟墓工完成时将改造三合土路面，以资耐久。"[②]即墓道马路应于1925年12月底完工。然而，前文所引《孙中山先生葬事筹备处十五年（1926）报告》中却明言该段马路"原定两个月完工，继因军事及其他波折至十五年三月始成"，即实际的完工时间为1926年3月，如此，似乎与前两条材料相矛盾。

根据葬事筹委会第十八次会议纪录，1925年12月底时，该段马路或已接近完工，因为委员们已讨论马路工程结束时将所有监工人员一律裁去的问题[③]。而之所以最终延期至1926年3月份，是因为该段马路在临近完工时又进行了添改工程。该年1月8日，葬事筹委会第二十次会议上，叶楚伧关于马路工程提出两条建议并获通过：一是增造桥梁两座，路二十二丈，所需费用经估价照给，但须等全路验收时支付；二是接收该马路时，应一一按照合同规定审核[④]。几日后，在第二十一次会议上，委员会还进一步讨论该添改工程的估价问题[⑤]。

正是这段临时增加的添改工程及军事和其他波折的影响，导致原本拟于1925年底结束的墓道马路工程延迟至1926年3月份才告竣。

（三）聘任建筑师

虽然吕彦直在总理陵墓图案设计竞赛中摘得首奖，但《孙中山先生陵墓建筑悬奖征求图案条例》第十一条明确规定：得奖之应征者，其图案采用后，是否请其担任监工，由委员会自由决定。该条规定隐含了两层意思：其一，获得设计竞赛首奖图案不一定是最终被采用的方案，这在评判顾问所出具的评判意见书中已有体现。作为评判顾问之一的德国建筑师朴士，虽认为吕彦直的设计图案应获第一名，但却

[①]《孙中山葬事筹备及陵墓图案征求经过》，南京市档案馆、中山陵园管理处：《中山陵档案史料选编》，南京：江苏古籍出版社，1986年，第16页。
[②]《孙科筹办中山陵墓之报告》，《新闻报》1926年1月21日，第二张第三版。
[③]《筹委会第十八次会议纪录（1925年12月28日）》，南京市档案馆、中山陵园管理处：《中山陵档案史料选编》，南京：江苏古籍出版社，1986年，第76页。
[④]《筹委会第二十次会议纪录（1926年1月8日）》，南京市档案馆、中山陵园管理处：《中山陵档案史料选编》，南京：江苏古籍出版社，1986年，第78页。
[⑤]《筹委会第二十一次会议纪录（1926年1月14日）》，南京市档案馆、中山陵园管理处：《中山陵档案史料选编》，南京：江苏古籍出版社，1986年，第79页。

推荐第二名范文照的设计图案为实际采用之方案①。其二,得奖之应征者,其图案被采用后,是否请其担任监工(即建筑师),仍需葬事筹委会开会决定。

鉴于此,1925年9月27日,葬事筹委会召开第十二次会议,议题即包括陵墓采用何种图案以及陵墓建筑师问题②。关于前者,张静江于会上提议采用第一奖即吕彦直的图案,众委员赞成。关于后者,孙科提出有监工与包工两种办法。虽然赫门来函主张由建筑师包工,但张静江、孔祥熙、孙科等均认为应将监工与包工分开,即工程建设由营造厂承担,另设建筑师和工程师监工。最终议决,由吕彦直担任建筑师,且在开工后请广州政府派一工程师为监工工程师,而陵墓工程采用招投标形式由营造厂竞标承揽;此外,还为工程购买保险。

自9月底被选定为陵墓建筑师后,吕彦直即开始为陵墓工程编造预算,并提交给葬事筹委会第十三次会议讨论,以作为未来工程投标时参考③。据吕彦直计划,陵墓工程分祭堂及墓与围墙及石级两大部分。第一部分工期十四个月,造价34.1万两,款项除十分之二等保险期四个月后交付外,其余每两个月付一次,每次3万余两;第二部分工期五个月,分四次交付,每次亦3万余两。

同时,该次会议还讨论了建筑师的职务与报酬。委员会认为建筑师不仅要计划建筑详图(于当年11月底前完成),供投标用;而且担负监工、验料、验工、签字于领款单等责任。关于建筑师报酬,则定为工程定价的百分之五(正式签订时改为百分之四),且分批支付。

10月31日,葬事筹委会召开第十四次会议,议题重要内容之一即审议建筑师合同④。张静江提议将建筑师报酬费比例由百分之五降为百分之四,获得通过;之后,委员们逐条审议、修改合同内容,并最终一致通过,且推定张静江先生作为代表于合同上签字。

11月3日,葬事筹委会与吕彦直签订合同⑤,正式聘请其担任陵墓建筑师。此后,

---

① 孙中山先生葬事筹备委员会编:《孙中山先生陵墓图案》,民智书局,1925年,第22页。
② 《葬事筹委会第十二次会议记录(1925年9月27日)》,南京市档案馆、中山陵园管理处:《中山陵档案史料选编》,南京:江苏古籍出版社,1986年,第67—68页。
③ 《葬事筹委会第十三次会议记录(1925年10月11日)》,南京市档案馆、中山陵园管理处:《中山陵档案史料选编》,南京:江苏古籍出版社,1986年,第68—69页。
④ 《葬事筹委会第十四次会议记录(1925年10月31日)》,南京市档案馆、中山陵园管理处:《中山陵档案史料选编》,南京:江苏古籍出版社,1986年,第70页。
⑤ 《孙中山先生葬事筹备委员会与建筑师订立合同译文》,总理陵园管理委员会编:《总理陵园管理委员会报告》,京华印书馆,1931年,"工程"部分,第7—8页。

吕彦直开始履行其陵墓工程建筑师之职责,并从1925年12月20日葬事筹委会第十六次会议开始,陆续参加筹委会会议(共计九次),为陵墓工程投标、兴工建设等出谋划策。

根据合同,建筑师在本次工程中承担的任务包括:"应有之会商、初步之研究、工作图画及条例(通称章程),与用大比例尺及照实体大小各种详图之制备、一切提议与合同稿式之草拟、付款证书之填发、验收全部工程之证明、账目之编记与事务之主持及工程之监督等等。"根据后续拟定的《总理陵墓第一部工程说明书》,其中更加清楚规定了建筑师的责任:

甲　供给一切图样与章程;

乙　督察、指导工程之进行及核定应用之材料;

丙　工作或材料须有替换之时决定其是否与章程所规定者相等;

丁　签发本合同内应付一切款项之付款证书;

戊　解释图样与说明书中一切疑难问题;

己　审核及断定一切加帐延期损失等纠葛。

前文述及,张静江在第十四次葬事筹委会会议上提议将建筑师报酬费的比例由百分之五降为百分之四,并获通过。但我们发现在最终签订的合同中,规定建筑师报酬仍为工程成本的百分之五。因此,葬事筹委会对建筑师费的变更可能并未获得建筑师本人认可与同意。

此外,合同中还特别注明"任务应用之一切图案与条例,无论其工程执行与否,所有权均属于建筑师"。这与《孙中山先生陵墓建筑悬奖征求图案条例》中的要求明显不同,后者规定:"已得奖者之三种图案,在奖金交付之后,其所有权及施用权均归委员会,惟委员会对于一切图案无论得奖与否,在实际建筑时采用与否,有绝对自由,不受任何方面之限制。"

合同最后一条规定了"继承人与转移权",即"关于本合同之一切条件,业主与建筑师之本身及其继承人执行者,与管理者均双方相互受其约束"。基于该条,工程进行的可持续性得到了保证。由前文可知,吕彦直于1929年3月18日逝世时陵墓工程尚未结束,未竟之工作由李锦沛接替;而葬事筹委会也在孙中山先生奉安大典完成后改组为总理陵园管理委员会。正是由于该条文之规定,业主和建筑师的继承者仍受该合同之约束,从而确保了陵墓工程的接续进行,直至竣工。

（四）制备详图与章程

根据葬事筹委会第十三次会议议决的内容以及葬事筹委会与建筑师签订的合同，吕彦直及彦记建筑事务所重要职责之一即制备"工作图画及条例（通称章程）"。而在签订建筑师合同之后的当务之急，即计划建筑详图，以供投标使用，且该批图纸须于1925年11月底前完成，因为招投标计划于12月初进行[①]。

经过约两个月的紧张绘制，该批图纸最终于12月5日绘定，共计十一张（图号为54-1~54-11，表2-3）。图纸上所标示图名均为英文，根据《总理陵墓第一部工程说明书译文》中所记述合同图样，按照图号顺序，依次为①总图（图2-3-1），②全工程详图（图2-3-2），③祭堂暨坟墓底脚图（图2-3-3），④祭堂暨坟墓地面图（图2-3-4），⑤祭堂正立面图（图2-3-5），⑥祭堂暨坟墓侧面图（图2-3-6），⑦祭堂与坟墓背面图（图2-3-7），⑧祭堂与坟墓横剖面图（图2-3-8），⑨祭堂纵切面图（图2-3-9），⑩祭堂墓室挡土详结构图（图2-3-10），⑪祭堂屋顶椽架详图（图2-3-11）。

表2-3 中山陵祭堂与墓室工作详图（1925年12月5日）

图号	图档标题	制图者	文件日期
54-1	PLOT PLAN & GENERAL PLAN	C.W. ZEE	1925.12.5
54-2	SECTION THRO TERRACE LOOKING NORTH & SECTION THRO CENTER LINE & SECTION RHRO SLOPING SIDE & PLAN OF STEPPING & SECTION OF STEPPING BETWEEN RAILINGS & SECTION AND ELEVATION OF SCREEN WALL & TRIPOD STAND	C.W. ZEE	1925.12.5
54-3	FOUNDATION PLAN	不详	1925.12.5
54-4	FLOOR PLAN	Lau Fook Tai	1925.12.5
54-5	FRONT ELEVATION	Lau Fook Tai	1925.12.5
54-6	SIDE ELEVATION	Lau Fook Tai	1925.12.5
54-7	REAR ELEVATION & TYPICAL SECTION	Lau Fook Tai	1925.12.5
54-8	CROSS SECTION	Lau Fook Tai	1925.12.5
54-9	SECTION LOOKING SOUTH & SECTION LOOKING NORTH	Lau Fook Tai	1925.12.5

---

① A.《筹委会第十三次会议纪录（1925年10月11日）》，南京市档案馆、中山陵园管理处：《中山陵档案史料选编》，南京：江苏古籍出版社，1986年，第69页；
B.《孙中山先生葬事筹备委员会与建筑师订立合同译文》，总理陵园管理委员会编：《总理陵园管理委员会报告》，京华印书馆，1931年，"工程"部分，第7—9页。

（续表）

图号	图档标题	制图者	文件日期
54-10	SECTION OF RETAINING WALL & REAR ELEVATION OF RETAINING WALL & FOOTING OF RETAINING WALL FOR 19 FEET IN HEIGHT	不详	1925.12.5
54-11	CEILING PLAN & ROOF PLAN & R.C. ROOF TRUSS & PLAN OF TIPICAL COLUMN	不详	1925.12.5

表格来源：根据图纸信息绘制。

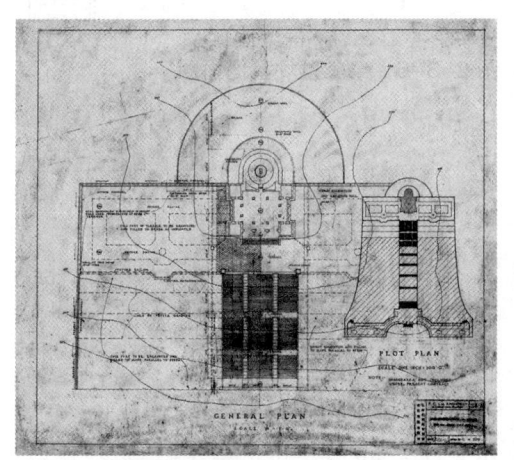

图 2-3-1　总平面图

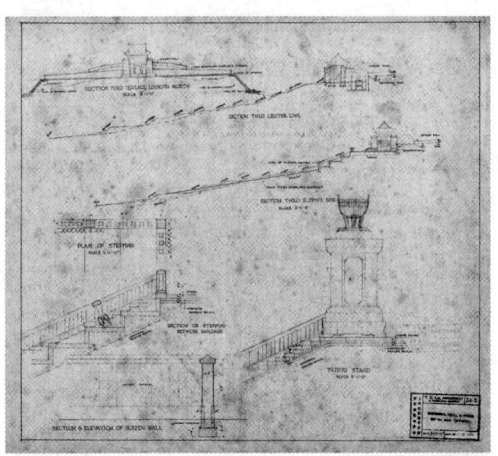

图 2-3-2　全工程详图

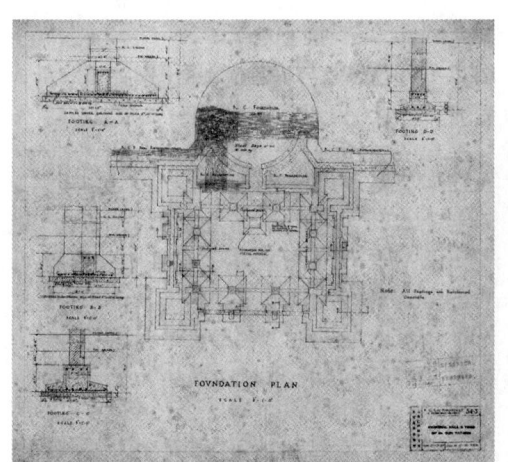

图 2-3-3　祭堂暨坟墓底脚图

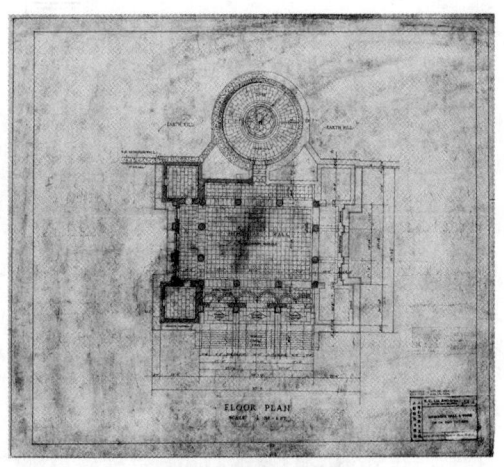

图 2-3-4　祭堂暨坟墓地面图

91

图 2-3-5　祭堂正立面图 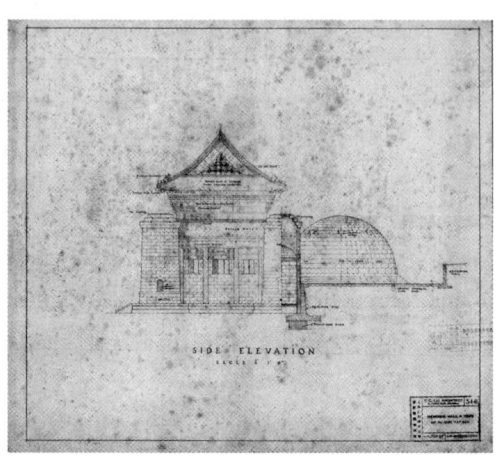　　　　　　　　图 2-3-6　祭堂暨坟墓侧面图

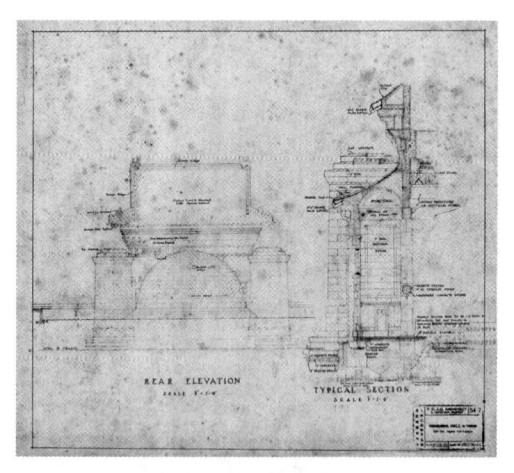

图 2-3-7　祭堂暨坟墓背立面图 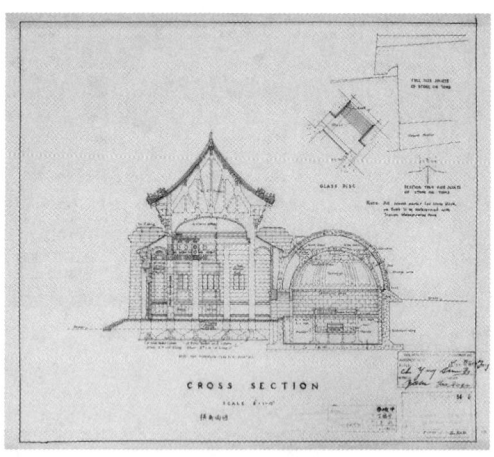　　　　　图 2-3-8　祭堂与坟墓横剖面图

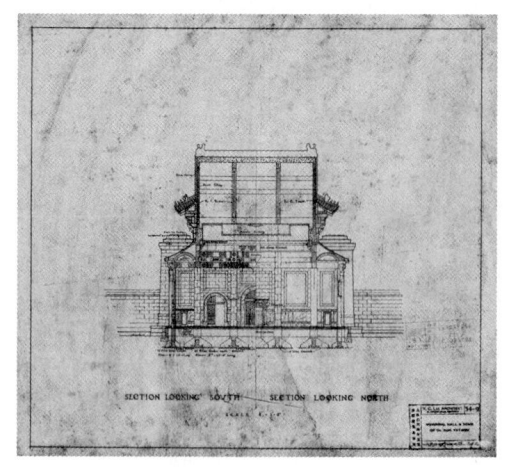

图 2-3-9　祭堂纵切面图 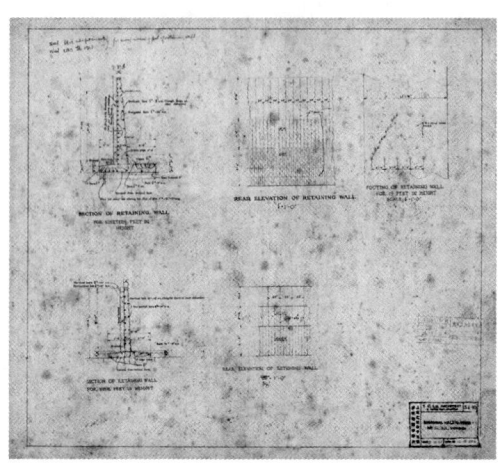　　　　　　　　图 2-3-10　祭堂墓室挡土详结构图

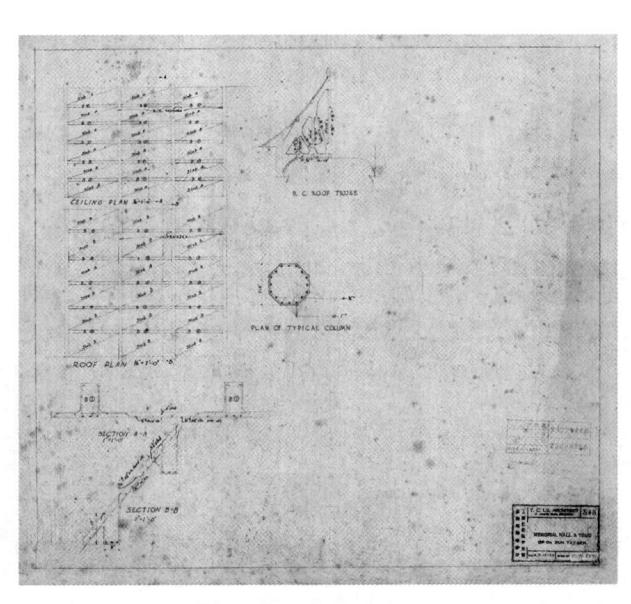

图 2-3-11　祭堂屋顶梁架详图

（图片来源：图 2-3-1~ 图 2-3-11 均采自《中山陵档案》编委会：《中山陵档案·陵墓建筑》，南京：南京出版社，2016 年）

从图纸上所盖图章信息可知，该批图纸主要由"C.W. ZEE"和"Lau Fook Tai"绘制，且前者绘制的主要是总图，而后者主要负责建筑单体与详图部分。据《近代哲匠录：中国近代重要建筑师、建筑事务所名录》所录，"Lau Fook Tai"为建筑师刘福泰的英文名，刘此时正供职于彦记建筑事务所[1]。至于"C.W. ZEE"，《近代哲匠录》在介绍建筑师李锦沛相关资料时，末尾收录有 1930 年"The Shanghai Directory"所载"李锦沛建筑事务所"的相关信息，其中即包括英文名"Zee, C.W."，且为该建筑事务所监工人员，但文中并未交代该英文名具体指谁[2]。

我们通过 1933 年出版的《征信工商行名录》查询到"Zee, C.W."是供职于彦记建筑事务所的徐镇藩的英文名[3]，而徐氏日后正是中山陵工程的驻山监工。

该批图纸上还均盖有签名章，签字者分别是业主代表林焕廷（Lum Woon Tsing）、孙科（Sun Fo）和业主方见证人杨铨（Chien Yang，杨杏佛），另有承包人姚新记（Yao Sing Kee）和见证人吕彦直（Y.C. Lu）签名，这与葬事筹委会及孙

---

[1]　赖德霖主编：《近代哲匠录：中国近代重要建筑师、建筑事务所名录》，北京：中国水利水电出版社、知识产权出版社，2006 年，第 88 页。
[2]　赖德霖主编：《近代哲匠录：中国近代重要建筑师、建筑事务所名录》，北京：中国水利水电出版社、知识产权出版社，2006 年，第 63 页。
[3]　中国征信所编：《征信工商行名录》，1933 年，第 276 页。

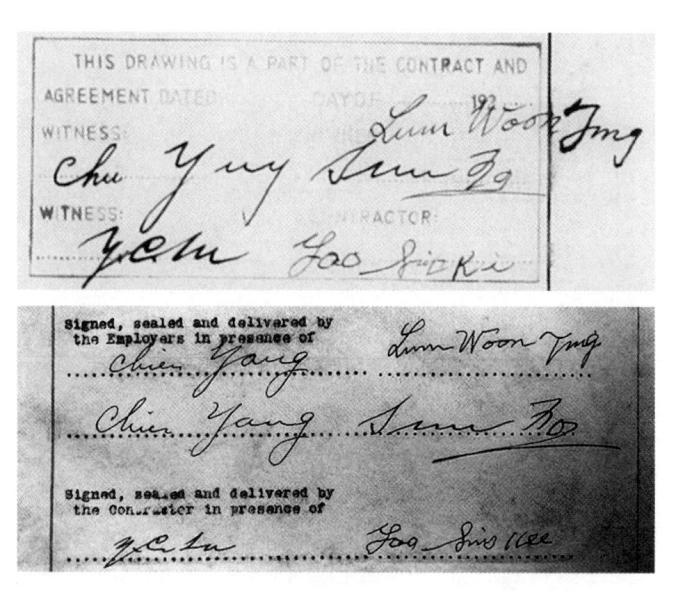

图 2-3-12 图纸（上）与合同（下）签名（图片来源：上：截取自图纸；下：《中山陵档案》编委会：《中山陵档案·陵墓及纪念工程》，南京：南京出版社，2016 年，第 77 页）

中山家属代表与姚新记营造厂签订《总理陵墓第一部工程合同》末尾的签名一致（图 2-3-12）。此外，签名章上也特别注明该图纸为合同之一部分。

殷力欣已经指出，将此次工作详图与吕彦直应征竞赛方案图比较，可能最大的差异在于祭堂、墓室等屋顶瓦面处理上[①]。后者基本沿用明清宫殿建筑之筒瓦、脊兽（正脊吻兽、垂脊仙人走兽）样式，而前者虽在脊兽上保持与后者造型一致，但瓦面由竞赛方案中的筒、板瓦组合改作鱼鳞状铜瓦铺砌（图 2-3-5）。不过，铜瓦方案后被否定。张静江于 1926 年 2 月 19 日在葬事筹委会第二十三次会议上提议将铜瓦改为琉璃瓦，因为铜瓦价值昂贵，易遭盗窃。该提议获得通过，并分别致函广州、北京方面询问琉璃瓦价目，同时请建筑师估价[②]。我们注意到，彦记建筑事务所于 1926 年 9 月中旬绘制的祭堂脊饰大样图中，脊饰已由走兽样改为博古纹样式（图 2-3-13）。由此，似可推测后来祭堂与墓室最终屋顶样式——屋面采用深蓝色琉璃筒瓦与板瓦组合、脊饰采用博古纹式，应始于此次修改。

除工作详图外，吕彦直及彦记建筑事务所还拟制了《总理陵墓第一部工程说明

---

① 殷力欣：《吕彦直集传》，北京：中国建筑工业出版社，2019 年，第 21 页。
② 《筹委会第二十三次会议纪录（1926 年 2 月 19 日）》，南京市档案馆、中山陵园管理处：《中山陵档案史料选编》，南京：江苏古籍出版社，1986 年，第 80 页。

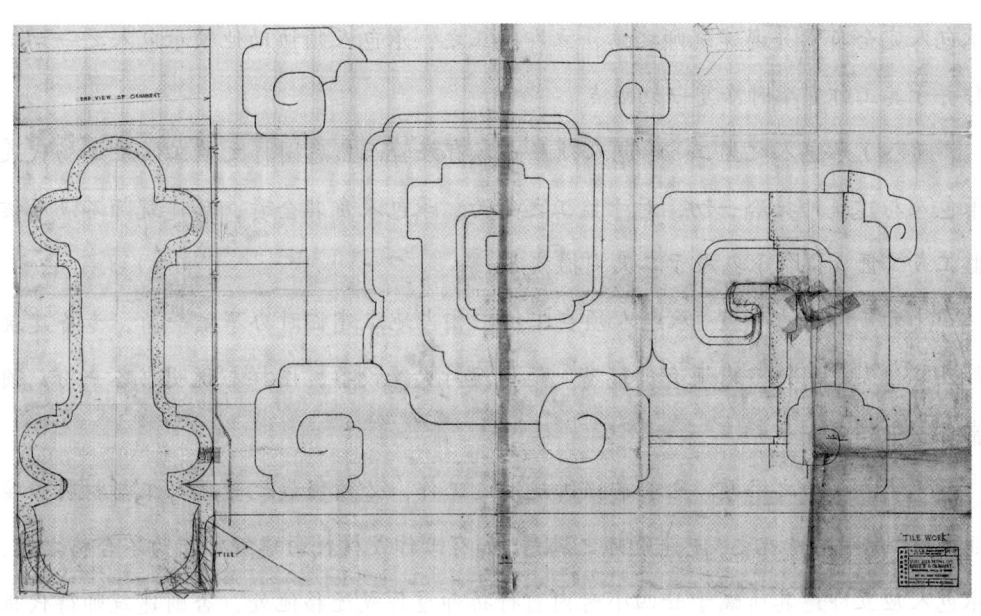

图 2-3-13　祭堂脊饰大样图（1926 年 9 月 14 日绘）（图片来源：《中山陵档案》编委会：《中山陵档案·陵墓及纪念工程》，南京：南京出版社，2016 年，第 114 页）

书》（即章程）①，对陵墓建设中的挖工及底脚工程、钢筋三合土工程、石作工程、泥匠工程、大理石镶花磁及人造石工程、铜工、玻璃工程及引水工程作了详细说明。而在该说明书"总纲"一节中，有如下规定②：

……

（六）建筑师之职责　建筑师之职责如下：

一、　供给一切图样与章程；

二、　督察、指导工程之进行及核定应用之材料；

三、　工作或材料须有替换之时决定其是否与说明所规定相等；

四、　签发本合同内应付一切款项之付款证书；

五、　解释图样与章程中一切疑难问题；

六、　审核及断定一切加帐延期损失等纠葛。

（七）承包人之职任　承包人在无论何时对于其所包工作完全负责，工料如有损坏，无论由于何种原因，承包人皆须自费修易之，无论雇佣人或转包人如有过误时，

---

① 《总理陵墓第一部工程说明书译文》，总理陵园管理委员会编：《总理陵园管理委员会报告》，京华印书馆，1931 年，"工程"部分，第 14—28 页。
② 《总理陵墓第一部工程说明书译文》，总理陵园管理委员会编：《总理陵园管理委员会报告》，京华印书馆，1931 年，"工程"部分，第 14—28 页。

承包人完全负责并遵建筑师之意，立即改正之，承包人须协助他项承包人之一切工作并于其工作完毕时修复一切缺点。

（八）承包人之监工　承包人须雇一富有经验而熟悉图样之监工常驻工场代表承包人与建筑师接洽一切，对于监工之行为，承包人负其全责，如建筑师不满于该监工或工匠，得命承包人于二天内撤换之。

（九）临时办事室　承包人须在工场中相当地点建临时办事室一所，专备建筑师及其代表之用，室内须有玻璃窗、地板及灯火等设备，图样与说明书各一份，须常备室中，以备参考。

（十）工料之品质　凡本章程所规定之工作，必须用最优等之人工与材料，按照图样、说明书造就之，使建筑师之满意。如有工作或材料由建筑师断为不合格之时，承包人应立即遵其所嘱于廿四小时内自行拆卸重作或迁移他处，否则建筑师得代拆代移之一切费用由承包人负担。

（十一）样品　凡本工程中所用一切材料，承包人须将样品呈送建筑师核定，得其认可，嗣后所供材料须与样品符合，不得以他品混充。

（十二）翻样　一切图样均由建筑师绘给，但承包人须照详细图样翻成实体大样，请建筑师更正，俟其准许后，始可动工。否则，如有错误，承包人完全负责。一切尺度，尤其于实地校对之。

（十三）模型　凡装饰部分，承包人须制木质或石灰质模型并照建筑师之意更正之，不拘次数，至得建筑师之满意为止。

本合同签订后，承包人应于适当地点备置祭堂之石灰质模型一座（大当祭堂四分之一），以备建筑师研究形式。此项模型须具有祭堂之一角、出入门、屋檐暨屋顶、屋翼之各部分。

（十四）工程照相　承包人应于每月（或较短时期内）在建筑师指定之地点，摄取八寸乘十寸照片二纸（背贴竹布不用硬纸），以示工程之进行，呈交建筑师留存，每次所摄底片上依建筑师之指示注明摄取日期并编号数。如遇关于工程进行发生争执时以之作为证据。

（十五）脚手及扶梯　承包人应于工场备具坚固浮桥及脚手、扶梯等，俾建筑师随时巡视各部工程。

（十六）工程地址　承包人欲明悉地址详细情形，为便于投标及签订合同起见，应即亲至该处察看一周。设于签订合同后因未悉地址详情致原开标价内不免错误，发生工料加账之请求，概作无效。

（十七）测量及平地基工程 建筑师应指定地基线及水平线，并帮同承包人布置屋位样桩及水平，至房屋地势亦由建筑师规定之。

（十八）完工期限 承包人应依建筑师之指示尽力进行，不稍迟延，自签订合同日起十二个月内（气候阻碍在内）须全部竣工。

这些条款对建筑师的职责，承包人的责任与监工，工场设置与设备，工料、样品、模型的制备等均有明确而严格的规定，连同后文中对各造作工程的详细规定，真正体现了工程要求的高标准。

正如工程说明书中所言："图样与说明书均为本合同之一部，由双方签字订定。凡工程上一切事项，皆须遵照图样与说明书之所载定及随时由建筑师发给之详图并受建筑师之指导及督察，务得其充分满意后已。图样与章程互相注释……一切图样与说明书皆为建筑师所有物，在工程完竣时或停止时并于末期付款未发以前，承包人应即检还于建筑师之事务所。"①

（五）招投营造厂

前文述及，1925年9月27日葬事筹委会召开第十二次会议讨论决定陵墓图案和建筑师人选时，即议决陵墓工程采取投标法招投营造厂包工承建②。后经建筑师编制预算，并制备建筑详图及工程说明书（章程），招投营造厂准备工作基本完成。

从1925年12月1日开始，葬事筹备处在《申报》《民国日报》《新闻报》等报纸上刊登招标广告③：

本筹备处现拟在南京紫金山坡建造孙中山先生陵墓，自即日起开始投标，凡营造家曾经承造建筑工程在三十万两以上愿意投标者，请将该项已完工程名目开具至上海环龙路四十四号孙中山先生葬事筹备处，交付保证金一千两正，领取收据及投标条例，再至仁记路念五号彦记建筑事务所交手续费，领取图样章程，照行投标可也。

孙中山先生葬事筹备处启

---

① 《总理陵墓第一部工程说明书译文》，总理陵园管理委员会编：《总理陵园管理委员会报告》，京华印书馆，1931年，"工程"部分，第15页。
② 《葬事筹委会第十二次会议记录（1925年9月27日）》，南京市档案馆、中山陵园管理处：《中山陵档案史料选编》，南京：江苏古籍出版社，1986年，第67—68页。
③ 《孙中山先生陵墓工程招求投标广告》，《申报》1925年12月1日，第二版。

为遴选出有实力和经验的包工者,该招标广告中对承造商的资质有明确限制,即必须承造过造价逾30万两的建筑工程。从葬事筹委会的会议纪录来看,该造价筹委会原拟作50万两,后经张静江提议改为20万两,嗣经第十五次会议讨论议决请建筑师酌办①。因此,最终广告刊登出的30万两应是吕彦直所拟。同时,招标广告中规定,应征者须至葬事筹备处交付保证金并领取收据及投标条例,后至彦记建筑事务所交手续费并领取图样章程。此处所指的"图样章程",应即吕彦直及彦记建筑事务所从签订建筑师合同后制备的建筑详图与工程说明书。

截至1925年12月20日葬事筹委会召开第十六次会议时,仅有七家营造厂参加投标②。吕彦直在该次会议上报告各公司之履历③:

(A)新金记康号,49.88万两,曾造江湾跑马厅;

(B)竺芝记,43.85万两,曾为南京和记造货栈;

(C)新义记,39.34万两,小作头,资格不足;

(D)辛和记,44.84万两,曾造永安(蚀本)、南京英威阁、东南图书馆、奉天兵工厂;

(E)姚新记,48.3万两,闻资本最大,造工厂经验最多;

(F)佘宏记,64.6万两,造邮政局及跑马厅;

(G)周瑞记,47.6万两,不详。

可见,七家报价均超过葬事筹委会的预期和吕彦直此前编制的预算(34.1万两)。之所以出现如此少的应征者和如此高的报价,孙科曾有解释:"盖以此项建筑属于政府委托办理,且调查委员会(笔者注:应为葬事筹备委员会)尚无备款,恐不稳当,或将来难于领款,沪上营造家,遂多不敢应征,而应征者开价均视普通工程为大,以泛开之数,作为一种保险也。"④

面对七家应征者,经葬事筹委会讨论决定:报最低标额之新义记、竺芝记因资格及资本不足不予考虑,先与资本最大且经验最丰富的姚新记接洽,希望通过议价

---

① 《葬事筹委会第十五次会议记录(1925年11月28日)》,南京市档案馆、中山陵园管理处:《中山陵档案史料选编》,南京:江苏古籍出版社,1986年,第71—72页。
② 据当时报纸载,此次招求承包人,最后共有约十家营造厂投标,参见《孙中山陵墓工程投标已定》,《新闻报》1926年1月4日,第九版。
③ 《葬事筹委会第十六次会议记录(1925年12月20日)》,南京市档案馆、中山陵园管理处:《中山陵档案史料选编》,南京:江苏古籍出版社,1986年,第72—73页。
④ 《孙科关于总理葬事筹备经过之报告》,1926年1月12日,《中国国民党第二次全国代表大会会议纪录》,上海图书馆藏,1926年,第76页。

将造价控制在39万两至40万两之间；同时考察辛和记，如与姚新记不成，再与新金记康号及辛和记商谈。

于是，吕彦直代表葬事筹委会与姚新记洽谈，告以艰难，晓以大义，嘱其削价承揽，姚新记回复道①："第既蒙吕工程师告以艰难，晶以大义，嘱为删削，敝处钦仰孙公非自今始，兹承诏勉，讵能无动于衷？谨拟将敝处应得之车马、监工等费及酌提工料涨落之准备金计二万五千两如数捐输，藉以遵照委员会雅命，亦即崇拜大伟人之表示也。"②虽然姚新记愿意降价2.5万两，但降价后的报价（45.8万两）仍超葬事筹委会的预期——将造价控制在39万两至40万两之间，于是葬事筹委会转而与其他营造厂接洽。

李恭忠在《中山陵：一个现代政治符号的诞生》中，还提到一家名为张福记的营造厂，虽未参加投标，但张静江曾与之联系并询问其是否愿意以新义记的报价承接第一部工程。然而，张福记根据自身估价核算后回复：即使不包括铜门、铜窗、屋顶等，陵墓第一部工程的造价都要比新义记报价高出5万两（笔者注：44.34万两）。如果按照新义记的报价，其不仅难以承担，且建造期限仅十二个月，恐难如期完工③。

这一信息在葬事筹委会第十七次、十八次会议纪录亦有部分反映。第十七次会议纪录（12月26日）显示新义记曾致函葬事筹委会表示张福记可出面承揽陵墓工程，孙科则于会上提议如果张福记肯出面则由其担任，如不能，再与姚新记商量，获得众委员通过④。不过，28日召开的第十八次会议，孙科又提议如果姚新记报价能减

---

① 《姚新记营造厂说贴》，1925年12月，南京市档案馆藏，档案号：1005-3-534；另见南京市档案馆、中山陵园管理处：《中山陵档案史料选编》，南京：江苏古籍出版社，1986年，第164—165页。

② 《姚新记营造厂说贴》，1925年12月，南京市档案馆藏，档案号：1005-3-534；另见南京市档案馆、中山陵园管理处：《中山陵档案史料选编》，南京：江苏古籍出版社，1986年，第164—165页。

③ "张福记营造厂致张静江函"，南京市档案馆藏，档案号：1005-3-534，"陵墓工程"，转引自李恭忠：《中山陵：一个现代政治符号的诞生》，北京：生活·读书·新知三联书店，2019年，第169页，不过，该书标注该函件日期为1925年11月13日，恐有误。因为1925年11月时，招求投标尚未开始，图样与章程均未完成，葬事筹委会亦尚未获得各营造厂的报价，因而不可能有张静江询问张福记能否按新义记报价承接第一部工程之事。

④ 《葬事筹委会第十七次会议记录（1925年12月26日）》，南京市档案馆、中山陵园管理处：《中山陵档案史料选编》，南京：江苏古籍出版社，1986年，第74页。

至张福记所估计之44.34万两，则由姚新记担任，如不能，再归张福记[①]。短短两日，葬事筹委会的态度发生了明显改变——由张福记优先改为姚新记优先。而态度转变的原因，应和葬事筹委会与姚新记的第二次交涉结果——姚新记愿意再降价2万两有关[②]。

不难看出，葬事筹委会一直倾向于由资本雄厚且经验丰富的姚新记承建陵墓工程，之所以反复交涉，实乃造价一节难以谈妥。经过两轮议价，姚新记报价共降低4.5万两，低至43.8万两，不仅低于张福记所估之价44.34万两，在投标的七家中亦排在倒数第二位，仅高于资格不足的小作头营造厂新义记之报价（39.34万两）。只是姚新记第二次降价时附带了条件，即葬事筹委会须预付造价20万两，作为购买工程石料的准备金[③]。这一附带条件在葬事筹委会看来显然不现实，因为陵墓建造经费筹措不易，即使向广州政府申请的经费也是按月汇寄，且尚未拨付，更不要说提前预付20万的工程造价。至于此后葬事筹委会与姚新记的沟通详情，目前已不得知。但是，从最终签订合同内容来看，姚新记的这一附带条件并未获得通过，而工程造价也在姚新记两次降价后的43.8万两基础上增加了0.5万两，至44.3万两，此或是双方最终交涉妥协的结果。

1925年12月31日，孙中山先生葬事筹备委员会及家属代表与姚新记营造厂签订《陵墓第一部工程合同》。然而，1926年1月4日，葬事筹委会第十九次会议又在原合同基础上修改或追认了四项条件：（甲）担保金，改由顺泰木行担保，以10%至20%为额（原为：担保金，以总包工额之20%为准，内现金10%，道契10%，交由委员会保管）；（乙）完工期，为十四个月，包括雨雪之日，过期每日罚款50两（原为：以一年为限，但雨雪之日除外，惟延期至多不得过三十日）；（丙）付款，分十五期，最初十四期每期28450两，第十五期44300两，第一期款在开工后一个月支付（原为：付款，以总额除去20%后，分六期支付）；（丁）增加"委

[①] 《葬事筹委会第十八次会议记录（1925年12月28日）》，南京市档案馆、中山陵园管理处：《中山陵档案史料选编》，南京：江苏古籍出版社，1986年，第75页。

[②] 《姚新记致孙中山先生葬事筹备委员会函》，1925年12月28日，南京市档案馆藏，档案号：1005-3-534；另见南京市档案馆、中山陵园管理处：《中山陵档案史料选编》，南京：江苏古籍出版社，1986年，第165—166页。

[③] 《姚新记致孙中山先生葬事筹备委员会函》，1925年12月28日，南京市档案馆藏，档案号：1005-3-534；另见南京市档案馆、中山陵园管理处：《中山陵档案史料选编》，南京：江苏古籍出版社，1986年，第165—166页。

员会及筹备处职员，不得有收受回扣及任何馈赠之事"。①

最终合同上，代表葬事筹委会及家属签字的是林焕廷（Lum Woon Tsing）和孙科（Sun Fo）②，见证人为杨铨（Chien Yang，即杨杏佛）；代表承包人签字的为姚新记营造厂（Yao Sing Kee），见证人为吕彦直（Y.C. Lu）。合同内容既包括业主与承包人之间订立的条款，还包括此前由吕彦直及彦记建筑事务所制备的工作详图与章程作为附件③。正式合同全文以英文书写，但亦有中文翻译作参考④。

二、兴工后建设

（一）动工

根据葬事筹委会及家属代表与姚新记营造厂签订的《陵墓第一部工程合同》，承包人须于1926年1月15日正式开工。但在开工前，尚有两个问题需解决：

其一，现场确定陵墓、祭堂具体位置与方向。此前葬事筹委会及孙中山家属代表于1925年4月份赴紫金山现场勘测确定的仅是整个墓地位置，而在吕彦直及彦记建筑事务所设计的方案和绘制的工作详图中，虽有墓室与祭堂的位置，但仍需在现场勘定落实。于是，葬事筹委会第十九次会议（1926年1月4日）议决，墓室与祭堂方向取正南，并将于1月7日赴南京紫金山确定墓室与祭堂位置⑤。1月8日，葬事筹委会代表叶楚伧、林焕廷、陈佩忍、杨杏佛等人与建筑师代表吕彦直及姚新记营造厂经理等，齐聚紫金山中茅山坡墓地，现场勘定陵墓及祭堂位置与方向，并召开葬事筹委会第二十次会议，决定一切开工问题⑥。

---

① A.《葬事筹委会第十八次会议记录（1925年12月28日）》，南京市档案馆、中山陵园管理处：《中山陵档案史料选编》，南京：江苏古籍出版社，1986年，第75页；
B.《葬事筹委会第十九次会议记录（1926年1月4日）》，南京市档案馆、中山陵园管理处：《中山陵档案史料选编》，南京：江苏古籍出版社，1986年，第77页。
② 原本拟由张静江代表签字，因此时张赴粤，遂改推林焕廷代表签字，参见《葬事筹委会第十八次会议记录（1925年12月28日）》，南京市档案馆、中山陵园管理处：《中山陵档案史料选编》，南京：江苏古籍出版社，1986年，第75页。
③ 《总理陵墓第一部工程合同》，总理陵园管理委员会编：《总理陵园管理委员会报告》，京华印书馆，1931年，"工程"部分，第10—13页。
④ 《总理陵墓第一部工程合同》，总理陵园管理委员会编：《总理陵园管理委员会报告》，京华印书馆，1931年，"工程"部分，第10—13页。
⑤ 《葬事筹委会第十九次会议记录（1926年1月4日）》，南京市档案馆、中山陵园管理处：《中山陵档案史料选编》，南京：江苏古籍出版社，1986年，第77页。
⑥ A.《葬事筹委会第二十次会议记录（1926年1月8日）》，南京市档案馆、中山陵园管理处：《中山陵档案史料选编》，南京：江苏古籍出版社，1986年，第78页；
B.《孙墓工程正式开工 广州政府派定梁仍楷监工》，《申报》1926年1月19日，第十三版；另见《孙中山陵墓工程正式开工 广州政府派定梁仍楷监工》，《新闻报》1926年1月19日，第三张第二版。

其二，落实陵墓建设经费。根据《陵墓第一部工程合同》，葬事筹委会须在开工一个月后支付第一期建设费用28450两，且以后每期均须按月支付，直至工程竣工。而此前，葬事筹委会虽已向广州政府申请葬事经费，但从1925年8月开始，经费拨付已被中断。此时，陵墓第一部工程开工在即，经费亟须落实。于是，孙科未待陵墓正式兴工即赶赴广州，落实陵墓建设经费按期拨付[①]。最终，在工程开工之际，孙科电告葬事筹备处，之前申请的葬事经费所指定的款额，将按期拨汇[②]。

1926年1月15日，姚新记营造厂正式开工炸山，根据地形需炸平坡顶乱石至二十尺深，再从事基础工作，且此项工作约两星期可完成[③]。根据吕彦直撰写的1926年工程报告，1月15日炸山开工后，当月为营造人（即姚新记营造厂）的预备期，主要进行辟山和制备模型等工作。关于陵墓模型，在《总理陵墓第一部工程说明书》即有规定，具体制作则由营造厂根据彦记建筑事务所绘制的工作详图，按照半时比例尺（即1∶20）放大制作，以便作全体建筑比例之研究[④]。

根据当时报纸所载，中山陵工程动工后进展尚属顺利。此时各项工作——包括材料、交通、人员等，均陆续到位或有计划安排，以至到1926年4月初认为工程可按照合同所订在一年后完竣[⑤]。然而，工程后续进展却颇为迟缓，以至延宕经年。

（二）奠基

1926年3月12日，值孙中山先生逝世一周年之际，全国各地积极筹办总理逝世周年纪念[⑥]，葬事筹委会则决定在此特殊时刻举行陵墓奠基礼。为此，筹委会提

---

① A.《孙科关于总理葬事筹备经过之报告》，1926年1月12日，《中国国民党第二次全国代表大会会议纪录》，上海图书馆藏，1926年，第75—77页；
B.《孙哲生返粤之任务 筹中山筑墓工费》，《时事新报（上海）》1926年1月8日，第四版。
② 《孙墓工程正式开工 广州政府派定梁仍楷监工》，《申报》1926年1月19日，第十三版；另见《孙中山陵墓工程正式开工 广州政府派定梁仍楷监工》，《新闻报》1926年1月19日，第三张第二版。
③ 《孙墓工程正式开工 广州政府派定梁仍楷监工》，《申报》1926年1月19日，第十三版。
④ 吕彦直：《吕建筑师工程简要报告》，《孙中山先生陵墓工程报告》（第1册），1927年，第7—9页。
⑤ 《孙陵建筑近状与将来计划》，《申报》1926年4月2日，第十版。
⑥ A.《中山周年纪念筹备昨讯 专车将沿途停留》，《中国报》1926年3月9日，第六版；
B.《孙中山逝世周年纪念之筹备 南京设立孙墓办事处》，《时报》1926年2月21日，第三版。

图 2-3-14 中山陵模型（图片来源：《孙中山先生陵墓奠基 墓基前之祭堂全型》，《国闻周报》1926 年第 3 卷第 10 期，第 1 页）

前一月即作准备[①]，并于 3 月 3 日登报公告[②]。

为方便外埠党、团代表参加典礼，葬事筹备处还特准备专车沿沪宁线接送[③]。

与两年后开工兴建并于 1929 年 1 月 15 日举行奠基礼的中山纪念堂及纪念碑工程不同，中山陵工程仅兴工两月即举行奠基典礼。此时，陵工甫经炸山辟石，开成约数十丈围圆之半山平地一方[④]，所谓"该处多石峭，且极高低不平，而交通又极困难，自开工以来，迄至三月十二日（即陵墓奠基日），仅成平坦羊肠小道一条，及炸平石峭一方而已"[⑤]，尚未进行到基础建设阶段，惟陵墓模型已经姚新记营造厂制作完成[⑥]（图 2-3-14）。

典礼当日，适逢大雨，而到陵参与典礼者仍积极踊跃。陵墓会场布置，甚属简单，

---

① 葬事筹委会第二十二次至第二十七次会议记录，南京市档案馆、中山陵园管理处：《中山陵档案史料选编》，南京：江苏古籍出版社，1986 年，第 79—84 页。
② 《参与孙先生陵墓奠基礼者鉴》，《民国日报》1926 年 3 月 3 日，第一版；另见《申报》1926 年 3 月 5 日，第二版；《新闻报》1926 年 3 月 4 日，第一张第四版。
③ A.《葬事筹委会第二十四次会议记录（1926 年 3 月 2 日）》，南京市档案馆、中山陵园管理处：《中山陵档案史料选编》，南京：江苏古籍出版社，1986 年，第 81 页；
  B.《孙中山陵墓奠基礼之筹备》，《新闻报》1926 年 3 月 5 日，第四张第一版；
  C.《中山陵墓奠基礼筹备讯 专车将沿途停留》，《中国报》1926 年 3 月 9 日，第六版。
④ 《孙墓奠基与纪念》，《申报》1926 年 3 月 13 日，第三版。
⑤ 《中山陵墓建筑近状》，《益世报（天津）》1926 年 4 月 7 日，第七版。
⑥ 《孙中山先生陵墓奠基 墓基前之祭堂全型》，《国闻周报》1926 年第 3 卷第 10 期，第 1 页。

图3-2-15 中山陵奠基石（图片来源：《孙中山陵墓奠基礼纪》，《申报》1926年3月14日，第十版）

据《益世报（天津）》报道：

"在现所平之地，搭有芦棚一座，为祭台，中悬孙中山遗像。祭台之前高阜，置孙陵之木制模型。此（模）型曾登过上海时报图画周刊，其式中系有阁之灵宫，宫后半圆形坟墓，宫之两旁有耳宫，环廊有石人，宫之下有三排拾阶，形尚古肃。祭台之左，即为奠基处，基石系苏州运来，石上镌有颜体书二十八字，文曰'中华民国十五年三月十二日为中国国民党总理孙先生陵墓之奠基'，闻系谭组庵之手笔。"①

该报道虽详细记述了会场布置，但对木质模型和奠基之石的描述不甚准确。据《申报》，木质模型位于祭台前方，纵横各丈余，上刻"天下为公"四字。墓门凡三，额以"民族""民生""民权"字样，甬道前及墓背各石级数十层，雕刻极精致。而奠基石上所镌刻文字为"中华民国十五年三月十二日中国国民党为总理孙先生陵墓行奠基礼"②。（图2-3-15）

奠基礼于该日下午三时许举行，行礼之程序如下③：

（一）奏乐，由贫儿院、省警厅两军乐队担任；

---

① 《中山陵墓奠基礼纪要》，《益世报（天津）》1926年3月20日，第六版。
② 《孙中山陵墓奠基礼纪》，《申报》1926年3月14日，第十版。
③ 《孙先生陵墓奠基礼》，《民国日报》1926年3月14日，第三版。

（二）升党旗；

（三）读孙公遗嘱，由国民政府代表邓泽如朗读；

（四）奏乐；

（五）邓泽如、杨杏佛两君报告经营孙公陵墓经过情形，邓君略谓孙总理遗嘱葬陵于南京之原因，即以南京为临时政府所在地，又为孙公就任临时大总统之地，是南京一隅，与孙公所抱之革命主张，有密切关系，故有如是之遗嘱云云。嗣由杨君报告，一、去岁五月议决正式进行陵墓；二、六月登报征求陵墓图案；三、征求期本以八月十五日为止，嗣因中外各地要求，延至九月底止；四、十月初正式揭晓，第一名吕延（笔者注：原文如此）直当选；五、十一月工程正式投标；六、十二月议决上海姚新记得标；七、十二月底与姚新记正式签字；八、本年一月十五日开工；九、本日行奠基礼，定十四个月完工；十、明年今日大约竣工；

（六）向孙公遗像行三鞠躬礼；

（七）奏乐；

（八）由邓泽如举行奠基，将基上青天白日旗取下，置于孙公遗像前；

（九）向孙公遗像行三鞠躬礼；

（十）奏乐；

（十一）礼毕，高呼"孙文精神不死""孙文主义不死"等口号而退，孙哲生、孙夫人均返后室休息。

在上述仪式节目中，并未见有建筑师演讲一节。但根据黄建德所提供的档案原件，黄檀甫曾代表因病不能赴会的吕彦直在典礼上致辞，代为阐释中山陵墓的设计理念与思想（详见第四章《代表吕彦直建筑师在中山陵奠基典礼上的致辞》）。

典礼行将结束时，国民党左右两派党员（一为隶属于广州国民党阵营的左派党部，一为与西山会议派呼应的右派党部）发生冲突致流血事件[1]，葬事筹委会委员叶楚伧更因此负伤[2]。事后，江苏省党部、上海特别市党部及南京市左派党部联名报告国民党中央，指责葬事筹备处有扶植右派的嫌疑，并要求改组葬事筹委会和筹

---

[1] 关于冲突原因，或称因典礼结束时呼喊口号引起（《孙中山陵墓奠基礼纪》，《申报》1926年3月14日，第十版），或言因争夺党旗所致（《孙中山陵墓奠基礼续志》，《新闻报》1926年3月14日，第二张第三版），但归根结底还是国民党左右两派矛盾激化的结果。实际上，早在3月11日于南京下关车站迎接外埠党、团代表时，两派已起冲突（《孙墓奠基与纪念》，《时报》1926年3月13日，第一版）。

[2] 《孙陵奠墓余记》，《上海画报》1926年第93期，第1页。

备处[1]。为此，葬事筹委会当日即决定报告国民党中央执行委员会并作出解释[2]；次日更议决"筹备处专任葬务，葬务以外之事概不预闻"，并登报和致电广州中央党部声明该立场[3]。随后，葬事筹委会进一步作出若干决定，以避免纠纷及维持其专任葬事的立场[4]。

经此事件，葬事筹委会常务委员陈佩忍因加入西山会议派阵营而辞职，叶楚伧因试图调解国民党内部左右派纠纷而陷入政治斗争漩涡，张静江亦南下广州整理党务，加之孙科忙于广东政务，四位主理葬事的筹委会委员相继远离了葬事筹备的日常工作。同时，葬事筹委会、筹备处与国民党党内政治生活日渐疏离[5]。

（三）监工

根据葬事筹委会分别与建筑师、承包人签订的合同，吕彦直及彦记建筑事务所"须雇一监工员常川驻于工作地为其代表，对于包工者工程上之缺陋，建筑师负有保卫业主之责，惟对包工合同之执行，建筑师不负保险之责"（《孙中山先生葬事筹备委员会与建筑师订立合同》），姚新记营造厂则"须雇一富有经验而熟悉图样之监工常驻工场，代表承包人与建筑师接洽，一切对于监工之行为，承包人负其全责，如建筑师不满于该监工或工匠，得命承包人于二日内撤换之"（《总理陵墓第一部工程说明书》）。

同时，由于陵墓建设经费来自广州国民政府，早在1925年9月27日召开第十二次会议时，葬事筹委会即决定待工程开工时请广州政府派一工程师至现场监

---

[1] 中共南京市委党史办公室编：《南京人民革命史》，南京：南京出版社，1991年，第71—74页。
[2] 《葬事筹委会第二十九次会议记录（1926年3月12日）》，南京市档案馆、中山陵园管理处：《中山陵档案史料选编》，南京：江苏古籍出版社，1986年，第85页。
[3] 《葬事筹委会第三十次会议记录（1926年3月13日）》，南京市档案馆、中山陵园管理处：《中山陵档案史料选编》，南京：江苏古籍出版社，1986年，第86页。
[4] 包括（1）在沪之葬事筹备常务委员，不得兼管党务，如现任党务不能摆脱者，应辞去葬事筹备委员职；（2）筹备处职员，不准干预党务或职权以外事务，并不得兼任其他职务；（3）凡用葬事筹备处名义发出之电、函、文件，均须先经委员会议决，否则无效；（4）筹备处事务所，不得借用为他项事务之会议或办事机关；（5）凡遇重要事件，须经家属代表同意，方能执行；（6）上海葬事筹备处事务所，迁移他处，避免误会等。参见《葬事筹委会第三十一次会议记录（1926年3月14日）》，南京市档案馆、中山陵园管理处：《中山陵档案史料选编》，南京：江苏古籍出版社，1986年，第86—87页。
[5] 李恭忠：《中山陵：一个现代政治符号的诞生》，北京：生活·读书·新知三联书店，2019年，第129—144页。

工①。至承包合同签订后,葬事筹委会正式电请广州政府派监工员至南京②。而工程开工之际,据当时报纸报道,广州政府派定工程师梁仍楷驻宁主持监工事宜③。不过,至1926年2月时,代表广州国民政府赴宁监工中山陵墓工程的并非梁仍楷,而是郑校之④。郑为孙中山同乡,并追随孙二十余年,还在孙主政广州时任大本营技师兼庶务科长并前梧州商埠会办工程师,此次受孙科举荐,奉广州国民政府委任监工中山陵墓建造。

另外,开工后不久,东华大学及南洋大学申请派学生至陵墓施工现场实习,经葬事筹委会议决通过,惟须由学校备函申送,且只提供膳宿,不给薪酬⑤。不过,东华大学实习生陈希平却因表现优异,于1926年3月17日被葬事筹委会聘请驻山撰写工程报告,每月领津贴十五元和饭食补贴八元⑥。至7月19日,葬事筹委会第四十次会议议决,因驻山实习生陈希平勤劳可嘉,改给薪水每月三十元,伙食另给⑦。1927年4月17日,葬事筹委会再为其每月加薪二十元⑧。至该年7月20日,担任葬事筹备处南京办事所干事暨陵墓监工的钮师愈辞职,葬事筹委会遂决定由陈希平继任⑨。孙中山奉安大典结束后,葬事筹委会改组为总理陵管会,陈希平又被委任为该会总务处文牍股代理主任⑩。从最初的工程实习生,到后来的陵管会管理人员,陈希平用切实而负责的履职表现赢得了当时国民党人的信任与认可。

---

① 《葬事筹委会第十二次会议记录(1925年9月27日)》,南京市档案馆、中山陵园管理处:《中山陵档案史料选编》,南京:江苏古籍出版社,1986年,第67页。
② 《筹委会第十八次会议纪录(1925年12月28日)》,南京市档案馆、中山陵园管理处:《中山陵档案史料选编》,南京:江苏古籍出版社,1986年,第76页。
③ 《孙墓工程正式开工 广州政府派定梁仍楷监工》,《申报》1926年1月19日,第十三版;另见《孙中山陵墓工程正式开工 广州政府派定梁仍楷监工》,《新闻报》1926年1月19日,第三张第二版;《孙中山陵墓工程开工》,《时报》1926年1月19日,第二版。
④ 《监造孙墓工程师郑校之抵沪》,《申报》1926年2月3日,第十四版;另见《时事新报(上海)》1926年2月3日,第三张第二版。
⑤ 《葬事筹委会第二十二次会议记录(1926年2月3日)》,南京市档案馆、中山陵园管理处:《中山陵档案史料选编》,南京:江苏古籍出版社,1986年,第80页。
⑥ 《葬事筹委会第三十二次会议记录(1926年3月17日)》,南京市档案馆、中山陵园管理处:《中山陵档案史料选编》,南京:江苏古籍出版社,1986年,第88页。
⑦ 《葬事筹委会第四十次会议记录(1926年7月19日)》,南京市档案馆、中山陵园管理处:《中山陵档案史料选编》,南京:江苏古籍出版社,1986年,第95页。
⑧ 《葬事筹委会第四十四次会议记录(1927年4月17日)》,南京市档案馆、中山陵园管理处:《中山陵档案史料选编》,南京:江苏古籍出版社,1986年,第102页。
⑨ 《葬事筹委会第四十九次会议记录(1927年7月20日)》,南京市档案馆、中山陵园管理处:《中山陵档案史料选编》,南京:江苏古籍出版社,1986年,第107页。
⑩ 《总理陵园管理委员会第一次会议记录(1929年7月2日)》,总理陵园管理委员会编:《总理陵园管理委员会报告》,京华印书馆,1931年,"会议纪录"部分,第2页。

陈希平忠于职守和勤恳认真，仅通过其撰写的《工程周报表》[1]即可见一斑。该报告自1926年3月30日记至1927年1月1日，未有一天中断，详细而忠实地记录了施工期间的天气、工作时间、工人数目、应用材料、监工人员、工作情形及其他情况。该报告不仅是当时葬事筹备委员会及筹备处掌握施工进度及现场情况的可靠依据，亦是今日我们了解1926年中山陵建设实况的可贵资料。

通过该报告，我们得以了解1926年建筑师、承包人、广州政府以及葬事筹备处等各方派赴的监工人员及出勤情况：吕彦直及彦记建筑事务所派往施工现场的驻山监工为徐镇藩，另有裘燮钧（即报告中所称"裘星远"）约平均每周一次往返沪宁之间视察工程并解决施工中的技术问题；姚新记营造厂派赴的常川驻山监工前期为姚华甫，后期（自1926年8月17日后）为姚裕亭和吴金福（自11月27日后），其老板姚锡舟则先后八次上山，检查工程进度和察视施工情况；前期代表广州国民政府监工的是郑校之，但其并不驻山，而是在南京城内板桥二号的孙中山葬事南京办事处主持监工工作[2]，并不定期上山视察，后期则被陈均沛替换；葬事筹备处方面，除负责撰写工程周报的陈希平外，还有钮师愈不定期上山视察并向葬事筹备处报告。此外，葬事筹委会委员林焕廷及筹备处主任干事杨杏佛，都曾上山至施工现场视察。

与陈希平的优异表现相比，郑校之的监工工作或不如人意。郑被派往南京监工仅月余，葬事筹委会即认为"监工员郑校之人地与职务均不相宜，请国民政府另派人来宁"[3]。但广州政府并未立即撤换，于是，1926年6月24日葬事筹委会第三十九此会议时，再次议决"监工员郑校之不称职务，前曾函请国民政府改派专员一事，由委员会函询孙哲生先生相机进行，早日办理，以结束此案"[4]。根据陈希平《工程周报表》，郑校之7月27日还曾上山察视现场，但从8月初开始已不见于记录[5]，故其退出监工应在7月底或8月初。

接替郑校之代表广州国民政府继续履行监工之责者为陈均沛。陈于该年9月4日抵宁，并于两日后上山监工，为方便监工，陈一度居住于陵墓附近的万寿寺

---

[1] 陈希平：《工程周报表》，《孙中山先生陵墓工程报告》（第1册），1927年，第49—128页。
[2] 《孙中山逝世周年纪念之筹备 南京设立孙墓办事处》，《时报》1926年2月21日，第三版。
[3] 《葬事筹委会第三十一次会议记录（1926年3月14日）》，南京市档案馆、中山陵园管理处：《中山陵档案史料选编》，南京：江苏古籍出版社，1986年，第86—87页。
[4] 《葬事筹委会第三十九次会议记录（1926年7月19日）》，南京市档案馆、中山陵园管理处：《中山陵档案史料选编》，南京：江苏古籍出版社，1986年，第94页。
[5] 陈希平：《工程周报表》，《孙中山先生陵墓工程报告》（第1册），1927年，第80—86页。

内[①]。从陈均沛履历来看，其具备留美求学和实习经历，并于1924年后在广州西南工程公司从业[②]，曾获得广州"总理纪念碑"图案征求竞赛第二名[③]和中山纪念堂设计竞赛名誉第二奖[④]。这样一位学识、能力和经验均出众的监工人员，自然受到葬事筹委会的欢迎。然而仅仅半年后，陈便报告辞职，葬事筹委会不得不再次物色监工人员，并拟暂请河海工程大学水利教授李协（宜之）担任[⑤]。

不过，后来接替陈均沛担任工程监查员的是李宜之的同事刘梦锡[⑥]。1886年出生于陕西洋县的刘梦锡同样具备留美求学的经历，并获土木工程硕士学位，后任河海工科大学教授[⑦]，且是中国科学社永久会员[⑧]。1927年接替陈均沛担任工程监查员后，刘梦锡作为代表葬事筹备处的监理工程师，监造陵墓工程直至奉安典礼结束后。葬事筹委会改组为总理陵管会后，刘梦锡则担任工程组主任，继续处理陵园建筑工程相关事务；然而，仅仅不到两月，刘即呈请辞职并获总理陵管会通过，其职务暂由夏光宇兼代；一周后，总理陵管会开会认为工程组须有专人负责，遂委派区国著担任工程组主任[⑨]。

从北京大学土木工科专业毕业的区国著，早年在汉粤川和京汉铁路局担任工程师[⑩]，1929年进入总理陵管会担任工程组主任后，长期驻守陵园，"诸凡鸠工庀材，经营擘画，均属躬自督率处理，寒暑无间，劳瘁弗辞，陈力孔多，成绩卓越"，鉴于此，国民政府在其病逝后亦对其明令褒奖[⑪]。

---

① 陈希平：《工程周报表》，《孙中山先生陵墓工程报告》（第1册），1927年，第96页。
② 《总理陵园管理委员会第一次会议记录（1929年7月2日）》，总理陵园管理委员会编：《总理陵园管理委员会报告》，京华印书馆，1931年，"会议纪录"部分，第2页。
③ 《总理纪念碑图案之获选者》，《广州民国日报》1926年2月9日，第一版。
④ 《总理纪念堂图案之结果》，《广州民国日报》1926年9月2日，第三版。
⑤ 《葬事筹委会第四十三次会议记录（1927年1月13日）》，南京市档案馆、中山陵园管理处：《中山陵档案史料选编》，南京：江苏古籍出版社，1986年，第100页。
⑥ 总理奉安专刊编纂委员会编：《总理奉安实录》，"附录·孙中山先生葬事筹备委员会委员及职员"，南京：南京出版社，2009年，第313页。
⑦ 资源委员会编：《中国工程人名录（第1回）》，商务印书馆，1941年，第384页。
⑧ 中国科学社编：《中国科学社社员录》，中国科学社，1930年，第73页。
⑨ A.《总理陵园管理委员会第一次会议记录（1929年7月2日）》，总理陵园管理委员会编：《总理陵园管理委员会报告》，京华印书馆，1931年，"会议纪录"部分，第1页；
B.《总理陵园管理委员会第四次会议记录（1929年8月22日）》，总理陵园管理委员会编：《总理陵园管理委员会报告》，京华印书馆，1931年，"会议纪录"部分，第8页；
C.《总理陵园管理委员会第五次会议记录（1929年8月29日）》，总理陵园管理委员会编：《总理陵园管理委员会报告》，京华印书馆，1931年，"会议纪录"部分，第9页。
⑩ A. 汉粤川铁路总公所：《汉粤川铁路职员录》，1918年，第8页；
B. 徐友春主编：《民国人物大辞典》，石家庄：河北人民出版社，1991年，第821页。
⑪ 《国民政府令》，《国民政府公报》1946年10月1日。

根据陈希平填写的《工程周报表》，我们还得知吕彦直在1926年并未驻山监工，甚至从3月30日至12月31日（即《工程周报表》记录的起止时间）未亲临施工现场一次。吕彦直1926年对陵墓工程的监工，主要通过徐镇藩与裘燮钧实现（表2-4）。徐为彦记建筑事务所派至陵墓施工现场的驻山监工，并在前期兼任吕彦直与施工现场的沟通工作。当现场建设遇到问题时，多由徐回沪向吕彦直反馈，后再携带解决方法或图样至现场指导。当葬事筹委会意识到陵工进行缓慢且发生工料纠葛后，决定请吕彦直严督姚新记施工，并须雇胜任之工程师常川驻山代表监工[①]。于是从1926年7月开始，徐镇藩开始长期驻山监工，往返沟通工作由裘燮钧担任。裘一般每周一次往返沪宁之间，且往往是察视工程后当日即返。

对于吕彦直及彦记建筑事务所派任的这两位监工人员，葬事筹委会似乎并不满意。据林焕廷、杨杏佛于1926年10月致函孙科的内容，葬事筹备处职员曾反映，建筑师所派的驻山监工徐镇藩"柔和易与，缺乏指挥能力"；裘燮钧则"居山之时太少，每次不过数小时"[②]。

这里还牵涉吕彦直为何不亲自驻山监工的问题。我们认为至少可从如下方面考察：其一，吕彦直此时已患病，身体条件令其不便于到宁驻山监工[③]。其二，吕彦直作为陵墓建筑师，监工仅是其职责之一，其他如会商决策研究、详图制备审校、付款证书填发、工程账目编记等，均属合同及章程规定之任务；而此时葬事筹备处和彦记建筑事务所及姚新记营造厂均在沪，吕彦直坐镇上海更便于处理、协调业主与承包人之间的相关事务。其三，吕彦直作为彦记建筑事务所的负责人，业务与技术上的重担使其无法抽身；加上广州中山纪念堂及纪念碑悬奖征求图案后，吕亦报名参加，遂致任务更重而无法常川驻山监工。其四，根据葬事筹委会与建筑师签订合同，建筑师仅须雇一监工员常川驻于工地为其代表，而不必亲自驻山监工等。

---

① 《葬事筹委会第四十次会议记录（1926年7月19日）》，南京市档案馆、中山陵园管理处：《中山陵档案史料选编》，南京：江苏古籍出版社，1986年，第95页。
② 《林业明、杨铨致孙科函》，1926年10月，南京市档案馆藏，档案号：1005-1-239，参见《中山陵档案》编委会：《中山陵档案·陵墓及纪念工程》，南京：南京出版社，2016年，第79—84页。
③ 《葬事筹备处为请加速陵墓工程致吕彦直函》，1926年7月19日，南京市档案馆藏，档案号：1005-1-239；另见南京市档案馆、中山陵园管理处：《中山陵档案史料选编》，南京：江苏古籍出版社，1986年，第166—167页。

表 2-4　徐镇藩、裘燮钧监工情况一览

时间	内容	备注
4月1日	由于吕彦直处基地分析图样尚未备妥故而不能从速施工	此时陵墓刚进行到底脚基础工程
4月3日	吕彦直派裘燮钧和徐镇藩由沪到宁察视工程现场,并实验打桩,后发现山岩坚软不一,须详细分析	
4月4日	徐镇藩回沪预备详细分析图和打桩图	
4月13日	徐镇藩带着打桩图返回施工现场	
4月22日	徐镇藩再次回沪与吕彦直商量施工情况	应关于祭堂底脚基础
4月28日	徐镇藩携带更改的底脚图样返回工地	
5月3日	徐镇藩又回沪面询吕彦直工作上一切事务	
5月10日	徐镇藩以上海化验铁条拉力不足,故扎铁工作暂停	
6月18日	徐镇藩以底脚尺寸改动,故嘱将祭堂内做就之底脚木壳完全撤去	
6月20日	叠石工作,徐镇藩以未得吕彦直同意,须问明后方可决定施工,遂嘱暂停	
6月22日	徐镇藩返沪报告工作并带回黄沙、石子以供化验应用	
6月26日	裘燮钧由沪至宁视察工地,当晚即返。此后由徐镇藩长期驻山监工,而裘燮钧平均一周一次往返沪宁,一方面察视工地,一方面向吕彦直汇报工作	
7月19日	裘燮钧视察工地铁条一项	因之前铁条质量问题
7月27日	吕彦直通知徐镇藩准许姚新记采用紫金山石子筑造底脚三合土	之前因姚新记采用本山石子筑三合土致纠纷
7月31日	裘燮钧到宁视察工程	
8月7日	裘燮钧到工地现场视察工程及挖沙取土之处	郑校之已不再监工
8月13日	裘燮钧到工地视察铁条及三合土等工程	
9月2日	裘燮钧由北京回沪经过南京,故上山察视铁条、水泥工作,并当晚回沪	陈均沛自9月5日开始上山监工
9月11日	裘燮钧上山察视铁条及水泥工作	
9月18日	裘燮钧到工地察视铁条及水泥工作	徐镇藩于次日晚返沪
9月25日	裘燮钧同姚锡舟到工地察视各项工作,午后即返	
10月2日	裘燮钧到工地察视三合土及铁条等工作	
10月9日	裘燮钧偕姚长安来山察视工程,以砖质不坚,带回两块实验	钮师愈偕刘梦锡、李宜之上山查勘水源
10月16日	裘燮钧到工地察视铁条及水泥等工作	
10月31日	裘燮钧至工地察视工程	
11月7日	裘燮钧由沪至宁上山察视各项工作	
11月22日	裘燮钧上山察视各项工作	
11月29日	裘燮钧上山察视各项工作	
12月6日	裘燮钧上山察视工程	
12月13日	裘燮钧上山察视工程	
12月20日	裘燮钧偕庄俊至工地现场参观并察视各项工程	
12月26日	裘燮钧上山察视工程,当晚即返	

资料来源:陈希平:《工程周报表》,《孙中山先生陵墓工程报告》(第1册),1927年,第49—128页

在目前关于吕彦直的研究论著中，不少认为中山陵墓工程中吕彦直曾亲自驻山监工[①]。卢洁峰亦曾持此观点，不过后来其根据陈希平《工程周报表》认为关于吕彦直长期驻山监工的记述全属讹传[②]。我们认为，虽然根据陈希平的《工程周报表》可知吕彦直在1926年并未驻山监工，但由于目前见于公开资料的《工程周报表》仅记录到1926年底，1927年至1929年吕彦直是否驻山监工我们并不确定，因而目前还不能断然否定吕彦直驻山监工的记述。

另外，1927年前述制约吕彦直驻山监工的因素也发生了变化。一方面吕彦直病情经过治疗略有好转[③]；另一方面自1927年4月末开始，葬事筹备处由沪迁宁办公，与葬事筹委会的沟通、会商等需要吕彦直时常往返沪宁之间。例如，吕彦直分别于1927年6月、10月、11月以及1928年1月、3月赴宁参加葬事筹委会会议[④]。并且，葬事筹委会向吕彦直交涉驻山监工人员问题后，吕彦直于1926年11月答应撤回徐镇藩，另聘有经验的工程师常川驻山监工，但人选仍在接洽[⑤]，于是1927年是否会因无合适人选而亲自驻山监工亦有可能。

不过，我们也注意到，1928年7月11日，当有记者亲赴紫金山陵墓施工现场进行调查时，接受采访的是裘燮钧[⑥]；而9月23日孙科与胡汉民晋谒总理陵墓时，现场陪同的工程师为刘梦锡和徐镇藩[⑦]。因此，吕彦直最终有无更换驻山监工人员，还不能遽断。

[①] A. 周道纯编著：《中山园陵博记》，南京：江苏人民出版社，1989年，第175页；
B. 刘凡：《吕彦直及中山陵建造经过》，汪坦主编：《第三次中国近代建筑史研究讨论会论文集》，北京：中国建筑工业出版社，1991年，第135—145页；
C. 喻梦哲：《吕彦直与中山陵》，张怀安、成卫东主编：《大户人家 建筑家卷》，上海：上海社会科学院出版社，2007年，第147—186页；
D. 李恭忠：《中山陵：一个现代政治符号的诞生》，北京：生活·读书·新知三联书店，2019年，第183页；
E. 殷力欣：《吕彦直集传》，北京：中国建筑工业出版社，2019年，第24页。
[②] A. 卢洁峰：《广州中山纪念堂钩沉》，广州：广东人民出版社，2003年，第132—133页；
B. 卢洁峰：《"中山"符号》，广州：广东人民出版社，2011年，第136页。
[③] 侯疑始：《吕彦直病笃》，《晶报》1929年3月21日，第三版。
[④] 葬事筹委会第四十八、五十二、五十三、五十六、五十七次会议记录，参见南京市档案馆、中山陵园管理处：《中山陵档案史料选编》，南京：江苏古籍出版社，1986年，第105、112、113、118、119页。
[⑤] 《林业明、杨铨致孙科函》，1926年10月，南京市档案馆藏，档案号：1005-1-239，参见《中山陵档案》编委会：《中山陵档案·陵墓及纪念工程》，南京：南京出版社，2016年，第82页。
[⑥] 《中山陵墓工程》，《益世报（天津）》1928年7月11日，第四版。
[⑦] 《党国要政与要人行动》，《国闻周报》1928年第5卷第38期，第1页。

虽然关于吕彦直是否亲自驻山监工以及何时驻山监工，目前还无明确证据，但可以肯定的是，吕彦直对陵墓工程质量把控十分严格。这不仅体现在其拟制的工程章程中对材料应用和施工步骤的高标准规定——材料须选最佳、工人须用最优、方法须采最宜[1]；还反映在具体施工中的极致要求——分部工程须放出大样、做出模型送建筑师审校且工料须经专家试验。如此严苛要求，不免招致姚新记抱怨，所谓"工程在宁、取决于沪，每有一事发生必须宁沪间奔驰数日方能定夺""吕建筑师欲成其千载一时艺术之名，处处以试验出之"[2]。然而，正是这样高度负责的精神、一丝不苟的态度和精益求精的要求，成就了中山陵这一中国近现代建筑史上的经典。

（四）工料纠葛

1926年7月14日，距工程开工已半年，且至合同所定工期近半，林焕廷、杨杏佛等人赴陵墓施工现场视察，却发现本应在开工后两月内造就的基础工程仍未完成，而且山上工人不过数十，重要材料多未备齐。为此，葬事筹备处致函吕彦直称[3]：

……似此迟缓，恐将来必难如期告成。如临限求速，则工程质地必受影响。次经筹备委员会第四十次会议讨论：以工程迟误，贵建筑师与营造厂均应负相当责任。与其将来到期罚款，于事无补；不如及早加工，先事预防。因一致议决请贵建筑师转告姚新记营造厂：即日设法加工运料，以期与原定计划时期相符。又，开工以来，应有胜任之工程师常川驻山监工。贵建筑师现因病不克到宁，拟请即设法聘请欧美毕业、富有经验之工程师一人常川驻山代表监工，以专责成而利工程。……

该函件指出了陵墓工程建设两方面的问题：一为墓工迟缓，二为监工不力。关于后者，前文已有论述；至于工程进度迟缓，吕彦直在1926年度工程报告中则有解释："孙中山先生陵墓，自十五年一月十五日开工至今（笔者注：指1926年12月31日），已将届一载，而工程犹未及半。中间因工料关系发生种种纠葛，以致延误工程之进行至数月之久，实属可憾。惟亦有因时局及天时关系，致交通阻滞，材料不能及时

---

[1] 《总理陵墓第一部工程说明书译文》，总理陵园管理委员会编：《总理陵园管理委员会报告》，京华印书馆，1931年，"工程"部分，第14—28页。
[2] 刘凡：《吕彦直及中山陵建造经过》，汪坦主编：《第三次中国近代建筑史研究讨论会论文集》，北京：中国建筑工业出版社，1991年，第135—145页。
[3] 《葬事筹备处为请加速陵墓工程致吕彦直函》，1926年7月19日，南京市档案馆藏，档案号：1005-1-239；另见南京市档案馆、中山陵园管理处：《中山陵档案史料选编》，南京：江苏古籍出版社，1986年，第166—167页。

运到之处。依现在情形观之，即不再发生意外之事端，恐完工之期，已非在规定日期（十六年三月十五日）以后五六个月也。"①

据吕彦直所述，造成墓工迟缓原因包括时局和天气等客观因素造成的交通阻滞，进而材料不能及时运到；而延误工程进行达数月之久的则为工料纠葛。

关于陵墓工程所用工料，吕彦直在《总理陵墓第一部工程说明书》中曾有明确规定："凡本章程所规定之工作必须用最优等之人工与材料，按照图样、说明书造就之，使建筑师之满意。如有工作或材料由建筑师断为不合格之时，承包人应立即遵其所嘱，于二十四小时内自行拆卸重作或迁移他处，否则建筑师得代拆代移之，其一切费用由承包人负担。"同时，"凡本工程中所用一切材料，承包人须将样品呈送建筑师核定，得其认可嗣后所供材料须与样品符合，不得以他品混充"。

可以看出，建筑师对工料的品质和施用有严格规定和控制。葬事筹委会亦在开工前即委托时任中国工程学会材料试验股股长凌鸿勋（即前述担任中山陵悬奖征求图案的四位评判顾问之一，上海南洋大学校长）试验把关工料②，"凡一切水泥、沙石等料，请该会提取样品，详细分析试验，以期得所保证。昨日（笔者注：指1926年1月12日）已将马牌及泰山牌水泥，分别试验，其他各料，陆续送到云"③。根据陈希平的《工程周报表》，彦记建筑事务所多次将工程现场材料——黄沙、石子、钢条等，携带至上海检查化验④。而凌鸿勋所率领的团队在试验分析陵墓工程材料后，还将分析结果公开发表。1926年第2期《南洋季刊》上的《孙中山陵墓所用石头试验报告书》⑤，即是南洋大学材料试验室中国工程学会工程材料研究所，对彦记建筑事务所送来的四种石材进行试验分析的报告，该试验的目的意在为孙中山陵墓工程挑选出最佳的材料⑥。

该报告结尾的"讨论"部分指出："据通常学理，凡石头之比重愈大则愈坚硬耐久。今一号、四号之比重，较二号为大，反脆易损，不如二号之坚硬。证之于色泽，

---

① 吕彦直：《吕建筑师工程简要报告》，《孙中山先生陵墓工程报告》（第1册），1927年，第7—9页。
② 《试验中山陵墓所用材料》，《南洋旬刊》1926年第1卷第8期，第8页。
③ 《工程学会试验孙墓建筑材料》，《申报》1926年1月13日，第十五版。
④ 陈希平：《工程周报表》，《孙中山先生陵墓工程报告》（第1册），1927年。
⑤ 杨德新、施孔范：《孙中山陵墓所用石头试验报告书》，《南洋季刊》1926年第1卷第2期，第261—263页。
⑥ 杨德新、施孔范：《孙中山陵墓所用石头试验报告书》，《南洋季刊》1926年第1卷第2期，第261—263页。

或系二号开采已久,一号、四号新行开采故也。因石头新从石矿开出,含有矿液(Quarry Sap),易于磨损。按花岗石之比重,当在2.72及2.64之间,所试四之比重均小于限数,是否是花岗石之优良者,一疑问也。"① 可见,彦记建筑事务所送检的四种石材样品可能均非花岗石中质地优良者,且二号样品还是开采已久的石料。这便涉及葬事筹委会与姚新记营造厂以及建筑师之间关于陵墓工程所用石材的纠葛。

1926年初开工后,首先进行的是炸山辟石的工作,此间产生了大量石块,姚新记则吩咐工人将其砸碎并堆存起来,以备将来浇灌钢/铜骨三合土之用②。然而这批石材直到当年6、7月份临近使用时才请建筑师吕彦直测试质地,且测试结果为"质地劣弱,不合标准"。此时如再从苏州调运质量上乘的花岗石,必会延误工期,吕彦直遂请求葬事筹备处批准使用该批石料。考虑到工程急需和当时的运输条件,葬事筹委会只好妥协同意,但亦指出姚新记是有意为之,因为在开山辟石之初已有将石块敲碎以储存备用的意图,故而建设基础时不愿再费工本,远求佳石③。

同时,葬事筹委会亦致函吕彦直认为其亦负有失察之责:"(建筑师)失于事前未经试验任其进行工作,事后木已成舟,若不委曲求全许其采用劣质原料,则须多方交涉,更致延误工程时期,两者居一,皆非贵建筑师与委员会对中山先生陵墓工程力求尽善尽美之本意。"④

针对此次工料纠葛,葬事筹委会虽有不满,但限于"木已成舟"和现实条件,最终仍委曲求全。然而两月后,当孙科收到广州国民政府派驻监工陈均沛报告的陵墓工料问题后,用词严厉给予警告:"迭据陈监工报告,墓基工程,姚新记屡用不纯洁之砂水、碎石及劣砖,建筑师驻厂监工均不过问制止,显有串通作弊嫌疑。请通知吕君饬姚新记即将劣料工程全部改造,不得稍许通融,贻误永久建筑,如不遵守,则停款费约,另筹办法。"⑤ 在孙科看来,陈均沛反映的问题已不是限于客观条件兼顾工期的妥协办法,而是有包工者与建筑师在主观上串通作弊的嫌疑。其处理方

---

① 杨德新、施孔范:《孙中山陵墓所用石头试验报告书》,《南洋季刊》1926年第1卷第2期,第261—263页。
② 陈希平:《工程周报表》,《孙中山先生陵墓工程报告》(第1册),1927年,第50页。
③ A. 葬事筹备处致吕彦直函,1926年8月,南京市档案馆藏,档案号:1005-1-239;
  B. 陈希平:《工程周报表》,《孙中山先生陵墓工程报告》(第1册),1927年,第78、82、84页;
  C.《葬事筹委会第四十一次会议记录(1926年7月27日)》,南京市档案馆、中山陵园管理处:《中山陵档案史料选编》,南京:江苏古籍出版社,1986年,第96页。
④ 葬事筹备处致吕彦直函,1926年8月,南京市档案馆藏,档案号:1005-1-239。
⑤ 孙科致林业明、杨杏佛筱电,1926年10月,南京市档案馆藏,档案号:1005-1-240。

法也不再是像前次葬事筹备处那样委曲求全，而是通知建筑师饬令姚新记"将劣料工程全部改造，不得稍许通融"，如若不然，则"停款费约，另筹办法"。

对此，葬事筹备处复函解释称陈均沛所言情况，或属正试验者，或属已定计划而尚未实现者，或属已遵照合同整改者①。此外，其还陈述了关于用砂、制砖、取水以及建筑师驻厂监工的问题②。

姚新记在工程开工后不久，便在墓地范围内就近取土淘沙③。葬事筹委会发现后，杨杏佛曾于1926年6月19日至工程现场视察，并指示不准再淘④。6月24日葬事筹委会第三十九次会议则进一步议决："关于姚新记在墓地范围内取土及挖沙事，由筹备处派员查看。凡在范围内者，一概禁止；其在附近，与陵墓形势基础无碍者，由主任干事实地察看，斟酌办理"⑤。其后，葬事筹备处虽将此决定函告姚新记，但后者并未停止。7月27日，郑校之、钮师愈到现场令姚新记速将挖取土挖沙处回填，并不准再掘⑥。8月7日，杨杏佛、姚锡舟和裘燮钧到场视察工程及挖土取沙之处⑦。之后，姚新记又转至墓地附近取土淘沙，但因淘洗次数太少，含泥过多，质量不良。为此，葬事筹备处、建筑师和姚新记三方于10月8日开会交涉，商定停止在墓地附近取沙而另购合格的滁州沙。然而，到10月11日规定的期限，滁州沙仍未备妥，导致灌注三合土和砌砖等工作均被迫中止；三日后，滁州沙虽陆续运到，但因量不足，相关工作仍受限制⑧。

制砖存在同样的问题，姚新记在开工后不久即于紫金山本山制砖——包括制坯和刻字⑨。最初的砖文为阴刻，书为"孙中山先生墓砖民国十五年三月造"（图

---

① 例如，关于浇灌三合土所用石子，9月23日后，姚新记在浇灌三合土时已放弃本山石子而启用新品。参见陈希平：《工程周报表》，《孙中山先生陵墓工程报告》（第1册），1927年，第100页。
② 《林业明、杨铨致孙科函》，1926年10月，南京市档案馆藏，档案号：1005-1-239，参见《中山陵档案》编委会：《中山陵档案·陵墓及纪念工程》，南京：南京出版社，2016年，第79—84页。
③ 陈希平：《工程周报表》，《孙中山先生陵墓工程报告》（第1册），1927年，第52页。
④ 陈希平：《工程周报表》，《孙中山先生陵墓工程报告》（第1册），1927年，第72页。
⑤ 《葬事筹委会第三十九次会议记录（1926年6月24日）》，南京市档案馆、中山陵园管理处：《中山陵档案史料选编》，南京：江苏古籍出版社，1986年，第94页。
⑥ 陈希平：《工程周报表》，《孙中山先生陵墓工程报告》（第1册），1927年，第81页。
⑦ 陈希平：《工程周报表》，《孙中山先生陵墓工程报告》（第1册），1927年，第86页。
⑧ 陈希平：《工程周报表》，《孙中山先生陵墓工程报告》（第1册），1927年，第106—108页。
⑨ 陈希平：《工程周报表》，《孙中山先生陵墓工程报告》（第1册），1927年，第50页。

图 2-3-16 中山陵墓用砖两种（图片来源:《孙中山陵墓砖两种》,《图画时报》1927 年第 365 期,第 3 页）

2-3-16）；1926 年 4 月 21 日，葬事筹备处视察工程时，嘱咐砖文须改为阳文[①]；5 月 30 日，新的砖样和印版制妥，较前者小且阳文楷书[②]（图 2-3-16）。不过，10 月 9 日，裘燮钧上山视察工程时，发现这些烧制于本山的砖"砖质不坚"，遂带样品返回上海试验，结果证明该批砖质量欠佳。后经葬事筹备处与建筑师磋商，议定由吕彦直通知姚新记本山烧制之砖一律不用，已筑砖墙全部拆除，从他处另购合格之砖重建，且由此产生的额外费用由包工者承担[③]。11 月 30 日，开始拆除用本山烧制之砖建造的祭堂砖墙，并决定改用三合土建造[④]。

用水也是陵墓施工遇到的一大难题。1926 年 4 月，开山工作行将结束时，姚新记开始于山顶建造一水泥为底、围以木圈的水池，以积存雨水备用[⑤]。而葬事筹备处则要求其凿井取水，以图一劳永逸解决用水难题，但姚新记因工程过大、成本太

---

① 陈希平:《工程周报表》,《孙中山先生陵墓工程报告》（第 1 册）,1927 年,第 56 页。
② 陈希平:《工程周报表》,《孙中山先生陵墓工程报告》（第 1 册）,1927 年,第 68 页。
③ 吕彦直致姚新记函,1926 年 11 月 29 日,南京市档案馆藏,档案号:1005-1-239。
④ A. 陈希平:《工程周报表》,《孙中山先生陵墓工程报告》（第 1 册）,1927 年,第 120 页;
B. 吕彦直:《吕建筑师工程简要报告》,《孙中山先生陵墓工程报告》（第 1 册）,1927 年,第 8 页。
⑤ 陈希平:《工程周报表》,《孙中山先生陵墓工程报告》（第 1 册）,1927 年,第 54 页。

高一直未遵办。待工程进行至浇筑混凝土时，需水量大，山顶水池蓄水远不能满足所需，施工方便经常以用过的污水搅拌混凝土。面对监工人员的质疑，姚新记则以水源太少为由辩解。鉴于此，葬事筹备处特请河海工程大学水利教授李宜之勘察水源，规划用水[①]。例如，10月9日，李宜之等上山寻找水源，以备建工程上应用之水池；两日后，河海工程大学学生再次上山测量取水地点[②]。

从1928年3月12日孙中山逝世三周年纪念时建筑师于陵墓墙壁上所列举的陵墓建筑材料[③]，我们得知，为了以"最优等之材料"建造陵墓，当时不少建筑材料都采自外地，如苏州金山石、香港花岗石、青岛黑石、意大利石、北京琉璃瓦（后改用广州琉璃瓦）等。然而，此时苏沪一带政局动荡，秩序紊乱，交通运输不畅，严重制约了工程进度[④]。在陈希平的《工程周报表》中，仅1926年即多次记录石子、沙子、水泥等工料因运输耽搁而延误相关工作的情况[⑤]。因此，当1926年10月葬事筹备处因陵工迟缓而停止支付姚新记本月应付工程款时，也不得不承认："近因军事影响，交通运输不免稍受影响，本处监工人员亦有因避乱来沪者，工程进行上自亦不免稍稍顿挫。"[⑥]1927年春，北伐军进逼江浙沪地区，陵墓工程更难积极进行，葬事筹备处虽一再催促陵工，但也承认"阻碍工作莫此为甚""大约非俟大局平定，难期精神振作"[⑦]。

梳理总结陵墓工程建设中发生的工料纠葛我们发现，受客观条件制约，姚新记在采用工料上均采取舍远求近的办法，以免去长途运输所耗费的资金与时间，本质上属于节省成本做法，于讲求效益的营造商而言本属无可厚非。然而本地工料并非

---

① 《林业明、杨铨致孙科函》，1926年10月，南京市档案馆藏，档案号：1005-1-239，参见《中山陵档案》编委会：《中山陵档案·陵墓及纪念工程》，南京：南京出版社，2016年，第79—84页。
② 陈希平：《工程周报表》，《孙中山先生陵墓工程报告》（第1册），1927年，第104、106页。
③ 《总理陵墓的纪念林》，《中央日报》1928年3月15日，第二张第二面；另见《总理纪念日之紫金山》，《时报》1928年3月15日，第二版。
④ 李恭忠：《中山陵：一个现代政治符号的诞生》，北京：生活·读书·新知三联书店，2019年，第171页。
⑤ 陈希平：《工程周报表》，《孙中山先生陵墓工程报告》（第1册），1927年，第98、106、108页。
⑥ 《林业明、杨铨致孙科函》，1926年10月，南京市档案馆藏，档案号：1005-1-239，参见《中山陵档案》编委会：《中山陵档案·陵墓及纪念工程》，南京：南京出版社，2016年，第79—84页。
⑦ 《葬事筹备处为工程迟缓致吕彦直函》，1927年3月23日，南京市档案馆藏，档案号：1005-1-239；另见南京市档案馆、中山陵园管理处：《中山陵档案史料选编》，南京：江苏古籍出版社，1986年，第167页。

"最优等之材料",自然不能应用于建造"永久建筑"之总理陵墓,于是业主与承包人及建筑师之间产生纠纷。在此过程中,我们能看到姚新记营造厂作为商人所表现出来的逐利的一面,但也不应忽视时局动荡、天时不定等原因所带来的诸多不稳定因素。另外,建筑师失察与疏忽已被葬事筹委会指出,然而葬事筹委会及筹备处自身也不无问题。前文指出,陵墓工程奠基后,葬事筹委会中四位主理葬事的委员相继远离了葬事筹备的日常工作,筹委会会议更是由原来平均一周一次变为不到一月一次。正如有研究者所言,工料纠葛问题固然与时局有关,但深层原因还在于国民党当局无法全力顾及陵墓工程[①]。

（五）工期调整

根据葬事筹委会与姚新记营造厂签订的《陵墓第一部工程合同》,"承包人应于民国十五年一月十五日正式开工,限期至十六年三月十五日或该日以前,将所有合同内规定或有增加或修改之工程,一律照签定图样及工程说明书完全竣工交付与业主。如至期不能完工,每迟一日,承包人愿缴罚规元银五十两于业主,以偿损失,至完工交付与业主之日为止。"然而,由于前述之工料纠葛所虚耗数月,至1926年底时,工期将届一载而工程犹未及半[②]。虽然葬事筹委会曾于1926年9月开会议决,若第一部工程在1927年3月底不能完工,可酌量展期一、二两个月[③]。但吕彦直估计第一部工程在不发生意外事端情况下,在原定完工日期（1927年3月15日）之后五六个月内告竣都已属困难[④]。

实际上,如前所述,1927年春随着北伐战事蔓延至江浙沪地区,紧张的军事形势下,陵墓工程更受阻碍,葬事筹备处评估称"大约非俟大局平定,难期精神振作"。期间,虽然葬事筹备处决定请蒋介石出示布告保护陵墓工程,并多次函请国民革命军东路前敌总指挥白崇禧和国民革命军总司令部特务处长杨虎,请其转饬沪宁铁路管理局安排火车,以便运送陵墓建设所需材料[⑤],但仍无法从根本上解决陵工迟缓

---

① 李恭忠:《中山陵:一个现代政治符号的诞生》,北京:生活·读书·新知三联书店,2019年,第176页。
② 吕彦直:《吕建筑师工程简要报告》,《孙中山先生陵墓工程报告》（第1册）,1927年,第7页。
③ 《驻粤委员会议记录（1926年9月5日）》,南京市档案馆、中山陵园管理处:《中山陵档案史料选编》,南京:江苏古籍出版社,1986年,第97页。
④ 吕彦直:《吕建筑师工程简要报告》,《孙中山先生陵墓工程报告》（第1册）,1927年,第7页。
⑤ 李恭忠:《中山陵:一个现代政治符号的诞生》,北京:生活·读书·新知三联书店,2019年,第176—177页。

图2-3-17 1927年6月陵墓现场施工（图片来源：《图画时报》1927年第364期，第2页）

的问题。及至1927年6月，从当时杂志所披露的工程现场照片来看，基础工程基本完工，正从事钢骨三合土工作（图2-3-17），离第一部工程完全告竣还颇有距离。为此，葬事筹委会开会议决，将未完各部工作分五期赶办，至1928年2月15日止完工，付款亦分五期，应在每期工程完竣后交付[①]。

本次工期调整，已将完工日期较之合同规定延后近一年；加之1927年4月底葬事筹备处由沪迁宁以及加推蒋介石等七人为葬事筹委会委员，国民党人希望尽早实现陵墓完工，从而安葬总理。从实际情况来看，自1927年5月开始，第一部工程确实"渐形迅速"[②]。不过，从1927年夏至该年年底，国民党当局一直陷于内部纷争，蒋介石被迫下野；次年初蒋介石虽重新上台，复于4月发动第二次北伐战争，导致

---

① 《葬事筹委会第四十八次会议纪录（1927年6月27日）》，南京市档案馆、中山陵园管理处：《中山陵档案史料选编》，南京：江苏古籍出版社，1986年，第105页。
② 总理奉安专刊编纂委员会编：《总理奉安实录》，"筹备经过·孙中山先生葬事筹备委员会"，南京：南京出版社，2009年，第3页。

财政紧张，陵墓工程经费一直无着落，第一部工程复又拖延；直到该年7月，政局稍定，陵墓工程才加速进行[①]。此时，据记者现场调查并经工程师裘燮钧介绍[②]，作为第一部工程中主体建筑的墓室部分，如墓门、天窗、内外圆顶及颜色玻璃块镶成之青天白日以及周围工事已完工，仅地板及栏杆尚须两周可完成；其他如祭堂等工程尚须四个月方能告竣[③]。直到1929年2月初，原本计划用时十四个月完工的陵墓祭堂工程——即第一部工程，历时三年才完竣[④]。

（六）第二部工程

按照吕彦直的计划，孙中山先生陵墓全部工程分为两部分：一是以祭堂与墓室为主体，包括部分台阶、围墙在内的第一部工程；二是包括碑亭、大门、甬道、阶级、围墙、卫士看守室等在内的第二部工程[⑤]。关于第二部工程，葬事筹委会估计的造价为十四万两，工期六个月，并于1926年9月份委托给吕彦直计划详图和工程条例[⑥]。然而，经过当年11月招标[⑦]，至12月开标时，发现参加投标的七家营造厂报价（分别是徐胜记715000两、陶桂记794260两、协泰兴营造厂761359两、联益公司759760两、新义记644000两、华中营业公司8435000两、馥记营造公司656060两[⑧]）均远超葬事筹委会的预期。其原因则"各投标者因时局关系，于工料预算不能有确实把握，所投标价俱极昂贵，与预估价格相差太远"[⑨]。面对此情况，葬事筹委会决定一方面暂时搁置第二部工程，视江浙沪地区军政形势发展而定；另一方

[①] 李恭忠：《中山陵：一个现代政治符号的诞生》，北京：生活·读书·新知三联书店，2019年，第177页。

[②] 《中山陵墓工程》，《益世报（天津）》1928年7月11日，第四版。

[③] 《中山陵墓工程 坟墓部分两周内可完成 全部工事须四月后方竣》，《益世报（天津）》1928年7月11日，第四版。

[④] 《葬事筹委会第六十五次会议纪录（1929年2月7日）》，南京市档案馆、中山陵园管理处：《中山陵档案史料选编》，南京：江苏古籍出版社，1986年，第137页。

[⑤] 吕彦直：《吕建筑师工程简要报告》，《孙中山先生陵墓工程报告》（第1册），1927年，第9页。

[⑥] 《驻粤委员会议记录（1926年9月5日）》，南京市档案馆、中山陵园管理处：《中山陵档案史料选编》，南京：江苏古籍出版社，1986年，第98页。

[⑦] 《孙中山先生陵墓第二部工程招求投标广告》，《申报》1926年11月9日，第三版；另见《民国日报》《新闻报》《时报》11月相关版面。

[⑧] 南京市档案馆馆藏资料，档案号：1005-1-239，转引自李恭忠：《中山陵：一个现代政治符号的诞生》，北京：生活·读书·新知三联书店，2019年，第177—178页。

[⑨] 总理奉安专刊编纂委员会编：《总理奉安实录》，"筹备经过·孙中山先生葬事筹备委员会"，南京：南京出版社，2009年，第2页。

面与建筑师吕彦直磋商更改图样，分部包工并另定投标时间，以谋求减少预算[①]。

1927年6月27日，葬事筹委会第四十八次会议议决："以总理陵工稽延已久，现第一部工程既经积极进行，第二部工程亟应同时并举，惟需款甚巨，应将此部工程划分为安葬以前必须举办与不急举办两部分，庶紧要工程得以提前完竣而纾财力，由主任干事会同建筑师先行商酌办法……第二部工程应将直达陵门之石阶、大围墙下之石坡及墙脚、祭堂前之钢骨凝土拥壁、祭堂两旁平台之铺石面及挖土填土、水沟等工程先行招标，其余如碑亭、碑石、陵门、牌坊、卫士室、休息室等作为第三部工程，俟款项充裕再行招标。"[②]

后经开会讨论，葬事筹委会确定了第二部工程招标办法，并于10月5日在《申报》《民国日报》《时事新报（上海）》《新闻报》等报纸上公开发布招标广告[③]。其规定"凡营造家有殷实资本曾经承造建筑工程一次在念万两以上愿意投标者，须同时将会办各项工程经验详细开具"，交葬事筹备处审查核夺，投标截止日期为10月24日。

10月27日，葬事筹委会开会讨论开标结果，决定由新金记康号营造厂承包，标额为二十七万零八十四两，并请建筑师向承包人商减[④]。经过磋商，最终新金记康号降价两千两，双方于11月中旬签订合同。根据此合同，第二部工程于合同签订后十日，即1927年11月24日正式开工，工期十三个月，至期不能完工，每迟一日承包人缴罚金银一百两。承包人还特别要求"如每期工程未到期，包工人不得预借款项，如每期工程已到期，而业主未付款，包工人得随时停止工作，以待付款"[⑤]。

新金记康号承造第二部工程之时，"国民政府已定都南京，故关于陵工材料之运输、工人之招集均称便捷。且第二部工程内，除祭堂前钢骨凝土拥壁之石铺面及

[①] 《葬事筹委会第四十二次会议纪录（1926年12月15日）》，南京市档案馆、中山陵园管理处：《中山陵档案史料选编》，南京：江苏古籍出版社，1986年，第99页。
[②] 总理奉安专刊编纂委员会编：《总理奉安实录》，"陵墓第二部工程"，南京：南京出版社，2009年，第99页。
[③] 《孙中山先生陵墓第二期工程招求投标广告》，《申报》1927年10月5日，第三版；另见《民国日报》《时事新报（上海）》《新闻报》1927年10月5日相关版面。
[④] 《葬事筹委会第五十二次会议纪录（1927年10月27日）》，南京市档案馆、中山陵园管理处：《中山陵档案史料选编》，南京：江苏古籍出版社，1986年，第112页。
[⑤] A.《葬事筹委会第五十三次会议纪录（1927年11月11日）》，南京市档案馆、中山陵园管理处：《中山陵档案史料选编》，南京：江苏古籍出版社，1986年，第113页；
B.《总理陵墓第二部工程合同》，总理陵园管理委员会编：《总理陵园管理委员会报告》，京华印书馆，1931年，"工程"部分，第29页。

石阶为精细外，其余均属粗工，故照合同规定时期尚无延误，自始至终历时一载有余，全部工程于十八年春完全告竣"①。最终，第二部工程于1929年5月16日由葬事筹委会验收②。

（七）陵园计划

早在1925年4月葬事筹委会准备圈购孙中山先生陵墓用地时，就曾设想将紫金山全部圈定为总理纪念园林，以造成一规模宏大之纪念森林③。后因范围过广，所涉土地权益复杂，加之分裂、动荡的时局背景下，国家体制尚未理顺、土地产权关系尚未厘清，公地征收和民地圈购均颇受阻碍，以致最后真正落实的仅即用之地——墓地、墓道及纪念建筑所需的二千余亩④。

然而，到1927年国民政府定都南京后，形势发生明显变化。一方面，国民政府名义上完成了全国统一，江、浙等省级政权逐步纳入国民党的党制国家体制，中央政府对地方省级政府的控制能力大大增强；另一方面，通过加推蒋介石等为委员，葬事筹委会调动政治资源的能力明显强化，在处理中央与地方、官方与民间产权划分时更加得心应手⑤。

1927年夏，葬事筹备处主任干事夏光宇向葬事筹委会提出筹备陵园计划——扩大陵园范围，组织陵园计划委员会⑥。扩大后的陵园将包括紫金山全部，北以省有林地为界，东迄马群，西至城根，南则沿钟汤路直至中山门。该提议经葬事筹委会第四十八次会议议决通过，并拟聘园林专家共同筹划，测量准确地图和制作地形模型，收购园内土地⑦。显然，这是一个雄心勃勃的计划，国民党人所规划的是于宏大陵园内"广植林木，修筑道路，并筹建各项纪念建筑，布置园景，阐扬艺术，以

---

① 总理陵园管理委员会编：《总理陵园管理委员会报告》，京华印书馆，1931年，"工程"部分，第28页。
② 《葬事筹委会第六十八次会议纪录（1929年5月11日）》，南京市档案馆、中山陵园管理处：《中山陵档案史料选编》，南京：江苏古籍出版社，1986年，第145页。
③ 《孙科筹办中山陵墓之报告》，《新闻报》1926年1月21日，第二张第三版。
④ 《奉安专刊委员会关于葬事筹委会筹备纪述》，南京市档案馆、中山陵园管理处：《中山陵档案史料选编》，南京：江苏古籍出版社，1986年，第24—25页。
⑤ 李恭忠：《中山陵：一个现代政治符号的诞生》，北京：生活·读书·新知三联书店，2019年，第144—145页。
⑥ 总理奉安专刊编纂委员会编：《总理奉安实录》，"筹备经过·陵园建设述略"，南京：南京出版社，2009年，第102页。
⑦ 《葬事筹委会第四十八次会议纪录（1927年6月27日）》，南京市档案馆、中山陵园管理处：《中山陵档案史料选编》，南京：江苏古籍出版社，1986年，第105—106页。

为千秋大地之壮观"①。

此后，该陵园计划逐步得到落实：1927年7月20日，葬事筹委会推定杨杏佛起草陵园委员会组织章程，并函请各委员物色陵园计划专门人才②。两个月后，葬事筹委会开会讨论陵园计划委员会组织条例，且夏光宇于会上报告陵园二千分之一地图测绘已完成，面积四十方里③。1928年1月25日起，陵园计划委员会召开第一次会议，持续三天，分工程建筑及庭园组（组员包括竺叔摩、李超然、林逸民、庄俊、范文照、陈养材、麦克兰、刘梦锡、汤有光、夏光宇、杨杏佛、叶基桢、章君瑜、吕彦直，由庄俊、李超然召集）、森林园艺生物组（组员包括秦仁昌、钱崇澍、李寅恭、林祜光、宋时杰、梁希、许复七、秉农山、唐迪光、王太乙、葛敬中、韩竹坪、陈宗一、徐友青、霍司，由林祜光、梁希召集）和农业及乡村教育组（组员包括陶知行、俞庆棠、林焕廷、蔡元培、穆藕初、叶楚伧、傅焕光、过探先、张溥泉、林森，由俞庆棠、傅焕光召集）讨论陵园计划大纲。会议议决陵园内必须之建筑如下：（1）总理墓，（2）烈士墓，（3）烈士专祠，（4）碑亭，（5）纪念林，（6）革命历史博物馆，（7）遗族学校，（8）中山图书馆，（9）各种纪念建筑，（10）艺术馆，（11）植物园，（12）动物园，（13）自然史博物馆，（14）天文台，（15）农林试验场，（16）体育馆，（17）运动场，（18）游泳池，（19）测候所，（20）新村建筑，（21）音乐台，（22）陵园管理处，（23）陵墓拱卫处及警卫队房屋，（24）水电设备，（25）道路，（26）桥梁④。

陵园计划确定后，葬事筹委会开始走行政程序。首先，在征得江苏省建设厅同意后，由葬事筹备处致函江苏省政府，将第一造林场在紫金山南北原有林木场址并入陵园，其造林经费则由国民政府拨发；同时，拟聘专任陵园技师一人（后聘请傅焕光担任），协同造林场场长进行陵园计划⑤。接到函请后，叶楚伧于1928年1月17日江苏省政府委员会第二十五次会议上报告该事项，经江苏省政府委员会开会讨

---

① 总理奉安专刊编纂委员会编：《总理奉安实录》，"筹备经过·陵园建设述略"，南京：南京出版社，2009年，第102页。
② 《葬事筹委会第四十九次会议纪录（1927年7月20日）》，南京市档案馆、中山陵园管理处：《中山陵档案史料选编》，南京：江苏古籍出版社，1986年，第107页。
③ 《葬事筹委会第五十次会议纪录（1927年9月18日）》，南京市档案馆、中山陵园管理处：《中山陵档案史料选编》，南京：江苏古籍出版社，1986年，第108—109页。
④ 《中山陵园计划委员会第一次会议纪录概要》，《中山陵园工作月报》1929年第6期，第4—7页。
⑤ 《葬事筹委会第五十五次会议纪录（1928年1月7日）》，南京市档案馆、中山陵园管理处：《中山陵档案史料选编》，南京：江苏古籍出版社，1986年，第116—117页。

论并议决通过[①]：（1）第一造林场之紫金山林区，由建设厅转移于总理葬事筹备委员会管理，归为国有；（2）造林场原有省款，仍归建设厅办理第一造林场其他林区之用；（3）此外划界等事，由建设厅与总理葬事筹备委员会协商办理。[②] 在征得江苏省当局同意后，葬事筹委会于1928年2月7日致函国民政府，提交陵园界址地图、陵园事业范围说明及1928年度中山陵园经费预算书，请求备案通过，同时申请经费[③]。三日后，国民政府委员会第三十七次会议，上述文件和要求得到核准备案[④]。至此，陵园计划得到地方和中央的正式批准。

履行完行政程序后，便是落实文件、政策。3月29日，江苏省建设厅派员将第一造林场场地、房屋等移交于葬事筹委会，其他如图书、文卷、契据等则由建设厅接受保管[⑤]。接管第一造林场且划定陵园界址后，葬事筹委会为统一陵园内管理权以便建设起见，即着手征购陵园内民有土地。至1929年6月孙中山先生奉安大典结束、葬事筹委会改组时，葬事筹备处分两期共计收购民地约19277亩、树木约137800棵、房屋213间。由此，紫金山南部之民有土地悉数被收购，而北部民地收购，则由之后的总理陵管会接续办理[⑥]。

与收购民地同时进行的，是陵园地形的勘测与图样的绘制。该工作于1928年6月初开始，由测量工程师汤有光主持，历经八个月完成，最终形成陵园地形全图。全图分九大部分，总理陵墓居中幅之中，覆盖面积共26.5平方公里，环陵周围约四十华里，比例为二千五百分之一[⑦]。

---

① 需要说明的是，此时的江苏省政府已非北洋时期的江苏省政府，其主要领导人钮永建、叶楚伧本身就是中央政要，同时叶还是葬事筹委会常务委员，将紫金山全部划入总理陵园原本即是其主张，只是身份转换，以江苏省地方行政长官名义执行而已。另一方面，对于造林场及其管理机关江苏省建设厅而言，划走的仅是紫金山造林任务，原来的经费得以保留，损失大为降低，因此阻碍明显减小。参见李恭忠：《中山陵：一个现代政治符号的诞生》，北京：生活·读书·新知三联书店，2019年，第146—147页。
② 《省政府委员会第二十六次会议纪录》，《江苏省政府公报》1927年第19期（2月7日），第2页。
③ 《葬事筹委会为陵园界址、经费事致国民政府函（1928年2月7日）》，南京市档案馆、中山陵园管理处：《中山陵档案史料选编》，南京：江苏古籍出版社，1986年，第52—53页。
④ A.《国府委员会第三十七次会议纪》，《申报》1928年2月12日，第九版；
B.《国府三十七次会议》，《新闻报》1928年2月11日，第四版。
⑤ 总理奉安专刊编纂委员会编：《总理奉安实录》，"筹备经过·陵园建设述略"，南京：南京出版社，2009年，第103页。
⑥ 总理奉安专刊编纂委员会编：《总理奉安实录》，"筹备经过·陵园建设述略"，南京：南京出版社，2009年，第103—104页。
⑦ 总理奉安专刊编纂委员会编：《总理奉安实录》，"筹备经过·陵园建设述略"，南京：南京出版社，2009年，第104页。

奉安大典后不久，作为中山陵园事业负责人的傅焕光开始向葬事筹备委员会建言献策，从组织、步骤、经费、人才四个方面提出了陵园发展的建议[①]。而陵园界址确定后，当初陵园计划委员会拟定的陵园计划大纲中必须之建筑也陆续开始营建。至1937年抗日战争全面爆发前，以中山陵建筑群为核心，先后建成中山植物园、紫金山天文台、灵谷寺国民革命军阵亡将士公墓、国民革命军遗族学校、谭延闿墓、航空烈士公墓、音乐台、中央体育场、美龄宫、光化亭、中山书院、廖仲恺墓、国民革命历史图书馆、藏经楼等十几处纪念与文体类建筑，中山陵园已初具规模[②]。在这些建筑中，除中山陵外，吕彦直还参与了国民革命军遗族学校和廖仲恺墓的前期设计，后因积劳病故而由其他建筑师接续完成[③]。

第四节　吕彦直逝世与中山陵善后

一、建筑师变更

1929年3月18日，为总理陵墓设计与监工昕夕勤劳、殚精竭虑的建筑师吕彦直，因患肝癌病故于上海古拔路55号寓所。

此时，由吕彦直负责设计、监工的总理陵墓，第一、二部工程已近完工，在作零星修理，以待奉安大典[④]。而包括左右大围墙、碑亭、碑石、陵门、牌楼、卫士室、休息室等在内的第三部工程，则限于经费和时间，未能于总理奉安前兴筑[⑤]。

为此，葬事筹委会于1929年4月3日第六十六次委员会上讨论继承吕建筑师工作案，最终议决：（1）用彦记建筑事务所名义，继续执行总理陵墓工程建筑师任务；（2）关于工作图样、工作说明书及放大比例与照实体大小各种样图之制备、材料之选定、工程之监督，以及解决工程上一切问题，均应由彦记建筑事务所建筑

---

① 傅焕光：《上总理葬事筹备委员书》，《中山陵园工作月报》1929年第8期，第8—10页。
② 殷力欣：《吕彦直集传》，北京：中国建筑工业出版社，2019年，第59—60页。
③ A.国民革命军遗族学校筹备委员会编：《国民革命军遗族学校筹备委员会筹备报告·筹备报告·筹备经过》，1929年，第1页；
B.总理陵园管理委员会编：《总理陵园管理委员会报告》，京华印书馆，1931年，"专载"部分，第1页；
C.《驻粤委员会议记录》，南京市档案馆、中山陵园管理处：《中山陵档案史料选编》，南京：江苏古籍出版社，1986年，第97—98页；
D.《廖仲恺墓之建筑进行》，《铁报》1935年10月25日，第三版。
④ 《葬事筹委会第六十六次会议纪录（1929年4月3日）》，南京市档案馆、中山陵园管理处：《中山陵档案史料选编》，南京：江苏古籍出版社，1986年，第140页。
⑤ 总理陵园管理委员会编：《总理陵园管理委员会报告》，京华印书馆，1931年，"工程"部分，第39页。

师李锦沛完全负责；（3）关于吕彦直荣典，准在祭堂奠基室内刻碑志记[①]。

关于葬事筹委会选择的继任陵墓建筑师李锦沛，1930年的《时事新报（上海）》载有其小传[②]：

> 李君锦沛，粤人也，西历一九〇〇年一月十四日生于美国之纽约。及长即留学彼邦，计自一九一三年至一九二三年。凡十年间，由克灵定初中，而勒勒脱专门学校，而麻省工业专门学校，而哥仑比亚大学，顺序上进，未尝间断。自一九二三年获得纽约大学文凭，而为正式登记建筑师焉。嗣即受聘于茂斐建筑公司杰克逊建筑公司，及卢罗建筑公司等，担任要职，成绩斐然。……迨一九二七年四月，君遂自行营业，本其建建（筑）天才，以为社会服务。一九二八年间，故建筑师吕彦直君卧病，君乃代其进行孙中山先生陵墓工程；嗣吕君病故，君因陵墓工程委员会之担任，乃正式继续进行陵墓工程，而完成此伟大建筑。此外，如广州之孙中山先生纪念堂，亦为君所设计。君为中国建筑师公会会员，于一九二七年至一九二九年间，担任该会秘书及会计等职，今年被选为会长。……

从该介绍中我们得知，李锦沛不仅具有欧美求学背景，亦曾供职于茂飞建筑事务所，且设计完成了大量建筑作品，可谓学识、能力及经验均十分出众。更重要的是在吕彦直卧病期间，李锦沛已代其进行孙中山先生陵墓工程。这应是葬事筹委会选择其接替吕彦直，担任陵墓建筑师的重要原因。

至于在吕彦直病重期间由李锦沛代替吕监工陵墓工程，当与李锦沛与吕彦直及黄檀甫的人生交集有关。首先，吕彦直与李锦沛有相同的美国求学背景以及茂飞建筑事务所供职经历；其次，1927年"中华建筑师学会"全体会员于上海华安合群保寿公司餐堂召开常年会议，并选举新一届职员时，吕彦直当选副会长，而李锦沛为会计兼书记；另外，李锦沛与黄檀甫同为广东台山人，所以当吕彦直卧病时，身为彦记建筑事务所业务经理的黄檀甫请同乡李锦沛接替主持工作亦合情理[③]。

虽然建筑师有变更，但吕彦直的继任者李锦沛及黄檀甫等人，却努力坚持和维护吕彦直的设计方案和理念。在后续进行的陵墓第三部工程中，葬事筹委会曾议决

---

① 《葬事筹委会第六十六次会议纪录（1929年4月3日）》，南京市档案馆、中山陵园管理处：《中山陵档案史料选编》，南京：江苏古籍出版社，1986年，第140页。
② 《建筑师李锦沛小传》，《时事新报（上海）》1930年12月25日，第二张第三版；另见《李锦沛建筑师小传》，《申报》1933年1月1日，第三版。
③ 娄承浩、薛顺生：《历史环境保护的理论与实践：上海百年建筑师和营造师》，上海：同济大学出版社，2011年，第22页。

将吕彦直设计之三开间牌楼改为五开间牌楼，且采用茂飞所拟的图样[1]，但李锦沛、黄檀甫等人得知后致函葬事筹备处，请求将甬道前牌楼仍沿用吕彦直生前手绘之三门式[2]。另外，由李锦沛设计、制图并拟工程说明书的总理陵管会办公房屋，同样是采用中国式而参用西法[3]，与吕彦直的陵墓设计理念、风格一脉相承，而与李锦沛自身的设计风格迥异。

需要说明的是，李锦沛及黄檀甫等人接替的不仅包括未完成的总理陵墓工程，还包括进行中的陵园建筑计划。前文有述，从1927年夏开始，陵园计划从动议到筹备再到落实，渐次展开。吕彦直不仅以（工程建筑及庭园组）专家委员身份参与陵园计划委员会第一次会议，讨论并草拟陵园计划大纲[4]；而且受葬事筹委会委托，与傅焕光等一起计划总理陵园布景[5]。这里所称的布景，应即指计划陵园内建筑配置和设计图案。因为陵园计划委员会第一次会议议决陵园内必须筹建26项建筑，而这些建筑如何规划、组织，即由吕彦直等人负责计划。吕彦直病逝后，总理陵管会议决由彦沛记建筑事务所限期四个月完成该计划，并给予酬劳五千元[6]。至1929年11月底四月之期已满时，总理陵管会停止了彦沛记特约设计图案，转聘黄玉瑜担任专任建筑师，负责后续工作[7]。

二、奉安大典

关于孙中山先生1929年移灵奉安的筹备与经过，相关史料十分丰富。当时不仅有奉安委员会汇集葬事筹备和迎榇奉安的文字、照片、图像等编纂而成《孙中山先生奉安写真册》和《总理奉安实录》等，还有大量报纸的报道；其后则有徐友春、吴志明等人汇编的《孙中山奉安大典》一书。如果再加上相关学者的专题性研究，

---

[1] 《葬事筹委会第六十六次会议纪录（1929年4月3日）》，《葬事筹委会第六十八次会议纪录（1929年5月11日）》南京市档案馆、中山陵园管理处：《中山陵档案史料选编》，南京：江苏古籍出版社，1986年，第142、145页。

[2] 《葬事筹委会第六十九次会议纪录（1929年6月18日）》，南京市档案馆、中山陵园管理处：《中山陵档案史料选编》，南京：江苏古籍出版社，1986年，第147页。

[3] 总理陵园管理委员会：《总理陵园管理委员会报告》，京华印书馆，1931年，"工程·房屋工程·总理陵园管理委员会办公房屋工程"部分，第75—76页。

[4] 《中山陵园计划委员会第一次会议纪录概要》，《中山陵园工作月报》1929年第6期，第4—7页。

[5] 国民革命军遗族学校筹备委员会编：《国民革命军遗族学校筹备委员会筹备报告·筹备报告·筹备经过》，1929年，第1页。

[6] 《总理陵园管理委员会第一次会议记录（1929年7月2日）》，总理陵园管理委员会编：《总理陵园管理委员会报告》，京华印书馆，1931年，"会议纪录"部分，第2页。

[7] 《总理陵园管理委员会第九次会议记录（1929年11月27日）》，总理陵园管理委员会编：《总理陵园管理委员会报告》，京华印书馆，1931年，"会议纪录"部分，第18—19页。

如李恭忠《丧葬政治与民国再造——孙中山奉安大典研究》等，我们对孙中山先生奉安大典的全过程已有相当程度了解。故而，此处并非详述该过程，而仅列表（表2-5）简述移灵奉安各主要节点，其后重点考察该过程中相关的陵墓建设问题。

表2-5 孙中山移灵奉安经过节点一览

时间	事项	资料出处
1928年6月	国民党中央派蒋介石为代表赴北平西山碧云寺"祭告总理"，并斟酌决定移灵南京事宜	《祭告总理》，《中央周报》1928年第6期，第1页
1928年7月27日	葬事筹委会第六十次会议，决定呈请国民党中央，将该年11月12日（孙中山诞辰日）定为安葬日期，并组织奉安委员会	《葬事筹委会第六十次会议纪录》，《中山陵档案史料选编》，第126页
1928年8月至11月	（1）8月8日，国民党第二届中央执行委员会第五次全体会议议决，安葬日期暂定为1929年1月1日；（2）9月27日，葬事筹备处呈请将安葬日期改为1929年3月12日，即总理逝世四周年纪念日，获国民党中央批准并由国民政府于11月9日明令公布	总理奉安专刊编纂委员会编：《总理奉安实录》，"总理奉安委员会"，南京：南京出版社，2009年，第30页
1928年11月9日	国民政府发布训令，特派林森、郑洪年、吴铁城等人，随带秘书一人、书记二人、副官四人、差弁六人，驰赴北平，专门迎接孙中山灵柩南下安葬	《国民政府令》《国民政府训令第51号》，《国民政府公报》第15号，1928年11月10日，第4、9页
1928年12月下旬	12月20日，三位迎榇专员启程北上；23日，抵达北平；24日，赴西山碧云寺谒灵，并于郑洪年私宅设立迎榇专员办事处	《迎榇专员抵平参灵》，《申报》1928年12月24日，第四版
1929年1月	1月14日，南京国民政府公布奉安委员会章程，并明令组织奉安委员会；1月18日，奉安委员会第一次会议召开，推定蒋介石为主席、孔祥熙为办公处总干事	《总理奉安委员会第一次会议》，《申报》1929年1月21日，第009版
1929年2月6日	因南京下关江边至城东朝阳门"迎榇大道"工程进行不畅，奉安委员会第三次会议议决将安葬典礼日期延迟至1929年6月1日	《奉安拟改六月一日》，《民国日报》1929年2月7日，第四版
1929年2月20日	奉安会员会第四次会议修正通过奉安赠赙纪念办法，并通令全国遵照实行。其规定赙赠及纪念分两类：临时性质和永久性质	《总理奉安赙赠及纪念办法》，《江苏省政府公报》1929年3月21日
1929年4月10日	奉安委员会第九次会议，决定参加奉安大典人员及代表名额，计分五类：（1）党部方面；（2）政府方面；（3）学校方面；（4）民众团体方面；（5）海外华侨方面	《奉安会之决议案》《参加奉安者之名额》，《申报》1929年4月11日，第008版
1929年4月17日	奉安委员会第十次会议通过拟定之迎榇公祭奉安各秩序及奉安日市民应注意事项，并指定何应钦为奉安典礼总指挥	《奉安委员会决议案》，《申报》1929年4月18日，第四版
1929年5月7日	奉安办公处拟定迎榇路由：中山马路—湖北街—大马路—惠民桥—兴中门大街—萨家湾—三牌楼—模范马路—大树根—高楼门—十庙口—成贤街—珍珠桥—大影壁—竺桥堍—浦路—长宏门—中山门	《奉安会处务会议》，《申报》1929年5月8日，第四版

129

（续表）

时间	事项	资料出处
1929年5月12日	本日起至5月20日，奉安办公处连续发布关于奉安礼节和有关秩序之通告	《总理奉安礼节》，《申报》1929年5月12日，第005版
1929年5月20日至6月1日	5月20日，孙中山遗体在北平易棺； 5月23至25日，北平公祭三天； 5月26日，移灵南下，沿途恭送； 5月28日，灵榇抵达南京，迎榇； 5月29日至31日，南京公祭三天，并于31日下午6点举行封棺典礼； 6月1日，紫金山奉安典礼，正式安葬	李恭忠：《中山陵：一个现代政治符号的诞生》，北京：生活·读书·新知三联书店，2019年，第272—288页

前文已述，由于经费与时间限制，葬事筹委会在1927年6月27日召开第四十八次会议时即决定，将原拟第二部工程拆分为安葬以前必须举办与不急举办两部分，以求紧要工程得以提前完竣而纾财力。此后，将直达陵门之石阶、大围墙下之石坡及墙脚、祭堂前之钢骨凝土拥壁、祭堂两旁平台之铺石面及挖土填土、水沟等作为第二部工程先行招标兴筑，其余如碑亭、碑石、陵门、牌坊、卫士室、休息室等作为第三部工程，俟款项充裕再行招标[1]。

从表2-5可知，葬事筹委会曾拟将1928年11月12日（孙中山先生诞辰日）作为奉安大典举行日期，后一度推迟至1929年3月12日，并议决第一、二部工程、甬道工程、各马路工程（包括朝阳门至陵墓、甬道至明孝陵及灵谷寺、灵谷寺至钟汤路、明孝陵至朝阳门、环陵路等）、陵墓拱卫处房屋及明孝陵修理等各项工程均须于1929年2月底前完竣[2]。经过赶工，至1929年2月7日葬事筹委会第六十五次会议时，主任干事夏光宇报告上述工程准备于二月底至三月初完工。正在此时，由于南京下关江边至城东朝阳门"迎榇大道"工程进行不畅，奉安委员会第三次会议议决将安葬典礼日期延迟至1929年6月1日。4月3日，夏光宇再次汇报时，不少工程已告竣。

其中，第一、二部工程已全部竣工，只作零星修理，并在5月16日验收通过[3]；而环绕中山陵园边界的环陵路工程，自1928年10月开始，通过分段同时包工的方式，亦于奉安大典前完工。其中，第一段自下马坊至五棵松，计长8华里，

---

[1] 总理奉安专刊编纂委员会编：《总理奉安实录》，"陵墓第二部工程"，南京：南京出版社，2009年，第99页。
[2] 《葬事筹委会第六十三次会议纪录（1928年12月1日）》，南京市档案馆、中山陵园管理处：《中山陵档案史料选编》，南京：江苏古籍出版社，1986年，第132页。
[3] 《葬事筹委会第六十八次会议纪录（1929年5月11日）》，南京市档案馆、中山陵园管理处：《中山陵档案史料选编》，南京：江苏古籍出版社，1986年，第145页。

由施宏记承造；第二段自五棵松至上五旗，计长 9 华里，由项竹记承造；第三段自上五旗至王家湾，计长 6 华里，由同森记承造；第四段自王家湾至太平门口，计长 8 华里，由王麟记承造。至 1929 年，第四段率先于 2 月中旬告竣，其他三段则于 4 月底先后完工。第五段从太平门口至明孝陵前，计长 5 华里余，于 1929 年 3 月招标，由管万兴承筑，至 5 月下旬完成。该环陵路工程自山南下马坊起，向东至马群绕越山北，再自太平门口绕回山南，共计三十六华里，于奉安大典前全部告竣。①

而另一些工程虽称告竣，但实际仅是阶段性完工，是就奉安大典所作的"权宜之计"。例如，陵门前的墓道即甬道工程，是为接通各处马路以增壮观、便游客而筑，本拟全部招标兴建，后因时间与经费关系，仅于 1928 年春先将路基及两边侧石等招标兴建，以应奉安大典之需，剩余的墓道石级、钢骨水泥及柏油路面工程，则在奉安大典后于 1929 年 7 月初由总理陵管会招商承包②，并与陵墓第三部工程同时进行③。由于奉安大典前，墓道仅完成路基和两边侧石，葬事筹委会因此决定在墓道上搭建临时木质踏步，以利人员通行④。

又如，朝阳门（即中山门）至陵墓甬道的马路工程（又称"陵园大马路"或"陵园大道"），为迎榇必经之路，于 1928 年夏登报招标，后由上海徐成记营造厂承造，并由工程师刘梦锡监督。该段马路虽于奉安大典前通车⑤，但柏油路面未及浇筑，于是由总理陵管会在奉安后继续招标兴筑⑥。1929 年 10 月正式兴工，并由总理陵管会派员监督。由于该陵园大道系游客必经之要道，轮辐繁多，因而质量要求颇为严格，路面柏油更是铺设两层。第一层于当年 11 月完工，第二层则于 1930 年 5 月 25 日告竣。⑦

---

① 总理陵园管理委员会编：《总理陵园管理委员会报告》，京华印书馆，1931 年，"工程"部分，第 133 页。
② 《总理陵园管理委员会招商承办南京紫金山总理墓前甬道路面及苏石踏步工程启事》，《中央日报》1929 年 7 月 6 日，第 010 版。
③ 总理陵园管理委员会编：《总理陵园管理委员会报告》，京华印书馆，1931 年，"工程"部分，第 58—59 页。
④ 《葬事筹委会第六十七次会议纪录（1929 年 5 月 1 日）》，南京市档案馆、中山陵园管理处：《中山陵档案史料选编》，南京：江苏古籍出版社，1986 年，第 143 页。
⑤ 《园务报告》，《中山陵园工作月报》1929 年第 7 期（第 3、4 月），第 14 页。
⑥ 《总理陵园管理委员会第一次会议记录（1929 年 7 月 2 日）》，总理陵园管理委员会编：《总理陵园管理委员会报告》，京华印书馆，1931 年，"会议纪录"部分，第 2 页。
⑦ 总理陵园管理委员会编：《总理陵园管理委员会报告》，京华印书馆，1931 年，"工程"部分，第 126—127 页。

表 2-6　奉安大典前中山陵各工程进展情况

工程名称	1929年2月7日	1929年4月3日
第一部工程	陵墓、祭堂已完竣，平台铺石准三月初完工	已完竣，正作零星修理
第二部工程	准三月初完工	不日告竣
墓道（即甬道）	准二月底完工	已完成路基和两边侧石，石级与钢骨水泥及柏油路面，因经费欠缺俟奉安后再办
朝阳门至陵墓甬道马路	准二月底完工	已完成通车，原拟加造浇柏油路面，因经费不足缓办。
环陵路	准二月底完工	为求坚固，工作稍缓，数日内可通车
墓道至明孝陵马路	准二月底完工	早已完竣，正在填沟以便植树
明孝陵至朝阳门马路	准二月底完工	早已完竣，正在填沟以便植树
墓道至灵谷寺马路	准二月底或三月初马路	因路线经过石山三处之多，开筑费时，为力求坚固，工作稍迟，约两旬内可以通车
灵谷寺至钟汤路马路	准二月底或三月初马路	因路线经过石山三处之多，开筑费时，为力求坚固，工作稍迟，约两旬内可以通车
修理明孝陵	准二月底完工	因包工不力，屡令修改，尚未完竣
修理万安寺	准二月底完工	已完竣，暂为拱卫处办公地点
修筑石象桥	准二月底完工	已完竣
建陵园界碑	准三月初完工	界碑已制作完成，俟环陵路通车后安置
立路牌标志	准二月底或三月初完工	
植树填土	准二月底或三月初完工	下月完竣
男女公厕	准三月底完工	修建三座，即将完竣
拱卫处房屋	开始招标，需三月完工	已开工，定于奉安前完工
警卫派出所	开始招标，需二月完工	已开工
凿井	正凿第一井	正凿第二井

资料来源：《葬事筹委会第六十五次会议纪录（1929年2月7日）》，《葬事筹委会第六十六次会议纪录（1929年4月3日）》南京市档案馆、中山陵园管理处：《中山陵档案史料选编》，南京：江苏古籍出版社，1986年，第137—138、140—141页

表 2-6 中所称的植树填土工程，是指在陵墓附近培土栽种林木。植树前先需开土和填土：（1）祭堂边开土工程约五十五方；（2）石级两旁直沟填土约二百方；（3）平台挖土一尺，工程约二百三十一方；（4）东西围墙挖土阔三丈，深六尺[①]。其后是植树：

陵墓前后种树之地，多凿石填土为之，选种之树，大都来自远方，树身又多高大，故施工较难。计自十八年一月至五月，墓后种洋玉兰等四十九株，祭堂平台旁种雪松、龙柏等八十八株，石级两旁种桧柏、石楠、红枫、海桐、黄杨等二千四百二十二株，墓道两旁种桧柏、银杏等三百三十九株，墓道前种雪松、桧柏等十株，围墙旁种白

---

① 《事务报告》，《中山陵园工作月报》1929年第6期（第1、2月），第12页。

图 2-4-1　总理奉安纪念章（图片来源：《文华》1929 年第 1 期，第 19 页）

皮松二百二十六株，共计种植三千一百三十四株，内发育不良者十七株。墓后及平台铺草皮计五百方，草皮工作现正继续进行①。

为宣传和纪念总理奉安，葬事筹委会拟做总理安葬纪念章②。1928 年 12 月 1 日召开的第六十三次葬事筹委会会议决定委托美领署向美厂定制奉安纪念章两万枚，并规定纪念章采用铜质，正面为孙中山遗像，背面为陵墓图样，章上字样由蔡元培转请吴稚晖书写，且由时任国民政府驻美公使伍朝枢就近核定模型及价格③。从当时杂志披露的图片来看，该纪念章背面刻阴文篆书"孙中山先生安葬纪念 中华民国十八年三月十二日"字样（图 2-4-1）。值得注意的是，制作此纪念章时，国民党拟定的孙中山奉安日期还是 1929 年 3 月 12 日，因而背面所刻日期为"十八年三月十二日"。从保存下来的样品来看，纪念章直径 7.5 厘米，滚边还印有英文"MEDALLICARTCO·N·Y"，即制作该纪念章的美国纽约徽章美艺公司名称④。

奉安当日陵园布置，"山麓盖有彩色牌楼数座，悬挂花圈。墓前石级正中为灵榇及执绋人员行走，两旁为参加人员行走。石级下广场，旗杆上下半旗志哀，其下联缀小幅党、国旗。左边广场上盖有凉棚六座，二为专使外宾休息处，余为各机关

---

① 《中山陵园成立以来工作报告概要》，《中山陵园工作月报》1929 年第 8 期（第 5、6 月），第 10 页。
② 《葬事筹委会第六十二次会议纪录（1928 年 10 月 20 日）》，南京市档案馆、中山陵园管理处：《中山陵档案史料选编》，南京：江苏古籍出版社，1986 年，第 129 页。
③ 《葬事筹委会第六十三次会议纪录（1928 年 12 月 1 日）》，南京市档案馆、中山陵园管理处：《中山陵档案史料选编》，南京：江苏古籍出版社，1986 年，第 132—133 页。
④ 周靖程：《中国国家博物馆藏民国时期孙中山像纪念章研究》，《中国国家博物馆馆刊》2017 年 07 期。

图 2-4-2　奉安大典当日之中山陵（图片来源：《良友》1929 年第 37 期，第三版）

职员休息处……至陵墓祭堂正中之'民生'、'民族'、'民权'三门，均悬白蓝绸质彩球，祭堂内铺以蓝底白边毛毡，墓门交悬党、国旗。祭堂正中恭立总理遗像，旁置花圈四，为夫人宋庆龄等所敬献。祭堂之左右陈花圈甚多，均系亲故及外宾等所敬献"[1]（图 2-4-2）。

奉安大典结束后，总理陵墓于 6 月 2 日至 4 日开放三天，供世人谒陵。9 月 30 日，《谒陵规则》[2] 发布后，陵墓全年正式对外开放，且规定 1 月 1 日（国庆日）、3 月 12 日（总理逝世纪念日）、5 月 5 日（国庆日）、6 月 1 日（总理奉安纪念日）、10 月 10 日（国庆日）、11 月 12 日（总理诞辰）等特殊日期，开放墓门，让参谒者得以进入墓室瞻仰。因此，中山陵迅速成为国民党"党治国家"最重要仪式场所和首都南京最著名地标，在日常政治和公共生活中扮演了独一无二的角色[3]。

---

[1] 总理奉安专刊编纂委员会编：《总理奉安实录》，"纪述·奉安实纪"，南京：南京出版社，2009 年，第 313 页。
[2] 《谒陵规则》，总理陵园管理委员会编：《总理陵园管理委员会报告》，京华印书馆，1931 年，"法规"部分，第 81—82 页。
[3] 李恭忠：《中山陵：一个现代政治符号的诞生》，北京：生活·读书·新知三联书店，2019 年，第 317 页。

三、委员会改组

1929年2月7日葬事筹委会第六十五次会议上，林焕廷认为总理葬事完毕后，关于陵墓之管理、建设以及马路之修筑等，非设一永久管理机关专负其责不可。于是提议以葬事筹委会改组为总理陵园委员会，并附拟组织章程一份，葬事筹委会则指定叶楚伧、林焕廷、郑洪年审查该组织章程①。

移灵奉安结束后，孙中山先生的葬事筹备可谓告一段落，葬事筹委会及筹备处亦完成其历史使命，改组被正式提上日程。6月18日，葬事筹委会第六十九会议讨论改组葬事筹委会案，经议决照林焕廷的提案修正通过，文字则交叶楚伧整理，并决定在本月底结束葬事筹备处工作②。6月28日，国民政府第三十三次国务会议决议，派胡汉民、蒋中正、张人杰（静江）、谭延闿、李煜瀛、蔡元培、于右任、林森、宋子文、孔祥熙、林焕廷、叶楚伧、杨铨（杏佛）、戴传贤（季陶）、陈果夫、孙科、古应芬、刘纪文、吴铁城为总理陵园管理委员会委员，指定林森、林焕廷、叶楚伧、孙科、刘纪文为常务委员③。

7月初，葬事筹委会登报公告："总理奉安大典业已敬谨完毕，本会筹备葬事亦告一段落。现奉国民政府明令组织总理陵园管理委员会继续办理陵墓未竟工程及陵园进行事务。本会业于十八年六月三十日结束完竣，七月一日正式移交于总理陵园管理委员会接收，所有本会对外之合同、契约继续有效，统由总理陵园管理委员会负责处理，特此通告。"④

同时，总理陵园管理委员会（简称总理陵管会）亦登报宣布成立："为通告事：本会奉国民政府明令组织，继续办理葬事筹备委员会经办陵墓未竟工程及陵园进行事务，业于十八年七月一日正式成立，暂就南京浮桥二号总理葬事筹备处址开始办公。除呈报及分行外，特此通告。七月三日。"⑤

可见，甫经改组后的总理陵管会，不仅全体委员由葬事筹委会而来⑥，而且日常开会办公地点也暂设于南京浮桥二号葬事筹备处，承续之意十分明显。此时，总

---

① 《葬事筹委会第六十五次会议纪录（1929年2月7日）》，南京市档案馆、中山陵园管理处：《中山陵档案史料选编》，南京：江苏古籍出版社，1986年，第139页。
② 《葬事筹委会第六十九次会议纪录（1929年6月18日）》，南京市档案馆、中山陵园管理处：《中山陵档案史料选编》，南京：江苏古籍出版社，1986年，第147页。
③ 《第三十三次国务会议纪》，《时事新报（上海）》1929年6月29日，第二张第一版。
④ 《总理葬事筹备委员会通告（七月三日）》，《申报》1929年7月10日，第二版。
⑤ 《总理陵园管理委员会通告》，《新闻报》1929年7月6日，第一张第二版。
⑥ 《葬筹处定月杪结束 改组为中山陵园管理处》，《民国日报》1929年6月20日，第五版。

理陵墓第一、二部工程均已告竣并验收①,且陵园计划正在逐步推进、落实。因此,刚改组后的总理陵管会,职司主要有三,即陵墓之管理、陵园之建设和第三部工程之完成②。

当初由林焕廷草拟的陵园管理委员会组织条例,后经审议修正于1930年12月30日正式公布。随着陵园建设与管理工作逐渐常态化,其组织亦不断成熟(图2-4-3)。总理陵管会下设常务委员会及园林设计委员会,前者领总务、警卫二处。总务处分设文牍、会计、事务三课及工程、园林两组;警务处分设总务、管理两课及警卫大队。其职责包括:(一)护卫陵墓;(二)管理陵园;(三)办理陵墓工程及陵园建设;(四)办理陵园农林事业;(五)指导陵园内新村之建设③。

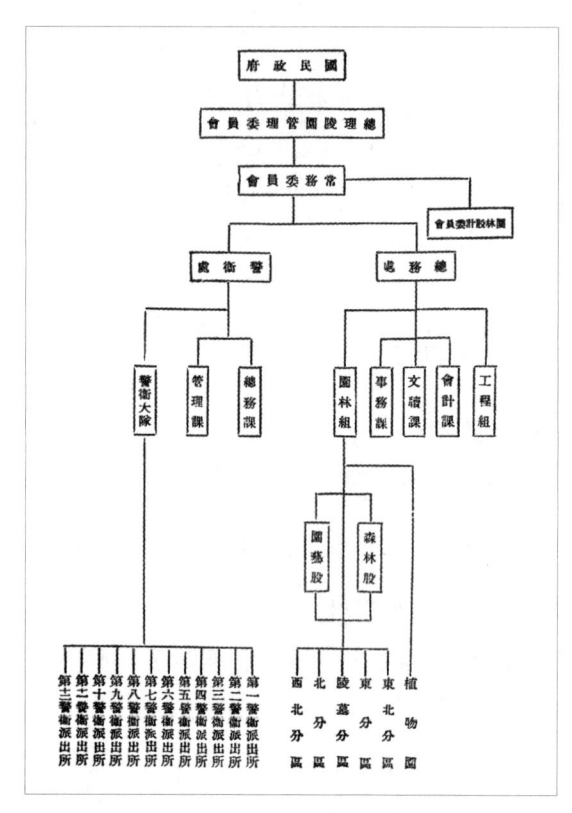

图2-4-3 总理陵园管理委员会组织系统表(图片来源:总理陵园管理委员会编:《总理陵园管理委员会报告》,京华印书馆,1931年,"法规"部分,第6页)

改组后的总理陵管会,召开第一次委员会会议时即着手筹建其办公房屋④。究其原因有三:其一,暂设于南京城内的浮桥二号办公址离总理陵园太远,往来办公不便;其二,陵园内的办公处,房屋陈陋,且系临时性质,不能永久;其三,陵园面积辽阔,而建筑事业日繁,加之改组后总理陵管会职员渐增,导致原办公房屋已不敷应用。新建的办公房屋择址于陵墓东二道沟北、小茅山南山坡,由李锦沛绘制

---

① 《葬事筹委会第六十八次会议纪录(1929年5月11日)》,南京市档案馆、中山陵园管理处:《中山陵档案史料选编》,南京:江苏古籍出版社,1986年,第145页。
② 《总理陵园管理委员会即将成立》,《民国日报》1929年7月1日,第五版。
③ 《总理陵管会之沿革及组织》,南京市档案馆、中山陵园管理处:《中山陵档案史料选编》,南京:江苏古籍出版社,1986年,第409页。
④ 《总理陵园管理委员会第一次会议记录(1929年7月2日)》,总理陵园管理委员会编:《总理陵园管理委员会报告》,京华印书馆,1931年,"会议纪录"部分,第2页。

图2-4-4 总理陵园管理委员会办公用房（图片来源：总理陵园管理委员会编：《总理陵园管理委员会报告》，京华印书馆，1931年，"工程·房屋工程·总理陵园管理委员会办公房屋工程"部分，插图）

图样并拟说明书，裕信营造厂承造，于1931年春完竣。全部房屋采用中国式而参用西法，与陵墓建筑同为中国新建筑之代表（图2-4-4）[1]。

自1929年7月成立至1935年，总理陵管会"对于陵工之监造、建筑之兴修、道路之开辟、给水之设备、林木之培植、园景之布置、生产之发展、植物之研究、农林之改进、治安之维持、户籍之调查，无不相继推行，力谋完善，俾得蔚为大观，用以纪念总理伟大之精神也"[2]。

1937年，抗战全面爆发后，总理陵管会跟随国民政府迁往重庆，以致陵墓"管理乏人，一切公私建筑，大都毁于炮火，圮垣残壁，累累皆是，即墓道之被损者，亦置未修理，尤以一般贫民偷伐树木，致陵园景象，日非一日"[3]。汪伪政权遂于

---

[1] 总理陵园管理委员会编：《总理陵园管理委员会报告》，京华印书馆，1931年，"工程·房屋工程·总理陵园管理委员会办公房屋工程"部分，第75—76页。
[2] 《总理陵管会之沿革及组织》，南京市档案馆、中山陵园管理处：《中山陵档案史料选编》，南京：江苏古籍出版社，1986年，第409—410页。
[3] 《国父陵园管委会内部人员已决定》，《中国商报》1942年4月17日，第二版。

1942年4月在南京组织"国父陵寝保管委员会"[1]，后更名为"国父陵园管理委员会"[2]，并修订组织规程[3]。抗战胜利后，国民政府还都南京，原总理陵管会复于1946年8月15日重新改组为"国父陵园管理委员会"[4]。

四、第三部工程

因经费与时间限制无法于奉安大典前完成而从原第二部工程中剥离出来的碑亭、陵门、牌楼、卫士室与休息室等建筑，构成了第三部工程的主要内容。该部工程的工作详图，早在1927年8月15日即由彦记建筑事务所绘定，不过当时应还是作为第二部工程内容。从第二部工程中独立出来作为第三部工程后，该批图样及工作说明书在1928年1月16日葬事筹委会第五十六次会议上通过核准[5]。但此后因葬事筹委会忙于赶工第一、二部工程，加之经费紧缺，第三部工程直到1929年4月仍在核定修改图样。

1929年4月3日，葬事筹委会第六十六次会议议决：（1）平台石墩上之铜鼎改作石鼎，由建筑师另拟图样；（2）牌楼由吕彦直所拟三门样式改为五门样式，由建筑师另拟图样，且以简朴宏伟为主，中门题字"博爱"；（3）墓碑尺寸开送行政院，请令各省征求石料送宁；（4）全部图案核定后再行招标[6]。我们在部分1927年8月15日绘定的图纸上，看到有1929年5月22日改定的标记（图2-4-5），应即是本次修改的记录。不过，上述第（2）条关于牌楼的更改，经过李锦沛、黄檀甫等人的坚持，最终仍采用吕彦直生前手绘之三门样式[7]。

---

[1] 《汪精卫指定组织国父陵寝保管委员会令》《总理陵管会关于陵园被日寇破坏情况报告书》，南京市档案馆、中山陵园管理处：《中山陵档案史料选编》，南京：江苏古籍出版社，1986年，第411—412、493—497页。
[2] 《国父陵园管委会内部人员已决定》，《中国商报》1942年4月17日，第二版。另《汪伪中执委会关于核准国父陵管会暂行组织规程之指令》，南京市档案馆、中山陵园管理处：《中山陵档案史料选编》，南京：江苏古籍出版社，1986年，第425—426页。
[3] 《国父陵园管理委员会暂行组织规程》，《国民政府公报》1942年第319期，第4—5页。
[4] 《南京市政府训令（第8924号）》，《南京市政府公报》1946年第1卷第11期，第226—227页。
[5] 《葬事筹委会第五十六次会议纪录（1928年1月16日）》，南京市档案馆、中山陵园管理处：《中山陵档案史料选编》，南京：江苏古籍出版社，1986年，第119页。
[6] 《葬事筹委会第六十六次会议纪录（1929年4月3日）》，南京市档案馆、中山陵园管理处：《中山陵档案史料选编》，南京：江苏古籍出版社，1986年，第142页。
[7] 《葬事筹委会第六十九次会议纪录（1929年6月18日）》，南京市档案馆、中山陵园管理处：《中山陵档案史料选编》，南京：江苏古籍出版社，1986年，第147页。

图 2-4-5　陵门图纸图签（图片来源：《中山陵档案》编委会：《中山陵档案·陵墓建筑》，南京：南京出版社，2016 年，第 16 页）

1929 年 7 月 6 日，改组后的总理陵管会开始登报招投第三部工程①。

7 月 25 日开标，共有六家营造商投标，标价分别为馥记 419706 两、联益 416900 两（牌坊、石碑不在内）、利源 462900 两、新金记 486438 两（不包括石碑，原标价 500426 两）、姚新记 490250 两、桩源 541380 两②。总理陵管会决定由馥记营造厂以最低价 419706 两承包③。不过馥记营造厂提出先行预领一半建筑费作为条件，对此，总理陵管会常委会开会议决先询问姚新记可否以馥记所开标价承包，如不能，再与馥记商酌，准予先领第一期款以利开工④。最终，姚新记无法承包，遂由馥记承造⑤。双方于 8 月中旬签订合同后，于 8 月底正式开工。

根据合同，第三部工程须于 1931 年 2 月 28 日以前完竣。开工后，馥记营造厂的施工颇为迅速，加上此时陵园马路多已完成而材料运输尤为便捷，工程尚能依序

---

① 《总理陵园管理委员会招商承办南京紫金山总理陵墓第三部工程启事》，《申报》1929 年 7 月 6 日，第二版；另见《民国日报》《新闻报》1929 年 7 月 6 日相关版面。
② 《总理陵墓第三部工程开标一览表》，总理陵园管理委员会编：《总理陵园管理委员会报告》，京华印书馆，1931 年，"会议纪录"部分，第 4—5 页。
③ 《总理陵园管理委员会第二次会议记录（1929 年 7 月 25 日）》，总理陵园管理委员会编：《总理陵园管理委员会报告》，京华印书馆，1931 年，"会议纪录"部分，第 3 页。
④ 《总理陵园管理委员会第三次常务会议记录（1929 年 7 月 29 日）》，总理陵园管理委员会编：《总理陵园管理委员会报告》，京华印书馆，1931 年，"会议纪录"部分，第 81—82 页。
⑤ 《总理陵园管理委员会第五次常务会议记录（1929 年 8 月 15 日）》，总理陵园管理委员会编：《总理陵园管理委员会报告》，京华印书馆，1931 年，"会议纪录"部分，第 86 页。

图 2-4-6 中山陵第三部工程竣工照（图片来源：黄建德提供）

图 2-4-7 全部工程完竣之中山陵（图片来源：伍联德主编：《中华景象》，上海：良友图书印刷公司，1934 年，第 63 页）

进行，后虽因天灾有所延缓[1]，但至 1931 年 6 月底时，工程已完成十分之九[2]。全部工程告竣则在 1931 年 10 月[3]（图 2-4-6），且于 1932 年 1 月 15 日正式验收，由于超过合同规定之竣工日期，最终照建筑师所拟罚款三千两[4]。

至此，自 1926 年 1 月 15 日动工兴建以来历时六年之久的孙中山先生陵墓工程全部告竣（图 2-4-7）。为此，总理陵管会主任干事夏光宇在该年《工程周刊》第

[1] 《总理陵园管理委员会第二十三次会议记录（1930 年 9 月 27 日）》，总理陵园管理委员会编：《总理陵园管理委员会报告》，京华印书馆，1931 年，"会议纪录"部分，第 52 页。
[2] 总理陵园管理委员会编：《总理陵园管理委员会报告》，京华印书馆，1931 年，"工程"部分，第 40 页。
[3] 夏光宇：《总理陵墓及陵园工程》，《工程周刊》1932 年第 7 卷第 2 期，第 235 页。
[4] 《总理陵园管理委员会第三十五次会议记录（1932 年 1 月 15 日）》，南京市档案馆、中山陵园管理处：《中山陵档案史料选编》，南京：江苏古籍出版社，1986 年，第 587 页。

二期上发表《总理陵墓及陵园工程》一文，除简述三部工程概况外，分别就墓室、祭堂、平台、石阶、碑亭、陵门、甬道（包括牌坊）作了简要说明，并兼及永慕庐、奉安纪念馆、总理陵管会办公房屋、汉口总商会捐建温室、华侨捐建纪念石亭、梅林纪念亭、音乐台、广州市政府捐建纪念亭、道路、给水等工程[①]。

第五节　中山陵中轴线单体建筑意匠

有识者论曰，中山陵是继承中国古典建筑的力作，是传统复兴的建筑设计，是初创我国现代建筑的开山之作[②]。

确实，中山陵中轴线上（最南端为孝经鼎，有重要地位及影响，故此列入，图2-5-1）各单体建筑，在继承我国传统建筑文化的同时，均经过建筑师巧妙的提炼、融合与创新，其风格简约而不简单，庄严而不呆板，取得了很好的效果。譬如：

博爱坊（三开间牌楼）：学名为三间四柱柱出头冲天式三楼牌楼（图2-5-2）。此种牌楼造型由传统形式而来，明间高，两侧次间低；多用在陵墓、祠庙等纪念性、礼仪性建筑群入口。但是，与传统牌楼雕饰繁丽、极精工巧以求炫目不同，此牌楼将三个屋顶（楼）简化，

图2-5-1　孝经鼎（图片来源：傅忠庆摄影）

其下不用斗栱。屋顶檐下仅布列方椽、无飞椽，更无斗栱、雕板等之类，仅上、下枋表面线刻出简化而又单一的旋子彩画样式；下枋下部的雀替、立柱及其两侧的抱鼓石鼓面、须弥座束腰等相应部位雕刻的图案花纹，均一致，由传统图案简化而得，且刻纹较浅、不着色彩，为金山石材本身的原色（图2-5-3）。

---

① 《总理陵墓及陵园工程》，《工程周刊》1932年第1卷第2期，第18—22页。
② 邹德侬：《中国现代建筑史》，天津：天津科学技术出版社，2001年，第70页。

图 2-5-2 博爱坊（图片来源：傅忠庆摄影）

图 2-5-3 博爱坊明间局部（图片来源：傅忠庆摄影）

单体建筑色彩上，除青色三屋顶（楼）以外，余皆通体金山石本色，典雅纯净、庄重大气，具有强烈的领域感。博爱坊前为孝经鼎，共同围合成纪念性场所，行人至此，一下子就感受到陵园独有的庄严、肃穆氛围。

前已述及，曾有过把此牌楼改成五开间的动议。但实际效果证明，采用三开间牌楼，其体量、空间尺度与周边山林、中山陵入口空间环境等相得益彰，尤其与中轴线上的其他单体建筑均十分切合！因此，五开间牌楼体量确实过大。

陵门（单檐歇山顶）：面阔五间、进深三间，正面中三间（明间、两次间）辟

图 2-5-4 陵门（单檐歇山顶）（图片来源：傅忠庆摄影）

图 2-5-5 陵门山面及翼角（图片来源：傅忠庆摄影）

门，呈"一门三道"格局，合于传统规制，满足礼制所需（图 2-5-4）。陵门歇山顶正脊两端脊饰似传统纹头脊而有高差，外高内低；又神似传统宫殿之鸱吻，形象庄严但又仅用回纹。四条垂脊、八条戗脊上的吞口，均为简单的回纹，与正脊一致。而戗脊上原本的仙人走兽等，均抽象、简化为几何块体，与简化后的脊饰浑然一体。陵门歇山山面做出博风板，雕饰出娇小、简洁的悬鱼，与梨花绶带结合在一起（图 2-5-5）。

陵门檐下排列方椽、无飞椽，檐下仅出一跳的斗口跳密布，形成装饰带。明间正中石刻题铭"天下为公",如众星捧月般突出(图2-5-6)。与博爱坊檐下仅刻出相对单一的旋子彩画不同,陵门石质大额枋表面刻出相对规整、繁复的"一整二破"旋子彩画纹样,与立柱柱头上精致的柿蒂纹样有别,但又统一在相同的色调里。平板枋与大额枋出头为霸王拳,与传统样式一致。

墙身下部为简化后的须弥座阶基,仅象征性地做出上、下枋及束腰,上枋下面、下枋上面均无仰覆莲瓣,束腰陡板无雕饰、间柱之类。仅墙身转角处示意出角柱,雕刻简单。明间、两侧次间均为半圆形壸门,仅突出火焰尖;门柱、门券石等除做出几道线

图2-5-6 陵门明间局部(图片来源:傅忠庆摄影)

脚外余无它饰。铜制格子门及其上横披窗(横风窗,即早期障日板,后世走马板、门头板等),皆为"三交六椀"格子样式。

陵门建筑色彩与博爱坊一致,除青色歇山顶外,余皆通体一色,金山石本色。

碑亭(重檐歇山顶):细部做法,如脊饰、雕刻与色彩等,与陵门相似。碑亭重檐歇山顶的上下檐屋顶比较可知,上檐略有收分,碑亭整体下大上小,稳重大方(图2-5-7)。碑亭歇山山面也做出博风板,同样雕饰出娇小、简洁的悬鱼,与梨花绶带结合在一起。但是,碑亭梨花绶带雕饰,比起陵门要复杂不少(图2-5-8)。墙身下部仍然是简单的须弥基座,与陵门一致,但转角处无角柱(应是碑亭体量相对较小之故)。

碑亭上、下檐檐下局部做法有异。上檐屋顶与陵门一致,檐下布列方椽、无飞椽,密布仅出一跳的斗口跳;大额枋上雕刻"一整二破"旋子彩画;平板枋、大额枋一起出霸王拳。但是碑亭下檐檐口无方椽,简化为数层叠涩后出檐,至为简洁。当然,这种做法与我国传统楼阁、重檐建筑的上檐较下檐复杂一脉相承:宋《营造法式》

图 2-5-7 碑亭（重檐歇山顶）（图片来源：傅忠庆摄影）

图 2-5-8 碑亭侧立面（图片来源：傅忠庆摄影）

记载上檐斗栱出跳比下檐多一、两跳。也就是说，上檐构造比下檐繁复，或许合于观者心理，利于引人入目。

此外，碑亭壸门做法比陵门要复杂，不仅突出火焰尖，其门券石更雕饰舒展的绶带。这些复杂的上檐与富丽的绶带等组合在一起，有利于将观瞻者的视线集中到碑亭中央、上部。而碑亭内石碑上隐约可见的镏金大字（图2-5-9），更进一步强化瞻仰者内心的崇敬之情。

祭堂（单檐歇山顶）：这是整个中山陵中轴线建筑群最重要的建筑，单檐歇山顶（图2-5-10）。其外观以四角的阙形建筑为根基，正面加披檐，单檐歇山顶在

图 2-5-9 碑亭内立碑（图片来源：傅忠庆摄影）

两阙之间有类似重檐歇山顶的余意（图2-5-11）。祭堂作为最重要的单体建筑，比较起陵门、碑亭等自然要更加复杂。其上檐屋顶脊饰、垂脊吞口、戗脊吞口及仙人走兽等，与陵门屋顶、碑亭上檐几乎全同，唯个体规格、体型相应增大，以合于祭堂的巨大体量。祭堂歇山山面同样做出博风板，同样雕饰出娇小、简化的悬鱼，与梨花绶带结合在一起。相比较而言，祭堂之梨花绶带精致而又硕大（图2-5-12）。

此外，祭堂上檐檐下斗栱采用更加复杂的出两跳，其上又加二层45°的菱角牙子，成叠涩状出檐，颇为精致。据此，祭堂的上檐檐口最为复杂，吸人眼球。

图2-5-10 祭堂（图片来源：傅忠庆摄影）

图2-5-11 祭堂正面局部（图片来源：傅忠庆摄影）

图 2-5-12　祭堂山花（图片来源：殷力欣摄影）

祭堂下部披檐做法与碑亭的上檐做法相同，即檐下密布斗栱，为出一跳斗口跳，相比较与碑亭等级更加提升（图 2-5-13）。

祭堂四角为单阙形堡垒式的厚重石块墙壁，较好地烘托出其立面庄重感。其上下檐大额枋刻画出清式彩画，均为"一整二破"旋子彩画，更衬托其庄严。祭堂正面同样"一门三道"，三个壸门均做出火焰尖，门券额枋半圆形券洞石为雕刻的连续单枝条图案，花纹一致。当然，延续传统文化，正中壸门高大，平板枋下仅大额枋，雀替有丁头栱，大额枋上鎏金"民生"二字。其两侧壸门较小，平板枋下有大额枋、小额枋各一道，大额枋上分

图 2-5-13　祭堂正面明间局部（图片来源：傅忠庆摄影）

别鎏金"民族""民权"，与明间之"民生"，生动阐释孙中山先生之"三民主义"。明间大额枋、次间小额枋之下为雀替、丁头栱，此种做法多为明代以降重点官式建

筑通用。祭堂两侧墙身下部仍然是简单的须弥基座，与陵门、碑亭一致，但转角处亦无角柱，与整体石墙面浑然一体。然而，三个大门下部须弥基座上、下枋之间仰覆莲花均为宝装莲花；束腰陡板上雕刻角柱、绶带等，雕饰颇华美，重点突出。

至于模拟彩画而言，上檐屋顶之檐下大额枋，下檐披檐下之大额枋、小额枋，均浅刻"一整二破"旋子彩画。祭堂与其东、西两侧对峙的香炉、华表，体量大小、距离远近等颇协调，取得了浑然一体的空间效果。铜质门窗格均"三交六椀"形式，与陵门、碑亭全然相同。值得注意的是，祭堂山面雕出与天安门城楼山面颇相似的

图 2-5-14 祭堂内景及中山先生坐像（图片来源：刘锦标摄影）

绶带图案，顿时令人感悟到中华建筑文化之渊源。

至于祭堂室内各部分之细部做法，比起室外更复杂。其吊顶采用简化的平棊天花，中央为突出当时政治之国民党党徽（图 2-5-14）。其余梁枋、柱头、柱头科、平身科、角科等均刻旋子彩画样式。统一色彩、彩画样式类型，浑然一体，烘托出祭堂内部的祭祀氛围。

墓室（穹隆顶）：墓室与其南部祭堂，通过窄窄的短廊前后连接在一起。墓室正圆形平面，一圈石栏杆围绕墓池，池内躺卧孙中山先生雕像（图 2-5-15），整体造型至为简洁，几无雕饰，仅正中穹隆顶上镶嵌着彩色马赛克国民党党徽。在四周八个采光天窗衬托下托起的穹隆顶，似轻盈飘浮在半空中，如梦似幻（图 2-5-16、图 2-5-17）。由此，将西方教堂的穹顶与墓池，完美地融合在一起，营造出的肃穆氛围令人叹为观止。

据此，中山陵中轴线的各单体建筑，在运用我国传统陵墓建筑语汇时，结合西式教堂、墓葬空间，将我国陵寝建筑文化与西方建筑形式及其新材料、新技术等完

图 2-5-15 墓室内墓池（图片来源：刘锦标摄影）

图 2-5-16 墓室穹隆顶饰（图片来源：刘锦标摄影）

图 2-5-17 墓室穹隆顶饰（图片来源：刘锦标摄影）

整交织起来。与此同时，对古典建筑大木作、小木作、砖石作、彩画作进行简洁的精炼与扬弃，达到了高度的融合，继承传统又多有创新而融贯中西（图2-5-18）。

诚如研究者所言，"中山陵各单体建筑色彩协调、统一，均为花岗岩本色、蓝色琉璃瓦顶（蓝色琉璃瓦、浅白色石材，隐喻着国民党党旗青天白日的色彩）、古铜色门窗。其陈设，如香炉基座、花池等，或是花岗岩，或为模仿花岗岩颜色的水刷石。檐下斗栱、梁枋、立柱

图2-5-18 中山陵全景（图片来源：中山陵管理局）

柱头、壸门门券石、须弥基座等传统建筑遍施彩画之处，也仅浅雕出简化的传统纹样，未着一色（仅祭堂下檐大额枋的枋心处，镏金"民主、民生、民权"），整个建筑群外部色彩素雅、统一。由此，中山陵各单体建筑的细部处理，适合陵墓建筑的功能要求并加以烘托，辅以苍松翠柏，创造出肃穆、庄严的气氛"[①]。

需要说明的是，中山陵建筑群除中轴线及两侧主体建筑外，还包括相关众多散落在苍松翠柏之中的多处附属建筑。其中，不少建筑均为民国建筑大师担纲，个个堪称精品。

第六节 小结

中山陵是中国近现代建筑史上绕不开的经典案例，也是吕彦直的代表作品之一。因此，无论是对中国近现代建筑史研究还是对吕彦直研究来说，考察中山陵的设计

[①] 周学鹰、殷力欣、马晓等编著：《中山纪念建筑》，天津：天津大学出版社，2009年，第70—71页。

经过与建设历程都颇具意义。

本章在较系统梳理相关文献的基础上，考察了中山陵从建设动议到征求方案再到落地施工的完整过程，希望借此观察和分析吕彦直在其中所承担的角色，并深化关于吕氏设计中山陵之背景、经过以及之后监工陵墓工程的理解。在此基础上，针对中山陵中轴线的各主要单体建筑（博爱坊、陵门、碑亭、祭堂及墓室），逐一进行了扼要的分析。

通过本章考察我们认识到：葬于南京紫金山既是孙中山生前的选择，也是其临终的遗愿。为此，国民党人专门成立了孙中山先生葬事筹备委员会以处理总理葬事，在经过现场勘测和交涉圈地等程序以确定墓地位置及范围后，葬事筹委会举办了面向海内外的陵墓图案征求活动，吕彦直凭借其钟形方案在四十余份参赛作品中脱颖而出，一举夺魁。此后，受葬事筹委会委托，吕彦直担任建筑师，监造中山陵墓工程，直至其1929年3月18日去世。

与已有研究多关注吕彦直应征设计中山陵图案不同，本书同样重视吕氏在监造中山陵墓工程期间的工作，因而对陵墓兴工前制备工作详图与章程、招投营造厂和陵墓兴工后的人员监工、工料纠葛和工期调整等问题作了相对深入的探究。从中，我们不仅能体察到吕彦直一丝不苟的态度和精益求精的精神，也能体会到时局、财政、人事等因素掣肘的情况下吕彦直监工陵墓建设的不易与无奈。

此外，吕彦直在中山陵工程尚未完成便英年早逝，后续监工工作则交到了李锦沛手中。在考察了吕彦直逝世后中山陵的"善后"工作后，明确了中山陵工程如何在建筑师变更的情况下仍能保持前后风格的一致与顺利竣工。

本章最后，逐一对中山陵中轴线上的博爱坊、陵门、碑亭、祭堂及墓室等，钩沉其设计手法，简析其中西合璧之要义。

第三章 纪念杰构：泱泱中山堂

第一节 中山堂建设缘起

一、总理逝世与国人悼念

1925年3月12日上午九时三十分，孙中山先生逝世。噩耗一经传开，国人悲痛，全国各地及海外华侨纷纷举行悼念活动，纪念这位为求中国独立、统一、自由、民主而鞠躬尽瘁、死而后已的革命先驱。

我们根据戴卓民等于1925年编撰并出版的《哀悼孙先生专号》所记，并结合报纸、杂志披露的消息，对当时海内外悼念孙中山逝世的活动略作介绍。

国外方面，苏联全国追悼孙中山，其共产党中央委员会命令全国各支部向工人农民广为传布，解释孙中山之重要地位和中国之现状；第三国际会长发表论文称孙中山为本世纪东方民族自由运动中最伟大之历史人物；苏联、美国、德国、英国、日本、荷兰、丹麦、挪威、瑞典等国公使和国际团体（如赤色职工国际、国际革命战士救济会、少年共产国际等）均来凭吊或电致吊唁[1]。除了这些官方的吊唁与追悼外，海外华侨团体或个人亦举行了隆重的纪念活动，仅新加坡侨胞在欢乐园举办的追悼会，参加者即达十万之众；另有日本神户华侨团体、驻日华侨联合会以及英国、美国、加拿大等地华侨团体均集会以寄哀思[2]。

国内方面，全国上下、各行各业纷纷举行盛大追悼活动，停公务、行丧礼、致吊唁、下半旗、禁娱乐，范围之广、规模之大，殊为罕见。其中，北京、上海、广州三地的纪念活动尤其隆盛。北京段祺瑞政府下令，给款治丧，下半旗致哀，孙中山事迹付国史馆立传，并举行国葬[3]。3月15日，北京于中央公园举行"国民追悼孙中山

---

[1] 戴卓民等编撰：《哀悼孙先生专号》，广州厂后街联义海外交通部，1925年，第39—43页。
[2] 卢洁峰：《广州中山纪念堂钩沉》，广州：广东人民出版社，2003年，第3—5页。
[3] 《孙中山逝世后之哀悼》，《时报》1925年3月14日，第一版。

先生大会";3月23日,中国国民党北京市全体党员一千五百余人,在中央公园社稷坛殿前举行公祭集会,悼念总理孙中山,段祺瑞政府亦派代表致祭。上海设立筹备会负责筹备3月22日追悼孙公大会,当日,追悼大会在体育场举行,十万市民参加,会场拥挤不堪,几无立足之地。广州则于孙中山逝世当天即成立"孙大元帅哀典筹备委员会"(以下简称"哀典筹备会"),筹设4月12日孙中山先生追悼大会,并于3月15日在广州第一公园由国民党中央执行委员会召集全体广东党员召开追悼大会①。此外,各省亦纷纷追悼孙中山,可谓举国痛哀②。

自孙中山先生逝世后,全国各界,莫不深致哀忱,筹备开会追悼者,日不绝书。惟追悼会等,皆系暂时性质,一般热心人士,以为中山先生之主张与精神,宜有永久之纪念,拟发起一全国国民纪念孙中山先生大会,主张进行下列数项:(一)于京、宁、粤、汉各地铸建铜像,(二)于各省区重要地点建立纪念碑,(三)择相当地点开辟中山公园,(四)于京、沪等处建立中山图书馆,(五)编辑中山先生丛书,(六)发行纪念刊,(七)举行年祭(因中山先生不喜用祭字或名纪念会与追悼年会),(八)其他纪念事项③。

从该记述可知,为达永久纪念孙中山先生之目的,时人提出了多项倡议,包括铸铜像、立纪念碑、辟中山公园、建中山图书馆、编丛书、办纪念刊、举行年祭等,其中的大多数举措在后来陆续被付诸实践。例如,上海、北京、南京、成都、广州等地相继铸设中山铜像④,以为纪念;而中山纪念碑则陆续矗立于国内

---

① 戴卓民等编撰:《哀悼孙先生专号》,广州厂后街联义海外交通部,1925年,第61—83页。
② 戴卓民等编撰:《哀悼孙先生专号》,广州厂后街联义海外交通部,1925年,第84—94页。
③ 戴卓民等编撰:《哀悼孙先生专号》,广州厂后街联义海外交通部,1925年,第37—38页。
④ A. 上海:《筑造中山铜像筹备会纪》,《申报》1925年4月2日,第十三版;《国民党募建中山铜像》,《上海夜报》1925年4月29日,第三版;《上海孙中山铜像奠基礼》,《兴华》1927年第24卷第44期,第37页;
B. 北京:A Bronze Statue of Dr.Sun Yat-sen to be Erected in Central Park, *The China Press*, March 26, 1925, No.005.《孙中山铜像之基石》,《图画时报》1926年第294期,第4页;《北平中山铜像今晨奠基礼》,《益世报(天津)》1929年2月18日,第三版;
C. 南京:《中山铜像揭幕礼》,《大公报(天津)》1929年10月13日,第一张第三版;
D. 成都:《今年成都市中山铜像行除幕礼时摄影》,《北洋画报》1928年第5卷,第221期,第1页;
E. 广州:《粤中山纪念堂筹建总理铜像》,《时事新报(上海)》1935年8月21日,第一张第三版。

图 3-1-1 《良友》杂志"孙中山先生纪念特刊封面"（图片来源：《良友》1926年，孙中山先生纪念特刊，封面）

外①；广州、北京、厦门、沈阳等地则陆续筹设中山图书馆②；中山公园亦在各地纷纷设立——或为原公园改称（如北京由中央公园改称中山公园，广州则由观音山公园改称中山公园③），或为新开辟（如香山、汕头、宁波等④）；编辑丛书或设办纪念专刊除前文提到的戴卓民等于1925年编撰并出版的《哀悼孙先生专号》外，还有中国共产党机关报《向导》上所辟的"孙中山特刊"以及《良友》杂志于1926年所设的"孙中山先生纪念特刊"（图3-1-1）等；而倡议中提到的年祭活动则在此后每年孙中山逝世周年之际举办。

除上述具备永久纪念性质的举措外，还有一些活动或事迹，亦具有深远意义。例如，4月13日，经国民党中央党部及永丰舰长官议决，永丰舰改名中山舰（该舰系陈炯明叛变攻袭孙中山时，孙中山常驻之舰），以纪念总理。胡汉民、伍朝枢、

---

① A.《山西筑中山纪念碑》，《民国日报》1928年3月9日，第二张第三版；
B.《北平中山纪念碑奠基礼临时改期》，《大公报（天津）》1929年6月26日，第一张第四版；
C.《浦口中山纪念碑定于六月一日举行揭幕典礼》，《中央日报》1930年5月30日，第二张第三版；
D.《广州中山纪念碑举行开幕典礼》，《新闻报图画附刊》1931年第74期，第1页；
E.《日熊本县建中山纪念碑》，《兴华》1937年第34卷第22期，第24版；
F.《伦敦中山纪念碑定今日揭幕》，《时事新报（重庆）》1946年5月5日，第三版。

② A.《中山图书馆之筹备》，《图书馆学季刊》1926年第1卷第2期，第178页；
B.《本政府筹设中山图书馆》，《广州市市政公报》1929年第328期，第68页；
C.《鼓浪屿中山图书馆开幕》，《民国日报》1928年4月7日，第二张第四版；
D.《沈阳设立中山图书馆》，《中华图书馆协会会报》1929年第4卷第6期，第19页。

③ A.《北京之中央公园将改为中山公园》，《时报》1925年3月24日，第九版；
B.《为改观音山为中山公园事，胡汉民函复革命纪念会》，《广州民国日报》1925年4月2日，第三版。

④ A.《香山筹建中山公园》，《民国日报》1925年4月1日，第一张第三版；
B.《汕头建中山公园》，《民国日报》1925年12月3日，第一张第三版；
C.《中山公园划定地址》，《时报》1927年7月2日，第八版。

廖仲恺、邓泽如等登临该舰参加"改号开幕礼"①。4月15日，国民党中央执行委员会议决："香山县易名中山县，以志纪念。"后致函广东省署依照办理，"省署准函，即日分别咨令各机关，知照香山县，实行改名中山县，并赶将铜质新印铸就，颁发该县启用"②。4月27日，上海大学接广州中央执行委员会函，将上海大学改名为中山大学③。同年10至11月，莫斯科筹建中山大学并开幕④等。

上述具备暂时性质或永久性质的活动，不胜枚举，一起构成了对伟人孙中山的庄严而深切的纪念。

二、建堂动议与经费募集

1923年2月，驱走陈炯明后，孙中山由上海重返广州，但不再继任大总统，而是复职大元帅，于3月2日组成革命新政府（大元帅府大本营），以广州为根据地⑤。1924年9月，孙中山以中国国民党名义发表《北伐宣言》⑥，并委任胡汉民代行大元帅职权兼广东省长以巩固后方⑦，于11月正式带病北伐。

翌年3月12日，孙中山在北京逝世，国民党驻京中央执行委员随即成立"孙中山北京治丧处"（又称"孙大元帅治丧办事处"），各地则相应成立治丧事务所⑧。而广东革命政府作为国民党的根据地和大本营，亦积极筹备追悼、纪念孙中山的活动。孙中山逝世当日午后，胡汉民即以代行大元帅兼省长的身份，通告各机关长官和国民党中要人，赴大本营会议，议决组织"孙大元帅哀典筹备委员会"，以胡汉民、伍朝枢、杨希闵、谭延闿、刘震寰、许崇智、程潜、古应芬、吴铁城、邓泽如十人为委员⑨，并于次日召开第一次会议，议决举行一系列的追悼活动⑩。

而提出"以伟大之建筑，作永久之纪念"5日后，国民党中央执行委员会议决

---

① A.《永丰舰将改名中山》，《民国日报》1925年4月1日，第一张第二版；
　B.《永丰军舰改名中山军舰》，《广州民国日报》1925年4月14日，第六版。
② 《通令香山改名中山县》，《广州民国日报》1925年4月16日，第六版。
③ 《上海大学改名中山大学》，《民国日报》1925年4月27日，第十版。
④ 《中山大学将开幕》，《民国日报》1925年10约31日，第一张第三版；《莫斯科中山大学将开幕》，《时报》1925年10月31日，第四版；
⑤ 《孙中山逝世（附中山先生略史）》，《少年（上海1911）》1925年第15卷第4期，第106—107页；魏宏远：《孙中山年谱》，天津：天津人民出版社，1979年，第81页。
⑥ 魏宏远：《孙中山年谱》，天津：天津人民出版社，1979年，第101页。
⑦ 蒋永敬：《胡汉民先生年谱》，台北：中央文物出版社，1978年，第309—310页。
⑧ 《孙中山逝世情形汇闻》，《新闻报》1925年3月16日，第二张第一版；《孙中山治丧处电》，《时报》1925年3月17日，第二版；《孙中山昨晨逝世之哀音》，《益世报》1925年3月13日，第三版。
⑨ 《孙中山逝世后之粤局》，《新闻报》1925年3月19日，第二张第三版。
⑩ 戴卓民等编撰：《哀悼孙先生专号》，广州厂后街联义海外交通部，1925年，第75—76页。

募捐五十万，为大元帅建纪念堂图书馆[①]；次日，《民国日报》即披露该消息[②]；31日，《广州民国日报》进一步称："拟募集五十万元，建筑一规模宏大之孙中山纪念堂及图书馆，以纪念元勋。"[③]卢洁峰指出，这个发自民众、集议于官员的倡议，是关于构建中山纪念建筑的最早动议[④]。

与此同时，国民党元老林森以革命纪念会的名义致函胡汉民，提出："请政府指拨观音山公园为孙总理纪念公园，以观音山庙址建纪念亭，亭处立孙总理铜像，筑亭其间，垂诸永久。惟此项工程重大，经费浩繁，应并请政府先拨款数万元，依市工务局前定观音山计划公园办理，即行筑路种树，一面由敝会募捐，期成伟业，以资纪念。"[⑤]胡汉民接函后迅速回复："既经开会议决将观音山改作孙总理纪念公园，定名中山公园，铸像筑亭垂诸久远，成斯伟举，诚不宜迟。惟须用经费一节，现值库储奇绌，筹拨为难，拟不如从速募捐，较易集事；且合国民之力，益昭崇敬之诚。尊意当以为然，即希妥速办理为荷。"[⑥]

4月12日，孙中山先生逝世周月之际，哀典筹备会与国民党中央党部共同组织召开了规模空前、隆重庄严的孙中山先生追悼大会，由胡汉民主祭，与会者超过二十万人[⑦]。后经国民党中央执行委员会开会议决，选址于西瓜园建孙中山纪念堂、图书馆[⑧]，至此，建堂动议正式上升为官方决议。翌日，胡汉民发表《致海内外同志书》，正式对外宣告"募捐五十万，于西瓜园建纪念堂、图书馆。另筹巨款，在粤秀山建公园，以伟大之建筑，作永久之纪念"[⑨]。

在上述拟建孙中山纪念堂及图书馆的最初动议中，选址有西瓜园（今广州人民中路上之同乐路口南侧原电话局所在地[⑩]）和旧总统府（位于当时德宣路，即今广州中山纪念堂位置）[⑪]两说。后经社会各界议论，多数人以为西瓜园为旧商团总所

[①] 《中山图书馆》，《兴华》1925年第22卷，第12期，第39页。
[②] 《募建中山图书馆》，《民国日报》1925年3月26日，第二版。
[③] 《募建孙中山纪念堂开会纪》，《广州民国日报》1925年3月31日，第三版。
[④] 卢洁峰：《"中山"符号》，广州：广东人民出版社，2011年，第143页。
[⑤] 《观音山改为中山公园之省令》，《广州民国日报》1925年4月1日，第三版。
[⑥] 《为改观音山为中山公园事，胡汉民函复革命纪念会》，《广州民国日报》1925年4月2日，第三版。
[⑦] 《追悼孙中山先生增刊》，《广州民国日报》1925年4月14日，第一至四版。
[⑧] 《哀典筹备会议决：于西瓜园建孙中山纪念堂、图书馆》，《广州民国日报》1925年4月12日。
[⑨] 胡汉民：《致海内外同志书》，《广州民国日报》1925年4月14日，第六版。
[⑩] 卢洁峰：《广州中山纪念堂钩沉》，广州：广东人民出版社，2003年，第7页。
[⑪] 《中山纪念堂地址地址决定》，《民国日报》1925年4月12日，第二版。

之地，既不适宜，且与孙中山无历史上之关系。而旧总统府址不仅面积开阔，无地小不足回旋之患；并且位置优越、风景绝佳；尤其曾是孙中山任总统时开府之地，具备历史之关系，因而符合择地选址诸条件[1]。嗣经国民党中央党部议决，以旧总统府为孙中山纪念堂建设地，并以旧商团总所地段与总统府地段交换，以解决建设用地问题[2]。纪念堂选址决定后，似乎还开展了测量绘图工作[3]，但此时经费尚未筹备、纪念堂设计方案更无计划，因此这里所说的"测量绘图"很有可能是对建设用地的测绘。

从胡汉民给林森的复函以及发表的《致海内外同志书》中可知，当时时局动荡，库储奇绌，不管是拟建孙中山纪念堂及图书馆，还是改观音山公园为中山公园并建纪念亭，广东革命政府都无力承担相关经费。于是，募集经费成为"较易集事"之办法，"且合国民之力，益昭崇敬之诚"。

在1925年3月下旬粤人拟募集五十万元建孙中山纪念堂及图书馆时，即提出两种募集经费："一开册劝捐，一劝销纪念章……其劝销方法，由学校团体组织，担任劝销。劝销日期，定为四月九、十、十一、三日。十二日将募集款项，完全扫〔归〕缴。昨三十日下午二时，中央党部募捐部，召集全市学校校长及中等以上学校之学生代表一人，在中央执行委员会开会由廖冰筠主席、王祖培提议须组织售章委员会，全场一致通过，随议决该会名称定为建筑孙中山先生纪念堂售章委员会……"[4]

3月30日，国民党党、政、军、校等要人在惠州会馆开联席会议，讨论通过了一系列更加具体、详细的募捐方法"（一）纪念章决定至少每小枚售四角，大枚一元。（二）由商民协会总商会等向商界宣传劝捐。（三）推举捐款保管委员会，经推定军界谭总司令延闿，政界省长胡汉民，学界褚代大学校长民谊，党廖仲恺部长，农界农民协会，工界工人代表会，商界邹会长殿邦。（四）存款中央银行。（五）队长每日将款交至中央银行，由中央银行发还收条，队长将此收条送交保管委员会司库，以备将来报告。（六）公推廖仲恺先生司库。（七）制纪念状，分大、中、小三种，格式凡捐三百元以上者，给大号纪念状一纸；凡捐二百元以上者，给中号纪念状一纸；凡捐一百元以上者，给小号纪念状一纸。（八）每队捐款以一万元为额。（九）每

---

[1] 《总理纪念堂纪念碑奠基典礼》，《广州民国日报》1929年1月16日，第三版。
[2] 《孙先生纪念堂地点之决定》，《广州民国日报》1925年4月25日，第三版。
[3] 《中山纪念堂开始测绘》，《民国日报》1925年4月26日，第三版。
[4] 《募建孙中山纪念堂开会纪》，《广州民国日报》1925年3月31日，第三版。

队领捐册一百本。（十）每本捐册定二十页，改订五千册。（十一）先限一月内将捐册缴回。（十二）由各队长延聘队员将各队员名单送会，由会去函正式聘请。（十三）将各机关比例扣薪一案打销。"①

4月1日，广东省署依照1919年协助粮食救济会办法，拟对来署投递呈词者，每呈附加一元，每领出洋护照一纸，附加二元②。

不过，4月2日公布的《省署筹集纪念堂专款办法》，对4月1日内容略有变动，一是"将各机关比例扣薪一案打销"并未落实，而是议决省署全体职员分四种捐薪：（一）科长、秘书、主任各捐薪一个月，（二）科员、特务委员、技士各捐薪半月，（三）书记、录事捐薪一个月之四分一，（四）杂役捐薪一个月之十分一；二是带取呈费，从4月1日起，凡人民来省署呈诉事件，每呈带收毫银五元③。

从当时报纸刊登的消息来看，广东省各机关团体职员均志愿捐薪④，且捐赠成绩颇为喜人⑤。在机关职员的带头表率下，本次募捐的主要对象——社会人员亦积极参与。哀典筹备会发起并推举61人充任募捐队长，且各募捐队长多为党、政、军、商、文化等各界领袖或要人⑥，募捐队员则为下属县县长、商团领袖或机构领导等。募捐队员"按照各县等级，体察地方情形，酌中核定募捐数目，以为准准，合将清单抄发，仰即查照单开树木，勉力募捐，至少依此限度，剋日募集，解由本署核收转交，兹再补发捐册笔本，如仍不敷用可报请再补寄，切勿诿延"⑦。

可以说，当时为筹建中山纪念堂而举行的募捐活动，方法得当、详细，组织合理、严密，如依此贯彻实施，实现募集五十万之建筑费当并非难事。然而，由于时局变化，担任募捐队长之党政各界领袖，或有不知去向者，或有人虽在但捐册散失而无从追缴者，或有贪污、偷逃者，以致一年后，孙中山先生广州纪念堂筹备委员会仍需通过登报催促各募捐队长将所募款项上交中央银行⑧。而通过销售纪念章、职员捐薪、带取呈费和开册募捐等形式募集的最终经费不过二十七万粤币⑨，远未达到原本所

---

① 《追悼会募捐队筹商募捐法》，《广州民国日报》1925年4月1日，第三版。
② 《省署筹集纪念堂费》，《广州民国日报》1925年4月1日，第三版。
③ 《省署筹集纪念堂专款办法》，《广州民国日报》1925年4月2日，第三版。
④ 《中山纪念堂之进行》，《民国日报》1925年4月4日，第二版。
⑤ 《中山纪念堂募捐成绩》，《民国日报》1925年4月10日，第二版。
⑥ 《总理纪念堂纪念碑奠基典礼》，《广州民国日报》1929年1月16日，第三版。
⑦ 《建筑中山纪念堂近况》，《民国日报》1925年4月28日，第六版。
⑧ 《募捐孙先生纪念堂各队队长先生钧鉴》，《民国日报》1926年7月29日，第一版。
⑨ 《总理纪念堂纪念碑奠基典礼》，《广州民国日报》1929年1月16日，第三版。

计划的五十万之目标。

第二节　吕彦直夺标经过

一、成立委员会

1926年6月，正值悬赏征求中山纪念堂及纪念碑图案期间，国民党元老邓泽如向国民党中央党部提议，请派专员筹办中山纪念堂、纪念碑建筑事宜。中央党部及时采纳，派出邓泽如、张静江、谭延闿、宋子文、孙科、陈树人、金曾澄7人，作为中央党部特派的筹备委员，成立"孙中山先生广州纪念堂筹备委员会"[1]（有时又称"广州中山纪念堂筹备委员会"或"总理纪念堂筹备委员会"，以下简称"筹备委员会"）。

此后不同时期，或由于时局变化，或出于建设所需，该筹备委员会成员几经变动。根据广州市档案馆藏文件《孙中山先生广州纪念堂筹备委员会姓名录》："（一）民国十五年六月，中央党部待派者：邓泽如、张静江、谭延闿、宋子文、孙科、陈树人、金曾澄；（二）民国十六年五月，中央党部加派者：李济深、古应芬、林云陔、黄隆生（兼司库）；（三）民国十七年二月，政治分会加派者：吴铁城、杨西岩；（四）民国十七年九月政治分会加派者：财政厅长（冯祝万）、建设厅长（马超俊）、陈少白。"[2]

上述不同时期的筹备委员会，分别担当、完成了不同阶段的筹备工作。譬如，1926年6月的筹备委员会，主要负责并完成广州纪念堂图案的悬赏征求、评判工作，并申请国民政府的财政拨款。1927年5月中央党部加派李济深、古应芬、林云陔、黄隆生（兼司库）等人后，则审查了吕彦直寄来的详细图样，并与黄檀甫（吕彦直全权代表）商谈建筑事宜、处理收割民房一案。1928年2月，临近动工，政治分会加派吴铁城、杨西岩后，则主要处理收割民房的搬迁、纪念堂与纪念碑建设等事项[3]。

实际上，从建堂动议到征求方案，再到建设施工，以至运行管理，各个阶段均

---

[1]《中山纪念堂纪念碑开幕典礼盛况、林云陔报告建筑纪念堂碑经过》，《广州民国日报》1931年10月12日，第二版。

[2]《孙中山先生广州纪念堂筹备委员会姓名录》《孙中山先生广州纪念堂筹备委员会抄件清册》，广州市档案馆馆藏档案，全宗号：4—01；目录号：7；案卷号：46—3，第114页。转引自卢洁峰：《广州中山纪念堂钩沉》，广州：广东人民出版社，2003年，第39页。以下所引自广州市档案馆的该批档案，均转引自该著作，不再重复说明。

[3] 根据筹委会会议纪录，参见卢洁峰：《广州中山纪念堂钩沉》，广州：广东人民出版社，2003年，第41—57页。

有负责理事的委员会成立（表3-1），正所谓"兹事体大，种种事务需人主理"①。各相关委员会对于推动中山纪念堂及纪念碑从动议到成为方案，从图纸到成为实物，以至发挥以"以伟大之建筑，作永久之纪念"的作用，均起到了举足轻重的作用。

表3-1　各阶段所成立关于纪念堂的委员会

名称与成立时间	主要成员	职责	出处
孙大元帅哀典筹备委员会（1925年3月12日）	胡汉民、伍朝枢、杨希闵、谭延闿、刘震寰、许崇智、程潜、古应芬、吴铁城、邓泽如等	领导筹办广州国民政府哀悼、纪念孙中山的各项活动；提出建设孙中山纪念堂、图书馆的动议	《孙中山逝世后之粤局》，《新闻报》1925年3月19日，第二张第三版；戴卓民等编撰：《哀悼孙先生专号》，广州厂后街联义海外交通部，1925年，第75—76页
建筑孙总理纪念堂委员会，又称"建筑中山纪念堂委员会"（1926年2月25日前）	孙科、陈树人、金澄云等	起草《悬赏征求建筑孙中山先生纪念堂及纪念碑图案》，并负责前期的悬赏、征求工作	《设立建筑中山纪念堂委员会》，《广州民国日报》1926年2月25日，第一版；《真光》1926年第25卷，第2期，第86页
孙中山先生广州纪念堂筹备委员会（1926年6月）	邓泽如、张静江、谭延闿、宋子文、孙科、陈树人、金曾澄等	负责悬赏、征求、评比中山纪念堂及纪念碑方案，并向广州国民政府提出了财政拨款的申请	《中山纪念堂纪念碑开幕典礼盛况》《林云陔报告建筑纪念堂、碑经过》，《广州民国日报》1931年10月12日，第二版。
广州中山纪念堂纪念碑建筑管理委员会（1929年6月27日）	陈铭枢、冯祝万、马超俊、陈少白、杨西岩、黄隆生、金曾澄等	负责中山纪念堂、纪念碑的后期建设、管理事宜	《中山纪念堂筹备会已改组成建筑管理委员会　陈铭枢为主席委员》，《广州民国日报》1929年7月7日，第四版

二、悬赏征求建筑图案

（一）悬赏征求纪念碑图案

1926年1月4日至19日，国民党第二次全国代表大会在广州举行，大会于4日下午二时开会讨论由国民党中央执行委员会和中央监察委员会共同提出②的"第二次全国代表大会谨以至诚接受总理遗嘱并努力以履行之"案，经大会主席汪精卫叙述接受总理遗嘱的经过后，全场与会人员一致无异议通过。并且，大会主席团议决，在粤秀山顶，建第二次全国代表大会接受总理遗嘱纪念碑，将总理遗嘱及大会接受案全文，刻在碑上，以垂永久③。

---

① 《设立建筑中山纪念堂委员会》，《广州民国日报》1926年2月25日，第一版；《真光》1926年第25卷，第2期，第86页。
② 卢洁峰在《广州中山纪念堂钩沉》中考证接受总理遗嘱的问题最先由孙中山的机要秘书、日语翻译戴季陶提出，参见卢洁峰：《广州中山纪念堂钩沉》，广州：广东人民出版社，2003年，第14—15页。
③ 《中国国民党第二次全国代表大会会议纪录》，上海图书馆藏，1925年，第11—16页。

5日上午，与会代表180余人前往粤秀山，举行奠基礼。汪精卫就立碑缘由和计划发表演说，透露出主席团认为："这个碑建在此，实最合宜，此地前为观音座所在，经测绘师测量，实为此山中心点，最高峻最平正之处，所以选为建碑地址，观览全城，实觉无有更善于此者。"① 奠基礼毕，随即着手悬赏征求纪念碑图案。

1月6日至9日，《广州民国日报》连续四天刊登《国民政府悬赏征求中国国民党总理孙先生纪念碑图案》②：

（一）第二次全国代表大会已于一月五日举行奠基礼。

（二）奠基石在粤秀山巅旧观音庙观音宝座面南。

（三）碑刻孙中山总理遗嘱及第二次全国代表大会接受遗嘱议决案。由谭组安先生书丹。

（四）碑须高峻而坚固耐久。

（五）碑顶矗大电灯作党旗青天白日形式，夜间发光照耀远近。

根据以上五者绘就图案于碑式及高度，暨历史的美术的意味均须顾到。

头奖五百元，二奖三百元，三奖二百元。

制图者须将姓名住址列明，限本月抄交卷至国民政府秘书处。头二三奖在报上发表，余卷概不发还。

值得注意的是，仅仅一天之隔，"接受总理遗嘱纪念碑"已改称"中国国民党总理孙先生纪念碑"。征求方案刊布后，应征、评判在一月内完成，2月9日，评选结果业已见报：

总理纪念碑图案之获选者：首名杨锡宗，得奖五百元。国民政府前日邀请美术家在府评判总理纪念碑图案，已志昨报。兹续闻是日评判结果，获选者第一名杨锡宗，二名陈均沛，三名叶永俊。首名得奖金五百元。国民政府秘书处将来即登报揭晓云。③

需要说明的是，诚如卢洁峰所言，这次悬赏征求的仅仅是纪念碑的图案，并非后来悬赏征求纪念堂及纪念碑图案，二者虽仅相隔半月，但不可混淆。另外，此次获首奖的杨锡宗方案最终并未实施，因为仅仅半个月后，一个"前堂后碑"的方案

---

① A.《中国国民党第二次全国代表大会会议纪录》，上海图书馆藏，1925年，第245页；
B.《全国代表大会之第二日》，《广州民国日报》1926年1月6日，第十一版。
② 《国民政府悬赏征求中国国民党总理孙先生纪念碑图案》，《广州民国日报》1926年1月6日，第七版。
③ 《总理纪念碑图案之获选者》，《广州民国日报》1926年2月9日，第一版。

被提了出来。

（二）悬赏征求纪念堂及纪念碑图案

1926年2月23日，《广州民国日报》刊登《悬赏征求建筑孙中山先生纪念堂及纪念碑图案》（以下简称《征求纪念堂图案》[①]）：

（一）此次悬奖征求之图案，系预备建筑中华民国国民党总理孙中山先生纪念堂及纪念碑之用。建筑地址在广东省广州市粤秀山。纪念碑在山顶，纪念堂在山脚。即旧总统府地址。

（二）纪念堂及纪念碑图案不拘采用何种形式，总以庄严固丽而能暗合孙总理生平伟大建设之意味者为佳。

（三）堂与纪念碑两大建筑物之间，须有精神上之联络，使互相表现其美观。

（四）此图案须预留一孙总理铜像座位，至于位置所在，由设计者自定之。

（五）纪念堂为民众聚会及演讲之用，座位以能容五千人为最低限度。计划时须注意堂内声浪之传达及视线之适合，以臻美善。

（六）纪念碑刻孙总理遗嘱及第二次代表大会接受总理遗嘱议决案。

（七）纪念堂纪念碑铜像及各项布置，全部建筑总额定为广东通用毫银一百万元，约伸大洋八十万元。设计时分配工程应加注意。

（八）应征设计者及所缴图案，应包括下列各图件：一、平面全图，包括纪念堂纪念碑铜像及周围布置（比例尺由设计者自定）。二、纪念堂平面图（一英寸等于八英尺）。三、纪念堂前面高度图（比例尺同上）。四、纪念堂侧面高度图（比例尺同上）。五、纪念堂切面图（比例尺同上）。六、纪念碑平面图（比例尺同上）。七、纪念碑高度图（比例尺同上）。八、纪念堂透视图。九、全部远视图。十、说明书须解释图内特点及重要材料。

（九）应征奖金额由纪念堂委员会议定如下头奖广东毫银三千元；二奖广东毫银二千元；三奖广东毫银一千元。

（十）评判应征图案与决定得奖名次，由孙总理纪念堂委员会各委员多数意见

[①] 《悬赏征求建筑孙中山先生纪念堂及纪念碑图案》，《广州民国日报》1926年2月23日，第二版；另见《申报》1926年4月12日，第一版；《民国日报》1926年4月17日，第一版；《新闻报》1926年4月12日，第一张第二版。按：1926年3月5日后，《广州民国日报》又在文末增加"附记：报名在广州国民政府秘书处。上海北京另设有报名处所。建筑孙总理纪念堂委员会设在广州国民政府秘书处内"。参见《广州民国日报》1926年3月5日，第一版。

决定之，无论何方不得变更或否认。应征得奖人名在登载征求图案各报发表。

（十一）此次应征图案除保留取录给奖者外，其余未得奖者，委员会于必要时得用特别合同购买之。得奖之图案在奖金发给以后，其所有权及施用权均归委员会，与原人完全无涉。以后委员会对于一切图案，无论得奖与未得奖者，在实际建筑时采用与否，有绝对自主权，不受何方面之限制。

（十二）得奖者之图案采用后，是否请其监工，由委员会自由决定。

（十三）应征者报名后缴纳保证金十元，即由报名处发给粤秀山附近摄影图二幅、地盘及界至图一幅、广州市市区形势图一幅，以备设计参考之用。

（十四）此项应征图案期限自登报之日起至六月十五日止。一切应征图案须注明应征者之暗号。另将应征者之姓名通讯地址与暗号用信套粘封，于上述期限内一并交到委员会。委员评判之结果，在截收图案后四星期内发表。

（十五）未得奖之应征图案，于评判结果发表后两个月内均由委员会寄还原应征人，并附还前缴之保证金。惟委员会对于所收到之应征图案尚有意外损失或毁坏，概不负责。

这份公开悬赏图案的布告中明确指出，征求的是位于旧总统府址的纪念堂和位于粤秀山顶的纪念碑图案，且"堂与纪念碑两大建筑物之间，须有精神上之联络，使互相表现其美观"。换言之，这次征求的是一份"前堂后碑"的建筑群方案。这与前文所述单纯征求纪念碑图案仅仅过去半月，期间认识为何以及如何发生变化，目前我们尚不清楚。

另外，从3月5日开始，报纸上刊登的《悬赏征求建筑孙中山先生纪念堂及纪念碑图案》在结尾处增加了"附记"："报名在广州国民政府秘书处。上海北京另设有报名处所。建筑孙总理纪念堂委员会设在广州国民政府秘书处内。"[①] 由此可知，此次征求设计方案，在广州、上海、北京均设有报名处，而"建筑孙总理纪念堂委员会"设在广州国民政府秘书处内。

根据要求，此次应征图案期限自登报之日起至1926年6月15日止，但实际截止日期迟至8月下旬。其缘由或与《申报》等报纸上披露的一段曲折有关：该年5月初，一部分上海应征者因征求期限太仓促以及图案比例尺太大，致函上海征求图案的负

---

① 《广州民国日报》1926年3月5日，第一版。

责人林焕廷①，要求将期限延至 7 月底，且图案比例尺由 1 英寸等于 8 英尺改为 1 英寸等于 16 英尺。林焕廷当即电请广州国民政府及纪念堂建筑委员会，并于 5 月 7 日获得复电照准②。

时间的放宽和比例尺的优化，给了建筑师更加从容设计的条件。吕彦直此时刚刚完成中山陵工程详图的设计与制作，并在此期间因过度劳累而病倒，无法出席孙中山逝世周年之际举行的中山陵奠基典礼。但在《悬赏征求建筑孙中山先生纪念堂及纪念碑图案》刊布后，吕毅然抱病应征，再次投入到紧张的设计创作中。

根据《悬赏征求建筑孙中山先生纪念堂及纪念碑图案》要求，吕彦直本次应征提交的图案共包括八张图：总平面图（图 3-2-1）、纪念堂平面图（图 3-2-2）、纪念堂正立面图（图 3-2-3）、纪念堂侧立面图（图 3-2-4）、纪念堂剖面图（图 3-2-5）、纪念堂透视图（图 3-2-6）、纪念碑平面及立面图（图 3-2-7）、纪念堂及纪念碑整体透视图（图 3-2-8）。图幅比例尺除总平面图为 1 英寸等于 50 英尺以及纪念堂透视图、纪念堂及纪念碑整体透视图未注比例尺外，其他均为 1 英寸等于 16 英尺。该比例尺与最初《征求纪念堂图案》中要求的比例尺（1 英寸等于 8 英尺）

图 3-2-1　总平面图

---

① 孙中山广州纪念堂征求图案，驻沪代办处设于孙中山先生葬事筹备处内，由林焕廷负责。参见《葬事筹委会第三十六次会议记录（1926 年 4 月 12 日）》，南京市档案馆、中山陵园管理处：《中山陵档案史料选编》，南京：江苏古籍出版社，1986 年，第 91 页。
② 《广州中山纪念堂征求图案近讯》，《申报》1926 年 5 月 9 日，第十四版；《民国日报》1926 年 5 月 9 日，第五版；《广州中山纪念堂征求图案沪讯》，《时事新报（上海）》1926 年 5 月 9 日，第三张第三版；《广州中山纪念堂征求图案讯》，《新闻报》1926 年 5 月 9 日，第四张第三版；《时报》1926 年 5 月 9 日，第二张第二版。

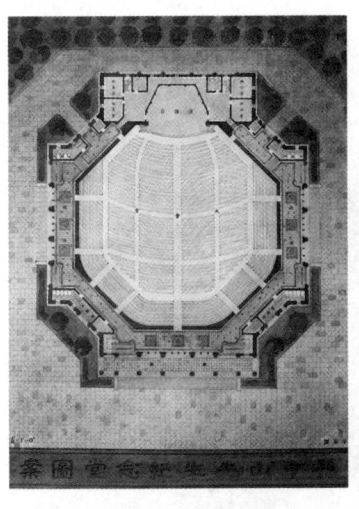

图 3-2-2 纪念堂平面图　　图 3-2-3 纪念堂正立面图

图 3-2-4 纪念堂侧立面图　　图 3-2-5 纪念堂剖视图

图 3-2-6 纪念堂透视效果图　　图 3-2-7 纪念碑平面与立面图

图 3-2-8　纪念堂与纪念碑整体效果图（图片来源：以上 8 幅图片均由黄建德提供）

不同，而与林焕廷呈请广州国民政府及纪念堂建筑委员会修改后的比例尺相同。另外，根据要求，"一切应征图案须注明应征者之暗号"，吕彦直提交的应征图案均在右下角附有暗号——为"口"内加一"中"字。

三、评比经过与结果

1926 年 8 月 26 日，《广州民国日报》刊登《中山先生纪念堂图案定期评判》，该消息透露：建筑孙中山纪念堂筹备委员会开会议决，于 8 月 26 日至 30 日将征集的 26 份[①]中山纪念堂及纪念碑图案陈列于国民政府大客厅内，由评判员评判。而评判员由中国旧派画家温其球、姚礼修，新派画家高剑父、高奇峰，西洋画家冯钢伯、陈丘山，建筑家林逸民、陈耀祖等八人组成，且设评判规则九条[②]。

翌日，《广州民国日报》即登载了详细的《中山先生纪念堂图案评判规则》[③]：

---

① 关于此次征集图案的数目，《总理纪念堂纪念碑奠基典礼》中说是 26 份（参见《总理纪念堂纪念碑奠基典礼》，《广州民国日报》1929 年 1 月 16 日，第三版），而《中山纪念堂纪念碑开幕典礼盛况》中说是 28 份（参见《中山纪念堂纪念碑开幕典礼盛况》，《广州民国日报》1931 年 10 月 12 日，第二张第二版）。两者均是回忆追述，此处取时间较早者，即 26 份。
② 《中山先生纪念堂图案定期评判》，《广州民国日报》1926 年 8 月 25 日，第三版。
③ 《中山先生纪念堂图案评判规则》，《广州民国日报》1926 年 8 月 27 日，第七版；《孙先生纪念堂图案评判规则》，《民国日报》1926 年 9 月 5 日，第四版。

（一）纪念堂图案之评判由筹备委员会敦请左列人员为评判员担任评判：一、旧派中国美术家二人；二、新派中国美术家二人；三、西洋派美术家二人；四、建筑或土木工程师二人。

（二）入选图案之最终判决，由筹备委员会执行之。

（三）入选图案应评定有奖图案三名，名誉奖三名。

（四）评判员为名誉职。

（五）应征图案统陈列于国民政府大客厅，由八月二十六日起，至八月三十日止，每日上午八时至十二时，下午二时至五时。由评判员至陈列室阅览评判。

（六）评定后，由九月三日至九月九日为公开展览时期。市民得到陈列室自由观览，但须领有本会所发之阅览券。

（七）图案奖金及征求图案条件，参看《征求图案条例》。评判员用之为评判要点，由筹备委员会临时供给。

（八）评判员应于八月三十一日以前，将各人单独选定之最佳图案三种暗号及次序函告筹委会，并附意见。

（九）筹备会于接到各评判员之评判结果后，召集各委员开会，根据上项评判结果，决定应征者之得奖名次，登报宣布之。

根据评判规则，各评判员须在8月26日至30日每日上午8时至12时、下午2时至5时至国民政府大客厅陈列室阅览评判，并在8月31日前给出评比意见，即形成本次评选的专业性意见。此外，由于纪念堂为纪念总理之建筑所，非采集众意不足以昭慎重，国民政府又于9月1日晚设宴，邀请政府各委员及各名流，共同鉴定中山纪念堂图案之采用[①]。

次日，《广州民国日报》即以《总理纪念堂图案之结果》为题，披露了本次评选的最终结果[②]：

昨日评判：首奖者为吕彦直。总理纪念堂图案之结果：（本报专访）昨日下午五时，筹建中山先生纪念堂委员会，在国民政府后座洋花厅开会评判总理纪念堂图案。是日列席评判者，有张主席、谭主席、孙哲生、邓泽如、彭泽民、陈树人等，及美术家高剑父、高奇峰、姚礼修，工程家林逸民等十余人。另军政要人赴会者有

[①] 《今晚国民政府之宴会 鉴定中山纪念堂图案》，《广州民国日报》1926年9月1日，第三版。
[②] 《总理纪念堂图案之结果》，《广州民国日报》1926年9月2日，第三版。

李济深、徐季龙、丁惟汾、马文车及省政府各厅长，各行政委员会委员共二十余人。五时半开评判大会，张静江主席、各评判委员，经二小时间互相评判。结果，第一名为十二号之吕彦直。第二名为第六号之杨锡宗，第三名为第二十八号之范文照。名誉奖第一名为十八号之刘福泰、第二名为第五号之陈均佩（笔者按：即陈均沛），第三名为十九号之张光圻。闻第一名之吕彦直，前次总理陵墓图案亦获首选。第三名之范文照，总理陵墓图案获二奖。杨锡宗则获三奖。今次纪念堂图案，获奖者亦不出此三人云。

评选结果揭晓后，按照评选规则，9月3日至9日为公开展览公示期，市民可凭领取的阅览券到陈列室自由参观。经公示后，孙中山先生广州纪念堂筹备委员会正式在《广州民国日报》上宣告本次悬赏征求纪念堂图案结果[1]：

日前，本会为筹建孙中山先生广州纪念堂及纪念碑，曾登报征求图案。迭承海内外建筑名家惠投佳构，美不胜收。兹经本会聘定美术建筑专家先行发抒评判意见，并于9月1日由本会各委员开评判会议，详加审核。特将结果公布如下：

第一奖　吕彦直君　　名誉第一奖　刘福泰君

第二奖　杨锡宗君　　名誉第三奖　陈均沛君

第三奖　范文照君　　名誉第三奖　张光圻君

孙中山先生广州纪念堂筹备委员会披露

此次悬赏征求中山纪念堂及纪念碑图案，共计收到应征方案二十六份，其中，吕彦直所应征图案为"纯中国建筑式，能保存中国的美术最为特色"[2]，因而被评为首奖。而此次获奖时间，距离吕氏在中山陵设计竞赛中夺魁恰好一年。一年内两夺两大国家工程之头奖，吕彦直以其独具的设计意匠和高超的设计水平征服了评委，亦惊诧了国内外，一时声名鹊起。

第三节　中山堂建设与吕彦直监工

一、兴工前筹备

（一）聘任建筑师

吕彦直获得广州中山纪念堂及纪念碑设计竞赛首奖后，筹备委员会认为"关于

---

[1]《孙中山先生广州纪念堂征求图案揭晓》，《广州民国日报》1926年9月21日，第十版；24日，第七版。

[2]《总理纪念堂纪念碑奠基典礼》，《广州民国日报》1929年1月16日，第三版。

工程之计划，材料之规定，图样之制备，亟须觅有专门学识者为之主持，当即仿照南京陵墓建筑监工办法，商准吕彦直君担任建筑师职务，订立合同，按序进行"①。

1926年11月3日，吕彦直代表彦记建筑事务所与孙中山先生广州纪念堂及纪念碑筹备委员会订立合同②。从合同内容与格式来看，其与一年前孙中山先生葬事筹委会和吕彦直签订的中山陵建筑师合同应出自同一模板。

与中山陵工程一样，合同中对建筑师的监工进行规定，即建筑师须雇一监工员驻守工地为其代表，承担监工责任——对包工者工程上之缺陋负有监督的义务。李海清等指出当时彦记建筑事务所派驻中山纪念堂及纪念碑工程的监工为卓文扬和崖蔚芬，但文中并未交代此说的出处③。我们检索到一篇发表于1932年《工程：中国工程学会会刊》上的文章——《广州中山纪念堂施工实况》，内含不少施工现场照片，作者署名为"崔蔚芬"。同时结合该刊在1932年第七卷第三期上的"编辑者言"介绍："广州中山纪念堂工程，用款一百十余万两，为国内近代大建筑之一。本刊现已分别征得该堂之《工程设计》《建筑设计》及《施工实况》文字三篇，均由躬于其事者，亲自撰作，将陆续在本刊发表。"④则《广州中山纪念堂施工实况》的作者崔蔚芬即是"躬于其事者"之一。此外，我们还检索到一篇刊登于1930年9月23日《民国日报》上的消息——《广州中山纪念堂建筑近况》，文中记者称采访了建筑中山纪念堂工程师崔尉芬⑤（"尉"应是"蔚"同音讹误）。结合上述信息，我们推测彦记建筑事务所派驻中山纪念堂工地现场的监工之一即是崔蔚芬。而李海清《中国建筑现代转型》中所称的监工之一——崖蔚芬，应是"崔蔚芬"之讹误⑥。

与中山陵工程的建筑师合同一样，其最后一条对"继承人与转移权"作了相同的规定，即"关于本合同之一切条件，业主与建筑师之本身及其继承人执行者，与

---

① 《总理纪念堂纪念碑奠基典礼》，《广州民国日报》1929年1月16日，第三版、第四版。又载《现象报》1929年1月16日。
② 广州中山纪念堂管理处提供资料。
③ A. 李海清、付雪梅：《运作机制与"企业文化"——近代时期中国人自营建筑设计机构初探》，黄居正主编：《建筑师》第104期，北京：中国建筑工业出版社，2003年，第51页；
   B. 李海清：《中国建筑现代转型》，南京：东南大学出版社，2004年，第269页。
④ 《编辑者言》，《工程：中国工程学会会刊》1932年第七卷第三期，第238页。
⑤ 《广州中山纪念堂建筑近况》，《民国日报》1930年9月23日，第五版。
⑥ 这一讹误同样出现在后来刘成基的《广州中山纪念堂史实》一文中，参见刘成基：《广州中山纪念堂史实》，广东省政协学习和文史资料委员会编：《广东文史资料存稿选编·第6卷·广东政海拾遗》，广州：广东人民出版社，2005年，第275页。

管理者均双方相互受其约束"。根据下文，中山纪念堂与纪念碑工程的建设过程中，业主代表和建筑师均有变更，即前者由孙中山先生广州纪念堂及纪念碑筹备委员会改组为广州中山纪念堂纪念碑建筑管理委员会，后者则在吕彦直去世后由李锦沛接替。但由于该条文之规定，业主和建筑师的继承者仍受该合同之约束，从而确保了纪念堂及纪念碑工程的接续进行，直至竣工。

（二）落实款项

根据前文所述，早在1925年孙中山去世后广东方面动议建设中山纪念堂时，即筹划募捐建筑费。然而，由于时局变迁、人事变动，通过销售纪念章、职员捐薪、带取呈费和开册募捐等形式募集的建筑费仅及原初计划的一半。尤其是开册募捐的部分，"募捐队原推定队长六十一人，发出捐册六千五百六十五本，惟各队长多数为军政各界之领袖，因时局变迁，竟有不知去向者，有人虽存在，而捐册已散失，无从追缴者，此次募捐成绩，固属不好，即发出捐册，亦多不能收回，屡经公告期限结束，实止收回捐册二千零一十五本"①。直到1926年8月，即中山纪念堂及纪念碑悬赏征求图案临近尾声之时，筹备委员会仍在催促各募捐队长将所募款项上交中央银行②。

除募捐成绩不好外，筹备委员会通过详细列举建筑纪念堂、纪念碑及收用民房等各项费用，估算中山纪念堂、纪念碑建筑费连地价共需一百五十万元。这不仅是原初拟募捐建筑费五十万元的三倍，更是让实际募捐的建筑费显得杯水车薪。因此，筹备委员会第四次会议议决请国民政府令饬财政部自1927年1月起，每月拨款五万元，至工程竣工为止③。如果按照估算的纪念堂与纪念碑工期——纪念堂为二十六个月、纪念碑为十七个月④，则每月五万元至工程竣工，合计一百三十万元，加上募捐筹集的近三十万元建筑费，则总款约一百六十万元，超过估算的纪念堂及纪念碑建筑费而略有节余。

然而，随着国民党中央和国民政府于1926年11月迁都武汉，至1927年1月正

---

① 《总理纪念堂纪念碑奠基典礼》，《广州民国日报》1929年1月16日，第三版。
② 《募捐孙先生纪念堂各队队长先生钧鉴》，《民国日报》1926年7月29日，第一版首发，之后在8月份亦陆续登载。
③ 《筹委会第四次会议议事录》，广州市档案馆馆藏档案，全宗号：4-01；目录号：7；案卷号：46-3；第112—113页。
④ 《总理纪念堂纪念碑奠基典礼》，《广州民国日报》1929年1月16日，第三版。

式在武汉办公①，这笔应由国民政府财政部自1927年1月起每月支付的五万元迟迟不见拨付。而刚刚于本年5月被加派至筹备委员会并任主席的李济深遂致函咨询财政部催款，于1927年9月7日得到回复，拟在中央收入项下由广东省财政厅就近拨付，并饬令从速照办②。

但实际上，根据金曾澄在纪念堂奠基典礼上报告的筹备经过，纪念堂及纪念碑在建设过程中，各项建筑费用（包括建筑费、购地费、添改工程费、钢架油瓦电线汽管等材料费）总额共粤币三百一十余万元，则原本计划的由国民政府财政部每月拨付的五万又面临入不敷出的情况，于是经议决请国税公署从1929年1月起，每月加拨建筑费五万元，以保障工程顺利进行③。

（三）制备详图与章程

依筹备委员会与吕彦直订立的建筑师合同，建筑师的任务之一即"会商初步研究工作图画及条例（通称章程），与用大比例尺及照实体大小各种详图之制备"，简言之，即制备详图与章程。于是，合同签订后，吕彦直和彦记建筑事务所便投入详图的制备和章程的草拟中。

根据后来筹备委员会与慎昌洋行签订的《孙中山先生广州纪念堂筹备委员会与慎昌洋行订购全部钢架及工程合约》："（三）机器工程师供给所有构造孙中山先生广州纪念堂之应用工字钢架，须依照彦记建筑事务所（即建筑师）于阳历一千九百二十七年四月三十日所绘定广州中山纪念堂图则第六十之一至六十之十八包括一切，并照慎昌洋行于阳历一千九百二十八年二月二日之于工程绘定图则第二千五百零二号之一至二页，与及美国工程材料清单……"④吕彦直及彦记建筑事务所本次制备的工作详图绘定于1927年4月30日。

我们在现藏于广州市国家档案馆的中山纪念堂及纪念碑图档中，发现有一批绘制日期为1927年4月30日的图档，共23幅——包括18幅纪念堂图和5幅纪念碑图（图3-3-1~图3-3-6，表3-2）。纪念堂图的图号为60-1至60-18，纪念碑

---

① 刘继增、毛磊、袁继成：《武汉国民政府史》，武汉：湖北人民出版社，1986年，第38—54页。
② 《关于中央收入项下照案拨付纪念堂建筑费案》，《广东省政府周报》1927年第6期，第32页。
③ 《总理纪念堂纪念碑奠基典礼》，《广州民国日报》1929年1月16日，第三版。
④ 《孙中山先生广州纪念堂筹备委员会与美商慎昌洋行订立合约》，广州市档案馆馆藏档案，全宗号：4-01；目录号：7；案卷号：46-3；第131—134页。

图的图号为 61-1 至 61-5。这与上述合约中所称"彦记建筑事务所（即建筑师）于阳历一千九百二十七年四月三十日所绘定广州中山纪念堂图则第六十之一至六十之十八"恰好吻合。因此，该批图档应就是吕彦直及彦记建筑事务所在合同签订后至 1927 年 4 月 30 日期间制备的工作详图。

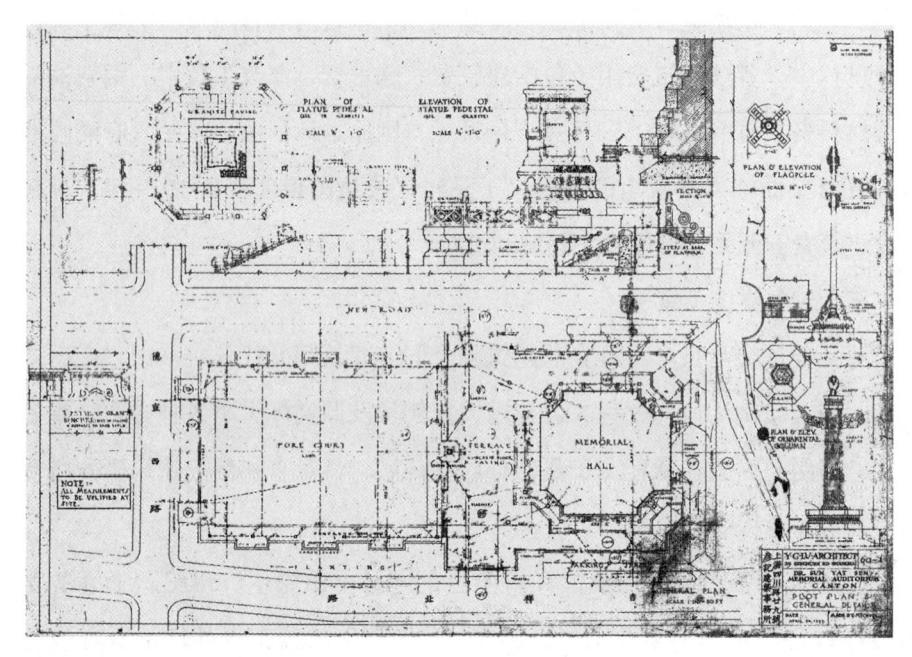

图 3-3-1　总平面及铜像台座、华表、灯柱图

图 3-3-2　纪念堂正立面图

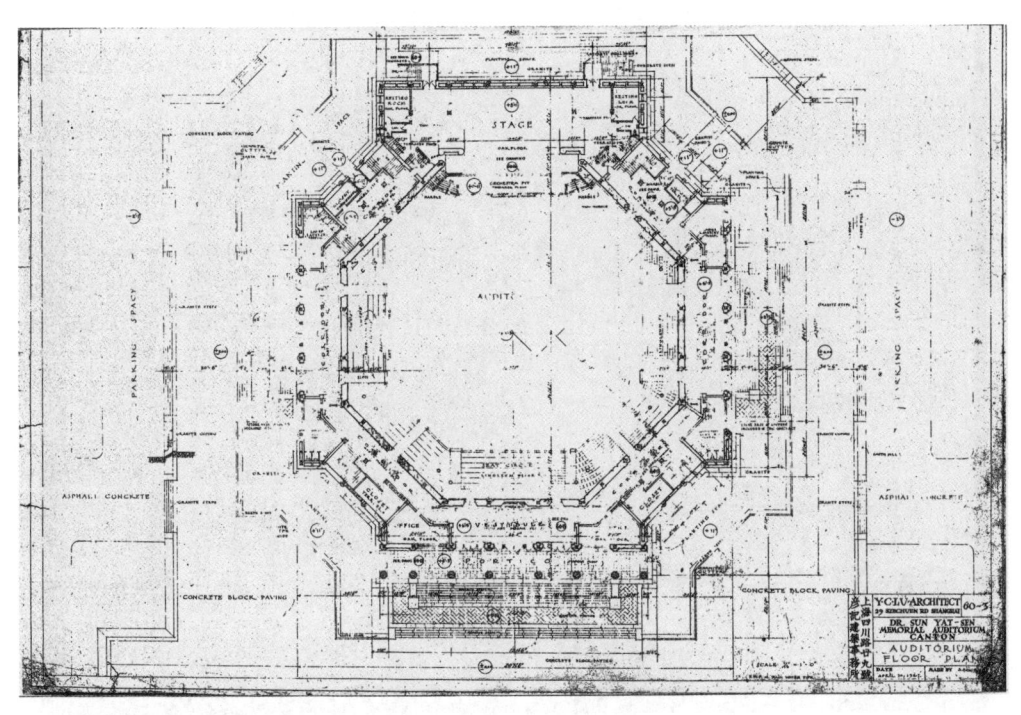

图 3-3-3 纪念堂首层平面图

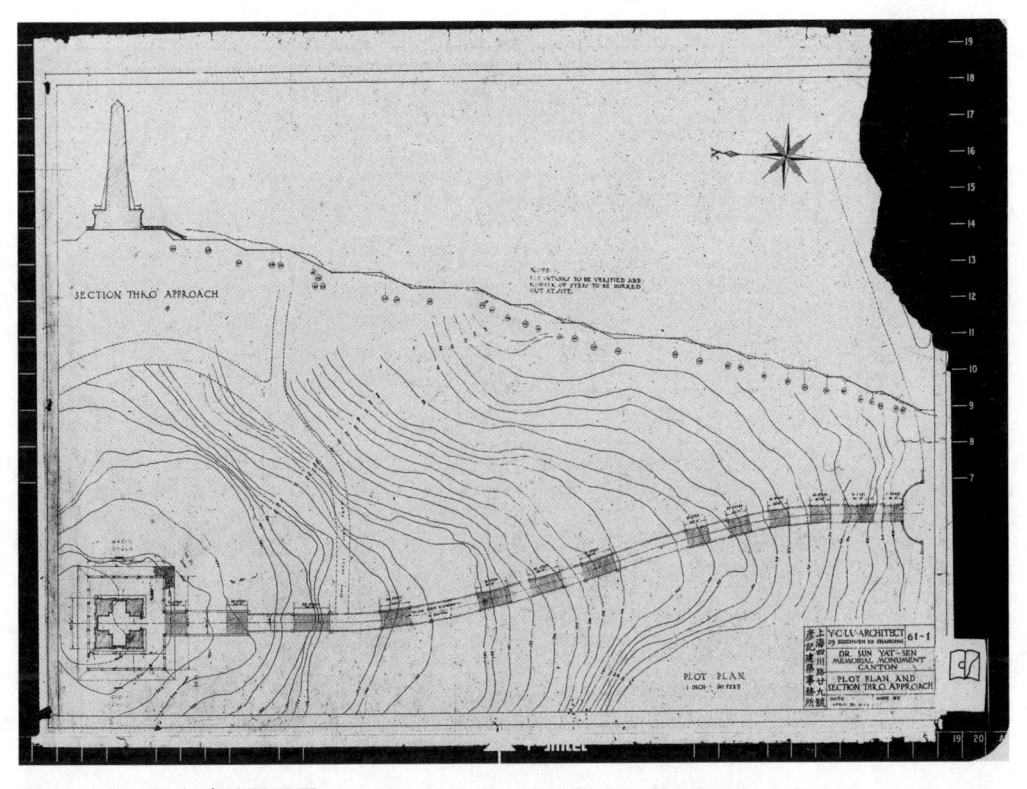

图 3-3-4 纪念碑总平面图

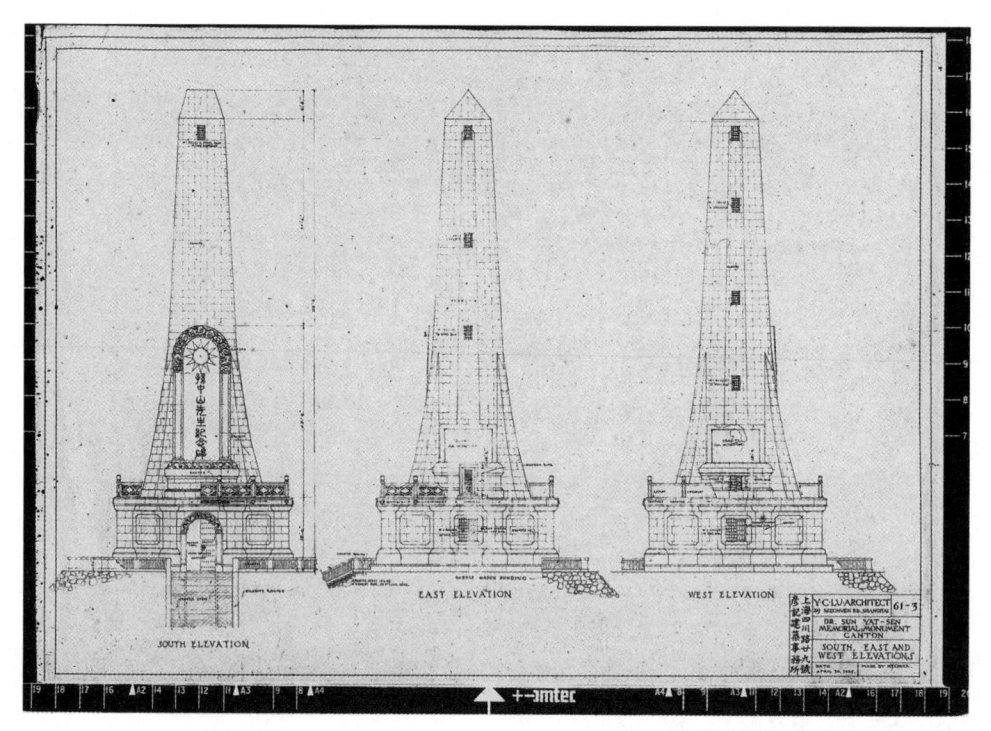

图 3-3-5 纪念碑立面图

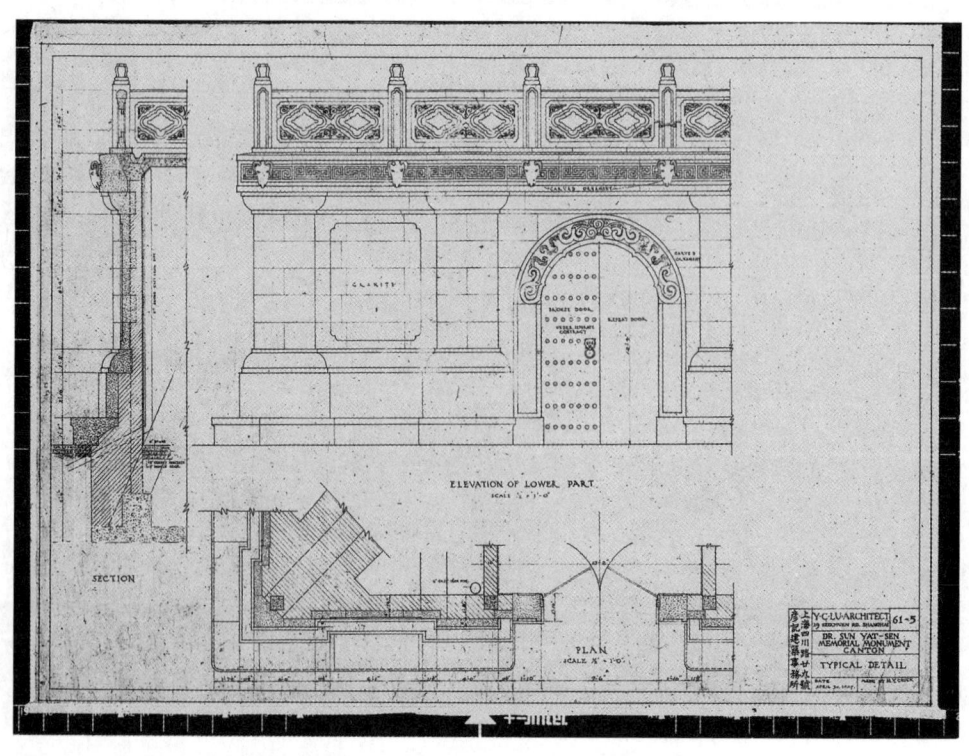

图 3-3-6 纪念碑局部详图（图片来源：以上 6 图均由黄建德提供）

表 3-2 广州市国家档案馆藏中山堂图档目录（1927 年 4 月 30 日批次）

序号	图档标题	制图者	文件日期	图号	文件所在张号
001	总平面图、铜像台座、华表、灯柱（PLOT PLAN & CENERAL DETAILS）	M.Y.CHUCK	1927.04.30	60-1	7
002	基础平面图（AUDITORIUM FLOOR PLAN）	S.KEW	1927.04.30	60-2	7
003	首层平面图（FOUNDATION PLAN）	S.KEW	1927.04.30	60-3	4
004	二层平面图（BALCINY GALLERY & FLOOR PLANS）	S.KEW	1927.04.30	60-4	6
005	天花平面图（CEILING PLANS）	S.KEW	1927.04.30	60-5	4
006	天面平面图（ROOF PLAN）	S.KEW	1927.04.30	60-6	9
007	正立面图（FRONT ELEVATION）	S.KEW/M.Y.CHUCK	1927.04.30	60-7	4
008	东侧立面图（SIDE ELEVATION）	S.KEW/M.Y.CHUCK	1927.04.30	60-8	4
009	背立面图（REAR ELEVATION）	S.KEW/M.Y.CHUCK	1927.04.30	60-9	5
010	纵剖面（南北）图（LONG ITUDINAL SECTION）	S.KEW/M.Y.CHUCK	1927.04.30	60-10	6
011	横剖面（东西）图（TRANSEVERSE SECTION）	S.KEW/M.Y.CHUCK	1927.04.30	60-11	7
012	正南门廊平面、立面、剖面详图（EXTERIOR DETAILS OF FRONT ELEVATION）	S.KEW	1927.04.30	60-12	2
013	八角顶外墙立面、平面、剖面详图（DETAIL OF LANTERN）	M.Y.CHUCK	1927.04.30	60-13	1
014	东西及南面门廊至厢座剖面详图（DETAIL OF TYPICAL SECTION）	S.KEW	1927.04.30	60-14	3
015	正南门处平面、天花、内门、外门详图（DETAIL OF MAIN VESTIBULE & CORRIDOR）	S.KEW	1927.04.30	60-15	4
016	舞台口及二层厢台处平面、立面、剖面详图（DETAIL OF PROSCENIUM AND SIDE WALL OF AUDITORIUM）	S.KEW	1927.04.30	60-16	1
017	主梯（甲）处平面、立面详图（DETAIL OF MAIN STAIRCASE ON SOUTH EAST）	S.KEW/M.Y.CHUCK	1927.04.30	60-17	2
018	主梯（乙）处平面、立面详图（DETAIL OF MAIN STAIRCASE ON NORTH EAST）	S.KEW	1927.04.30	60-18	1
391 碑 1	布局平面与道路剖面图（PLOT PLAN AND SECTION THRO APPROACH）	缺	1927.04.30	61-1	7
392 碑 2	碑体平面图（FLOOR PLAN）	M.Y.CHUCK	1927.04.30	61-2	5

（续表）

序号	图档标题	制图者	文件日期	图号	文件所在张号
393 碑 3	南、东、西立面图（SOUTH, EAST AND WEST ELEVATIONS）	M.Y.CHUCK	1927.04.30	61-3	4
394 碑 4	北立面及纵剖面图（REAR ELEVATION, CROSS SECTION THRO NORTH & EAST & WEST）	M.Y.CHUCK	1927.04.30	61-4	5
395 碑 5	典型大样图（DETAIL TYPICAL）	M.Y.CHUCK	1927.04.30	61-5	3

档案号：B1.1.01

卢洁峰在《广州中山纪念堂钩沉》中称这批绘定于1927年4月30日的23张工作详图由吕彦直独力设计并制备，且连同1927年9月至1928年1月的47张图纸在内，设计日期均落款为1927年4月30日[①]。我们认为，或许此说法至少在两个方面值得讨论：

其一，从这批图纸中的图章信息可知，纪念碑图主要由"M.Y.CHUCK"绘制，纪念堂图则由"S.KEW"与"M.Y.CHUCK"合作完成，但以前者为主。根据赖德霖在《近代哲匠录》中的研究，"M.Y.CHUCK"是建筑师卓文扬的英文名（我们通过检索，发现1933版《征信工商行名录（中华民国二十三年汉英对照版）》登载的卓文扬英文名正是"Chuck, M.Y."[②]），卓曾在彦记建筑事务所工作三年[③]。1932年11月《中国建筑》上公布的第一批中国建筑师学会会员名录上，吕彦直为正会员（已故），而卓文扬为仲会员[④]。关于"S.KEW"，赖德霖在《近代哲匠录》中介绍建筑师李锦沛时，根据1930年"The Shanghai Directory"所载摘录了李锦沛建筑师事务所职员信息，其绘图员中即包括"Kew, S"，赖德霖怀疑其是裘燮钧的英文名[⑤]。然而，《近代哲匠录》在介绍裘燮钧时已注明，裘的英文名系"Chiu, Hsieh-chun"[⑥]，因此，"Kew, S"恐非指裘燮钧。幸运的是，我们通过检索，在1934年出版的《征信工商行名录（中华民二十三年汉英对照版）》中发现，"Kew, S"系

---

① 卢洁峰：《广州中山纪念堂钩沉》，广州：广东人民出版社，2003年，第401—403页。
② 中国征信所编：《征信工商行名录（中华民二十二年汉英对照版）》，1933年，第167页。
③ 赖德霖主编：《近代哲匠录：中国近代重要建筑师、建筑事务所名录》，北京：中国水利水电出版社、知识产权出版社，2006年，第222页。
④ 《中国建筑师学会会员录》，《中国建筑》创刊号，1932年11月。
⑤ 赖德霖主编：《近代哲匠录：中国近代重要建筑师、建筑事务所名录》，北京：中国水利水电出版社、知识产权出版社，2006年，第222页。
⑥ 赖德霖主编：《近代哲匠录：中国近代重要建筑师、建筑事务所名录》，北京：中国水利水电出版社、知识产权出版社，2006年，第119页。

葛宏夫的缩写，其全称为"Kew, Stanislaus, H.F."①，而葛宏夫正是彦记建筑事务所职员之一②，亦是中国建筑师学会仲会员之一③。不过，1934年时，葛宏夫已供职于达昌建筑公司④。总之，该批图纸的绘制主要由"S.KEW"与"M.Y.CHUCK"完成，并非吕彦直独力设计并制备。

其二，绘定于1927年4月30日的工作详图仅有23张（表3-2）。这不仅可从广州市国家档案馆藏中山堂图档的图纸信息中直接统计获得，亦与当时的公文或往来函件相吻合（详见下文）。根据筹备委员会与慎昌洋行订立的合约，1927年4月30日系23张工作详图的绘定日期。而此后绘制的图纸，不可能标注该日期，更应无"作为总图的设计日期，是具有标志性和代表性的"⑤之说法。

如果将这批详图与吕彦直应征中山纪念堂及纪念碑设计竞赛所提交的图案比较，两者除因性质与用途不同——前者为后续施工所制备、后者则为呈现设计理念与方案，从而导致详细程度、效果、标注、尺寸等不同外，我们发现至少在如下方面还存在明显差异：

纪念堂：①角部附屋尺度有所调整，应征竞赛方案中角部附屋檐口与四面抱厦檐口齐平，调整后角部附屋檐口位置下移（图3-3-2）；②东、西、北三面抱厦山面山花位置增加通风窗（图3-3-2）；③南面抱厦梢间位置，原应征竞赛方案中设窗，本次详图中被取消（图3-3-2）；④南、东、西三面抱厦次梢间原设槛墙，本次详图中被取消，增加了采光、通风面积（图3-3-2）；⑤主楼窗沿及阑额部位较之原方案增加了装饰纹样（图3-3-2）；⑥屋顶脊饰由应征设计竞赛方案中的仙人走兽样式改为博古纹与天狗蹲兽样式（图3-3-2）⑥。

纪念碑：①平面与结构发生较大变动，应征竞赛方案中纪念碑为双筒结构，本次详图为单筒结构（图3-3-4）；②碑座部分入口门样式发生变化（图3-3-6）；③栏杆望板样式有所变化，栏杆下方须弥座增加羊头装饰（图3-3-6）；④碑体正面

---

① 中国征信所编：《征信工商行名录（中华民二十三年汉英对照版）》，1934年，第248页。
② 包括李锦沛、刘福泰、裘燮钧、葛宏夫、卓文扬、庄允昌、徐镇藩，但李锦沛于1928年吕彦直病重后加入。参见赖德霖主编：《近代哲匠录：中国近代重要建筑师、建筑事务所名录》，北京：中国水利水电出版社、知识产权出版社，2006年，第245页。
③ 《中国建筑师学会会员录》，《中国建筑》创刊号，1932年11月。
④ 中国征信所编：《征信工商行名录（中华民二十三年汉英对照版）》，1934年，第248页。
⑤ 卢洁峰：《广州中山纪念堂钩沉》，广州：广东人民出版社，2003年，第402页。
⑥ 殷力欣在《吕彦直集传》中已经指出，参见殷力欣：《吕彦直集传》，北京：中国建筑工业出版社，2019年，第27页。

题字由楷书"孙总理纪念碑"改为篆书"孙中山先生纪念碑",题字下方须弥座增加莲瓣装饰,且题字上方国民党党徽图案更加准确(图3-3-5)等。

建筑群布局与建筑物设置:建筑群入口位置,在应征竞赛方案中为五门牌坊,而在本次详图中被更改为开敞式华表方案(图3-3-1)等。

上述变化说明从吕彦直获中山纪念堂及纪念碑设计竞赛首奖到制备本次详图期间,吕彦直及彦记建筑事务所对设计方案有所修改。目前,我们并不清楚其修改的原因和依据,但从一份登载在《广东建设公报》上的公文《电致吕彦直兄》:"上海转吕彦直兄函悉,纪念堂图案须修改者,一增加四面通风窗户,二增设前门两旁事务室二间,余如拟,请檀甫兄即来面商□□。"[①]可知,吕彦直获奖后曾与广东方面商讨过修改设计方案。

1927年7月6日,筹备委员会召开第五次会议,其中一项议程提及"吕彦直从沪来函报告:纪念堂、碑工作图样现已制就。关于招投工程办法,在粤举行抑或沪粤均可并行及签订合同地点,请复"[②]。说明吕彦直及彦记建筑事务所在完成工作详图制备后,曾致函筹备委员会告知并询问招投工程办法及地点。筹备委员会则议决请吕彦直先将详细图案寄粤审查后再定夺。十日后,吕彦直如约将23张工作详图寄出[③]。7月19日,吕彦直再次致函筹备委员会[④]:

迳启者:接七月八日尊处复函敬悉。图样已于本月十六日寄上,请查收为荷。敝建筑师前至宁晤邓泽如、古应芬两委员,商及招求投标事,已拟有具体办法。本拟来粤接洽,惟照来函,贵委员会拟先审查图样再定办法。设须敝建筑师来粤商议一切,望祈函示,是为至祷。此致孙中山先生广州纪念堂筹备委员会。彦记建筑事务所吕彦直。七月十九日。

附上纪念堂、纪念碑章程各一份。又抄录邓泽如、古应芬两先生致纪念堂筹备委员会李、林、黄三先生函一份。

[①] 《电致吕彦直》,《广东建设公报》1926年第1卷,第5—6期,第183页。
[②] 《筹委会第五次会议议事录》,广州市档案馆馆藏档案,全宗号:4-01;目录号:7;案卷号:46-1;第1页。
[③] 《吕彦直由沪来函抄件》,广州市档案馆馆藏档案,全宗号:4-01;目录号:7;案卷号:46-1;第3—4页。
[④] 《吕彦直由沪来函抄件》,广州市档案馆馆藏档案,全宗号:4-01;目录号:7;案卷号:46-1;第3—4页。

接到吕彦直来函后，筹备委员会办事处于8月1日向林云陔呈文[①]：

敬肃者，七月三十日，续接本会监工员吕彦直君来函，并将寄建筑纪念堂、纪念碑章程各一份，合将原函抄呈钧核。惟该章程二份全部均用英国文字著述，合并陈明谨上林委员。计抄呈原函一纸。孙中山先生广州纪念堂筹备委员会办事处谨启。中华民国十六年八月一日。

根据上述两份文件，吕彦直在寄出工作详图的三日后再次致函筹备委员会，并附寄了纪念堂、纪念碑章程各一份，且两份章程均用英文拟就。就建筑设计来说，图案与章程，一为直观的图形表现，一为详细的文字说明，两者结合，是后续施工最为重要的参照，亦是我们了解其设计意匠、思路和内容最直接的资料。目前关于此次中山纪念堂及纪念碑的设计图案，尚有较完整的保存，惟章程未见于已有研究中。庆幸的是，我们在广州市档案馆所藏与广州中山纪念堂相关的档案中找到了纪念堂章程[②]（可惜不全）；又通过上海图书馆"全国报刊

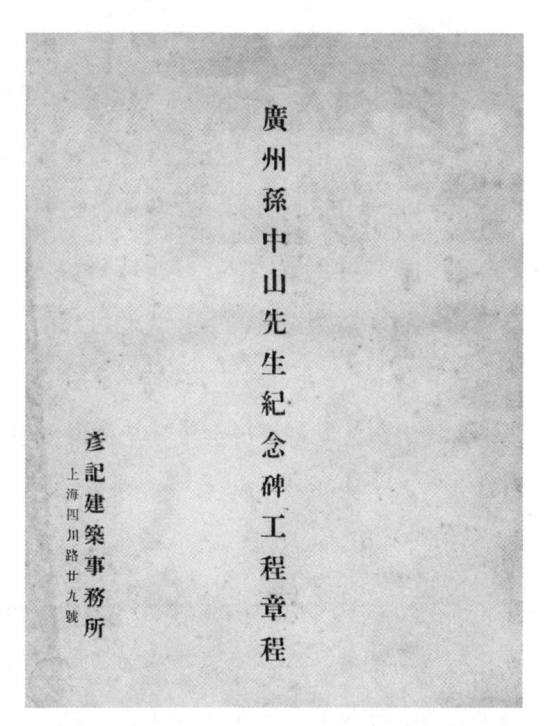

图 3-3-7 《广州孙中山先生纪念碑工程章程》封面（图片来源：上海图书馆"全国报刊索引"数据库）

索引"数据库检索到一份藏于上海图书馆的《广州孙中山先生纪念碑工程章程》中文全文[③]（图 3-3-7，以下简称《纪念碑章程》），落款为"彦记建筑事务所"，书写文字为中文，应是英文版纪念碑工程章程的译本。

该章程中详细规定了开掘及基础工程、钢筋三合土工程、石作工程、水作工程、金属工程、木作工程、粉刷工作、油漆工作、玻璃工作、五金器具、沟渠工作等工程的材料品质、施工做法及应达到的标准，颇为详细、清晰。此外，在各部分工程

---

① 《吕彦直寄来工作图样二十三纸》，广州市档案馆馆藏档案，全宗号：4-01；目录号：7；案卷号：46-1；第5—6页。
② 广州市档案馆藏："彦记建筑事务所上海四川路廿九号……"
③ 《广州孙中山先生纪念碑工程章程》，上海图书馆藏，1927年。

之前还设总纲部分，明确指出"图样与章程各为合同之一部，皆由双方签字认订，凡工程上一切事项皆须遵照图样与章程之所载定及随时由建筑师发给之详图并受建筑师之指导及督察以至得其满意"。

从内容上看，该章程与《总理陵墓第一部工程说明书》应出自同一模板，除因建筑对象不同而导致的规定不同外，两者之内容雷同者甚多。与《总理陵墓第一部工程说明书》一样，在该章程"总纲"中也规定了建筑师之职责、承包人之责任与监工、临时办事室、工料品质、样品、翻样、模型、工程照相、脚手与扶梯、工作地基等事项。从中可以看出，章程对建筑师与承包人的责任规定十分明确，对工程质量的把控十分严格，对施工程序及监督均有具体要求。该章程不仅为我们了解当时的施工程序和步骤提供了一手的材料，亦为今后的维护、修缮等工作提供了具体参照。不过，较为遗憾的是，我们目前尚未找到纪念堂工程的英文章程，只能希冀今后有所发现。

8月中旬，筹备委员会收到工作详图及章程后，便将其送至广州市工务局，委托建筑工程专家审核。19日，广州市工务局局长彭回向筹备委员会主席李济深反馈审查结果[①]：

敬肃者，昨奉钧座发下孙中山先生广州纪念堂筹备委员会函一件，并纪念堂及纪念碑工作图样二十三纸，饬妥为审查等因。遵即按照该图样详加审查，大致尚属妥协。惟关于窗口位置似觉太少，于光线略欠充足，尚需酌量增加。饬奉前因理合具函检同奉发图样及原函送呈钧座察核，伏乞转行查照办理为叩。专肃祗颂崇祺。附呈纪念堂及纪念碑图样二十三纸原函乙件。工务局局长彭回谨素。中华民国十六年八月十九日。

根据彭回的反馈，吕彦直及彦记建筑事务所制备的工作详图大致尚妥，仅窗口位置似乎不足，从而导致室内光线欠佳，因此需酌量增加。工务局的这份意见在筹备委员会第七次会议上被采纳，并拟请吕彦直及彦记建筑事务所酌增窗口位置[②]。

（四）招投营造厂

1927年上半年，吕彦直及彦记建筑事务所在完成纪念堂与纪念碑工作图样后，

[①] 《工务局审查意见》，广州市档案馆馆藏档案，全宗号：4-01；目录号：7；案卷号：46-1；第5—6页。
[②] 《筹委会第七次会议议事日程》，广州市档案馆馆藏档案，全宗号：4-01；目录号：7；案卷号：46-1；第30页。

曾致函筹备委员会，询问有关招投工程办法以及合同签订地点。同年7月6日，筹备委员会经第五次会议讨论后议决：请建筑师先将详细图案寄粤审查后再定办法①。而根据吕彦直于7月19日致筹备委员会的函件，此前其曾到南京会晤邓泽如、古应芬两委员，商量招投标事宜并已拟具了办法，准备赴粤接洽。只不过因为7月6日会议议决先审查工作详图再定办法，遂未成行②。7月底，筹备委员会在收到吕彦直所寄的23张工作详图及纪念堂、纪念碑章程后，便开始详细的审查工作。

审查通过后，1927年11月1日，筹备委员会拟定了招标建筑纪念堂及纪念碑办法——《孙中山先生广州纪念堂及纪念碑工程招求投票》，并于11月5日开始在《广州民国日报》《民国日报》《申报》《新闻报》《时事新报（上海）》等报纸上登载公布③：

本委员会现拟在广州市吉祥北路及粤秀山顶建造孙中山纪念堂及纪念碑等工程。欲投票者须照下列章程办理：

（一）时期 自本年十一月十日起，至十一月三十日为投票时期。投票函须用火漆封固，于本年十二月十日以前，在广州投票者交至省政府内孙中山先生广州纪念堂筹备委员会办事处，上海投票者交上海四川路二十九号彦记建筑事务所转交。本委员会于十二月三十日开会决定得票人名，登报通告。

（二）资格 凡营造家有殷实资本、曾承造建筑工程一次在三十万两以上愿意投票者，请将该项工程名目开具，交彦记建筑事务所转交本委员会审查核夺。

（三）投票保证 经审查合格之营造家，须至本委员会或彦记建筑事务所交保证金。在粤交毫洋二千五百元，在沪交规元一千五百两正，领取收据及投标条例并交手续费，在广州毫洋二十元，在上海洋壹拾伍元，领取图样、章程，照行投标开标之后未得标者，将图样章程交还，其保证金即行发还，其手续费无论得标与否，概不发还。

---

① 《筹委会第五次会议议事录》，广州市档案馆馆藏档案，全宗号：4-01；目录号：7；案卷号：46-1；第1页。
② 《吕彦直由沪来函抄件》，广州市档案馆馆藏档案，全宗号：4-01；目录号：7；案卷号：46-1；第3—4页。
③ 《孙中山先生广州纪念堂及纪念碑工程招求投票》，《广州民国日报》1927年11月5日，第二版；7日，第一版；《申报》1927年11月5日，第五版；11月7、8、9、11、13、15、17日均有登载；《民国日报》1927年11月5日，第三版；11月6、8、9、10、12、14、16日均有登载；《新闻报》1927年11月5日，第二版；11月6、10、13、14、16日均有登载；《时事新报（上海）》1927年11月5日，第一版；11月6、8、10、12、14、16均有登载。

（四）决票　本委员会有权选择任何一家得标，其票价不以最低额为准。

中华民国十六年十一月一日

孙中山先生广州纪念堂筹备委员会广告

获知消息后，省、港、沪等各大建筑承建商踊跃投标。并于1928年1月25日上午10时参加在广东省政府内举办的广州中山纪念堂、纪念碑招投工程开票会。而就在开票会举办前的1月21日，筹备委员会还致函广州市市政厅，请派员参加该开票会，该厅随即指派工务局技士梁绰余依期前赴参观[①]。

根据相关档案和报刊记载：该开票会由李济深主持，参加土建工程投标的承建商有上海余鸿记、上海公益营造厂、上海陈林记、上海新成记、上海新仁记、上海陶馥记、香港联益、香港宏益8家[②]。参加纪念堂钢架投标的承建商有慎昌洋行、泰康洋行、德罗公司3家。由于参加的11家承建商均经过严格的资格认定，其实力互相不分伯仲，因此开标时便以"价低者得"的原则，"计纪念堂以上海陶馥记取价最低（玖拾贰万捌仟捌佰贰拾伍上海两）；纪念碑以香港宏益取价最低（壹拾叁万捌仟陆百上海两）；钢架以慎昌洋行取价最低（壹拾捌万伍仟上海两）。均经李主席决定以上三号为合格。"[③]

随后，筹备委员会便相继与此三家承建商订立合同。最先签订的是与香港宏益建造厂的纪念碑工程合同。合同规定纪念碑工程于签字后四星期开工，限期十七个月完成，即1928年3月6日动工兴建，1929年8月6日前完工。两天后，又与上海馥记营造厂订立《中山纪念堂建筑合约》。合约规定，纪念堂工程于签字后四星期开工，限期二十六个月完工，即1928年3月8日至1930年5月8日。同日，筹备委员会还与慎昌洋行订立合约。

除了上述三家主要的承建商外，针对建设所必需的材料和特别工程，如琉璃瓦件、五金电器、卫生器具、消防设备等，筹备委员会均招商承揽，订立合约。例如，1928年3月7日，筹备委员会与裕华真记陶业有限公司订立买卖合约，购置各类琉璃瓦器；同年8月10日，筹备委员会又与慎昌洋行签订购买电器合约；同月，筹

---

① 《工务：开投中山纪念堂纪念碑工程案》，《广州市市政公报》1928年第282—283期，第50—51页。
② 《总理纪念堂工程估价选定》，《广州民国日报》1928年1月28日，第四版。
③ 《一月二十五日开投孙中山先生广州纪念堂及纪念碑工程情形表》，广州市档案馆馆藏档案，全宗号：4-01；目录号：7；案卷号：46-1；第35页。

备委员会再与上海亚洲机器公司签订《在纪念堂内装置卫生器具工程及救火设备工程合同》。

这些承建商承揽中山纪念堂及纪念碑工程，获利自然是目的，但求名也是很重要的方面。正如承建纪念堂工程的馥记营造厂创办人陶桂林所称："其式样悉照古代建筑，结构内用欧美最新方法，所以本厂尤不顾业务之利益，只图扬名，使当地人士对于东方建筑有良好之影像也……"①虽然承建中山纪念堂工程给馥记营造厂带来了损失，但同时获得的名誉和彰显的实力则是无形的价值，无疑有益于该公司日后的发展。例如，该营造厂在当时报纸上所登载的广告中即

图 3-3-8 馥记营造厂宣传广告（图片来源：《时事新报（上海）》1931 年 10 月 10 日，第四张第四版）

以醒目字眼宣扬其所承建的中山纪念堂工程（图 3-3-8）；又如，作为纪念堂墙面面砖供货商的泰山砖瓦公司，亦将参与中山纪念堂工程建设作为其"荣耀履历"写入公司发展历史②。

二、兴工建设

（一）动工

在完成聘任建筑师、落实款项、制备详图与章程以及招投营造厂等筹备工作后，根据筹备委员会与工程承包人订立的合同，纪念碑和纪念堂工程均应在合同签订的四个星期后开工，即纪念碑应于 1928 年 3 月 6 日开工，而纪念堂应于 3 月 8 日开工。

但实际动工时间，1928 年 3 月 24 日的《广州民国日报》上有载："德宣路之中山纪念堂，现已定期实行兴筑，昨廿二日下午，承办工程之馥记公司，已从上海运到最新式材料车两辆，从天字码头登岸，驾驶工人及建筑工人均由沪来粤，并有

---

① 陶桂林：《广州总理纪念堂之建筑工程》，《时事新报（上海）》1931 年 10 月 10 日，第四张第四版；10 月 20 日，第二张第四版；10 月 30 日，第二张第四版。
② 《泰山砖瓦公司》，《办货指南》，商事咨询社，1929—1930 年，广告页。

大帮梁木起卸,现已纷纷运入工场,昨日起已开始工作矣。"[1]另外,1930年《广州市市政公报》第367期上刊登的《中山纪念堂将落成》,亦提及中山纪念堂开始建筑于1928年3月23日[2]。

这个动工时间与崔蔚芬在《广州中山纪念堂施工实况》中的记述略有出入,崔氏称:"(中山纪念堂)全部工程,占地共约百亩,于民国十七年四月兴工"[3]。

合同规定、《广州民国日报》记载和《广州中山纪念堂施工实况》记述在中山纪念堂动工时间上的差异,一方面缘于三者所指的动工含义不同。即合同所称"开工"应指工程承包人开始从事与纪念堂或纪念碑工程相关的工作,包括备料、组织工人、运送设备等,《广州民国日报》中所称"兴筑"则指材料、设备、工程等进驻工地并开始运作,《广州中山纪念堂施工实况》所言"兴工"则指破土动工,开始修建。另一方面则与纪念堂及纪念碑工程所用工料、设备及工人多来自外埠有关。上述《广州民国日报》中所记已表明纪念堂工程所用最新式之材料车以及驾驶工人、建筑工人均由沪来粤。这与《广州中山纪念堂施工实况》所记"(纪念堂)全部工作人员,均由上海选雇,按工程进行状况,往返更调。建筑材料亦大部自外部采办,用料繁多,运输艰困。故均须按照施工程序,预为策划,俾所需工料得应时达到"[4]一致。

馥记营造厂创办人陶桂林在回溯中山纪念堂建筑工程时称[5]:"三月六日(即1928年3月6日),先派职工等一百二十名,并随带应用器具,起程赴粤,各项材料亦由沪次第运往,于十五日抵粤,到后即布置工厂搭盖工房,填平堂基。因纪念堂系前总统府旧址,嗣经陈炯明叛变,焚于烈火,已成瓦砾之场,约旬日方告竣事,拟即兴工。忽因堂基中线未定,须待彦记建筑师与委员会商后,始可动工,于是工友等无事可做,静待至四月二十三日,接委员会来函,咨照克日动工,计延长五旬之久,损失不下万余金。"[6]

根据陶桂林的叙述,工人、设备和材料从上海运粤费时旬日,抵粤后清理因陈

---

[1] 《中山纪念堂已开始建筑》,《广州民国日报》1928年3月24日,第六版。
[2] 《中山纪念堂将落成》,《广州市市政公报》1930年第367期,第86—87页。
[3] 崔蔚芬:《广州中山纪念堂施工实况》,《工程:中国工程学会会刊》1932年第4期,第414—429页。
[4] 崔蔚芬:《广州中山纪念堂施工实况》,《工程:中国工程学会会刊》1932年第4期,第414页。
[5] 陶桂林:《广州总理纪念堂之建筑工程》,《时事新报(上海)》1931年10月10日,第四张第四版;10月20日,第二张第四版;10月30日,第二张第四版。
[6] 陶桂林:《广州总理纪念堂之建筑工程》,《时事新报(上海)》1931年10月20日,第二张第四版。

炯明炮轰总统府产生的废墟瓦砾又费时约旬日,后又因纪念堂中线未确定导致工人停工近一个月,前后耽搁长达五旬之久,导致真正破土开工建设迟至4月下旬。

另外,陶桂林还提到,在与筹备委员会签订合同时,其曾提出三点要求[①]:①派兵保护工场,因工友悉由沪上招来,恐言语不通,易生误会,并防范其他意外事情之发生。②若遇军事行动,若损及工场内已做未做之工料,概由委员会负责料理。③各种材料运输,除关税外,其他一切杂税,均请豁免。

这些要求在筹备委员会第九次会议的会议记录亦有所反映。同时,筹备委员会第九次会议的会议记录中还有吕彦直电请吉祥北路各住户于三月五日前搬清事项[②],均为确保纪念堂及纪念碑工程可以如期开工。

(二)移动堂址与征用民房

就在工人、材料和设备等相继进场而纪念堂开工建设之际,工程进行再起波折——为兴筑纪念堂而征用民房引起房主房客抗议:"惟依委员会计划,须将吉祥路一带民房,共七十余间拆卸,方能兴工建筑。但各房主房客,以连年国乱,饱受痛苦,今又有拆屋之举,益觉难堪,曾请省政府,收回成命。委员会则以为国父纪念,人民理宜遵敬,房主房客未能违抗,特函请公安局,将应拆各民房,先行标封,一面招商投承拆卸工程。房主房客,或抱不平,再诉诸省政府,尚无办法,因有派代表赴南京诉诸中央党部国民政府之意。预料纪念堂开始建筑,当在政府善为处置此七十余间民房之后也。"[③]

依照1926年3月悬赏征求中山纪念堂及纪念碑图案时建筑中山纪念堂委员会提供给应征建筑师的"建筑孙总理纪念堂及纪念碑地址图"(图3-3-9),上述七十余间吉祥路一带的民房,具体应指吉祥路西侧的房屋,北至九龙街东北角,南至德宣西路东端,沿路条状分布。我们注意到,该地址图上还特别注明:"图上各种地形、地物系现有状态实地测绘,关于建筑纪念堂及纪念碑计划上对于现有地形、地物保留与否,由设计者自定。"换言之,按照建筑中山纪念堂委员会的意思,吉祥路西侧的七十余间民房保留与否,由建筑师决定。

---

① 陶桂林:《广州总理纪念堂之建筑工程》,《时事新报(上海)》1931年10月20日,第二张第四版。
② 《筹委会第九次会议议事录》,广州市档案馆藏档案,全宗号:4-01;目录号:7;案卷号:46-2。
③ 《广州建筑中山纪念堂之波折》,《琼报》1928年5月26日,第三版。

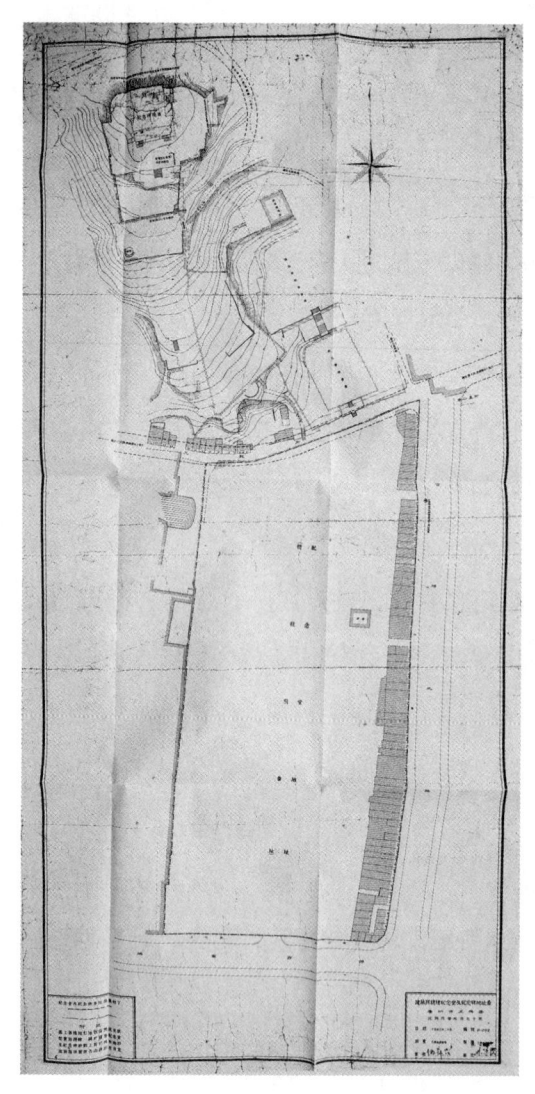

图3-3-9 建筑总理纪念堂地址图（图片来源：广州中山纪念堂管理处提供）

而在建筑师吕彦直应征并获首奖的方案中（图3-2-1），吉祥路西侧的七十余间民房位置主要被设计为绿化带和停车处，因此征用并拆除该批民房势在必行。于是，筹备委员会从1927年开始即请工务局测勘纪念堂附近民房面积，并拟具收用办法；后又请公安局布告执行收购民房①。公安局则于1927年11月发出布告，令各住户与业主在1928年3月20日前一律搬清②。但出乎意料的是，此举引起了民众的抗议，以至"众论哗然，民情鼎沸"③。德宣路东吉祥北路一带业主住客委托代表冯少舟上诉至中央政治会议广州分会，请求免予收割吉祥北路迤西一带民房，中央政治会议广州分会随即致函孙中山先生纪念堂筹备委员会，令其查核实情④。

后经公安局再三抚慰并豁免被征用各户历年积欠警费，加上市政厅派员会同筹备委员会委员杨西岩召集坊众会议，决定在原补偿地价基础上增加25%，民情才稍平息⑤。但后续的拆迁征用工作推进仍不顺利，直到1930年1月，缴契领价者不过60户，另60余户仍在观望，

---

① 《总理纪念堂纪念碑奠基典礼》，《广州民国日报》1929年1月16日，第三版。
② A.《总理纪念堂三期收用民房案》，《广州民国日报》1930年1月20日，第二张第一版；B.《德宣路住户代表呈为建筑中山纪念堂请免收割民房案（一）》，《中央政治会议广州分会月刊》1928年第5期，第86—89页。
③ 《总理纪念堂三期收用民房案》，《广州民国日报》1930年1月20日，第二张第一版。
④ 《德宣路住户代表呈为建筑中山纪念堂请免收割民房案（一）》，《中央政治会议广州分会月刊》1928年第5期，第86—89页。
⑤ 《总理纪念堂三期收用民房案》，《广州民国日报》1930年1月20日，第二张第一版。

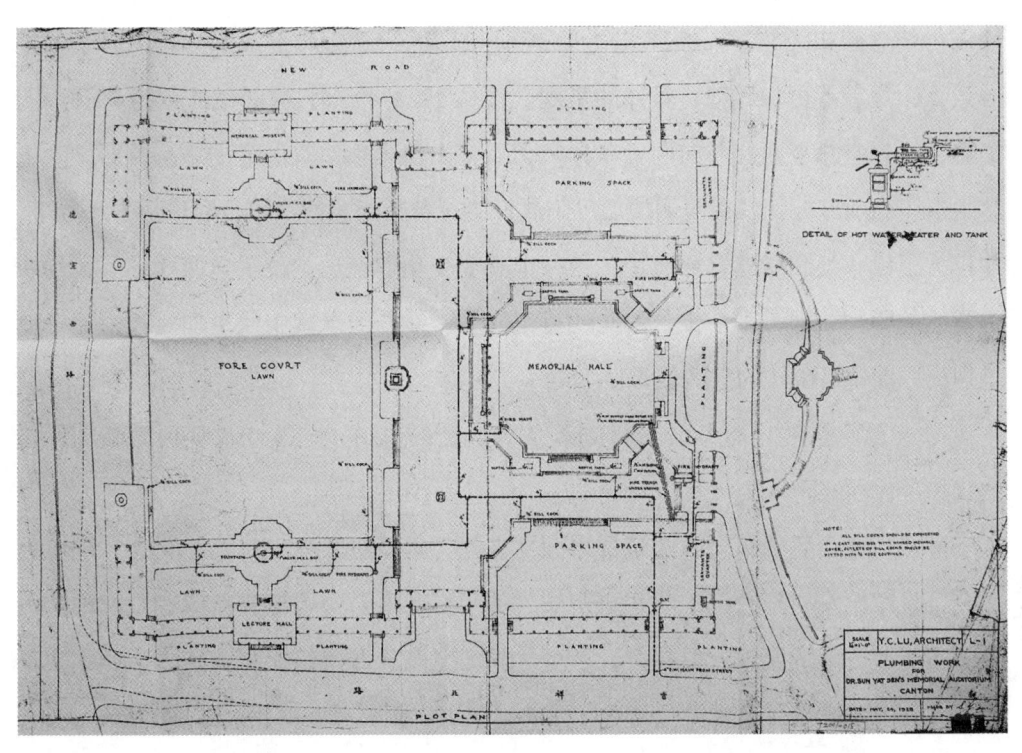

图 3-3-10 广州中山纪念堂道路管线图(图片来源:广州中山纪念堂管理处提供)

而该批民房勉强征收完成还要到 1931 年纪念堂基本落成前①。

就在吉祥北路西侧一线民房的征收工作尚未完成之时,由于建筑师对纪念堂位置的设计变动而需征收民房所引起的民怨接踵而来,且较上次更甚。民众上书广州市政厅称:"为按照图则建筑实无须圈用数百家民房之必要,乞恩仍照初次图则办理。"②这里的"初次图则"指的应就是吕彦直获奖的图案,亦即 1927 年 4 月 30 日绘定的工作详图。而"圈用数百家民房"则指建筑师"变更之新图"——将纪念堂中线移至偏西二十余丈之新方案,所需征用民房的面积。

通过比较吕彦直的获奖方案(图 3-2-1)、彦记建筑事务所 1927 年 4 月 30 日绘定的纪念堂总平面图(图 3-3-1)和 1928 年 5 月 24 日绘定的道路管线图(图 3-3-10),获奖方案显然是根据建筑中山纪念堂委员会提供的"建筑孙总理纪念堂及纪念碑地址图"所规定的地界范围所设计,因而纪念堂总体平面呈南北狭长方形,且

---

① 吉祥北路沿线民房七十余间,加上德宣路、粤秀街等处民房,共一百二十八户,分两期征收,第一期征收八十户,第二期征收四十八户。参见《总理纪念堂三期收用民房案》,《广州民国日报》1930 年 1 月 20 日,第二张第一版。

② 《德宣路住户代表呈为建筑中山纪念堂请免收割粤秀街坊巷民业》,广州市档案馆馆藏档案,全宗号:4-01;目录号:7;案卷号:46-2;第 71 页。

轴线与纪念碑相距较远。1927年4月30日绘定的纪念堂总平面图与获奖方案基本一致，应是后者更加详细、具体的呈现。而从1928年5月24日绘定的道路管线图来看，纪念堂总平面已与前两者差异较大：整个纪念堂建筑群范围略呈方形，除纪念堂本体和前庭外，其在两侧增加了附属设施（包括纪念博物馆、演讲报告厅等），并扩大了停车处和绿地草坪面积；另一个重要变化即纪念堂位置向西移动了大约一个堂体的距离，即二十余丈，由此使得纪念堂中线与纪念碑中线更加靠近，更好地呈现出"前堂后碑"的空间效果。

这一方案也在1928年4月得到筹备委员会的采纳："按四月变更之新图，将中线移至偏西二十余丈。"①

显然，变更后的纪念堂建筑群平面更方正，规模更宏伟，设施更完善，环境更优美，且纪念堂与纪念碑的联系更密切、关系更和谐。这也应是吕彦直及彦记建筑事务所更改方案的原因。但同时，变更之新方案意味着建筑面积的扩大，原本狭长的地界已无法满足需求。在北侧受粤秀山局限、南侧临德宣西路、东侧临吉祥北路，且需将纪念堂与纪念碑轴线靠近的情况下，纪念堂建筑群范围只能向西侧延展并将纪念堂堂体向西移动。按照这一方案，需将"建筑孙总理纪念堂及纪念碑地址图"中的西界向西移动约一个堂体的距离，而其中所覆盖的民房则需尽数拆除。

在彦记建筑事务所绘制于1929年5月5日的一张"BLOCK PLAN SHOUING THE SITE OF EXITTING HOUSES"（现存民房平面图）中，展示了变更方案所需拆除的民房范围和拆除期限（图3-3-11）。图中显示，纪念堂西侧的民房须在8月1日前拆除，而南部的民房则需在1929年年内拆去。

本次所需拆除的民房超过二百间②，面积之大、数量之多，非上次所可比。于是，德宣中路、粤秀横正十三街坊众再次上述广州市政厅，请免收割该区域民房，甚至指责工程建筑师"只知工程愈大获利愈丰"③。面对抗议与阻力，当局一面派员交涉，抚慰民情；一面提出补偿办法，并宽延拆除期限④：

---

① 《德宣路住户代表呈为建筑中山纪念堂请免收割粤秀街坊巷民业》，广州市档案馆馆藏档案，全宗号：4-01；目录号：7；案卷号：46-2；第71页。
② 《总理纪念堂三期收用民房案》，《广州民国日报》1930年1月20日，第二张第一版。
③ 《德宣路住户代表呈为建筑中山纪念堂请免收割粤秀街坊巷民业》，广州市档案馆馆藏档案，全宗号：4-01；目录号：7；案卷号：46-2；第71页。
④ 《查勘收用中山纪念堂第三期民房案》，《市政公报》1930年第353期，第43—44页。

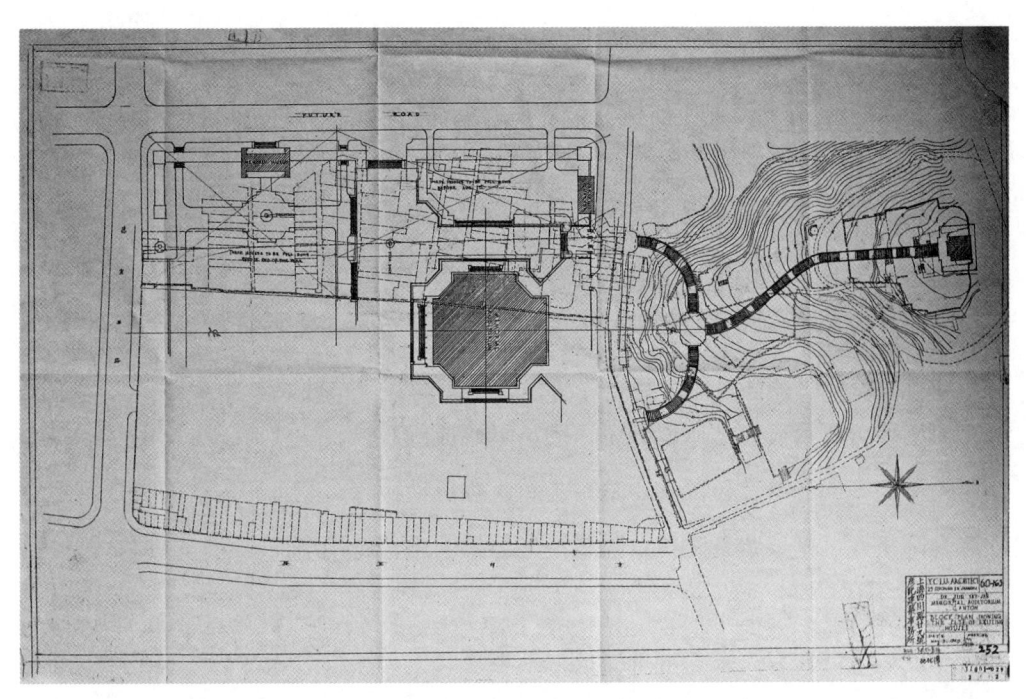

图 3-3-11 广州中山纪念堂占地范围内现存民房平面图（图片来源：广州中山纪念堂管理处提供）

该纪念堂原定位置系与第一、二期收用民业相对，后因将纪念堂位置改偏于西，便若不收用第三期民业，于观瞻上似欠完备。惟念该处居民数百户，均属贫寒之家，情殊可悯，且纪念堂工程须至民国二十年始可完成，距现在尚有年余，似可暂缓收用。但在暂缓收用期内，对于被收用之屋业铺户，妥筹补恤办法，俾不至流离失所。尤有进者，前次收用第一、二期产价，均按收用地亩面积核算，而屋宇之层数不与于，此举殊欠公允。此次若收用第三期民业，对于收用产价，似应有详晰之核算，使被收用业户不致蒙莫大损失。第一、二期收用民业，如财政充裕，或予以相当之补偿，以昭平允。

即便如此，第三期收用民房的工作仍进展缓慢，直到1936年11月，各项交易才基本结束[①]。

除纪念堂外，纪念碑工程亦涉及收用民房问题，但其工作进展十分缓慢。直到1934年4月，"尚有纪念碑区域内九龙街公德林、福善坊等处之民房十余间，尚未

[①] 《广州市中山纪念堂纪念碑建筑管理委员会1936年11月1日第二次全体委员会议事议程》，广州市档案馆馆藏档案，全宗号：4-01；目录号：7；案卷号：46-6；第297页。

估价"①；6月，工务局发出对该批民房的估价公函②。但具体的征收工作直到1937年还未落实③。

（三）纪念碑升降机基石之案

在纪念碑的建设过程中，中山纪念堂及纪念碑工程监理员卓康成曾向筹备委员会建议："向各行省及各国政府索取纪念碑基石，并在碑内添置升降机"④。筹备委员会随即将此建议转达建筑师，吕彦直为此专门函复，详细说明"关于桌监理员建议向各行省及各国政府索取基石，并在碑内添置升降机各点困难情形"⑤。

卢洁峰分析吕彦直之所以否定监理员卓康成的建议，主要有三方面的考虑：一是时局不稳，向各省及各国索要基石会致工程延期；二是纪念碑内空间有限，不宜安装升降机；三是安装升降机及附属设施导致的工程费用增加，会加重原本已经拮据的经费负担⑥。

按照后来的建设方案，筹备委员会基本接受了吕彦直的意见，并未在碑内安装升降机。而关于向各行省及各国政府索取基石，则改为向各省电征镶于碑体四周的嵌石和刻于嵌石上的题字："兹拟于碑之四旁多嵌石块，以备各省高级党政机关得以题字，而抒其景慕之意！每石以纵一英尺零半英寸、横一英尺零九英寸为度。尚祈迅挥椽笔，为勒数行寄粤，俾付贞珉，以垂不朽，无任跂盼等由。"⑦

1930年的《广州市市政公报》称，纪念碑工程行将告竣之际，各省题字刻石已陆续寄到，并推定陈铭枢、陈济棠、胡汉民、古应芬、吴稚晖等为审定委员，进行审查⑧。但实际情况是，直到1933年2月16日，中山纪念堂纪念碑建筑管理委员会仍在致电广州市政府，催征题字：

敝会纪念碑内四旁前经议决，嵌石百块，以备各省市高级党政机关题字之用。

---

① 《九龙街民房估价》，广州市档案馆馆藏档案，全宗号：4-01；目录号：7；案卷号：46-7；第270—282页。
② 《九龙街民房估价》，广州市档案馆馆藏档案，全宗号：4-01；目录号：7；案卷号：46-7；第270—282页。
③ 《广州市中山纪念堂纪念碑建筑管理委员会1936年11月1日第二次全体委员会议事议程》，广州市档案馆馆藏档案，全宗号：4-01；目录号：7；案卷号：46-6；第297页。
④ 《孙中山先生广州纪念堂筹备委员会第十二次会议议事录》，广州市档案馆馆藏档案，全宗号：4-01；目录号：7；案卷号：46-2；第88页。
⑤ 《孙中山先生广州纪念堂筹备委员会第十二次会议议事录》，广州市档案馆馆藏档案，全宗号：4-01；目录号：7；案卷号：46-2；第88页。
⑥ 卢洁峰：《广州中山纪念堂钩沉》，广州：广东人民出版社，2003年，第185—186页。
⑦ 《广州中山纪念堂筹备会电征题字》，《江苏省政府公报》1928年第56期，第47—48页。
⑧ 《中山纪念碑之伟观》，《广州市市政公报》1930年第356期，第60页。

每石以纵一英尺零半英寸、横一英尺零九英寸为度,业经函请,查照将碑字题寄在案。现因纪念碑建筑工程早经竣事,此项题字自应汇集刻嵌,俾观厥成用,再端函奉达,务请以贵府名义迅挥椽,笔题须寄粤以便刊刻为荷。此致广州市政府。①

广州市政府接函后仅一周,即将写有题字"流百载纪 光世德功 广州市政府敬题"②一纸字条送达。

这些题字,或出于政要名流之手,或来自高级党政机关,不仅具有独特的艺术价值,而且表达了世界各地对孙中山的景仰与纪念。然而遗憾的是,这几十块带有题字的石刻后来被铲除③。所幸的是,在《总理逝世八周年纪念刊》中还保存有这几十通题字刻石的拓片。题字者有:胡汉民(图3-3-12)、萧佛成(图3-3-12)、邓泽如、古应芬、陈济棠、邹鲁、蒋光鼐、林云陔、刘纪文、刘芦隐、李扬、胡毅、林直勉、广东革命纪念会、中国国民党广东省执行委员会、中国国民党中央执行委员会西南执行部、中国国民党汉口特别市党部、察哈尔省党务执委会、中国国民党澳洲总支部、中国国民党驻加拿大总支部、中国国民党河南省党务指导委员会、四川党务指导委员会、中国国民党河北省党务指导委员会、广东省政府、广西省政府、福建省政府、湖南省政府、中国国民党驻墨总支部、中国国民党驻印度总支部、中国国民党缅甸总支部、中国国民党驻古巴总支部等。

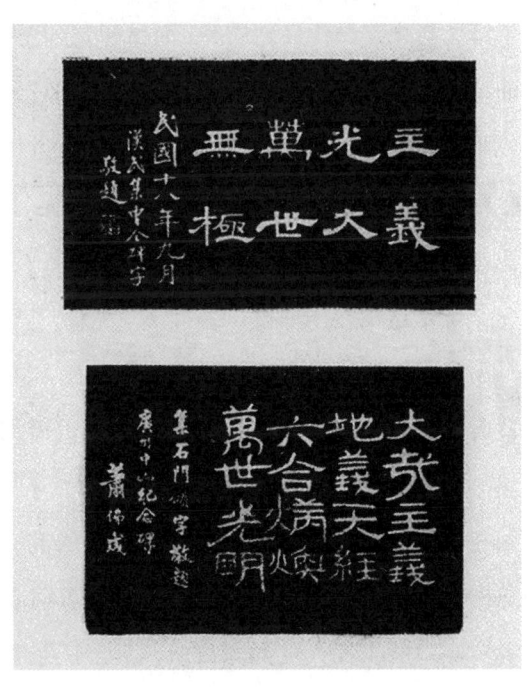

图3-3-12 中山纪念碑内刻石题字拓片(胡汉民、萧佛成)(图片来源:中国国民党中央执行委员会西南执行部编:《总理逝世八周年纪念刊》,1933年)

---

① 《关于征集中山纪念碑题字案》,广州市档案馆馆藏档案,全宗号:4-01;目录号:7;案卷号:46-4;第238—240页。
② 《关于征集中山纪念碑题字案》,广州市档案馆馆藏档案,全宗号:4-01;目录号:7;案卷号:46-4;第238—240页。
③ 卢洁峰:《广州中山纪念堂钩沉》,广州:广东人民出版社,2003年,第187—188页。

（四）纪念堂松木桩地基之争

1928年6月10日，筹备委员会致电吕彦直，邀其出席将于20日召开的筹备委员会第十二次会议，并汇报纪念堂工程进度[①]。10日后，会议如期召开，吕彦直因病无法出席，由挚友黄檀甫代表参会。黄在会上"报告关于建筑上之种种重要布置……将来全堂安装冷热水管，及反射光线电灯。此两种材料，均系采用英美建筑工程公会规定最优良之质料，而吕建筑师图则所定配置之法，则水管、电灯均不外露，而应用时则冬温夏凉，光线浓淡随人如意，堂外并有反光射灯，使黑夜时能照见堂外附属建筑物，夜如白昼。此均依足近世伟大建筑之配置，将来实为东西首屈一指之巨厦，至现在工程之进行，均能照预定计划完成，地脚安置，各种大小桩式数千，业已竣事"[②]。

正是这汇报中所称的数千枚大小松木桩，招致质疑[③]。时任广东省建设厅厅长马超俊派技正黄肇翔、陈国机调查：在询问筹备委员会委员杨西岩（因病）未果后，便向彦记建筑事务所驻粤工程师调查，得到"纪念堂地基，所用之木桩，均系美国奥利近省之松木，其最大者为十寸，十寸四十尺长，最小者为六寸，六寸十二尺"回复后，认为纪念堂地基用松木打桩属实，且"该公司（指彦记建筑事务所）不审粤省情形，以至铸此大错"，于是提议应立即请工程监理人员设法补救，或请本省具有经验的工程人员共同讨论，后经广东省政府第四届委员会第八十九次会议讨论通过该提议[④]。

9月24日，在广东省建设厅内，经纪念堂监理工程人员和该省具有建筑工程经验的人员共25位专家开会讨论，均认为纪念堂地基用松木桩不妥，为求永久计，应从根本改建[⑤]。会议当场议决两项措施：①松木桩易招白蚁侵蚀，不适合该省建筑之用，应呈请省政府克日制止工程进行；②组织委员会负责拟定改造计划，贡献于省政府采择，委员由建设厅聘定之。随后，又拟以建设厅名义，聘请富有工程经验人员九人（伍希吕、胡栋朝、黄肇翔、陈国机、周士毅、梁仍楷、钟柏祥、容祺

[①] 《孙中山先生广州纪念堂筹备委员会第十二次会议议事录》，广州市档案馆馆藏档案，全宗号：4-01；目录号：7；案卷号：46-2；第88页。
[②] 《纪念堂之宏伟与现在工程》，《广州市市政公报》1928年第297期，第7页。又载于《现象报》1928年6月21日。
[③] 《总理纪念堂竟用松木打桩》，《广州民国日报》1928年9月7日。
[④] 《马委员提议关于总理纪念堂地基木桩具属松木亟应设法补救以垂永久案》，《广东省政府周报》1928年，第52—53期，第25—26页。
[⑤] 《总理纪念堂地基改建问题》，《广州民国日报》1928年9月25日，第四版。

勋、陆镜清），拟具改造补救计划[①]。针对这一提议，经广东省政府第四届委员会第九十五会议讨论通过，并照拟执行[②]。

纪念堂基础用松木桩一案在广东省政府、建设厅介入调查后，亦引起舆论关注并发酵[③]。10月5日，《广州民国日报》载《纪念堂绝对不适用松木桩》一文[④]，文中列出纪念堂不宜用松木桩的五点理由：

（一）粤地松木（如各铁路所用之北江松枕木是），在一月后，多生白蚁，以潮湿地点为尤甚。凡稍知粤地气候者，无不知之。

（二）香港政府，对于松木一物，曾多方设法用药料外敷，或将木内汁液抽出，然后将药料注射，以避免白蚁之侵蚀。其结果均属短期效验，日久则功用全无。

（三）木料藏于地数尺深以下，普通虫蚁，本不易生，但对于白蚁，则不然，观本市从七八尺下挖出之旧棺木，曾被白蚁侵蚀者不可胜数。

（四）木料若常浸在水中，本不易腐坏，但水平高下，因时而变，极难预定，兹略举数端以明之：

如附近多开水井，或附近之旧井，用水较前增多，则地水难保其不低降。如观音山及附近，多开马路，则山上流下之水，间接而透往别处宣泄，则地水难保其不低降。

观音山，及附近，继续有新建筑物，该地脚及石台灯，与原有水源及水流方向，如发生关系，难保其地水不低降。

观音山之山水，多由六脉渠，及附近渠道宣泄。现以六脉渠及附近渠道淤塞，故该处一带街道，多患水浸。如将来六脉渠清理，及正式渠道完成后，决无水患。但纪念堂之现有地水，难保其不低降。

雨水多寡，向无标准。如一旦水旱时期过长，则水平有无变更？实属疑问。

（五）松桩一经白蚁侵蚀，则地基形状，类似蜂巢。以此松坏地基，能否受原有规划压力？实属疑问。

---

① 《建设厅呈复遵令召集工程人员议决补救纪念堂用松木打桩办法两项案》，《广东省政府周报》1928年第54—55期，第105—106页。
② 《建设厅呈复遵令召集工程人员议决补救纪念堂用松木打桩办法两项案》，《广东省政府周报》1928年第54—55期，第105—106页。
③ A.《改造纪念堂建筑办法》，《现象报》1928年9月27日；
　　B.《纪念堂工程停止后 审查委员会不日成立》，《广州民国日报》1928年10月1日；
　　C.《总理纪念堂建筑近讯》，《现象报》1928年10月2日；
　　D.《总理纪念堂尚未遵令停工》，《广州民国日报》1928年10月3日，第四版。
④ 《纪念堂绝对不适用松木桩》，《广州民国日报》1928年10月5日，第三版。

上述五点理由是由"纪念堂打松木桩研究委员会"（《广州民国日报》中称"审查委员会"）提出，而该委员会是马超俊调查纪念堂地基中用松木桩一事所组织成立（可能即系前文提到的包括纪念堂监理工程人员和该省具有建筑工程经验人员在内的25位专家）。经数月调查、讨论，该委员会得出的调查结果是"今以最易朽坏之松桩，而在白蚁最易滋生之地，建永久建筑物之地基，理由似欠充足"[1]。建设厅不仅将调查结果上报广东省政府，并且公之于众，引发舆论关于纪念堂木桩地基的质疑。

面对官方与舆论的质疑，建筑师并非没有回应[2]。彦记建筑事务所工程师裘燮钧不仅于1928年10月28日答记者问时，代表吕彦直向公众解释："查松木桩浸入地层水下，既不虞腐烂，又不能为白蚁所侵蚀"[3]；更是在此前会同中山纪念堂工程监理员卓康成向广东省建设厅作出了具体的解释并提供了保全之办法[4]：

窃查孙中山先生广州纪念堂，用松木打桩，广东工程界人士，以其易招白蚁侵蚀，提出异议。鄙人等，职司建筑，及监理该工程，责任所在，难于缄默。照打桩之经过情形，考察所有地基桩木位置，每桩桩头，均打至地层水之下二尺有余。是松木常为地层水所浸，照工程学理，及经验之推论，松木当永无侵蚀之虞。或谓地层难保其永不变更，不知此乃学理上之推测，非经详细考察，及研究，殊难臆断。兹就保持现有之地层水平水高度方面，特规划补充办法如下：

纪念堂地基工程之主要桩蕴，皆位于全座建筑之四周。故就四角位置，规划钢筋混凝土蓄水池四座，其容量共约八十三万加伦。天雨时，使纪念堂瓦面之水，及观音山麓之水，皆流注于蓄水池内。纪念堂地基之四周，铺以瓦管，置于散砌砖块之上，比现有之松桩高六寸。此项瓦管，皆与蓄水池，互相联贯。每遇天旱时，设地层水下降至离桩顶仅高数寸，蓄水池之放水管，自动开放，使蓄池之水流入瓦管，然后再由瓦管之接缝地方，浸入土中，使地层水回复原有之高度。设蓄水池吸收水量过多，则由地管流放至街渠。前项工程计划，经另绘图，并估计于下：（一）蓄水池四座，钢筋混凝土，约二百五十方，计二万七千五百两。（二）各种水管，约

---

[1] 《纪念堂绝对不适用松木桩》，《广州民国日报》1928年10月5日，第三版。
[2] 卢洁峰在《广州中山纪念堂钩沉》中称面对质疑，当时的报纸不见建筑师的回应。参见卢洁峰：《广州中山纪念堂钩沉》，广州：广东人民出版社，2003年，第193页。
[3] 《建筑纪念堂工程师关于用松木桩之谈话》，《现象报》1928年10月8日。
[4] 《关于中山纪念堂松木桩补救方办法案》，《广东省政府周报》1928年第57期，第24—27页。

一千八百尺，暗井在内，约一千五百两。（三）自动水掣四副，约一千两以上。共计约需银约三万两。设如有以外，蓄水池之水量不足，得在观音山麓之下，添置铜筋混凝土水池两座，容量约四十余万加伦。其价值可由上列预算，比例得之，兹不另算。谨此提议，等情。并缴蓄水池图一幅，到厅。

面对公众与建设厅的质疑以及建筑师（工程师）和监理方的解释、提议，广东省政府经第四届委员会第九十八次会议讨论，议决"毋庸筑池，仍照原图案建筑"[1]，结束了关于纪念堂基础用松木桩的争议。关于这场争论的戛然而止，当时的官方公文中，虽未言明广东省政府作出"仍照原图案建筑"决议的原因和依据，但结合其他相关材料，似乎可作一分析：

其一，纪念堂打松木桩研究委员会所列的五条不适宜用松木桩的理由中，第一条——亦是最关键一点，即有错误。中山纪念堂所用的松木并非"粤地松木"，而是来自美国的红雪松，即彦记建筑事务所驻粤工程师所称"美国奥利近省之松木"。在崔蔚芬所著《广州中山纪念堂施工实况》中，列表说明了纪念堂各种材料的来源与产地，其中明确指出地基所用之打桩松木来自美国[2]。据说这种松木，包含两种天然抗腐蚀物质，可以阻断任何腐蚀菌的生长和繁殖，被公认是等级最高的天然防腐木材；并且，其木质稳定性极强，在特别干燥或潮湿的环境中，均能避免变形；此外，当时中国的沿海城市，尤其是上海，大型高层建筑，均采用此种松木打造木桩地基[3]。

其二，纪念堂地基在打松木桩时进行了严格的控制。从打桩工具（分两千磅、三千磅、四千磅三种，适用不同尺寸桩木），到打桩位置（务求深浅适度、位置准确），再到打桩力度（不仅按照桩木尺寸采用相应规格铁锤，而且控制铁锤下坠距离）等，均精确计算和控制，确保工程质量[4]。

其三，在广东省建设厅针对纪念堂木桩地基提出质疑时，纪念堂"地脚安置，各种大小桩式数千，业已竣事"[5]，即使松木桩有问题，作根本之改造——抽出松木桩改为三合土桩，将意味着完全的返工，其他补救措施（如加强地基或筑造蓄水池）

---

[1] 《关于中山纪念堂松木桩补救方办法案》，《广东省政府周报》1928年第57期，第24—27页。
[2] 崔蔚芬：《广州中山纪念堂施工实况》，《工程：中国工程学会会刊》1932年第4期，第414页。
[3] 卢洁峰：《"中山"符号》，广州：广东人民出版社，2011年，第178—179页。
[4] 崔蔚芬：《广州中山纪念堂施工实况》，《工程：中国工程学会会刊》1932年第4期，第414页。
[5] 《纪念堂之宏伟与现在工程》，《广州市市政公报》1928年第297期，第7页。

也会带来建设费用的增加和工期的延长。加之此时，孙中山之子孙科电询纪念堂工程进度[①]。几方面权衡之下，广东省政府作出按照原图继续建筑的决议。

（五）奠基

1929年初，经过约十个月的建设，中山纪念堂工程已进行十分之三[②]。1月15日，筹备委员会举行盛大的奠基典礼（图1-5-7），众多军政要员受邀参加，多家报纸均有报道[③]。典礼程序分十三项[④]：

（一）齐集，（二）就位，（三）向国旗、党旗、总理遗像行三鞠躬礼，（四）主席冯祝万恭读总理遗嘱，（五）默念三分钟，（六）主席宣布开会理由，（七）报告纪念堂筹备经过情形，由筹备委员会金曾澄报告，（八）来宾演说，首由陈主席铭枢演说（录后），次由省党部代表陈季博、市党代表林翼中演说，（九）行奠基礼（录后），（十）奏乐，（十一）拍照，（十二）鸣炮，（十三）礼成。

其中，第七项由筹备委员会委员金曾澄报告纪念堂筹备经过情形[⑤]，对我们研究纪念堂及纪念碑筹备、建设经过颇有价值。

奠基立石环节，纪念堂奠基地点，在场内西偏，基石为日字形，高约五尺，阔约二尺余，青色，镌以金字"中华民国十八年一月十五日为孙中山先生纪念堂奠基筹备委员会李济深等立石"字样。由冯祝万亲手将磁质方形之奠基纪念品，放在基址内，并用银锤轻向基石上敲击，取巩固基础意义。随后前往粤秀山上纪念碑前，行建立碑石礼，碑石长约五尺，高约二尺余，镌"中华民国十八年一月十五日为孙中山先生纪念碑经始筹备建筑委员李济深等立石"字样[⑥]。

[①] 《孙科电询中山纪念堂近状 马超俊电复并未停工》《广州民国日报》1928年10月5日，第三版。
[②] 《总理纪念堂纪念碑奠基典礼》，《广州民国日报》1929年1月16日，第三、四版。
[③] A.《广州中山纪念堂奠基立碑》，《新闻报》1929年1月15日，第二张第三版；
B.《总理纪念堂纪念碑奠基典礼》，《广州民国日报》1929年1月16日，第三、四版。
C.《广州中山纪念堂奠基》，《申报》1929年1月17日，第九版；
D.《广州中山纪念堂前日举行奠基礼》，《大公报（天津）》1929年1月17日，第四版；
E.《粤中山纪念堂奠基》，《民国日报》1929年1月17日，第七页；
F.CANTON'S MEMORIAL TO DR.SUN, *The North-China Herald and Supreme Court & Consular Gazette（1870—1941）*, February 9, 1929.
[④] 《总理纪念堂纪念碑奠基典礼》，《广州民国日报》1929年1月16日，第三、四版。
[⑤] 《总理纪念堂纪念碑奠基典礼》，《广州民国日报》1929年1月16日，第003、004版。又载《现象报》1929年1月16日。
[⑥] 《总理纪念堂纪念碑奠基典礼》，《广州民国日报》1929年1月16日，第三、四版。

第四节 吕彦直逝世与中山堂善后

一、建筑师变更

与中山陵工程类似,吕彦直逝世后,广州中山纪念堂的建筑师也发生了变更。李锦沛与黄檀甫接续吕彦直的工作,前者作为建筑师,后者作为计划工程师(图3-4-1),继续履行职责。与吕彦直逝世时中山陵第一、二部工程已近完工稍有不同,此时广州中山纪念堂工程甫奠基不久,大量后续工作仍待推进。为此,两人曾多次赴广州视察工地。例如,1930年6月,李锦沛专赴广州以寻求从速完成中山纪念堂与纪念碑工程[①];而黄檀甫则于1931年4月初到施工现场,并留有现场摄影(图3-4-2)。

在 Encyclopedia of 20th-Century Architecture 一书内由 Jeffrey W. Cody 所撰写的吕彦直词条中,称接续吕彦直完成广州中山纪念堂工程的是范文照[②]。但从上文来看,这似乎是一个错误。虽然范氏在广州中山纪念堂及纪念碑设计竞赛中获得第三奖,但目前我们并未发现范文照直接参与广

图3-4-1 《良友》杂志所刊登李锦沛与黄檀甫照片及介绍(图片来源:《良友》1931年第64期,第29页)

图3-4-2 黄檀甫视察中山纪念堂施工现场(铜像基座上立者为黄檀甫)(图片来源:黄建德提供)

---

① 《中山纪念堂总工程师抵粤》,《广州民国日报》1930年6月9日。
② Jeffrey W. Cody, "Lu Yanzhi," in R. Stephen Sennott, ed., *Encyclopedia of 20th-Century Architecture*, 2004, Vol.2, New York and London, p.798.

州中山纪念堂工程的证据。

二、委员会改组

自1926年6月成立至1929年6月三年间，孙中山先生广州纪念堂筹备委员会负责并完成了广州中山纪念堂及纪念碑前期的筹备与建设工作。从建筑图案悬赏征求和评比刊布，到建筑师聘任和承包商招投，再到经费筹措、请款和民房征收、拆迁等，虽经波折，但筹备委员会排除种种困难，确保了纪念堂及纪念碑工程的推进，可谓厥功至伟。在1929年1月15日纪念堂及纪念碑奠基之时，建筑工程已过十分之三；而到该年年中时，工程则已过半。此时中山纪念堂及纪念碑的建设已由筹备进入到实质性的建设阶段，如果继续沿用"筹备委员会"的称谓，似已不够贴切[1]。同时，按照合同和施工进度，纪念堂与纪念碑工程将分别于1929年10月和1930年7—8月间完竣，届时又将由建设阶段转入利用、管理和维护阶段。加之此时，广东政局变动，筹备委员会主席即广东省政府主席李济深被蒋介石软禁南京，陈铭枢、陈济棠等入主粤府[2]，原筹备委员会中多数委员已不在粤，改组委员会已势在必行。

1929年6月27日，国民党召开中央执行委员会第十九次常务会议，孙科在会上提议："广州中山纪念堂筹备委员会委员现已多不在广州，于建筑进行殊多阻碍。兹为充实此会，促进工程起见，拟将委员人数改定为七人。其中四人以现任广东省政府主席、财政厅长、建设厅长及广州市市长为当然委员，余三人拟即于前届委员中加派杨西岩、金曾澄、黄隆生三同志充任，并拟改称广州中山纪念堂纪念碑建筑管理委员会，以符名实。由黄隆生同志函为不日须赴海防，料理商业，请速派员继任中山纪念堂司库一职案，决议，照办，并函复黄隆生同志，请其始终其事，勿遽出洋。"[3]

虽然该会议纪录并未透露孙科的提议是否获得通过，但根据十日后《广州民国日报》的披露[4]，孙中山先生广州纪念堂筹备委员会确已改组为中山纪念堂纪念碑建筑管理委员会（以下简称"建管会"），且新任广东省政府主席陈铭枢为主席委员，

---

[1] 卢洁峰：《广州中山纪念堂钩沉》，广州：广东人民出版社，2003年，第195页。
[2] A.《李济深释放》，《大公报（天津）》1929年6月19日，第一张第四版；
B.《李济深尚在汤山》，《申报》1929年8月2日，第八版。
[3] 《中央执行委员会第十九次常务会议纪录》，《浙江党务》1929年第45其，第21页。
[4] 《中山纪念堂筹备会已改组成立，改为建筑管理委员会，陈铭枢为主席委员》，《广州民国日报》1929年7月7日，第四版。

林云陔、杨西岩、金曾澄为常务委员①。三位常务委员中，杨和金均由前届委员加派充任而来，林则是时任广州市长。

改组后的建管会不久又面临人员变动，其一即孙科在提议中所称黄隆生因赴海防料理商业而导致的空缺，其二则是常务委员杨西岩因病出缺。为此，1929年10月，派李海云继承杨西岩之职，并加派同盟会元老、曾在陈炯明叛变中护送孙中山撤退至永丰舰的林直勉入建管会。而原本由黄隆生担任的司库职务，转由金曾澄兼任。不久，又推定林云陔、林直勉、邓彦华、金曾澄四人为常务委员。之后，邓彦华辞职，由胡继贤继任②。

在林直勉进入建管会不久，其侄子林克明被聘为中山纪念堂、纪念碑工程顾问③：

迳启者：

广州市孙中山纪念堂、纪念碑为纪念总理最伟大之建筑物，亦为我国将来历史上最有价值之工程，故当集思广益，方足以臻美善而垂永久。

凤仰先生工科巨子、艺术专家，兹经本会议决定，聘请先生为纪念堂、纪念碑工程顾问，希将全部已成及未成之工程悉心考核，随时提出意见，以供本会参考，从事改善用，特专函聘请，敬希见诺至本会，常务会议每周于星期六、日上午九时开会，并请依时出席为荷。此致

林克明先生

广州中山纪念堂纪念碑建筑管理委员会

改组后的建管会，接手筹备委员会的工作，一方面继续民房的收用与拆迁④，一方面推进纪念堂与纪念碑的工程建设。

1933年6月19日，在中山纪念堂纪念碑建筑管理委员会成立三周年之际，国民党中央执行委员会西南执行部又推派陈耀垣、香翰屏、李绮菴三人为建管会委员，并颁布了中山纪念堂纪念碑建筑管理委员会组织章程⑤：

---

① 《中山纪念堂筹备会已改组成立，改为建筑管理委员会，陈铭枢为主席委员》，《广州民国日报》1929年7月7日，第四版。
② 《中山纪念堂纪念碑开幕典礼盛况》，《广州民国日报》1931年10月12日，第二张第二版。
③ 胡荣锦：《建筑家林克明》，广州：华南理工大学出版社，2012年，第40—41页。
④ 《总理纪念堂三期收用民房案》，《广州民国日报》1930年1月20日，第二张第一版。
⑤ 《函广州中山纪念堂纪念碑建筑管理委员会组织章程并推派李绮庵等为委员请查照由》，《西南党务年刊》1933年，第261页。

第一条　为完成广州中山纪念堂纪念碑建筑工程及管理一切事项，特设立广州中山纪念堂纪念碑建筑管理委员会。

第二条　本委员会委员定为七人，由中央执行委员会西南执行部推派三人，并指定为常务委员，广东省政府主席，广东财政厅长，广东建设厅长，广州市长为当然委员。

第三条　本委员会之职权如左：

（一）关于工程设计及绘图事项。

（二）关于完成全部工程事项。

（三）关于风景园艺之设置事项。

（四）关于款项之筹集支配及保管事项。

（五）关于预算决算之编造事项。

（六）关于中央执行委员会西南执行部之交办事项。

（七）关于其他一切管理事项。

第四条　常务委员之下设秘书，工程师各一人；办事员，助理员各若干人，由委员会议决派充，办理各项事务。

第五条　本委员会至少每月开会一次，由常务委员召集之。

第六条　本委员会每三个月终，须将工程状况及支收账目，报告中央执行委员会西南执行部审核。

第七条　本委员会如遇事如繁剧时，得酌用雇员。

第八条　办事细则另定之。

第九条　本章程由中央执行委员会西南执行部议决施行。

该章程颁布时，中山纪念堂及纪念碑主体工程已经完成并已开幕，建设方面所剩主要是建筑群落环境、园艺的整治和培育，以及一些附属设施的完善等。因此在章程中规定建管会的职权时，除"完成全部工程事项"外，还包括风景园艺的设置、预决算的编造以及建成后的管理、维护等。

三、更改华表设计

前文有述，在吕彦直的中山纪念堂及纪念碑应征竞赛方案中，入口大门被设计为五门牌坊，之后在1927年4月30日绘定的工作详图中，该位置被开敞式华表方案所替代，并绘制了华表样式图（图3-3-1）。根据该图，华表由三部分组成，下

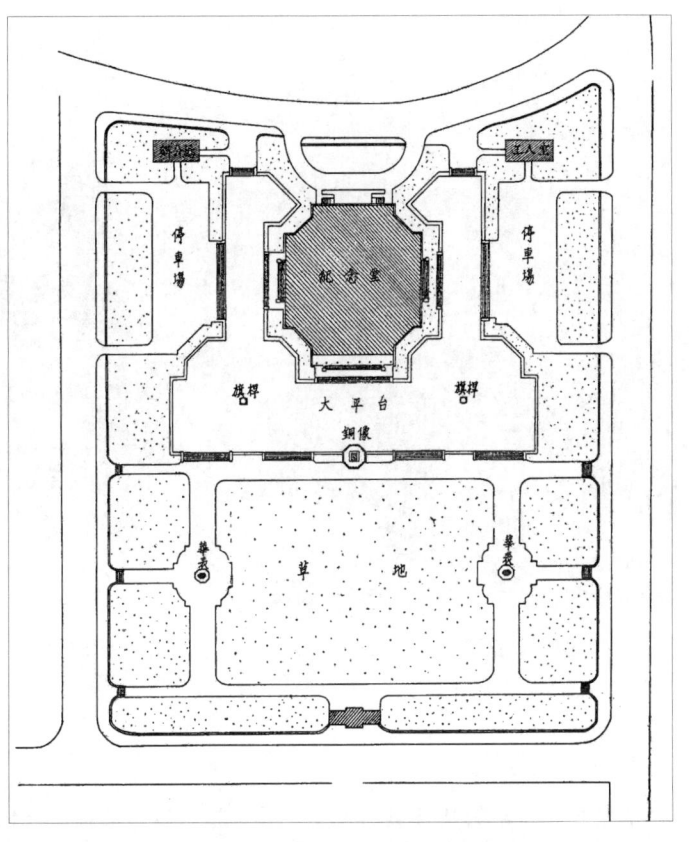

图 3-4-3　广州中山纪念堂总平面图（崔蔚芬：《广州中山纪念堂施工实况》，《工程：中国工程学会会刊》1932 年第 4 期，第 415 页）

为平面呈六角形须弥基座，中为六角形柱体，上为六角形石台承托一立式石羊。至 1928 年 5 月 24 日绘制的纪念堂平面图中，华表仍位于入口大门处。但在 1933 年崔蔚芬发表的《广州中山纪念堂施工实况》一文中，第一幅配图显示华表位置被移到前庭两边中部（图 3-4-3），而该位置在 1928 年 5 月 24 日绘制的平面图中则是喷泉的位置。

其实，更改的不仅是华表的位置，还有华表的样式。根据《广州民国日报》1930 年 1 月 14 日刊登的一则《广州中山纪念堂征求石柱图案》消息[①]：

本纪念堂门外原拟设置六角形四十一尺高之石柱二树，其顶上雕一立体石羊，该羊所立之石，径大四尺四寸亦六角形。现本会已决议取消石羊另行征求图案，并拟采取含有中国民族性或表示总理之历史精神言论具有博大之意义者为合格。定于

---

① 《广州中山纪念堂征求石柱图案》，首发于《广州民国日报》1930 年 1 月 14 日，第一张第二版。

图 3-4-4 广州中山纪念堂开幕时摄影［《军声（广州）》1931 年第 3 卷第 7 期，第 7 页］

本年二月二十五日为截止投稿期。为此敬告美术大家，如愿应征者，务请依照期限到莲塘路本会办事处投稿。各稿须备具正面、侧面、北面各图为要，一俟开会评选后，其取录一名者即致送奖金（广毫）一百元。此布。

中华民国十九年一月十三日
广州中山纪念堂纪念碑建筑管理委员会办事处启

建管会取消了原华表图案中顶部的石羊设计，转而征求具有"中国民族性或表示总理之历史精神言论具有博大之意义者"的图案。关于此次更改设计的原因，据称"前拟定在总理遗像之左右，建筑一五十尺高之石柱，并以广州为五羊城，特在柱顶建造石羊一只，以作华表。嗣委员会以事近迷信，决议取消该羊，于该石柱上改建白鹤"[①]。最终，华表的顶部被一种装饰有云鹤图案的圆柱头所代替，同时柱体上部的云板亦被取消（图3-4-4）。

有学者指出，建管会更改华表设计的这一决定是一败笔[②]。一方面，柱顶立瑞

[①] 《铜像价值》，《广州民国日报》1930 年 9 月 12 日，转引自徐楠：《以伟大之建筑 作永久之纪念——广州中山纪念堂建筑设计解读》，《中国文化遗产》2017 年 05 期。

[②] A. 卢洁峰：《广州中山纪念堂钩沉》，广州：广东人民出版社，2003 年，第 197—198 页；B. 徐楠：《以伟大之建筑 作永久之纪念——广州中山纪念堂建筑设计解读》，《中国文化遗产》2017 年 05 期。

兽是中国古代建筑的传统形式，而石羊不仅具有吉祥的寓意，而且与"羊城"广州相暗合，可谓独具匠心[①]；另一方面，在吕彦直的设计中，华表顶端的石羊与纪念碑基座平台四周的石羊相呼应，因而具有联系与融合的意蕴，而更改石羊设计则割裂了这一联系。的确，吕彦直的华表设计有其独特的意匠。但由于目前尚不清楚建管会更改华表设计是否与继任建筑师商量，因此还不便对这一决定做出评论。

四、开辟西北马路

在中山纪念堂未兴筑前，堂址东、南两面临路——吉祥北路和德宣西路，西、北两面临街——粤秀街和九龙街。经过吕彦直规划与设计，包括向西移动堂址带来的方案调整和建筑面积扩大，纪念堂西、北两侧的交通发生了变化。西侧一带的民房被拆除，并规划出了一条新路（图 3-3-10）；北侧原本狭窄的九龙街则亦被拓展为一条马路。换言之，在吕彦直的规划中，纪念堂四周均被马路包围。

1930 年 3 月 14 日，建管会致函广州特别市市长林云陔[②]：

堂、碑建筑工程已过半，纪念堂西、北两段马路函应早日兴筑，以利进行。

常委会议决定，堂后之九龙街名为纪念北路，堂西至粤秀街名为纪念西路。并函请市政府饬令工务局派员测勘，提前展筑。业经通过在案，相应录案，函请贵市长查照，希即饬行工务局遵照办理，仍祈见复为荷。此致

广州特别市市长林

广州中山纪念堂纪念碑建筑管理委员会

函中所称的"纪念西路"和"纪念北路"则是分别位于纪念堂西侧和北侧的两段马路。关于其命名，还有一段往事可述[③]。1930 年 2 月间，时任中山大学校长戴季陶曾偕建管会委员林直勉，约名流多人阅勘纪念堂工程。因纪念堂西、北两面马路尚未兴筑，亦无路名，遂提议预拟。在众人所拟中，林直勉提议名之为"纪念路"，并称："凡定名称，须含有广大的意义，庶使后之游览凭吊者，顾名思义，而兴其仰止之思，堂曰纪念堂，碑约纪念碑，则此路亦名之曰纪念路，似较顺理成章。盖纪念之意义，略分二层，其一则纪念先总理之历史人格主义，及其丰功伟业，足以昭示来兹，矜式后人；其二则民十时先总理顺国民之公意，伸讨逆之大义，成立总

---

① 《总理纪念堂工程之宏伟精巧》，《广州市市政公报》1930 年第 343 期，第 10 页。
② 《建筑纪念堂西北马路案》，广州市档案馆馆藏档案，全宗号：4-01；目录号：7；案卷号：46-5；第 359—364 页。
③ 《中山纪念路命名之意义》，《广州民国日报》1930 年 3 月 14 日，第二张第一版。

统府于粤都,正义伸张,各方景从。今之纪念堂,即当年大总统府之旧址,后经陈逆叛变,仍本其大无畏精神,从容脱险,予亦冒险追随,由此路线转赴黄埔率舰靖乱。堂后之九龙街,即当时出入枪林弹雨履险为夷之地,此尤堪留为永远纪念者。吾人今日低徊凭吊之余,犹恍见其当年不屈不挠出生入死之慨,生无限感想,故拟以纪念路名之,亦名副其实之意。"[1]

林直勉的提议得到了众人的认可,戴季陶则尤为激赏。随后则由林直勉于常委会议中提出讨论并获得通过,旋即以建管会的名义致函广州市政府请其饬令工务局开辟纪念堂西、北两面马路。

接到市政府训令后,工务局即着手计划,并预算该项工程费用约需工程费二万七千八百八十九元四毫。为便于工程进行,工务局还提议两段马路的建设费用由广州市政府承担,而关于收用民业,补偿产价等费用,均由纪念堂纪念碑委员会筹措[2]。此外,工务局还给出了《建筑中山纪念堂西北两面马路办法》[3]:

(一)路线　由德宣路粤秀街口起经粤秀街至九龙街折而东向直接连达吉祥路止,计路长约一千八百五十英尺、宽五十英尺,两边建人行路每边十尺。

(二)收用民房　收用民房办法,及补偿产价事宜,均由中山纪念堂委员会负责。

(三)马路建筑费　两段马路建筑费,约共二万七千八百八十九元四毫。

(四)负责建筑　马路建筑时期,由广州特别市工务局负责办理。

时隔一年以后,时任广州市工务局局长程天固向广州市市长呈报开路章程、图式和预算[4]:

查广州中山纪念堂西、北两面开辟马路一案,经于去年五月三十一日第十八次市行政会议表决通过在案。兹拟先将北路建筑定于本月十七日下午二时,在职局当众开投工程。除登载广告招商投承外,理合备文连同章程图式预算呈请察核派员届时莅场,会同监视开票,以昭慎重,实为公便,谨呈广州市市长程。附呈章程图式预算各一份。广州市工务局局长程天固。

根据该呈报,先行修建的是北面的马路,即纪念北路。其中提到的章程即现藏

---

[1] 《中山纪念路命名之意义》,《广州民国日报》1930年3月14日,第二张第一版。
[2] 《工务局提议兴筑中山纪念堂西北两面马路案》,《广州市市政公报》1930年第357期,第38—39页。
[3] 《建筑纪念堂马路办法》,《广州市市政公报》1930年,第359期,第44页。
[4] 《中山纪念堂北路预算表》,广州市档案馆馆藏档案,全宗号:4-01;目录号:7;案卷号:46-5;第375—377页。

于广州市档案馆的《建筑中山纪念堂北路章程》①。1931年7月17日下午2时，在工务局招投承建商，共有荣兴、耀基、和兴、永兴隆号四家公司投标，最终永兴隆号以最低价中标②。一周后，永兴隆号与工务局签订了《承建中山纪念堂北路工程合约》③。

至1931年12月31日，纪念堂北面马路竣工，工务局派员验收通过。而纪念堂西面马路，则由于广州沦陷以及征地拆迁问题，迟至1948年9月尚未开建④。

除纪念堂四周交通外，当局还开拓了镇海楼至纪念碑的马路，以利通行。1931年10月1日，广州市工务局发函招投镇海楼至纪念碑的马路工程，最终添记中标。经市政府批准后，1931年11月24日，工务局与添记签订了《承建镇海楼至纪念碑马路工程合约》⑤。根据合约，工程造价4850元，限期50日内完工。1932年3月1日，该段马路通过验收⑥。

五、落成开幕

按照1928年筹备委员会分别与香港宏益建造厂、上海馥记营造厂签订的纪念碑、纪念堂合同，纪念碑工程自1928年3月6日动工兴建，限期17个月，即1929年8月6日前竣工，而纪念堂工程自1928年3月8日开工，限期26个月，即1930年5月8日完成。但两项工程实际告竣开幕时间，则迟到1931年10月10日（纪念碑竣工稍早，或在1929年12月⑦），较之合同约定时间推迟近一年半。其原因或可从纪念堂工程承造商——上海馥记营造厂老板陶桂林的记述中略窥一二⑧：

其一，建筑方案变动，即纪念堂堂址中线西移（忽因堂基中线未定，须待彦记建筑师与委员会商后，始可动工，于是工友等无事可做，静待至四月二十三日）；其二，收用民房几经波折，拆迁房屋推进困难（讵料委员会因收买不易，拆除又难，

---

① 《建筑中山纪念堂北路章程》，广州市档案馆馆藏档案，全宗号：4-01；目录号：7；案卷号：46-5；第365—374页。
② 卢洁峰：《广州中山纪念堂钩沉》，广州：广东人民出版社，2003年，第203页。
③ 《永兴隆号承建中山纪念堂北路工程合约》，广州市档案馆馆藏档案，全宗号：4-01；目录号：7；案卷号：46-5；第384—385页。
④ 卢洁峰：《广州中山纪念堂钩沉》，广州：广东人民出版社，2003年，第203页。
⑤ 卢洁峰：《广州中山纪念堂钩沉》，广州：广东人民出版社，2003年，第203页。
⑥ 卢洁峰：《广州中山纪念堂钩沉》，广州：广东人民出版社，2003年，第204页。
⑦ A.《总理纪念碑即全部竣工》，《广州民国日报》1929年12月7日，第五版；
B.《粤秀山纪念碑已竣工》，《广州市市政公报》1930年第349期，第28页。
⑧ 陶桂林：《广州总理纪念堂之建筑工程》，《时事新报（上海）》1931年10月10日，第四张第四版；10月20日，第二张第四版；10月30日，第二张第四版。

图 3-4-5　广州中山纪念堂施工照（1930年8月）（图片来源：黄建德提供）

故西首之桩木工程，阻碍进行，几经波折，始得将大部分出清，故迄今踏步地位之民房，仍未拆去，此实最大阻碍也）；其三，慎昌洋行钢架图样与材料供给不及时（不料该行将图样延至二年之久，始行绘就，钢架则于开工后八九个月始有少数送来，以致工程延长至一年有半，蒙受极大损失）；其四，工程款延迟支付（待至九期以后，或分五、六次始得付清，且每次自始至付清为止，中间必迟二、三月，甚至一期未清，一期又到……因工友每日无资，即不愿工作，材料不付货款，即不能提货，设计筹资垫款，有时竟达数十万金，就行息一项而论，损失已属不赀矣）。

上述陶桂林所言，其实是影响纪念堂及纪念碑工程施工进度的直接或表面原因，而更深层次的原因则是时局不稳导致的诸多不安定因素：一方面民众人心不安，惧怕搬迁导致流离失所；另一方面人事变动频繁，主事者几经更迭，进而影响经费拨付。

虽然经过两年的紧张建设，至1930年8月，纪念堂工程主体已接近完工（图3-4-5），且时人皆赞叹该工程之伟观[①]。但至1931年7月，工程进展受阻，馥记

---

① A.《粤省总理纪念堂》，《中央日报》1930年4月28日，第二张第一版；
　B.《中山纪念堂屋面工程之壮观》，《广州市市政公报》1930年第357期，第62页；
　C.《中山纪念堂将落成》，《广州市市政公报》1930年第367期，第86—87页。

图 3-4-6　新落成之广州中山纪念堂（图片来源：《良友》1931 年第 63 期，第 2 页）

营造厂派员赴粤向孙科面陈纪念堂工程施工已近停滞状态[①]。随后，孙科于国民党中央执行监察委员会会议上提议，将国民党第四次全国代表大会选在广州中山纪念堂召开，经议决通过，并致函建管会限期纪念堂工程 3 个月内完工。同时，广东省政府饬令财政部每月加拨 10 万建筑费，并派程天固、李是男为常务委员，督办工程[②]。在经费、人员保障下，加之人工日夜赶工、材料次第运往，纪念堂于 1931 年 10 月 10 日宣告落成（图 3-4-6），并举行开幕典礼。

隆重而庄严的开幕典礼于 10 月 10 日上午举行，诸多政要名流受邀参加（图 3-4-7）。据《广州民国日报》所载，典礼共有十七项[③]：（一）齐集，（二）奏乐，（三）就位，（四）唱党歌，（五）行开幕礼（请非常会议国民政府委员，同时奏乐），（六）向党国旗及总理遗像行三鞠躬礼，（七）主席恭读总理遗嘱（请孙委员恭读），（八）默念三分钟，（九）行开门礼（孙主席开门，陈市长导仪，邓委员泽如授匙，

[①] 陶桂林：《广州总理纪念堂之建筑工程》，《时事新报（上海）》1931 年 10 月 10 日，第四张第四版；10 月 20 日，第二张第四版；10 月 30 日，第二张第四版。

[②] A.《中国国民党中央执监委员非常会议公函第二十一号》，广州市档案馆馆藏档案，全宗号：4-01；目录号：7；案卷号：46-4；第 119 页；
B.《中山纪念堂纪念碑开幕典礼盛况》，《广州民国日报》1931 年 10 月 12 日，第二张第二、三、四版。

[③] 《中山纪念堂纪念碑明日举行开幕典礼》，《广州民国日报》1931 年 10 月 9 日，第三张第三版。

图3-4-7 广州中山纪念堂开幕典礼合影（图片来源：《侨务月报》1931年第2期，第10页）

同时奏乐），（十）报告本会建筑经过情形（请林委员云陔报告），（十一）来宾演说（请汪委员讲总理历史），（十二）读颂词（请古委员恭读），（十三）答词（请孙主席），（十四）奏乐，（十五）鸣炮，（十六）拍照，（十七）礼成。

为确保典礼安全、有序、文明进行，当局还为典礼制定了会场规则①。开幕典礼的重要步骤之一——开门礼（图3-4-8），则由孙科从邓泽如手中接过钥匙，进而开门。第十项议程为时任广东省政府主席林云陔报告中山纪念堂及纪念碑建筑经过②。林的报告涉及纪念堂及纪念碑选择地点、征求图案、招商投承、特别工程、收购民产、工程概况、财政概况、筹备会改组等诸多方面，较为详细、全面，是我们今天了解该段建设历程的难得而重要的资料。

10日下午，纪念堂与纪念碑向民众开放③（图3-4-9）。晚上，原本计划在纪念堂内举行大型游艺活动，但因"九一八事变"，

图3-4-8 开幕式之开门礼［图片来源：《军声（广州）》1931年第3卷第7期，第6页］

---

① 《中山纪念堂纪念碑明日举行开幕典礼》，《广州民国日报》1931年10月9日，第三张第三版。
② 《中山纪念堂纪念碑开幕典礼盛况》，《广州民国日报》1931年10月12日，第二张第二、三、四版。
③ 《中山纪念堂今晨开幕》，《广州民国日报》1931年10月10日，第二张第三版。

图 3-4-9　纪念堂与纪念碑向民众开放［图片来源:《中华（上海）》1931 年第 7 期，第 11 页］

图 3-4-10　广州中山纪念堂开幕时周边环境（图片来源：黄建德提供）

国难之际，群情激愤，建管会遂将游艺活动取消[1]。

虽然中山纪念堂及纪念碑于 1931 年 10 月 10 日举行了盛大的开幕典礼，但仅标志纪念堂与纪念碑主体工程的结束。从当时的照片中不难看出，纪念堂周边民房尚有未拆除者（图 3-4-10，与陶桂林所称"故迄今踏步地位之民房，仍未拆去"[2]、林云陔所称"东面工程已竣，西便尚有民居，以无款收购，尚在搁置"[3] 相吻合），而构成纪念堂建筑群的外门（即《中山纪念堂纪念碑开幕典礼盛况》中所称"头

---

[1]　《中山纪念堂今晨开幕》，《广州民国日报》1931 年 10 月 10 日，第二张第三版。
[2]　陶桂林：《广州总理纪念堂之建筑工程》，《时事新报（上海）》1931 年 10 月 10 日，第四张第四版；10 月 20 日，第二张第四版；10 月 30 日，第二张第四版。
[3]　《中山纪念堂纪念碑开幕典礼盛况》，《广州民国日报》1931 年 10 月 12 日，第二张第二版。

门"）、堂后东西两侧附楼均未建①。此外，堂前总理铜像，基座虽设，但人像未立（图3-4-10）；其他如园艺绿化、小品装饰等均未建设。根据林云陔在开幕典礼上的报告，这些工程的完工在经费到位的情况下仍约需一年时间②。

第五节 纪念堂中轴线单体建筑意匠

与南京中山陵为孙中山先生陵寝所必须营造出庄严肃穆氛围有别，广州中山纪念堂（碑）主要是为民众大型集会之用，以缅怀孙中山先生，或举行其他重要活动等。由此，其需要营造出某些程度上活泼、亲民的氛围，整体纪念性需求相对要减弱不少。因此，纪念堂中轴线上的各单体建筑造型、色彩、细部构造等必然要切合此群众性功能所需。目前，中轴线上建筑分别为南门楼（门亭）、纪念堂以及后面小山上的纪念碑③。

南门楼（门亭）：面阔三间、进深一间；中间单檐歇山顶，两侧庑殿顶与中间山墙交合在一起，据此实际上应属三个亭式建筑的组合体（图3-5-1）。中间亭式

图3-5-1 南门楼（图片来源：广州中山堂管理处提供）

---

① 卢洁峰在《广州中山纪念堂钩沉》中称纪念堂绿化广场两侧华表建于1932年至1933年间（参见卢洁峰：《广州中山纪念堂钩沉》，广州：广东人民出版社，2003年，第209页），但从当时所拍摄照片来看（如正文图3-4-4），至少开幕时，华表已立。
② 《中山纪念堂纪念碑开幕典礼盛况》，《广州民国日报》1931年10月12日，第二张第二版。
③ 需要说明的是，纪念碑虽不是完全在中轴线上，但意义特殊，本为一整体，故一并探究。

建筑完整，平面前、后（南、北）均凸出，形体高大，单檐歇山顶。正脊两端脊饰，仍然与中山陵一致，外高内低，神似传统官式鸱吻，通体琉璃，上施回纹。四条垂脊吞口与之做法一致，惟体量较小。值得提出的是，与中山陵陵门、碑亭与祭堂戗脊上排列的抽象式仙人走兽有所不同，南门楼戗脊上示意出的仙人走兽更为简洁。

南门楼两侧附属建筑较低，为不完整的单檐庑殿顶（分别连接在明间亭式建筑的东、西两侧墙身上），采用蓝色琉璃瓦与中山陵青色琉璃瓦色彩亦有别。

值得注意的是，三个屋檐下均为具象设计手法：采用钢筋混凝土全然仿木构做法，逼真模拟出方椽、飞子，大角梁、子角梁，三踩（彩）栱、桁檩等，平板枋、大额枋一起出头为霸王拳（图3-5-2）。尤其是，屋檐下此处的所有仿木构件均通体遍施旋子彩画，一丝不苟；仅彩画枋心部位缘道里面统一简化为红色刷色，缺少纹样而已。

墙身上部外贴土黄色贴面砖，正面三个白色石质券洞壸门，门券石均做出火焰尖。明间正、背两面门券石上，均有绶带雕饰；东、西两侧壸门正背面均无雕饰，很好地表达出"以中为贵"的思想。

图3-5-2　南门楼侧立面（图片来源：傅忠庆摄影）

墙身下部为须弥基座，上、下枋之间分别为仰覆莲瓣，束腰陡板上雕饰角柱、绶带等，其雕饰比起中山陵单体建筑相同部位要丰富得多，甚或可与祭堂大门两侧的雕饰媲美。

因此，南门楼色彩颇为丰富：蓝色屋顶、仿木构件及其彩画、浅白色石质壸门、土黄色贴面砖墙、浅白色石质须弥基座等，营造出富丽堂皇的视觉效果，端庄而又不失活泼。惟透过门洞中窥见的孙中山先生铜像及其后体量巨大的纪念堂，可点明其建筑另一面属性。

纪念堂：组合建筑，从南北主轴正向看，整体屋顶与传统重檐三滴水屋顶类同：上为八角攒尖顶，下为重檐歇山顶。屋顶、檐下斗栱、墙身门窗及大红立柱等，无一不昭示出建筑整体更为明显的仿木构特征（图3-5-3、图3-5-4）。

首先，我们来看上部八角攒尖顶（图3-5-5）：八条蓝色垂脊交于白色宝顶之下，垂脊吞口及其下的仙人走兽做法与南门楼相似，惟规格、体量更大。其檐下做出方椽、

图 3-5-3 纪念堂近景俯视（图片来源：广州中山堂管理处提供）

图 3-5-4 纪念堂正面（图片来源：刘锦标摄影）

有飞子；大角梁、子角梁，子角梁下挂钟形八角铜铃。相比较南门楼而言，斗栱确实要简洁不少，类似为钢筋混凝土做出的斗口跳（但是出两跳，五踩，此出跳做法与中山陵祭堂做法类似），其上为方形挑檐檩直接承檐（此处比中山陵祭堂简化不少）。平板枋、大额枋、小额枋；平板枋、大额枋出头为霸王拳；每一开间仿木构立柱上相应部位，均凸出有一样的霸王拳，其下再有类似垂莲吊柱装饰；大小额枋之间有蜀（间）柱，等分为五份，嵌入彩色马赛克，拼合成菱形图案。惟所有仿木构件均遍施彩画（斗栱类似传统的土朱刷饰，挑檐檩为淡粉绿色）。红色立柱与窗户之间，

图3-5-5 纪念堂正面局部及孙中山铜像（图片来源：刘锦标摄影）

均有土黄色贴面砖隔墙，红色开窗（上部横置白色的亮子）。

其次，再讨论纪念堂下部。我们注意到下部南北主要中轴线上的前后正背面，与东西向次轴方向上的屋顶做法有别。虽然都是歇山顶，但南北主轴为重檐歇山顶，明显屋顶更高大、相对更完整；东西次轴为单檐歇山顶，中有歇山山面朝前（类似十字脊做法），相对比较低矮、屋顶仅为一半。因此，中轴线（即南北）方向的正背面为主、次轴（即东西）方向的立面为次，表明重要性、等级不同。

先讨论中轴线上南立面（北立面与此同）。重檐卷棚歇山顶，上檐卷棚无正脊。上檐垂脊、戗脊，下檐戗脊脊饰与南门楼类同。其上、下屋檐做法与上部八角攒尖顶有别，主要在于仿木构更为具象，尤其是斗栱（图3-5-6）。上、下檐均做出方椽、飞椽；大角梁、子角梁，子角梁下挂钟形八角铜铃；出两跳五踩栱，支承挑檐檩，挑檐檩上直接承檐，与门亭做法同。斗栱下为平板枋、大额枋（无小额枋），平板枋与大额枋一起出头为霸王拳；大额枋下为雀替、丁头栱。八根大红廊柱划分出七

开间，明间最宽（图3-5-7、图3-5-8），东西各两次间稍窄，最边侧各一稍间又窄。所有仿木构件满布彩画，白色石质柱础。水刷石须弥基座做法简洁，仅模拟出上下枋及其间束腰，无任何装饰纹样。

纪念堂南北廊檐下的平棊天花与其室内相同，施简化的彩画，顶板仅刷色（图3-5-9）。纪念堂内部栏杆、包鼓石，甚或楼座栏杆，吊顶井口垂莲吊柱等，与木构古建相关做法雷同（图3-5-10、图3-5-11、图3-5-12、图3-5-13）。

图3-5-6　纪念堂正面横向局部及孙中山铜像（图片来源：刘锦标摄影）

图3-5-7　正面明间（图片来源：刘锦标摄影）

图3-5-8　正面明间檐下（图片来源：刘锦标摄影）

图 3-5-9　正面前廊（图片来源：殷力欣摄影）

图 3-5-10　室内看台及屋顶局部（图片来源：刘锦标摄影）

图 3-5-11　室内看台局部（图片来源：刘锦标摄影）

图 3-5-12　穹隆顶下装饰局部（图片来源：刘锦标摄影）

图 3-5-13　穹隆顶局部（图片来源：刘锦标摄影）

纪念堂次轴东西立面无廊，立面做法与南北向廊内部分相同（两侧稍间土黄色贴面砖墙身，中间五开间上、下两层落地式门窗），单檐歇山顶。在上部墙身上，用蓝色琉璃砖贴出示意性正脊，卷棚歇山山面朝前。其余屋顶、檐下、斗栱、平板枋、大额枋做法与中轴线上的正背面相同，惟大额枋下无雀替、丁头栱，做法简化，似以简洁做法寓意相应降低其重要性。

据此，纪念堂主要构思来源自我国传统建筑，其仿木构程度较高。其蓝色琉璃瓦顶、檐下青绿彩画、土黄色贴面砖墙身、大红立柱、白色柱础石、红色格子门窗及下部的浅白色水刷石须弥基座等，色彩富丽、雕梁画栋，整体庄重典雅又颇为亲民。

从建筑设计角度而言，采用钢筋混凝土建造如此巨大体量的纪念堂，整体尺度把握、各部分比例与仿木构细部等竟毫无违和之感，足以表明设计者吕彦直具有深厚的建筑学修为。

纪念碑：碑身正方形，自下往上曲线形收分；顶为坡度较缓的四面坡顶；下为更大的前后凸出的方形基座（图3-5-14），通体浅灰色（总理遗嘱镏金，图3-5-15）。其上部碑体造型或由西式方尖碑而来，我国传统建筑未见。但是，其基座壸门（图

图3-5-14　纪念碑正面（图片来源：刘锦标摄影）　图3-5-15　纪念碑正面局部（图片来源：刘锦标摄影）

图 3-5-16 纪念碑正面壶门（图片来源：刘锦标摄影）

图 3-5-17 纪念碑基座局部（图片来源：刘锦标摄影）

3-5-16）、上部栏杆、门窗及其他细部装饰纹样等，多用我国传统元素（图 3-5-17）。基座栏杆下部的一圈羊头雕刻，或为切合广州"羊城"之故（图 3-5-18）。

具体而言，纪念碑壶门做出火焰尖，半圆形门额雕刻绶带；大红板门表面上部装饰六方木格（拟"三交六椀"格子）、下部拟出夹堂（纹饰类交角如意头）、裙板（纹饰类柿蒂纹一瓣）。基座顶部栏杆，望柱之间的栏板将传统桯杖与栏板合一，中留出两个45°斜置上的方形孔洞。栏板雕刻图案由传统官式宝瓶、云栱变形而得。基座上部叠涩出挑，羊头之间为回纹装饰的石板。

图 3-5-18 纪念碑基座局部之二（图片来源：刘锦标摄影）

217

由于纪念碑碑体高大，加以伫立山顶，越显挺拔。碑身通体浅色，惟红色门扇夺目，其上鎏金的总理遗嘱熠熠生辉。它与山下的纪念堂有机组合，进一步提升出纪念堂的空间氛围。

综上所述，中山陵各单体建筑是为纪念孙中山先生而来，中山纪念堂各单体建筑则亲民得多，其整体造型丰富、仿木构细部众多、色彩繁丽丰富，大气雍容而又适度可人，体现出吕彦直对不同类型建筑精神的深刻理解与精准把握，足堪典范，启发来者。

第六节　小结

广州中山纪念堂及纪念碑是吕彦直的另一件代表作品，常与中山陵并称为吕彦直设计作品的双璧，然而前者引起的关注和产生的影响似乎远不及后者。有鉴于此，本章利用民国时期相关文献与图档，结合黄檀甫后人保存下来的有关资料，对广州中山纪念堂及纪念碑从建设动议到征求方案再到落地施工的完整过程进行了系统研究，借以观察吕彦直在其中承担的角色和发挥的作用。并逐一简析纪念堂中轴线上的三个主要单体建筑。

与第二章相同，本章在关注吕彦直夺标经过的同时，亦重视对其监造中山纪念堂及纪念碑过程的考察，尤其对建设过程中因移动堂址而征用民房及招致的民怨、关于纪念碑升降机和基石的方案选择以及纪念堂松木桩地基之争，作了进一步考证。从中不仅可以窥探出吕彦直及其领导的彦记建筑事务所对广州中山纪念堂项目的投入，还能体会到工程的曲折及吕彦直监工所面临的复杂局面。不过，同样是凭借高标准、高要求和一丝不苟的态度，多重困难最终得到妥善解决，并成就了这一中国近现代建筑史上的又一经典。

与中山陵工程相似，吕彦直在监工广州中山纪念堂及纪念碑期间因积劳成疾，以致未及目睹项目完竣便溘然长逝，"善后"的工作随即交由黄檀甫、李锦沛及其他彦记建筑事务所的同仁。此后又经历了委员会改组、更改华表设计和开辟西北马路等事项，广州中山纪念堂及纪念碑于1931年10月10日落成开幕。

本章最后，针对中山堂中轴线上的三个主要单体建筑南门楼、纪念堂及纪念碑等，逐一探究其设计手法，明晰汲取传统之处，厘清其中西合璧之妙；进而指出其与中山陵之异同，进一步佐证吕彦直建筑设计技艺之超凡脱众。

第四章　流芳千古：吕彦直作品与文存

第一节　吕彦直设计作品

一、康奈尔大学时期

（一）建筑设计习作

康奈尔大学档案馆目前还保存有吕彦直留学期间的建筑设计习作，共5件（套），国内已有学者进行过探究。经过与康奈尔大学进一步的沟通与交涉，我们获取到这些作品原件的电子扫描本，兹披露如下，并略作分析和解读：

其中，"公园里的餐厅"（图4-1-1）为组图，由立面图和平面图各一幅组成。通过画面右下角的签名可知，该图系吕彦直绘定于1917年2月12日，英文名为"A RESTAURANT IN A PARK"。此外，签名左侧还有"95%·1ST1STM"字样，但不知何意。如作品标题所示，该组图表现的是一处位于公园内的餐厅，建筑临湖而立，由中间近乎重檐歇山顶的主体建筑与两侧近乎重檐攒尖顶的塔楼构成。从立面图上看，建筑的形体、元素和外观呈现的是中国传统样式；但从平面图上看，建筑

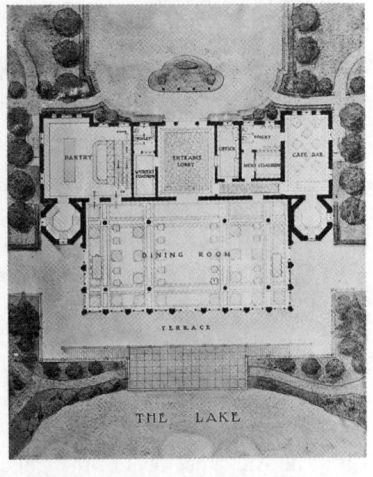

图4-1-1　"公园里的餐厅"（左：立面；右：平面）（图片来源：康奈尔大学档案馆提供）

内部的空间、结构和功能却具有现代色彩。构图上，该组图呈现明显的中轴对称特征，不仅是建筑本体，还包括建筑周边的景观环境，均左右对称。有学者指出，这种在现代建筑结构主体上融合中国传统建筑外观和装饰元素的做法，是近代"中国固有式"建筑设计的常用手法[1]。我们认为，从该组图中观察和解读出的设计思路和设计手法，与吕彦直日后的设计实践——如中山陵和中山纪念堂等，显然有其内在的关联。换言之，吕彦直"中西结合"的建筑设计思想，在康奈尔大学时期已有体现。

"洗礼池"（图4-1-2）和"剧院前厅"（图4-1-3）均属体现古典美术风格的作品。前者右下角的作者签名为"Y.C.LU Cornell Univ Mar.25, 1918"，说明其绘于1918年3月25日；后者右下角虽也有作者签名，但不甚清楚，仅能辨识出"Y.C.LU"和"1918"等字样。前文有述，在康奈尔大学建筑专业的课程中，有古典物绘画、建筑历史、绘画和雕塑历史等课程[2]，这也为吕彦直创作此两幅作品提供了解释。薛颖指出，吕彦直所绘的"洗礼池"造型与意大利锡耶纳圣若望洗礼堂内的洗礼池

图4-1-2 "洗礼池"（图片来源：康奈尔大学档案馆提供）　　图4-1-3 "剧院前厅"（图片来源：康奈尔大学档案馆提供）

---

[1] 薛颖：《美国布扎教育对中国第一代建筑师的影响——以康奈尔大学吕彦直、杨锡宗为例》，《南方建筑》2020年01期。

[2] The Announcement of the College of Architecture, the Register of Cornell University, College of Architecture, Ithaca: Cornell University Archives, Jan.1914—1915, Vol.VI, No.3, p129.

图 4-1-4　锡耶纳圣若望洗礼堂中的洗礼池（图片来源：自摄）

相似[1]。根据我们获取的关于后者的图片（图 4-1-4），其实不仅洗礼池造型酷似，连同洗礼池周围的背景也基本一致。因此，基本可以判定吕彦直所绘"洗礼池"即应为锡耶纳圣若望洗礼堂中的洗礼池。

"洗礼池"和"剧院前厅"两幅作品，作者均采用手绘画框加以修饰，且画框风格与画幅内容融为一体，十分和谐。"洗礼池"的画框下部，左侧写有"THE SECOND LOEB PRIZE COMPETITION"，表明其获得了劳勃比赛的二等奖；右侧则写有"A BAPTIS MAL FONT"，意即洗礼池、圣洗池。薛颖在《美国布扎教育对中国第一代建筑师的影响——以康奈尔大学吕彦直、杨锡宗为例》一文中，解读该图时，将画框下部右侧文字中的"BAPTIS"释读为"PARTIS"，并援引单踊《西方学院派建筑教育史》中对"parti"的论述[2]，解释其为构想、构思之意[3]，或为误读。通过获取该幅图的高清扫描原件，我们识别到该图图框下部右侧文字为"A BAPTIS MAL FONT"（图 4-1-5），"BAPTIS"即接受洗礼之意。"剧院前厅"画框下部则写有"THE FOYER OF A THEATRE"字样。

---

[1] 薛颖：《美国布扎教育对中国第一代建筑师的影响——以康奈尔大学吕彦直、杨锡宗为例》，《南方建筑》2020 年 01 期。
[2] 单踊：《西方学院派建筑教育史研究》，南京：东南大学出版社，2012 年，第 90 页。
[3] 薛颖：《美国布扎教育对中国第一代建筑师的影响——以康奈尔大学吕彦直、杨锡宗为例》，《南方建筑》2020 年 01 期。

图 4-1-5 "洗礼池"局部

"西弗吉尼亚的春宅"(图 4-1-6),表现的是丛林掩映中的一座双层双柱式景观建筑。画面除右下角有作者签名——"Y.C.LU CORNELL UNIV. ITHACA, N.Y."外,无其他文字信息,因而不清楚绘于何时。画幅中除中央主体表现建筑立面外,左、右下方还分别绘有与建筑立面相对应的纵剖面图和平面图。

另一幅设计习作名为"THE DEPARTMENT OF FINE ARTS OF AN AMERICAN UNIVERSITY"(图 4-1-7),可翻译为"一座美国大学美术系大楼"。画幅中并无吕彦直签名,亦未标注创作时间。该幅设计作品虽也采用中轴对称的布局,但简洁、刚硬的风格和大面积开窗的设计手法与前述几幅作品有明显区别,透露出一种更加新颖和现代的设计理念。

图 4-1-6 "西弗吉尼亚的春宅"(图片来源:康奈尔大学档案馆提供)

图 4-1-7 "一座美国大学美术系大楼"(图片来源:康奈尔大学档案馆提供)

（二）汉张衡候风地动仪

民国时期《科学》杂志1917年第3卷第9期上刊登有一张名为"汉张衡候风地动仪"的图片，并在下方标注"本社社员吕彦直绘"（图4-1-8）。这是作为中国科学社创始股东之一的吕彦直在《科学》杂志上发表的三篇作品之一（其他两篇分别是发表于《科学》1915年第1卷第4期上的翻译作品《海底水雷》和发表于《科学》1915年第1卷第11期的整理文字《爱迪生年谱》）。不过，严格意义上说，这幅"汉张衡候风地动仪"图并不能算作吕彦直的原创设计作品。

图4-1-8 《科学》杂志发表吕彦直所绘"汉张衡候风地动仪"（图片来源：《科学》1917年第3卷第9期，第1页）

据史书记载，公元132年，张衡在其55岁时发明候风地动仪，"以精铜铸成。圆径八尺，合盖隆起，形似酒尊，饰以篆文、山龟、鸟、兽之形；中有都柱，旁行八道，施关发机；外有八龙，首衔铜丸；下有蟾蜍，张口承之。其牙机巧制，皆隐在尊重，覆盖周密无际。如有地动，尊则振龙，机发吐丸，而蟾蜍衔之，振声激扬，伺者因此觉知。虽一龙发机而七首不动，寻其方面，乃知震之所在。验之以事，合契如神，自书典所记，未之有也"[1]。然而这座候风地动仪并未能流传下来，后世虽有北齐信都芳所撰《器准》以及隋初临孝恭所著《地动铜仪经》记有图式和制法，但均亡佚，因而这样发明最终失传[2]。

近代，随着科学与技术的发展，张衡这项发明重新引起了中外学人的重视，有些研究者甚至对其进行了复原。其中，最早者据称是日本的服部一三于1875年对候风地动仪开展的复原研究（图4-1-9）。从复原图来看，其主要依据的是《后汉书·张衡列传》中对候风地动仪的记载，无论是结构、形式或外观，均经过较为详密的考量。继服部一三之后对候风地动仪进行复原研究的是英国地震学家米伦（John·Milne），

---

[1] （南朝·宋）范晔：《后汉书·卷五十九·张衡列传》，北京：中华书局，1965年，第1909页。
[2] 王振铎：《张衡候风地动仪的复原研究》，《科技考古论丛》，北京：文物出版社，1989年，第287页。

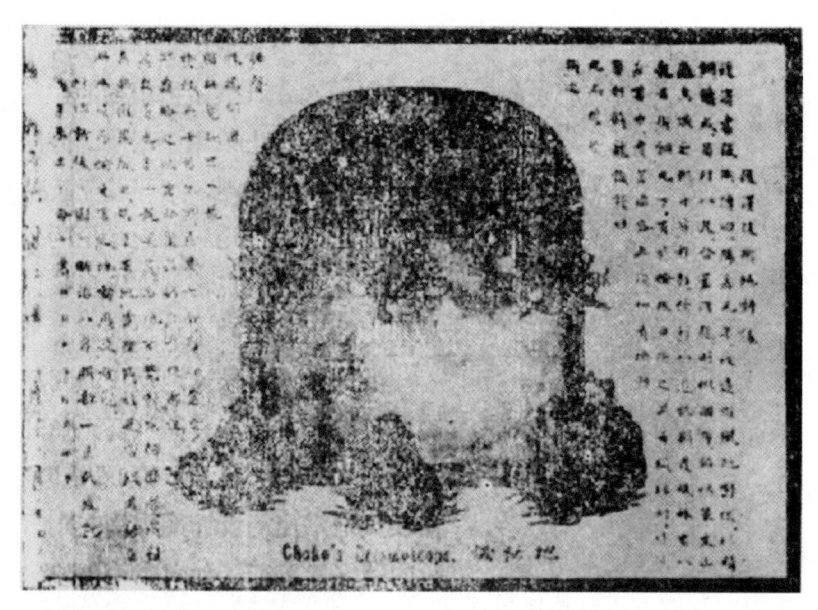

图 4-1-9 服部一三复原的候风地动仪（图片来源：王振铎：《张衡候风地动仪的复原研究》，《科技考古论丛》，北京：文物出版社，1989 年，第 289 页）

其在明治初年曾任教于东京帝国大学，受日本地震频繁的困扰，遂致力于地震学研究，并成为近代地震学的创始人之一。在其名著《地震及其他地动》一书中，米伦首先介绍了张衡发明的地震仪，之后则对候风地动仪进行了复原（图 4-1-10）。①

从图像来看，吕彦直绘制的"汉张衡候风地动仪"显然源于米伦的复原设计。有学者指出，吕彦直是"根据米伦的设计，并参考了《张衡列传》的记述，对米伦的复原进行艺术装饰和部分结构的补充，例如对仪体台座和图案布置，都进行了补充修整。感到不足的是，他

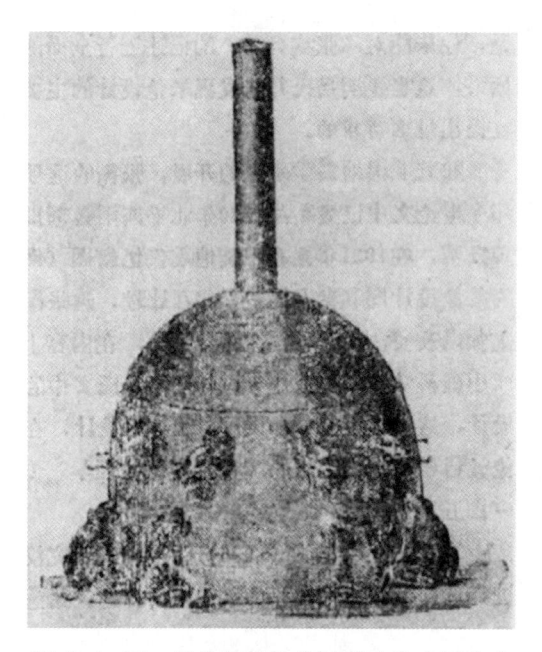

图 4-1-10 米伦复原的候风地动仪（图片来源：王振铎：《张衡候风地动仪的复原研究》，《科技考古论丛》，北京：文物出版社，1989 年，第 289 页）

---

① 王振铎：《张衡候风地动仪的复原研究》，《科技考古论丛》，北京：文物出版社，1989 年，第 288—290 页。

未能对《张衡列传》的记述进行全面的研究考察，提出个人见解，做出新的复原来"[1]。

正因如此，我们认为吕彦直绘制的"汉张衡候风地动仪"并非其关于张衡候风地动仪复原的原创设计，而更倾向于是一种改良的绘画艺术作品，旨在于《科学》杂志上宣传科学与技术之目的。

二、茂飞建筑事务所时期

（一）金陵女子大学

1912年初，江、浙、沪一带八个美国传教会[2]在上海集会，商讨解决教会女中师资及学生升学问题，最终一致认为应对办法是在长江流域组建一所女子大学，为此他们还制定建校计划并发出倡议。1913年夏，五个美国传教会[3]积极响应，每个教会选派三人组成校董会，并各出一万美元建筑校舍、购置设备，且提供六百美元作为日常开支。1913年11月13日，校董会根据临时章程推举德本康夫人（Mrs. Lawrence Thurston）[4]为新大学的首任校长。次年，校管理委员会成立，正式确定校名为"金陵女子大学"（以下简称"金女大"），并将校址选在南京。[5]

---

[1] 王振铎：《张衡候风地动仪的复原研究》，《科技考古论丛》，北京：文物出版社，1989年，第290页。

[2] 分别是南、北美长老会，南、北美美以美会，南、北美浸礼会，基督门徒会和圣公会。参见德本康夫人、蔡路得：《金陵女子大学》，杨天宏译，王微佳校，珠海：珠海出版社，1999年，第4页。

[3] 分别是 Woman's American Baptist Foreign Missionary Society（北美浸礼会）; Christian Woman's Board of Missions（基督门徒会）; Woman's Foreign Missionary Society of the Methodist Episcopal Church, North（北美以美会）; Woman's Missionary Council Board of Missions Methodist Episcopal Church, South（南美以美会）; Board of Foreign Missions of the Presbyterian Church in the United States（圣公会）. 参见《金陵女子大学创始纪念手册》，1916年，资料来源：Henry Killam Murphy Papers (MS 231).Manuscripts and Archives, Yale University Library.

[4] 德本康夫人（1875—1958），本名马提拉·柯（Matilda·S·Calder），生于美国康涅狄格州哈特福德郡。17岁从哈特福德郡公立高中毕业后，进入马萨诸塞州的蒙特霍利女子大学（Mt.Holyoke College）学习，1896年毕业，获文学学士学位。毕业后在新泽西州高中教书四年，后到土耳其 Marash 学院任教。1902年，其与丈夫劳伦斯·德本康（Reverend Lawrence Thurston，雅礼差会主要创始人之一）一道来华传教，在中国雅礼传教团（Yale-in-China Mission）任职。1903年，其丈夫患肺痨去世。1906年后，德本康夫人被派到中国湖南长沙湘雅医学院教书，并协助医院工作。1913年，其被北美长老会派遣至中国南京创建金陵女子大学，后任首任校长。参见张连红主编：《金陵女子大学校史》，南京：江苏人民出版社，2005年，第14—15页。

[5] A. 德本康夫人、蔡路得：《金陵女子大学》，杨天宏译，王微佳校，珠海：珠海出版社，1999年，第4—9页；
B. 孙海英编著：《金陵百屋房 金陵女子大学》，石家庄：河北教育出版社，2004年，第5页；
C. 张连红主编：《金陵女子大学校史》，南京：江苏人民出版社，2005年，第11—14页。

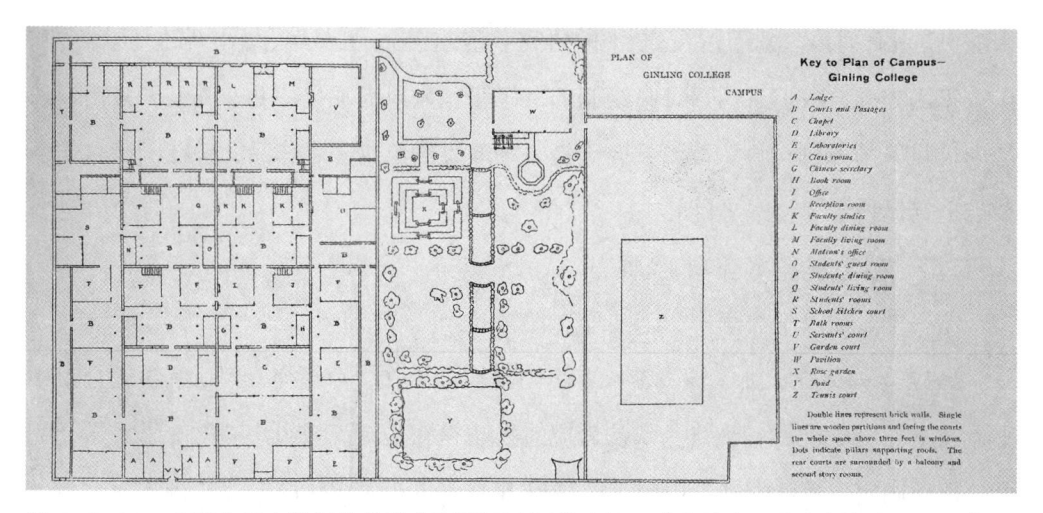

图4-1-11　金陵女子大学绣花巷校舍平面图（图片来源：《金陵女子大学创始纪念手册》，1916年，耶鲁大学图书馆藏）

1915年春，学校租下南京城东绣花巷一处李氏住宅①作为临时校舍。据称该处房产共有一百多个大小不等的房间（图4-1-11），因而被称"百屋房"②。经改造维修，金陵女子大学于1915年9月在绣花巷校舍正式开学③。

此时的金女大校舍虽号称百间，但房屋陈旧，设施不全，条件简陋，师生学习和生活颇为不便④；同时，因是临时租赁性质，难保长久。为改善办学条件并谋求进一步发展，金女大于1916年即着手物色新校址，以求未来建设新校舍⑤。到1917年5月的一次校董会上，已确定购买位于金陵大学附近的一处12英亩的地皮⑥。至1918年3月，在时任金陵神学院院长司徒雷登（J. Leighton Stuart）的帮助下，用于建设新校区的27英亩地产被敲定：该地块包括十一个池塘、六十个拐角地和上千个需要迁移的坟墓⑦。

---

① 有研究者称其为李鸿章小儿子的住宅（孙海英编著：《金陵百屋房 金陵女子大学》，石家庄：河北教育出版社，2004年，第7页）；亦有称其为"李鸿章花园"（冷天：《茂飞与"中国古典建筑复兴"——以金陵女子大学为例》，《建筑师》2010年04期）。
② 孙海英编著：《金陵百屋房 金陵女子大学》，石家庄：河北教育出版社，2004年，第7页。
③ Ginling College, *The North-China Daily News*, May 11, 1915, No.6.
④ 张连红主编：《金陵女子大学校史》，南京：江苏人民出版社，2005年，第11—14页。
⑤ 《金陵女子大学校长报告》，1918年5月，耶鲁大学图书馆藏，第3页。
⑥ A.麦美德：《中国基督教女子高等教育概论》，《中国基都教会年鉴》1917年04期，第132页；
B.《金陵女子大学校长报告》，1918年5月，耶鲁大学图书馆藏，第3页。
⑦ A.《金陵女子大学校长报告》，1918年5月，耶鲁大学图书馆藏，第3页；
B. 德本康夫人、蔡路得：《金陵女子大学》，杨天宏译，王微佳校，珠海：珠海出版社，1999年，第27页。

土地问题解决后，接下来便是建筑师人选及建筑风格的问题。由于当时的金女大受金陵大学校董会监理，因此选择金陵大学校园的设计者——芝加哥帕金斯、费洛斯&汉密尔顿建筑事务所来设计金女大的校舍似乎是最合理的选择。但德本康夫人和学校管理委员会最终选择了茂飞。其原因一方面缘于茂飞此前在长沙雅礼大学项目中的成功实践和高品质工作；另一方面则与茂飞积累的人脉关系有关。据研究，茂飞此前与燕京大学和福建协和大学的管理方均有关系往来，而此二者又与金女大的管理方关系密切①；另外，茂飞与德本康夫人的丈夫（Reverend Lawrence Thurston）是耶鲁大学的同届校友，且两人曾在长沙雅礼大学项目中共事②。

关于建筑风格，校董会的决定是"不超过两层，带有中式屋顶"，但德本康夫人有更进一步的设想与要求。她在给茂飞的信中写道："就我个人来说，我希望它们在屋顶之下的东西也是中国化的，我看过你为雅礼会所绘制的那些草图，我想它们比我所见过的所有其他建筑都更为接近真正的中国风格"（1918年7月25日）。茂飞回信表示赞同，并称："毫无疑问，屋顶是中国风格中最显著的特征；但这种风格的精髓应该贯穿始终，在开窗的手法上，在虚实的关系上，从整体延伸到细节之中。我们认为，在当下的设计工作中，除非能够在屋顶之外取得突破，否则任何试图在现代建筑上再现这些精彩中国建筑精神之努力都将失去意义。"（1918年8月3日）③

1918年9月，茂飞在南京会见了德本康夫人，并共同察看了金女大新校舍基址，还就未来在建筑上的偏好及可能性作了探讨；几天后，茂飞带着两三个不同的设计方案在上海再次会晤了德本康夫人，并作了讨论④。根据讨论的结果，茂飞等人制定了关于金女大新校区的初步规划——Memorandum Accompanying Preliminary Study No.1 for the General Plan of Ginling College（附录1-1）。茂飞在这一版规划中指出，新校区地块最显著的特点是中部有一条长长的东西向洼地，如果校舍建筑群

---

① [美]郭伟杰：《筑业中国》，卢伟、冷天译，北京：文化发展出版社，2021年，第132、166页。
② 冷天：《茂飞与"中国古典建筑复兴"——以金陵女子大学为例》，《建筑师》2010年04期。
③ Report of Conference at Nanjing, September 10, 1918. 转引自[美]郭伟杰：《筑业中国》，卢伟、冷天译，北京：文化发展出版社，2021年，第167页。
④ [美]郭伟杰：《筑业中国》，卢伟、冷天译，北京：文化发展出版社，2021年，第131、133页。

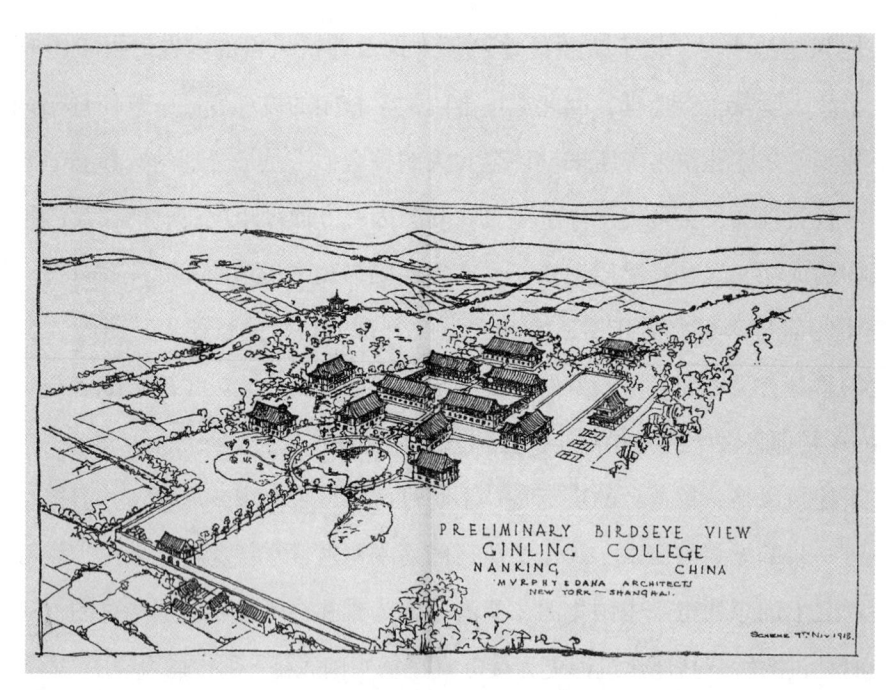

图 4-1-12　金陵女子大学校园鸟瞰图（1918 年）（图片来源：The Board of Control，Bulletin of Ginling College, Nanking, China, 1919）

以此为轴线，便能将该地块在建筑上的最大可能性发挥出来①。同年 11 月，基于该初步规划的金女大校园鸟瞰图已经出炉（图 4-1-12）。

在这一版校园规划中，以东西向轴线对称分布的建筑被成组地布置在山脚台地而非山坡或山顶上，以此来获得山体的庇护而避免冬季寒风的侵袭。宿舍楼位于最西端且长轴均沿南北向布置——以便在上午和下午均可获得阳光照射。其中四座组成方形庭院（最多可容纳 200 名学生）且将尽可能作本地化和"中国化"处理，另有一座宿舍楼位于该庭院西侧，以备将来可能的学员扩充之需。两座办公楼坐落在离校园中心建筑群较远的位置以获得较好的隐私空间，而两座教学楼则直接位于学生宿舍之前以方便上课。作为公众性最强的礼拜堂和图书馆则被安排在校园东端位置，临近公共马路，兼顾了使用和观瞻。体育馆虽与主建筑群保持一定距离，但靠近学生宿舍和网球场。在校园东端入口位置，三口池塘被连通起来，并架以中式拱桥，既塑造了最引人注目的景观效果，又形成了便捷的环形交通。

---

① "Memorandum Accompanying Preliminary Study No.1 for the General Plan of Ginling College," September 20, 1918, Archives of United Board for Christian Higher Education in Asia, Record Group 11, Box 127, Folder 2628, Divinity School Library, Yale University, New Haven.

不过，这一版初步的校园规划设计在1919年被更改了，其原因或与德本康夫人和学校董事会决定扩充计划，建设一座400人规模的大学有关[①]。在1918年的这一版规划设计中，围合成庭院的四座宿舍楼最多可容纳200位学生。尽管为应对将来可能的扩充需要，茂飞在校园西端特意安排了另外一座建筑备用，但面对人数翻倍的规模，其数量仍将不敷应用。

1919年4月10日，在与金女大委员会全体成员开会，共同讨论建筑风格、建筑材料、工程造价、建设名单、工作规划以及现场监督和管理等问题之后，茂飞与其同事便投入到紧张的展示型图纸的绘制工作中[②]。这批图纸包括一张水彩渲染的鸟瞰图以及首批四座建筑的平面图和透视图，准备供募款活动使用。根据茂飞拟定的工作计划（表4-1），这批图纸绘制于1919年4月15日至6月1日，而根据图纸上的信息，水彩渲染的鸟瞰图（图4-1-13）绘制于1919年6月13日，与原计划略有延迟，并在1920年有修改。值得注意的是，在该图纸的左下角，还保留有吕彦直的签名（图4-1-14），说明吕彦直应直接参与了该图的设计与绘制工作。

表4-1　茂飞所拟金女大第一期建筑建设工作计划

序号	时间	内容
1	1919年4月15日—6月1日	准备供募款活动使用的展示性图纸
2	1919年6月1日—9月1日	在纽约绘制施工图纸
3	1919年9月1日	将施工图纸寄往中国
4	1919年10月1日	施工图纸寄到中国
5	1919年10月1日—12月1日	与德本康夫人磋商后，由墨旦洋行修订完成施工图纸，同时编制工程做法说明
6	1919年12月1日	墨旦洋行将最终版设计图纸和工程说明书送至各承包商手中，编制工程概算
7	1920年1月1日	收集各承包商编制的工程概算
8	1920年2月1日	签署施工合同
9	1920年3月1日	开工建设
10	1921年9月1日	第一期建筑投入使用

资料来源：[美]郭伟杰：《筑业中国》，卢伟、冷天译，北京：文化发展出版社，2021年，第139页

[①] A.德本康夫人、蔡路得：《金陵女子大学》，杨天宏译，王微佳校，珠海：珠海出版社，1999年，第28页；
B.[美]郭伟杰：《筑业中国》，卢伟、冷天译，北京：文化发展出版社，2021年，第136页。
[②] [美]郭伟杰：《筑业中国》，卢伟、冷天译，北京：文化发展出版社，2021年，第136—139页。

图 4-1-13　金陵女子大学鸟瞰图（1919 年）（图片来源：[美]郭伟杰：《筑业中国》，卢伟、冷天译，北京：文化发展出版社，2021 年，第 134 页）

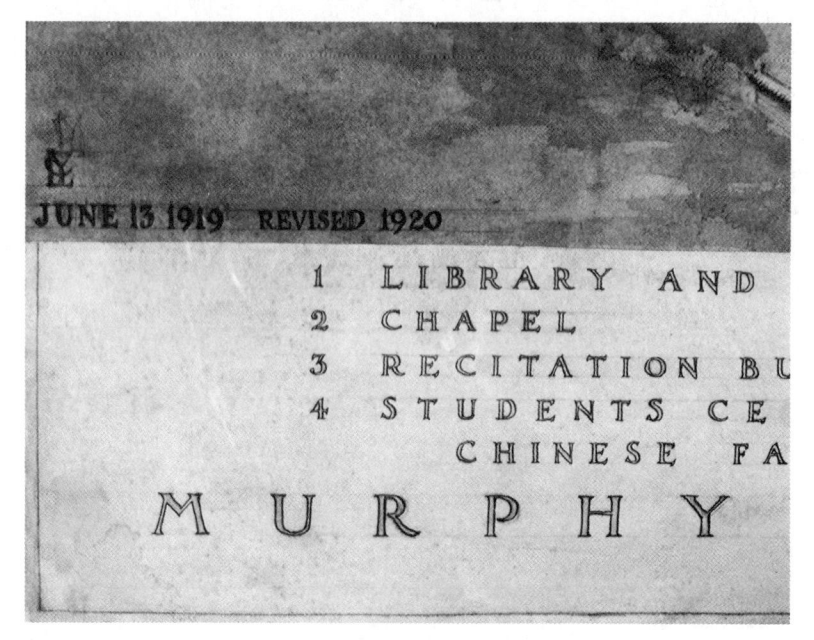

图 4-1-14　金陵女子大学鸟瞰图左下角的吕彦直签名（图片来源：殷力欣：《吕彦直集传》，北京：中国建筑工业出版社，2019 年，第 257 页）

与 1918 年 11 月的那版初步规划设计鸟瞰图相比，1919 年的这张图不仅更加精美——水彩渲染并用平纹细布装裱，而且反映出设计者在校园规划上的一些变化。首先，学生宿舍楼数量由之前的 5 座增加到 7 座，且每座扩大到可容纳近百人，以满足将来校园扩充计划的需要；其次，东端入口处的池塘—拱桥—环道景观设计被放弃，取而代之的是合院式的建筑布局和院内宽大的草坪；另外，更改后的方案对称性更强，并在轴线上安排了建筑，而非像之前道路那样自东至西一贯到底。

1919年的这版校园规划设计最终成为实施方案。有学者指出在教会大学中，金陵女子大学是少有的基本实现原有规划设想的学校之一，其双轴线的安排、纵横空间的对比以及湖泊山丘的呼应等设计手法，似乎从故宫布局中得到了某种启示，如果再加上"宫殿化"的单体建筑设计，茂飞及其团队的金女大陶谷校区设计堪称是中国传统建筑艺术复兴的典范作品[1]。

谈及故宫，茂飞曾于1914年造访并称赞其为世界上最卓越的建筑群[2]。而在此前的设计实践中，为实现业主对于建筑外观中国式的要求，其以伊东忠太的《清国北京皇城写真贴》为直接参考依据[3]。在此次金陵女子大学项目中，为实现更加彻底的中国风格，茂飞专程对故宫进行了深入考察和测绘，据称吕彦直亦参与其中并亲手绘制了不少故宫建筑图[4]。

展示性图纸完成后，紧接着便是工作详图的绘制。虽然按照规划，金陵女子大学的校园建筑多达十多座[5]——包括7座宿舍楼、3座学院楼（社会与体育专业教学楼、文学楼、科学楼）、1座图书馆、1座礼拜堂以及教员宿舍、厨卫附楼等，是当时中国基督教大学史上最大的校园楼群之一，但纳入第一期建设方案的仅有7座（6座建成于1923年，1座建成于1924年），即宿舍楼4座（其中一座被临时当作教职工宿舍）和学院楼3座[6]。按照前述茂飞的工作计划，这第一期7座建筑的工作详图须于1919年9月1日前完成，而实际的绘定时间则在10月18日，其中吕彦直承担了主要的设计与绘制工作。

---

[1] 董黎：《金陵女子大学的创建过程及建筑艺术评析》，《华南理工大学学报（社会科学版）》2004年04期。

[2] HAILS THE BEAUTY OF FORBIDDEN CITY: New York Architect Says It Contains the Finest Group of Buildings in the World, *New York Times*, July 18, 1926.

[3] 冷天：《茂飞与"中国古典建筑复兴"——以金陵女子大学为例》，《建筑师》2010年04期。

[4] 杨永生、刘叙杰、林洙：《建筑五宗师》，天津：百花文艺出版社，2005年，第8页。

[5] 一般认为民国时期金陵女子大学的校园建筑工程分两期进行，第一期为100至700号楼，共7座，包括学院楼3座和宿舍楼4座，建设于1922—1924年；第二期为图书馆和礼拜堂，建于1933—1934年。参见卢洁峰：《金陵女子大学建筑群与中山陵、广州中山纪念堂的联系》，《建筑创作》2012年04期；周琦等：《南京近代建筑史》（卷一），南京：东南大学出版社，2022年，第328—336页。

[6] A. 德本康夫人、蔡路得：《金陵女子大学》，杨天宏译，王微佳校，珠海：珠海出版社，1999年，第42—44页；
B. 卢洁峰：《金陵女子大学建筑群与中山陵、广州中山纪念堂的联系》，《建筑创作》2012年04期。

根据耶鲁大学神学院图书馆所藏的金陵女子大学建筑设计图纸档案，第一期 7 座建筑（100~700 号楼）共保存有图纸 21 张。其中，总平面图由建筑师 J.N.B. 绘制；100 号楼（社会与体育大楼）平、立、剖面图由吕彦直和建筑师 WESSEL 共同绘制，100 号楼细部详图则由吕彦直独立绘制；200 号楼（科学大楼）和 300 号楼（文学大楼）亦均由吕彦直独立完成；400~700 号楼为形制相同的四座宿舍，因此仅须绘制一套即可，由吕彦直与建筑师 CHU 绘制；另外还有浴室、厕所、厨房、连廊等附属建筑图由建筑师 WESSEL 完成。作为雇主，茂飞在盛赞了他的团队在设计与制图时表现出的热切兴趣和快乐[①]。

这批图纸的重要用途之一即连同编制的工程做法说明（一般称"章程"）一起在招标时提供给参与竞标的营造厂使用。该校施工招标在 1920 年 11 月进行，金女大建设委员会最终选择了一家南京本地的承造商——陈明记营造厂——曾承建金陵大学的校舍工程，承揽校舍建设工程[②]。1921 年，德本康夫人筹募到充足的经费后，便与陈明记营造厂签订合同，建设工作正式开始[③]。

历时两年多的建设（图 4-1-15），至 1923 年秋季临近开学时，已竣工者有"大礼堂及健身室一栋、科学试验室及教室一栋、教室图书室及学校行政室一栋、教员居室一栋、学生寄宿舍二栋，其余尚在营造"[④]。这里所说的"大礼堂及健身室一栋"指的是包含临时礼堂、健身室、会客厅、音乐室以及一些小活动室的 100 号楼（社会与体育大楼），由史密斯学院捐赠 5 万美元建造；"科学试验室及教室一栋"指 200 号楼（科学楼）；"教室图书室及学校行政室一栋"指 300 号楼（文学楼）；"教员居室一栋、学生寄宿舍二栋"指的是 400~600 号楼，即三栋学生宿舍，其中一栋用作教员临时宿舍；第 700 号楼，即第四座学生宿舍，于 1924 年建成投入使用[⑤]。

（二）燕京大学

20 世纪初，北京有三所主要的教会学校，分别是由基督教美以美会创办的汇文大

[①] Henry, K.Murphy, "Architectural Renaissance in China," Asia 28, June 1928, No.6, p.508.
[②] [美]郭伟杰：《筑业中国》，卢伟、冷天译，北京：文化发展出版社，2021 年，第 185 页。
[③] A. 德本康夫人、蔡路得：《金陵女子大学》，杨天宏译，王微佳校，珠海：珠海出版社，1999 年，第 30 页；
B. 冷天：《茂飞与"中国古典建筑复兴"——以金陵女子大学为例》，《建筑师》2010 年 04 期。
[④] A.《金陵女子大学概况》，《时报》1923 年 10 月 10 日，第四版；
B.《金陵女子大学来函》，《民国日报》1923 年 10 月 14 日，第七版。
[⑤] Ginling College《金陵女子大学 1924 年纪念册》，Nanking, China, 1924, pp.5—6. 资料来源：Henry Killam Murphy Papers (MS 231).Manuscripts and Archives, Yale University Library.

图 4-1-15　金陵女子大学 1922 年建设时场景（图片来源：《金陵女子大学 1922 年旧照》，1922 年，耶鲁大学图书馆藏）

学——前身系 1870 年创立的汇文学校，由公理会、长老会和英国伦敦会创办的华北协和大学（或称通州协和大学）——前身为 1869 年成立的通州潞河书院，以及由上述四个基督教差会联合创办的华北协和女子大学[1]。自 1900 年义和团运动后，汇文大学与华北协和大学开始酝酿合并，但因派系、人事纠纷及校名争执一直悬而未决[2]。

---

[1] 张玮瑛、王百强、钱辛波主编：《燕京大学史稿》，北京：人民中国出版社，2000 年，第 3 页。
[2] [美] 司徒雷登：《在华五十年：从传教士到大使——司徒雷登回忆录》，陈丽颖译，上海：东方出版中心，2012 年，第 31—33 页。

直到1919年司徒雷登[①]出任校长后，通过斡旋、协调，在各方妥协之下，由诚静怡提议，确定合并后的校名为"燕京大学"（以下简称"燕大"），并于该年7月1日正式挂牌成立[②]：

> 成立之函告：敬启者，敝校自去岁由北京汇文、华北协和两大学合组以来，将已经年，乃因手续纷繁，以至校名久未拟定。所幸今年春夏之交，经学校董事部斟酌时宜，定名燕京，并择于今日悬挂匾额。从此汇文、协和，都为陈迹，行见燕京大学，将与学界争光矣。知关注念，用特奉闻，专此即颂，公祺不一。
>
> 燕京大学科长博晨光鞠躬　八年七月一日

新合并成立的燕京大学，暂以北京城内东南角原汇文大学附近的盔甲厂为校址。1920年位于北京灯市口佟府夹道的华北协和女子大学又合并进来，于是燕大分盔甲厂男部（图4-1-16）和佟府夹道女部（图4-1-17），但男女分校，互不相扰。合并之初的燕大，校舍简陋，经费短缺，师资匮乏[③]，可谓"一贫如洗"[④]。司徒雷登接手后，开始多管齐下，整顿和发展校务，开创新局面。这其中，首先的举措便是另觅新址，建筑新校舍。

然而新校址的选择与购买并不顺利，几经波折[⑤]。直至1920年下半年，司徒雷登才从陕西督军陈树藩手中购得位于北京西郊海淀的一处约40英亩的地皮[⑥]。该地块在明代为书法家米万钟的勺园，至清朝改称弘雅园，为郑亲王宅邸，乾隆以后曾一度入于和珅之手，和珅败后则归睿亲王所有，故嘉庆后一直称睿王花园，咸丰末

---

① 司徒雷登（John Leighton Stuart），1876年6月24日生于中国杭州，祖、父辈皆是传教士和教育家。1887司徒雷登11岁时回美国接受教育，并于1892年进入弗吉尼亚州潘托普斯学院（Pantops Academy）学习，次年转入汉普顿·悉尼学院（Hampden-Sydney College）。毕业后，其返回潘托普斯学院任教三年，后于1899年进入协和神学院学习并于1902年毕业。1904年，司徒雷登与新婚妻子来华，居杭州，后于1907年被聘为南京神学院教员，执教长达十一年。1918年12月，其被聘为燕京大学校长并推动燕大进入快速发展的轨道。参见《燕大校务长司徒雷登博士小传》，《益世报（天津）》1936年6月23日，第006版；[美]司徒雷登：《在华五十年：从传教士到大使——司徒雷登回忆录》，陈丽颖译，上海：东方出版中心，2012年。
② A.《燕京大学之成立》，《新民报》1919年第6卷第8期，第16—17页；
B.《燕京大学之成立》，《通问报：耶稣教家庭新闻》1919年第860期，第7页。
③ 《燕大校务长司徒雷登博士小传》，《益世报（天津）》1936年6月23日，第六版。
④ [美]司徒雷登：《在华五十年：从传教士到大使——司徒雷登回忆录》，陈丽颖译，上海：东方出版中心，2012年，第34页。
⑤ 唐克扬：《从废园到燕园》，桂林：广西师范大学出版社，2021年，第28—44页。
⑥ A.《燕京大学之建设》，《时报》1920年12月15日，第三张第七版；
B.唐克扬：《从废园到燕园》，桂林：广西师范大学出版社，2021年，第41—44页。

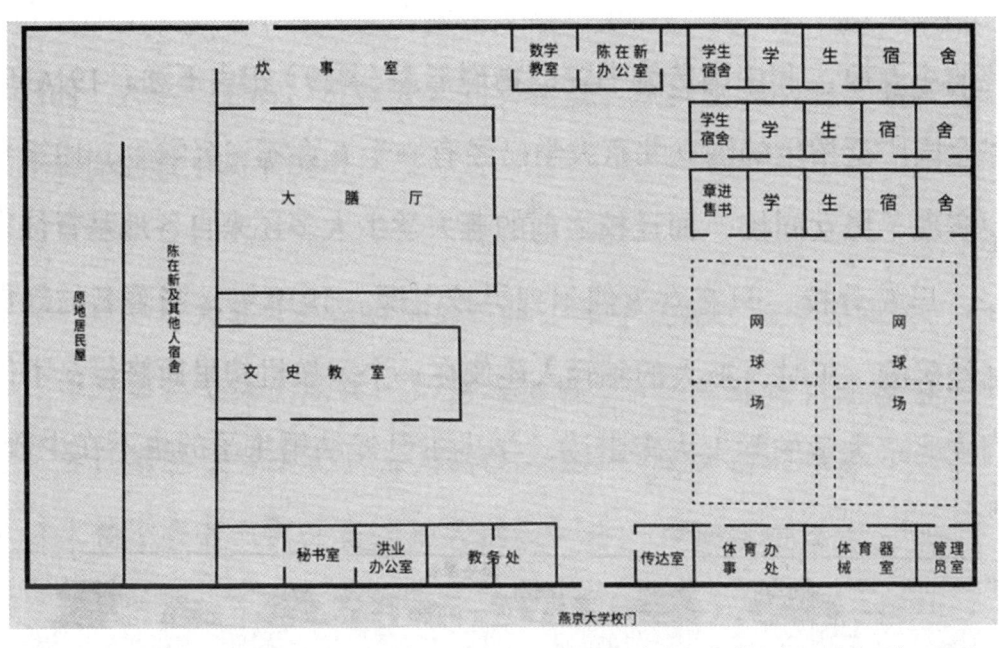

图 4-1-16　燕京大学盔甲厂男部校舍平面图（图片来源：唐克扬：《从废园到燕园》，桂林：广西师范大学出版社，2021 年，第 17 页，图 7）

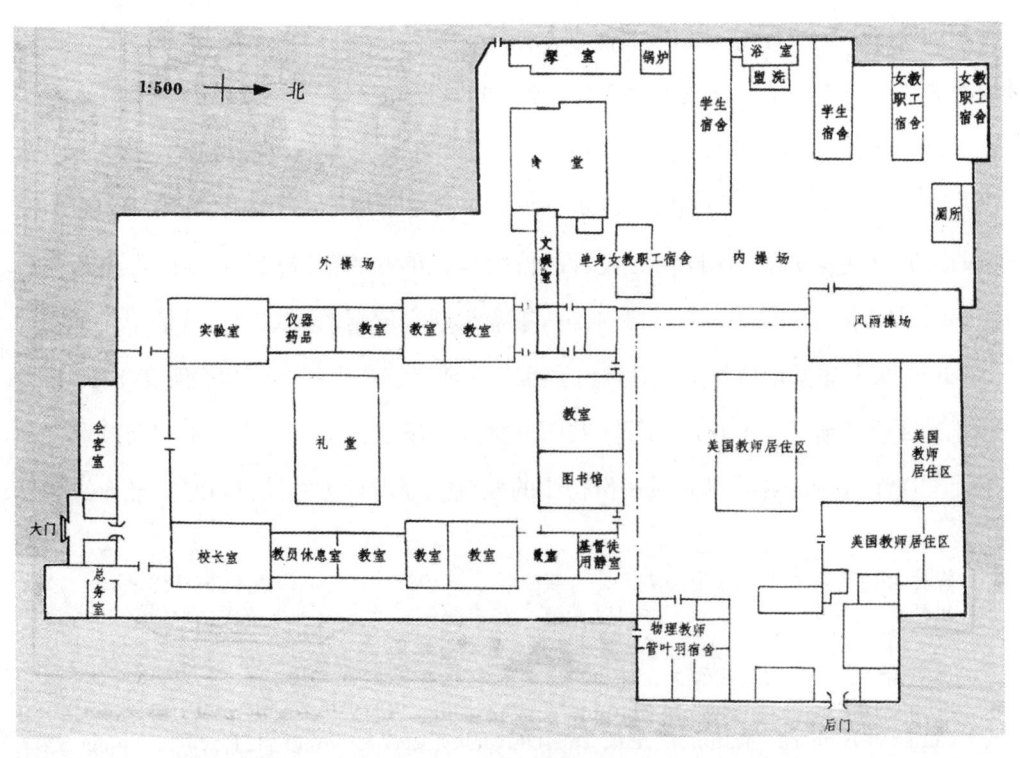

图 4-1-17　燕京大学佟府夹道女部校舍平面图（图片来源：同上，图 8）

235

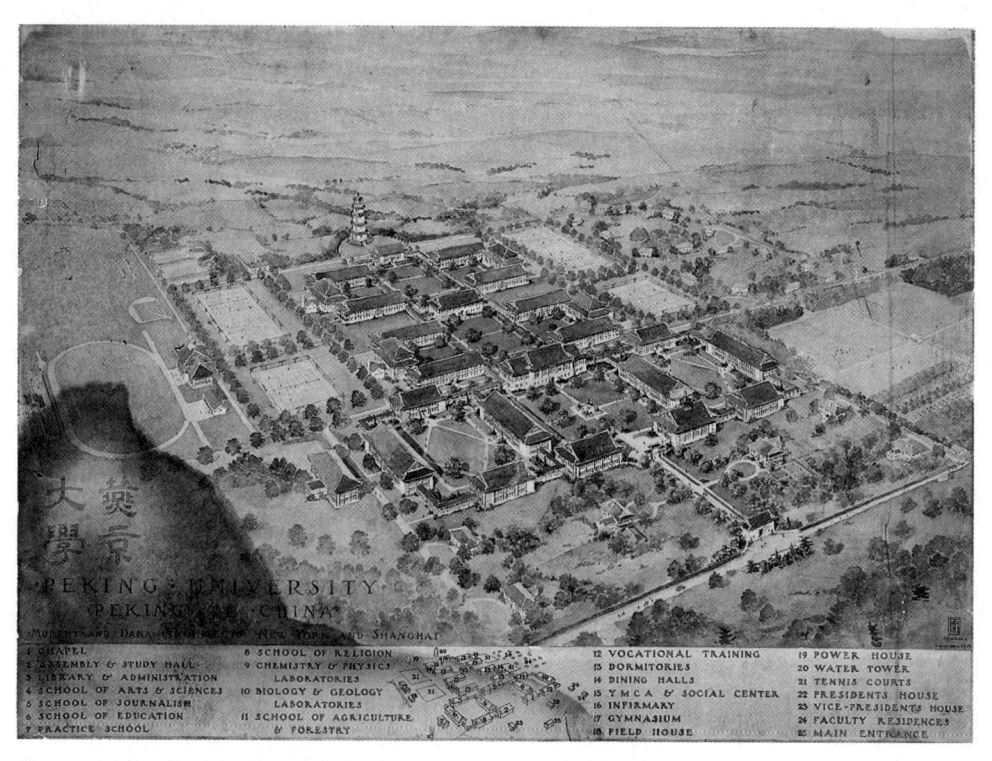

图 4-1-18　茂飞团队 1919 年设计的燕京大学校园方案（图片来源：Henry Killam Murphy Papers (MS 231). Manuscripts and Archives, Yale University Library）

年和圆明园、畅春园等一起被英法联军所毁，成为废墟[1]。此后，连租代买该地皮周边的一些荒废园地，新校址总面积达到 200 多英亩[2]。

有趣的是，燕大新校址直到 1920 年下半年才敲定，但目前保存的图档表明茂飞及其团队在此之前已为燕大完成了一版初步的校园设计（图 4-1-18）。图纸上标示的完成日期是 1919 年 11 月，设计的校园具有单一的轴线，且轴线的端点落在一座中国式的塔上。有研究者认为这是一幅毫无现实依据的规划图，是基于北京西城墙外的一块假想基地所作的设计[3]。但燕大管理层致茂飞的书信却表明在 1919 年夏管理层已经"确信"一片茂飞等人共同考察过的场地为燕京大学未来的新校址，并授予茂旦洋行一份合约以完成一份初步的校园规划设计方案[4]。因此，合理的解释

---

[1] 许地山：《燕京大学校址小史》，《燕京学报》1929 年 06 期，第 182—188 页。
[2] 张玮瑛、王百强、钱辛波主编：《燕京大学史稿》，北京：人民中国出版社，2000 年，第 6 页。
[3] 唐克扬：《从废园到燕园》，桂林：广西师范大学出版社，2021 年，第 30—31 页。
[4] Peking University Trustees to Murphy & Dana, July 28, 1919, Archives of United Board for Christian Higher Education in Asia, Yale University, Record Group 11, Box 345, Folder 5291, Divinity School Library, Yale University, New Haven.

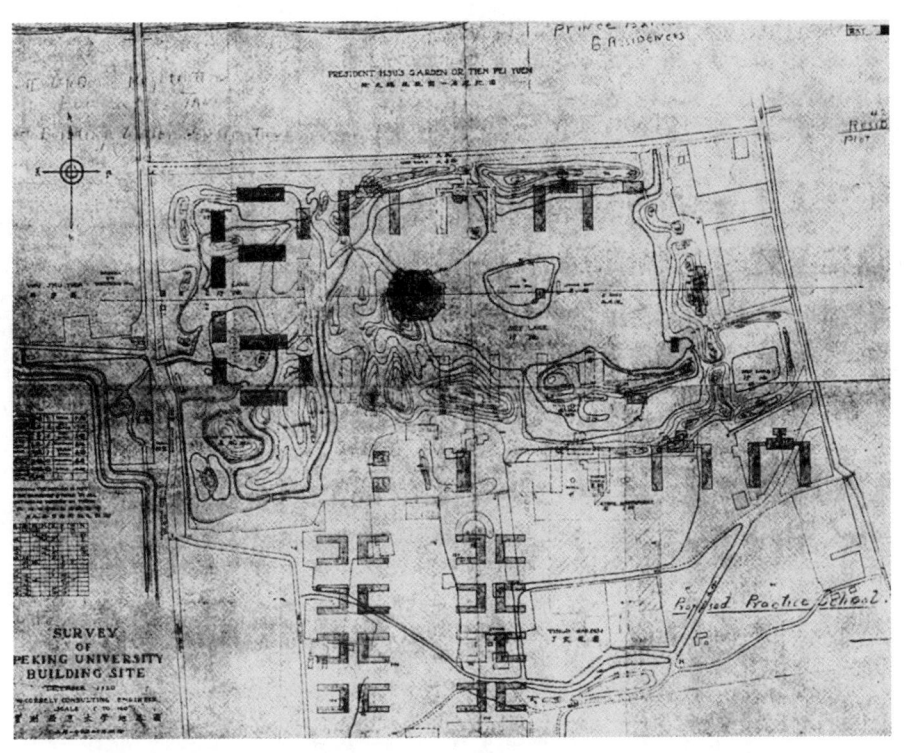

图 4-1-19　1920 年基于测绘图的燕京大学设计草案（图片来源：唐克扬：《从废园到燕园》，桂林：广西师范大学出版社，2021 年，第 71 页，图 30）

可能是茂飞 1919 年设计的这版方案是基于燕大管理层自认为可以敲定的一块地皮所作的设计。这块地皮很可能是位于北京城西月坛公园附近的一块地产，但到 1920 年初时该地块的购买因官方的因素而中止[1]。于是，1919 年的这版初步设计方案最终并未落地。

基于重新买到的位于北京海淀的地块进行的校园规划设计在 1920 年即已展开。根据对海淀新校址的测绘图，茂飞及其团队完成了设计草案（图 4-1-19）。之后，按照茂飞的计划，如果燕大校方能够积极配合，其团队可在该年 11 月下旬将完整的图纸和工程说明书送到中国，而燕大则希望茂飞及其团队在该年秋天完成校园的鸟瞰图和施工图[2]。最终，该版校园设计的鸟瞰图完成于 1921 年 12 月（图 4-1-20，图纸左下角标注有绘制时间），平面图则绘定于 1922 年 1 月（图 4-1-21）。

---

[1]　唐克扬：《从废园到燕园》，桂林：广西师范大学出版社，2021 年，第 29—31 页。
[2]　[美] 郭伟杰：《筑业中国》，卢伟、冷天译，北京：文化发展出版社，2021 年，第 187 页。

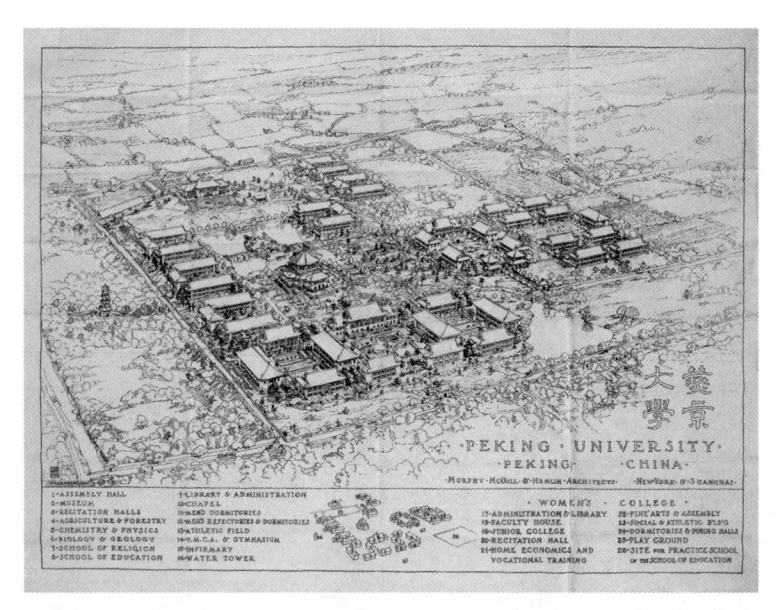

图4-1-20 燕京大学1921年校园规划设计鸟瞰图（图片来源：Henry Killam Murphy Papers, Collection ID Number: MS 231, Series Number: I, Folder Number:29, Manuscripts and Archives, Yale University Library）

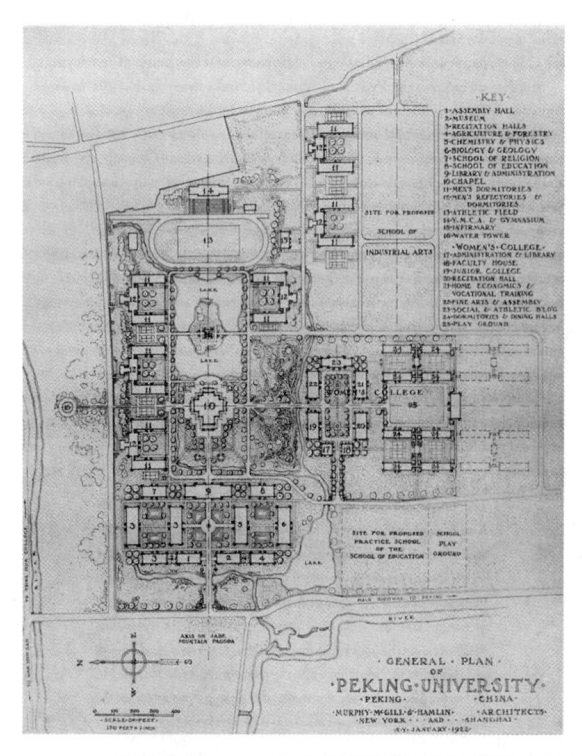

图4-1-21 燕京大学1922年校园规划设计平面图（图片来源：Jeffrey W. Cody, Building In China: Henry K. Murphy's "Adaptive Architecture" 1914—1935, The Chinese University Press, Hong Kong, 2001, p.122, Fig.27）

这版校园规划设计较之 1919 年 11 月的初步方案有不少变化[①]：首先，相较于之前严格的中轴对称布局，此版虽有东西和南北两条轴线，但整体上并非对称布局，而是迁就了地块原始的园林式环境——多水面和不规则；其次，1921 年规划的校园可以整体上分为主体建筑群和女子学院建筑群两部分，后者位于南部，且关于南北轴线对称分布。再者，校园的中心由之前的基督教青年会和社交中心变为惠勒纪念礼拜堂——坐落于两条轴线的交汇处。此外，运动场和体育馆以及男生宿舍等建筑物的位置都发生了变化。

根据这版新出炉的校园规划和建筑设计，燕大新校舍于 1922 年动工。历经四年建设至 1926 年夏，新校舍终于渐次完工，校方遂于当年暑期迁入新校址，并在 9 月开学[②]。不过据报道，开学的典礼在未完工的图书馆（Berry Memorial Library）举行，说明校园建设仍在进行中[③]。实际上，就在 1926 年 8—11 月间，燕大校园规划设计再经调整[④]。直到 1929 年，燕大新校舍才告落成，并于该年 9 月 27 日举行落成典礼[⑤]。

通过上述梳理，燕京大学校园规划与建筑设计经过多次修改和调整，设计方案至少有 1919 年 11 月、1921 年 12 月至 1922 年 1 月、1926 年 8 月至 11 月等多个版本，且这些方案的鸟瞰图和总平面图均在美国纽约绘制完成后送至北京。根据前文对吕彦直生平的考证，其于 1921 年回国并在 1922 年 3 月辞职离开茂飞，则其可能参与的燕京大学校园设计仅有前两版。遗憾的是，在我们目前见到的有关这两版燕京大学校园规划设计的图档或文档中，还未发现吕彦直的名字或信息。另一方面，民国

---

① 郭伟杰在《筑业中国》已指出二者的不同，但是将第一版方案当作是 1920 年设计，将第二版方案判断为 1924 年设计（参见 [美] 郭伟杰：《筑业中国》，卢伟、冷天译，北京：文化发展出版社，2021 年，第 202—203 页），或有错误。根据图纸上的标注，第一版方案当系 1919 年 11 月绘定，第二版方案则在 1921 年 12 月完成鸟瞰图，在 1922 年 1 月完成平面图。
② 《燕京大学迁入新校舍》，《时报》1926 年 7 月 20 日，第一张第二版。
③ Yen Ching University: Opening on a New Site East of the Summer Palace, *The North-China Daily News*（1864—1951）, September 27, 1926, No.7.
④ [美] 郭伟杰：《筑业中国》，卢伟、冷天译，北京：文化发展出版社，2021 年，第 207 页。
⑤ A.Yen Ching University Exercises Close: New Buildings Opened at Peiping Cost G.$2000000, *The Shanghai Times*, October 2, 1929, No.7;
B.《纪燕京大学校舍落成典礼之盛况》，《北洋画报》1929 年第 8 卷第 382 期，第 2 页；
C.《燕京大学校务纪闻：该校落成礼典之经过》，《中华基督教教育季刊》1929 年第 5 卷第 4 期，第 113—114 页。

时期介绍吕彦直的文字，一般多言及其参与金陵女子大学的校园设计[①]，仅登载于《中国建筑》上的《故吕彦直建筑师传》称其"尝作南京金陵女子大学及北平燕京大学之设计，为中西建筑参合之初步"[②]。因此，吕彦直究竟是否参与燕京大学的校园规划设计，以及如果参与其中具体承担哪些工作，我们目前并不清楚。

三、东南建筑公司时期

作为中国最早的一批通商口岸城市，民国时期的上海贸易繁荣，金融发达，银行林立。为联合同业力量，形成团体优势，亦为规范和协调行业行动，中国银行、交通银行等上海七家中资银行于1915年动议成立银行公会；次年，财政部颁布银行公会章程，七家银行拟正式组织公会，但因无适当会所而悬置；1917年春，适逢中国银行大楼后有地基一方，所属业主——金业公会以面积太大拟出让一部，于是七家银行合资购置并作为合作办公之所，此时，公会虽未成立，而银行公共事业已具规模；不久，因该地所建房屋光线不宜，遂于香港路三号、四号另购房屋并加修葺（图4-1-22），作为新的办公场所[③]。1918年7月8日，成立大会召开，在沪之12家银行入会并推选其中七家银行代表出任公会董事；至10月19日，上海银行公会（以下简称"银行公会"）正式成立并举行开幕典礼，同时公布《上海银行公会章程》[④]。

随着公会发展，会员不断增加，业务日益拓展，以致原会所房屋不敷使用。1920年12月21日银行公会会员会上，公布了由陈光甫等人提出的《上海银行公会建筑公债简章草案》（附录1-2），拟募集公债上海规元二十万，以购置房地产并筹建新建筑[⑤]。根据1925年出版的《上海银行公会事业史》所记，1922年3月，银

---

① A.Mr.Yen Chih-lu（吕彦直字古愚），*The China Weekly Review*, September 1, 1928, p.28;
B.Death of Chinese Architect: Mr.Lu Yen-chi Designer of the Sun Yat-sen Tomb at Nanking, *The North-China Daily News(1864—1951)*, March 21, 1929; 亦见于 Obituary :Mr.Lu Yen-chi, *The North-China Herald and Supreme Court & Consular Gazette（1870—1941）*, March 23, 1929, No.018;
C.《工程师吕彦直逝世》，《申报》1929年3月21日，第十五版；又见《新闻报》1929年3月21日，第十五版；《民国日报》1929年3月21日，第三张第二版；
D.《本会会员吕彦直先生遗像（附生平简介）》，《中国工程学会会刊》1929年第4卷第3期，第1页；
E.《吕古愚略传》，《科学》1929年第14卷第3期，第455—466页；
F.《故吕彦直建筑师小传》，《时事新报（上海）》1930年12月5日，第二张第三版。
② 《故吕彦直建筑师传》，《中国建筑》1933年第1卷第1期，第1页。
③ 《上海银行公会之略史》，《民国日报》1918年10月24日，第三张第十版。
④ 《银行公会开幕志盛 附录上海银行公会章程》，《时事新报（上海）》1918年10月20日，第三张第二版。
⑤ 万立明编：《上海银行公会：机构卷》，上海：上海远东出版社，2016年，第69页。

图 4-1-22 上海银行工会原办公房屋（图片来源：《上海银行公会年报》1921年3月，第5页）

行公会开会议决翻造香港路四号会所，并且为购置房地产及筹建新建筑之需拟发行公债。公债定额上海规元三十万两，分作三千份，每份实收规元一百两，利率按年息五厘计算，以新屋及地产作为担保品。另外，还制定简章并拟预算（附录1-3），公举陈仰和等人为建筑委员会委员。翻造新屋期间，银行公会向交通银行暂借余屋作为办公场所。[①]

从后来披露的此次筹款详情（附录1-4）来看，三十万公债由在会各银行分认："计中交两行各认二万两，其余每行各认一万两，当时共认足二十四万两。其余六万两，由后来入会者，每行认购一万两，以募足定额为度。自此项办法议定后，后来入会之银行有农商、工商两行，应由六万两内各认一万两，尚余四万两，须待再有入会银行认购。"[②] 同时，根据文中所附的"募集上海银行公会房地产公债办法""此项公债付息，须在建筑完工及余屋出租以后，还本须经董事会筹有的款，方可核定日期，则债票后幅还本付息栏均无从悬拟。至付息时，由本公会通告，另由各会员银行出给收据为凭"，并且，"余屋出租之租金，如不敷付息时，应开会员会筹议

---

① 徐沧水编：《上海银行公会事业史》，银行周报社，1925年，第10页。
② 《上海银行公会募集房地产公债详情》，《银行月刊》1923年第3卷第7期，第11—12页。

其他方法"①。可见，银行公会拟以新建大楼的部分房屋作出租之用，所收租金以偿还募集公债所应付年利五厘的利息。

不过，根据相关会议记录，银行公会直到1922年6月10日才决定于公会原地（即香港路4号）翻造新屋并拟登报招投打样②，此前则一度有租用场地办公和另觅新址建造会所的想法与行动，且直到1922年5月底尚在物色房产（附录1-2）。例如，1922年5月26日《新闻报》上登有《上海银行公会购地通告》③：

本公会现拟购地建筑，如有现成房产，亦愿购置。其地大小，自一亩半至二亩半为度。至地段，以北苏州路至三马路黄浦滩至河南路之间为相宜。倘有此项地产欲出售者，请开明详细情形投函香港路四号本公会，如不合格，恕不奉复，此启。

1922年7月4日，银行公会开始在《申报》《新闻报》等刊登招投建屋图样通告："本公司拟自建新屋一所，惟沪上打样家林立，各自有优长，似难选择，兹特登报公开，以期完美。凡有意打样者，请向香港路四号本公会索取地图及建筑说明，限八月三十一号前送齐，以便采取，其不取者，由本公会送函发还。"④

截至8月31日投标期限，共计收到中外建筑师竞标图样十八份⑤（亦有报道称十九份者⑥）。9月6日，建筑委员会专为讨论开标相关事宜举行会议，议决标准分数六项及开标办法三项。7日，又举行会员会，审议6日拟定的六项评判标准分数和三项开标办法，同时规定，为求公平，竞标图样中的打样建筑行名称用白纸粘贴，使其匿名，并采用号码编号⑦。当时的报纸对这六项标准分数及三项开标办法皆有披露⑧：

（甲）定标准分数六项：（1）合工部局章程；（2）内部布置是否合宜；（3）除各行垫款不计外，定相当造价为二十万两左右；（4）方尺多少以定收入之多寡，但方尺应照现在市价折中估计；（5）门面壮观；（6）光线。

---

① 《上海银行公会募集房地产公债详情》，《银行月刊》1923年第3卷第7期，第11—12页；另见《晨报》1923年7月15日，第七版。
② 万立明编：《上海银行公会：机构卷》，上海：上海远东出版社，2016年，第117页。
③ 《上海银行公会购地通告》，《新闻报》1922年5月26日，第一张第一版。
④ 《上海银行公会招投建屋图样通告》，《申报》1922年7月4日，第一版；另见《新闻报》1922年7月4日，第一版。
⑤ 《银行公会开审查建屋投标会》，《申报》1922年9月12日，第十三版；《银行公会改建会所》，《时事新报（上海）》1922年9月21日，第三张第一版。
⑥ 《银行公会筹建新会所》，《申报》1922年9月7日，第十四版；又见《银行公会筹建会所》，《时事新报（上海）》1922年9月7日，第三张第一版。
⑦ 万立明编：《上海银行公会：机构卷》，上海：上海远东出版社，2016年，第121—122页。
⑧ 《银行公会会员会纪》，《申报》1922年9月9日，第九版。

（乙）定开标办法：（1）由审查委员根据上列标准分数，相等者，交由会员会公决之；（2）审查员必为会员，先由审查员审定后，再请中外著名打样专家各一人审定之；（3）审查期为两星期，自本月十一日起开标审查。

当场推定兴业、浙江、中孚、盐业、四明、中华、金城、东莱、大陆九家为审查员。

9月11日，银行公会召开会议，九家银行审查员列席，中外各建筑公司所投之标开封检出，并从12日起详细审查两周[1]。据当时报纸消息，为昭慎重，审查手段极为繁细[2]。至25日，审查手续结束，再次开会，讨论揭晓投标一事[3]；然而为慎重起见，复于26日由全体会员投票表决，最终取定东南建筑公司之图样[4]。

关于此次投标结果的产生过程，银行公会的会议纪录有如下记载：

（盛竹书）主席云，本公会建筑图样已经审查详细审定，择有两家，一东南建筑公司，一通和洋行，各有优劣，应否请外人审查？

陈光甫君云，请外人审查，多开运动之途，本席主张迳用中国行家之图样。

谢芝庭君云，可用投票法表决。

陈光甫君云，上海叠受外人激刺，现在所打图样，既中外各有好坏，不妨帮忙中国行家。

林康侯君云，本席等前曾有信，主张用中国行家。

主席云，当时登报，并未说明拒绝外国行家，诸君虽可存此心，然不必说出，不如用投标法表决之。

众议以前决请中外打样专家审查一节，因此项专家不易物色，且易招运动之途，因决将此议决案打销。

谢芝庭君请将两家优劣之点详为陈说。

主席云，两家劣点是否可改？谢君云，当然可改。

经众投票，东南建筑公司得十七票，通和洋行得四票。

我们从中获知，经过详细审查环节后，仅剩下东南建筑公司与通和洋行两家待选。据研究，通和洋行（Atkinson & Dallas）是近代上海最重要的建筑师事务所之

---

[1] 《银行公会开审查建屋投标会》，《申报》1922年9月12日，第十三版。
[2] 《银行公会投标建屋消息》，《申报》1922年9月22日，第十三版。
[3] 《银行公会投标建屋消息》，《申报》1922年9月26日，第十三版。
[4] 《银行公会投标正式揭晓》，《申报》1922年9月27日，第十三版；《银行公会取定建筑图样》，《新闻报》1922年9月27日，第三张第一版；《银行公会取定图样》，《时事新报（上海）》1922年9月27日，第三张第二版。

一，作品众多，实力雄厚[①]；而东南建筑公司，甫经成立——该公司于1921年5月14日发布广告开幕营业[②]，实力和声誉一时均难以匹敌。但在双方提交的图样各有优劣、不分伯仲的情况下，上海银行公会不少会员代表出于华人事业发展之不易和帮扶本土建筑师之用心，以17：4的投票结果最终选择了东南建筑公司。

实际上，早在8月21日投标期限未到之时，大陆银行经理叶扶霄、浙江兴业银行副经理孙陈冕和上海商业储蓄银行总经理陈光甫等人即联名致函银行公会，提议请华人建筑公司承造新会所[③]：

迳启者，比闻本会集议筹建房屋，业已组织委员会计划就绪，即须招人打样，俾使估价建筑在案。敝行等系列同会，对于房屋形式工程细巨自有委员会主持，不敢妄参末议，惟查沪埠习惯巨室之建筑，其打样包工每信托外人。今查华人之建筑公司亦复不少，本会之组织纯系华人，似宜信托华人，则公会之房屋如何打样、如何包工应注重于华人之建筑公司。敬具提倡之诚意即有造就之实力。每叹华人事业不易发展，其弊在信内之心不如仰外之切，敝行等有所感觉，拟力矫此弊，感贡一言，借供采纳，想本会同人皆明达者，必能赞助斯义也。区区之见，是否有当，仍候公决施行，不胜幸甚，此致银行公会。

开标结果揭晓不久，东南建筑公司所设计的新银行公会大楼图样已见诸报端（图4-1-23），并附有简要介绍[④]：

本埠银行公会，因拟建新屋，

图4-1-23 银行公会大楼图样（图片来源：《上海银行公会拟建新屋图》，《申报》1922年10月5日，第十四版）

---

① 郑时龄：《上海近代建筑风格》，上海：同济大学出版社，2019年，第177—179页.
② 《东南建筑公司开幕广告》，《申报》1921年5月14日，第一版。
③ 王昌范：《上海银行公会选址与建楼事略》，《档案春秋》2018年08期。
④ 《上海银行公会拟建新屋图》，《申报》1922年10月5日，第十四版。

招请本埠诸著名之中外建筑行家投图样，已于上月底由该会详细选择，简定完全华商之东南建筑公司所绘之图及设计，该设计内容要点如左：

全屋共占地八千余方尺，共有六层楼及地库。第一层，作为该会办公之用；第二层至第五层，为出租作为写字间之用；第六层，为该会俱乐部之用。全屋纯用最新式之建筑法构造，凡热水管升降机等均备。全屋造价约需二十余万两也。

该介绍指出了新翻建的上海银行公会大楼每层的用途，按照事先筹划，其中第二至五层作为写字间出租，租金用于偿还筹建大楼时所募房地产公债的利息。而关于第六层用作俱乐部[1]，当时上海大陆银行行员蔡引之撰文指出[2]：

沪上银行林立，我银行界同人至少在二千人以上，平日素乏高尚娱乐之所，故公余之暇，难免有损耗光阴或浪费金钱之事，间或使强健有为之躯干，随以日趋衰弱也。

银行公会为我银行界唯一之公共机关，谋我同人公共之幸福，与有责焉。今新会所正在建筑，年内当可告成，当局诸公，对于将来之设施，谅必力求扩充，俾为大规模之建设，并附设俱乐部，而为我二千同人谋高尚娱乐之所也。

我辈处此商战时代，经营于贸易之场，虽具才能，若无强健之躯干，决不能胜任重大之责任。故体育之提倡，实为当今之急务。欧美各国素重体育，公共机关均有体育室及运动场之设。近年来我国提倡体育之声日高，各埠均有公共体育场之设，惟银行界同人限于时间，不能置身其间，从事练习，故我同人中身体强健者，比较欠缺也。

至体育室之建筑费，不过数千金，俱乐部之设备，所费亦微。我公会会员银行有二十余家，此次建筑费，有三十万之巨，谅可不惜此区区者，俾以酌量设备一切也。希望建筑委员会诸公联名提议，得大会之通过，而见实行，当为我银行界二千同人所共相赞同者欤。

可见，于上海银行公会大楼内设俱乐部深受银行从业人员的欢迎，而相较于大楼建设费用，体育室之建筑费和俱乐部之设备费更是微不足道。

建筑图样招投标结束后，新会所便进入到实际建设阶段。首先是设计详图的制

---

[1] 该俱乐部于1925年4月3日正式成立，参见《上海银行公会组织之银行俱乐部昨正式成立》，《上海夜报》1925年4月4日，第三版。
[2] 蔡引之：《银行公会建筑体育室及俱乐部之商榷》，《银行周报》1924年第8卷第8期，第55页。

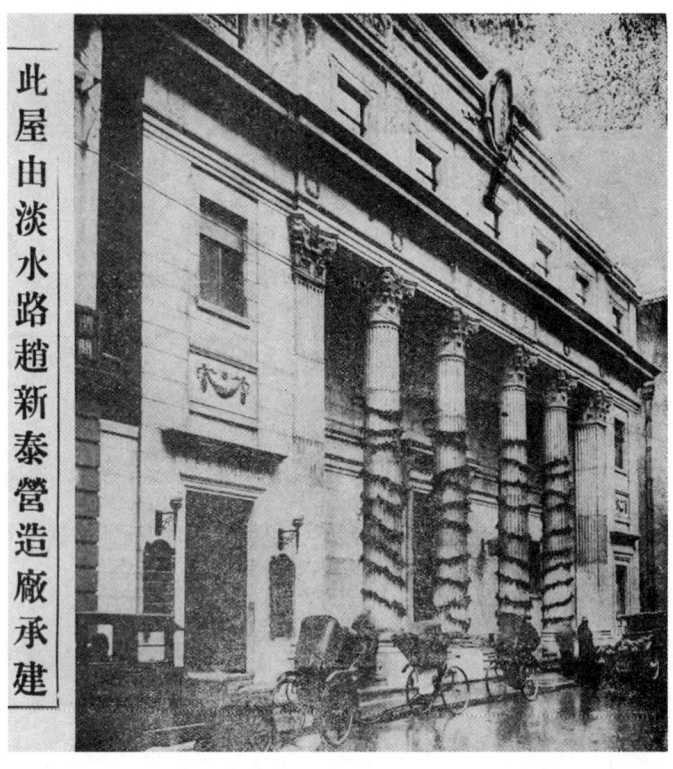

图 4-1-24 上海银行公会大楼落成照片（图片来源：《图画时报》1926 年第 289 期，第 6 页）

备，据会议纪录，直到 1923 年 3 月 10 日，建筑内部详图还未竣事[1]；其次，由于是旧屋翻造，原有房屋须先拆除，其最终以二千二百两之市场最低价折售与红十字会[2]；接着是建筑包工，建筑主体由赵新泰营造厂承造（图 4-1-24），约定十八个月完工，估价十六万元（后由东南建筑公司接洽商减价格），升降机归华昌公司承办，库门归新通公司承办[3]。

1923 年 6 月，上海银行公会大楼正式动工兴建，经营两载，至 1925 年夏落成[4]，后经装修和配置设施，至 1926 年 2 月 17 日（即阴历正月初五财神日）举行

---

[1] 万立明编：《上海银行公会：机构卷》，上海：上海远东出版社，2016 年，第 132 页。
[2] 万立明编：《上海银行公会：机构卷》，上海：上海远东出版社，2016 年，第 140 页。
[3] 万立明编：《上海银行公会：机构卷》，上海：上海远东出版社，2016 年，第 140 页。
[4] 根据《银行周报》1926 年第 6 期所载《上海银行公会新屋落成开幕纪盛》的记录，上海银行公会大楼于 1925 年夏告竣；而《时事新报（上海）》1925 年 7 月 23 日则披露，上海银行公会大楼此时业已落成，且办公人员即将迁往新屋[《银行公会新屋落成》，《时事新报（上海）》1925 年 7 月 23 日，第三张第一版]。因此，综合来看，银行公会大楼的竣工时间当在 1925 年 7 月 23 日之前。

开幕典礼（附录1-5）[①]。

通过上述梳理，我们对于上海银行公会大楼的筹备与建设经过已有较为清晰和完整的了解，但关于该栋建筑的设计者是谁，目前学界还存异议。部分学者认为该大楼的设计者是时任东南建筑公司经理过养默[②]。另一部分研究者则将其作为吕彦直的设计作品[③]。赖德霖指出："其图纸现存上海市城建档案馆。在图签清楚完整的屋顶平面图上，可以看到审批人（app'd by）Y.C.Lu，即吕彦直（Lu, Yen-chih）的签字，说明吕是该项目的负责建筑师"[④]。实际上，早在民国时期吕彦直逝世后发布的讣告和略传，均称上海银行公会大楼设计出自吕彦直之手（参见第一章相关内容）。殷力欣认为，既然当时过养默对这一表述无异议，似可说明该建筑确由吕氏设计；同时，从建筑风格上来看，该大楼亦更接近吕彦直的设计思想；而该建筑竣工于1925年且此时吕彦直已脱离东南建筑公司，或因此乃误传过氏为设计者[⑤]。

四、彦记建筑事务所时期

（一）中山陵（略）

（二）广州中山纪念堂及纪念碑（略）

（三）持志大学

殷力欣在《吕彦直集传》中提到，"北京华夏国拍2011年9月10日仲夏拍卖会"之"中国近现代名人墨迹专场"曾出现一幅名为"吕彦直建筑设计稿"的拍品（图4-1-25），并最终以55200元成交，且拍卖会提供的拍品说明称其为"1929年4月国民政府教育部举办的第一届全国美术展览会展览作品"[⑥]。由于掌握的相关资料有限，尤其对第一届全国美术展览会建筑类作品目录未能查证，殷氏对该幅"吕

---

① 《银行公会会所落成开幕志盛》，《申报》1926年2月18日，第十三版；另见《民国日报》1926年2月18日，第二张第一版；《时事新报（上海）》1926年2月18日，第三张第二版；《银行周报》1926年第10卷第6期，第1—3页；《银行月刊》1926年第6卷第3期，第1—3页。

② A. 郑时龄：《上海近代建筑风格》，上海：上海教育出版社，1995年，第226页；
B. 杨嘉祐编：《外滩·源》，上海：上海人民出版社，2012年，第71页；
C. 朱伟：《上海银行公会及其大楼简述》，《都会遗踪》2019年01期。

③ A. 郑晓笛：《吕彦直：南京中山陵与广州中山纪念堂》，《建筑史论文集》第14卷，北京：清华大学出版社，1984年，第186页；
B. 北京市建筑设计研究院有限公司、中国文物学会20世纪建筑遗产委员会主编：《中国20世纪建筑遗产大典·北京卷》，天津：天津大学出版社，2018年，第210页。

④ 赖德霖：《阅读吕彦直》，《读书》2004年08期。

⑤ 殷力欣：《吕彦直集传》，北京：中国建筑工业出版社，2019年，第16、84页。

⑥ 殷力欣：《吕彦直集传》，北京：中国建筑工业出版社，2019年，第90页。

图 4-1-25 疑似"吕彦直建筑设计稿"（图片来源：殷力欣：《吕彦直集传》，北京：中国建筑工业出版社，2019 年，第 91 页，图 2-15）

彦直建筑设计稿"的真伪持存疑态度。但同时，作者认为如将该图与《字林西报》所载吕彦直设计的"南京政府中心设计图"（图 1-5-4）相比较，二者虽有较大差异，但设计思路——正立面以重檐庑殿顶主楼为中心向左右延伸两翼楼，却有相似之处，故其认为该图如为真品，很可能系后者设计之初稿。

此处，我们暂且搁置讨论该设计图的真伪问题，首先分析其是否为吕彦直参加第一届全国美术展览会的作品。通过"上海图书馆《全国报刊索引》"数据库，我们检索到一本上海图书馆收藏的《教育部全国美术展览会出品目录》，书中收录了第一届全国美术展览会书画、金石、西画、雕塑、建筑、工艺美术、摄影和参考品（古代书画、近人遗作、国外绘画雕塑）七个部类的参展作品名单[①]。如果将其与时人的参观记述——李寓一发表于《妇女杂志（上海）》1929 年第 15 卷第 7 期上的《教育部全国美术展览会参观记》相对照，两者多有吻合，似可互证，故该目录应属可靠。

在该目录的建筑部类，共收录了吕彦直、李锦沛、庄俊等十位建筑师报送的 34 件参展作品名单[②]，而吕彦直名下计有 4 件，分别是中山陵墓、广州中山纪念堂、

---

① 《教育部全国美术展览会出品目录》，上海图书馆藏，1929 年。
② 《教育部全国美术展览会出品目录》，根据上海图书馆藏《教育部全国美术展览会出品目录》整理。

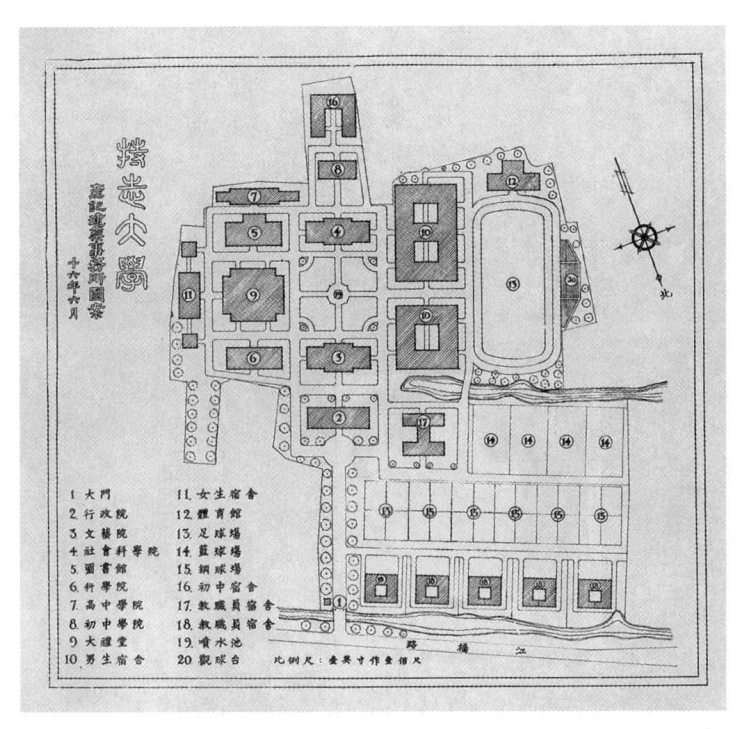

图 4-1-26 彦记建筑事务所设计之持志大学校园平面图（图片来源：持志大学学生：《持志年刊》，良友图书印刷公司，1928 年，第 3 期）

广州中山纪念碑和持志大学鸟瞰图。中山陵和广州中山纪念堂及纪念碑的建筑形象已为世人所熟悉，显然与前述"吕彦直建筑设计稿"表现的建筑形象不符。如果该"吕彦直建筑设计稿"系第一届全国美术展览会参展作品，仅剩的可能即其为持志大学鸟瞰图。

然而，既名为鸟瞰，则图中视角当为鸟瞰，这与"吕彦直建筑设计稿"的表现形式显然不同——后者系略带仰视的局部人视图。更重要者，通过"上海图书馆《全国报刊索引》"数据库，我们还检索到一本由上海持志大学学生印行出版的《持志年刊》，刊内介绍校园景观时，附有筹划建设的持志大学校园设计图，共两幅，一幅为总平面图（图 4-1-26），另一幅为鸟瞰图（图 4-1-27），均署名"彦记建筑事务所图案十六年六月"[①]。无论从名称还是视角，我们都有理由相信该鸟瞰图即是《教育部全国美术展览会出品目录》中所载吕彦直送展的持志大学鸟瞰图。

虽然这两幅持志大学校园设计图均署名"彦记建筑事务所图案"，但既然以吕彦直的名义报送第一届全国美术展览会展出，则其应归属吕彦直的设计作品。如此，

---

① 持志大学学生：《持志年刊》，良友图书印刷公司，1928 年，第 3 期。

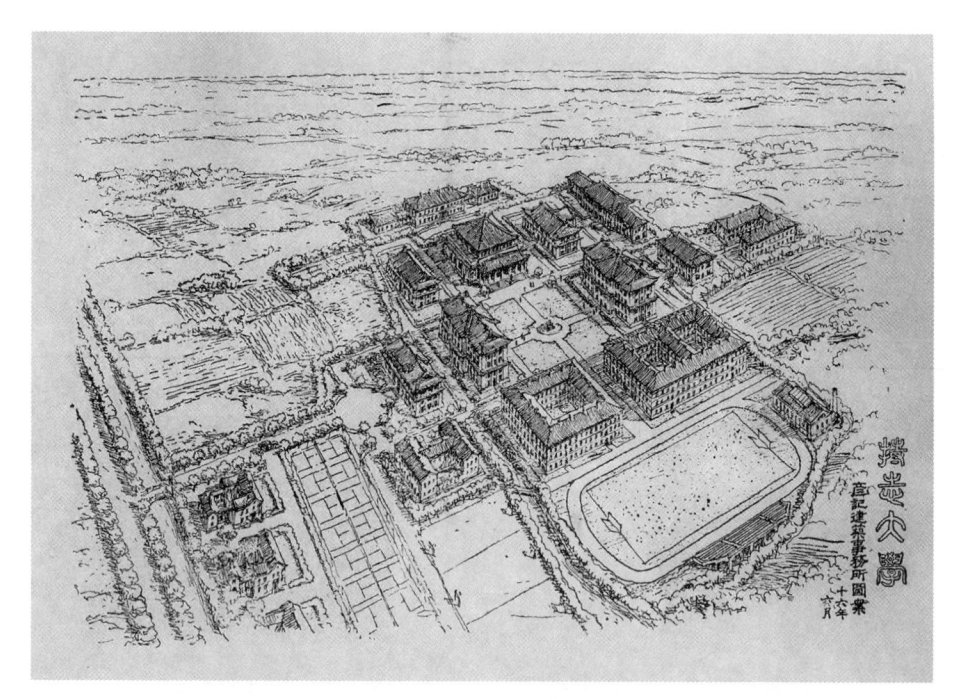

图4-1-27　彦记建筑事务所设计之持志大学校园鸟瞰图（图片来源：持志大学学生：《持志年刊》，良友图书印刷公司，1928年，第3期）

这一发现不仅否定了前述"吕彦直建筑设计稿"系"1929年4月国民政府教育部举办的第一届全国美术展览会展览作品"的说法，更在为数不多的吕彦直建筑设计作品中增加了新的内容。而在我们目前所掌握的有关吕彦直的研究论著中，尚未见有提及此两幅设计图者，因此不失为新的发现。

就在我们为此新发现欣喜的同时，疑惑亦随之产生。吕彦直设计的持志大学校园为何不为世人所知？其设计图为何仅有总平面图和鸟瞰图？

经查考，持志大学是由留美归国法学博士何世桢与何世枚两兄弟于1924年创办，"持志"一名为纪念其祖父何汝持兴学育人之志[①]。该校于1925年1月1日正式招收学生[②]，校址则暂借上海江湾路体育会西路[③]（图4-1-28）。此后，在何氏兄弟的勉力经营下，学校蓬勃发展，学生不断增多，校舍迭经扩充（图4-1-29）[④]。至

---

① A.《持志大学将成立》，《新闻报》1924年12月2日，第四张第一版；
　B.《将有持志大学成立》，《民国日报》1924年12月2日，第十一版。
② 《持志大学开始招生》，《申报》1924年12月31日，第十一版。
③ A.《持志大学之进行》，《申报》1924年12月9日，第十一版；
　B.《持志大学定期招生》，《申报》1924年12月15日，第十二版；
　C.《持志大学校舍全图》，《时报图画周刊》1924年第231期，第3页。
④ A.《持志大学力谋扩充》，《时事新报（上海）》1925年7月28日，第四张第二版；
　B.《持志大学新建宿舍落成》，《申报》1925年9月3日，第九版。

图 4-1-28　江湾路持志大学校门（图片来源：持志大学学生：《持志年刊》，上海持志大学学生印行，1926年，第1期）

图 4-1-29　持志大学 1925 年新建宿舍（图片来源：《持志大学新建宿舍落成》，《申报》1925 年 9 月 3 日，第九版）

1926年上半年，在校学生已有四百六十余人，且有继续增加之势，以致校舍日益紧张，亟须扩充[①]。

1928年10月16日，《新闻报》刊登一则《持志大学预备建筑新校舍》的消息[②]：

> 持志大学，创办伊始，即有建筑新舍计划，嗣因时局不定，遂告中止，本学期开学以来，人数激增，校舍不敷应用，校长何世桢博士，与教务长何世枚博士，经长时间之讨论，遂决定建筑新舍之举，以何氏私有虹桥路百余亩良田移作校基。校舍图样，已打好多时，计男女宿舍、课室、体育馆、图书馆、大礼堂、教员室，总共二十座，形样均仿古皇宫式，极美丽雄伟。迄因经济问题，先建十座，闻将于本月内兴工，预计明年桃花时节，虹桥道上，平添不少大厦云。

从中我们得知，持志大学创办之时即有建筑新校舍的计划，但因时局不定而中止。至1928年10月时，由于人员激增，筹筑新校舍再次被提上议程，且拟以上海虹桥路的百余亩何氏兄弟私有良田为校址，而校舍图样已打好多时，计有"男女宿舍、课室、体育馆、图书馆、大礼堂、教员室，总共二十座，形样均仿古皇宫式，极美丽雄伟"。此处对于校舍图样的描述与前述刊载于1928年《持志年刊》上的彦记建筑事务所绘制的持志大学校园平面图及鸟瞰图颇为吻合，后者不仅建筑物数量恰好为20座，建筑风格也正是传统复兴式——所谓"形样均仿古皇宫式"。此外，该平面图和鸟瞰图绘制于十六年六月，即1927年6月，恰好与"校舍图样，已打好多时"相符。因此，我们有理由认为何氏兄弟在筹划建筑新校舍时，曾请吕彦直及彦记建筑事务所打样设计。

然而，针对《新闻报》刊载的这则消息，持志大学却于几日后专门致函指出其中与事实不符之处[③]：

> 迳启者，贵报本月十六日教育栏所载《持志大学预备建筑新舍》一则，与事实多有不符，查敝校原有虹桥路地基一百余亩，本拟于今秋建筑校舍，图样已由彦记公司绘就，后因市政府开筑中山路，路线斜穿该地，致原定计划，不能实现，兹正在另觅相当地基，至祈将此函登载，以代更正为荷。持志大学启。

[①] 《持志大学近讯》，《时事新报（上海）》1926年7月24日，第二张第四版。
[②] 《持志大学预备建筑新舍》，《新闻报》1928年10月16日，第十一版；另见《持志大学建筑新校舍预闻》，《时事新报（上海）》1928年10月18日，第三张第四版。
[③] 《持志大学对建筑校舍计划来函》，《新闻报》1928年10月20日，第十九版。

持志大学致函指正的主要是《持志大学预备建筑新舍》中后半部分内容，即"迄因经济问题，先建十座，闻将于本月内兴工，预计明年桃花时节，虹桥道上，平添不少大厦云"不符合事实，实际情况是"因市政府开筑中山路，路线斜穿该地，致原定计划，不能实现，兹正在另觅相当地基"。通过该函，我们则进一步确认，持志大学已委托彦记建筑事务所绘制了拟建新校舍的图样。

因政府开筑中山路斜穿，致原拟虹桥路校址一分为二而不可用，持志大学乃另觅地基筹筑新校舍。1929年，择定新校址于上海天通庵闸北水电路（附录1-6、附录1-7）[①]，并于1930年经教育部备案改称持志学院[②]。1931年1月下旬，持志学院在报纸上登载《持志学院建筑校舍招标》公告[③]：

本学院现拟在闸北水电路本院院基建筑二层楼教室一所、三层楼寄宿舍及大礼堂一所、门房一所、厨房一所，有愿承包该项工程者，希于二十日起每日上午九时至至下午六时来院领取图样及说明书，并随缴保证金三十元（开标后发还），然后开具详账，于二月十五日以前密封送交本院，俟十六日开标决定后再当正式通知，此布。

本次招标结果是由吴海记营造厂承包新校舍建设工程，共计价银十二万五千两，限五个半月完工，并于2月25日签订合同（附录1-8）[④]。1931年3月9日，新校舍举行破土动工典礼，开始兴筑（附录1-9）[⑤]。其面积四十余亩，有三层宿舍楼和大礼堂各一栋，可容学生千余人，并有两层楼教室及图书馆一栋[⑥]。该年5月11日，新校舍施工至三分之一时举行奠基仪式[⑦]。至8月，在新学期开学前，水电路新校舍终于落成[⑧]。

[①] A.《持志大学来函》，《时报》1929年6月18日，第六版；
B.《持志大学近闻》，《申报》1929年8月26日，第十七版；
C.《持志大学将筑新校舍》，《上海画报》1929年第532期，第2页；
D. 持志大学编：《持志大学一览》，"校史"，1930年，第2页。
[②] 《持志大学立案 改称持志学院》，《民国日报》1930年8月20日，第三张第四版。
[③] 《持志学院建筑校舍招标》，《申报》1931年1月30日，第五版。
[④] 《持志学院新校舍将兴工》，《申报》1931年2月26日，第十六版。
[⑤] 《持志学院新校舍举行破土礼》，《申报》1931年3月13日，第十三版。
[⑥] A. 持志学院编：《持志学院一览》，"校史"，1931年，第2页；
B.《本校经过略述》，上海持志学院学生自治会编：《持志》，1933年，第2页。
[⑦] 《持志学院新校舍奠基礼》，《时事新报（上海）》1931年5月11日，第二张第三版。
[⑧] A.《持志学院近闻》，《时事新报（上海）》1931年9月3日，第三张第三版；
B. New Buildings of Law College, *The North-China Daily News(1864—1951)*, Aegust 9, 1931, No.16.

图 4-1-30　一·二八事变中被炸毁的持志大学水电路校舍（图片来源：上海持志学院学生：《持志年刊》，"校景"，1933 年，上海图书馆藏）

图 4-1-31　重建的持志大学水电路校舍（图片来源：上海持志学院学生：《持志年刊》，"校景"，1933 年，上海图书馆藏）

　　1932 年，新建的水电路校舍在一·二八事变中被毁（图 4-1-30）[①]，"校具、图书一切设备均付之一炬，九年心血毁于一旦"[②]。但经过该校筹集经费，依照原图重新修建，至该年秋季，校舍又复旧观[③]（图 4-1-31）。

　　根据当时报纸报道和相关资料刊登的图片，前述《持志学院建筑校舍招标》中所称的建筑图样，由乾元工程师拟就，且建筑风格仿法国里昂大学，完全采用西

[①] A.《持志学院大学部前日焚毁》，《申报》1932 年 2 月 12 日，第一版；
B.《日军毁持志学院 市府昨提抗议》，《时事新报（上海）》1932 年 2 月 14 日，第一张第三版；另见《新闻报》1932 年 2 月 14 日，第一版。
[②] 《本校经过略述》，上海持志学院学生自治会编：《持志》，1933 年，第 2 页。
[③] A.《本校经过略述》，上海持志学院学生自治会编：《持志》，1933 年，第 2 页；
B.《持志学院重建校舍落成》，《申报》1932 年 8 月 28 日，第十四版；另见《新闻报》1932 年 8 月 29 日，第十六版；《时事新报（上海）》1932 年 8 月 29 日，第三张第三版；
C. 持志同学会编：《持志学院十周年纪念特刊》，1934 年，第 22 页。

图 4-1-32　廖仲恺先生暂葬之墓（图片来源：江柳声：《廖仲恺先生之墓》，《中央画刊》1929 年第 5 期，第 7 页）

式①。1932 年被日军焚毁后恢复之校舍，亦是依据该图样重建。因此，1929 年另觅校址建筑的新校舍并未采用前述委托吕彦直及彦记建筑事务所拟就的设计方案，这也解释了为何吕彦直及彦记建筑事务所设计的持志大学校园仅有平面图和鸟瞰图，而无后续的设计详图。换言之，吕彦直设计的持志大学校园仅停留在概念设计阶段而并未最终落地建筑。

（四）廖仲恺墓

1925 年 8 月 20 日，时任广州国民政府委员、财政部长、国民党中央执行委员会工人部长的廖仲恺在上午 9 时 45 分乘车抵达惠州会馆参加国民党中央执行委员会常会时遇袭身亡②。后经国民党中央党部议决准予国葬规格附葬孙中山陵墓旁，但当时北伐尚未完成，中山陵墓亦未动工，故遗体只能暂葬于朱执信墓旁③（图 4-1-32）。

---

① A.《持志学院建新校舍》，《新闻报》1931 年 1 月 30 日，第八版；
　B.《持志大学之破土典礼》，《社会日报》1931 年 3 月 13 日，第一版。
② A.《廖仲恺死于暗杀》，《时事新报（上海）》1925 年 8 月 21 日，第一张第三版；
　B.《廖仲恺被刺证实》，《申报》1925 年 8 月 23 日，第十五版；
　C.《廖仲恺被刺殒命》，《图画时报》1925 年第 266 期，第 7 页。
③ A.《国葬廖仲恺先生》，《民国日报》1925 年 8 月 26 日，第一张第三版；
　B. 江柳声：《廖仲恺先生之墓》，《中央画刊》1929 年第 5 期，第 7 页；
　C.《国内时事》，《东方杂志》1935 年第 32 卷第 13 期，第 1 页；
　D.《中央执行委员会秘书处为请指定廖仲恺迁葬地点并设计墓地建筑致总理陵园管理委员会公函（一九三五年五月十日）》，档案号：1005-1-265，《中山陵档案》委员会编：《中山陵档案·民国墓葬》，南京：南京出版社，2017 年，第 282—284 页。

1926年2月1日，经廖仲恺夫人何香凝提议并获国民党中央批准，廖仲恺葬事经费为大洋五万元，由财政部拨发，并请张静江、陈果夫、戴季陶、孙科、林焕庭担任廖仲恺先生葬事筹备处委员，负责葬事进行（附录1—10）。3月，廖仲恺之女廖梦醒随宋庆龄自粤抵沪准备参加孙中山先生陵墓奠基礼，并计划于南京附近觅址安葬廖仲恺[①]。通过此后孙中山先生葬事筹备处致函孙科的内容（附录1—11）可知，廖梦醒与葬事筹备处一同勘察了紫金山境内的磨盘山和邵家山两处，并计划购买[②]。至9月5日，驻粤委员会召开会议，议决廖墓地址在磨盘山，墓式由吕彦直计划（旁设一纪念亭），要求简单坚固，另有省墓庐一所，约三、四千元。墓及庐共约大洋三万元，阳历十月中建筑图绘好[③]。

遗憾的是，虽然驻粤委员会会议记录显示廖仲恺墓最初由吕彦直计划墓式，但我们至今尚未发现任何有关吕彦直设计该墓的图纸资料。现藏于南京市城市建设档案馆的廖仲恺墓图纸表明该墓修筑时采用的是建筑师刘福泰的设计方案（图4-1-33），且图纸绘制时间已迟至1935年7月——吕彦直已去世多年。

1935年，离廖仲恺罹难已十载，早已超过当时何香凝与朱执信夫人约定的寄葬时间，朱夫人遂迭函廖夫人催促迁葬，国民党中央得知后开会议决，加派汪精卫等三人为廖仲恺国葬委员会委员，并由国民政府拨发国葬费五万元及运柩费三千元，限于当年十一月前安葬完毕[④]。

当年5月10日，国民党中央执行委员会秘书处致函总理陵园管理委员会，请其指定廖仲恺迁葬地点并设计墓地建筑（附录1—12）[⑤]。28日，廖仲恺葬事筹备处勘定墓地在中山陵园西南部、明孝陵之西、天堡城下地一区[⑥]。

1935年9月1日，国民党中央为廖仲恺重新举行国葬，廖之灵柩由粤迁宁安葬

[①] A.《廖仲恺遗体拟葬南京》，《时事新报（上海）》1926年3月10日，第三张第一版；B.《廖仲恺遗体亦备安葬南京》，《时报》1926年3月10日，第二张第三版。
[②] 《孙中山葬事筹备处关于廖墓购地致孙科函》，南京市档案馆、中山陵园管理处：《中山陵档案史料选编》，南京：江苏古籍出版社，1986年，第715页。
[③] 《驻粤委员会议记录》，南京市档案馆、中山陵园管理处：《中山陵档案史料选编》，南京：江苏古籍出版社，1986年，第97—98页。
[④] 《本校校长廖夫人何香凝女士抵粤》，《新农业》1935年第2期，第105页。
[⑤] 《中央执行委员会秘书处为请指定廖仲恺迁葬地点并设计墓地建筑致总理陵园管理委员会公函（一九三五年五月十日）》，档案号：1005-1-265，《中山陵档案》委员会编：《中山陵档案·民国墓葬》，南京：南京出版社，2017年，第282—284页。
[⑥] 《中央执行委员会秘书处为请划定廖仲恺迁葬地点致总理陵园管理委员会公函（一九三五年五月二十八日）》，档案号：1005-1-265，《中山陵档案》委员会编：《中山陵档案·民国墓葬》，南京：南京出版社，2017年，第286—288页。

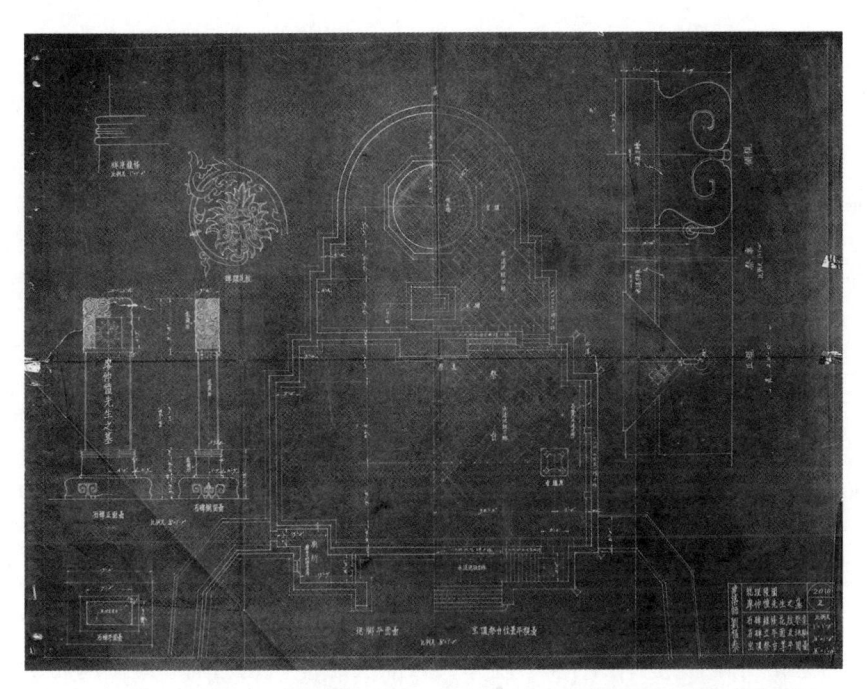

图 4-1-33 刘福泰设计的廖仲恺墓（图片来源：南京市城市建设档案馆）

于紫金山天堡城总理陵墓旁，此时"廖墓工程草图，刻已拟就，并征得廖夫人同意，陵墓工程，决以简单朴素为标准，墓前仅树巨碑，并辟广场，俾供人民瞻谒，刻即招标建筑，一俟工程完竣，再定期举行公祭礼"①。

葬礼结束后不久，即刘福泰绘定廖仲恺墓图纸的两个月后，国民党中央执行委员会开始在《申报》《中央日报》《新闻报》等报纸上刊登廖仲恺墓工程招标通告②：

本处拟在首都中山门外天保城山麓龙脖子建造廖先烈陵墓，全部工程招商承包，凡执有南京及上海市工务局甲等登记执照、具有建筑工程造价一次在十万元以上之证明文件、愿意承办者，自登报日起至本年九月二十一日止，携带登记执照、证明文件、投标保证金三百元（得标而不如期订立合同者没收保证金）及图样费十元（得标与否概不发还），至本处呈验及领取图样与说明书，准于本年九月三十日上午十时以前密封送至本处并在当日下午二时在本处庶务科当众开标。本处有自由采择之

---

① A.《先烈廖仲恺安葬典礼》，《新闻报》1935年9月2日，第四版；
B.《廖仲恺昨举行安葬礼》，《民报》1935年9月2日，第一张第二版。
② 《中国国民党中央执行委员会秘书处建筑廖仲恺先生墓招标通告》，《申报》1935年9月11日，第二版；另见《中央日报》1935年9月11日，第一版；《新闻报》1935年9月12日，第六版。

决票权，以最低价为原则，但以开价精确经验丰富者为得标人，特此通告。

从后续总理陵园管理委员会致国民党中央执行委员会秘书处的信函中我们得知，廖仲恺墓的地面建筑工程最终由韩顺记营造厂承揽；至1935年11月时，墓圹与墓道工程业已完竣。另外，当时报纸有载：

> 由中央议决国葬之先烈廖仲恺先生灵柩，运京已数月矣，惟其坟墓迄今犹未建筑。盖是项工程，需款甚巨，须俟中央筹拨，而建筑国图，亦须俟中央审定也。廖之墓墓基，早经择定总理陵园附近之四方城。其墓式图案，由刘复泰（笔者注：应为刘福泰）工程师绘制，庄严雄伟，整齐简朴，为一高大之石塚。墓前建立一巨大之石碑，碑前更留广场一片，并附建一祀堂焉。计全部工程，约需四万余金，兹已由中央决定先拨款四万元，开始建设，闻奠基礼定于十一月一日举行，预算是项工程，须三月余始克完成，至迟于明年清明节祭扫时，必可落成，以慰烈士泉下英魂也。①

该消息指出廖仲恺墓由刘福泰设计，且描绘的墓式与刘福泰绘制的图纸基本吻合。但该消息估计廖墓工程在三月内结束，则与事实不符。实际上，后续由于牵涉民房与民坟迁移以及墓周绿化配置，直到1937年5月，廖墓工程才全部结束②。

（五）国民革命军遗族学校

1928年1月15日，中山陵园计划委员会召开第一次会议讨论陵园计划大纲时，即议决陵园内必须之建筑26项，其中就包括遗族学校③。

该年10月15日，国民党中央党部第一五九次常委会召开，蒋介石呈请设立筹办先烈遗族学校委员会，并请推宋庆龄、何香凝、李德全、王文湘、蔡元培、何应钦、叶楚伧、宋美龄、江恒源、刘纪文、傅焕光等十一人为委员，会同其自己从速筹办，俾使阵亡将士之遗族早受教养，经议决通过④。之后，蒋介石面嘱傅焕光寻觅校址，规划校舍，并请何应钦、叶楚伧会同办理⑤。

---

① 《廖仲恺墓之建筑进行》，《铁报》1935年10月25日，第三版。
② 苏艳萍：《生死相随伴中山：廖仲恺与何香凝》，南京：南京出版社，2012年，第141—142页。
③ 《中山陵园计划委员会第一次会议纪录概要》，《中山陵园工作月报》1929年第6期，第4—7页。
④ 《中央常务会议 推谭胡戴三委处理中央秘书处事务 设立筹办遗族学校委员会》，《新闻报》1928年10月16日，第四版；另见《民国日报》1928年10月16日，第四版；《大公报（天津）》1928年10月17日，第三版；《申报》1928年10月16日，第四版；《中央日报》1928年10月16日，第三版。
⑤ 《革命军遗族学校筹备会议纪》，《新闻报》1928年11月13日，第八版。

11月5日，革命军遗族学校召开第一次筹备会议，议决如下事项（附录1-13）[①]：

（一）遗族学校名称问题，议决定名国民革命军遗族学校；

（二）修正通过国民革命军遗族学校筹备委员会组织大纲草案；

（三）修正通过国民革命军遗族学校组织计划大纲；

（四）修正通过征集国民革命军阵亡军人遗族入学办法草案，并议决呈请中央执行委员会核定；

（五）校址地点，议决以中山陵园四方城前为校址；

（六）校舍建筑设计，议决采用吕彦直建筑师所绘地盘图，由朱葆初等继续速绘详细投标图样；

（七）经费问题，议决呈请中央以陇海铁路东段附加税为本校经费，于本年八月一日起照领；

（八）应否推举校长及校务主任问题，议决先聘章绳以女士为校务主任；

（九）筹备委员会办事地点及经费，议决筹备处暂设中山陵园，筹备费每月定六百元；

（十）推举常务委员，推定蒋宋美龄、何王文湘、冯李德全、叶楚伧、傅焕光、刘纪文、江恒源七人为常务委员。

此时，吕彦直不仅为中山陵墓建筑师，负责督造陵墓第一、二部工程；还作为陵园计划委员会工程建筑及庭园组的一员，正计划陵园布景等工作。而"遗族学校在陵园范围以内，其校舍建筑，与陵园全部布置，颇有关系，故吕君亦绘就校舍地盘图，嗣因病未能积极工作，由朱君葆初续绘校舍详图"[②]。因此，国民革命军遗族学校的设计，吕彦直仅绘就地盘图，后续用于招标的校舍详图由朱葆初绘制（图1-5-5、图1-5-6）。

12月10日，国民革命军遗族学校筹备委员会在南京三元巷总司令部公馆召开第二次会议，议决（附录1-14）：

（一）应推常务委员会主席，公推蒋宋美龄、傅焕光为正、副主席；

（二）审定校舍建筑图样，议决先造一部，规定五万元为建筑费；

（三）校舍招标及开标日期，决定即日登报招标，十二月二十八日，为开标日期；

[①]《革命军遗族学校筹备会议纪》，《新闻报》1928年11月13日，第八版。
[②] 国民革命军遗族学校筹备委员会编：《国民革命军遗族学校筹备委员会筹备报告·筹备报告·筹备经过》，1929年，第1页。

（四）新校舍未竣工前安插学生办法，议决推蒋宋美龄、刘纪文、傅焕光接洽，商借前暨南学校校舍；

（五）审查国民革命军阵亡军人子女享受教育权利办法草案，修正通过；

（六）审查遗族学校预算，议决照新拟通过，先办小学部，就预算小学部经费另列；

（七）函孙中山先生葬事筹备处，请筑四方城至钟汤路校舍马路；

（八）函外交部将以陇海路东段附加税所购之外交宾馆房屋三宅，移交本委员会执管；

（九）公推孙宋庆龄为国民革命军遗族学校校长；

（十）函江苏省政府将决定逆产充公筹备遗族教养院接洽，合并创办，请叶楚伧委员担任。

自1928年12月19日起，《新闻报》等报纸连续登载《国民革命军遗族学校校舍招标》广告[①]：

本筹备处现在南京朝阳门外四方城前建造国民革命军遗族学校校舍一部分，凡有愿意投标此项工程者，请开具经办各项工程略历，连同证明文件，自即日起至南京城内天印庵二号本筹备处或上海辣斐德路四四二职业教育社领取图样章程，并随缴保证金一千元正，另交押图费洋五元，限于本年十二月二十八日以前将标函送交本处。标函须用火漆封固，加盖图章，并于封面书明标函字样。投标时期截止后一星期内，由筹备委员会开标决定得标人，委员会有任择一家得标之权，不以最低标标准价为（笔者注：应为"不以最低标价为准"），未得标者凭本处所发收据将保证金发还。

国民革命军遗族学校筹备处启

1929年1月5日开标，共五家营造厂投标，标额最高者为上海从新营造厂，计洋133547.78元，最低者为京沪三一建筑公司，计洋82726元。即使最低标额，犹与规定之建筑费（五万元）相差甚巨。后由国民革命军遗族学校筹备处呈报蒋介石，获批准追加建筑费32726元，交由标价最低之京沪三一建筑公司承造。1929年2月25日双方签订合同，翌日破土动工（附录1-15~1-17）[②]。

[①] 《国民革命军遗族学校校舍招标》，《新闻报》1928年12月19日，第二版。
[②] 国民革命军遗族学校筹备委员会编：《国民革命军遗族学校筹备委员会筹备报告·工程及设备·建筑报告》，1929年，第2页。

据当时规划,整个国民革命军遗族学校校舍工程分为五期[①]。根据合同,第一期校舍工程定于1929年6月10日前完工[②],但实际工竣于当年9月[③];第二期校舍订于1929年10月10日前完工,但实际竣工在当年11月底前[④]。经过两期建设,校舍已蔚然可观(图1-7-2)。

第二节　吕彦直文存

一、康奈尔大学时期

(一)《海底水雷》[⑤]

水雷之用,始于北美独立之战。时有布什内尔(Bushnell)者,方肄业耶尔大学,尝制"布什内尔龟"(Bushnell' Turtle)为水雷之初步,亦世界之第一潜水艇。布氏志在制一盛炸药之器,以放之敌舰之下,潜水艇即以按置此器为用。据当时之记述,其全器形如圆蚶,可容一人坐其中,其升降以水之出入司之,有精备之机械以司其行驶,驶者以足踏踏板,则艇外之明轮即起转动。艇外有器如大桶,其中满盛火药,附以信子,通于艇中,当发之时,驶者纵信子,急退以保其肤肉,然后静俟其爆裂。布氏试验多次,终于夜中袭击英舰"伊古"(Eagle)号。水雷爆发,适如所料,惟以计算之误,未中英舰而出其旁。英人虽得幸免,然已惊惧异常,盖非梦想所可及也。此其在当时,犹"策柏林"(Zeppelin)飞船之在今日。然策柏林者,人犹知之,鱼类则非所料也。其后,布氏以鱼雷艇一小队袭英舰队于斐拉待尔费亚(Philadelphia),英舰即时退避,礟(炮)火齐出,鱼雷艇以毁,此有史以来以浮行鱼雷作战之始也。

布氏之器虽未尝坏一英舰,而英人已大为震惊,斥为无人道之战具。其后富耳顿(Fulton)取布氏之器,至法国试验多次,轰毁废船数只,法国政府拒而不用。富乃至英亦遭冷眼。富氏既不得志于水电(笔者注:应为"雷"),遂回美专心从事于汽船焉。后四十年中,复有美人研究鱼雷,其制愈精。柯尔特(Colt)发明以电轰发固著海中之水雷,今日海防之法,实由此始,其用在南北美战争(The

---

① 《国民革命军遗族学校概况》,《中央日报》1931年4月5日,第三张第二版。
② 国民革命军遗族学校筹备委员会编:《国民革命军遗族学校筹备委员会筹备报告·工程及设备·第一期工程合同》,1929年,第13页。
③ 史襄哉:《国民革命军遗族学校的过去现在和将来》,《励志季刊》1931年创刊号,第112—119页。
④ 《遗族学校招生》,《中央日报》1929年11月29日,第三张第四版。
⑤ 自美国世界报战争第二号转译。

American Civil War）为最著。时南方同盟诸州无海军，北方合众政府之兵舰常上下南方之大河中，为患滋甚。南人乃以麦酒桶盛火药，置之河中，其效颇著，坏北舰甚多，此事大引欧洲各国注意，皆争相仿制水鱼（笔者注：应为"雷"），由是鱼雷以南北战争而成为正当防守之利器。德国当普法战争时，以海军孱弱而利用水雷以防其海岸。然水雷之成效虽已如此，而欧洲各国犹不以为事。其时旋炮塔铁舰、自动鱼雷等，皆已发明，陆地防御，亦日臻完善，故各国遂置水雷于脑后。当西美之战，美人豆叶（Dewey）即料知马尼拉海湾中之必无水雷，可见其不为世所轻重也。

迨至日俄之战，水雷之用一新，而海军界之论调亦一变。向者水雷为防守之重要器具，其用止于保卫军港及沿海险要地点等。海军家所制水雷，种类虽多，而其为用则一，通常以多数水雷散置水中，使去海底远近各异，用电流通之岸上之密战，司者于此或按其钮，或转其轮，则可任意发雷。如此军港中遍设水雷，而以能者司之，则敌舰一过，无能免者。当时世界列强皆已以水雷之用，不过止此，乃日俄两国忽一变而用为攻取之具，是役既终，海底水雷乃一跃而与战斗舰、巡洋舰、白头鱼雷（Whitehead torpedo）及灭鱼雷艇同列为攻击之器，遂去海湾而出现于大海之中。黄海之底，日俄战舰廿四艘，皆为此水雷所击沉者。一九零三年，英海军乃决废弃以水雷防守海港之法，盖因日俄战役之结果，而一变其方针也。

日人之用鱼雷艇及浮电也，几歼俄国在远东之海军，俄之舰队一遇此种战具，即失其战斗之力，而坐以待毙，计日本水雷所毁俄舰共十四艘，其中有战斗力最大者为数不少云。

虽然，此非日人独擅之能也，俄人业已踵效其法，及至战终则俄舰以此沉没者十四艘，而日舰为俄所沉者亦多至十艘，以当时两军之小观之，则为数已足惊矣。

德之海军家于此战深事观察，及决定大海中之浮雷为进攻不可少之具。北海者，最便设置水雷之地也，其水至浅，平均百二十尺，絷锚之水雷，随处可设。然德人不以此为足，将欲以此破坏之战具，设之大海之中，以阻扰英国之商业，而英之海军亦设法静扫除此类水雷，以为抵制。

非特此也，德人已预定以此施之战事。设有海战，则其海军之首着即在从事散置水雷于大海之中，以当敌舰之来路，尝屡大操以习之。其法以战舰拖小船，此船专以按置水雷为用。当德舰向敌进行之时，水雷即由小船中按置水中，及至去敌愈近，则其大队故略转其向，如此则水雷所在，适当敌舰之路，苟不为所毁，则必移其进向，

由是而阵法常因以乱。德人又尝以木制水雷与真电并用，欲以惑敌。惟此在明眼之观察者视之，实为非计，盖浮雷在战圈以内，乃两方战舰往来所必经，其能中之舰，正无异其中敌舰。然据德人所言，则自谓预防周到，不能遭此不测云。

这是吕彦直发表于《科学》杂志上的两篇译作之一，刊登于1915年第1卷第4期。

（二）《爱迭生年谱》

爱氏传已见本报第五、六期，其人之丰功伟业，天资赋性，俱详传中。第爱氏之业与年俱增，其盛绩美谈，传所不及者尚多，兹取"美利坚杂志"中爱迭生年谱移译之以辅前传。谱虽以年为经，以事为纬，然氏之事业往往互有出入，未易强定某事成于何年，故有时书由某年至某年作某某事云。

1847年　二月十一日生于欧海欧州之迈兰城（Milan）。

1854年　移家至密歇根州之休轮城（Huron Port）。

1857年　始设化学实验室于其家之窖室内中。

1859年　售书报糖食于往来休轮第处累特铁道车中。

1862年　于车上印刷发行星期周报，行动车上印刷之新闻纸此为第一。

出克来门斯山（Mount Clemens）站长马肯席之幼子于死，马感恩，授爱氏电报术。

设电线由休轮车站至村镇，而自操业于站中电报室。

1863年　始于大干铁道之斯得喇弗得（Stratford）交支处（在坎拿大）为正式电报生。

1863—1868年　于西美中部各州操电报业；几阅五年，时研究实验所用仪器，以求精进。

1868年　入波士顿西方合众电报公司为电报生。继辞职，实验二重电报法，从事于私设电线业。

成电力投票机，于1868年十月十一日得专利权，是为其第一专利发明。

1869年　由波士顿舟登纽约岸，时囊空债积，未几在金价电报公司办事处觅业，适所用机停，惟爱氏能复其旧，因得为该机管理，月俸三百金。

与陂波（Frank L. Pope）共事为电机师，改良金价表，复为新发明多种，其中以通用金价表及和应器（unison device）为最著。

1870年　得其第一次发明酬金四万元，设制造厂于纽瓦克城（Newark）。

1871年　助打字机发明者熟尔斯（Sholes）制适用之模型。

1872—1876 年　从事多种发明，并完成之。其中有消减波动器；自动电报法（motograph）；二重、四重、六重及多重各电报法；又制矿蜡纸，炭制节流箱（rheostat），微量测压计（microtasimeter）等等。四重法为电报业中最要之发明，用之节省电线费数十万金。

1876 年　自纽瓦克移至纽鸠席州之门洛园（Menlo Park, N.J.）所设实验室。

1876—1877 年　发明炭制电话传话器，电话始于商业上占一地位。

1877 年　发明记声机[①]，禀请专利权于合众国专利局，二月而得之，不需荐证一人。

1878 年　上半年改良记声机。夏与天文团至外欧明省州罗林斯（Rawlins, Wyoming）于太阳全蚀时试验其微量测压计。及归始从事研究用电发光之问题。

1879 年　发明炽光电灯，是年十月廿一日完成之，是为近世之第一电灯，燃至四十小时有余。

由根本上改良发电机之制造法，所生电流，可传布之用以发生光热及发动力，发明传布节制及测量电流之法，又发明电灯槽，开闭器等。

十二月三十一日，于门洛园城中街市屋宇等处用地底电线试验电灯，以示公众。

1880 年　于电流生光生热及生力之法更施改良，以备行之于商业界，发明磁力析矿机。

1881 年　始设事务所于纽约城第五街六十五号，创办电灯事业。

始开炽光电灯制造厂于纽鸠席之哈列生（Harrison, N.J.）组设多种工厂以制发电机，地底导线，电灯槽，开闭器，装置件，量电表等物。

1880—1882 年　始发明电车铁道，设于门洛园，用以运货物及载乘客。

1882 年　九月四日纽约城第一商业总电站开机，以传布电流，用以发生光热及发动力。

1883 年　始设三线电灯总站于彭息尔维尼州之生勃列（Sanbury, Pa.）。

1880—1887 年　此数年间经营电光电热电力之业，发明之，开拓之，改良之，取得专利权证三百以上。其中多极关紧要者，如关于供电法及三线法是。

1887 年　移实验室至纽鸠席洲之橘城（Orange, N.J.），即今实验室。

1887—1890 年　改良今用筒式记声机。此四年中，关于记声机取得专利权证

[①] 俗名留声机，参观第五、六期《爱氏传》。

八十余，制售记声机及记声片亦成一极广之业。

1891年　发明关于电铁道之事多种。

发明活影照相器。

1891—1900年　此数年中爱氏经营分析铁矿之工程，发明甚多。其中有巨辘（Giant Rolls），用以碎大块矿石；及三层辘（Three-High Rolls），用以研细者。

1900—1910年　发明爱氏碱质蓄电池（Edison Alkaline Storage Battery），并行之商业界。

1900—1909年　此数年间，爱氏设坡得兰胶灰（Portland Cement）厂，发明关于制造胶灰之法甚多，其中如长窑（Long Kiln）者，关系斯业极大。

1902年　改良爱氏单级蓄电池。

1903年　关于记声机筒发明数事。

1905年　创新式记言机（dictating machine），使录者可重听而改正之。

1907年　始引用通用电动机（Universal Electric Motor），借灯用电流以供记言机。世界仅有往复电流之地百分之九五，今皆得录言之用。

1910—1914年　改良盘式记声机。用此器，无论歌声乐音皆能重出之，不失原韵，凡所有复音皆得记而复发之。金钢石发音针及永久记声片，皆极重要之发明，盖爱氏盘式记声机实开此业之新纪元焉。

1912年　正式发行有声活影机（Kinematograph）。爱氏研究此器，为时已数年，1887年即尝料及记声与活影之可合并以成一机也。

1909—1914年　制记电话器（Telescribe）。附于电话，用之可将双方会话记之记声机筒，以备他日引据。此器于1914年秋间成功发行。

1912—1914年　制新式之录言机。于打字机键板上，以电使用之。

1914年　爱氏为美国一人用加波立克酸（用以制记声片）最多者。向皆取给英德二国，欧战既兴，英德皆禁止此物之出口[①]，爱氏之工厂几有停工之虞。爱氏乃思以化合之法制加波立克酸。于是急兴工厂，日夜二十四小时无时或息。兴工十八日后，即从事制酸，四星期内即能每日出酸一吨。

十二月九日，爱氏西阿兰治之制造厂大火。翌晨，使人扫除余灰。日中，从事者加数百人，夜以继日，火后不三十六小时，而爱氏已令兴工恢复旧观。

---

① 加波立克酸用以制爆裂物，故当战时禁止出口。

此文系吕彦直在《科学》杂志发表的另一篇译作[①]，文中作者以编年的形式简要列举了爱迪生（Thomas Alva Edison，文中作"爱迭生"）自1847年至1914年的主要事迹。其中，在介绍1877年爱氏发明记声机时，提及该杂志第5、6期还刊发有《爱氏传》，所指应是《科学》杂志1915年第5、6两期发表的唐钺所撰《爱迭生传》[②]。而吕彦直翻译《爱迭生年谱》并发表于《科学》杂志上，可能亦与此有关。

据研究，1915年唐钺作《爱迭生传》并拟发表于《科学》杂志上时，刚成立不久的中国科学社希望借此机会联系爱迪生索赠照片，以扩大杂志影响力。谁料爱迪生很快就寄来了带有亲笔签名的照片，这让中国科学社社员及《科学》杂志社编辑深受鼓舞。在迅速登载爱迪生照片和《爱迭生传》之后，由正准备到哈佛大学攻读博士学位的赵元任，以中国科学社秘书（书记）的身份于当年8月28日致信爱迪生，并附赠刊有爱迪生照片和《爱迭生传》的两期杂志。9月10日，爱迪生回信对中国科学社的事业发展表示肯定和祝贺[③]。

得到已负盛名的发明家爱迪生的回信赞誉，中国科学社和《科学》杂志编辑人员喜出望外，遂于《科学》1916年第1期上以《美国大发明家爱迭生君来书》为题原文刊载了爱迪生的回信，并由赵元任作了文言文翻译[④]。

书信的往来，密切了双方的联系，也让中国科学社的社员对享誉世界的"发明大王"爱迪生有了更深的了解和关注。此后《科学》杂志登载了不少与爱迪生相关的文章，并于爱迪生逝世（1931年10月18日）后立即开会讨论纪念办法，并发起募集纪念奖金基金[⑤]。而在1932年爱迪生逝世一周年之际，《科学》杂志还刊发"爱迪生逝世周年纪念专号"[⑥]，专为纪念。吕彦直所作《爱迭生年谱》正是在这一背景下《科学》杂志所登载的诸多有关爱迪生的文章之一[⑦]。

二、茂飞建筑事务所时期

吕彦直致茂飞的辞职信（暂缺）

---

① 吕彦直：《爱迭生年谱》，《科学》1915年第1卷第11期。
② 唐钺：《爱迪生传》，《科学》1915年第1卷第5、6期，第579—583页；第688—692页。
③ A. 许康：《爱迪生致赵元任书》，《读书》1997年08期；
   B. 樊洪业：《对爱迪生致赵元任函的解读》，《科学》2014年02期。
④ 《科学》1916年第2卷第1期。
⑤ 张剑：《赛先生在中国：中国科学社研究》，上海：上海科学技术出版社，2018年，第481页。
⑥ "爱迪生逝世周年纪念专号"，《科学》1932年第16卷第10期。
⑦ 张剑：《赛先生在中国：中国科学社研究》，上海：上海科学技术出版社，2018年，第115页。

三、彦记建筑事务所时期

（一）《孙中山先生陵墓建筑图案说明书》

墓地全部之布置。本图案之标题，为祭堂与墓室之联合，及堂前台阶石级及空地门道等之布置。今在中茅山指定之坡地，以高度线约四三五呎（即百四十米左右）为起点，自此而上，达高度线五九四呎（即百七十米左右），为陵墓之本部。其范界略成一大钟形，广五百呎，袤八百呎。陵门劈三洞，前为广场及华表（按陵门及华表因建筑费不敷，此时不能建造，惟在图案上似属需要，日后增建可也），车舆至此止步。自此向南，即筑通钟汤路之大道（此道以自八十呎至百呎为宜），又陵门即达广原，此即条例中所需容五万人伫立之空地。此原依山坡约作十分一之斜面，其中百呎宽处，铺石为道。自陵门至石级之底，约四百五十呎，凡分五段，每段各作阶级若干步，石道两旁坡地则为草场。台阶石级凡三层，宽约百呎。自下而上，首层级数十八，二层三十，最上四十二，共高四十五呎，以达祭堂之平台。在阶级顶端与台平处，可置石座，上立中山立像。此像之高，当在十八呎左右为合度。祭堂平台阔约百呎、长四百八十呎。台之两端，立石柱各一。台之中即祭堂，其图案大略如次：

祭堂　祭堂长九十呎，阔七十六呎，自堂基至脊顶高八十六呎。前面作廊庑，石柱凡四，成三楹。堂之四角各如堡垒。堂门凡三，拱形。其门用铜铸之。堂顶复檐，上层用飞昂搏风之制，檐下铺作之桥栱，因用石制而与木制略异其形式。中国宫室屋顶向用炼瓦，惟瓦屋之顶，若长事修葺，则易滋生蔓草，且瓦片尤易折毁，故此祭堂之顶，最善莫如用铜。铜顶之制，在本国建筑史上已有所见，较之炼瓦坚久多矣。

堂之内，两旁有柱各二。中部之顶特高，约五十一呎，作穹隆式。其上施以砌磁，作青天白日之饰。而堂之地面则铺红色炼砖，以符满地红之征象。堂之四壁，用大理石作壁板，上刻中山先生遗嘱及建国大纲等文。堂之四角各设小室，以备度艺纪念品等之用。堂之后壁即墓门所在。门前立石碑，刻"孙中山先生之墓"之文。

墓室　墓室之门作双重。自祭堂入门，升九级而达机关门，以入于墓室。室作圆形，穹隆顶，亦饰以青天白日之砌磁。安置石椁之处，较周围为低，绕以石栏，以供瞻仰。此墓室乃依山开掘而成，故外部只露圆顶，而与祭堂相连。

构造及费用　祭堂等之计划，因建筑费之限制，其面积及尺度已为至小适合之度（设万不得已，祭堂之面积，尚可缩小十分之一而不失其形式），所需开掘之山地及拥壁之建筑，亦系最少之量。墓室之依山开掘，即以此故，且尤谨敕。祭堂之构造，为此图案中费用最大之标。其墙壁之面必需用石，固不待言，至墙身则用最佳之砖即可。内壁用大理石及人造石。屋顶之人架，以钢凝三合土为之。屋面最佳用铜，已如前言，较之琉璃炼瓦，其价当匪甚远。门窗之属，更宜用铜。此外如通风防湿制亦皆依科学的方法而设施之。

图案画目次：

一、全部平面图　一吋等于五十呎，附全部正面立视图。

二、祭堂平面图　一吋等于八呎。

三、祭堂正面立视图　一吋等于八呎。

四、祭堂侧面立视图　祭堂纵截剖面图、祭堂横截剖面图，一吋等于十六呎。附全部纵切剖面图，一吋等于五十呎。

五、透视图　"陵墓形势一览图"。

六、透视图　"祭堂侧视"（油画）。

此文是吕彦直应征中山陵设计竞赛时随图案一同提交的说明书，后披露于《申报》《民国日报》和《良友》等报纸杂志①，并被收入孙中山先生葬事筹备委员会1925年所编的《孙中山先生陵墓图案》中②。一同收入的还有获该竞赛二奖的范文照和获三奖的杨锡宗分别提交的说明书。前者所作题为《孙中山先生陵墓计画说明》（附录1-18），披露于《申报》年9月27日第4版；后者则称《孙中山先生陵墓计画说明书》（附录1-19）。

（二）《吕彦直君之谈话》

孙中山先生陵墓图案展览会，吕邦彦先生应征得第一名。吕君，安徽人，美国康奈尔大学毕业，建筑专家，曾在中南建筑公司任职，现自设真裕公司彦记建筑事务所于四川路二十五号。记者昨往询问，兹将谈话记下：

吕君云："余此次拟样，系中国式。初意拟法国拿破仑墓式，继思之不合，故纯用中国式。陵墓最重要之点，即在柩之保存，与祭堂之阔大，此合于中国习惯也。发柩之处在地窟内，四围隔以高栏，以供后人之瞻仰凭吊，余此样式，并非极华丽者。

---

① 吕彦直：《孙中山先生陵墓建筑图案说明书》，《申报》1925年9月23日，第二版；《民国日报》1926年3月8日，第四版；《良友》1926年第2期，第14页。
② 孙中山先生葬事筹备委员会编：《孙中山先生陵墓图案》，民智书局，1925年，第11—13页。

式样较华美者颇多，不过需费太多，不甚相宜。工程开始，当在明年春季也。"

记者又询以全图形势，似一钟形，闻委员会中人言，寓暮鼓晨钟之意，然否？
吕君曰："此不过相度形势，偶然相合，初意并非必求如此也。"

又云：得名誉奖之赵深君，尚在美国留学，该稿系由美寄到者云。

本书与前述吕彦直所作《孙中山先生陵墓建筑图案说明书》同版刊登于《申报》1925年9月23日，系吕彦直获中山陵设计竞赛头奖后记者采访吕君的报道。文中转述了吕彦直对中山陵设计意匠的补充解释，并披露了吕氏关于全图形势似一钟形的回应。需要注意的是，该报道中关于吕彦直和彦记建筑事务所有两处错误。一是称吕彦直"曾在中南建筑公司任职"，根据前文可知，此处的"中南建筑公司"当为"东南建筑公司"之讹误。二是称吕彦直"现自设真裕公司彦记建筑事务所于四川路二十五号"。根据本书第一章的分析，吕彦直于1924年7月脱离东南建筑公司准备自创建筑事务所时，曾"暂借上海仁记路念五号真裕公司为通信处"[①]，后彦记建筑事务所于1925年9月22日正式成立时，办公地点仍在仁记路念五号（即廿五号）[②]，直到1927年才把地址迁至四川路29号[③]。因此，1925年9月，彦记建筑事务所的地址当为仁记路二十五号，而非四川路二十五号。

（三）黄檀甫《代表吕彦直建筑师在中山陵奠基典礼上的致辞》

今日为中山先生陵墓祭堂行奠基礼之期，鄙人同事者吕彦直建筑师因身体惟和，不能亲来，殊甚可惜。故鄙人此来系代表吕君参与盛典，实深荣幸之至。关于今日在中国时势上及历史上之重要，自有今日执政诸公可以说明，不待不佞辞费。惟不佞今日仍来与诸君一相晤谈者，鄙人代表吕彦直同事欲以藉此机会，申达感谢哲生

---

① 《吕彦直建筑打样家启事》，《申报》1924年7月16日，第一版；7月17日，第一版；《新闻报》1924年7月16日，第一版；7月17日，第二版。
② 《吕彦直建筑师启事》，《申报》1925年9月22日，第一版；9月23日，第五版，9月24日，第五版；《新闻报》1925年9月22日，第一张第一版；9月23日，第一张第三版；9月24日，第一张第三版。
③ 赖德霖主编的《近代哲匠录：中国近代重要建筑师、建筑事务所名录》中称彦记建筑事务所于1927年1月29日将办公地址从仁记路25号迁至四川路29号（参见赖德霖主编：《近代哲匠录：中国近代重要建筑师、建筑事务所名录》，北京：中国水利水电出版社、知识产权出版社，2006年，第245页）。证之以彦记建筑事务所绘制图样时使用的图章信息，其中，绘定于1927年4月30日的广州中山纪念堂及纪念碑工作详图上的图章左侧均为"彦记建筑事务所上海四川路廿九号"，似乎说明《近代哲匠录》中所言属实。不过中山陵图纸上的图章信息表明，直到1927年8月，其图章左侧仍为"彦记建筑事务所上海仁记路廿五号"，与中山纪念堂及纪念碑的图章信息似有冲突，暂不明其中原因。不过可以肯定的是，彦记建筑事务所办公地点的迁移时间在1927年。

先生及葬事委员诸公膺选吕君图案之盛意，并表示两种感想，及因此而又发生两种之希望。

夫陵墓之建造，首在保存遗体，次则所以纪念死者。自来历史上对于丧葬，其欲留存永久之遗迹者，盖无不尽其力之所至。在西方，如埃及之金字塔（GE.PYRAMID）、罗马帝王之陵寝（B.C.28，Mavsoleom Angustas）、各国帝王名人之墓。在东方，如印度最珍贵之建筑曰塔知马哈尔者（Taj.MAHAL AD.1630）；我国今日所存之明孝陵，及北方明十三陵、清东陵等，皆在建筑上具最贵之价值。中华民国以来，拾五年中，所失名人亦不少。其所以纪念亡者，亦各尽其宜。惟中山先生之逝世，则非惟民国损失新创造人，即在世界上亦失去一伟人。所以谋为纪念者，亦非惟国人所独具之忱，故应征制先生陵墓图案，其较佳之作，外人反占多数。

今陵墓已动工矣，预定明年此次可以竣工矣。不佞因此乃有第一感想。慨自民国十五年以来，日见争斗之事而无建设之象。中山先生所以革命，其目的在改造中华民族，在建设中华民国。只在外人租界则日见发展，中国人之可痛愧者，莫过于此。今中山先生已为吾人牺牲矣，因此而有陵墓之建筑，此殆可视之为民国以来第一次有价值之纪念建筑物，吾人因此亦不能不勉励，而希望有实用之纪念建筑物日兴月盛。如将来此处之中山纪念大学及民国国家政治机关、社会机关，皆应有相当之纪念物。一国家一民族之兴衰，观之于其建筑之发达与否，乃最确实之标准。盖建筑关于民生之密切，无在而不表示其文化之程度也。故中华民族而兴隆，则中华之建筑必日以昌盛。吾人因此而发生第二种感想与希望。夫建筑者，在在足以表示吾民族之文化矣。然则民族文化之价值，亦将由其所创造之建筑品观之。夫建筑一事，在文化上为美术之首要，其成之者，应用哲学之原理及科学的方法。然其所以为美术，由其具有感发之作用。凡有一价值之建筑，犹之一人必有其特殊之品格，而其品格之高尚与否，则视其图案之合宜与否。若陵墓之图案，必需严肃幽厉，望之起祗敬感怀之心而后得体。其图案之是能兴起此感触，则胥其建筑师之才学矣。

今者，吾国向无需要高上建筑之心理，故不求其图案之合乎美术原理，而关于建筑之学术则无人注意。是以建筑之人才，则寥若晨星，有需较大之建筑，则必假手外人。夫外人之来中国者，其目的完全在求利，彼固不顾其图案之足否、合格否也。将来中华民国入于建设时，其建筑物必成永久的、纪念的、代表文化的，故关于其图案之郑重，可以设想。但以吾国今日建筑人才之缺乏，其势不能不悲观，故今希

图 4-2-1 黄檀甫代表吕彦直在中山陵奠基礼上致辞手稿（部分）（图片来源：黄建德提供）

望社会对此建筑学，无再视其无足轻重，当设法提倡教育本国人才，兴立有价值之建筑物。

今者，中山先生葬事筹备委员会今对于图案之选定，非常郑重其事，可见亦已认定其关系之重要，促共国人之注意，此可为吾国建筑界前途贺者。今此陵墓者，所以为中山先生纪念者也，而为民国第一次之永久建筑。民国者，中山先生之所手创也，将来民国建设时之永久的纪念的建筑日兴月盛，是皆因先生之倡导，亦先生之所希望。则此将来之建筑，皆得为先生之更永久的纪念。

此文为黄檀甫代表吕彦直于1926年3月15日在中山陵奠基礼上的致辞，原件（图4-2-1）系其哲嗣黄建德提供。

（四）《吕建筑师工程简要报告（十五年一月至十二月）》

孙中山先生陵墓，自十五年一月十五日开工至今，已将届一载，而工程犹未及半。中间因工料关系发生种种纠葛，以致延误工程之进行至数月之久，实属可憾。惟亦有因时局及天时关系，致交通阻滞，材料不能及时运到之处。依现在情形观之，即不再发生意外之事端，恐完工之期，已非在规定日期（十六年三月十五日）以后五六个月也。兹将本年中工程进行情形，摘要报告，并将工程内容及制图监工等任务略为陈述，或亦关心此项建筑者之所乐知也。

陵墓图案选定后，建筑师仅得两个月之期限以制备工作图样及工程条例，以便估价之用。此种图样之比例尺，用八分之一吋以代一呎之度。此外更附比例尺较大之代表的详部图样。营造人摘定后，即依此图样为半吋比例尺之模型，俾作全体建筑的比例上之研究。全体形势既经规定，则进行诸详部之图案。此类图案，自半吋或四分之三吋经三吋之比例尺渐次放大，至于足尺之图样，然后营造人再依此制为工用图样及模型。凡雕刻装饰线脚及砌石方式等等，无一不须经此种手续，校订后始能进行筑造也。工程条例为规定材料及说明工作方法之用，全部工程大致可分为下列之各项：

（一）开掘工作，（二）基础工作，（三）钢骨三合土工作，（四）花岗石工作（香港石、苏州石、青岛石等），（五）大理石砌石嵌磁等工作，（六）金属工作（铜门、钢门、铜窗等），（七）炼瓦工作。前五项均归营造人承包工料，铜制门窗则向美国定制，炼瓦则在广州定造。

以上为工程各部之内容。兹将本年已成工程略陈如下：

一月十五日正式开工，此月中为营造人预备时期，开始辟山及制半吋比例尺模型。

二月至七月，此数月中除将模型确定及选定香港石、苏州石、青岛石、大理石等外，因营造人所呈三合土应用之钢条、石子、黄沙未能合格，经反复之试验及种种手续，始大致解决，而时日之虚耗无算，实际上工程只将基础中之钢条按置完竣。至七月底始，开始筑造基础三合土，在七月底运到之香港石约百分之五十，苏石约百分之八十。

八月祭堂基础三合土完成，台阶东西石驳筑二呎（最高处在五十呎以上）。

九月，墓室基础三合土完成，墓室内外壁及墩脚三合土筑成数呎，东西石驳高至十五呎。

十月，墓内外壁及墩脚三合土在进行中，祭堂砖墙自八日起停止进行（因查出所用砖多未及格者），祭堂四周明沟置妥东面石驳高至三十呎，西面石驳高及九呎，东面拥壁墙基造成，阶级第一平台铺石进行中。

十一月，墓室内外壁及墩脚三合土完成，墓顶内外两穹顶之钢条安置中，祭堂苏石基座进行中，东西两面石驳已成百分之九十，第一级台铺石及西面拥壁基础进行中。

十二月，拆毁已成砖墙，改用钢骨三合土，阶级石板安置中。

以上所述，仅包括祭堂与墓及阶台一部台后围墙及台前阶级，是为第一部工程。此外，尚有大门、碑亭、卫士室等建筑，至九月底始决定，于十月内制成工作图样及工程条例，所包括为碑亭、大门、甬道、阶级、围墙、卫士看守室等，是为第二部工程，以完成陵墓之全体，于十一月中征求投标，因标价超过预算过多，现须稍作停顿，日后将重行投标，或取他种办法进行也。

中华民国十五年十二月三十一日
彦记建筑事务所具
主任　吕彦直

此文系吕彦直于1926年年末就中山陵墓工程自该年年初兴工以来的工程进展所作的报告，收录于1927年公布的《孙中山先生陵墓工程报告》（第一册）[①]。文中吕彦直首先交代该年陵工迟缓的情况并给出了解释，后在简要介绍工作详图的制备、模型的制作及各部工程的内容后，重点报告各月陵墓工程的内容与进展。若将此与前文提及的葬事筹备处驻山监工陈希平所记之《工程周报表》相对照，可发现两者基本吻合。

（五）《吕彦直致夏光宇函》

光宇我兄大鉴：

奉手书敬悉，南京市府拟组织设计委员会。辱蒙推荐，并承垂询意见，不胜铭感。对于加入市府拟组之专门委员会，因弟于此事意气如所条陈，故此时不能断然允诺。兹先将鄙意分列三款陈述如次。（甲）答复尊函询及各条，（乙）对于首都建设计划之我见，（丙）私拟之供献。

（甲）

（1）设计委员会取两级制，当视其职责权限之规定，始可决其适宜与否。因陵园计划委员会之经验，关于规定委员会名称职权，极宜审慎，请于下（乙）款鄙见内陈述之。

（2）建筑设计专门委员会人限及组织问题，根本解决在确定其目的及事务之范围。若其目的仅在拟制首都设计总图案，则弟意以为此项任务不宜采用委员会

[①] 吕彦直：《吕建筑师工程简要报告》，《孙中山先生陵墓工程报告》（第1册），1927年，第7—9页。

制度。盖所设总图案者，即首都全市之具体的完整的布置设计（General Scheme or Parts）。就南京市之性质及地位情状而言，其设计虽包括事项多端，但在根本上已成一创造的美术图案。但凡美术作品，其具真实价值者，类皆出于单独的构思，如世界上之名画、名雕刻、名建筑以至名城之布置，莫非出于一个名家之精诚努力。此种名作固皆为一时代文化精神思想之结晶，但其表现必由于一人心性之理智的及情感的作用。美术作品最高贵之处在于其思想上之精纯及情意上之诚挚，其作用全属于主观。根据此理由，则首都之总设计图，宜出于征求之一道，而决非集议式的委员会所能奏效。悬奖竞赛固为征求办法之一，但需时需费，而因历史国情等人地关系，结果未必可观，特约津贴竞赛似较适用，或径选聘专材全责担任创制，亦最妥之办法。因即使必用委员会制，其设计草案亦必推定一人主持也。且建筑师为美术家，艺术创制之工作可有分工，而不能合作，其性质盖如此也。（此处所言总设计为规模完整的全体布置，全属艺术性质，至于其中之局部详细计划，固为专家分工担任之事，其组织法于下款鄙见中陈述之。）

（3）外国专家，弟意以为宜限于施行时专门技术需要上聘用之。关于主观的设计工作，无聘用之必要。以上答复尊询各条。次陈述：

（乙）对于建设首都计划之我见

建设首都之手续两层：（一）成立计划全部及分部；（二）筹备及实施。执行此两项任务之机关，即应须成立之各委员会。

先就性质上观察之，建设首都为国家建设事业之一，其情形条件与开辟一商埠相似，非一地方之事，故其执行机关之性质为属于中央的，其委员会适用两级制。委员会名称及组织，依弟意见宜有：

（一）"首都建设委员会"其职权为决定计划、厘定方针、筹备经费及实施工程。其组织如市府所拟"设计委员会"。委员包括党部国府市府及有关系部长及政务官长。在实际上实施工作之责，属于市府，故此委员会当以市府为中心，盖建设委员会有临时性质（其存在期间实际上固必甚久），首都建设完成以后委员会终止而市府继续其职务。

（二）"首都市政计划委员会" 为专门家之委员会，其任务为责计划市政内部各项事业。市政所应包括事项，如交通系统（街道市区布置）、交通制度（铁道电车水线航空等）、卫生设备、建筑条例、园林布置、公共建筑、工商实业等细目。

此委员会为永久性质，委员皆责任职。首都之总设计成立以后，由此委员会制定其内部之详细计划。其组织大要宜为一整个的委员，应包括代表市政各项事业各一人特聘之顾问等。宜设常务委员，并就各项事业之需要附设专门技术委员会或技师以执行计划之实际工作（按此委员会之性质为 Commission，含有特设研究之意义，我国尚无相当名称）。

于此两级委员会以外，有一事应须特别设置者，即中央政府及市府之各项建筑之工程是也（按吾国名词现未统一，混淆已极，建筑一语意义尤泛。今为便利起见，拟规定建筑当为 Architecture 之义，至 Contruction 则宜课曰建造或建设）。

其次，公共建筑将为吾国文化艺术上之重要成绩，其性质为历史的纪念的。在吾国现在建筑思想阙如、人才消乏之际，即举行盛大规模之竞赛，亦未必即求得尽美之作品。弟意不若由中央特设一建筑研究院之类，罗致建筑专才，从事精密之探讨。冀成立一中国之建筑派，以备应用于国家的纪念建筑物。此事体之重要，关系吾民族文化之价值，深愿当局有所注意焉。依上述组织法列表如次：

以上为弟理想中建设首都之完善计划，其注重之点在求简捷适用而尤贵精神上之统一与和合，与市府所拟微有不同。我兄意见如何？可否请将鄙见提出市府参考应用？前阅报载建设委员会委员李宗黄有设立"市政专门委员会"之建议，未知其内容如何者。

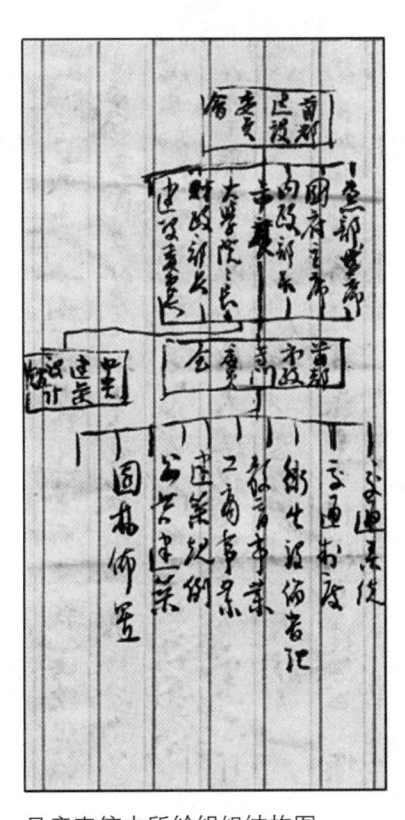

吕彦直信中所绘组织结构图

（丙）贡献私拟规画首都设计大纲草案

统一大业完成，建设首都之务，于实现党国政策，若取消不平等条约及筹备开国民会议，关系至深且巨，其计划之成立，实已刻不容缓。定都南京为总理最力之主张。在弟私衷以为此钟灵毓秀之邦，实为一国之首府，而实际上南京为弟之桑梓，故其期望首都之实现尤有情感之作用。自去岁党国奠都以来，即私自从事都市设计之研究，一年以来差有心得。自信于首都建设之途径已探得其关键，愿拟草就图说

图 4-2-2 《吕彦直致夏光宇函》原稿（图片来源：黄建德提供）

至相当时机，出而遥献于当道，以供其研究参用。弟承市府不弃，咨询所及敢不竭鄙识，沥陈下情，请于市长假以匝月之期，完成鄙拟"规画首都设计大纲草案"，进献市府作为讨论张本，然后再商榷征求设计之手续。弟之此作非敢自诩独诣，实以心爱此都深逾一切，且于总理陵墓及陵园计划皆得有所贡献，故于首都设计之事，未尝一日去情，如特因我兄之推谷，蒙市长及当道之察纳使弟一年来探索思构之设计得有实现之一日，则感激盛情于无既矣。言不尽意，余当面罄。专覆顺颂

日祉

弟 吕彦直 顿首

十七、六、五

此函是吕彦直于1928年6月5日给夏光宇的回信，原件（图4-2-2）由黄建德提供。

（六）《建设首都市区计画大纲草案》

夫建设根据于计画，计画必基于理想；有邃密之理想，然后有完美之计画；有完美之计画，然后其设施乃能适应乎需要，而其成绩始具真价值。中华民国之建国也，根据三民主义之理想，及建国方略之计画，而以世界大同为其最高之概念者也。首都者，中枢之所寄寓，国脉之所渊源，树全国之模范，供世界之瞻仰。其建设计画之基本理想，当本于三民主义之精义，及建国大纲所定之规制，造成一适用美观、

宏伟庄严的中央政府运用权能之地，同时尤须以增进发展都市社会之文化生活为目的。

都市计画，有理想的及实际的，两方面须兼顾并察。就平地而起新都，则可尽理想中至完尽美之计画以从事，如北美之华盛顿是；就旧都而建新市，则必须斟酌实际情况，因势制宜，以逐步更张，如法国之巴黎是。若南京者，虽为吾国历代之故都，但其所被兵燹之祸独烈，所留之遗迹最缺，其有保存之价值者盖尠，全城三分之二，实可目之为邱墟、等诸于平地①。故就今日南京状况观之，可谓其兼有法、美二京初设时之情势，则规画之事、理想与实际当兼并而出之，以臻于至善。巴黎之改造也，拿破仑第三以帝主之威力，采用浩士曼之计划，积极施行，更奖励民间之建筑，不数年而巴黎成为世界最美观之都城。华盛顿京城之擘画，成于独立战争之后，出于法人朗仿之手，但其后未能完全根据当日之计画，至今二百余年后，乃知其失策。现已由国会派定艺术专会，从事纠正其舛误，以求符合于朗仿之计画。由是以观，建设都市有先定基本计画而后完全依据以施行之必要。吾国首都建设伊始，宜作详审之研究，以定精密之计画，既当师法欧美，而更须鉴其覆辙焉。

就地理之形势、政治之需要及社会之情状而观之，南京之都市，宜划为三大部分：一曰中央政府区，二曰京市区，三曰国家公园区。中央政府区，宜就明故宫遗址布设之，依照本计画之所拟，将来南京都市全部造成之时，此处适居于中正之地位。京市区先就城中南北两部改造之，而东南两面，则拆除其城垣，以扩成为最新之市区。夫城垣为封建时代之遗物，限制都市之发展，在今日已无存在之价值。惟南京之城垣，为古迹之一种，除东南方面阻碍新计画之发展，必须拆却外，其北面及西面，可利用之以隔绝城外铁道及工业区之尘嚣，并留为历史上之遗迹。城西自下关以南，沿江辟为工业区，铁道、船坞皆使汇集于是。国家公园区自中央政府区至东北，包括现已着手规画之中山陵园，拟再迤东，造成面积广袤之森林。各区详细布置、略如下述。

中央政府区

中央政府区，或即称国府区，位于明故宫遗址。地段既极适合，而其间残迹殆尽，尤便于从新设施。按南京形势，东北屏钟山，西北依大江，受此两方之限制，将来

---

① 吕彦直此论与当时南京遗留下众多历史文化遗产有差、有误。类似言词，相关文献标注为加重字体。

都市发展，必向东南方之高原。则故宫一隅，适居于中点，故定为中枢区域，又其要因也。规画此区，首在拆卸东南两面之城垣，铲平其高地，而填没城内外之濠渠，以便铺设道路。自太平门向正南画南北向之轴线，作一大经道，改直现在午朝门偏向西南之中道。自今西华门之地点，向东画东西大纬道，即中山大道一部分，惟须改正方向，分此区成南北两部。北部依建国大纲之所规定，作国民大会之址，为国民行使四权集议之地，乃全国政权之所寄也。国民大会之前，立庄严巨大的总理造像，再前辟为极大之广场，以备国家举行隆重典礼时，民众集会之用。场之东设国民美术院，其西设中央图书馆。国民大会之后，设先贤祠及历史博物馆。凡此皆可以发扬光大中华民族之文化，实国族命脉之所系也。全部之布置，成一公园，北依玄武湖，东枕富贵山，而接于中山陵园，西连于南京市，此为大纬道北部之计画。纬道南部之广袤较北部为大，为中央政府之址。依建国大纲所规定，为中央政府执行五权宪法集中之地，乃全国治权之所出也。全部形作长方道路布设成经纬。正中设行政院，位于大经道之中，北望国民大会，南瞩建国纪念塔。其左为立法院及检察院，其右为司法院及考试院。东南、东北、西南、西北之隅，则置行政院之各部。将来须增设之部及其他政府附属机关，皆环此而置之。国府区之西南连接南京旧市区，其东南则拟辟成首都最新之田园市。此国府区布置之大要也。

京市区

南京之现状，以下关为门户。城内则有城南城北之通称，其间纵贯南北及横贯东西之干道，虽各有二，然皆蜿蜒曲折，全乏统系。而行政机关，则散布四方，略无连络。今欲改造南京市，急宜画立市政府行政中枢，以一统摄，而壮观瞻。兹拟就南北适中之处，画地一方，收买其民地，以作市政府之址，为全市行政总机关，号之曰市心。自此以北，地广人稀，当就其地画设宽阔整齐之街衢，成南京之新市区。现在之宁省铁路，则宜取消之，盖按市政经济原理，凡铁路在城中经过之附近，必成一种贫贱污秽之区。将来铁路终点，宜总集于一中央车站，此路势在淘汰之列。其路线所经过地段，乃可发展为高贵之市区。城北迤西一带，山岗之间，当布置山道，作居宅之区域。下关一隅，现仍其为交通枢纽，但其街衢，皆须放阔，从新设施。沪宁铁路终点，现可仍其旧，将来宜延长，使经过沿江之未来工业区，以达于汉西门内，于此地设中央总站，实为最适中之点。车站分南北两部，将来由湘粤浙赣自南而来之铁路，皆止于车站之南部；其自沪自北及自西而来之路线，皆须经浦口，或架桥或穿隧道江底（《建国方略》中已有此提议），以直达于中央总站之北。

自中央总站向东辟横贯全城中心之东西大道，连续国府区之大纬道，直通公园区之钟汤路。若此则中央车站之所在，诚全城市交通至便之机纽矣。自市府以南，现所谓城南一带，其间屋宇栉比，势必逐渐改造。先就原有连贯继续之孔道放宽改直，惟因于全市交通，及预备发展东南方最新市区计画上之需要，宜即划一斜出东南之大道，经市心而连接向西北至下关斜上之路，完成一斜贯全城之大道。得此然后南京市之交通系统以立，而市区乃有发展之期望。故此路之开辟，乃市心之划定，实改造南京市计画上根本最要之图也！秦淮河为城内惟一水道，而秽浊不堪，宜将两岸房屋拆收，铺植草木成滨河之空地，以供闹市居民游息之所。至其桥梁，则须改建而以美观为目的。通济洪武门外，预定为最新建设之市区，其间道路自可布置整齐、建筑壮丽。依最新之市政原则，期成南京市清旷之田园市。至汉西门、水西门外沿江至下关一带，已拟定之工业区亦当设计而布置之（按《建国方略》中已主张取消下关而发展来子洲为工业区）。交通之系统既定，则依市政上经济原则，分道路为数级，曰道、曰路、曰街、曰巷等等，各依其位置重要及应用之性质而定其广狭。凡重要道路之交叉点，皆画为纪念建筑地，作圆形或他种形势之空场，置立华表碑像之属，以为都市之点缀，而作道里之标识。通衢大道之上，皆按最适当方法，铺设电车轨线。城内四隅，尤须留出空地多处，以备布设市内公园之用。城内不宜驻兵，兵营军校，皆移设江浜幕府山一带。现在西华门之电灯厂及城南之制造局，则须移置于城西工业区。

国家公园

国家公园，包括现规画中之中山陵园，拟再圈入玄武湖一带，并迤西更植广袤之深林，作京城东面之屏藩。中山陵园之设计，大致以中山陵墓为中心，包括钟山之全部，南部则废止钟汤路，其中就天然之形势，经营布置，以成规模宏大之森林野园。其间附设模范村，为改进农民生活之楷模。有植物及天文台学术机关，为国家文化事业附设于此者。此外则拟有烈士墓之规定，及纪念总理之丰碑。其余明陵及灵谷寺等名胜遗迹，则皆保存而整理之。按此为总理陵墓之所在，使民众日常参谒游观于其地，感念遗教之长存，以不忘奋发砥砺而努力吾人之天职，得不愧为兴国之国民。则其设计宜有深刻之意义，又岂徒以资吾人游息享乐而已哉。

建筑之格式

民治国家之真精神，在集个人之努力，求供大多数之享受。故公众之建设，务宜宏伟而壮丽；私人之起居，宜尚简约而整饬。首都之建设，于市区路线布置既定以后，则当从事于公众建筑之设计，及民间建筑之指导。夫建筑者，美术之表现于宫室者也，在欧西以建筑为诸艺术之母，以其为人类宣达审美意趣之最大作品，而包涵其他一切艺术于其中。一代有一代之形式，一国有一国之体制；中国之建筑式，亦世界中建筑式之一也。凡建筑式之形成，必根据于其构造之原则。中国宫室之构造制度，仅具一种之原理，其变化则属于比例及装饰。然因于其体式之单纯，布置之均整，常具一种庄严之气韵，在世界建筑中占一特殊之地位。西人之观光北平宫殿者，常叹为奇伟之至，盖有以也。故中国之建筑式，为重要之国粹，有保存发展之必要。惟中国文化，向不以建筑为重，仅列工事之一门，非士夫所屑研探。彼宫殿之辉煌，不过帝主表示尊严，恣其优游之用，且靡费国帑，而森严谨密，徒使一人之享受，宜为民众所漠视。至于寺宇之建筑，则常因自然环境之优美，往往极其庄严玄妙之现象，但考其建筑之原理，则与宫殿之体制，略无殊异。今者国体更新，治理异于昔时，其应用之公共建筑，为吾民建设精神之主要的表示，必当采取中国特有之建筑式，加以详密之研究，以艺术思想设图案，用科学原理行构造，然后中国之建筑，乃可作进步之发展。而在国府区域以内，尤须注意于建筑上之和谐纯一，及其纪念之性质、形式与精神，相辅而为用；形式为精神之表现，而精神亦由形式而振生；有发扬蹈厉之精神，必须有雄伟庄严之形式；有灿烂绮丽之形式，而后有尚武进取之精神。故国府建筑之图案，实民国建设上关系至大之一端，亦吾人对于世界文化上所应有之供献也。

建设实施之步骤

厘定以上所拟之草案，虽出于理想者为多，而于实情未尝无相当之观察。夫首都之建设，必须有根本改革之基本计画，至今日而益彰矣。首都为全国政治之中心，在在足以代表吾族之文化，觇验吾民族之能力，其建设实为全国民众之事业，为全国民众之责任。工程虽极浩大，要非一地方之问题，是宜由国家经营。关于计画之实施，应由中央厘定完整之方案，以便逐次进行。此则属于行政院范围之事，非此草案所得而及。但对于进行之程序，与人事之轻重先后，其大较有可言者，首都市计画之根本在道路，则筹设道路自为先务。然在旧市中辟画新路线，困难至多，盖无在而不发生居民反抗之阻力。但此种反抗，自在人烟稠密、建筑栉比之区域。今宜先就城北荒僻之处，力行经营，设法导诱首都新增人口，以展发新市区。同时并将东南方之林园市，积极擘画，则城内旧市之商务，受东南西北之吸收，不难使其

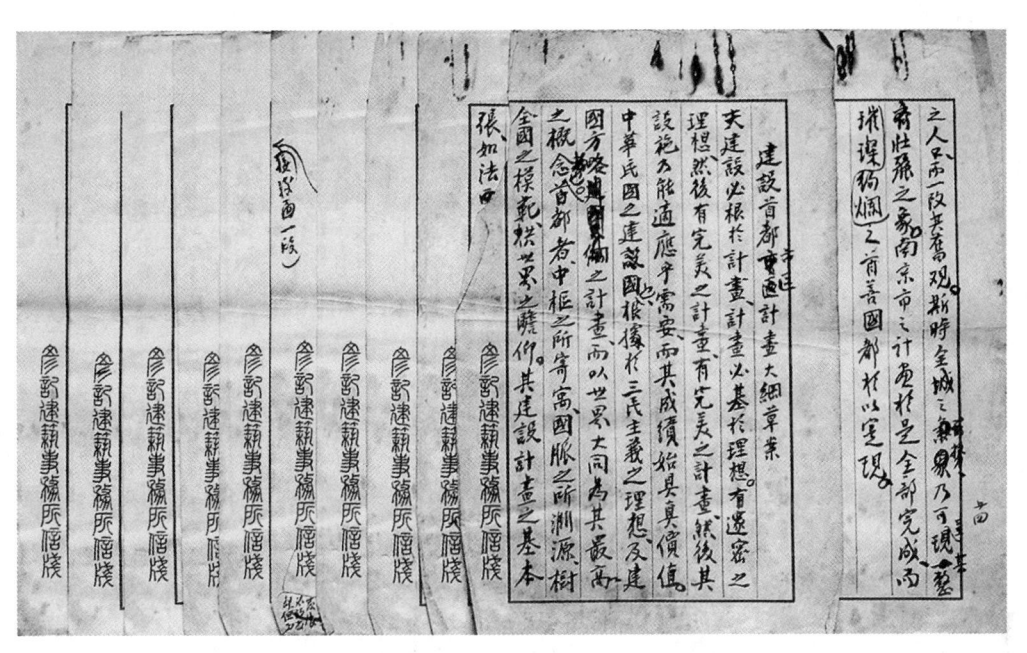

图4-2-3 《规画首都设计大纲草案》原稿（图片来源：黄建德提供）

日就衰颓。及其已呈残败之象，再进而改造之，以容纳首都有加无已之人口，而一改其旧现。斯时全城之形势，乃可呈现其整齐壮丽之象，南京市之计画，于是全部完成。而绚烂璀璨之首善国都，于此实现矣。

此文附于《吕彦直致夏光宇函》后，应就是该信函中所称"规画首都设计大纲草案"者，信函原件由黄檀甫哲嗣黄建德先生提供（图4-2-3）。另外，该文还作为吕彦直遗著发表于1929年《首都建设》第1期[①]。不过，经殷力欣校订，《首都建设》上发表的版本与吕彦直原稿有所变化，不仅标题不同，内容有异，措辞略微变动，甚至文字背后反映的规划设计思想亦有区别[②]。以下照录殷力欣的校订内容，以作参照[③]：

建设首都市区计画大纲草案【规画首都都市区图案大纲草案】[④]

【一、引言】

夫建设根据于计画，计画必基于理想；有邃密之理想，然后有完美之计画；有完美之计画，然后其设施乃能适应乎需要，而其成绩始具真价值。中华民国之建国

---

① 吕彦直：《规划首都都市区图案大纲草案》，《首都建设》1929年第1期，第19—27页。
② 殷力欣：《吕彦直集传》，北京：中国建筑工业出版社，2019年，第123—129页。
③ 殷力欣：《吕彦直集传》，北京：中国建筑工业出版社，2019年，第129—137页。
④ 【】中为1929年《首都建设》上发表版本改动的部分。

也，根据三民主义之理想，及建国方略之计画，而以世界大同为其最高之概念者也。首都者，中枢之所寄寓，国脉之所渊源，树全国之模范，供世界之瞻仰。其建设计画之基本理想，当本于三民主义之精义，及建国大纲所定之规制，造成一适用美观、宏伟庄严的中央政府运用权能之地，同时尤须以增进发展都市社会之文化生活为目的。

都市计画，有理想的及实际的，两方面须兼顾并察。就平地而起新都，则可尽理想中至完尽美之计画以从事，如北美之华盛顿是；就旧都而建新市，则必须斟酌实际情况，因势制宜，以逐步更张，如法国之巴黎是。若南京者，虽为吾国历代之故都，但其所被兵燹之祸独烈，所留之遗迹最缺，其有保存之价值者盖尠，全城三分之二，实可目之为邱墟、等诸于平地。故就今日南京状况观之，可谓其兼有法、美二京初设时之情势，则规画之事、理想与实际当兼并而出之，以臻于至善。巴黎之改造也，拿破仑第三以帝主之威力【权威】，采用浩士曼之计划，积极施行，更奖励民间之建筑，不数年而巴黎成为世界最美观之都城。华盛顿京城之擘画，成于独立战争之后，出于法人朗仿之手，但其后未能完全根据当日之计画，至今二百余年后，乃知其失策。现已由国会派定艺术专会，从事纠正其舛误，以求符合于朗仿之计画。由是以观，建设都市有先定基本计画而后完全依据以施行之必要。吾国首都建设伊始，宜作详审之研究，以定精密之计画，既当师法欧美，而更须鉴其覆辙焉。

就地理之形势、政治之需要及社会之情状而观之，南京之都市，宜划为三大部分：一曰中央政府区，二曰京市区，三曰国家公园区【党国公园区】。中央政府区，宜就明故宫遗址布设之，依照本计画之所拟，将来南京都市全部造成之时，此处适居于中正之地位。京市区先就城中南北两部改造之，而东南两面，则拆除其城垣，以扩成为最新之市区。夫城垣为封建时代之遗物，限制都市之发展，在今日已无存在之价值。惟南京之城垣，为古迹之一种，除东南方面阻碍新计画之发展，必须拆却外，其北面及西面，可利用之以隔绝城外铁道及工业区之尘嚣，并留为历史上之遗迹。城西自下关以南，沿江辟为工业区，铁道、船坞皆使汇集于是。国家公园区自中央政府区之东北，包括现已着手规画之中山陵园，再迤西而造成面积广袤之森林。【中央政府区以东，拟辟为教育区或大学区，及高尚之住宅区。按现在中央大学所在，适位于政治区域之中心，吾国学风，每易受政治影响，必待改进，则徙之于清旷优美之环境，实为至宜。党国公园区，即中山陵园，拟再迤东造成面积广袤之森林，为首都东北之屏障】。各区详细布置、略如下述。

中央政府区【二、中央政府区】

中央政府区，或即称国府区，位于明故宫遗址。地段既极适合，而其间残迹殆尽，尤便于从新设施。按南京形势，东北屏钟山，西北依大江，受此两方之限制，将来都市发展，必向东南方之高原。则故宫一隅，适居于中点，故定为中枢区域，又其要因也。规画此区，首在拆卸东南两面之城垣，铲平其高地，而填没城内外之濠渠，以便铺设道路。自太平门向正南画南北向之轴线，作一大经道，改直现在午朝门偏向西南之中道。自今西华门之地点，向东画东西大纬道，即中山大道一部分，惟须改正方向，分此区成南北两部。北部依建国大纲之所规定，作国民大会之址，为国民行使四权集议之地，乃全国政权之所寄也。国民大会之前，立庄严钜大的总理造像，再前辟为极大之广场，以备国家举行隆重典礼时，民众集会之用。场之东设国民美术院，其西设中央图书馆。国民大会之后，设先贤祠【先哲祠】及历史博物馆。凡此皆可以发扬光大中华民族之文化，实国族命脉之所系也。全部之布置，成一公园，北依玄武湖，东枕富贵山而接于中山陵园，西连于南京市，此为大纬道北部之计画。纬道南部之广袤较北部为大，为中央政府之址。依建国大纲所规定，为中央政府执行五权宪法集中之地，乃全国治权之所出也。全部形作长方，道路布设成经纬。正中设行政院，位于大经道之中，北望国民大会，南瞩建国纪念塔。其左为立法院及检察院，其右为司法院及考试院。东南、东北、西南、西北之隅，则置行政院之各部。将来须增设之部及其他政府附属机关，皆环此而置之。国府区之西南连接南京旧市区，其东南则拟辟成首都最新之田园市。此国府区布置之大要也。【其正中之经路及纬路之二宽广，较其他各路特大，略成双十字形。于经路之北端，遥望国民大会，建立中央政府（今国民政府）。与中央政府相连，左方置主席公署、右方置行政院。第一大纬道之两端，左为立法院，右为司法院，相对而立。其经纬路交叉点，扩为园林，建立纪念碑。第二大纬道较短，其两端为考试监察两院，以虚线将五院相联署，则略成五角形，以象五权鼎立之制度。其余经纬路成方井，地址则置行政院之各部各委员会及其他之公署。此国府区布置之大要。国府之各经路，向南延续成半圆形，而相联络。在此圆形之中心，辟极大之广场，中建民生塔，或曰建国纪念塔。此为全图案之焦点。盖欲表征国民革命建国之目的，必取此抽象的纪念建筑，此外无他适宜之道也。而于形势上，此处适当全城之中心，用以联系都市各部分而统一于此，于实用可甚宜也。自民生塔之园场，象征青天白日之十二道光芒射出重路十二，连接都中之各要道，正中北向为国府，南向则为国门，其外设置航空苑，为首都将来航空交通之终点。东向设革命纪念馆，西向设露天会集场，其余各路之尽处，均设相当之纪念建筑。环民生塔为公园，公园之外，则为林园市，为都内最高贵住宅区，其管理则属于市政府。】

京市区【三、京市区】

南京之现状，以下关为门户。城内则有城南城北之通称，其间纵贯南北及横贯东西之干道，虽各有二，然皆蜿蜒曲折，全乏统系。而行政机关，则散布四方，略无连络。今欲改造南京市【全市】，急宜画立市政府行政中枢，以一统摄而壮观瞻。兹拟就南北【城中】适中之处，画地一方，收买其民地，以作市政府之址，为全市行政总机关，号之曰市心。自此以北，地广人稀，当就其地画设宽阔整齐之街衢，成南京之新市区。现在之宁省铁路，则宜【直】取消之，盖按市政经济原理，凡铁路在城中经过之附近，必成一种贫贱污秽之区。将来铁路终点，宜总集于一中央车站，此路势在淘汰之列。其路线所经过地段，乃可发展为高贵之市区。城北迤西一带，山岗之间，当布置山道，作【会】居宅之区域。下关一隅，现仍其为交通枢纽，但其街衢，皆须放阔，从新设施。沪宁铁路终点，现可仍其旧，将来宜延长，【须延长使】经过沿江之未来工业区，以达于汉西门外【内】，于此地设中央总站，实为最适中之点。车站分南北两部，将来由湘粤浙赣自南而来之铁路，皆止于车站之南部；其自沪自北及自西而来之路线，皆须经浦口，或架桥、或穿隧道江底（《建国方略》中已有此提议），以直达于中央总站之北。自中央总站向东辟横贯南全城中心之东西大道，连续国府区之大纬道，直通公园区之钟汤路。若此则中央车站之所在，诚全城市交通至便之机纽矣【删除】。自市府以南，现所谓城南一带，【删除】其间屋宇栉比，势必逐渐改造。先就原有连贯继续之孔道放宽改直，惟因于全市交通，及预备发展东南方最新市区计画上之需要，宜即划一斜出东南之大道，经市心而连接向西北至下关斜上之路，完成一斜贯全城之大道【自市中心向东南至复成桥，与民生塔十二路纵横相连，自市中心以北，则按照现在修建之中山路，而完成一斜贯全城之大道（其旧有至下关之孔道，因中山路之筑成，势必就废，可利用作敷设电车铁道之用，使中山路得保留为清洁之康庄大道）】。得此然后南京市之交通系统以立，而市区乃有发展之期望。故此路之开辟，乃市心之划定，实改造南京市计画上根本最要之图也!【自今丁家桥中央党部迤东,在现所拟筑之子午路线之中,建立中央党部之纪念,建筑巨厦。考中央党部,今为直接继承孙总理国民革命事业之团体,将来革命党完成,宪政实现,政权交还民众之时之中央党部,勿论存在与否,其事业要必遗留为历史上一大伟绩,其地位仅次于总理之自身,所以纪念之者,亦必有相当之伟大建筑,而此建筑之地位,统观全城之形势,实以此地为最宜。盖此一隅在革命之历史上,当为国民党工作活动最多之地,而在全部图案上,其与民生塔联系之形势,适与总理陵墓与民生塔之关系相仿。陵墓位于左,党部纪念位于右,纪念民国创业承基自然之顺序也。】秦淮河为城内惟一水道,而秽浊不堪,宜将两岸房屋拆收,铺植草木成浜河之空地,以供闹市居民游息之所。至其桥梁,则须改建而以美观为目的。通济洪武门外,预定为最新建设之市区,其间道路自可布置齐整、建筑壮丽。依最新之市政原则,期成南京市清旷之田园市。至汉西门、水西门外沿江至下关一带,已拟定之工业区亦当设计而布置之(按《建国方略》中已主张取消下关而发展来子洲为工业区)【首都或其附近,是否宜设工业区,实为一政治经济的问题,在图案中不易决定。惟南京特别市范围,现已扩大,如有设工业区之必要,可去城市较远之处,或隔江而划定之。盖在思想上宜使首都为纯全之政治及文化中心也】。交通之系统既定,则依市政上经济原则,分道路为数级,曰道、曰路、曰街、曰巷等等,各依其位置重要及应用之性质而定其广狭。凡重要道路之交叉点,皆画为纪念建筑地,作圆形或他种形势之空场,置立华表碑像之属,以为都市之点缀,而作道里之标识。通衢大道之上,皆按最适当方法,铺设电车轨线。城内四隅,尤须留出空地多处,以备布设市内公园之用。城内不宜驻兵,兵营军校,皆移设江浜幕府山一带。现在西华门之电灯厂及城南之制造局,则须移置于城西工业区【汉西门以外】。

国家公园【四、党国公园】

国家公园【党国公园】,包括现规画中之中山陵园,拟再圈入玄武湖一带,并迤西更植广袤之深林,作京城东面之屏藩。中山陵园之设计,大致以中山陵墓为中心,包括钟山之全部,南则废止钟汤路【则废止中山路】,其中就天然之形势,经营布置,以成规模宏大之森林野园。其间附设模范村,为改进农民生活之楷模。有植物及天文台学术机关,为国家文化事业附设于此者。此外则拟有烈士墓之规定,及纪念总理之丰碑。其余明陵及灵谷寺等名胜遗迹,则皆保存而整理之。按此为总理陵墓之所在，使民众日常参谒游观于其地感念遗教之长存，以不忘奋发砥砺而努力吾人之天职，得不愧为兴国之国民。则其设计宜有深刻之意义，又岂徒以资吾人游息享乐而已哉。

建筑之格式【五、建筑之格式】

民治国家之真精神，在集个人之努力，求供大多数之享受。故公众之建设，务宜宏伟而壮丽；私人之起居，宜尚简约而整饬。首都之建设【宜尚简约；而整饬首都之建设】①，于市区路线布置既定以后，则当从事于公众建筑之设计，及民间建筑之指导。夫建筑者，美术之表现于宫室者也，在欧西以建筑为诸艺术之母，以其为人类宣达审美意趣之最大作品，而包涵其他一切艺术于其中。一代有一代之形式，一国有一国之体制；中国之建筑式，亦世界中建筑式之一也。凡建筑式之形成，必根据于其构造之原则。中国宫室之构造制度，仅具一种之原理，其变化则属于比例及装饰。然因于其体式之单纯，布置之均整，常具一种庄严之气韵，在世界建筑中占一特殊之地位。西人之观光北平宫殿者，常叹为奇伟之至，盖有以也。故中国之建筑式，为重要之国粹，有保存发展之必要。惟中国文化，向不以建筑为重，仅列为工【公】事之一门，非士夫所屑研探【士大夫不屑研究】。彼宫殿之辉煌，不过帝主表示尊严，恣其优游之用，且靡费国帑，而森严谨密，徒使一人之享受，宜为民众所漠视。至于寺宇之建筑，则常因自然环境之优美，往往极其庄严玄妙之现象【观】，但考其建筑之原理，则与宫殿之体制，略无殊异。今者国体更新，治理异于昔时，其应用之公共建筑，为吾民建设精神之主要的表示，必当采取中国特有之建筑式，加以详密之研究，以艺术思想设图案，用科学原理行构造，然后中国之建筑，乃可作进步之发展。而在国府区域以内，尤须注意于建筑上之和谐纯一，及其纪念的性质、形式与精神，相辅而为用；形式为精神之表现，而精神亦由形式而振生；有发扬蹈厉之精神，必须有雄伟庄严之形式；有灿烂绮丽之形式，而后有尚武进取之精神。故国府建筑之图案，实民国建设上关系至大之一端，亦吾人对于世界文化上所应有之供献也。

建设实施之步骤【六、建设实施之步骤】

厘定【删除】以上所拟之草案，虽出于理想者为多，而于实情未尝无相当之观

---

① 根据上下文，此处《首都建设》上发表的版本显然系断句有误，应为"故公众之建设，务宜宏伟而壮丽；私人之起居，宜尚简约而整饬。首都之建设……"

察【訾】。夫首都之建设，必须有根本改革之基本计画，至今日而益彰矣。首都为全国政治之中心，在在足以代表吾族之文化，觇验吾民族之能力，其建设实为全国民众之事业，为全国民众之责任。工程虽极浩大，要非一地方之问题，是宜由国家经营。关于计画之实施，应由中央厘定完整之方案，以便逐次进行。此则属于行政院范围之事，非此草案所得而及。但对于进行之程序，与人事之轻重先后，其大较有可言者，首都市计画之根本在道路，则筹设道路自为先务。然在旧市中辟画新路线，困难至多，盖无在而不发生居民反抗之阻力。但此种反抗，自在人烟稠密、建筑栉比之区域。今宜先就城北荒僻之处，力行经营，设法导诱首都新增人口，以展发新市区。同时并将东南方之林园市，积极擘画，则城内旧市之商务，受东南西北之吸收，不难使其日就衰颓。及其已呈残败之象，再进而改造之，以容纳首都有加无已之人口，而一改其旧现。斯时全城之形势，乃可呈现其整齐壮丽之象，南京市之计画，于是全部完成。而绚烂璀璨之首善国都，于此实现矣。

【七、建设经费之大略预算

一、先哲祠及历史博物馆　银五十万两

二、中央党部　银一千万两

三、中央图书馆　银二百万两

四、中央美术馆　银二百万两

五、行政院及主席公署　银八百万两

六、监察院　银二百万两

七、立法院　银二百万两

八、司法院　银二百万两

九、考试院　银二百万两

十、各部分八宅　每宅银五十万两

十一、建国塔　银二百万两

十二、国门　银三十万两

十三、飞机场　银一百万两

十四、道路布置　银四千万两

十五、阴沟　银二百万两

共计银七千九百八十万两　十年工作】

(七) Memorials to Dr. Sun Yat-sen in Nanking and Canton

In commemoration of the noble aspiration and heroic deeds of Dr. Sun Yat-sen, father of the Chinese Republic and to keep alive in the minds of the present and future generation of four hundred millions of Chinese the ideas and principles which he had laid down for the salvation and remaking of the Chinese nation, it is highly fitting that great significance should be attached to the erection of memorials and monuments to Dr. Sun's memory in all parts of China and especially to the building of Dr. Sun's mausoleum on Purple Hill in Nanking, a spot strongly cherished by Dr. Sun himself during his life time. When in 1924 the remains of Dr. Sun Yat-sen were being placed in the five pagodas of Pi-Yun-Sze in the Western hills near Peiping, the committee on Dr. Sun's tomb Construction was formed of prominent Kuomingtang members. In April of that year a vast tract of land was secured on Purple Hill near the Tomb of the Founder of the Ming Dynasty. In May an open competiton was called for the design of a Memorial Hall and Tomb for Dr. Sun Yat-sen in which about forty participants both Chinese and foreign were entered. The competiton was closed in September and prizes and honorable mentions were awarded. The first prize design was decided upon to be executed and its winner was chosen as architect of the works.

Progress Impeded

The construction of the first part of the works consisting of the Memorial Hall and Tomb was commenced January 1926, and was scheduled to be completed in a little more than a year's time. The corner stone was laid on March 12, the first anniversary of Dr. Sun's death. The progress of the work was seriously impeded as it was several times affected by the Revolutionary war when it reached the area of Nanking, but was never entirely stopped. At present it is the gratifying expectation that Memorial Hall and Tomb has been completed and the Burial Ceremony will take place March 12, the fourth anniversary of Dr. Sun's death.[①]

Remaining Structures

Other structures which will complete the mausoleum consist of a Tablet Pavillion, an Entrance Gate, a Pailo, boundary walls and a causeway and flights of steps, beside minor

---

① This ceremony has been postponed to June.—Ed.

accessory buildings uesd for the maintenance and care of the building and landscape work of the mausoleum.

The plans and working drawings for these structures have been prepared and this remaining part of the work expected to start sometime this spring.

Estimated Total Cost

The expenses for the construction was to be borne by the National treasury but the greater part has been appropriated from the Canton Government since the founding of the Nationalist Government there in 1926. The total cost will amount to a little over two million dollars when completed.

The Architect's Aim

In the conception of this design it has been the aim of its architect to recreate in the medium of architecture that character which is Dr. Sun Yat-sen and to interpret in architectural form the spirit and ideals of Dr. Sun which seeks to embody the highest of the philosophical thought of ancient China in to the practical solution of life problems of the human race by methods developed through modern scientific researches. Hence in the design of this mausoleum the fundamental ideas are in accordance with Chinese traditions both in planning and in the form. By its architecturic（笔者注：应为"architectural"）qualities it seeks to express the character and ideals of Dr. Sun as outlined above. The adherence to tradition of the temple idea in the mausoleum is not strictly slavish and is in spirit only. It should be apparent in its Chinese origin, yet, must stand out distinctly as a creative effort in monumental construction of modern times.

The architectural problem of planning of the mausoleum proper consists in combining the Memorila Hall to the Tomb which is to be made accessible from the former. The Tomb, viewed from outside looks just like one of its kind to be found in China, but the interior is so arranged that the sarcophagus can be viewed from around a balustrade like that of Grant's Tomb in New York or Napoleon's Tomb in Paris.

The design of the Memorial Hall is an attempt at translating or rather developing Chinese architecture from wood to stone and concrete; at the same time achieving the distinctive character of a mausoleum. This translation applies to the ornamentation as well as to the principles of construction. The Hall will serve its purpose as one of its kind in China but is also to house a sitting statue of Dr. Sun Yat-sen similar to that of the Lincoln Memorial in Washington. Its dimensions are 72 by 92 feet in plan and about 80 feet high to the roof ridge.

An Ideal Site

The site chosen is an ideal one. It is almost in the exact center of Purple Hill. The Mausoleum is erected on a knoll on the sloping side of the hill. The knoll is arranged as terrance which commands a complete view of the city of Nanking to the south and east. In developing the grounds on the hill slope it took on most naturally the shape of of a huge bell with the Mousoleum at its top which may be seen at a distance of miles. The approach consists of an immediate stretch of straight paved causeway 1200 feet long to be lined with rows of cypresses and three roads of two miles long each of winding driveway along the rolling countryside before it joins the main road from the city. From these driveways views of the Mausoleum at different angles and through varied vistas are to be gained as one makes the approach. The adjoining country including the hill-sides is being planned out as a national park of a large scale.

The method of construction although modern can be said to be purely Chinese in idea; it consists of a skeleton of reinforced concrete filled in with walls of brick and stone very much similar to Chinese system of posts and beams. The Tomb is in the form of a dome of double shell of reinforced concrete also faced with granite. In a way it is to be regretted that, owing to the restriction of funds and limitation of the time for its completion, this structure can not be bulit of solid masonry throughout, in which case it would become an adaptation of western construction to Chinese architecture—which is more desirable from an architectural point of view. The invention of reinforced concrete is but recent and its quality of permanence is still to be seen. In this building an effort is made to protect all reinforced concrete work from the outside and it may be said that it will be the most permanent structure that has ever been bulit in China.

Enduring Materilas

All materials are selected with a view to their lasting quality. The Hall and the

Tomb will be faced with Kowloon granite; all other stone work will also be of granite. The roofing tiles as originally proposed are to be of bronze, but as this was thought too extravagant, glazed tiles has been used instead. The interior finish(笔者注: 应为"furnish") will be in granite marble and artificial stone. The ornamental part in ceiling and beams will be done in mosaic, no painting being used anywhere. Windows and doors are all made of bronze.

In the design of this work the aim has been to develop Chinese architecture according to the principles of aesthetics and it is neither the adapting of Chinese forms to modern construction nor vice versa. An original composition is striven for but always with a feeling for and in the spirit of Chinese ideals gathered through the study of the best existing examples.

Soon after the Nationalist Government was first in augurated in Canton in 1926, it voted for the building of a Memorial Hall and Monument to Dr. Sun Yat-sen in the city of Canton. The architect for Dr. Sun's Mausoleum was made also architect of these two works after a competiton. The work of construction of both was started in the spring of 1928 and the building are expected to be completed in about two years. The total cost of both will amount to pver two million dollars.

Designed in Chinese Style

The Memorial Auditorium being the largest structure of its kind in the Orient is also designed in Chinese style; it is a combination of steel and concrete construction with a seating capacity for five thousand people. All modern installations including full acoustic treatment will be made. Dimensions of the building are 210 by 240 feet in plan and 160 feet in height. The building is on the site of former Presidential Yamen occupied by Dr. Sun Yat-sen in 1924. The Monument is being erected on top of Kuan Yin Hill (Goddess of Mercy Hill) directly behind the Auditorium. It will be constructed entirely of granite to a height of 120 feet and will command a complete view of the city of Canton and its environment.

图 4-2-4　中山陵墓室施工照（图片来源：Y.C.LU, "Memorials to Dr. Sun Yat-sen in Nanking and Canton," The Far Eastern Review, Vol.25, No.3, March 1929, p.98）

　　这篇吕彦直所撰写的英文文章发表于 1929 年 3 月的 The Far Eastern Review 上[1]。文中主要交代了南京中山陵的建设缘起、工程进展、造价花费、选址环境以及材料选用等，尤其重要的是，阐述了作者设计中山陵的理念与目标。文章末尾则简要叙述了广州中山纪念堂及纪念碑的工程概况。除文字内容外，该文还配有图照 11 幅，其中中山陵墓室部分施工照（拍摄于 1927 年 11 月，图 4-2-4）和陵墓正面全景照（拍摄于 1929 年 2 月，图 4-2-5）以及两幅中山纪念堂的模型照片（图 4-2-6）均不常见。此外，文中还附有编辑的小记：The "Far Eastern Review" learns with regret that Mr. Lu, who was only 26 years old, died of an incurable disease as this article went to press. Mr. Lu was one of China's most promising artists, having studied in Europe and America. His loss is mourned by all who knew him. 通过此附记我们得知，该文见刊发表时，吕彦直已经去世。不过附记中称吕彦直去世时仅 26 岁，显然有误，按吕彦直享年应为 36 虚岁。

---

[1] Y.C.LU, "Memorials to Dr.Sun Yat-sen in Nanking and Canton," The Far Eastern Review, Vol.25, No.3, March 1929, pp.97—101. 此外，有论著称该文发表于 1928 年 10 月 10 日的 The China Weekly Review 上（例如：赖德霖：《阅读吕彦直》，《读书》2004 年 08 期；赖德霖主编：《近代哲匠录：中国近代重要建筑师、建筑事务所名录》，北京：中国水利水电出版社、知识产权出版社，2006 年，第 104 页；马晓、周学鹰：《吕彦直的设计思想与中山陵建筑设计意匠》，《南京社会科学》2009 年 06 期），经查，The China Weekly Review 在 1928 年 10 月 10 日并无出刊，因此可能有误。

图 4-2-5 中山陵全景（图片来源：Y.C.LU, "Memorials to Dr. Sun Yat-sen in Nanking and Canton," The Far Eastern Review, Vol.25, No.3, March 1929, p.99）

图 4-2-6 广州中山纪念堂模型（图片来源：Y.C.LU, "Memorials to Dr. Sun Yat-sen in Nanking and Canton," *The Far Eastern Review*, Vol.25, No.3, March 1929, p.100）

第三节 小结

作品与文存是建筑师设计理念与思想的集中表达，重要性不言而喻。有鉴于此，本章试图全面搜集吕彦直的设计作品和遗留下来的文稿，一方面为存其真，以便于学界将来深入研究，另一方面则为本书后续章节讨论其建筑思想作准备。

按照吕彦直的生平经历，我们将其作品与文存划分为康奈尔大学时期、茂飞建筑事务所时期、东南建筑公司时期和彦记建筑事务所时期四个阶段，并尝试对每件作品进行解读——中山陵与广州中山纪念堂及纪念碑因在本书第二、三章详细考察故本章从略，以深化对其设计背景、经过和内容的理解。

需要强调的是，在搜集、整理过程中，我们新发现了吕彦直的设计作品——持志大学校园设计图，并考证出其是吕彦直参展第一届全国美术展览会的四件作品之一。依据民国时期相关文献，本书进一步考察了吕彦直及彦记建筑事务所开展持志大学校园设计的背景及后续夭折的原因。我们认为这一发现对于吕彦直研究乃至中国近代建筑史研究均有重要意义。

关于吕彦直的文存，我们增录了两份重要文献：一是《吕建筑师工程简要报告》，系吕彦直于 1926 年年末就中山陵墓工程自该年年初兴工以来的工程进展所作的报告；二是 "Memorials to Dr. Sun Yat-sen in Nanking and Canton"，乃吕彦直发表于 *The Far Eastern Review* 上的英文文章。前者有利于我们认识中山陵工程在 1926 年的进展情况，后者则增进了我们从设计师自身角度对中山陵与广州中山纪念堂设计意匠的理解。

第五章　瑕不掩瑜：吕彦直建筑思想

第一节　吕彦直建筑设计思想

一、中山陵设计解读

（一）设计过程

1. 业主的需求

此处所称的"业主"，即孙中山先生葬事筹备委员会及孙中山家属代表，与中山陵工程合同中所称的"业主"一致；但如果引申至广义，则指葬事筹委会背后所代表的，亦为孙中山生前所领导的中国国民党人。

1925年5月17日，《民国日报》以"专件"的形式全文登载了《孙中山先生陵墓建筑悬奖征求图案条例》（以下简称"《征求条例》"）。两日后，《字林西报》择要登载了相关内容：

Architecture and artists are invited to enter the competiton for the design of the tomb for Dr. Sun Yat-sen's remains at Nanking and also a memorial hall. The design of the latter should preferably be in classical Chinese style with distinctive and monumental features, with a marble tomb for the sarcophagus. Intending competitors should write to the China International Corporation, P.O. Box 1449. Shanghai.[①]

《征求条例》由家属代表孙科与赫门——葬事筹委会主持建筑之常务委员宋子文的代表共同起草，并经5月13日葬事筹委会第五次会议修改通过[②]。条例中关于奖金金额及拟用之陵墓建筑材料与格式则在5月2日葬事筹委会第四次会议讨论决

[①] *The North-China Daily News*, May 19, 1925, No.8.
[②] A. 孙中山先生葬事筹备委员会编：《孙中山先生陵墓图案》，"孙中山先生葬事筹备及陵墓图案征求经过"，民智书局，1925年，第2页；
B.《葬事筹委会第五次会议纪录（1925年5月13日）》，南京市档案馆、中山陵园管理处：《中山陵档案史料选编》，南京：江苏古籍出版社，1986年，第60页。

定①。在这份征求条例的产生乃至整个征求图案过程中,德国工程师赫门(Hagemann. H)——任职于宋子文经营的大洲贸易公司(China International Corporation)②,贡献颇多,其不仅参与起草中英文征求条例,还对条例内容提出了不少实质性建议(例如,葬事筹委会第四次会议上赫门提出悬奖征求陵墓图案不必限于建筑师,普通美术家亦可应征,获得众委员通过③),并在后来评选开奖时借屋展览。为此,葬事筹委会特去函致谢并赠送银盾一枚④。

登报公开的《征求条例》,对应征者来说,可作为参加本次中山陵设计竞赛的参赛指南;对组织者来说,则可视为其对中山陵墓墓式的构想与要求。

《征求条例》第一款指出征求图案包括墓室与祭堂两部分,并结合第四款指明墓地的位置及所处的环境,即其位于南京紫金山中茅山南坡175米等高线前突处,四周围以森林,背山面南,东至灵谷寺,西抵明孝陵,南达钟汤路。

《征求条例》第二、三和五款尤为重要,因为其规定了陵墓的风格与形制。其中第二款称:"祭堂图案须采用中国古式而含有特殊与纪念之性质者,或根据中国建筑精神特创新格亦可。容放石榇之大理石墓即在祭堂之内。"第三款为:"墓之建筑在中国古式虽无前例,惟苟采用西式,不可与祭堂建筑太相悬殊。墓室须有可防制盗窃之铜门,门上并设机关锁,俾祭堂中举办祭礼之时可以开放墓门,瞻仰石榇。"第五款则规定了陵墓材质与用料:"祭堂虽拟采用中国式,维为永久计,一切建筑均用坚固石料与钢筋三合土,不可用砖木之类。"

通过这三款条例,我们可以概括出业主对孙中山陵墓建筑的基本设想:(1)祭堂须采用中国古式或内含中国建筑精神而墓室部分建筑风格需与之和谐(对应英文"classical Chinese style with distinctive and monumental features");(2)祭堂需具备特殊与纪念性质;(3)陵墓能永久保存。简言之,葬事筹委会及孙中山家属代表希望孙中山陵墓能体现民族性、纪念性和永久性。

---

① A. 孙中山先生葬事筹备委员会编:《孙中山先生陵墓图案》,"孙中山先生葬事筹备及陵墓图案征求经过",民智书局,1925年,第2页;
B.《葬事筹委会第四次会议纪录(1925年5月2日)》,南京市档案馆、中山陵园管理处:《中山陵档案史料选编》,南京:江苏古籍出版社,1986年,第59页。
② *The North China Desk Hong Kong List*, January, 1925, p.87.
③ 《葬事筹委会第四次会议纪录(1925年5月2日)》,南京市档案馆、中山陵园管理处:《中山陵档案史料选编》,南京:江苏古籍出版社,1986年,第59页。
④ 《葬事筹委会第十一次会议纪录(1925年9月20日)》,南京市档案馆、中山陵园管理处:《中山陵档案史料选编》,南京:江苏古籍出版社,1986年,第66页。

赖德霖通过考证"纪念"一词在近代中国的出现与使用，指出"雕刻、纪念碑、纪念建筑等实体'纪念'物，在最大程度上体现了'纪念性'的特质：它们不仅如中文'纪念'一词的含意那样，使人念想某事某人，而且还以有形的方式体现着西方的'纪念性'，即以独特的外观促使公众去思考被念想的事件或个人的意义；此外它们由耐久的材料制成，可以使共同记忆得以长久延续；最重要的是，它们位处公共空间，因而与社会生活相连，甚至参与其中，从而使某个社会的共时性集体记忆成为可能"[①]。因此，这里的纪念性具有公共的性质，并与永久性一起与西方建筑产生关联，从而具有现代性。

沿着赖氏这一分析思路，我们认为《征求条例》表达出葬事筹委会及孙中山家属代表希望陵墓图案能够传达融合中西、继往开来的精神。中国古式或中国建筑精神为"中"，纪念性与永久性为"西"，而融合中西正是孙中山政治理念与主张的重要乃至核心内容。孙中山的三民主义中，民族主义即强调先恢复和发扬中国固有之美德与国粹，然后向西方学习，通过融合中西，兼采优长以实现拯救中国之目的[②]。另一方面，强调中国古式与中国建筑精神是对传统的继承，要求公共纪念与永久保存则是现代性的体现，两者结合，表明征求的陵墓图案需具备继往开来的内涵。

实际上，《征求条例》并非国民党人首次提出关于孙中山陵墓的构想，早在孙中山去世后不久，《大公报》即登载陈佩忍、戴季陶、唐昌治等人关于总理陵墓的主张——《国民党对中山陵寝之商榷》[③]。文中不仅建议总理陵墓应设"于孝陵之东部，灵谷寺相近之一带"；更提出关于陵墓布置的看法，"应有几个要点：（一）偏于平民思想之形势者，（二）有伟大之表现者，（三）能永久保存者，（四）能使游览人了然于先生之伟绩者"；同时，关于墓地图案，其认为"墓前筑石阶为广大之灵台，台之中央，立碑以四方形，篆刻总理之遗嘱、教训及一生之事迹，顶端

[①] Delin Lai, "Searching for A Modern Chinese Monument: The Design of the Sun Yat-sen Mausoleum in Nanjing", Journal of the Society of Architectural Historians, 2005, Vol.64, No.1, pp.22—55. 该文由李恭忠翻译成中文，题为《探寻一座现代中国式的纪念物——南京中山陵设计》，收录入赖德霖所著《中国近代建筑史研究》（参见赖德霖：《中国近代建筑史研究》，北京：清华大学出版社，2007年，第248—288页）。

[②] 孙中山：《三民主义·民族主义》，《孙中山选集》，北京：人民出版社，1981年，第688—689页。

[③] 《国民党对中山陵寝之商榷》，《大公报（天津）》1925年3月21日，第一张第四版；该文又以《关于孙公陵寝之商榷》为题，登载于《广州民国日报》1925年3月31日，第八版。

安置先生全身铜像；最前辟地为广场，中置喷水池，左立音乐亭，右为纪念室；广场之南，建屋五楹，环植松柏石楠之属，并开池叠石，养鹤栽花，以为游人休息之所。全园材料宜多采巨石，园门尤宜坚朴，亦建筑时所宜于此注意也"。

"能永久保存者"与"全园材料宜多采巨石，园门尤宜坚朴"显然对应《征求条例》中关于永久性的规定；"有伟大之表现者"和"能使游览人了然于先生之伟绩者"以及"纪念室"的设置则与纪念性相符，所谓"特殊"与"纪念"之性质是也。尤其"能使游览人了然于先生之伟绩者"一条，相较于《征求条例》中"含有特殊与纪念之性质者"略笼统而空泛的表述，显得更加直白而具体，亦更接近纪念物"以独特的外观促使公众去思考被念想的事件或个人的意义"之含义。由于陈佩忍、戴季陶后来都当选为孙中山先生葬事筹备委员会委员[①]，于是我们有理由推测，这份国民党人关于总理陵墓的主张至少部分被葬事筹委会采纳，并体现在征求条例中。

不过，仔细比较该主张与《征求条例》内容，前者未见后者关于民族性或中国古式与中国建筑精神的规定，后者则无前者"偏于平民思想之形势者"的内容。因此，从《国民党对中山陵寝之商榷》到《孙中山先生陵墓建筑悬奖征求图案条例》，还存在一个修改、完善的过程。

除了关于陵墓建筑整体风格与形制的规定，《征求条例》中还公布了业主对一些细节的要求。例如，容放石椁的大理石墓须位于祭堂内；且祭堂与墓室之间设带机关锁的防盗门，以备举办祭礼时开放墓门供人瞻仰石椁之用；祭堂前需辟可容五万人之广场等。

与《征求条例》一同公布的还有《孙中山先生陵墓图案评判规则》和《孙中山先生陵墓图案评判要点》。后者主要包括五个方面：（1）实现墓室与祭堂的功能，（2）注重墓地与环境的关系，（3）着眼全局布置，（4）经费限制，（5）陵墓气质应简朴庄严而坚固，不取奢华。其中，前四项均可在《征求条例》中找到相呼应的内容，只第（5）项似乎为葬事筹委会与家属代表特意补充而并未明说在《征求条例》中。

综上，以葬事筹委会与孙中山家属为代表的国民党人，希望通过公开悬奖竞赛，为总理征求到一份既体现其人格精神与政治理念，又可在有限的经费条件下建设完成的陵墓图案。这份陵墓图案应表达民族性、纪念性与永久性特征，从而体现融会

---

① 《孙中山先生葬事筹备处十五年（1926）报告》，《孙中山先生陵墓工程报告》（第1册），1927年，第1页。

中西、继往开来的精神内涵。诚如赖德霖所言，国民党人希望通过公开竞赛的努力探寻一份具有中国特色的现代纪念物方案，以纪念革命先行者与民国缔造者孙中山[1]。

2. 建筑师的回应与各方评判

截止 1925 年 9 月 15 日，中外建筑师参照《征求条例》并基于各自的理解，提交了四十余份各具特色的图案。经过评判委员会（由葬事筹委会及家属代表和四位评判顾问组成）开会讨论，最终评选出优胜者三名和荣誉奖七名。得益于孙科的提议——编印陵墓图案小册[2]和葬事筹委会的安排，关于本次悬赏征求孙中山陵墓图案的重要文献——《孙中山先生陵墓图案》1925 年由民智书局出版，十份获奖作品因此被收录其中而保存下来，使得我们有机会从中窥探建筑师的方案与构思。

据赖德霖研究，这十份获奖作品普遍使用了反曲屋面、装饰栏杆甚至斗栱等元素来回应《征求条例》中关于"中国古式"的要求。但对"纪念之性质"的处理，却大致可分为两类：一种基本以中国式"纪念"传统为参照，以体现英文版征求条例中所称的"the classical Chinese style with distinctive and monumental features"；另一种则以西方现代著名纪念物为样板并融入共和理念，以表达"纪念之性质"[3]。

有趣的是，采用中国式"纪念"传统为参照的主要为外国建筑师的作品。获荣誉奖第一名的俄国人乃君（Cyrill Nebuskad）和荣誉奖第四名的俄国人恩那（C. Y. Anner）与弗雷（W. Frey）均采用中国古代宫殿的造型（图 5-1-1、图 5-1-2），其构思很可能是源于对明清皇家陵寝的参照。乃君设计的祭堂为一座立于三层台基上的重檐歇山建筑，在德国人朴士的评判报告中，虽将其列为第三奖，但称其为"纯粹中国式样，惟绝无创造观念"[4]，孙科亦评价其完全中国式，无新意[5]。恩那与弗雷提交的方案则模仿了中国传统陵墓的布局、配置乃至用料色彩，从而遭到凌鸿勋的批评——"太像古代陵寝"[6]。获荣誉奖第三名的美国人开尔思（Francis H.

---

[1] Delin Lai, "Searching for A Modern Chinese Monument: The Design of the Sun Yat-sen Mausoleum in Nanjing", Journal of the Society of Architectural Historians, 2005, Vol.64, No.1, pp.22—55。
[2] 《葬事筹委会第十一次会议纪录（1925 年 9 月 20 日）》，南京市档案馆、中山陵园管理处：《中山陵档案史料选编》，南京：江苏古籍出版社，1986 年，第 66 页。
[3] 赖德霖：《探寻一座现代中国式的纪念物——南京中山陵设计》，《中国近代建筑史研究》，北京：清华大学出版社，2007 年，第 254 页。
[4] 孙中山先生葬事筹备委员会编：《孙中山先生陵墓图案》，民智书局，1925 年，第 22 页。
[5] 《葬事筹委会第十一次会议纪录（1925 年 9 月 20 日）》，南京市档案馆、中山陵园管理处：《中山陵档案史料选编》，南京：江苏古籍出版社，1986 年，第 66 页。
[6] 孙中山先生葬事筹备委员会编：《孙中山先生陵墓图案》，民智书局，1925 年，第 27 页。

图 5-1-1　名誉奖第一名孚开洋行乃君方案

图 5-1-2　名誉奖第四名恩那与佛雷方案

Kales）和荣誉奖第五名的俄国人戈登士达（W. Livin Goldenstaedt）均采用了塔式构图（图5-1-3、图5-1-4），似乎在他们看来，宝塔是中国传统纪念建筑的代表。此外，戈登士达还以士达打样建筑公司的名义，提交了另外两幅作品（图5-1-5、图5-1-6），并分获荣誉第六奖和第七奖。前者很可能是从紫禁城的城墙中获得的启发，后者则是糅合了穹隆屋顶与中国传统脊饰等元素[①]。荣誉奖中仅一位中国建筑师，为获荣誉奖第二名的赵深，其设计图案的原型是北京天坛（图5-1-7）。赖德霖指出赵深

---

① 赖德霖：《探寻一座现代中国式的纪念物——南京中山陵设计》，《中国近代建筑史研究》，北京：清华大学出版社，2007年，第259页。

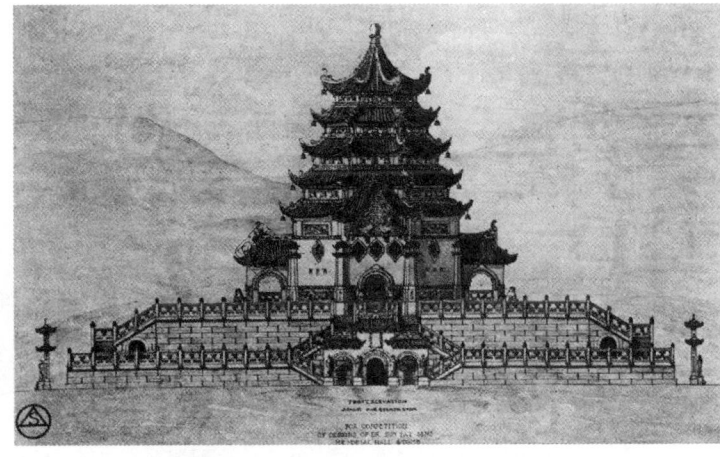

图 5-1-3 名誉奖第三名开尔思方案

图 5-1-4 名誉奖第五名戈登士达方案

图 5-1-4 名誉奖第五名戈登士达方案

图 5-1-6 名誉奖第七名戈登士达打样建筑公司方案

图 5-1-7 名誉奖第七名赵深方案（图片来源：以上七图均采自孙中山先生葬事筹备委员会编：《孙中山先生陵墓图案》，民智书局，1925 年）

的方案捕捉到了中国古代建筑范例的现实和内在的政治含意[1]。

评判顾问王一亭认为，获荣誉奖的作品[2]虽皆费匠心，但与主题不合[3]。我们认为，此处的主题应该就是前文所分析的《征求条例》中所要求的融合中西、继往开来的精神，即采用中国古式而含有特殊与纪念之性质，或根据中国建筑精神特创新格。在评判委员们看来，简单地延续本土建筑传统并不合适，孙中山的陵墓应是一个放眼世界文化的中国式纪念物，其不仅在功能和材料上，而且还须在造型上与中国传统建筑有明显区别[4]。乃君、恩那与弗雷的方案均因基本仿照中国古代建筑而分别被孙科、凌鸿勋批评，即可当做反面的说明。

既然荣誉奖作品未能令人满意地体现《征求条例》中要求的精神，前三名的获奖作品是否成功实现了呢？

据葬事筹委会的会议记录和评判顾问的评判报告，第三奖的归属颇有争议[5]。有主"Liberty"（即孚开洋行乃君）者，如王一亭和朴士；有荐"天下大同"（即恩那与弗雷）者，如凌鸿勋；有举杨锡宗者，如李金发；还有推赵深者（未言明具体推荐人）。最终经叶楚伧提议并经陈佩忍附议，众评判委员赞成将第三奖判给杨锡宗。

杨锡宗的作品（图5-1-8），由于《孙中山先生陵墓图案》中仅披露一幅正立面图，故难以全面认识。据其本人提交的《孙中山先生陵墓计画说明书》称，陵墓图案刻意追求集合中国古代建筑之分子，以成一美丽和一之总体，不仅可供纪念，同时满足功能上的需求，而实现的途径即采用最新的建筑方法与材料[6]。就造型而言，陈列石椁的墓室居中，包括穹隆式顶与贮藏石椁的窨室。穹隆顶的高处为一圆形塔直入云霄，窨室则深入地下，且从穹隆顶下之圆屋即可观之。祭堂位于墓室两旁，形

---

[1] 赖德霖：《探寻一座现代中国式的纪念物——南京中山陵设计》，《中国近代建筑史研究》，北京：清华大学出版社，2007年，第261页。
[2] 王一亭的评判报告中，获第三名的为Liberty即孚开洋行乃君的作品，而杨锡宗的作品被归入荣誉奖，与评判委员会最终认定的获奖顺序略有不同。
[3] 孙中山先生葬事筹备委员会编：《孙中山先生陵墓图案》，民智书局，1925年，第20页。
[4] 赖德霖：《探寻一座现代中国式的纪念物——南京中山陵设计》，《中国近代建筑史研究》，北京：清华大学出版社，2007年，第262页。
[5] A.《葬事筹委会第十一次会议纪录（1925年9月20日）》，南京市档案馆、中山陵园管理处：《中山陵档案史料选编》，南京：江苏古籍出版社，1986年，第66页；
B. 孙中山先生葬事筹备委员会编：《孙中山先生陵墓图案》，民智书局，1925年，第19—29页。
[6] 孙中山先生葬事筹备委员会编：《孙中山先生陵墓图案》，民智书局，1925年，第17—18页。

图 5-1-8 第三奖杨锡宗方案（图片来源：孙中山先生葬事筹备委员会编：《孙中山先生陵墓图案》，民智书局，1925 年）

如两翼，堂中陈列纪念碑，镌孙中山之功业与言论。

对于杨锡宗提交的陵墓图案，凌鸿勋评价称："此案美术方面甚佳，颇合陵墓庄严之意义，独惜与背山形势不称，且过于宏伟，非规定建筑费之所许，如以背面矗立形作正面观，背面加以变更，颇有研究之价值，但改动太大，与应征人原意相失。"①李金发则说："全部工整庄严华丽调和，惟此种工作不宜于坟墓，恐需费亦远过三十万元。"②可见，凌、李二人都认为杨锡宗的设计方案太过华丽，远非三十万预算所能承担，但建筑整体却具有庄严之气势。

评判委员会关于第一、二奖的意见则相对一致③，四位评判顾问中三位——王一亭、朴士、凌鸿勋，均将头奖归于吕彦直，二奖判给范文照。范文照的图案（图5-1-9）虽列二奖，但颇受好评。王一亭称其计划极好；朴士则认为其与《征求条例》中各项要求均相符合，是根据中国建筑同时融入西方建筑文化观念的上佳作品，且建筑整体简单、庄严而坚固，全部布置尤善，并推荐为最终建设方案；凌鸿勋也称赞其陵墓部分气势宏壮，结实耐久，形式尤善，色彩浑朴；而在李金发看来，该图案所有布置均满足《征求条例》诸条件，结构精美静穆，一望而生凄然景仰之念，

---

① 孙中山先生葬事筹备委员会编：《孙中山先生陵墓图案》，民智书局，1925 年，第 27 页。
② 孙中山先生葬事筹备委员会编：《孙中山先生陵墓图案》，民智书局，1925 年，第 29 页。
③ 《葬事筹委会第十一次会议纪录（1925 年 9 月 20 日）》，南京市档案馆、中山陵园管理处：《中山陵档案史料选编》，南京：江苏古籍出版社，1986 年，第 66 页。

图 5-1-9 第二奖范文照方案（上：鸟瞰；中：立面；下：平面）
（图片来源：孙中山先生葬事筹备委员会编：《孙中山先生陵墓图案》，民智书局，1925 年）

图 5-1-10　范文照方案剖面图（图片来源：孙中山先生葬事筹备委员会编：《孙中山先生陵墓图案》，民智书局，1925 年）

且多色玻璃的采用尤有西洋 Gotteique 之余风和神秘之暗示，故推荐为头奖。[①]

不过，范氏的设计有一明显缺陷而被四位评判顾问所共同指出，即墓室位于祭堂之中（图 5-1-10）。虽然《征求条例》中要求容放石椁之大理石墓须位于祭堂之内，但合适的处理方式应如杨锡宗的方案那样将墓室下沉至祭堂内地面以下，而非像范氏那般将停柩之处设置在地面之上。故而王一亭认为该处理方式不甚尊重；朴士虽推荐范的设计作为最终实施方案，但也建议在实际采用时加以修改。另外，凌鸿勋和孙科均指出范的方案光线不足，后者还认为范设计的屋顶过于华丽，且黄色琉璃瓦接近宫殿。

值得注意的是，1925 年 9 月 23 日《申报》上登载有一篇《孙墓图案展览会访问记》，记述了葬事筹委会驻宁干事钮师愈[②]从空间与使用的角度对获奖的一、二名方案给予的评判[③]：

记者在会场中，承钮师愈先生按图指示一切，现在把他所谈的话，择要记录在下面：

---

① 孙中山先生葬事筹备委员会编：《孙中山先生陵墓图案》，民智书局，1925 年，第 19—29 页。
② 《葬事筹备处委员及职员一览表》，南京市档案馆、中山陵园管理处：《中山陵档案史料选编》，南京：江苏古籍出版社，1986 年，第 10 页。
③ 唐越石：《孙墓图案展览会访问记》，《申报》1925 年 9 月 23 日，第二十一版。

得奖第一的是中国吕彦直先生,这张图案经筹备委员六小时的辩论,然后确定,他的特点有三处：

到祭堂门口,就可以瞻仰孙先生的遗像；

祭堂容积极大,而且全场可用；

坟墓在山下,建筑物如因故毁灭,孙先生的尸体可无损。

此外尚有两个小特点：

祭堂和坟墓可以分做两处,应用祭堂的时候,墓门就可不开；

坟上有通空气的地方,放棺木的所在不致发生腐气。

得奖第二的未妥之点列举如下：

孙先生的铜像在祭堂后面,来瞻仰的人,到了孙先生的安葬所在,决不再到后面；

孙先生的坟墓在祭堂中间,如发生危险,坟墓也同时毁灭；

祭堂因坟墓在中间,只能应用半面,容量太小。

此外尚有得名誉奖的孚开洋行的 Mr. Cyrill Nebuskad,做模型是雕刻家 B. J. Koci。

在钮师愈看来,相较于范文照的方案,吕彦直的空间与功能设计更合理：其一,像设在遗体前,确保瞻仰时顺序的合理有效；其二,墓室与祭堂相对独立,既实现了墓室的安全性与私密性,又增加了祭堂的空间利用率；其三,墓室开气窗实现了通风功能等。

在这其中,祭堂的空间与功能尤其受到重视和强调。吕彦直将墓室设在祭堂之后,本属突破《征求条例》之举,其与"容放石椁之大理石墓即在祭堂之内"的要求不合,但却实现了祭堂内空间全场可用,同时保证了墓室的安全性和私密性；而范文照的设计虽与《征求条例》相合,却导致祭堂内可使用空间狭小。为何评判委员会及葬事筹备人员如此看重祭堂空间与功能？换言之,为何最初《征求条例》的要求与最终评判委员会的评判考量会出现不一致？

答案在于孙中山去世后国民党人围绕已故总理发展起来的新的纪念方式。葬事筹委会初拟《征求条例》时,仅要求祭堂容纳墓室并通过铜门与后者连通,以便举办祭礼时开放墓门,瞻仰石椁。可见此时葬事筹委会及孙中山家属代表对祭堂空间与功能的考虑仍停留在举办传统祭礼的层面。然而到1925年7月29日葬事筹委会召开第七次会议时,已拟请捷克雕塑家高祺（Bohuslav J. Koci）制作孙中山铜像和大理石像各一尊,且后者将置于祭堂中①。赖德霖指出,葬事筹委会的这一安排与孙中山逝世后形成的以孙中山遗体为中心的"祭"礼和以孙中山肖像为中心的"纪念周"有关,然而几乎所有的应征作品都未考虑如何容纳这尊位于祭堂内的大理石坐像及其可能吸引的群众②。相较而言,吕彦直的方案实现了祭堂内空间全场可用,从而恰好可以适应这一新变化——仅须将其方案中位于祭堂内的石碑替换成大理石坐像即可。

回到前面的问题,即前三名获奖作品是否实现了《征求条例》中所要求的融会中西、继往开来的精神?范文照的图案是根据中国建筑同时融入西方建筑文化观念的上佳作品,显然符合。杨锡宗的设计则是以最新的建筑方法与材料融会中国传统建筑元素,应也属于。实际上,从造型与结构的角度来看,范与杨的图案均直接参考了西方纪念建筑的范型,是基于中国传统建筑的挖掘与创新③。那么,既然二、三奖均满足《征求条例》的要求,作为头奖的吕彦直图案凭什么脱颖而出,褒然举首呢?

3. 吕彦直的方案与后续修改完善

关于吕彦直方案的内容与细节,其在应征时随图案一同提交的《孙中山先生陵墓建筑图案说明》中已有详细解释,此处不多作赘述。通过前文,我们还了解到吕彦直突破《征求条例》的创新设计——将墓室安置于祭堂之后——实现了祭堂空间的全场可用,适应了新形成的关于孙中山纪念的仪式需求。换言之,吕彦直创造的祭堂与墓室空间序列,使得纪念周与公祭这两种崇拜方式既可分别进行又相互连贯④。

不过,在评判委员会眼中,这一功能适应上的优势并未受到关注。王一亭反倒认为墓在祭堂之后主要是合乎中国观念,其还评价吕之设计朴实坚固,形势与气魄均极似孙中山之气概及精神。在朴士看来,吕彦直的方案是根据中国宋代建筑形式并参合己意的创新之作,符合《征求条例》中根据中国建筑精神特创新格的要求,

---

① 《葬事筹委会第七次会议纪录(1925年7月29日)》,南京市档案馆、中山陵园管理处:《中山陵档案史料选编》,南京:江苏古籍出版社,1986年,第61页。
② 赖德霖:《探寻一座现代中国式的纪念物——南京中山陵设计》,《中国近代建筑史研究》,北京:清华大学出版社,2007年,第262页。
③ 赖德霖:《探寻一座现代中国式的纪念物——南京中山陵设计》,《中国近代建筑史研究》,北京:清华大学出版社,2007年,第263页。
④ 赖德霖:《探寻一座现代中国式的纪念物——南京中山陵设计》,《中国近代建筑史研究》,北京:清华大学出版社,2007年,第273页。

且对《征求条例》中其他各项要求均能满足。凌鸿勋与李金发则都提到吕氏图案的整体平面似一钟形，寓意深刻。凌还称赞吕的图案全体结构简朴浑厚，最适合陵墓性质，且祭堂与墓室布置极佳、光线充足、形式优美。

用后来总理陵管会的评价，吕彦直的图案"融会中国古代与西方建筑之精神，庄严简朴，别创新格，墓地适成一警钟形，寓意深远"①。关于吕彦直是如何融会中国古代建筑与西方建筑之精神的？其后来发表的文章中有所透露。尽管吕在《吕彦直君之谈话》中称："余此次拟样，系中国式。初意拟法国拿破仑墓式，继思之不合，故纯用中国式。"②但其发表于 The Far Eastern Review 上的 Memorials to Dr. Sun Yat-sen in Nanking and Canton 一文却指出："The Tomb, viewed from outside looks just like one of its kind to be found in China, but the interior is so arranged that the sarcophagus can be viewed from around a balustrade like that of Grant's Tomb in New York or Napoleon's Tomb in Paris."③ 即中山陵墓墓圹部分的设计仍然参照了纽约格兰特墓和巴黎拿破仑墓的形式——安放石椁与卧像之墓圹下沉且周围环以石栏杆，参谒者可凭栏瞻仰（图5-1-11）。至于祭堂的设计，吕彦直称其试图通过对中国古代建筑装饰、构造与材料的转译和发展，实现陵墓的独特性质；同时，在空间构图上模仿华盛顿林肯纪念堂——在祭堂中央安放孙中山坐像（应征时提交的图案

图5-1-11 拿破仑墓下沉之墓圹（图片来源：转引自赖德霖：《探寻一座现代中国式的纪念物——南京中山陵设计》，《中国近代建筑史研究》，北京：清华大学出版社，2007年，第273页，图34）

---

① 《总理陵管会关于陵墓建筑图案说明》，南京市档案馆、中山陵园管理处：《中山陵档案史料选编》，南京：江苏古籍出版社，1986年，第154页。
② 《吕彦直君之谈话》，《申报》1925年9月23日，第020版。
③ Y.C.LU, "Memorials to Dr.Sun Yat-sen in Nanking and Canton," *The Far Eastern Review*, Vol.25, No.3, March 1929, p.98.

中祭堂内为石碑），以实现纪念的功能[1]（图5-1-12）。赖德霖评价道："其他中国应征者参考了与现代历史相关联的著名中式或西式纪念物来设计中山陵的外观，而吕彦直却采用了同样的手法来设计其内部空间。"[2]

虽然吕彦直在中山陵墓内部空间设计上参照了西方伟人纪念建筑，但在外观造型及祭堂与陵墓形式上，却是根据中国传统建筑特创新格，或其本人所称"纯用中国式"。墓室位于祭堂之后的布局、堡垒状的祭堂造型、祭堂内立碑的

图5-1-12　林肯纪念堂内景（图片来源：《新闻资料》1949年第100期，封面）

做法，均可从明清皇陵中找到源头。具体来说，像宝顶位于方城明楼之后一样，吕彦直设计的墓室也位于祭堂之后，为妥灵之所，故而王一亭称其合于中国观念；祭堂四角如堡垒状的角墩，实际是方城造型的孑遗，只是为了采光和空间需要，将原本较封闭的台状方城转变为四角堡垒状；祭堂中央立碑的设计则承袭自方城中立碑的做法——吕彦直应征时提交的方案并无碑亭，而是于祭堂中立碑，后该碑被孙中山坐像替代，并于陵门内轴线上设碑亭。不过，吕彦直的设计并非单纯因袭明清皇陵，其创新之处在于，既将明清陵墓前宫后寝的布局（即前以祾恩殿为核心的宫和后以方城明楼及宝顶为中心的寝），糅合成祭堂与墓室的组合，又将具有类似中国传统建筑形式的重檐歇山顶与具有西式体块感的建筑形体融为一体，从而使祭堂既具有方城的堡垒造型（即吕彦直《孙中山先生陵墓建筑图案说明书》中所称"堂之四角，各如堡垒"），又带有西式建筑风格，还具备祭祀与纪念的空间功能；加之凭借对中国传统建筑特征、造型、比例的理解、把握、驾驭和转译，创造出既具有中国传

---

[1] Y.C.LU, "Memorials to Dr.Sun Yat-sen in Nanking and Canton," *The Far Eastern Review*, Vol.25, No.3, March 1929, p.98.
[2] 赖德霖：《探寻一座现代中国式的纪念物——南京中山陵设计》，《中国近代建筑史研究》，北京：清华大学出版社，2007年，第274页。

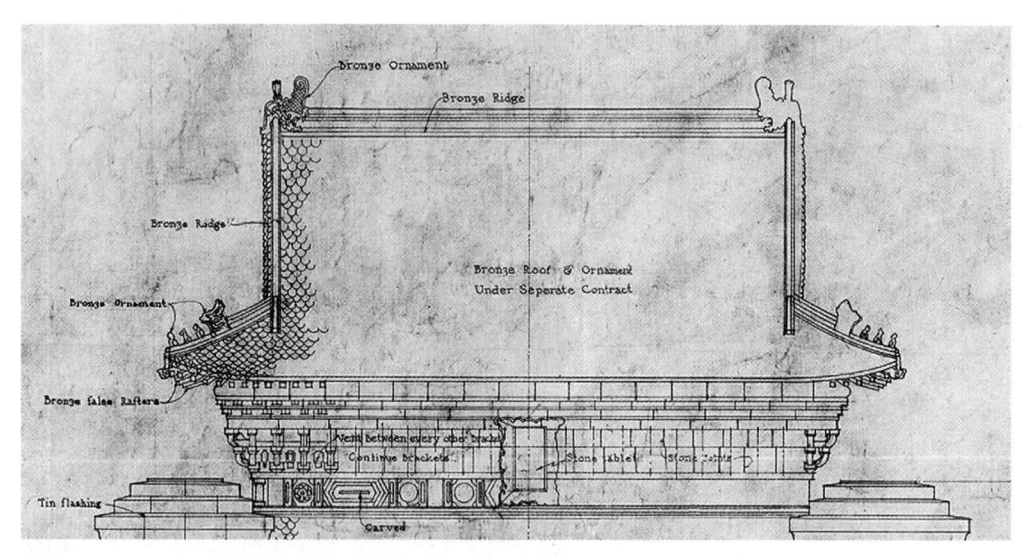

图 5-1-13 中山陵祭堂工作详图（局部）（图片来源：《中山陵档案》编委会：《中山陵档案·陵墓建筑》，南京：南京出版社，2016 年，第 71）

统建筑风格又具备现代纪念性质与功能的方案。[①]

当然，吕彦直的方案也并非完美无缺。例如，凌鸿勋称其图案："正面略嫌促狭，祭堂内部地位亦似略小（深约三十余尺，宽约七十余尺，内有碑有祭桌及柱四条，余地恐不多），将来建筑时，尚须注意减少房屋尖细之处，以资耐久"。李金发则称其设计"较少夺眼之处，以全部形势而论似太平坦"。实际上，在吕彦直的图案被评为头奖且选定为孙中山陵墓建设方案后，其设计经过了多次修改，不断完善。正如凌鸿勋数十年后的回忆所说："我们三位评审员一致推选吕彦直先生所设计的图样。后来国父的陵墓就采用了吕彦直所设计的图样，不过稍有改动"[②]。

首先是吕彦直被聘任为陵墓建筑师后绘制用于招标的工作详图阶段进行的修改，吕彦直应征方案中的筒、板瓦组合被改作鱼鳞状铜瓦铺砌（图 5-1-13）。不过，铜瓦方案后因价值昂贵、易遭盗窃被张静江否定，遂改为琉璃瓦[③]。

至 1926 年 3 月底彦记建筑事务所绘制祭堂、墓室檐口大样图时，脊饰已由应

[①] A. 杨秉德：《中国近代中西建筑文化交融史》，武汉：湖北教育出版社，2003 年，第 307 页；
B. 卢洁峰：《"中山"符号》，广州：广东人民出版社，2011 年，第 102—106 页；
C. 周琦等：《南京近代建筑史》（卷二），南京：东南大学出版社，2022 年，第 355—362 页。
[②] 关志昌：《传记文学》第 50 卷第 6 期，转引自刘凡：《吕彦直及中山陵建造经过》，汪坦主编：《第三次中国近代建筑史研究讨论会论文集》，北京：中国建筑工业出版社，1991 年，第 135—145 页。
[③] 《筹委会第二十三次会议纪录（1926 年 2 月 19 日）》，南京市档案馆、中山陵园管理处：《中山陵档案史料选编》，南京：江苏古籍出版社，1986 年，第 80 页。

征图案中的龙形兽样改为几何纹样——或称博古纹样①（图2-3-13）。关于这一修改的原因，赖德霖认为吕是受到第三奖获得者杨锡宗的启发，因为杨的应征方案中，装饰纹样虽皆从中国古代建筑中采取，但凡与清代有关之装饰，如龙纹等，都摒弃不用，而这一做法与创造一个现代中国纪念物的目标非常一致②。不过赖氏的观点即使全部正确，或也仅解释了一半，即吕彦直为何摒弃龙的主题不用；至于吕彦直为何采用博古纹，殷力欣则推测其很大可能是受黄檀甫、李锦沛等粤籍人士的影响——博古纹与天狗蹲兽装饰是岭南民居常见的装饰主题，因为在广州中山纪念堂项目中也存在类似的修改③。

前文有述，吕彦直应征方案中位于祭堂内的石碑后被孙中山石坐像取代，以形成类似林肯纪念堂的纪念空间，而石碑也从祭堂中独立出来，并加盖了单独设计的碑亭，坐落于轴线之上，形成陵门、碑亭、祭堂、墓室的空间序列。碑亭原属第二部工程内容④，后因经费紧张以及军事、时局影响，被纳入第三部工程中⑤。相较于原方案陵门之后接石级台阶直达祭堂，增加碑亭于陵门和祭堂之间，不仅丰富了陵墓建筑群中轴线上的景观，亦使得中轴线空间序列更富节奏和变化。

另一个明显而重要的变化是甬道。因《征求条例》明确规定征求的内容为陵墓与祭堂，故在吕彦直的应征方案中，墓室与祭堂是设计的重点，而陵门、华表等"因建筑费不敷，此时不能建造，惟在图案上似属需要，日后增建可也"⑥。至于陵门外至钟汤路的一段距离，则拟铺设大道。但在第二部工程建设时，于陵门前增加了甬道。在绘定于1927年8月15日的第二部工程工作详图中可以看到，陵门前为一宽阔广场，接向南之甬道，广场两侧还设有警卫室（图5-1-14）。而通过第三部工程接收签字图（图5-1-15）可以看出，这条400多米长的甬道不仅完善了陵园的配

---

① 殷力欣：《吕彦直集传》，北京：中国建筑工业出版社，2019年，第27页。
② 赖德霖：《探寻一座现代中国式的纪念物——南京中山陵设计》，《中国近代建筑史研究》，北京：清华大学出版社，2007年，第280页。
③ 殷力欣：《吕彦直集传》，北京：中国建筑工业出版社，2019年，第27页。
④ 吕彦直：《吕建筑师工程简要报告》，《孙中山先生陵墓工程报告》（第1册），1927年，第9页。
⑤ A.《葬事筹委会第四十二次会议纪录（1926年12月15日）》，南京市档案馆、中山陵园管理处：《中山陵档案史料选编》，南京：江苏古籍出版社，1986年，第99页；
B. 总理奉安专刊编纂委员会编：《总理奉安实录》，"陵墓第二部工程"，南京：南京出版社，2009年，第99页。
⑥ 吕彦直：《孙中山先生陵墓建筑图案说明书》，《申报》1925年9月23日，第002版；《民国日报》1926年3月8日，第四版；《良友》1926年第2期，第14页；亦见于孙中山先生葬事筹备委员会编：《孙中山先生陵墓图案》，民智书局，1925年，第11—13页。

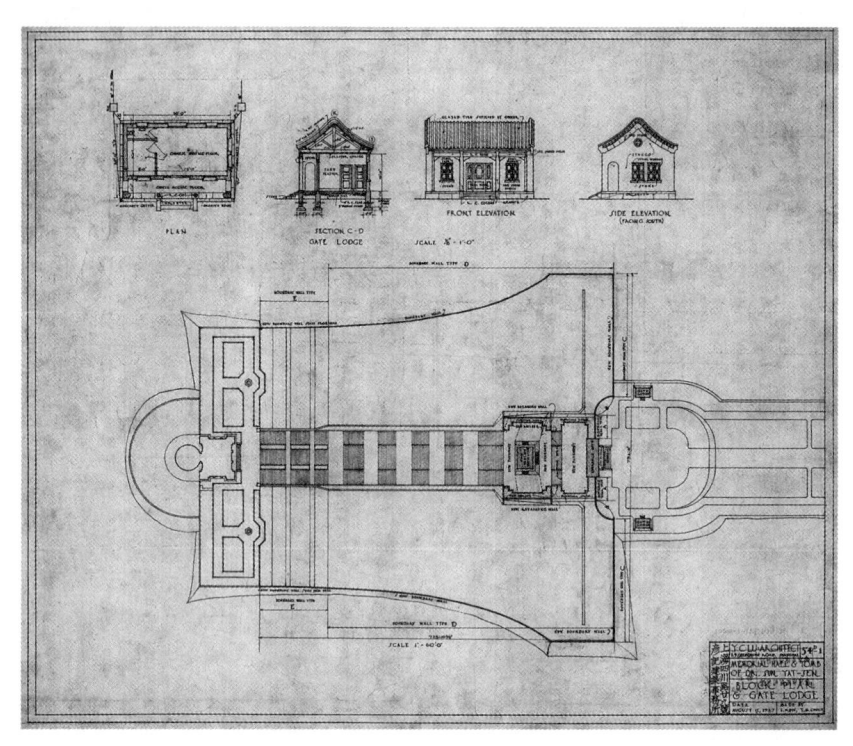

图 5-1-14　甬道及警卫室（图片来源：《中山陵档案》委员会编：《中山陵档案·陵墓建筑》，南京：南京出版社，2016年，第13页）

置，而且延伸整个陵墓建筑群的轴线，增添了陵园的气势，确为有益之改动。

在吕彦直的应征方案中，台阶顶端，即祭堂前平台处"可置石座，上立中山立像"[①]，孙中山像两侧则放铜鼎。但在绘制工作详图时，立像被取消，我们推测取消的原因可能是已决定在祭堂内安置孙中山石坐像，故而祭堂前立像不仅有碍交通，且功能与祭堂内石坐像重复。之后在1929年4月3日葬事筹委会第六十六次会议上，又议决将平台石墩上之铜鼎（图2-3-2、图5-1-16）改作石鼎[②]。

综上，吕彦直的中山陵墓设计融会中国古式与西方建筑精神，表达了现代纪念性质，满足了空间、功能方面的现实需求；同时，其庄严质朴的气质符合孙中山的精神，较廉的建筑费估算达到了委员会的预期，故而契合了《征求条例》中的各项要求，遂在众多应征方案中脱颖而出，一举夺魁。不过，吕彦直的中山陵设计并非在悬奖征求竞赛中一蹴而就、一锤定音，后续的修改完善亦是重要且易忽视的方面。导致这些修改的原因来自很多方面，既有经费方面的限制（如铜瓦改为琉璃瓦，屋

[①] 吕彦直：《孙中山先生陵墓建筑图案说明书》，《申报》1925年9月23日，第002版。
[②] 《葬事筹委会第六十六次会议纪录（1929年4月3日）》，南京市档案馆、中山陵园管理处：《中山陵档案史料选编》，南京：江苏古籍出版社，1986年，第142页。

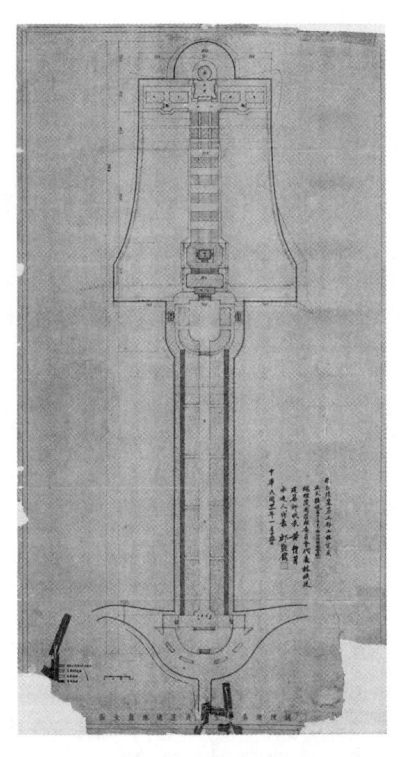

图 5-1-15 第三部工程接收签字图（图片来源：《中山陵档案》委员会编：《中山陵档案·陵墓建筑》，南京：南京出版社，2016年，第285页）

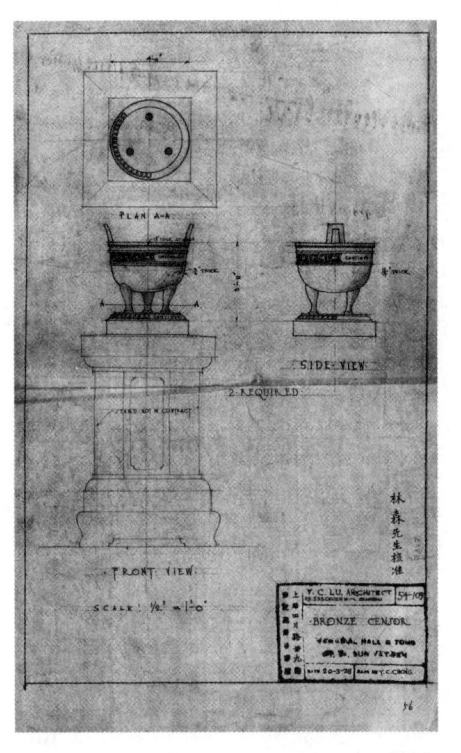

图 5-1-16 墓平台上铜鼎图（图片来源：《中山陵档案》委员会编：《中山陵档案·陵墓建筑》，南京：南京出版社，2016年，第149页）

架由铜制改为钢骨三合土[①]），也有实际需求的变化（如祭堂内石碑改为石坐像，并建碑亭于陵门之后），还有吕彦直本人认识的更新（如脊饰由龙形兽样改为回纹天狗），以及一些潜在因素的影响（如增筑甬道据称为夏光宇的建议[②]，原拟将三门牌楼改为五门牌楼但最终未被葬事筹委会采纳则是茂飞的意见[③]）。换言之，最终建成的中山陵（图 2-4-7），是基于吕彦直应征方案，并在之后其与葬事筹委会及孙中山家属代表的沟通、协调、互动的过程中不断修改、优化后的完满结果。

[①] Y.C.LU, "Memorials to Dr.Sun Yat-sen in Nanking and Canton," *The Far Eastern Review*, Vol.25, No.3, March 1929, pp.97—101.
[②] 刘凡：《吕彦直及中山陵建造经过》，汪坦主编：《第三次中国近代建筑史研究讨论会论文集》，北京：中国建筑工业出版社，1991年，第135—145页。
[③] 《葬事筹委会第六十六次会议纪录（1929年4月3日）》，《葬事筹委会第六十八次会议纪录（1929年5月11日）》南京市档案馆、中山陵园管理处：《中山陵档案史料选编》，南京：江苏古籍出版社，1986年，第142、145页。

（二）设计意匠

1. 形神兼备的群体设计

中山陵的群体设计，最为世人所津津乐道者莫过于其整体呈钟形的平面。不过，学界关于钟形平面的设计曾有争议：一种观点认为其"纯属巧合，并非吕彦直原意"[1]；另一种观点则认为系吕彦直有意为之。我们认为，要客观、正确地认识该问题，须梳理相关文献，回到最初的文本，尽量避免后人阐释的误导，并结合建筑本体进行分析。

表 5-1　有关中山陵钟形平面的民国时期文本举例

内容	时间	出处
其范界略成一大钟形，广五百呎，袤八百呎	1925 年 9 月 15 日前	吕彦直:《孙中山先生陵墓建筑图案说明书》，《申报》1925 年 9 月 23 日，第 002 版
此案全体结构简朴浑厚，最适合于陵墓之性质及地势之情形，且全部平面作钟形，尤有木铎警世之想	1925 年 9 月 19 日	凌鸿勋:《孙先生陵墓图案评判报告》，孙中山先生葬事筹备委员会编:《孙中山先生陵墓图案》，民智书局，1925 年，第 26 页
……以全部形势而论，似太平坦，惟从上下望建筑全部，适成一大钟形，尤为有趣之结构	1925 年 9 月 19 日	李金发:《评判顾问报告》，孙中山先生葬事筹备委员会编:《孙中山先生陵墓图案》，民智书局，1925 年，第 29 页
记者又询以全图形势，似一钟形，闻委员会中人言，寓暮鼓晨钟之意，然否？吕君曰:"此不过相度形势，偶然相合，初意并非必须如此也。"	1925 年 9 月 23 日	《吕彦直君之谈话》，《申报》1925 年 9 月 23 日，第 002 版
陵墓形势，鸟瞰若木铎形，中外人士之评判者，咸推此图为第一……	1926 年 1 月 20 日	《孙科关于总理葬事筹备经过之报告》，1926 年 1 月 12 日，《中国国民党第二次全国代表大会会议纪录》，上海图书馆藏，1926 年，第 75—77 页
In developing the grounds on the hill slope it took on most naturally the shape of of a huge bell with the Mausoleum at its top which may be seen at a distance of miles	1929 年 3 月	Y.C.LU, "Memorials to Dr. Sun Yat-sen in Nanking and Canton," *The Far Eastern Review*, Vol.25, No.3, March 1929, pp.97—101.
某君前赴首都，参与总理奉安典礼时，曾附乘飞机凌空，俯瞰首都全景。昨日返沪，谈及空中所见，据云，总理陵墓形势之佳，无与伦比，并祭堂及斜形二百九十余级之石级观之，酷类一巨大之钟。中山大道蜿蜒其侧，确如悬钟折而下垂之巨绠，而总理之陵墓适成为击钟之锤。此虽巧合，而极寓有深意。总理毕生从事革命，四海奔走，唤醒民众沉酣之梦，使人人尽力于革命，正如晨钟暮鼓，发聋振聩也	1929 年 6 月 20 日	《总理陵墓形势之巧合》，《申报》1929 年 6 月 20 日，第 20 版

---

[1] 刘凡:《"警钟长鸣"并非吕彦直设计中山陵的寓意》，《建筑师》1994 年总第 57 期，第 50—51 页。

(续表)

内容	时间	出处
总理陵墓……采用吕彦直建筑师所绘图案，完全融会中国古代与西方建筑精神，特创新格，别具匠心，庄严简朴，实为惨淡经营之作。墓地全局适成一警钟形，寓意深远	1929年	总理奉安专刊编纂委员会编：《总理奉安实录》，"陵墓工程·陵墓图案"，南京：南京出版社，2009年，第97页

通过梳理（表5-1）可知，最早提到中山陵钟形平面布局的是吕彦直关于应征图案的说明书。其后，两位评判顾问——凌鸿勋与李金发，均给予该钟形平面布局积极的评价，且凌氏最早作出寓意的阐发——"尤有木铎警世之想"。或是受到评判顾问的启发，记者在中山陵设计竞赛结果揭晓后采访吕彦直时抛出了关于钟形平面设计意匠的问题，而正是吕彦直的回答——"此不过相度形势，偶然相合，初意并非必求如此也"，引发了前述争议。

此处不妨对吕彦直的回答作一解读与考察。首先，其"初意"指的是什么？已有研究指出，吕彦直关于中山陵的总体设计构思系采用我国传统陵墓建筑"因山为陵"葬制，并基本沿用明清帝陵的建筑布局[①]。通过表5-2可以看出，不论是空间序列营造还是单体建筑形制，中山陵与明清帝陵都有着明确的承袭关系。而中国古代帝王陵寝，发展至明清，其外缘轮廓已初具钟的外形（图5-1-17）——围合的院落风水墙为钟体，宝顶为钟帽[②]。换言之，当吕彦直参照明清帝陵设计中山陵时，前者近似钟的轮廓应为后者最终形成钟形平面提供了理想原型。

表5-2 中山陵与明清帝陵形制比较表

内容	中山陵	明清帝陵	备注
陵区入口	三间四柱柱出头三楼石牌楼（通称博爱坊）	五间六柱十一楼石牌楼	最大者为明十三陵神道起始处牌楼
神道	392级台阶，分三段	共享一条神道，两侧石像生	
陵门	三开间，单檐歇山顶	三开间，单檐歇山顶	
碑亭	重檐歇山顶，方亭	重檐歇山顶，方城明楼	
祭祀主殿	祭堂	祾恩殿	祾恩殿与墓室玄宫不在一起
墓室	因山开凿的圆形穹隆顶建筑	因山开凿的石砌建筑，周垣圆形封土丘	中山陵祭堂与墓室联系在一起

资料来源：建筑文化考察组：《中山纪念建筑》，天津：天津大学出版社，2009年，第56页

---

① 建筑文化考察组：《中山纪念建筑》，天津：天津大学出版社，2009年，第55页。
② 周琦等：《南京近代建筑史》（卷二），南京：东南大学出版社，2022年，第353—354页。

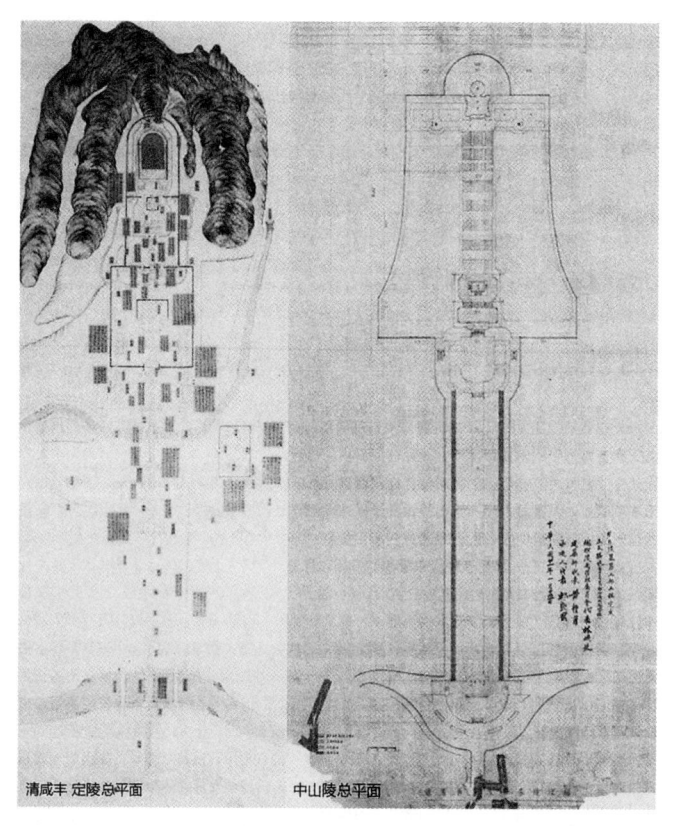

图 5-1-17　清定陵与中山陵平面布局比较（图片来源：周琦等：《南京近代建筑史》（卷二），南京：东南大学出版社，2022 年，第 353 页，图 13-2-5）

其次，吕彦直根据陵墓所在环境、地形与地势而作出的因地制宜、"相度形势"的设计，导致钟形平面更加明显。有研究指出，中山陵的围墙轮廓与清帝陵风水墙轮廓的最大差别在于前者南部向外偏移的曲线——正是这段曲线使得中山陵平面更似钟形。而吕彦直设计这段曲线本意并非必求陵墓布局轮廓贴近钟形，而是"出于顺应原始地形的考虑，通过合理的造型尽可能减少土方的开挖和回填，实现排水系统自然天成"[1]。也就是说，是出于功能与工程方面的设计考虑，致使中山陵平面布局与钟形"偶然相合"。

然而，正是这因势就形的权宜设计而偶然相合的钟形，引起了评判委员会乃至国民党人的广泛共鸣、认可以至追捧。其中的原因则是凌鸿勋所称钟形平面具有"木铎警世"的寓意。据赖德霖考证，凌氏这一比喻取自论语，源于对孔子品格的赞誉："天将以夫子为木铎"；至民国时期，钟形已成为唤醒民众与国家的符号，而孙中

---

[1] 周琦等：《南京近代建筑史》（卷二），南京：东南大学出版社，2022 年，第 354 页。

山晚年亦注意到发动民众进行国民革命的重要性，并在遗嘱开头写道：为实现国民革命的目标，"必须唤起民众"[①]；此外，"钟"的形象还与西方文化中的革命与独立主题相关，从而与孙中山领导国人追求民族独立与民主自由的实践相合[②]。因此，将钟形平面作为孙中山精神与理念的外化，并随坚固经久之陵墓建筑而永垂不朽，这一寓神于形、形神兼备的设计自然可称巧夺天工之笔。

1926年1月12日国民党第二次全国代表大会上，孙科作葬事筹备报告时，用"木铎"一词形容中山陵之形势，表明钟形平面正式获得国民党官方的认可。孙科的报告后刊发于报纸等大众媒体[③]，加上之前中山陵设计竞赛时引发的关注，中山陵钟形平面的布局及其寓含的意义得到广泛宣传而深入人心。至1929年总理奉安大典结束后不久，该寓意得到了进一步的阐发：

总理陵墓形势之佳，无与伦比，并祭堂及斜形二百九十余级之石级观之，酷类一巨大之钟。中山大道蜿蜒其侧，确如悬钟折而下垂之巨缍，而总理之陵墓适成为击钟之锤。此虽巧合，而极寓有深意。总理毕生从事革命，四海奔走，唤醒民众沉酣之梦，使人人尽力于革命，正如晨钟暮鼓，发聋振聩也。[④]

在这段描述中，为配合总理奉安而刚建成的中山大道被比喻为悬钟折而下垂之巨缍，总理陵墓则被视为击钟之锤。孙中山毕生致力于革命，以求唤醒民众的事迹与精神，如清晨钟声，振聋发聩，时刻警示后人。

2. 中体西用的单体设计

在发表于 The Far Eastern Review 上的文章 Memorials to Dr. Sun Yat-sen in Nanking and Canton 中，吕彦直清楚而明确地表达了作为陵墓建筑师，其设计中山陵的目标：

In the conception of this design it has been the aim of its architect to recreate in the medium of architecture that character which is Dr. Sun Yat-sen and to interpret in architectural form the spirit and ideals of Dr. Sun which seeks to embody the highest of the philosophical thought of ancient China in to the practical solution of life problems of

---

① 《总理遗嘱》，《广东省政府特刊》1926年第1期，第1页。
② 赖德霖：《探寻一座现代中国式的纪念物——南京中山陵设计》，《中国近代建筑史研究》，北京：清华大学出版社，2007年，第281—286页。
③ 《孙科筹办中山陵墓之报告》，《新闻报》1926年1月21日，第二张第三版。
④ 《总理陵墓形势之巧合》，《申报》1929年6月20日，第二十版。

the human race by methods developed through modern scientific researches. Hence in the design of this mausoleum the fundamental ideas are in accordance with Chinese traditions both in planning and in the form. By its architectural qualities it seeks to express the character and ideals of Dr. Sun as outlined above. The adherence to tradition of the temple idea in the mausoleum is not strictly slavish and is in spirit only. It should be apparent in its Chinese origin, yet, must stand out distinctly as a creative effort in monumental construction of modern times.①

在中山陵设计中，吕彦直希望以建筑为媒介表现孙中山的人格，并以建筑形式诠释孙中山的精神与思想——通过现代科学研究发掘中国古代思想精华以解决人类现实问题。欲达此目的，其认为设计的基本思想须与中国传统建筑在布局与形式上保持一致，且这种一致并非简单的盲从和表面的照搬，而是基于内在精神的创新，是参照中国古典和现代纪念建筑的创造。

从评判顾问王一亭对吕彦直应征图案的评语——"形势及气魄极似中山先生之气概及精神"来看，吕彦直试图以建筑表现孙中山人格的目标应属达成了。同时，根据前文分析，无论是整体陵墓布局，还是祭堂等单体建筑设计，均可从中国古代陵墓建筑，尤其是明清帝陵中找到原型。不过，正如吕彦直所言，其并非简单、表面的模仿与盲从，而是通过对现存案例的研究，汲取精神内核，抽离代表元素，再结合功能需求、纪念性质与陵墓特点组合、融会，最终实现中国古典的内化。这种内化的中国古典，即我们所称的"中体"，体现在王一亭所指出的"墓在祭堂后合于中国观念"；体现在朴士所评价的"（吕彦直）之计划似根据中国宋代格式而参加己意"，体现在陵墓轴线上之各单体建筑均可从明清帝陵中找到参照原型，还体现在天花、梁枋、斗栱、柱头等装饰纹样极似明清宫殿建筑等。

那么，这内化的中国古式如何外扬和表现，或如何基于中国传统建筑精神创新？吕彦直亦有指出：

In the design of this work the aim has been to develop Chinese architecture according to the principles of aesthetics and it is neither the adapting of Chinese forms to modern construction nor vice versa. An original composition is striven for but always with a

---

① Y.C.LU, "Memorials to Dr.Sun Yat-sen in Nanking and Canton," *The Far Eastern Review*, Vol.25, No.3, March 1929, pp.97—98.

feeling for and in the spirit of Chinese ideals gathered through the study of the best existing examples.①

吕彦直发扬中国传统建筑精神并非简单地以中国古式适应现代建造或以现代建造适应中国古式，而是基于美学原则。这里所称的"美学原则"，或即是赖德霖指出的祭堂、牌坊在构图、比例设计上所受到的学院派影响。具体来说，祭堂立面为典型的"三段式"构图，其中间部分构成一个宽高比例为3∶5的矩形；四柱三间牌楼高宽比则为2∶3，两者都是西方古典式建筑所偏爱的理想比例，显示出建筑师在中国风格的建筑设计中融入学院派建筑学理论所体现的构图原则②。

除了美学原则，中山陵在建造技术与材料上也表现出强烈的"西用"特征。据研究，中山陵祭堂所应用的材料可分为结构性材料、功能性材料和装饰性材料三大类（表5-3）；经比较，中山陵应用的这三类材料种绝大多数均与中国传统建筑不同，而与西方现代建筑材料近似。结构与构造方面，中山陵墓建筑中普遍应用的钢筋混凝土框架结构也迥异于中国传统建筑的木构梁架结构。前者是利用钢筋抗拉、混凝土抗压的特性，通过钢筋绑扎与预埋件固定，现浇整体成型的刚性体系；后者则是利用木材的延伸性，通过木构件的非刚性卯接，搭建而成的柔性体系③。

表5-3 中山陵祭堂应用材料分类

类别	材料	备注
结构性材料	钢筋、三合土、水泥、黄沙、碎石子、福州木桩、木模板、机器砖、花岗石、铁攀、熟铁丁字钩	基础结构，屋架结构，围护结构
功能性材料	沥青、油毛毡、水泥、黄沙、防水三合土、白色水泥、柏油、螺丝钉、丁钩、铜门、铜窗、铜五金、琉璃瓦、各类玻璃、陶器	防水功能、防盗功能、防锈功能、固定功能，采光功能
装饰性材料	大理石、镶花磁、人造石、琉璃装饰、油漆涂料	室内、室外装饰

资料来源：张力：《南京东郊纪念性场所及中山陵研究》，南京：东南大学博士学位论文，2018年，第130页，表5-1

综上，吕彦直的中山陵墓单体建筑设计，是基于西方美学原则，利用现代建造技术与材料，再现中国传统建筑的外观与神韵，表现中国古典建筑的风格与精神，即"中体西用"。

---

① Y.C.LU, "Memorials to Dr.Sun Yat-sen in Nanking and Canton," *The Far Eastern Review*, Vol.25, No.3, March 1929, p.99.
② 赖德霖：《探寻一座现代中国式的纪念物——南京中山陵设计》，《中国近代建筑史研究》，北京：清华大学出版社，2007年，第276—277页。
③ 张力：《南京东郊纪念性场所及中山陵研究》，南京：东南大学博士学位论文，2018年，第127—176页。

3. 合理实用的功能设计

前文有述，吕彦直提交的应征方案，有一处违背了《征求条例》的要求，即墓室设于祭堂之后而非祭堂之中，与《征求条例》中特别强调的"容放石椁之大理石墓即在祭堂之内"不合。然而，正是这突破之举，却收到了评判顾问和葬事筹委会的一致好评。不仅王一亭指出该设计合于中国观念，凌鸿勋也称赞其布置极佳，孙科更是在葬事筹委会第十一次会议讨论最终评选名次时肯定其墓室位置的安排[①]。

设计竞赛结果揭晓后，葬事筹委会驻宁干事钮师愈接受记者采访时道出了该设计的优点[②]：墓室位于祭堂之后不仅实现了祭堂空间的全场可用，而且保证了祭堂与墓室的相对独立性。这种相对独立性又带来至少三个方面的好处：（1）墓室与祭堂相对独立，使以孙中山遗体为中心的"祭"礼和以孙中山肖像为中心的"纪念周"仪式得以分开进行而又前后连贯；（2）墓室位于祭堂之后，当祭堂建筑毁灭时墓室仍可保存，孙中山遗体的安全性得到保障；（3）墓室相对独立于祭堂之后而与外部直接接触，可通过气孔实现通风，保证停柩之处的空气质量。

可见，促使吕彦直不顾《征求条例》中的规定将墓室设于祭堂之后的是其对墓室与祭堂功能的考量，且这种考量是基于实际使用的目的。正如《代表吕彦直建筑师在中山陵奠基典礼上的致辞》中所言："夫陵墓之建造，首在保存遗体，次则所以纪念死者。自来历史上对于丧葬，其欲留存永久之遗迹者，盖无不尽其力之所至……今中山先生已为吾人牺牲矣，因此而有陵墓之建筑，此殆可视之为民国以来第一次有价值之纪念建筑物，吾人因此亦不能不勉励，而希望有实用之纪念建筑物日兴月盛。""保存遗体"与"实用之纪念建筑物"是吕彦直对中山陵墓功能的定位，因此当《征求条例》中的规定有碍于墓室与祭堂实际功能的实现时，吕彦直毅然突破了该要求与限制，转而寻求更为合理实用的设计以保证功能的实现。

4. 开放现代的空间设计

李恭忠在《中山陵：一个现代政治符号的诞生》中指出，中山陵的建筑精神表现出一种"开放的纪念性"，概括起来即现代气派、中国风格、伟人气势、与平民

[①] 《葬事筹委会第十一次会议纪录（1925年9月20日）》，南京市档案馆、中山陵园管理处：《中山陵档案史料选编》，南京：江苏古籍出版社，1986年，第66页。

[②] 唐越石：《孙墓图案展览会访问记》，《申报》1925年9月23日，第二十一版。

气质的统一，且这种精神既反映在初始设计，也呈现在建成后的实际效果[1]。虽然有学者指出由于位置和可达性的影响，中山陵呈现的是一种不完全的"开放性"[2]。但我们认为，就空间设计来说，中山陵所表现的"开放性"是很明确和彻底的。

孙中山去世后不久，前述陈佩忍、戴季陶、唐昌治等国民党人发表的关于总理陵墓的主张已透露出"开放的纪念性"。"有伟大之表现者""能永久保存者"与"能使游览人了然于先生之伟绩者"意指总理陵墓须体现明确的纪念性质，而"偏于平民思想之形势者"则道出该纪念性不专属于某个家族、宗派，甚至政党，而是属于全体国民[3]。此外，其关于墓地图案的计划，如"墓前筑石阶为广大之灵台……最前辟地为广场，中置喷水池，左立音乐亭，右为纪念室；广场之南，建屋五楹，环植松柏石楠之属，并开池叠石，养鹤栽花，以为游人休息之所。全园材料宜多采巨石，园门尤宜坚林，亦建筑时所宜于此注意也"，已将孙中山陵墓设想为带有广场、喷水池、音乐亭、纪念室等现代元素且可供民众游人休息的场所，开放特征十分明显。

此后，葬事筹委会公布的《征求条例》中，明确规定祭堂图案须采用中国古式而含有特殊与纪念之性质者，且墓室设置可防盗之铜门，以备开放之需。同时，祭堂位于广大之高原上，四周须有充足之面积使其可容五万人。1926年，广东国民政府派驻中山陵施工现场的监工郑校之在接受记者采访时即透露："将来陵宫及其他一切工程竣事后，即将孙氏棺柩移宁，陈置宫内，以后并不以军队保卫陵宫，仅设一事务所，内置相当人员处理一切事务。陵宫处春秋祀时，均封闭不开，游民仅能在外瞻仰，但得事务所之许可，亦可导引入内参观，将来尚须建筑中山公园、及设立中山大学，以资纪念……工程葬事后，先须就近建一较大之旅社，以便游人之息宿。"[4]不设军队保卫、仅设事务所管理，对游人开放，建中山公园和中山大学以纪念，就近建较大之旅社以供游人息宿。可见，葬事筹委会及国民政府对总理陵墓的构想已将公共纪念性与民众参与性等考虑在内。

再看吕彦直的方案，除了按照《征求条例》的要求所设计的广场以及通过建筑

---

[1] 李恭忠：《中山陵：一个现代政治符号的诞生》，北京：生活·读书·新知三联书店，2019年，第193页。
[2] 孙美琳：《别样的"中"与"西"——中山陵形式问题新探》，《南京艺术学院学报（美术与设计）》2019年05期。
[3] 李恭忠：《中山陵：一个现代政治符号的诞生》，北京：生活·读书·新知三联书店，2019年，第210—211页。
[4] 《中山陵墓建筑近状》，《益世报（天津）》1926年4月7日，第007版。

形式所赋予的纪念性质外，虽然整体呈钟形的轮廓划定了陵界范围，但相较于明清帝陵布局的多路多进，幽深封闭，中山陵一入陵门即可见祭堂，一入祭堂即可瞻仰孙中山坐像，一入墓室则可凭吊总理妥灵之所，空间设计的开放、直接、简洁、明朗特征，一目了然。正如有学者指出，中山陵设计，"打破了传统神秘、压抑的基调，代之以严肃开朗又平易近人的气氛"[①]。

当然，建筑师在空间设计上意图表达的开放现代特性，还有赖于建成后管理者的实现与经营。根据总理陵园管理委员会颁布的《谒陵规则》，中山陵全年向民众免费开放，且每逢重大节日或纪念日（如1月1日国庆日、3月12日总理逝世纪念日、5月5日国庆日、6月1日总理奉安纪念日、10月10日国庆日、11月12日总理诞辰），还开放墓门，供参谒者入内瞻仰凭吊[②]。

可见，从建陵动议到征求图案，到建筑师设计，再到管理运营，中山陵空间的开放现代特征一以贯之，逐步从最初构想走到最终落实。

二、中山纪念堂设计解读

（一）设计过程

1. 业主的需求

与中山陵一样，孙中山先生广州纪念堂筹备委员会也采取全球公开竞赛的形式悬奖征求中山纪念堂的设计方案。1926年2月23日，《广州民国日报》刊登《悬赏征求建筑孙中山先生纪念堂及纪念碑图案》（下文简称《征求纪念堂图案》，参见第三章第二节），与中山陵《征求条例》类似，该文件公布了筹备委员会对中山纪念堂的构想与要求。

不过，与中山陵《征求条例》中明确规定建筑形式与风格不同，《征求纪念堂图案》中对建筑形式采取开放自由的态度，即"纪念堂及纪念碑图案不拘采用何种形式"，转而对建成效果与气质表达了期许，即"以庄严固丽而能暗合孙总理生平伟大建设之意味者为佳"。

由于征求的是纪念堂与纪念碑两处建筑物的图案，且一在山脚，一在山顶，故而条例第三条要求设计方案须体现两者在精神上的联络，以实现相互辉映、相得益

[①] 刘先觉等主编：《中国近代建筑总览·南京篇》，北京：中国建筑工业出版社，1992年，第7页。

[②] 《谒陵规则》，总理陵园管理委员会编：《总理陵园管理委员会报告》，京华印书馆，1931年，"法规"部分，第81—82页。

彰的效果。换言之，筹备委员会寻求的是一份包括纪念堂与纪念碑的整体设计方案。

同时，考虑到纪念堂的功能与用途——民众聚会及演讲，《征求纪念堂图案》中明确要求纪念堂最少能容纳五千人，且设计时需考虑声、光、电等效果。

此外，条例中还规定须预留一总理铜像座位，至于其位置所在，则由设计者自定。本书第二章提到，孙中山去世后，国内外发起了形式多样的纪念活动，或为临时性质，或属永久纪念，其中铸立铜像即是永久性纪念活动之一。因此，《征求纪念堂图案》中特别强调为总理铜像预留位置并请应征者自行设计其位置，意在增强纪念堂与纪念碑的永久纪念属性。

建设中山纪念堂与纪念碑的动议是在以胡汉民为首的广东革命政府发出"以伟大之建筑，作永久之纪念"的号召下提出的。正如李恭忠所指出，国民党人很清楚，临时性的纪念活动无法使孙中山的形象长存，也激发不了民众长久的革命热情，作为国民革命精神支柱的孙中山，需要实体性的纪念物来表征其主义与形象[1]。对于这样一座代表孙中山形象与精神的永久纪念物，筹备委员会的要求是"能暗合孙总理生平伟大建设之意味"。如何理解？我们或能从《广州民国日报》1925年3月31日刊登的一则题为《国人应以建祠堂庙宇之热诚来建国父会堂》的社论中略知一二[2]：

若果我们想起古式的庙宇之倾败后，我们便想起建筑中山会堂及图书馆之必要。人从来是有共同生活的，在群众间往往以一种建筑物把那种共同生活表征出来。旧时共同生活的象征见之于祠堂、庙宇，但是以祠堂而象征共同生活的那时，是家族主义时代，以庙宇而象征共同生活的那时，是神教时代。今日，积家而成国，已由家族主义蜕变为国家主义了，所以只是象征一族的祠堂是没大用的了；今日，已非神教时代了，所以庙宇是没有用的了。但是对于家族，对于神教，昔人还有一种公共的建筑物去表现其家族之思想及神教之威力出来，而现在到了国家主义的今日，没有一种东西，所以象征"国"的，岂不是使人民陷于不知所以团结之危险么？

中山先生为中国之元勋，他的自身，已为一个"国"之象征，而为他而建会堂与图书馆，定可把"国"之意义表现无遗。

---

[1] 李恭忠：《中山陵：一个现代政治符号的诞生》，北京：生活·读书·新知三联书店，2019年，第71页。
[2] 曙风：《国人应以建祠堂庙宇之热诚来建国父会堂》，《广州民国日报》1925年3月31日，第002版。

家族时代的人建祠祀祖，今日非有国无以生存，然则我们何可不建议纪念国父之祠也；神权时代的人，建庙以拜神，今日非革命不足以图存，然则我何可不建庙以纪此革命之神也。

昔日祀祖、拜神，今者爱戴国父，纪念革命之神同是一理，不过今日的热诚用再更有用的一方罢了。

爱你的国父，如像你的祖先一样，崇仰革命之神如像昔日之神一样，努力把"国"之意义在建筑中象征之出来，努力以昔日建祠庙之热诚来建今日国父之会堂及图书馆。

前日我有一短评道："为纪念孙先生而纪念，现非其时。"我意是指建公园而纪念，现非其时。但是同时，我是赞美那种一方面可以纪念，一方面可以与国民以实益的。孙先生在建国方略中谆谆诲我们以结社集会之方法，那么，以会堂而纪念之，自是其民权训练之精神，他一定含笑而视此奂轮之华厦的。

有许多人想纪念自己，捐了钱，起了房子，然而游其地者只管游房子，不记起那欲建堂以纪念之人了。因为堂与其人之精神不一致。孙先生一生以豪读闻，今得藏其一生所读书于一堂，入其堂者定能忆先生之好学沉毅精神也。此堂之意义，与先生之精神既一致，则一础一柱必活现先生与吾人舍私为公之灵感。

帝国主义者掠人之地犹建大兵头花园，立其掠夺者之铜像以自豪。中山先生一生为国，而国人不建之片瓦，与掠夺者之铭耻地相抗，则亦可愧甚矣。国人，众志可成城，你出一片砖，他出一片瓦，只征报先生耳，先生为国，吾人誓纪念先生。此美好之为公、为义、为国、为民之普遍情操造成，则吾国人将非如今日之猥琐狭隘，必日日瞻仰华表而高尚之矣。

在该社论作者看来，孙中山是国家元勋，亦为国之象征与代表，比照古时家族时代的祠堂与神教时代的庙宇，为孙中山建造公共纪念物，有团结民众、发扬国家精神的作用。此为建堂的必要性与重要性。既然所建之物为纪念国家元勋，则建筑本身需表达国家意义和被纪念者之精神，这自然让人联想到孙中山在《建国方略》中关于民权的主张，即鼓励民众结社集会以表达诉求，"民权何由而发达？则从团结人心，纠合群力始；而欲团结人心，纠合群力，又非从集会不为功"[1]。于是为纪念孙中山而建的纪念建筑物选择可以承担民众聚会及演讲之功能的纪念堂再合适

---

[1] 孙中山：《民权初步》，"自序"，上海：三民公司，1929年，第16页。

不过了。同时，纪念堂的功能决定其并非纯粹的纪念，而是能给国民带来实际的益处，这也符合孙中山的三民主义思想。

经此分析，我们或可对《征求纪念堂图案》中关于建筑物内涵的期许以及功能要求多了几分理解。一言以蔽之，筹备委员会希望征求到一份既可承担实际用途而予民实惠，又可表现孙中山精神、思想与政治理念的永久纪念物。

2. 吕彦直的方案与后续修改完善

本次广州中山纪念堂及纪念碑设计竞赛共征集到26份作品。效仿中山陵设计竞赛的做法，筹备委员会亦将所有作品陈列在广州国民政府大客厅内，于1926年8月26日至30日公开展览，并邀请中国旧派画家温其球、姚礼修，新派画家高剑父、高奇蜂，西洋画家冯钢伯、陈丘山，建筑家林逸民、陈耀祖等八人担任评判委员，给出专业意见，又经政府要员及社会名流鉴定，最终角逐出正奖三名和名誉奖三名：

第一奖　吕彦直　名誉第一奖　刘福泰

第二奖　杨锡宗　名誉第三奖　陈均沛

第三奖　范文照　名誉第三奖　张光圻

然而遗憾的是，由于未像葬事筹委会在中山陵设计竞赛赛后编撰《孙中山先生陵墓图案》——其中不仅保存了获奖作品重要的图文信息，还忠实记录了评判委员的评判报告，广州中山纪念堂及纪念碑设计竞赛的获奖作品中大多数至今已很难见到，因此也无法对获奖作品逐一分析。幸运的是，吕彦直提交的设计方案所包括的八幅设计图完整地保留了下来，使我们的讨论与分析成为可能。

总体上看，吕彦直提交的作品是一份前堂后碑的方案，但堂与碑并不在同一轴线上（图3-2-1）。纪念堂建筑群以南部五门牌坊为开端，入内为宏大的广场，两侧以绿化带与道路相隔。广场的北端正中置孙中山铜像，铜像之后左右分立旗杆，再往北即为纪念堂主体建筑。整个纪念堂建筑群轮廓方正规整，以铜像为中心，且牌坊、铜像、纪念堂形成对称轴线，秩序井然。纪念堂建筑群的西北角即为登临纪念碑的入口，略呈"S"形的登山坡道顺应山势，延伸至山顶的纪念碑处。

从各单体建筑来看，纪念堂平面呈八角形，由中央会堂与四边偏屋构成，类似殿堂四出抱厦的造型（图3-2-2）。其中，东、西、南三面偏屋为入口和游廊，北侧偏屋则为演讲台与办公室。中央会堂采用八角攒尖顶，南侧偏屋采用重檐卷棚歇山顶。堂内分上下两层，以扶梯相通，下为可容三千人之堂厅，上为可容二千人之楼座。中央会堂屋顶之下设五彩玻璃天幔（即天花），上饰青天白日图案。纪念堂各部应用之枋、额、斗栱等大木，椽、飞、栏杆等小木即彩绘纹饰，均模仿木构古建。

纪念碑下为方形基座、上为曲线形收分碑体（图3-2-7）。上部碑体造型为我国传统建筑所不见，唯基座多采用传统元素。壸门做出火焰尖，门券石浅刻绶带、涡卷雕饰；大红板门，表面装饰六方木格等。基座顶部平台边的栏杆、栏板，图案均由传统图案变形而来。每根望柱下部古代殿基的螭首变为"羊首"（与广州"羊城"契合）。滴珠板为装饰回纹的石板。整个纪念碑通体浅色，惟门扇红色，肃穆中不失端庄，又与山下的纪念堂之间取得一定的联系。

不过，上述吕彦直应征获奖方案在后续落地建造的过程中有所修改。本书第三章已经指出，吕彦直及彦记建筑事务所绘定于1927年4月30日的纪念堂及纪念碑工程详图，较之应征获奖方案存在多处修改，涉及纪念堂与纪念碑各细部。但这主要是就单体建筑而言，如果放眼整个建筑群及其布局，其后续改动或更加明显。

首先，1927年绘制的工程详图已将应征竞赛方案中的五门牌坊入口改为开敞式华表设计，并在铜像前广场的两侧各增设三处外凸空间，用于安放花岗岩长凳[1]。

接着，1928年纪念堂建筑群的布局与配置发生了重大变化。通过一幅绘制于1928年5月24日的图纸（图3-3-10）可以获知，此时纪念堂前庭广场两侧六处外凸空间被舍弃，取而代之的是一座纪念博物馆和一座演讲报告厅，且两者前方各置一喷泉作点缀。纪念堂左右用于停车的空间较之前有所扩充。值得注意的是，此时纪念堂建筑群四周被一圈柱廊环绕，且该柱廊连接了建筑群内各单体建筑。此外，另一个重要变化是纪念堂建筑群位置向西移动了大约一个堂体的距离，即二十余丈，由此使得纪念堂中线与纪念碑中线更加靠近，更好地呈现出"前堂后碑"的效果[2]。

最后，到1930年时，纪念博物馆和演讲报告厅及四周环绕之柱廊均被取消，且原本位于入口处的华表被移动到1928年布局方案中的喷泉位置，而原入口华表方

---

[1] 有学者认为这六处左右对称，向外凸出的空间是为安放石碑作纪念之用（参见刘丹枫、程建军：《中山纪念堂：一座中国固有式建筑的重读与解析》，《南方建筑》2016年05期），但工程详图中清楚标注为"GRANITE BENCHES"，即花岗岩长凳，故其应用于歇脚休憩。

[2] 《中山纪念堂：一座中国固有式建筑的重读与解析》一文中认为纪念堂建筑群整体西移的时间为1929年，该认识不仅与绘制于1928年5月24日的图纸不符，也和筹备委员会于1928年4月采纳堂址西移的档案文献相矛盾，该文档记录"按四月变更之新图，将中线移至偏西二十余丈"（参见《德宣路住户代表呈为建筑中山纪念堂请免收割粤秀街坊巷民业》，广州市档案馆馆藏档案，全宗号：4-01；目录号：7；案卷号：46-2；第71页）。

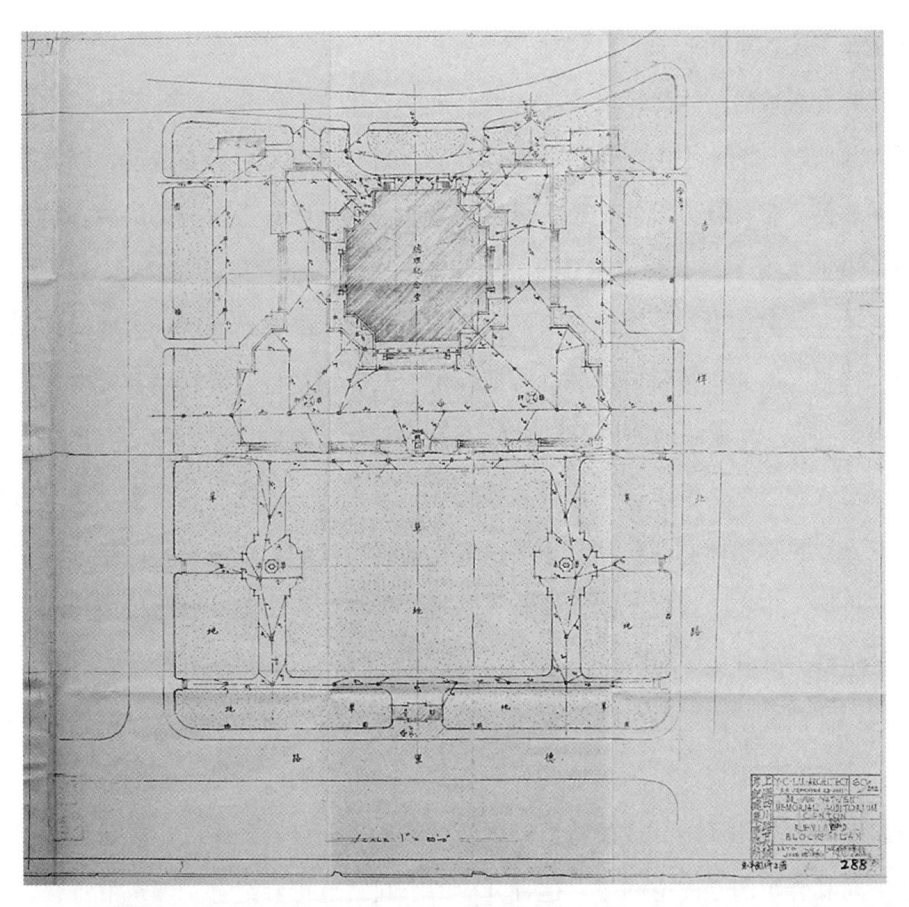

图 5-1-18　1930 年绘制的广州中山纪念堂总平面图（图片来源：广州中山纪念堂管理处提供）

案被更改为三门门楼设计（图 5-1-18）。这一版布局与中山纪念堂现今的格局基本吻合，但从时间来看，吕彦直于 1929 年春去世，故而此版方案或非吕彦直设计之本意。与此类似，吕彦直设计的华表亦在 1930 年被广州中山纪念堂纪念碑建筑管理委员会取消了其顶部的石羊设计，转而征求具有"中国民族性或表示总理之历史精神言论具有博大之意义者"[①]的图案。

综上，吕彦直提交的应征作品因为"纯中国建筑式，能保存中国的美术最为特色"[②]而获首奖。获奖后，经过多次修改，其"前堂后碑"的效果更加明显，纪念堂群体空间更富变化，功能更加完善，各单体建筑间的联系亦得到增强。但在吕彦直去世后，有关纪念堂建筑群布局的改动以及华表样式的设计，不仅部分降低了建筑群体的整体性，而且削弱了堂、碑之间的呼应关系。

---

① 《广州中山纪念堂征求石柱图案》，《广州民国日报》1930 年 1 月 14 日，第一张第二版。
② 《总理纪念堂纪念碑奠基典礼》，《广州民国日报》1929 年 1 月 16 日，第 003 版。

（二）设计意匠

1. 开合有致的群体设计

如前所述，广州中山纪念堂的群体布局在吕彦直去世后仍有改动，因此其现状布局并非吕彦直设计方案的完整、忠实体现。根据吕彦直去世前的最后一版方案设计图（图3-3-10），其群体布局有如下特征：

整体上，纪念堂与纪念碑采取的是"前堂后碑"的布局，这一布局模式虽非建筑师的构思（由两座建筑所在的位置所决定），但却被吕彦直利用并发挥。吕彦直在思索纪念堂、纪念碑的整体布局时，从地理环境、空间次序入手，将门亭、广场、总理铜像、纪念堂、百步梯、纪念碑等几乎安排在同一轴线——为实现此布局更是将纪念堂建筑群整体向西移动二十丈以强化前堂后碑的轴线关系，而纪念博物馆、演讲报告厅、华表、旗杆及附属建筑等则被安排在轴线两侧，如此构成均衡、对称的建筑组群，形成多变的空间次序。

这一"前堂后碑"的整体布局呈现出开合有致的特征。纪念堂与纪念碑一个在山脚，一个在山顶；一个为集会的公共场所，一个为瞻仰的神圣空间。于是，纪念堂建筑群的布局体现出开放的特征，如开敞的华表入口、开阔的广场绿地、空旷的堂前空间和轩敞的堂内空间等。这种开放的空间营造符合纪念堂建筑群集会、宣讲的功能与公共、公开的场所精神。经过纪念堂建筑群转入纪念碑建筑群，首先需登上狭窄如羊肠的百步梯，拾级而上，来到位于山顶的纪念碑下，高耸的纪念碑坐落于一方形四周带栏杆围合且空间紧凑的基座上，碑体内则是封闭且略显局促的空间。因此，纪念碑群体的空间特征表现为闭合、内收的特征，亦符合其瞻仰、纪念的功能及庄严、肃穆的场所精神。

2. 参新摹古的单体设计

1931年10月10日，在广州中山纪念堂及纪念碑的落成开幕典礼上，时任广东省政府主席，亦为广州中山纪念堂纪念碑建筑管理委员会常务委员之一的林云陔报告建设经过时称："全堂结构，外仿古代宫殿，内仿西洋舞台，上下两层，可容五千余人，参新摹古，堂皇壮丽，无与伦比。"[①] 林云陔的这段点评，可谓道出了广州中山纪念堂在单体建筑设计方面的设计意匠。

---

① 《中山纪念堂纪念碑开幕典礼盛况》，《广州民国日报》1931年10月12日，第二张第二、三、四版。

"外仿古代宫殿"指的是纪念堂的外观与造型模仿中国古代宫殿建筑。至于其具体参照的对象，纪念堂落成后不久《时事新报》称："以吕君拟作，悉本宋代宫殿建筑法式之成规，发扬东方固有之物质文明，表彰中国艺术之奇皇、典丽，观瞻宏雅，朴而不华，参以新式之钢骨凝土及炼石等项工程，实开近代建筑学术之新纪录。"[1] 可见，时人或认为吕彦直设计广州中山纪念堂参照的是宋式宫殿。

1982年，林克明先生撰文回忆广州中山纪念堂的概况、建造与修缮经过时指出，广州中山纪念堂的设计是以清代宫殿建筑的比例为蓝本而有所改进[2]。林自1929年被聘为纪念堂、纪念碑工程顾问，负责审核设计和监理工程，1949年以后又多次主持两建筑的维护与修缮工作，故而其观点亦具参考意义。

一是时人记述——宋式，一是参与者回忆——清式，究竟哪种观点真正符合吕彦直设计广州中山纪念堂的本意？有研究者比较后认为，吕彦直曾跟随茂飞从事设计实践的经历，而后者设计的金陵女子大学、燕京大学等建筑均以清代官式建筑为参照，故林克明先生提出的清式宫殿说不无道理[3]。确实，无论是从当时吕彦直所能接触到的中国古代建筑实例来说，还是就纪念堂整体外观、局部构造以及装饰风格而言，其与清式宫殿都有更强的相关性。如果再联想到收藏于广州市国家档案馆的一张方案草图（图5-1-19），我们似乎可以进一步推测吕彦直设计广州中山纪念堂时参照的原型即脱胎于北京天坛（图5-1-20）及颐和园廊如亭、故宫后花园万春亭等。

据此，是否意味着宋式之说完全没有根据呢？或也不然。如果我们比较上述两图，会发现图5-1-19的造型实际就是在图5-1-20基础上于四侧各加一附屋，如此形成了四出抱厦的外观；与故宫万春亭、正定隆兴寺摩尼殿等类同。而在现存中国古代建筑实例中采用四出抱厦形式者，最容易让人联想到的即是一座宋代大殿——河北正定隆兴寺摩尼殿（图5-1-21）。只是我们目前并不清楚吕彦直设计广州中山纪念堂时是否对此有所了解。

卢洁峰曾撰文认为："吕彦直设计的广州中山纪念堂的堂体，是中国宝塔的变体。它具有中国宝塔形制的四大特征——平面为八角形的塔身；奇数的塔层；强调

---

[1]《广州孙中山先生纪念堂碑落成》，《时事新报（上海）》1931年11月30日，第三张第一版；亦见于《山东省建设月刊》1931年第1卷第11期，第276—277页；《工程：中国工程学会会刊》1932年第7卷第1期，第41页。

[2] 林克明：《广州中山纪念堂》，《建筑学报》1982年03期。

[3] 刘丹枫、程建军：《中山纪念堂：一座中国固有式建筑的重读与解析》，《南方建筑》2016年05期。

图 5-1-19　吕彦直设计的广州中山纪念堂方案之一（图片来源：广州市档案馆提供）

图 5-1-20　北京天坛（图片来源：自摄）

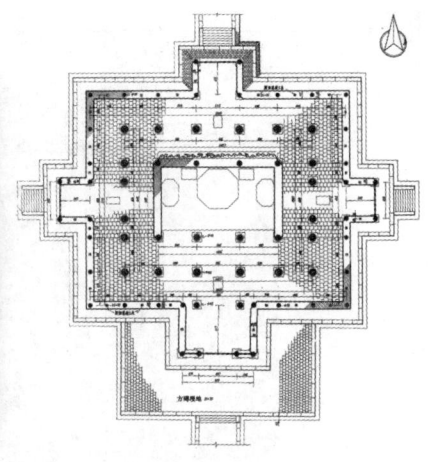

图 5-1-21　河北正定隆兴寺摩尼殿（左：立面；右：平面）（图片来源：建筑文化考察组：《中山纪念建筑》，天津：天津大学出版社，2009 年，第 64 页，图 39、40）

宗教意图的刹干；比喻诵经的风铎"①。但卢的这一观点曾招致建筑史研究领域多位学者的批评，或称其与历史语境和专业语境相去甚远②；或言其忽视了吕彦直的求学经历和设计背景③。卢洁峰文中还透露，黄檀甫后人保留了黄檀甫当年的谈话记录，其中有称黄檀甫生前曾多次解说吕彦直是用中国宝塔的理念来设计广州中山纪念堂。换言之，卢洁峰关于吕彦直设计中山纪念堂所参照的原型来自中国古代宝塔的观点是受黄檀甫后人回忆的启发与影响而阐发的。我们曾就此事求证黄檀甫的哲嗣黄建德先生，后者称其确实曾在 2007 年接受卢洁峰采访时提及"幼时曾听老父说过纪念堂设计牵涉'中国宝塔'的设计理念"，然而黄檀甫先生的谈话记录已经佚失④。

此外，卢文中还称"一旦抛开中国宝塔这一形制根据，就无法解释纪念堂的平面为什么要取八角形？"⑤实际上，这一问题在前述 1931 年 11 月 30 日刊登于《时事新报》上的《广州孙中山先生纪念堂碑落成》一文中已有回答："堂之式为八角形，以垂三民五权之象"⑥。

---

① 卢洁峰：《广州中山纪念堂》，《建筑创作》2008 年 09 期。
② 赖德霖：《中山纪念堂——一个现代中国的宣讲空间》，乐正维、张颐武主编：《反思二十世纪中国：文化与艺术——纪念何香凝诞辰 130 周年国际学术研讨会论文集》，广州：岭南美术出版社，2009 年，第 160 页。
③ 刘丹枫、程建军：《中山纪念堂：一座中国固有式建筑的重读与解析》，《南方建筑》2016 年 05 期。
④ 来源于笔者 2022 年 12 月 11 日通过微信向黄建德先生的求证与请教。
⑤ 卢洁峰：《广州中山纪念堂》，《建筑创作》2008 年 09 期。
⑥ 《广州孙中山先生纪念堂碑落成》，《时事新报（上海）》1931 年 11 月 30 日，第三张第一版；亦见于《山东省建设月刊》1931 年第 1 卷第 11 期，第 276—277 页；《工程：中国工程学会会刊》1932 年第 7 卷第 1 期，第 41 页。

图 5-1-22 哥伦比亚大学娄氏图书馆（图片来源：赖德霖：《中国近代建筑史研究》，北京：清华大学出版社，2007 年，第 389 页，图 13）

图 5-1-23 清华大学大礼堂（图片来源：刘丹枫、程建军：《中山纪念堂：一座中国固有式建筑的重读与解析》，《南方建筑》2016 年 05 期，图 13）

赖德霖指出，吕彦直设计中山纪念堂时可能受到三件作品的直接启发[1]。其一是纽约哥伦比亚大学娄氏图书馆（Low Library，图 5-1-22）——所在位置离吕彦直在纽约的住址非常近，系美国近代新古典风格最著名的建筑作品之一；其二是茂飞为吕彦直母校清华学校设计的大礼堂（图 5-1-23）——建于 1921—1927 年。这两

---

[1] 赖德霖：《中国近代建筑史研究》，北京：清华大学出版社，2007 年，第 388—391 页；赖德霖：《中山纪念堂——一个现代中国的宣讲空间》，乐正维、张颐武主编：《反思二十世纪中国：文化与艺术——纪念何香凝诞辰 130 周年国际学术研讨会论文集》，广州：岭南美术出版社，2009 年，第 160 页。

图 5-1-24 福建协和大学小教堂（图片来源：耶鲁大学斯特林纪念图书馆，转引自刘丹枫、程建军：《中山纪念堂：一座中国固有式建筑的重读与解析》，《南方建筑》2016 年 05 期，图 14）

座建筑采用的均是所谓的"希腊十字"平面，与中山纪念堂以八角形堂厅为中心，以入口和舞台为四翼而形成的室内平面一致。而在立面设计上，"吕将西式的山花和柱式门廊改变成中国式的重檐立柱门廊，又将鼓座之上西式的穹隆屋顶改变成为中式的八角攒尖顶，从而创造出了既具中国特色又足以表现孙中山个人地位和业绩的大空间建筑。而在这一处理上吕还可能受到了茂飞设计的福建协和大学小教堂的影响"[①]。

单从外观造型上看，广州中山纪念堂与福建协和大学小教堂（图 5-1-24）的相似性要明显强于娄氏图书馆和清华学校大礼堂。八角攒尖顶下的堂体四出抱厦，形成十字形平面，稳重而不呆板，多变而不浮夸。似乎不必模仿娄氏图书馆及清华学校大礼堂，仅参照福建协和大学小教堂即可构思出中山纪念堂的外观造型。稍有不同的是，吕彦直将纪念堂南面正门设计为与其他三面有别的重檐卷棚歇山，从而强化了轴线正立面入口的主导地位。

至于纪念堂内部空间，林云陔称其"内仿西洋舞台"。吕彦直设计广州中山纪

[①] 赖德霖：《中国近代建筑史研究》，北京：清华大学出版社，2007 年，第 390 页。

念堂时,并无与之相应的中国古代会堂建筑实例可满足至少五千人的空间要求,而中国古代木构建筑的结构特点——柱位较多、跨距较小,更是决定了其不适合现代大型宣讲空间[①]的营造。于是,西洋舞台成为吕彦直设计中山纪念堂室内空间的参照对象。

纪念堂的室内空间呈八角形,舞台位于南北轴线的北端。座位分上、下两层,其中下层有堂座2181席,面向舞台;廊座837席和上层看楼的楼座1590席呈"U"形分布在东、西、南三面,环绕在舞台前[②]。这样的布局与座位安排无疑使舞台成为整个室内空间的焦点,而舞台后墙上由云纹衬托的太阳图案中的孙中山半身雕像和下方的孙中山遗嘱,更是处在焦点的中心位置。

综上,广州中山纪念堂的单体建筑设计意匠可概括为参新摹古——"外仿古代宫殿,内仿西洋舞台"。需要指出的是,这一表述与有些学者所概括的"中表西里"[③]或"中体西用"[④]本质上是一致的,"古"即古代宫殿寺庙等,为中国固有的建筑形式,指外观、造型取自中国传统建筑;"新"则指新技术、新材料和新结构,是实现外观、造型而利用的手段和方法。或用吕彦直自己的话说,即"The Memorial Auditorium being the largest structure of its kind in the Orient is also designed in Chinese style; it is a combination of steel and concrete construction with a seating capacity for five thousand people."[⑤]

3. 大胆创新的结构设计

前文述及,《征求纪念堂图案》明确要求纪念堂最少能容纳五千人,且设计时需考虑声、光等效果。为实现这一要求,吕彦直在结构方面作了大胆尝试和创新设计。最终建成的纪念堂"堂内之面积,纵横一百五十英尺,完全不用柱,全用工字铁结构,故一进堂内,轩敞非常"[⑥],且"上下两层,可容五千余人"[⑦]。这一史无前例的室

[①] 赖德霖:《中山纪念堂——一个现代中国的宣讲空间》,乐正维、张颐武主编:《反思二十世纪中国:文化与艺术——纪念何香凝诞辰130周年国际学术研讨会论文集》,广州:岭南美术出版社,2009年,第155—166页。
[②] 林克明:《广州中山纪念堂》,《建筑学报》1982年03期。
[③] 卢洁峰:《广州中山纪念堂钩沉》,广州:广东人民出版社,2003年,第217页。
[④] 马晓、周学鹰:《广州中山纪念堂之建造缘起及其规划建设意匠》,《华中建筑》2013年10期。
[⑤] Y.C.LU, "Memorials to Dr.Sun Yat-sen in Nanking and Canton," *The Far Eastern Review*, Vol.25, No.3, March 1929, p.101.
[⑥] 《总理纪念堂工程之宏伟精巧》,《广州市市政公报》1930年第343期,第10页。
[⑦] 《中山纪念堂纪念碑开幕典礼盛况》,《广州民国日报》1931年10月12日,第二张第二、三、四版。

内空间，其容量是当时国民党全国代表大会代表数的 15 倍[1]，被称为当时东亚第一大会堂[2]，因而不仅满足了业主的要求，而且成为中国近现代跨度最大的会堂建筑，也是迄今为止海内外所有中山纪念建筑中之体量最大者[3]。

吕彦直的方案实现了外观——传统建筑形式与内部——现代功能需求的完美统一，并在整体上达到堂皇壮丽的效果，这与其在结构设计方面的大胆创新密不可分。而由负责该工程结构设计的工程师李铿与冯宝龄撰写的《广州中山纪念堂工程设计》[4]（以下简称《工程设计》）一文，以及彦记建筑事务所派驻广州中山纪念堂工程的驻场监工崔蔚芬撰写的《广州中山纪念堂施工实况》[5]（以下简称《施工实况》）一文，则为考察该建筑的结构设计提供了翔实而重要的文献资料。

《工程设计》指出，纪念堂设计与建造时的用料选择，本着"永久""经济"和"易于建造"三原则，周密配置。由于工程复杂，用料浩大，选用一料，必求克尽坚力，"如堂之底脚，用钢骨三合土造成，下打以洋松木桩；地板、楼板及屋顶板皆用钢骨三合土；梁之大者用全钢，小者用钢骨三合土；看楼大料以及臂架，皆用钢制，全部屋架，亦用钢料，以期重量轻、物质固而易于装置也。因此本堂工程材料，除桩为木料外，其余均无木制者，虽精细之托架，难造之几斗，无不用钢骨三合土造成，以期垂久"[6]。

具体到各部分的结构设计，首先是底脚工程。由于据经验认识到沉降不可避免，所以为保证结构稳固，设计者一方面在钢骨三合土底脚之下打下木桩以强化地基承载力（图 5-1-25）；另一方面精确计算各部分重量并结合各部位地质、地下水位情况以应用不同规格（大小、长短、载重量）、数量的木桩，其目的不仅在于求得各部沉降之均等，亦为木桩之永久保存计（关于纪念堂应用松木桩地基之争，详情可

---

[1] 赖德霖：《中山纪念堂——一个现代中国的宣讲空间》，乐正维、张颐武主编：《反思二十世纪中国：文化与艺术——纪念何香凝诞辰130周年国际学术研讨会论文集》，广州：岭南美术出版社，2009年，第160页。

[2] Sun Yat-sen Memorial Auditorium, *The North-China Herald and Supreme Court & Consular Gazette(1870—1941)*, October 13, 1931, No.37.

[3] 建筑文化考察组：《中山纪念建筑》，天津：天津大学出版社，2009年，第63页。

[4] 李铿、冯宝龄：《广州中山纪念堂工程设计》，《工程：中国工程学会会刊》1932年第7卷第3期，第276页。

[5] 崔蔚芬：《广州中山纪念堂施工实况》，《工程：中国工程学会会刊》1932年第4期，第414—429页。

[6] 李铿、冯宝龄：《广州中山纪念堂工程设计》，《工程：中国工程学会会刊》1932年第7卷第3期，第276页。

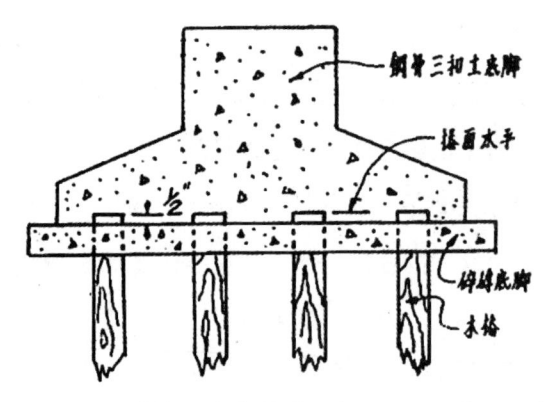

图5-1-25 中山纪念堂基础示意图（图片来源：崔蔚芬：《广州中山纪念堂施工实况》，《工程：中国工程学会会刊》1932年第7卷第4期，第419页，第二图）

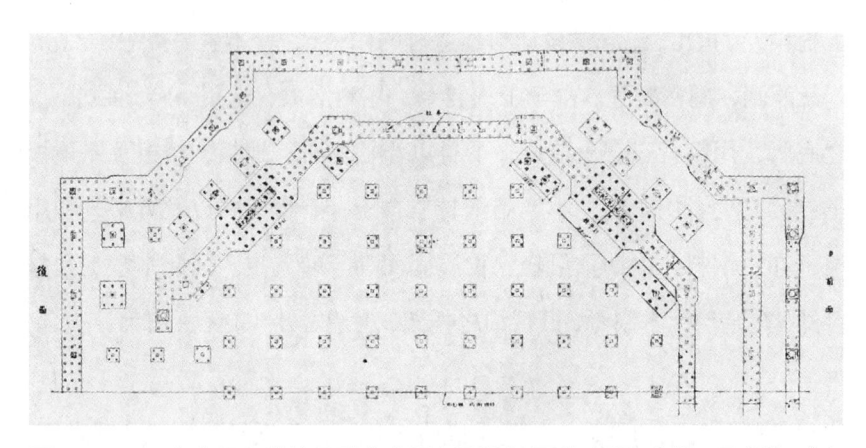

图5-1-26 中山纪念堂桩基础分布图（局部）（图片来源：李铿、冯宝龄：《广州中山纪念堂工程设计》，《工程：中国工程学会会刊》1932年第7卷第3期，第278页，第二图）[①]

参见本书第三章）。例如，载重量最大的两根柱子（第41、42号），其柱头搁置八角屋顶之屋架最大钢料，故其底脚下所打入的木桩亦规格最高，数量最多，承载力最大（图5-1-26）——计有十英寸方、四十英尺长之松木桩四十根，每根承载力约400000磅（约181.6吨）。

纪念堂主体部分则是钢结构、钢筋混凝土框架及剪力墙结合使用，即骨架工程。全部屋面及看楼，均系钢架构成，由外埠造妥后运送现场安装[②]。其中看楼与八角屋顶是结构设计的难点。看楼全部除楼板外，皆用美国Bethelhem钢厂所产之钢料

[①] 该文中大部图片及价格等由"彦记建筑公司经理黄檀甫及崔蔚芬先生供给。"本著图5-1-26～图5-1-29。

[②] 崔蔚芬：《广州中山纪念堂施工实况》，《工程：中国工程学会会刊》1932年第4期，第420页。

图 5-1-27　中山纪念堂屋顶大钢架［图片来源：李铿、冯宝龄：《广州中山纪念堂工程设计》，《工程：中国工程学会会刊》1932 年第 7 卷第 3 期，第 280 页，第（三）图］

构成。其骨架由砖墙外 9 尺许所立之 10 根主钢柱，结合搁置在主钢柱两旁之钢柱上的横架，以及 19 具悬挑之钢臂架组成，臂架空悬堂中，其后端用钢条拉系于墙内，并伸入钢骨三合土底脚，借砖墙与底脚之重作平衡。悬挑臂架的上弦之上铺设钢骨三合土楼板，形成看楼。"看楼工程完毕后，即雇在场工人三百人，及当地兵士七百人，荷枪实弹，站立于最前悬空部，不时跳跃，以试其是否坚固，结果颇称满意"[①]。

纪念堂屋顶设计分偏屋屋顶与会堂中部八角屋顶两部分。前者又分前后与左右两类，前后偏屋屋顶较为简易，即下层为钢骨三合土制作，上层为三角钢架——一端架于边墙钢骨三合土梁上，一端架于八角屋顶下部之大钢架上；左右则因设有气楼，以及颇多凹曲转折之处，为设计增添了困难。

八角屋顶结构及建造顺序如下：先于前述嵌于墙中之主承重钢柱（即第 41、42 号者）上架设纵横大钢架（图 5-1-27）各两具，作四方形，该大钢架与铁路桥梁架相仿，为全屋最重要之钢架；再于四角间连以抹角刚梁，形成八角形（图 5-1-28）。后将钢柱立于此八角形各边，以支撑上部屋顶（图 5-1-29）。最后，将大小共计二十四

---

① 李铿、冯宝龄：《广州中山纪念堂工程设计》，《工程：中国工程学会会刊》1932 年第 7 卷第 3 期，第 283 页。

具钢架斜向架与钢柱上,并在中心结顶。

综上,纪念堂的主体结构由钢架构成,四具跨距达30米的钢架营造出巨大的室内开敞空间,加之承重柱被嵌入墙体内,形成前述"堂内之面积,纵横一百五十英尺,完全不用柱,全用工字铁结构,故一进堂内,轩敞非常"的效果(图5-1-30)。有研究者指出,这是广州地区运用现代施工技术建设的第一座大型公共建

图5-1-28 中山纪念堂屋顶架设抹角钢梁[图片来源:李铿、冯宝龄:《广州中山纪念堂工程设计》,《工程:中国工程学会会刊》1932年第7卷第3期,第280页,第(四)图]

图5-1-29 中山纪念堂钢梁上架设钢柱[图片来源:李铿、冯宝龄:《广州中山纪念堂工程设计》,《工程:中国工程学会会刊》1932年第7卷第3期,第289页,第(五)图]

图 5-1-30　广州中山纪念堂内景（图片来源：董大酉：《广州中山纪念堂建筑概述》，《中国建筑》1933 年第一卷第一期，第 7 页）

筑[①]。参与该工程的林克明先生亦指出，纪念堂的设计是在特大体量的会堂建筑中，运用民族形式的一次大胆尝试[②]，而在结构设计上的创新则是支撑这一尝试得以实现的前提。也正是这些新技术、新材料的应用和结构设计的创新，成就了广州中山纪念堂成为中国建筑师处理大空间建筑、创造新型建筑的杰作[③]，并被同行评价为根据最新营造法则设计之结构，为当时大礼堂或大会场之最有价值者和中国唯一之大会场[④]。

4. 雅俗共享的功能设计

赖德霖将广州中山纪念堂置于 20 世纪初期中国社会与建筑现代化转型的多重背景下进行探讨，并指出纪念堂的建造是一种宣讲空间的营造，体现的是国民党人对孙中山的纪念以及对孙氏思想与精神宣传的努力。从选址、规模以及室内空间等方面来看，国民党人希望打造的是一座新的孙中山纪念物，一处现代政党新的礼仪中心。纪念堂内，"如同基督教堂中的圣坛，孙中山的遗像和其被纪念碑化的遗嘱，

[①] 徐楠：《广州中山纪念堂建筑工程解读》，《中国建筑文化遗产》第 21 辑，天津：天津大学出版社，2018 年，第 128 页。
[②] 林克明：《广州中山纪念堂》，《建筑学报》1982 年 03 期。
[③] A. 邹德侬：《中国现代建筑史》，天津：天津科学技术出版社，2001 年，第 48 页；
B. 马晓、周学鹰：《广州中山纪念堂之建造缘起及其规划建设意匠》，《华中建筑》2013 年 10 期。
[④] 董大酉：《广州中山纪念堂建筑概述》，《中国建筑》1933 年第一卷第一期，第 2 页。

使得已故总理不仅是空间中的最高监督者也是最高训导者。纪念堂中集会的参与者必须仰视孙的遗容,恭诵他的遗嘱,同时想象自己正在已故总理的俯察之下。于是,在纪念堂中的集会成为一种以孙中山这位精神领袖为中心的礼仪"[①]。

如此,纪念堂成为一处国民党人接受精神领袖思想洗礼与行为训导的神圣空间。在这一场所中,建筑师设计的宏大开敞空间,向心汇聚的座位安排,头顶天花上的巨大青天白日图案和舞台中央的孙中山遗像及遗嘱,无疑都强化了该场所空间的庄严与肃穆精神。换言之,当纪念堂承担这一功能时,其空间是神圣与高雅的,不容亵渎和娱乐。

例如,1931年11月,纪念堂工程竣工后不久,国民党第四次(粤)全国代表大会即在此召开[②](实际上正是此次大会召开对会场的迫切需求加速了纪念堂工程的竣工进度[③])。期间,"会场秩序甚为整肃,全场布置备极庄严典雅,蔚然大观"[④],每次开会伊始,与会人员均于纪念堂内全体肃立,恭读总理遗嘱,接受总理训导教化。

不过,广州中山纪念堂除承担政治功能外,还可举办学术演讲、公开展览、公益慈善甚至文娱活动等[⑤]。例如,1931年10月10日中山纪念堂竣工之际,原本拟于纪念堂内举办大型游艺活动,后因"九一八事变",国难之际,群情激愤,游艺活动遂被取消[⑥];1933年3月5日,广东工业试验所在纪念堂前试验烟幕[⑦];同年双十节,广州各界又于纪念堂内开会庆祝[⑧];1934年5月12日晚,广州市乐队在纪念堂内举办联合演奏会[⑨];该年,广州市为响应"新生活运动",于中山纪念堂内举办多场"集团婚礼"[⑩]。

---

① 赖德霖:《中山纪念堂——一个现代中国的宣讲空间》,乐正维、张颐武主编:《反思二十世纪中国:文化与艺术——纪念何香凝诞辰130周年国际学术研讨会论文集》,广州:岭南美术出版社,2009年,第155—165页。
② 中央党部编印:《中国国民党第四次全国代表大会会议纪录》,中央执行委员会秘书处,1931年。
③ A.《中国国民党中央执监委员非常会议公函第二十一号》,广州市档案馆馆藏档案,全宗号:4-01;目录号:7;案卷号:46—4;第119页;
   B.《中山纪念堂纪念碑开幕典礼盛况》,《广州民国日报》1931年10月12日,第二张第二、三、四版。
④ 《中国国民党第四次代表大会开幕志盛》,《广州民国日报》1931年11月19日,第四版。
⑤ 《令知借用中山纪念堂办法》,《广东省政府公报》1931年第174期,第94页。
⑥ 《中山纪念堂今晨开幕》,《广州民国日报》1931年10月10日,第二张第三版。
⑦ 《广东建设厅工业试验所年刊》1933年,第52页。
⑧ 《东方杂志》1933年,第30卷第22期,第1页。
⑨ 《民间周报》1934年第61期,第1页。
⑩ 卢洁峰:《"中山"符号》,广州:广东人民出版社,2011年,第194页。

可见，建成后的中山纪念堂并非仅承担政治功能，亦非为国民党人所独占，而是面向民众开放，予民便利与实惠的场所。并且，这一功能规划并非始于纪念堂竣工后，前文提及的建堂之前登载于报端的《国人应以建祠堂庙宇之热诚来建国父会堂》社论中即有阐发。而在吕彦直的设计中，中山纪念堂的群体空间所呈现出的开放性亦是证明。

综上，就功能来说，吕彦直设计的中山纪念堂既有作为仪式场所的庄严神圣，即雅的一面；又有作为民众集会与娱乐场所的自由开放，即俗的一面。两者结合，即雅俗共享，是国民党人赋予并经吕彦直设计实现的功能特征。

三、吕彦直建筑设计思想提炼与归纳

前文通过解读南京中山陵与广州中山纪念堂及纪念碑，分析了这两座中国近代建筑史上著名案例的设计意匠，其中部分代表和诠释了吕彦直的建筑设计思想。下文拟在此基础上结合吕彦直的相关文存，系统提炼和归纳其建筑设计思想。

（1）公共建筑与私人住宅相区别

在吕彦直看来，公共建筑与私人住宅有着本质区别，即"民治国家之真精神，在集个人之努力，求供大多数之享受。故公众之建设，务宜宏伟而壮丽；私人之起居，宜尚简约而整饬"[1]。至于如何实现公共建筑的宏伟与壮丽，吕彦直认为："今者国体更新，治理异于昔时，其应用之公共建筑，为吾民建设精神之主要的表示，必当采取中国特有之建筑式，加以详密之研究，以艺术思想设图案，用科学原理行构造，然后中国之建筑，乃可作进步之发展。"[2] 前述中山陵与中山纪念堂及纪念碑均为重要之公共建筑，吕彦直亦正是按照其所言，择取中国固有建筑形式，加以研究创新，凭所学之艺术思想行设计，采新式之科学原理事建造，终成中国近现代建筑之经典。而对于私人住宅，则须对其指导，以达到简约而整饬的效果。

（2）发扬国粹与应用西学相结合

所谓"一代有一代之形式，一国有一国之体制；中国之建筑式，亦世界中建筑式之一也。凡建筑式之形成，必根据于其构造之原则。中国宫室之构造制度，仅具一种之原理，其变化则属于比例及装饰。然因于其体式之单纯，布置之均整，常具一种庄严之气韵，在世界建筑中占一特殊之地位。西人之观光北平宫殿者，常叹为

---

[1] 吕彦直：《规划首都都市区图案大纲草案》，《首都建设》1929年第1期，第25页。
[2] 吕彦直：《规划首都都市区图案大纲草案》，《首都建设》1929年第1期，第26页。

奇伟之至，盖有以也。故中国之建筑式，为重要之国粹，有保存发展之必要"[1]。吕彦直设计的中山陵和中山纪念堂，均系从中国古式中获得灵感，析取原型。如果说前者是在业主的要求下为之，即《征求条例》中规定墓式须依中国古典，后者则是在业主对建筑形式不作要求的情况下建筑师的自主选择，体现的是吕彦直对中国古典的肯定与重视，对国粹的挖掘与发扬。

当然，这种发扬并非一味的模仿与盲目的照搬，而是以实际需求和现代功能为导向，以形式表现与精神内涵的统一为追求，以建筑师自身的学识修养、艺术造诣和思想眼界为根本探索创新的结果。在此过程中，对西方新技术、新材料、新方法以及建筑学原理的吸收与运用是实现的手段。中山陵与中山纪念堂及纪念碑，均是基于西方美学原则，利用现代建造技术与材料，实现中国建筑形式与精神的表现。尤其后者，大胆运用新技术、新材料，创新结构，优化空间，营造出既满足业主需求，又表现中国建筑特色的作品。

（3）形式表现与精神内涵相统一

"形式为精神之表现，而精神亦由形式而振生；有发扬蹈厉之精神，必须有雄伟庄严之形式；有灿烂绮丽之形式，而后有尚武进取之精神。"[2]吕彦直这一表述体现了其对形式与精神辩证关系的理解：精神为内涵，形式为表现；前者决定后者，后者体现前者；合适的形式有利于内在精神的表达，崇高的精神则须相应的形式与之匹配。所谓"凡有一价值之建筑，犹之一人必有其特殊之品格，而其品格之高尚与否，则视其图案之合宜与否。若陵墓之图案，必需严肃幽厉，望之起祇敬感怀之心而后得体"[3]。至于如何实现形式与精神的统一，吕彦直认为"胥其建筑师之才学矣"[4]。具体而言，首先要基于设计师"心性之理智的及情感的作用"[5]，出于"思想上之精纯及情意上之诚挚"[6]；其次，需"应用哲学之原理及科学的方法"[7]。

---

[1] 吕彦直：《规划首都都市区图案大纲草案》，《首都建设》1929年第1期，第26页。
[2] 吕彦直：《规划首都都市区图案大纲草案》，《首都建设》1929年第1期，第26页。
[3] 《代表吕彦直建筑师在中山陵奠基典礼上的致辞》，1926年3月15日，原件由黄建德先生提供。
[4] 《代表吕彦直建筑师在中山陵奠基典礼上的致辞》，1926年3月15日，原件由黄建德先生提供。
[5] 《代表吕彦直建筑师在中山陵奠基典礼上的致辞》，1926年3月15日，原件由黄建德先生提供。
[6] 《吕彦直致夏光宇函》，1928年6月5日，原件由黄建德先生提供。
[7] 《代表吕彦直建筑师在中山陵奠基典礼上的致辞》，1926年3月15日，原件由黄建德先生提供。

吕彦直设计的中山陵，正是设计师基于自身才学，出于对孙中山事迹的把握、思想的理解和精神的领悟，并运用美学原则和科学方法，最终实现了形式与精神的统一，获得"形势及气魄极似中山先生之气概及精神"[①]的评价。

（4）建筑设计与管理落实相协调

中山陵与中山纪念堂及纪念碑的设计、建造实践表明，吕彦直不仅强调设计环节本身，亦注重设计方案实施过程中的监工与管理。伟大作品的诞生不仅需要伟大的设计方案，亦需要与之相协调的管理落实环节。这一点不仅体现在吕彦直及彦记建筑事务所为两项工程编撰的工程章程中对质量的严格要求和对方法的严苛规定，亦体现在吕彦直作为建筑师对两项工程的监工过程。所谓"工程在宁、取决于沪，每有一事发生必须宁沪间奔驰数日方能定夺""吕建筑师欲成其千载一时艺术之名，处处以试验出之"[②]。正是有赖于这样高度负责的精神、一丝不苟的态度、精益求精的要求和对建造落实的严格把控等，成就了中山陵、中山纪念堂及纪念碑这两座中国近现代建筑史上的经典。

第二节　吕彦直规划设计思想

一、南京首都市区规划设计

1928年6月初，吕彦直在回复夏光宇的信函中，将自己酝酿一年之久的"建设首都市区计画大纲草案"和盘托出，并称"自信于首都建设之途径已探得其关键，愿拟草就图说至相当时机，出而遥献于当道，以供其研究参用"[③]。在该草案中，吕彦直比较系统地阐述了其关于首都南京的规划设想。不过，在正式讨论吕彦直的规划方案之前，有必要对相关背景作一介绍。

南京是孙中山指定之首都，1927年国民政府定都南京后，作为全国的政治中心和中外观瞻所系，其建设亦被提上日程。新上任的南京市长何民魂锐意整理市

---

① 王一亭：《孙中山先生陵墓图案评判报告》，孙中山先生葬事筹备委员会编：《孙中山先生陵墓图案》，民智书局，1925年，第20页。
② 刘凡：《吕彦直及中山陵建造经过》，汪坦主编：《第三次中国近代建筑史研究讨论会论文集》，北京：中国建筑工业出版社，1991年，第135—145页。
③ 吕彦直：《吕彦直致夏光宇函》，1928年6月5日，原件由黄建德先生提供。

政①，组织成立负责城市建设的"设计委员会"②，并开始主导编制"首都大计划"③，其目的意在将南京建设成为一座"农村化、艺术化、科学化"的新城市④。1928年2月，"首都大计划"初稿完成，内容主要包括分区与道路两部分。按照该计划，南京全城被划分为行政、工商业、学校、住宅四个功能区。行政区位于城之东北，玄武湖之西岸；工商业区位于下关；学校区位于城东明故宫区域；住宅区则散分前述各区之间⑤。

不过，这并非南京近代史上第一个从全城角度所做的规划。1925年春，南京工商界代表推举前江苏省长韩国钧筹备组建"南京市政筹备处"⑥。1926年，该筹备处制定并颁布了《南京市政计划》⑦，该计划包括市区规划、交通计划、工业计划、商业计划、公园计划、名胜开发计划、住宅计划、教育计划、慈善公益计划、财政计划等10个方面，是一部比较完整的城市发展计划。然而，该计划并非掌权的官方职能机构制定，因而落实与执行均无保障。

窘于财力、迫于局势，"首都大计划"亦难以展开。直到1928年6月，北伐告成，全国统一，训政开始，何民魂呈请国民政府组织成立"规划首都图案委员会"，并聘请韦以黻、周象贤、吕彦直、庄俊、范文照、董修甲、夏光宇、杨孝述、陈扬杰九人为委员，以图加快推进南京城市建设⑧。

按照何民魂所请，委员会成立后，南京城市规划建设推进分六步⑨：

---

① A.《何民魂就任南京市长》，《申报》1927年9月10日，第006版；
   B.《何民魂整理南京市政计划》，《时报》1927年9月10日。
② 《何市长在第一次总理纪念周之报告》，《何市长在第二次总理纪念周之报告》，《南京特别市市政公报》1928年第8期，第1—6页。另外，吕彦直在复函夏光宇时称："奉手书敬悉，南京市府拟组织设计委员会。辱蒙推荐，并承垂询意见，不胜铭感。对于加入市府拟组之专门委员会，因弟于此事意气如所条陈，故此时不能断然允诺。"（参见《吕彦直致夏光宇函》，1928年6月5日，原件由黄建德先生提供），此处吕彦直婉拒加入之专门委员会，应即是时任南京市市长何民魂所拟组织之"设计委员会"。
③ 该"首都大计划"并非某一文件的专名，而是对1927—1928年南京编制的一系列都市计划的总称。参见孟建民：《城市中间结构形态理论研究与应用：南京城市建构过程总体分析》，南京：东南大学博士学位论文，1990年，第155页。
④ 《南京特别市公务局年刊》，1928年，第37页。
⑤ 《南京特别市公务局年刊》，1928年，第37—42页。
⑥ 陶保晋：《南京市政计划书》，"序"，南京市政筹备处印行，1926年。
⑦ 陶保晋：《南京市政计划书》，南京市政筹备处印行，1926年。
⑧ A.《组织规划首都图案委员会》，《南京特别市市政公报》1928年第16期，第27—28页；
   B.《京市府建设首都市政之规划 组织规划首都图案委员会 请国府立案聘定委员九人》，《时事新报（上海）》1928年6月26日，第二张第二版。
⑨ 《京市府建设首都市政之规划 组织规划首都图案委员会 请国府立案聘定委员九人》，《时事新报（上海）》1928年6月26日，第二张第二版。

一、由土地、工务两局，合组测量队，专事全市测量，包括三角、道线、水准、地形等项，期以三个月内赶速完成；

二、由土地局迅速完成土地登记、清丈、定价等事；

三、由"规划首都图案委员会"各委员察看全市情形，分别提出图案意见，开会讨论，并得随时征求各部会院之意见；

四、规定图案设计大纲，同时拟具经费概算；

五、拟具征求完整工式图案办法，至此时期，规划图案委员会之任务完毕；

六、由市府将拟定之设计大纲、经费概算、征求办法等呈请国府核准施行。

正是在国民政府定都南京并着手大规模城市建设之际，加之摘得中山陵设计竞赛首奖并获聘陵墓建筑师，以及对南京特殊的情感——所谓"在弟私衷以为此钟灵毓秀之邦，实为一国之首府，而实际上南京为弟之桑梓，故其期望首都之实现尤有情感之作用"，吕彦直自1927年即开始思考南京的城市规划与建设问题。

依据地理形势、政治需要和社会情状等，吕彦直将南京划分为中央政府区、京市区和国家公园区三大部分（图1-5-2）。

其中，中央政府区，又称国府区，选址于明故宫遗址。按照吕氏设想，作为首都的南京受限于地理形势，未来将向东南发展，于是明故宫区域将成为全城中心，则中央政府区恰为中枢。该中央政府区被东西向之中山路一分为二，并按照孙中山建国大纲之规定，北部是以国民大会址为中心的中央党部区，国民大会前立庄严巨大的总理造像，且辟极大之广场，国民大会东设国民美术院，西设中央图书馆，北设先贤祠和历史博物馆；南部则是国民政府区，行五院架构，正中设行政院，向南对瞩建国纪念塔，左为立法院及检察院，右为司法院及考试院，东南、东北、西南、西北，则置行政院各部（图1-5-3）。整个中央政府区设一纵贯南北之轴线，即大经道，其上自南至北依次串联建国纪念塔、行政院、总理造像、国民大会和先贤祠等。

关于中央政府区的选址，吕彦直的看法与前述1928年2月完成的"首都大计划"初稿不同，后者将行政区设定在城之东北即玄武湖之西岸。但值得注意的是，初稿完成仅半年有余，主政南京的市长已由何民魂变为刘纪文，"首都大计划"亦迎来了两次重大修改和调整。其中，第三稿将行政区改在明故宫旧址[①]，与吕彦直一致。尽管吕彦直复函夏光宇并"进献""建设首都市区计画大纲草案"的时间在1928

---

① 孟建民：《城市中间结构形态研究》，南京：东南大学出版社，2015年，第121页。

年6月，即恰好在"首都大计划"初稿与三稿之间，但我们目前并不清楚三稿中对行政区的修改是否与吕彦直的建议有关。

此外，吕彦直关于中央政府区的选址与其曾经的职业导师——茂飞亦明显不同。在茂飞担任首席顾问的"国都设计技术专员办事处"编制的《首都计划》中，中央政治区被选定在紫金山南麓，且这一选择是在权衡了紫金山南麓、明故宫旧址以及紫竹林三处后所作的决定，而明故宫一带被认为是商业区的首选之地。《首都计划》中披露了中央政治区选址紫金山南麓的原因，即其一，面积永远足用；其二，位置最为适宜——交通畅达、生活便利；其三，布置经营易臻佳胜——地势开阔且有高差，易于建筑而形胜宏伟；其四，利于军事防守；其五，于国民思想上有除旧更新之意[①]。

基于紫金山南麓的选址，茂飞还设计过一套中央政治区规划图（图5-2-1）。图中国民党中央党部大楼位于轴线最北端，向南依次排列国民政府、五院和各部会建筑。其中，国民政府建筑群形似明堂辟雍，五院建筑则采用金刚宝座式布局，各建筑均采取中国固有之形式。整个规划将代表最高权力的国民党中央执行委员会置于最高点，而国民政府位于地势较低之位置，充分体现了"以党治国"的执政理念；

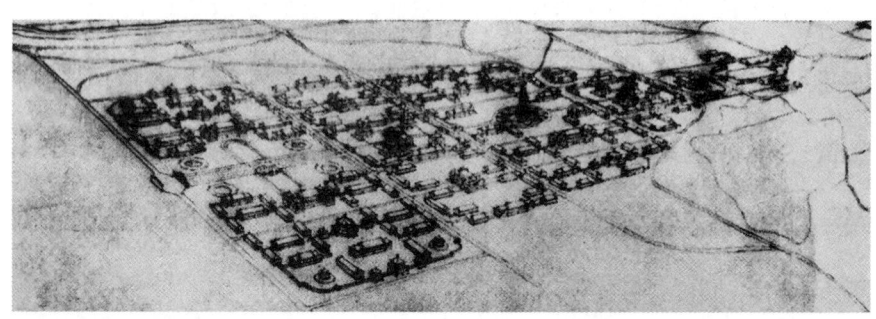

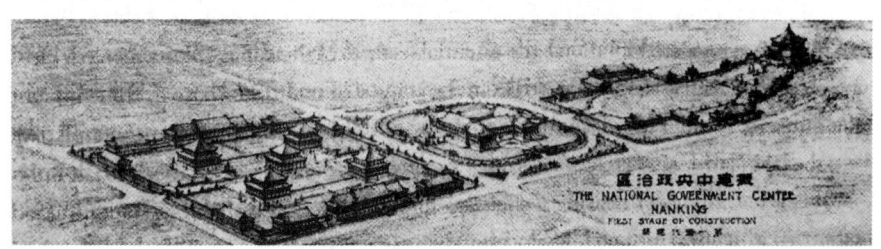

图5-2-1 茂飞的中央政治区规划方案［图片来源：周琦等：《南京近代建筑史》（卷一），南京：东南大学出版社，2022年，第165页，图3-2-1、3-2-2］

[①] 国都设计技术专员办事处：《首都计划》，1929年12月，第25—27页。

而全区位于中山陵之南，在空间上则表达了尊崇孙中山思想的意识。[1]

不过，在吕彦直及其合作者（李锦沛与黄檀甫等）看来，茂飞及《首都计划》中关于中央政治区选址紫金山南麓的理由并不能站住脚。作为吕彦直规划方案的支持者与完善者，李锦沛在接受记者采访时指出：（1）在国人意识里紫金山区域已与陵墓、寺庙、游乐胜地等联系在一起，不再适合建立一座行政中心，而明故宫区域有足够的空间满足中央政治区未来发展的需求；（2）明故宫区域在明朝已被选择为行政中心，且经过大规模土木之工使其适合建筑营造，近代建筑师应该继承、吸收和利用这一遗产；（3）在现代战争条件下，紫金山并不能提供绝对的安全保障；（4）除旧更新的观念已通过将首都从北京转移至南京而充分体现出来，并不需要通过将中央政治区设于城外来表现[2]。

吕彦直将中央政府区以西划为京市区，其中包括位于中枢位置的市府行政区、城西沿江的工业区，城西北山岗之间的居住区和江滨幕府山一带的兵营军校区等。对于京市区的规划，迫切之举在于确定南北适中位置为市心——市政府之所在；后根据城北地广人稀、城南屋宇栉比的现别因地制宜处理，即城北设宽阔整齐之街衢而成新市区，城南则逐渐改造——放宽改直原有道路，规划斜出之东南大道。

关于京市区的规划，吕彦直尤其强调交通的重要性。原南京城内虽有纵贯南北和横贯东西之干道，但皆蜿蜒曲折，缺乏系统，故须整顿。宁省铁路穿城而过，易造成贫贱污秽之区，则宜取消。汉西门内最适建中央总站，统合南来北往之铁路，并自此向东辟横贯全城之大道，以连接中央政府区之大纬道；而前述斜出东南之大道穿过市心向西北直达下关，则形成南北向干道，如此全城交通系统的骨干得以确立。确立交通系统后，再根据市政经济原则，划分全城道路为道、路、街、巷四级，各依其位置重要性及应用性质确定道路宽度。重要的道路交叉点划为纪念建筑地，立华表或碑像等，以为都市之点缀，亦为道里之标识。

在吕彦直对京市区的设想中，"通济洪武门外，预定为最新建设之市区，其间道路自可布置整齐、建筑壮丽。依最新之市政原则，期成南京市清旷之田园市"。此处吕彦直所表述之"田园市"，与何民魂所倡导的将南京建成为"农村化""艺

---

[1] 周琦等：《南京近代建筑史》（卷一），南京：东南大学出版社，2022年，第165—166页。
[2] The three principles in bricks and mortar: Design for the Government Centre in Nanking Sketched by Late Mr.Lu and Elaborated by Colleagues, *The North-China Daily News*, July 19, 1929, No.007.

术化"和"科学化"之新型城市的"农村化"异曲同工。何民魂曾提出:"最近各国都市主张田园市运动,所谓田园市,就是都市要农村化,因向来以工商业为生命,现代大城市居民的生活往往过于反自然,过于不健全,所以主张都市田园化,于城市设施时,注意供给清新自然之环境,此不但东方学者有此主张,即欧美学者亦力倡其说。"[1]可见,都市建设的田园化倾向在此时被中外所追捧,成一时风尚,而吕彦直所主张将通济洪武门外规划建设成清旷之田园化市区,正是受到此潮流之影响。

吕彦直规划的国家公园区以中山陵园为主,包括其西部的玄武湖一带。中山陵园则以孙中山陵墓为中心,包括天然森林、植物园、天文台、烈士墓及明孝陵、灵谷寺等名胜古迹,既是市民游憩之所,亦担负教化国民之功能。

至于首都南京规划建设中所采用的建筑形式,吕彦直认为应秉承"公众之建设,务宜宏伟而壮丽;私人之起居,宜尚简约而整饬"的原则。尤其是公众建筑,应采取中国特有之建筑形式,加以详密研究,以艺术思想设图案,用科学原理行构造,最终实现发扬国粹,振奋精神,弘扬文化之目的。

在草案最后,吕彦直还给出了建设实施的步骤。首先,须由中央政府厘定完整方案作为指导规范,俾使后续建设有据可循,有序进行;其次,首都规划建设根本在于道路交通系统的筹设,但在旧市中开设新路,掣肘颇多。考虑到南京人口、住宅疏密不均的现状,其认为应先开拓经营周围荒僻之地,设法诱导民众前往以发展成为新市区,待旧城区受周围虹吸而成颓败之象,再倾力改造,以图全城之整齐壮丽[2]。

二、吕彦直规划设计思想提炼与归纳

综合上文对吕彦直所拟"建设首都市区计画大纲草案"的分析,我们尝试提炼吕彦直的规划设计思想,并归纳如下:

(1)计划研究与落实管理并举

吕彦直认为,都市规划需先定基本计划,后据其落实,二者不可偏废,即所谓"建设都市有先定基本计画而后完全依据以施行之必要"[3]。巴黎改造时采用之浩

---

[1] 《何市长在第六次总理纪念周之报告》,《南京特别市市政公报》1927年第3期,第2页。
[2] 当然,需要进一步说明的是,正如前文注释述及,吕彦直的规划草案,对历史遗产保护存在着某些瑕疵,甚或错误,是自身对文化遗产认识、史学修为所限,亦是时代局限所致,颇为遗憾。
[3] 吕彦直:《规划首都都市区图案大纲草案》,《首都建设》1929年第1期,第20页。

士曼计划和华盛顿擘画时采用之朗仿计划,均是先例。具体到建设首都南京时,宜先作详审之研究,以定精密之计划,后依据该计划循序渐进,逐次进行。换言之,首都南京之建设手续总体上可分为两层:一为成立计划全部及分部,二为筹备及实施。并且,为推进此两项任务,宜分别成立相应的机构以利执行。与前者相对应的机构为"首都建设委员会",其职权为决定计划、厘定方针、筹备经费及实施工程。与后者相对应的机构为"首都市政计划委员会",其任务为计划市政内部各项事业。包括交通系统(街道市区布置等)、交通制度(铁道电车水线航空等)、卫生设备、建筑条例、园林布置、公共建筑、工商实业等细目。此委员会为永久性质,委员皆责任职,首都之总设计成立以后,由此委员会制定其内部之详细计划[①]。

(2) 现实情状与未来发展兼顾

在吕彦直所拟的"建设首都市区计画大纲草案"中,比较充分体现了其规划设计城市时兼顾现实情状与未来发展的思想。例如,其关于中央政府区的选址,就是在既考虑现实情状——明故宫区域残迹殆尽(当然实际并非全然如此),便于从新规划设施,又兼顾未来发展——将来南京都市发展向东南方延伸,明故宫区域则恰好位于城市中枢区域的权衡下所作出的选择。又如,其关于京市区的规划,既着眼于旧城区的现状,即人口、住宅分布疏密悬殊,道路交通蜿蜒曲折、缺乏系统,又展望于新市区未来的布局与设施的完善。再如,在建设实施的步骤方面,现实的旧市区人烟稠密、建筑栉比,不利于开辟新路,于是其结合未来城市的发展,主张先开拓经营城市周边荒僻之处,以导诱新增人口,形成新市区,再改造呈残败之象的旧市区,从而实现全市气象的改观。

(3) 师法欧美与弘扬国粹同行

前文有述,吕彦直的建筑设计思想即主张发扬国粹与应用西学相结合,与此一致,其关于城市规划的思想亦倡导师法欧美与弘扬国粹同行。吕彦直认为,上述法国巴黎之浩士曼计划和华盛顿之朗仿计划,皆可为我所用,取其精华,鉴其覆辙。而西方流行之最新市政原理,亦可供参考以指导城市建设。但对于外国专家,"宜限于施行时专门技术需要上聘用之。关于主观的设计工作,无聘用之必要"[②]。而此部分主观之设计工作,则应培养、罗致本国人才,成立中国之建筑派,发扬、彰

[①] 吕彦直:《吕彦直致夏光宇函》,1928年6月5日,原件由黄建德先生提供。
[②] 吕彦直:《吕彦直致夏光宇函》,1928年6月5日,原件由黄建德先生提供。

显本国之优秀传统文化。同时，关于公众建筑所采用之形式，"为吾民建设精神之主要的表示，必当采取中国特有之建筑式，加以详密之研究，以艺术思想设图案，用科学原理行构造，然后中国之建筑，乃可作进步之发展"①。

不过，也需要指出的是，吕彦直的规划设计思想存在某些局限性。例如，其将首都南京的中央政府区选址于明故宫区域；而明故宫旧址地上、地下遗存众多，现已是全国重点文物保护单位，历史文化价值不菲。又如，吕彦直认为聘用外国专家仅限于专门技术需要时，至于主观设计则无聘用之必要；然其援引的美国华盛顿规划设计即出于法国人朗仿之手，似乎自相矛盾。再如，其对首都京市区的规划，主张拆除限制东西两面拓展的城墙，并认为其已无存在之价值；而南京明代城墙如今已是全国重点文物保护单位，还入选了中国世界文化遗产预备名单，历史文化价值同样巨大。此外，其规划秦淮河沿岸建设时，认为宜将两岸房屋拆收，铺植草木，成滨河空地，以供居民游息；然而秦淮河两岸同样历史文化遗存众多，为老南京之根本，改造尤须审慎。可见，某种程度而言其规划设计思想具有一定的时代局限性。

第三节 吕彦直遗产保护思想

吕彦直关于遗产保护方面的思想，目前未见其有系统论述者，而是散见于其留下的为数不多的文字中。兹举例略作阐发：

1926年3月12日，时值孙中山先生逝世一周年，葬事筹委会举行中山陵奠基仪式，吕彦直因病未能亲临，故委托黄檀甫出席并致辞。致辞中提到：

一国家一民族之兴衰，观之于其建筑之发达与否，乃最确实之标准。盖建筑关于民生之密切，无在而不表示其文化之程度也。故中华民族而兴隆，则中华之建筑必日以昌盛。吾人因此而发生第二种感想与希望。夫建筑者，在在足以表示吾民族之文化矣。然则民族文化之价值，亦将由其所创造之建筑品观之。②

这段文字透露出吕彦直对建筑与国家、民族、文化关系的认识。在吕彦直看来，建筑是判断国家与民族兴衰强弱最确实的标准，是衡量民族文化程度和文化价值的参照，是民族文化的重要表征。这一认识在今天开看来似乎已成共识，且司空见惯，但在一百年前，中国社会对建筑之重要及建筑师之地位十分漠然。正如赵深在《中

---

① 吕彦直：《规划首都都市区图案大纲草案》，《首都建设》1929年第1期，第26页。
② 黄檀甫代吕彦直在中山陵奠基礼上的致辞，原件由黄建德提供。

国建筑》发刊词中所称："社会狃于积习，独未能尽知建筑之重要。"[1]又如范文照所言："盖中国建筑，犹在幼稚时代，社会普通人士，对于建筑师职业，多不明瞭其服务之目的……建筑素称美术之母，故在欧美社会甚为重视，因必先有建筑，方有图画雕刻等美术，盖此不过为建筑屋宇之附属品而已，然昔中国对于建筑一层，素不研究，建筑师在社会之地位，亦鲜为人道及。"[2]因此，吕彦直的这一认识在当时颇为难能可贵。

述及中国传统建筑及其价值，吕彦直在1928年致夏光宇的信函中提出《建设首都市区计画大纲草案》时，有进一步的阐述：

中国之建筑式，亦世界中建筑式之一也。凡建筑式之形成，必根据于其构造之原则。中国宫室之构造制度，仅具一种之原理，其变化则属于比例及装饰。然因于其体式之单纯，布置之均整，常具一种庄严之气韵，在世界建筑中占一特殊之地位。西人之观光北平宫殿者，常叹为奇伟之至，盖有以也。故中国之建筑式，为重要之国粹，有保存发展之必要。[3]

这短短百余字，道出了吕彦直对中国传统建筑及其价值的理解与态度。首先，肯定中国传统建筑在世界建筑中的地位——属于世界建筑体系之一种；其次说明中国传统建筑得此地位的原因——因体式之单纯和布置之均整而常具一种庄严气韵，故在世界建筑中占一特殊地位；最后强调中国传统建筑是重要国粹，具有保存发展之必要。

同样回到当时的语境，国人对于建筑的重要及建筑师的地位尚未充分认识，更毋言其对中国传统建筑的关注与重视。即使是对中国古代建筑史有初步而较系统研究的学者，亦称"过去的中国建筑物，已经成为中国建筑史上的材料，除塔及石桥等，已成功为中国特有的建筑物外，其余则均无甚足称许者"[4]。而在当时的建筑行业，本土建筑师不少模仿西洋式之建筑物，以致率先采用中国传统建筑形式而创风格之新的反倒是来华的外籍建筑师，如茂飞及其设计的金陵女大校舍、燕大校舍与协和医院[5]。

---

[1] 赵深：《发刊词》，《中国建筑》创刊号，1932年11月，第2页。
[2] 范文照：《参观美展建筑部之感想》，《美展》第9期，1929年5月4日，第4页。
[3] 吕彦直：《建设首都市区计画大纲草案》，信函原件由黄建德提供；又见于吕彦直：《规划首都都市区图案大纲草案》，《首都建设》1929年第1期，第26页。
[4] 杨民威：《中国的建筑与民族主义》，《前锋月刊》1930年第1卷第1期，第91页。
[5] 范文照：《参观美展建筑部之感想》，《美展》第9期，1929年5月4日，第4页。

当然，吕彦直对中国传统建筑及其价值的理解、认识与态度，应与其康奈尔大学的求学经历、追随茂飞时受到的影响以及在茂飞建筑事务所从事的建筑设计实践有关。目前，我们虽不清楚吕彦直在康奈尔大学接受的是怎样的对待传统建筑的价值观，但通过其留下的设计习作——"公园里的餐厅"（图4-1-1）中对中国传统建筑形体、元素和外观的借鉴与呈现，似可说明其对我国传统建筑的关注与重视。从康奈尔大学毕业后吕彦直进入茂飞&丹纳事务所实习，期间受到职业导师茂飞的影响不言而喻[1]。茂飞对中国传统建筑的赞赏与钟情，从其考察北京紫禁城后发出的赞美——"（这）是世界上最为卓越的建筑群"[2]，以及长达数十年对中国传统建筑的研究与适应性探索即可见一斑。我们相信，茂飞对中国传统建筑的态度与行动，或在日常的交往中，或在像金陵女子大学这样的项目实践中，或在可能的紫禁城建筑群考察与测绘中，给吕彦直以潜移默化又深远持久的影响。

具体到中国传统建筑中的各种类型，吕彦直则认为陵墓建筑最有价值，即"我国今日所存之明孝陵，及北方明十三陵、清东陵等，皆在建筑上具最贵之价值……"[3]这一认识是与世界其他文明的类比中得来，如埃及之金字塔、罗马帝王之陵墓、印度泰姬陵等各国帝王名人墓，皆是一国、一民族或一文明中建筑之精华。究其原因，系各文明历来对丧葬的重视，"其欲留存永久之遗迹者，盖无不尽其力之所至"。

如何对待遗留下来的建筑遗产？吕彦直在《建设首都市区计画大纲草案》中有所涉及：

京市区先就城中南北两部改造之，而东南两面，则拆除其城垣，以扩成为最新之市区。夫城垣为封建时代之遗物，限制都市之发展，在今日已无存在之价值。惟南京之城垣，为古迹之一种，除东南方面阻碍新计画之发展，必须拆却外，其北面及西面，可利用之以隔绝城外铁道及工业区之尘嚣，并留为历史上之遗迹……[4]

吕彦直在作首都都市区规划时，面对在空间上限制南京城市发展的古代城墙，虽然判断其已无存在之价值——指城墙的防御功能在近现代城市的发展中已逐渐失去意义，但仍视其为古迹之一种，认为有保存之必要。具体到应对策略，其主张除

---

[1] [美]郭伟杰：《筑业中国》，卢伟、冷天译，北京：文化发展出版社，2021年，第275页。
[2] HAILS THE BEAUTY OF FORBIDDEN CITY: New York Architect Says It Contains the Finest Group of Buildings in the World, *New York Times*, July 18, 1926.
[3] 黄檀甫代吕彦直在中山陵奠基礼上的致辞，原件由黄建德提供。
[4] 吕彦直：《规划首都都市区图案大纲草案》，《首都建设》1929年第1期，第21页。

阻碍城市发展与建设的部分予以拆除外，其余则可利用以实现隔绝城外铁道及工业区的作用，即在利用中实现保护，从而将遗产的保护与城市的更新有机地结合起来。

综上，吕彦直遗产保护思想可概括为：建筑是文化的载体和文明的表征；中国传统建筑因其独特价值而在世界建筑中占有一席之地，乃重要国粹，有保存之必要；面对遗产，应结合实际情况和现实需要实现保护与利用相结合，即在利用中保护和保护中利用。当然，需要特别说明的是，也因个人认识、时代局限等，其某些观点或有误，值得商榷。

第四节 小结

在前述章节的基础上，本章结合吕彦直的生平经历、设计案例和相关文存，探讨了吕彦直的建筑思想，并将其划分为建筑设计思想、规划设计思想和遗产保护思想三个部分：

首先，通过考察吕彦直的两件代表作品——中山陵和广州中山纪念堂，我们分析了这两例中国近现代建筑史上经典作品的设计意匠，再结合吕彦直文存中的相关阐述，我们进一步归纳了吕彦直的建筑设计思想，即公共建筑与私人住宅相区别，发扬国粹与应用西学相结合，形式表现与精神内涵相统一，建筑设计与管理落实相协调。

其次，关于吕彦直的规划设计思想，集中表现在其所作的南京首都市区规划设计中。通过分析吕彦直的设计方案——主要见于《吕彦直致夏光宇函》和《首都建设》所载《规划首都都市区图案大纲草案》等文存，我们总结了吕彦直的规划设计思想，即计划研究与落实管理并举，现实情状与未来发展兼顾，师法欧美与弘扬国粹同行。毋庸讳言，或由于对文化遗产保护、历史建筑与城市等重视不够，其相关规划设计思想还存在着某些时代局限性。

最后，吕彦直关于遗产保护方面的思想，散见于其留下的为数不多的文字中。通过梳理相关表述，我们将其总结为：建筑是文化的载体和文明的表征；中国传统建筑因其独特价值而在世界建筑中占有一席之地，乃重要国粹，有保存之必要；面对遗产，应结合实际情况和现实需要实现保护与利用相结合，即在利用中保护和保护中利用。

第六章 启示来者：吕彦直建筑遗产

第一节 有形之遗产

作品是衡量一位建筑师成就与地位至关重要的因素，行胜于言。因此本节我们将通过考察关于吕彦直作品的多方评价——有施工前的、有竣工后的，有民国的、有当代的，有专业的、有大众的，有正面的、或有负面的等，来试图评估与还原吕彦直及其作品的真实地位与影响。需要说明的是，在吕彦直为数不多的作品中，真正属于其个人设计并集中代表其艺术风格和建筑思想者，仅有两组建筑（中山陵和广州中山纪念堂及纪念碑）与一个仅被用于参考的城市规划方案[①]。加之后者仅是方案，并未落地实施，因而以下将以中山陵和广州中山纪念堂及纪念碑为例，重点说明：

一、中山陵

关于中山陵的评价，我们将采用动态的、多元的视角，即考察设计方案、施工期间、竣工之后以及当代研究等各个阶段社会各方的评价。

对此设计方案的评价，最早可能是评判顾问在悬奖征求中山陵图案结束后给出的评判报告。从名次来说，四位评判顾问中三位（王一亭、朴士、凌鸿勋）均将头奖归于吕彦直，另一位——李金发则将其判为二奖。从评判顾问的评语来看，吕彦直的设计方案在墓堂位置安排、整体造型与风格，纪念性的塑造与中国精神的表达，建筑与环境关系处理以及造价等方面表现出色。可以说，吕彦直摘得头奖获得了专业评判的一致认可，仅凌鸿勋指出图案稍有瑕疵——祭堂内部空间略显狭小。

除专业性意见外，葬事筹委会与孙中山家属代表也作出过评价。前者称吕彦直图案："简朴坚雅，且完全根据中国古代建筑精神，因一致决定采用作为中山先生

[①] 殷力欣：《吕彦直集传》，北京：中国建筑工业出版社，2019年，第67页。

陵墓图案。"① 后来总理陵管会亦称："融会中国古代与西方建筑之精神，庄严简朴，别创新格，墓地适成一警钟形，寓意深远"②。后者则可通过孙科在葬事筹委会第十一次会议上的发言看出，孙氏在指出范文照、孚开洋行乃君两人方案缺点的同时，称赞吕彦直方案对墓室位置的安排极佳，倾向性十分明显③。另外，1926年1月孙科在国民党第二次全国代表大会上报告葬事筹备经过时称："委员会审查结果，采用首奖图案，式样古制，以坚朴为主。墓与祭堂相连，墓为穹隆式，祭堂在墓之前，堂前为石阶，两旁有大空地，可站立五万人，陵墓形势，鸟瞰若木铎形。"④

当时的在华英文报纸亦有报道和评价，如 The China Press、The China Weekly Review 等，对吕彦直的方案多有肯定或称赞。前者介绍了中山陵设计竞赛获奖作品的情况，称吕彦直"submitted a Sung Dynasty design of classic beauty which comforms in every particular with the requirements set forth by the judges"⑤，后者亦称吕彦直提交的图案呈现出宋式风格，且内部符合中国样式⑥。

不过，The China Press 1925年10月4日登载了一篇题为"Architects' Contest For Dr. Sun' Tomb: A Critical Study Of The Designs Submitted By The Competitors"的评论文章，称展览于大洲公司的参赛作品中，大多数皆是西式风格配以中式屋顶或装饰，是一种低级、粗劣的杂糅和混合，如同爱尔兰人身着汉服行走，显得怪诞和愚蠢，即使是获奖作品，也不外如是，浅薄而缺乏生气；而在该文作者看来，中国建筑应该是纯粹的中国风格，或保持中国精神而稍作细节上的调整以适应现代建造与材料⑦。文中的批评虽未点名吕彦直的方案，但显然包括其在内。这份批评或也反映出中国近代社会对中国传统建筑的现代转型另一种声音——保持中国建筑风格

---

① 孙中山先生葬事筹备委员会：《孙中山先生葬事筹备及图案征求经过》，孙中山先生葬事筹备委员会编：《孙中山先生陵墓图案》，民智书局，1925年，第3页。
② 《总理陵管会关于陵墓建筑图案说明》，南京市档案馆、中山陵园管理处：《中山陵档案史料选编》，南京：江苏古籍出版社，1986年，第154页。
③ 《葬事筹委会第十一次会议纪录（1925年9月20日）》，南京市档案馆、中山陵园管理处：《中山陵档案史料选编》，南京：江苏古籍出版社，1986年，第66页。
④ 《孙科关于总理葬事筹备经过之报告》，参见《中国国民党第二次全国代表大会会议纪录》，上海图书馆藏，1926年，第75—77页。此外，该报告在《新闻报》上亦有披露，参见《孙科筹办中山陵墓之报告》，《新闻报》1926年1月21日，第二张第三版。
⑤ Chinese Architect Gets Palm For Sun's Tomb Plan, *The China Press*, September 22, 1925, No.8.
⑥ Prize Winning Design of Mausoleum for Body of Dr.Sun Yat-sen Is Won By Shanghai Architect, *The China Weekly Review*, October 3, 1925, p.113.
⑦ Architects' Contest For Dr.Sun' Tomb: A Critical Study Of The Designs Submitted By The Competitors, *The China Press*, October 4, 1925, No.4.

图 6-1-1　建设中之中山陵（图片来源：《友邦对于总理陵墓谈》，《汉平新语》1928 年第 5 期，第 2 页）

的纯粹性和延续中国建筑精神。

中山陵工程开工后，陵工进展颇为缓慢，直到1927年下半年才加速推进，至1928年主体工程渐成规模时，便引起了社会的关注。当时即有记者前往参观，称："墓前有轻便纵横铁道四，以便运输材料，全部建筑，至为雄壮，二抱之柱，以紫铜为实，外裹云南花岗石，陵穴处成圆形，均在兴工，背紫金山，虽数十里外，望之甚晰。"[1]"雄壮"是时人对中山陵的主流观感。

发表于1928年第5期《汉平新语》[2]上的文章《友邦对于总理陵墓谈》系美国人 Henry F. Misselwitz 撰写，其以图文结合的形式表达了对中山陵的评价[3]：

此图（图6-1-1）系本年八月所摄，因限于篇幅，只观其伟大之一隅耳，就紫金山之高坡，而筑数千层之石级，总理陵寝及纪念堂即在最高之山巅，其时正在建筑中，不久将落成，预计为石阶最大建筑品之一！

壮丽石级或称为祭堂平台前踏步，完全系高贵之花岗石筑成，其广为一百五十

---

[1] 《参观总理陵墓工程》，《民国日报》1928年5月21日，第二张第三版。
[2] 1928年创刊于北平，属于铁路运输刊物，由国民政府交通部汉平铁路管理局编辑并发行，月刊，1929年停刊。《汉平新语》旨在自强不息地谋新建设、新发展。主要刊登关于平汉路的改革事项，发布公牍、法规，介绍历史及当时沿路农林畜牧实业教育民情风俗等，译述欧美交通书报，选载国内交通新闻，探讨最新铁路技术等，也为同人发表诗词散文等文学作品提供园地。
[3] 《友邦对于总理陵墓谈》，《汉平新语》1928年第5期，第1—18页。

英尺，而每级之高，较南京城砖高度倍之，级数之多，难以更仆数，由紫金山麓，仰望祭堂，高远巍峨，晴光白石，相映成趣，而祭堂平台，尤足代表东方建筑之特色。凡远道而来参谒者，仿佛天路历程，油然起敬，列阶而升，殊为不易，愈高而肃穆之意愈诚。由此，于崇拜英雄，人有同情，何况参谒此东方民族空前绝后古今第一伟人孙先生之陵墓哉。

……

查斯项建筑之性质，无非以中华全民之信仰结晶而足以代表孙总理遗意，及其不朽之精神，故陵寝式样及计划，莫不着意经营，而合于中华五千年之历史也。

此文中颇多赞美之词，诸如"华严宏伟""伟大庄严"等，或反映当时西人对中山陵工程的印象与评价。

同年10月25日，《时事新报》登载一条题为《孙陵建筑求坚实》的消息："中山陵墓，仅祭堂及建筑，已费去百万，尚嫌仄小，所有碑碣皆属人造石，硬度不坚，易于剥蚀，林森、孙科、胡汉民均不满意，闻墓门拟延请高手为之。"① 这则消息是目前所见为数不多的民国时期关于中山陵的负面评价，但在几日后被葬事筹委会致函更正②：

迳启者，昨阅贵报本月二十五日专电栏载称中山陵墓仅祭堂建筑已费去百万，尚嫌仄小，所有碑碣皆属人造石，硬度不坚，易于剥蚀，林森、孙科、胡汉民均不满意，闻墓门拟请高手为之云云。查此项纪载，核与事实完全不符，祭堂与陵墓建筑工程费现尚未超过五十万两，祭堂所刻碑石系为意大利之大理石，质度甚坚，林、孙、胡诸先生亦均无不满意表示。所谓墓门拟请高手为之，尤属无稽。敬希即予更正，以正观听，是所至荷。此致

时事新报馆

孙中山先生葬事筹备处启十七、十、念六

1928年9月23日，胡汉民偕孙科等人一同拜谒中山陵，陵墓驻场监工徐镇藩与监理工程师刘梦锡负责接待并作向导。期间，《中央日报》记者曾问胡汉民："总理陵墓，闻两个月即可竣工，先生对于建筑方面，认为满意否？"胡汉民答曰："本人此次在意大利，见其得胜碑，其顶非常美观，但无总理陵这样宏壮昂丽，外国人

---

① 《孙陵建筑求坚实》，《时事新报（上海）》1928年10月25日，第二张第一版。
② 《时事新报（上海）》1928年第10月29日，第二张第三版。

注意一时的美术装饰,我们总理的陵墓,则贵在永久而庄严。(言时以手指山下)由此望去,何等壮丽。"[1]

1929年5月28日,奉安大典期间,孙中山灵榇安停于南京中央党部并行礼完毕后,孙科陪同宋庆龄及孙中山家属多人前往中山陵墓现场视察,事后宋庆龄表示对陵墓工程颇为满意[2]。

胡汉民与宋庆龄,一是国民党要人,一是孙中山家属,前者称赞陵墓建筑,后者认可陵墓工程,说明中山陵墓主体工程颇令业主满意。而从当时报纸、杂志发表的相关内容来看,社会大众对竣工后的中山陵亦多称道。

"中山先生奉安时期,虽一再迟延,然距今亦仅二月有余矣,兴工三载之中山陵,形式庄严,规模雄伟,不仅为吾华近代伟大建筑物,亦为世界罕有之纪念品也。"[3]

"冀使陵墓得天然美景之拥护而壮丽其京观,藉科学的建筑之扩充,而深宏其纪念云。"[4]

"芳郊绿遍日迟迟,燕舞莺歌助赋诗。如此壮观标八表,万方联袂拜先知。"[5]

"嵯峨的紫金山,捧着雄伟崇俨的中山陵,高耸的石阶,碧蓝的屋瓦,玲珑的梁柱,光洁的地表,一切的一切,尽是鬼斧神工,炫耀夺目。"[6]

日本大阪工商会议所议员栗本勇之助在游历欧美后来华视察,当看到中山陵后,其发表如下言论:"余对新兴中国所得之概念,即新中国,在建设途上之中国,一言以蔽之,为立于资本经济上之苏维埃共和国,为美国与苏俄之混血儿,其最表现之者,为南京孙中山先生之陵墓。中山陵工费八百万两,其结构为世界所稀见,余一见之,即不得不联想华府林肯之墓与莫斯科列宁之墓,华人汲汲摄取美国之文化,一方复于政治上酌采苏俄之行事,着有成功,殊堪惊异,而于此等美国苏俄式之文化与政治之下,复不失中国本来之国民性之本领"。[7]在日人看来,此时中国已非沉睡之狮,而已走上建设之途,其最足具代表者即中山陵墓。

---

[1] A.《胡汉民孙哲生谒总理陵墓记》,《中央日报》1928年9月24日,第一张第三版;B.《党国要政与要人行动》,《国闻周报》1928年第5卷第38期,第1页。
[2] 《孙夫人昨日谒墓 对陵墓工程示满意》,《中央日报》1929年5月29日,第一张第三版。
[3] 《庄严雄伟之中山陵》,《申报》1929年3月3日,第021版;亦见于《庸报》1929年3月9日,第11版;3月10日,第11版。
[4] 《总理陵墓建筑概况》,《东方杂志》1929年第26卷第11期,第20页。
[5] 《谒中山陵》,《中央大学区立南京女子中学校刊》1929年第7期,第13页。
[6] 《谒中山陵》,《新闻前锋》1929年创刊号,第91页。
[7] 《日人眼中之新中国已非睡狮,走上建设之途》,《京报》1931年6月13日,第005版。

通过上述梳理可知，中山陵竣工后不久，无论是业主及其代表的国民党人，还是社会大众及媒体，乃至国外人士，对其评价基本是正面的。正如有学者所言，中山陵在完成之时，赞誉之词不绝于耳①。不过，也应注意的是，批评之声一直存在。

中国古代建筑研究的奠基人之———梁思成先生，对中山陵曾有评价。其在1935年发表于《中国营造学社汇刊》上的《建筑设计参考图集序》中称："国都定鼎南京，第一处中国式重要建筑，便是总理陵墓。我们对于已故设计人吕彦直先生当时的努力，虽然十分敬佩，但觉得他对于中国建筑实甚隔漠。享殿除去外表上仿佛为中国的形式外，他对于中国旧法，无论在布局，构架，或详部上，实在缺乏了解，以至在权衡比例上有种种显著的错误。推求其原因，只在设计人对于中国旧式建筑，见得太少，对于旧法，未曾熟稔，犹如作文者读书太少，写字人未见过大家碑帖，所以纵使天韵高超，也未能成品。"②

关于这段评价，卢洁峰称其"尖酸刻薄""居高临下"和"主观武断"③，傅朝卿则称之"中肯而无保留"④。我们认为，要准确理解梁先生的这段文字，首先需了解其语境。20世纪二三十年代，中国涌现了一批建筑师，有本土的，有国外的，也有留洋归国的。其中不少投身于复兴中国传统建筑的努力中，然而在梁先生看来，这些努力或走上外国人模仿中国式样之路，或落于抄袭外表皮毛之讥；其原因在于对中国传统建筑缺乏全面、深入的了解，故而需要有一份图集，为建筑师从事关于中国传统建筑之设计时提供参考，遂作《建筑设计参考图集》⑤。正是在该图集的序言中，梁氏阐述了当时建筑师对中国传统建筑缺乏了解的现状，而中山陵作为国民政府定都南京后的第一处中国式重要建筑，自然成为其评述的对象。

客观地说，就中国古代建筑的研究与实践而言，梁思成先生在广度与深度上恐非吕彦直先生所能比。因此，梁氏对中山陵的批评是在一定的历史情境下，就其本人的研究领域所作出的评判，并非全然"主观武断"，更非"居高临下"和"尖酸

---

① 傅朝卿：《中国古典式样新建筑——二十世纪中国新建筑管制化的历史研究》，台北：天南书局，1993年，第119页。
② 梁思成：《建筑设计参考图集序》，《中国营造学社汇刊》1935年第6卷第2期，第77页。另见《梁思成全集》（第六卷），北京：中国建筑工业出版社，2001年，第235页。
③ 卢洁峰：《"中山"符号》，广州：广东人民出版社，2011年，第112—114页。
④ 傅朝卿：《中国古典式样新建筑——二十世纪中国新建筑管制化的历史研究》，台北：天南书局，1993年，第119页。
⑤ 梁思成：《建筑设计参考图集序》，《中国营造学社汇刊》1935年第6卷第2期。另见《梁思成全集》（第六卷），北京：中国建筑工业出版社，2001年，第233—236页。

刻薄"。实际上,梁先生并非完全否定中山陵的设计,其不仅称赞吕彦直在中山陵工程中的努力与敬业精神,更在后来的表述中肯定中山陵在复兴我国传统建筑道路上的伟大价值与地位:"国民政府成立以竞选方式征求孙中山陵墓图样,建于南京紫金山。中选人吕彦直,于山坡以石级前导,以达墓堂;墓堂前为祭堂,其后为墓室。祭堂四角挟以石墩,而屋顶及门部为中国式。祭堂之后,墓室上作圆顶,为纯粹西式作风。故中山陵墓虽西式成分较重,然实为近代国人设计以古代式样应用于新建筑之嚆矢,适足以象征我民族复兴之始也。"①

新中国成立后,西方艺术史家魏礼泽(William Willetts)对中山陵亦有严苛之批评。其认为中山陵建筑群与周边环境不协调,像是"门不当户不对的婚姻"(Mesalliance),并指出中山陵虽然是依照明陵轮廓布局所建,且使用了牌坊和歇山顶等古典元素,但巨大体量的墓道和基座丝毫不具艺术感地和山丘凑合在一起。关于通往陵寝的甬道,其更是批评其"就像凯旋门大道的动线,完全是西方性格的设计,塑造了勉强的纪念性,完全没有中国精神的存在"②。

魏氏的这一批评,我们认为应是失之偏颇的。其所言中山陵建筑群与周边环境不协调,不知是论者本人亲临现场的主观感受,还是根据图像资料作出的判断。实际上,根据黄檀甫后人的回忆,吕彦直曾多次克服困难前往南京紫金山踏勘,又反复修改设计方案,并捏制模型③,皆为求得设计的陵墓建筑适应墓地环境。从最终的设计效果来看,吕彦直提交的设计图案所表现的建筑与环境的比例关系,亦堪称十份获奖作品中之最佳,故而凌鸿勋称赞其"全体结构简朴浑厚,最适合于陵墓之性质及地势之情形"④。在当代学者研究中,刘先觉(已故)认为吕彦直设计中山陵的创作思想,就是把建筑与环境融为一体⑤;刘叙杰亦认为吕彦直的设计方案,

---

① 该论述见于梁思成所著《中国建筑史》,由梁先生于抗日战争期间在四川南溪县李庄完成,1953年油印五十份,1985年编入《梁思成文集》正式出版,1998年则以单行本由天津百花文艺出版社出版。参见《梁思成全集》(第四卷),北京:中国建筑工业出版社,2001年,第5、215页。
② Willetts, William.*Foundations of Chinese Art*, London: Thamse and Hudson, 1965, p.407.
③ 卢洁峰:《吕彦直与黄檀甫——广州中山纪念堂秘闻》,广州:花城出版社,2007年,第25页;《"中山"符号》,广州:广东人民出版社,2011年,第81页。
④ 凌鸿勋:《孙先生陵墓图案评判报告》,孙中山先生葬事筹备委员会编:《孙中山先生陵墓图案》,民智书局,1925年,第26页。
⑤ 刘先觉主编:《中国近代建筑总览·南京篇》,北京:中国建筑工业出版社,1992年,第7页。

图 6-1-2　中山陵现状（图片来源：中山陵园管理局提供）

较好地考虑了陵园与周围环境、地形的结合①。故而，魏氏关于中山陵建筑群与周边环境不协调的评价确可商榷。

至于魏氏批评中山陵墓道和基座体量巨大，且与墓地的融合毫无艺术感，我们认为论者似乎忽略了两个事实。其一，《孙中山先生陵墓建筑悬奖征求图案条例》中明确规定："堂前有可立五万人之空地，备举行祭礼之用"②。吕彦直设计之巨大基座和墓道正是为满足这一要求。其二，竣工不久的中山陵，由于植被尚未成形，因而其与墓地山丘的结合似乎略有突兀（图 2-4-7）。但待植树计划完成，中山陵已处葱郁森林掩映之中，并与周围环境融为一体（图 6-1-2）。

言及中山陵墓的甬道，魏氏称其动线类同凯旋门大道，是完全西方性格的设计，不仅在纪念性塑造方面差强人意，而且丧失了中国精神。但前文已指出，中山陵甬道的方案经过葬事筹委会的变更——延长甬道以增加陵门至牌坊间距，并非吕彦直的原初设计。而且，即便是变更后的效果，有学者亦指出其增添了陵园整体的雄伟气势③，不能说是败笔。考虑到吕彦直设计中山陵祭堂时或参考了凯旋门的构图④，以及吕彦直曾经的留法经历，我们不排除吕彦直设计甬道时参考凯旋门大道的可能

---

① 刘叙杰：《巍巍中山陵》，《光明日报》1981 年 10 月 30 日。
② 《孙中山先生陵墓建筑悬奖征求图案条例》，《民国日报》1925 年 5 月 17 日，第 012 版。
③ 殷力欣：《吕彦直集传》，北京：中国建筑工业出版社，2019 年，第 55 页。
④ 赖德霖：《探寻一座现代中国式的纪念物——南京中山陵设计》，《中国近代建筑史研究》，北京：清华大学出版社，2007 年，第 275 页。

性。但批评其完全丧失了中国精神，则是对建筑师设计意图的完全误解。吕彦直设计的陵墓布局虽然整体上承袭明清帝陵，但并非完全照搬，而是在继承的基础上有所革新——略去了神道两侧的石像生、台石五供、神厨等迷信色彩较重的附庸，使中山陵在气质和神态上都更加贴近孙中山精神与其所倡导的共和理念[①]。因此，吕彦直的设计方案所表达的中国精神主要表现在陵墓的整体布局和单体建筑外观造型，并不在甬道的形态与布置。

在当代学者所作的建筑史论述中，或将中山陵视为中国近现代建筑史上最重要的建筑和不朽杰作[②]，或将其当做"中国近代传统复兴建筑的一次成功起步"[③]，皆肯定其在中国近现代建筑史上的重要地位。傅朝卿认为，吕彦直设计的中山陵，虽有许多缺失，如受竞赛规则限制而缺乏积极创新、为迁就造型而牺牲结构与空间等，但仍是当时中国新建筑中之佼佼者，并且在形式与意识形态上对其他建筑师产生了无法衡量的影响[④]。在赖德霖看来，中山陵是民国建筑史上最突出和最重要的个案，其"设计过程中对中国式纪念物的探寻，进一步推动了对于建筑的中国风格的探讨，这种风格不仅将代表现代的中国建筑，而且也将代表孙中山曾经期待着的现代中国"[⑤]。周学鹰等则认为中山陵（与广州中山纪念堂）"具有'西风东渐'时代的转型期建筑特征，是吸收西方先进建筑技术，立足本民族文化传统、审美心理，进而创造中国新民族风格建筑的开山之作。其文化精神正与中山先生所倡导的为民族文化复兴而博采西学的一贯主张相契合；其和衷东西方之所长的精湛的建筑设计手法，对当今的建筑业仍有着启示作用"[⑥]。

综上，由于角度、审美等主观因素差别，不同评判者对中山陵设计褒贬不一。在部分评判者眼中，中山陵可能有这样或那样的不足甚至缺陷，但其在中国近现代建筑史上的地位无可厚非，价值不可磨灭。我们将其地位与价值归纳为以下两个方面：社会方面，中山陵是一件令业主满意的设计作品，一处为国民党人认可的总理

---

① 周琦等：《南京近代建筑史》（卷二），南京：东南大学出版社，2022年，第352—353页。
② 刘先觉主编：《中国近代建筑总览·南京篇》，北京：中国建筑工业出版社，1992年，第7—8页。
③ 潘谷西主编：《中国建筑史》（第六版），北京：中国建筑工业出版社，2009年，第405页。
④ 傅朝卿：《中国古典式样新建筑——二十世纪中国新建筑管制化的历史研究》，台北：天南书局，1993年，第119—120页。
⑤ 赖德霖：《探寻一座现代中国式的纪念物——南京中山陵设计》，《中国近代建筑史研究》，北京：清华大学出版社，2007年，第287页。
⑥ 周学鹰、殷力欣、马晓：《南京中山陵、广州中山纪念堂的建筑特色及启示》，建筑文化考察组：《中山纪念建筑》，天津：天津大学出版社，2009年，第30页。

妥灵之所，一座与孙中山精神相符且具有唤醒民众作用的现代纪念物，一座切合中国时代精神的象征物。建筑方面，中山陵是传统建筑形式、外观和西方建筑技术、材料有机结合的典范，是传统建筑复兴象征物和近现代建筑探索的里程碑。

正是由于中山陵建筑在技术与艺术领域所达到的成就和在社会与建筑方面所蕴含的意义，其对同时代的建筑即产生了广泛的影响。例如，有研究指出1929—1930年间国立武汉大学武昌珞珈山新校址的校园规划和校舍设计，即受到中山陵建筑风格的重要影响[1]；又如，有"小中山陵"之称、动工于1940年的南岳忠烈祠，"无论是平面布局、构成要素，还是单体建筑形式、装饰构造等，均不同程度地受到中山陵建筑的影响"[2]。

二、广州中山纪念堂及纪念碑

在广州中山纪念堂及纪念碑设计竞赛中，吕彦直的方案之所以脱颖而出，评判顾问认为其"纯中国建筑式，能保存中国的美术最为特色"[3]。需要指出的是，该评价仅是就吕彦直的设计图案而言，并未涉及建设过程中所应用的结构、材料与技术，亦不包括工程完竣后的效果。

建设过程中，随着关于广州中山纪念堂建造的信息逐渐为社会所知，有观点认为广州中山纪念堂是近现代建筑学原理与方法适用于中国式建筑的例证，对当时正兴起的中国传统建筑复兴运动意义重大[4]。

在1931年广州中山纪念堂及纪念碑的落成开幕典礼上，时任广东省政府主席，亦为广州中山纪念堂纪念碑建筑管理委员会常务委员之一的林云陔报告建设经过时称："全堂结构，外仿古代宫殿，内仿西洋舞台，上下两层，可容五千余人，参新摹古，堂皇壮丽，无与伦比。"[5]此语道破了广州中山纪念堂的设计意匠和价值特点：塑造的建筑场所精神与我国此时社会上下呼唤时代精神的完美统一。

纪念堂落成后不久《时事新报》称其"系今年来伟大之建筑物，规模宏壮，洵

---

[1] 刘文祥：《中山陵建筑风格对国立武汉大学珞珈山新校舍的影响——兼论开尔斯、李锦沛在其中之角色》，《新建筑》2019年02期。

[2] 李海霞：《小中山陵设计建造考——南岳忠烈祠对中山陵的承继与拓展》，《第十五次中国近代建筑史学术年会论文集》，2016年，第272—282页。

[3] 《总理纪念堂纪念碑奠基典礼》，《广州民国日报》1929年1月16日，第003版。

[4] 《中国建筑的美——广州中山纪念堂 吕彦直君之遗制》，《广州民国日报》1929年9月12日，第十一版；亦见于《广州之中山纪念堂 以近代建筑学原理 挥中国建筑的美》，《中央日报》1929年10月8日，第二张第一版。

[5] 《中山纪念堂纪念碑开幕典礼盛况》，《广州民国日报》1931年10月12日，第二张第二、三、四版。

与首都中山陵墓之工程，交相辉映……本宋代宫殿建筑法式之成规，发扬东方固有之物质文明，表彰中国艺术之矞皇典丽，观瞻宏雅，朴而不华，参以新式工程，实开近代建筑学术之新纪录"①。

董大酉亦称："中国建筑物，除庙宇外，向无公众之大建筑物，近来各地提倡新政，往往举行公众大聚会，乃有大礼堂或大会场之设备，其中最优建筑价值者，为广州中山纪念堂，规模宏大，可容六千人，诚中国唯一之大会场也。"② 不过其也透露，因政局变动，建筑经费大受影响，工程几至中断，后虽政局渐定，经费却减半，导致原先设计方案中拟有而未实行之设备，如堂内之冷气装置、堂外之回廊及反光电灯等，大都趋于简省，实则美中不足之处③。

胡适对中山纪念碑的评价："中山纪念塔（笔者注：即中山纪念碑）是亡友吕彦直先生（康南尔大学同学）设计的，图案简单而雄浑，为彦直生平最成功的建筑，远胜于中山陵的图案。黄花岗七十二烈士（中有亡友饶可权先生）墓是二十年前的新建筑，中西杂凑，全不谐和，墓顶中间置一个小小的自由神石像，全仿纽约港的自由神大像，尤不相称。我们看了民元的黄花岗墓，再看吕彦直设计的中山纪念塔，可以知道这二十年中国新建筑学的大进步了。"④

当代建筑学者彭长欣认为"吕彦直通过现代建筑技术、在满足功能要求的前提下，成功地将西方古典主义的构图原则和中国传统建筑形式结合在一起。撇开政治和文化意义，中山纪念堂是继中国古典复兴以来东西方艺术最完美的结合，是现代中国建筑的重要范本"⑤ 等。

第二节　无形之遗产

中国建筑从传统迈向现代，历经坎坷。自晚清逐渐引入现代建筑类型、结构、材料等肇始；至民国时大规模涌现，如银行、办公楼、影剧院、会议中心、洋房、机场及工厂等；再到新中国后星光闪烁的十大建筑，以及经改革开放迄今，仍在探

---

① 《广州孙中山先生纪念堂碑落成》，《时事新报（上海）》1931 年 11 月 30 日，第三张第一版；亦见于《山东省建设月刊》1931 年第 1 卷第 11 期，第 276—277 页；《工程：中国工程学会会刊》1932 年第 7 卷第 1 期，第 41 页。
② 董大酉：《广州中山纪念堂》，《中国建筑》1933 年第 1 卷第 1 期，第 2 页。
③ 董大酉：《广州中山纪念堂》，《中国建筑》1933 年第 1 卷第 1 期，第 7 页。
④ 胡适：《南游杂忆》，《独立评论》1935 年（总）第 142 期，第 22 页。
⑤ 彭长欣：《一个现代中国建筑的创建——广州中山纪念堂的建筑与城市空间意义》，《南方建筑》2010 年第 6 期。

索之中。

一、传统建筑转型的困境

众所周知，中国传统建筑材料以土、木为大宗，砖、石、金属等虽有应用，但相对较少，不占主流。故而，"土木"一词在历史文献中就被用来指称建筑[1]。土、木在我国传统建筑中之所以被广泛应用，一方面是基于其材料易得、加工简便、经济实用的优势，另一方面则因其自然向生的文化寓意，合于传统五行思想等[2]。因材料而形成的土木建筑文化，造就了我国传统建筑独特的内涵：因地制宜、因势利导、相地构屋、趋利避害等。其本质是与自然环境和谐共生、浑然天成[3]。正是基于这样的特性、优势和文化寓意，土木建筑遍布华夏大地，自古延续至今。

不过，土木建筑的缺陷也十分明显。其一，受制于材料性能，土木建筑易遭虫蛀潮朽、惧水怕火，故修缮频繁；其二，木构框架，立柱密布，空间有限；其三，伐木取土，破坏生态[4]。从使用和功能的角度观之，即土木建筑在坚固、耐久性方面表现较差，空间利用受限。

虽然，我国古代典籍有载并经考古发掘证实，曾建造过巨大体量的建筑。如秦阿房宫[5]、汉建章宫[6]、北魏永宁寺塔[7]、唐大明宫含元殿[8]、麟德殿[9]，洛阳东都明堂[10]等，均体量宏巨。然受制于木材长度，其梁枋跨度仍是有限；同时，室内立柱较多，不利于集会之用。

不独大型公共建筑如此，一般住宅、衙署建筑等亦然。我国古代建筑单体开间、

---

[1] 譬如：《国语·楚语》上：楚灵王为章华之台，伍举曰："不闻其以土木之崇高、彤镂为美。"刘月主编：《先秦阴阳五行思想及名家学术研讨会论文集》，石家庄：河北人民出版社，2019年，第6页。
[2] 郭湖生：《中国古代建筑的格局与气质》，《文史知识》1987年02期。
[3] 冀楠、李玲：《浅析中国古代建筑取材的原则与意义》，《人文天下》2021年01期。
[4] 周学鹰、李思洋编著：《中国古代建筑史纲要（上）》，南京：南京大学出版社，2020年，第42页。
[5] 《史记·秦始皇本纪》："东西五百步，南北五十丈，上可以坐万人，下可以建五丈旗。"近有考古学家认为前殿没有建成，只是构建了前殿基址。刘庆柱：《秦阿房宫遗址的考古发现与研究——兼谈历史资料的科学性与真实性》，《徐州师范大学学报（哲学社会科学版）》2008年02期。
[6] 《汉书·郊祀志》："前殿度高未央。其东则凤阙，高二十余丈；其西则商中，数十里虎圈。其北治大池，渐台高二十余丈，名曰太液……立神明台、井干楼，高五十丈。"
[7] 杜玉生：《北魏永宁寺塔基发掘简报》，《考古》1981年03期。
[8] 傅熹年：《唐长安大明宫含元殿原状的探讨》，《文物》1973年07期。
[9] 郭湖生：《麟德殿遗址的意义和初步分析》，《考古》1961年11期。
[10] 王岩、杨焕新、冯承泽：《唐东都武则天明堂遗址发掘简报》，《考古》1988年03期。

进深均相对较小，鲜见梁枋跨度过10米以上者①。相反的是，我国传统建筑往往采用多开间、多进深连续梁跨排列（抬梁、穿斗、叉手等三大结构体系皆然②），且单层建筑占据绝大多数，以院落方式，组成"多进多路"布局，将建筑单体组合成建筑群体，以至于村落、市镇、城市等。

综上，我国传统建筑可笼统称为"土木"建筑文化③。然而晚清以降，迈入现代社会以来，此土木建筑体系，遭受到越来越大的困境：现代建筑的使用材料、结构形式、功能类型等均发生了根本性的变化，原有的我国传统建筑技艺面对现代建筑的复杂功能，可谓举步维艰。

溯及古埃及，降及古希腊、古罗马，西方公共建筑多以砖、石材料为主，尤其是石材（当然也有土、木、金属及原始混凝土等，如古罗马时期的斗兽场、万神庙，已采用火山灰为材料的原始混凝土）等。斗兽场、教堂、剧场、公共浴室、市政厅等大型公共建筑，是西方现代公共建筑的原形④；无论从功能、规模，还是技术而言，它们都无愧西方古代公共娱乐建筑不朽的代表作⑤。古罗马时期的多层公寓楼⑥，也正是现代住宅建筑的早期蓝本等。

公元1世纪初，马可·维特鲁威（Marcus Vitruvius Pollio）著《建筑十书》。作为一本古代工程技术史专著兼土木工程指南⑦，其系统论述了建筑的方法并首次提出建筑的评价标准和审美规范，极大推进了建筑理论的繁荣⑧，被誉为世界建筑

---

① 东邻日本东大寺大佛殿据称为中国铸造师陈和卿指挥复建，主跨20余米，堪称绝无仅有；殿内的日本国宝卢舍那大铜佛高18米，亦为其修复、补铸。参见李广志：《明州工匠援建日本东大寺论考》，《宁波大学学报（人文科学版）》2010年05期；杨古城、曹厚德：《日本国宝和宁波的造佛师》，《浙江工艺美术》1998年02期。
② 周学鹰、李思洋编著：《中国古代建筑史纲要（上）》，南京：南京大学出版社，2020年，第17—21页。
③ 需要说明的是，世界各地域民众的传统建筑，都是因地制宜的，土木建筑各地域亦几乎都有。譬如，沿莱茵河而下，侵入德国之罗马民族，在莱茵河流域各处，利用此火山土与石灰，建立土木建文化。永井彰一郎著，何鼎译：《水泥工业》，北京：商务印书馆，1952年，第9页。
④ 建筑文化考察组等：《中山纪念建筑》，天津：天津大学出版社，2009年，第72—74页。
⑤ 刘天华：《斗兽场和万神庙》，《建筑工人》2001年10期。
⑥ 古罗马普通工人大多居住在"平民公寓"，这种房子最高可达六层。（德）安妮·富克、萨比娜·霍耶尔著：《德国少年儿童百科知识全书·古罗马生活》，武汉：长江少年儿童出版社，2020年，第8页。
⑦ （美）斯科特·克里斯蒂安森、科林·索尔特著，阿里译：《改变世界的书》，桂林：广西师范大学出版社，2019年，第31页。
⑧ 维特鲁威著，陈平译：《〈建筑十书〉》，《中华建设》2013年06期。

理论的基石[①]。该书于明末传入我国[②]。其与现代学院派建筑师培养目标相距不大，其建筑体系同样早熟。据此，无论从理论建构还是建筑实践角度，客观而言，现代西方建筑与其传统建筑之间可谓是有序发展。

一般来说，砖石建筑至少在如下方面具有明显优势：其一，砖石材料经久耐用，不怕水火虫害、日晒雨淋，无须经常维修；其二，砖石材料优于承重，利于建造楼房；其三，砖石、混凝土拱券可创造尺度巨大的空间。例如，古罗马万神庙跨度达到43.3米，内无一柱，一直是现代结构出现之前世界上跨度最大的单体建筑[③]等。

因此，笼统而言，西方建筑可约略称其为"砖石"建筑文化[④]。工业革命以来，西方现代科技日新月异，新材料、新技术被迅速应用到现代建筑科学之中。如混凝土、钢筋混凝土、钢材、玻璃等，以取代砖石材料；钢筋混凝土结构、钢结构、空间网架、现代木构架甚或纯玻璃结构等，被广泛运用于各类型建筑之中。但是，相对于中国传统土木建筑体系面对现代建筑使用材料、建筑类型遭遇的根本变化而言，西方现代建筑类型、造型等与其传统建筑相比，并无太多颠覆性、革命性变化；其对传统建筑的传承可谓相对自然、渐进式的顺理成章，比我国建筑学科基础要完备得多。

综上，一般而言，可以认为我国传统建筑与西方传统建筑之间存在着较大差异，分属两个不同体系。以"土木"建筑文化为绝对主流的我国古代建筑，较之西方"砖石"建筑，在材料设备、结构体系、造型艺术、类型风格上存在诸多不同（表6-1）。我国传统"土木"建筑体系，历史悠久，积淀深厚，在迈向现代化过程中，中西融合、五方杂处[⑤]，也承载着更多、更大的历史包袱[⑥]。当然，中国近现代建筑也一直是在

[①] 王贵祥：《建筑理论、建筑史与维特鲁威〈建筑十书〉——读新版中译维特鲁威〈建筑十书〉有感》，《建筑师》2013年05期。
[②] 王凯：《中西交汇的起点：明末〈建筑十书〉入华史考略》，《时代建筑》2012年03期。
[③] 朱健、李鑫、董智：《以古罗马为例谈科技与思维对建筑的影响》，《山西建筑》2015年27期。
[④] 当然，我国一直以来也存在砖石建筑文化。如砖石拱顶从两汉到元明发生与发展历程，其盛衰起伏，与西域交通背景有着密切关系。中国科学院自然科学史研究所：《科学技术史研究六十年·中国科学院自然科学史研究所论文选·第3卷·技术史》，北京：中国科学技术出版社，2018年，第135页。
[⑤] 例如，清末辽宁地区，伴随日式、俄式等西式建筑文化渗透，与中国传统建筑体系碰撞和交融，形成了错综复杂的中西建筑融合与并存的格局。参见王凯旋主编：《清代辽宁全史·思想文化卷》，沈阳：东北大学出版社，2019年，第206页。
[⑥] 我国专制王朝的终结，只是结束了皇家系统的官殿、坛庙、苑囿、陵寝的发展史，并没有结束中华建筑文化的发展史。马炳坚：《中国传统建筑探究》，天津：天津大学出版社，2021年，第14页。

国际近现代建筑运动的影响下直接发源与发展的[①]。

表 6-1 中国传统建筑与西方现代建筑约略比照表[②]

内容	中国传统	西方现代	备注
使用材料	土、木（石、砖石、金属等）	砖、水泥、钢材、玻璃（石、木）、塑料、塑钢等	现代建材日新月异，层出不穷
结构形式	抬梁、穿斗、叉手	砖混、钢筋混凝土（框架、框剪、框筒、筒中筒、剪力墙）、钢结构、空间网架、膜结构、玻璃、现代木构等	特种结构形式、材料等较多
建筑类型	居住、行政及其附属设施、礼制（祭祀）、宗教、商业与手工业、教育、文化、娱乐、园林与风景、市政、标志、防御等	按使用功能可分： 1：生产性建筑：工业建筑、农业建筑 工业建筑：也可叫厂房类建筑，如生产车间、辅助车间、动力用房、仓储建筑等 农业建筑：温室、畜禽饲养场、粮食与饲料加工站、农机修理站等 2：非生产性建筑：民用建筑 （1）按照民用建筑的使用功能分类：居住建筑，公共建筑 居住建筑：住宅、公寓、别墅、宿舍 公共建筑： 行政办公：机关、企事业单位的办公楼 文教：学校、图书馆、文化宫等 托教：托儿所，幼儿园等 科研：研究所、科学实验楼等 医疗：医院、门诊部、疗养院等 商业：商店、商场、购物中心等 观览：电影院、剧院、购物中心等 体育：体育馆、体育场、健身房、游泳池等 旅馆：旅馆、宾馆、招待所等 交通：航空港、水路客运站、火车站、汽车站、地铁站等 通讯广播：电信楼、广播电视台、邮电局等 园林：公园、动物园、植物园、亭台楼榭等 纪念：纪念堂、纪念碑、陵园等 其他：监狱、派出所、消防站等	中国传统建筑类型的划分，仅就使用功能而言，其材料、造型、结构体系并无大区别。西方现代建筑划分种类较多，其造型、结构体系等往往区别较大
层数	绝大多数为单层建筑	单层、多层、高层、超高层等，单层少见	现代建筑很少采用单层建筑

中西文化交流由来已久，中西建筑文化交流亦然。有学者认为，1557 年葡萄牙人开始在澳门，用砖瓦木石建造永久性房屋并修筑炮台，出现高楼大厦[③]。由此进一步推论，澳门是我国最早的外国租借地，西式建筑随之而入，出现新式房屋、街

[①] 邹德侬：《中国现代建筑史》，天津：天津科学技术出版社，2001 年，第 3 页。
[②] 由此专著资料经部分改写。详见建筑文化考察组：《中山纪念建筑》，天津：天津大学出版社，2009 年，第 73—74 页。
[③] 戴裔煊：《关于葡人居澳门的年代问题：澳门史与中西交通研究》，广州：广东高等教育出版社，1998 年，第 13—19 页。

道和洋行[①]等。当然，此时的中国文化对西方也逐渐产生影响，如我国造园艺术在欧洲的传播和影响[②]。

实际上，中外建筑交流远早于此。譬如，现存广州的怀圣寺光塔应为唐代遗物[③]，泉州清净寺始建北宋而复建于元代[④]。其后虽然经过多次修缮，仍基本保持元代格局[⑤]。未来随着相关国内外建筑文化的交流专题研究进一步深入，唐宋之际甚或更早的外来建筑文化，定当不止于此。

可惜的是，中国延续下来的农耕社会中曾经创造的璀璨文化（包括传统建筑文化），没有能够及时汲取、融合西方工业革命以来的伟大成就，而相对越来越落后，以致一度徘徊在亡国灭种的边缘。

或许，这也正是晚清以来的我国传统建筑文化的真实写照。这一份沉甸甸的历史重任，责无旁贷地落在了中国第一代建筑师身上，而吕彦直无疑是其中最杰出的代表。

二、吕彦直建筑思想的影响与启示

有研究者认为，1925年中山陵悬奖征求图案与1926年广州中山纪念堂、纪念碑设计竞赛，开启了中国近现代建筑师在评选中获奖并实施的重要实践，暗示"自立"和掌握"话语权"的重要意义[⑥]。吕彦直的出现，使时人看到了"西学中用"的典范和打破传统与现代界限的可能，是中国现代建筑设计的一个里程碑[⑦]。

作为我国第一代建筑师群体的杰出代表，吕彦直1925年因在悬奖征求孙中山陵墓图案活动中摘得头奖而声名鹊起，次年又在广州中山纪念堂及纪念碑设计竞赛中再拔头筹而享誉中外。襄然举首于民国时期两项最重要的建筑设计竞赛见证了一位设计师新秀的冉冉升起，光芒四射。随后在中山陵和广州中山纪念堂及纪念碑的工程中，其创造性地运用现代建造技术表现传统民族形式，开启了我国传统建筑民

---

① 李晓丹：《17—18世纪中西建筑文化交流》，天津：天津大学博士学位论文，2004年，第23页。
② A.陈平：《东方的意象 西方的反响——18世纪钱伯斯东方园林理论及其批评反应》，《美术研究》2016年04期；
B.郭海强：《中国园林艺术对西方园林的影响》，《广东园林》2002年02期。
③ 陈泽泓：《广州怀圣寺光塔建造年代考》，《岭南文史》2002年04期。
④ 福建省博物馆等：《泉州清净寺奉天坛基址发掘报告》，《考古学报》1991年03期。
⑤ 黄天柱：《福建泉州清净寺建筑形式考察记》，《考古》1992年01期。
⑥ 黄元炤：《杨锡宗：近代，从景观设计切入到建筑设计的翘楚》，《世界建筑导报》2013年06期。
⑦ 赵冉：《浅析建筑大师吕彦直和他的建筑思想》，《美术教育研究》2015年09期。

族复兴的浪潮，前已提及被梁思成评价为"近代国人设计以古代式样应用于新建筑之嚆矢，适足以象征我民族复兴之始也"[1]。

惜乎，吕彦直积劳成疾、英年早逝。这对其个人抑或整个近代民族形式建筑探索，都是极大损失[2]。但建成的中山陵建筑群与自然环境相得益彰、浑然天成，卓尔不群、大放异彩而为世人所瞩目；中山纪念堂则外仿古代宫殿，内仿西洋舞台，上下两层，可容五千余人，参新摹古，堂皇壮丽，无与伦比。更重要的是，其建筑思想所蕴含的智慧与价值永远闪耀着光辉，带给中国现代建筑之路以影响和启示。

前文我们曾将吕彦直的建筑思想归纳为建筑设计思想、规划设计思想和遗产保护思想三个方面。建筑设计方面，其主张公共建筑与私人住宅相区别，发扬国粹与应用西学相结合，形式表现与精神内涵相统一，建筑设计与管理落实相协调；规划设计方面，其强调计划研究与落实管理并举，现实情状与未来发展兼顾，师法欧美与弘扬国粹同行；遗产保护方面，其认为建筑是文化的载体和文明的表征；中国传统建筑因其独特价值而在世界建筑中占有一席之地，乃重要国粹，有保存之必要；面对遗产，应结合实际情况和现实需要实现保护与利用相结合，即在利用中保护和保护中利用。

综合来看，这三个方面的建筑思想蕴含了吕彦直一以贯之的精神内核，即"融合中西"的理念。而这一理念的形成，我们认为主要有三个方面的原因：

首先是时代背景使然。近代伴随列强入侵，西学东渐不仅使国人接触到西方进步科技与思潮，且刺激国人救亡图存的民族情绪。前者诱发了对传统建筑的否定和对西式建筑的崇尚，后者则推动了对民族传统文化的反思与重视，两者结合，即对科学性与民族性的双重追求[3]。在此背景下，"中西建筑交融"的思想影响重大，并在20世纪20年代中期后以中山陵的建设为起点形成一股热潮。吕彦直设计作品之成功与巨大反响，正反映、解答出此时代、社会、文化、政治等多方面综合下的背景诉求，可谓切中了全社会各方面的呼唤。

其次是家世环境熏陶。吕彦直融合中西之建筑设计理念的形成，与其个人经历

---

[1] 梁思成：《梁思成全集》（第四卷），北京：中国建筑工业出版社，2001年，第5页、第215页。
[2] 陈晨、王柯：《民国建筑师在南京的民族形式建筑创作轨迹（1927—1937）》，《建筑师》2019年08期（总200期）。
[3] 赖德霖：《中国近代建筑史研究》，北京：清华大学出版社，2007年，第181—192页。

及家世环境密不可分。1901年，年仅7岁的吕彦直丧父，后跟随姐姐旅居法国，较早地接触到西方文化，1905年吕彦直回国后寄居燕京，并于1908年入五城学堂，受教于林纾。作为中国近代最重要的翻译家之一，林纾同样具备深厚的传统文化功底，可谓通晓东西。在林纾的教导下，吕彦直既打下了扎实的传统文化功底，亦深化了对西学的认识。同时，吕彦直之父吕增祥为清末举人，国学造诣颇深；而吕增祥与近代西学大家严复不仅是密友，更是姻亲——严复长子取吕增祥次女为妻。吕增祥去世后，吕彦直寄养在严复长子严璩家中；而严璩曾留学英国，后历任北京大学教员，驻英、法、俄、德使署参赞等，对西方亦有深入认识。正是这样兼顾中西的人生经历和家世背景，开拓了吕彦直眼界和学识，为其博采中西、兼收并蓄的思想打下深厚的基础，准备了充分的条件。

再则是学院派教育影响。吕彦直留美所处的20世纪初正是美国布扎（Beaux-Arts）建筑教育发展的巅峰时期，而康奈尔大学又是最早执行布扎教育的院校之一。布扎建筑教育体系一方面注重学生对西方古典复兴风格的训练，另一方面鼓励学生吸收其他元素进行创新设计；同时，其设计理念对秩序——如轴线、对称等的强调与追求，又与中国传统建筑颇为契合。这种教育理念和内容，不仅催生了吕彦直融合中西之建筑设计思想并进行相关创作，而且成为其日后执业实践中惯用设计手法——以西方古典建筑为部分原型，吸收融合中国传统建筑形式与元素的先导。

在时代背景、家世环境和教育经历等三重因素影响之下形成的融合中西之建筑思想，对吕彦直乃至中国近现代建筑史产生了重要而深远的影响。有学者指出，中国近现代建筑史上曾兴起一股"中西建筑交融"的思潮，并以1925年中山陵墓建设为起点形成了较大规模的设计实践活动[1]。这一思潮与实践的核心宗旨是"融合东西建筑学之特长，以发扬吾国建筑固有之色彩"[2]，或曰"采纳西方建筑之长，保存我东方固有的建筑色彩，以创造新的建筑形式"[3]。作为中山陵与广州中山纪念堂的设计者与监工，吕彦直在这股潮流中无疑充当了领军的角色。体现融合中西之设计思想的这两座中山纪念建筑，不仅成为引领潮流的扛鼎之作，而且直接推动了我国建筑领域的民族复兴。

1929年，国民政府制定《首都计划》，其中对于建筑风格明确倡导"中国固

---

[1] 侯幼彬：《文化碰撞与"中西建筑交融"》，《华中建筑》1988年第3期。
[2] 赵深：《发刊词》，《中国建筑》1932年创刊号。
[3] 黄钟琳：《建筑物新的趋向》，《建筑月刊》1932年创刊号。

有形式"。至此，南京中山陵和广州中山纪念堂所代表的建筑理念被迅速扩展，并上升为国家建筑形态层面，此后更是掀起一股兴建"中国固有形式"建筑的高潮。侯幼彬曾指出，这股"中西交融"的建筑思潮和"中国固有形式"的建筑实践，对1949年以后的建筑产生了深远影响；而当代中国的建筑活动所追求的民族形式、民族风格，实际正是这一建筑活动的继续和重演[1]。从这个意义上说，吕彦直的建筑思想和实践，不愧是梁思成先生所称"近代国人设计以古代式样应用于新建筑之嚆矢，适足以象征我民族复兴之始也"。

如今我们所处的时代虽有别于百年前，所面临的问题亦不同于彼时，但同样是在一个文化多元的环境中探索具有自身特色的中国现代建筑之路。有识者认为，一种文明之所以源远流长，多因其顽强的自我再生能力，尤其表现为纵向的本民族历史经验之自省和横向的他种文明智慧之采纳，且二者缺一不可。不以横向采纳为纬，则失之封闭，最终将自弃于世界发展的潮流；不以纵向自省为经，则失之根基，最终将自灭于后继乏力的困境[2]。近代中国中体西用的思想正是民族危亡之际国人自救的探索，而建筑领域融合中西的设计思想与实践则是建筑学人面对传统建筑现代转型困境时所作的努力。这一思想不仅在当时发挥了重要作用，即使对今天的文化传承与创新仍具有现实的启示意义。进一步，如何在文化多元的环境中博采众长、兼收并蓄，走出一条具有自身特色又符合时代潮流的现代建筑之路，吕彦直的生平经历、作品文存及思想理念蕴含了丰富的启示：

首先，要有开放包容的态度和开阔深远的眼界。近代中国从封闭走向开放，在此大的时代背景和家世环境下，吕彦直具备中外生活经历，体验了不同的文化环境，接受了东西文化的洗礼。这样的人生经历赋予了吕彦直开放包容的态度和开阔深远的眼界，为其日后萌发融合中西之建筑设计思想并付诸实践准备了条件。

其次，要有民族文化自信和执着探索的自觉。身处多元文化环境虽有利于吸收不同养分，但也容易迷失自我、随波逐流。于是，坚定文化自信和自觉至关重要。通过吕彦直在相关文稿中的表述可以看到，其对我国传统文化有着充分的肯定和深入的研究。例如，其认为中国传统建筑因其独特价值而在世界建筑中占有一席之地，乃重要国粹，有保存发展之必要；至于如何发展，应以实际需求和现代功能为导向，

---

[1] 侯幼彬：《文化碰撞与"中西建筑交融"》，《华中建筑》1988年第3期。
[2] 建筑文化考察组：《中山纪念建筑》，天津：天津大学出版社，2009年，第85页。

以形式表现与精神内涵的统一为追求，以建筑师自身的学识修养、艺术造诣和思想眼界为根本探索创新的结果。在此过程中，对西方新技术、新材料、新方法以及建筑学原理的吸收与运用是实现的手段。

再者，要有勇于任事的责任和勤勉实干的精神。关于这一点，吕彦直去世后国民政府所颁发的褒扬令即是最好的证明："总理葬事筹备处建筑师吕彦直，学识优长，勇于任事，此次筹建总理陵墓，计划图样，昕夕勤劳，适届工程甫竣之时，遽尔病逝。眷念劳贤，惋惜殊深，应予褒扬，并给营葬费二千元，以示优遇。此令。"① 通过前文的考察不难发现，由于时局、经济、军事等诸多因素的影响，南京中山陵和广州中山纪念堂两项工程建设期间面临诸多困难与挑战；但吕彦直未有丝毫逃避与退缩，反而凭借一丝不苟的态度和精益求精的精神，成就了两座中国近现代建筑史上的经典。

最后，要有精诚协作的意识和择善如流的胸怀。一座建筑从构思到蓝图再到落地，包含的智慧、心血与精力远非一人所可以承担。中山陵和广州中山纪念堂的诞生，明面上至少是业主、建筑师、营造厂、政府等通力合作的成果，背后更有数不清的"无名英雄"辛勤付出的劳动。仅就建筑师一方而言，虽以吕彦直冠名，实乃彦记建筑事务所整个团体。例如，中山陵工程中，徐镇藩负责驻山监工，裘燮钧往返沪宁处理工程难题，吕彦直则坐镇上海协调各方，另有刘福泰、卓文扬、葛宏夫等人倾力绘制工程详图，黄檀甫和李锦沛则在吕彦直患病期间协助处理工程事宜，并在后者去世后，直接接续承担中山陵和广州中山纪念堂、纪念碑工程，确保工程完竣且风格统一。吕彦直领导的彦记建筑事务所同仁所表现出的精诚合作意识和择善如流的胸怀，迸发出非凡的创造力，令人惊叹！以吕彦直为代表的我国第一代建筑师们耕耘在生产实践第一线，将民族文化与现代科技相融并努力探索，取得了无愧于时代的伟大成就。吕彦直的建筑历程虽然短暂，但其设计风格和理念却对后世的中国建筑师们有着深远影响②。我们应该而且必须进一步沿着以吕彦直为代表的先贤们所开辟的建筑之路走下去，进一步深入研究、探索具有中国特色的现代建筑之路。

诚如我们在前文一直提出的是，吕彦直的规划设计思想，尤其是关于《建设首都市区计画大纲草案》中，有些内容与当时的实际有别，不合于事实。例如，"若

---

① 《褒扬病逝建筑师吕彦直》，《国民政府公报》1929 年 6 月，第 189 号。
② 赵雅芝：《吕彦直建筑实践及理念探析》，山西大学硕士学位论文，2015 年，第 44 页。

南京者，虽为吾国历代之故都，但其所被兵燹之祸独烈，所留之遗迹最缺，其有保存之价值者盖尠，全城三分之二，实可目之为邱墟、等诸于平地。故就今日南京状况观之，可谓其兼有法、美二京初设时之情势，则规画之事、理想与实际当兼并而出之，以臻于至善""中央政府区，宜就明故宫遗址布设之，依照本计画之所拟，将来南京都市全部造成之时，此处适居于中正之地位。""京市区先就城中南北两部改造之，而东南两面，则拆除其城垣，以扩成为最新之市区。夫城垣为封建时代之遗物，限制都市之发展，在今日已无存在之价值。惟南京之城垣，为古迹之一种，除东南方面阻碍新计画之发展，必须拆却外，其北面及西面，可利用之以隔绝城外铁道及工业区之尘嚣，并留为历史上之遗迹""中央政府区，或即称国府区，位于明故宫遗址。地段既极适合，而其间残迹殆尽，尤便于从新设施。按南京形势，东北屏钟山，西北依大江，受此两方之限制，将来都市发展，必向东南方之高原。则故宫一隅，适居于中点，故定为中枢区域，又其要因也。规画此区，首在拆卸东南两面之城垣，铲平其高地，而填没城内外之濠渠，以便铺设道路"等。其某些观念在今天看来，更是与文化遗产保护、建筑考古学认识等南辕北辙，当是其个人与时代局限所致，颇为可惜，亦无需苛求。

第三节 小结

1927年至1937年被称为民国建筑发展的黄金十年，在此期间，掀起了一股"中国固有式建筑"的兴建热潮，一大批富有学识和时代责任感的建筑师投入到探索中国传统建筑现代复兴的洪流中。这股热潮的起点一般被认为是吕彦直设计的中山陵，而吕彦直无疑成为引领中国传统建筑民族复兴的先驱和巨匠。此后，这股热潮虽有减退，但从未停止；时至今日的中国近现代建筑，还步履蹒跚地跋涉在探索自身特色之路上。因此，深入探析、研究以吕彦直为翘楚的我国近现代建筑师的成长历程及其取得的成就、价值、未竟事业及影响和启示等，无疑具有继往开来、推陈出新之意义。

本章主要从作品与思想两个角度评估吕彦直留给我们的遗产：

作品方面，主要通过考察关于吕彦直作品（以吕彦直的代表作品——中山陵和广州中山纪念堂为重点）的多方评价以还原吕彦直及其作品的真实地位与影响。经研究，我们认为中山陵作为中国近现代建筑史上的经典，在社会与建筑层面均有里

程碑式的意义并产生了广泛而深远的影响；而广州中山纪念堂则是西方古典主义的构图原则和中国传统建筑形式相结合的典范，不仅实现了技术的突破——首创现代钢筋混凝土技术应用于中国传统建筑形式，而且达到了极高的艺术价值。

  思想方面，本章着力探究吕彦直建筑思想对中国近现代建筑发展的启示与意义。通过分析吕彦直的作品与文存中的相关表述不难发现，"融合中西"是吕彦直建筑思想的内核，其本质是创作民族风格、发扬民族传统的民族主义。该思想与体现该思想的设计作品——中山陵和广州中山纪念堂一起，推动了近代中国建筑领域的民族复兴运动，增强了民族自信，并对后续至今的现代中国建筑之路产生了深远影响。

结　语

一、创新与收获

本书是以我国第一代建筑师的杰出代表——吕彦直为研究对象，综合利用各类资料，在已有成果基础上开展的综合研究。为了尽可能形成准确、全面、系统地认识，文章在如下方面作出了尝试、努力和创新，并取得了一些相关收获：

（1）由于英年早逝且无子嗣，学界对吕彦直生平与家世（尤其是吕彦直的早期经历）的认识颇为有限。本书利用民国时期报纸、杂志、公文、书信等文献资料，结合私人收藏的档案、文稿等，在已有研究基础上，较为系统、完整地考察了吕彦直的生平，主要涉及其家世背景、求学过程、执业经历、社会活动、患病逝世及未竟事业等方面，从而构建起关于吕彦直人生经历更加具体、丰富又不失准确、系统的认识。

（2）本书对吕彦直的两件代表作品——中山陵和广州中山纪念堂——亦是中国近现代建筑史上的两个经典案例，作了从建设动议到征求图案再到落地施工以至最终竣工的完整考察，这一工作不仅让我们对这两项工程的经过细节有了更加具体的了解，而且使我们对吕彦直在其中承担的角色和发挥的作用有了更加深入的认识。同时，吕彦直设计此两件作品的背景、经过和监造工程期间所面临的困难、曲折亦因此得以呈现，突显了吕彦直及其领导的彦记建筑事务所同仁一丝不苟的态度和精益求精的精神。

（3）在短暂的一生中，吕彦直留下了为数不多的作品（有的已落地建成，如中山陵、广州中山纪念堂及纪念碑等；有的则停留在纸上，如留学康奈尔大学期间的设计习作）、持志大学图纸和文稿，是我们认识和理解其设计理念与思想的重要媒介或资料。然而，这些作品和文稿散落各地，有的甚至封藏在国外档案馆中。为此，我们通过多种途径搜集——利用数据库资源、求助黄檀甫后人、联系国内外相关收藏机构及实地考察等，尽可能全面地掌握了这些资料，并将其辑录、整理，形成了目前关于吕彦直作品与文存的较系统认识。

（4）在搜集、整理吕彦直作品与文存的过程中，本书新发现了吕彦直的设计作品——持志大学校园设计图，并考证出其是吕彦直参展第一届全国美术展览会的四件作品之一。进一步的，依据民国时期相关文献，我们考察了吕彦直及彦记建筑事务所开展持志大学校园设计的背景及后续夭折的原因。此外，我们增录了吕彦直的两份重要文稿：《吕建筑师工程简要报告》和"Memorials to Dr. Sun Yat-sen in Nanking and Canton"。前者系吕彦直于1926年年末就中山陵墓工程自该年年初兴工以来的工程进展所作的报告；后者乃吕彦直发表于 *The Far Eastern Review* 上的英文文章。这些工作无疑均有助于推进我们对吕彦直乃至中国近现代建筑史的研究与认识。

（5）结合设计作品与相关文存，本书从建筑设计、规划设计和遗产保护三个方面对吕彦直的建筑思想作了系统论述。首先，通过分析中山陵和广州中山纪念堂的设计意匠，结合吕彦直文存中的相关阐述，我们归纳出吕彦直的建筑设计思想：公共建筑与私人住宅相区别，发扬国粹与应用西学相结合，形式表现与精神内涵相统一，建筑设计与管理落实相协调。其次，依据吕彦直所作的南京首都市区规划设计及相关表述，本书总结了吕彦直的规划设计思想：计划研究与落实管理并举，现实情状与未来发展兼顾，师法欧美与弘扬国粹同行。最后，基于散见于文稿中的相关文字，文中梳理了吕彦直的遗产保护思想：建筑是文化的载体和文明的表征；中国传统建筑因其独特价值而在世界建筑中占有一席之地，乃重要国粹，有保存之必要；面对遗产，应结合实际情况和现实需要实现保护与利用相结合。

（6）通过考察关于吕彦直作品的多方评价，包括施工前的、竣工后的，民国的、当代的，专业的、大众的，正面的、负面的等，本书试图评估与还原吕彦直及其作品的真实地位与影响，从而客观、辩证地看待作为引领我国传统建筑民族复兴的巨匠——吕彦直，所留给我们的遗产及其重要启示。

二、不足与展望

本书在取得上述收获的同时，由于主、客观原因，在如下方面还存在不足：

（1）尽管本书通过多种途径获取相关档案资料，且取得了超越相关研究的成果，但仍未实现关于吕彦直档案的全面获取。例如，关于吕彦直致茂飞的辞职信，尽管我们已查明其收藏在美国耶鲁大学档案馆且多次邮件沟通，但该机构反馈的文件中仍缺失该档案。而当我们准备飞赴美国交涉获取时，又受新冠疫情的影响而搁置。又如，吕彦直参与设计的上海银行公会大楼图纸，现藏于上海城市建设档案馆，经多方联系，我们获取到了带水印的档案复印件，但原件因涉及产权和安全（该建筑仍在使用中）而暂时无法调取，颇为遗憾。凡此种种，一些较难克服的因素导致本书搜集的关于吕彦直的资料，还有进一步完善、补充的空间。

（2）关于吕彦直的生平，本书的研究虽构建起基本的脉络，但其若干人生阶段仍因资料太少而缺乏深入认识。其一，吕彦直游学法国的经历，文中通过考证明确其始于1902年，终于1905年，但此三年期间吕彦直旅法生活的详情以及是否接受了或受了哪些西式的启蒙教育，我们目前并不清楚。其二，吕彦直留美期间的学习与生活经历十分重要，关系到其设计理念和思想的萌芽与形成；目前我们虽掌握了一些档案，可借以窥探考察，但总体来说并不丰富。其三，有观点认为吕彦直追随茂飞实习期间曾协助测绘了大量北京紫禁城建筑并做过精心研究[①]，我们目前尚无法证实这个信息的真伪等。诸如上述问题，仍须留待日后新材料的发现和研究的深入来解决。

（3）本书的研究侧重于对吕彦直生平事迹、设计作品和建筑思想的考察，而对其社会交往及人际关系的探究显得薄弱，如此造成本研究相对静态、平实，缺乏动态、立体的观照。实际上，吕彦直的一生虽短暂，但经历却十分丰富。例如，生活上早年丧父寄养于长姐家庭，之后受教育经历兼及西式现代和中式传统，而执业经历既包括受雇国外建筑事务所，也包括独立创办个人设计公司等。这些经历无疑会产生复杂、多样的社会交往和人际关系，并进一步影响其世界观、人生观和价值观。如能采取合适的研究方法，对此方面做系统、深入的考察，想必会推动关于吕彦直的认识取得突破。

（4）对吕彦直规划设计思想中的瑕疵与时代局限性等，或可以进一步认识等。

总之，受限于主、客观原因，本书在资料获取、研究内容、研究角度等方面仍有不足，希冀能在未来随着新材料的发现、新方法的运用而补充、完善和深入。

---

① A. 黄建德：《吕彦直先生生平事迹补遗》，《风采》1981年02期；
B. 杨永生、刘叙杰、林洙：《建筑五宗师》，天津：百花文艺出版社，2005年，第8页。

参考文献

一、古籍

（南朝·宋）范晔：《后汉书》，北京：中华书局，1965年。

（清）刘廷槐纂修，余培森修订：《来安县志》，合肥：黄山书社，2007年。

（清）王文韶：《王文韶日记》，北京：中华书局，1989年。

（清）熊祖诒纂修：《滁州志》，清光绪二十三年刻本。

（清）徐宗亮纂：《光绪重修天津府志》，清光绪二十五年刻本。

（清）薛福成：《出使英法义比四国日记》，清光绪十八年铅印本。

（清）朱寿朋：《光绪朝东华录》，北京：中华书局，1960年。

二、档案

《筹委会第四次会议议事录》，广州市档案馆馆藏档案，全宗号：4-01；目录号：7；案卷号：46-3。

《筹委会第五次会议议事录》，广州市档案馆馆藏档案，全宗号：4-01；目录号：7；案卷号：46-1。

《筹委会第七次会议议事日程》，广州市档案馆馆藏档案，全宗号：4-01；目录号：7；案卷号：46-1。

《筹委会第九次会议议事录》，广州市档案馆馆藏档案，全宗号：4-01；目录号：7；案卷号：46-2。

《孙中山先生广州纪念堂筹备委员会第十二次会议议事录》，广州市档案馆馆藏档案，全宗号：4-01；目录号：7；案卷号：46-2。

《德宣路住户代表呈为建筑中山纪念堂请免收割粤秀街坊巷民业》，广州市档案馆馆藏档案，全宗号：4-01；目录号：7；案卷号：46-2。

《工务局审查意见》，广州市档案馆馆藏档案，全宗号：4-01；目录号：7；案卷号：46-1。

《关于征集中山纪念碑题字案》，广州市档案馆馆藏档案，全宗号：4-01；目录号：7；案卷号：46-4。

《广州市中山纪念堂纪念碑建筑管理委员会1936年11月1日第二次全体委员会议事议程》，广州市档案馆馆藏档案，全宗号：4-01；目录号：7；案卷号：46-6。

《建筑纪念堂西北马路案》，广州市档案馆馆藏档案，全宗号：4-01；目录号：7；案卷号：46-5。

《金陵女子大学校长报告》，1918年5月，耶鲁大学图书馆藏，第3页。

《九龙街民房估价》，广州市档案馆馆藏档案，全宗号：4-01；目录号：7；案卷号：46-7。

《科学社股东姓名住址录》，上海市档案馆藏，档案号：Q546-1-90。

《林业明、杨铨致孙科函》，南京市档案馆馆藏档案，档案号：1005-1-239。

《吕彦直寄来工作图样二十三纸》，广州市档案馆馆藏档案，全宗号：4-01；目录号：7；案卷号：46-1。

《吕彦直由沪来函抄件》，广州市档案馆馆藏档案，全宗号：4-01；目录号：7；案卷号：46-1。

《孙中山先生广州纪念堂筹备委员会与美商慎昌洋行订立合约》，广州市档案馆馆藏档案，全宗号：4-01；目录号：7；案卷号：46-3。

《姚新记致孙中山先生葬事筹备委员会函》，南京市档案馆藏，档案号：1005-3-534。

《一月二十五日开投孙中山先生广州纪念堂及纪念碑工程情形表》，广州市档案馆馆藏档案，全宗号：4-01；目录号：7；案卷号：46-1。

《永兴隆号承建中山纪念堂北路工程合约》，广州市档案馆馆藏档案，全宗号：4-01；目录号：7；案卷号：46-5。

《中国国民党中央执监委员非常会议公函第二十一号》，广州市档案馆馆藏档案，全宗号：4-01；目录号：7；案卷号：46-4。

《中山纪念堂北路预算表》，广州市档案馆馆藏档案，全宗号：4-01；目录号：

7；案卷号：46-5。

《吕彦直致姚新记函》，南京市档案馆藏，档案号：1005-1-239。

《孙科致林业明、杨杏佛筱电》，南京市档案馆藏，档案号：1005-1-240。

《葬事筹备处致吕彦直函》，1926年8月，南京市档案馆藏，档案号：1005-1-239。

《孙科关于总理葬事筹备经过之报告》，1926年1月12日，《中国国民党第二次全国代表大会会议纪录》，上海图书馆藏，1926年。

Ginling College（《金陵女子大学1924年纪念册》），Nanking, China, 1924, *Henry Killam Murphy Papers (MS 231)*. Manuscripts and Archives, Yale University Library.

The Announcement of the College of Architecture, the Register of Cornell University, College of Architecture, Ithaca: Cornell University Archives, Jan. 1915—1916, Vol.VI, No.15.

Peking University Trustees to Murphy & Dana, July 28, 1919, Archives of United Board for Christian Higher Education in Asia, Yale University, Record Group 11, Box 345, Folder 5291, Divinity School Library, Yale University, New Haven.

The Announcement of the College of Architecture, the Register of Cornell University, College of Architecture, Ithaca: Cornell University Archives, Jan. 1914—1915, Vol.VI, No.3.

The Cornellian., v.49 1917. Ithaca, N.Y.:Secret Societies of Cornell University.

The Cornellian., v.51 1919. Ithaca, N.Y.:Secret Societies of Cornell University.

The Cornellian., v.47 1914/15. Ithaca, N.Y.:Secret Societies of Cornell University.

三、近代报纸杂志

（一）近代报纸名录

《北洋官报》《北洋画报》《大公报（天津）》《广东建设公报》《广东省政府周报》《广西教育公报》《广州民国日报》《广州市市政公报》《国际公报》《国民政府公报》《国闻报》《国闻周报》《行政院公报》《华商联合报》《江苏省政府公报》《晶报》《民报》《民国日报》《闽报》《南京市政府公报》《南

京特别市市政公报》《内政公报》《琼报》《清华年报（1923—1924）》《山东民国日报》《山西教育公报》《上海画报》《上海夜报》《申报》《时报》《时事新报（上海）》《铁报》《图画时报》《团结报》《新闻报》《新闻报图画附刊》《新中国报》《学部官报》《益世报（天津）》《政府公报》《政治官报》《中国商报》《中央日报》

The China Press　The China Weekly Review　The Far Eastern Review　The North-China Daily News　The North China Desk Hong List　The North-China Herald　The North-China Herald and Supreme Court & Consular Gazette　The Shanghai Times

（二）近代杂志

《本会会员吕彦直先生遗像》，《工程：中国工程学会会刊》1929年第3期。

《本校校长廖夫人何香凝女士抵粤》，《新农业》1935年第2期。

《德宣路住户代表呈为建筑中山纪念堂请免收割民房案（一）》，《中央政治会议广州分会月刊》1928年第5期。

《故吕彦直建筑师传》，《中国建筑》1933年第1期。

《广州孙中山先生纪念堂碑落成》，《工程：中国工程学会会刊》1932年第1期。

《广州孙中山先生纪念堂碑落成》，《山东省建设月刊》1931年第11期。

《国内时事》，《东方杂志》第32卷第13期。

《何市长在第六次总理纪念周之报告》，《南京特别市市政公报》1927年第3期。

《建筑家吕彦直及其最后遗作》，《良友》1929年第40期。

《吕古愚略传》，《科学》1929年第14卷第3期。

《清华学校纪略》，《东方杂志》1917年第10期。

《日熊本县建中山纪念碑》，《兴华》1937年第22期。

《上海银行公会募集房地产公债详情》，《银行月刊》1923年第7期。

《沈阳设立中山图书馆》，《中华图书馆协会会报》1929年第6期。

《事务报告》，《中山陵园工作月报》1929年第6期。

《试验中山陵墓所用材料》，《南洋旬刊》1926年第8期。

《孙中山逝世（附中山先生略史）》，《少年（上海1911）》1925年第4期。

《函广州中山纪念堂纪念碑建筑管理委员会组织章程并推派李绮庵等为委员请查照由》，《西南党务年刊》1933年，第261页。

《燕京大学校务纪闻：该校落成礼典之经过》，《中华基督教教育季刊》1929年第4期。

《燕京大学之成立》，《通问报：耶稣教家庭新闻》1919年第860期。

《友邦对于总理陵墓谈》，《汉平新语》1928年第5期。

《游美肄业馆将开办》，《教育杂志》1911年第1期。

《园务报告》，《中山陵园工作月报》1929年第7期。

《中国建筑师学会会员录》，《中国建筑》创刊号。

《中山陵园成立以来工作报告概要》，《中山陵园工作月报》1929年第8期。

《中山陵园计划委员会第一次会议纪录概要》，《中山陵园工作月报》1929年第6期。

《中山图书馆》，《兴华》1925年第22卷。

《中山图书馆之筹备》，《图书馆学季刊》1926年第2期。

《总理陵墓及陵园工程》，《工程周刊》1932年第2期。

持志大学学生：《持志年刊》，良友图书印刷公司，1928年第3期。

崔蔚芬：《广州中山纪念堂施工实况》，《工程：中国工程学会会刊》1932年第4期。

董大酉：《广州中山纪念堂建筑概述》，《中国建筑》1933年第1期。

范文照：《参观美展建筑部之感想》，《美展》第9期。

胡适：《南游杂忆》，《独立评论》1935年（总）第142期。

江柳声：《廖仲恺先生之墓》，《中央画刊》1929年第5期。

康有为：《琴南先生写万木草堂图题诗见赠赋谢》，《庸言》第一卷第七号。

梁思成：《建筑设计参考图集序》，《中国营造学社汇刊》1935年第2期。

李铿、冯宝龄：《广州中山纪念堂工程设计》，《工程：中国工程学会会刊》1932年第3期。

李寓一：《教育部全国美术展览会参观记》，《妇女杂志（上海）》1929年第7期。

吕彦直：《爱迭生年谱》，《科学》1915年第11期。

吕彦直：《规划首都都市区图案大纲草案》，《首都建设》1929年第1期。

麦美德：《中国基督教女子高等教育概论》，《中国基都教会年鉴》1917年04期。

史襄哉：《国民革命军遗族学校的过去现在和将来》，《励志季刊》1931年创刊号。

夏光宇：《总理陵墓及陵园工程》，《工程周刊》1932年第7卷第2期。

杨德新、施孔范：《孙中山陵墓所用石头试验报告书》，《南洋季刊》1926年第2期。

杨民威：《中国的建筑与民族主义》，《前锋月刊》1930年第1期。

赵深：《发刊词》，《中国建筑》创刊号。

Henry, K. Murphy, "Hails the Beauty of Forbidden City: New York Architect Says It Contains the Finest Group of Buildings in the World," *New York Times*, July 18, 1926.

Henry, K. Murphy, "Architectural Renaissance in China," *Asia* 28, June 1928, No.6.

Y.C.LU, "Memorials to Dr. Sun Yat-sen in Nanking and Canton," *The Far Eastern Review*, Vol.25, No.3, March 1929.

四、论文

（一）期刊论文

陈晨、王柯：《民国建筑师在南京的民族形式建筑创作轨迹（1927—1937）》，《建筑师》2019年08期。

陈平：《东方的意象 西方的反响——18世纪钱伯斯东方园林理论及其批评反应》，《美术研究》2016年04期。

陈泽泓：《广州怀圣寺光塔建造年代考》，《岭南文史》2002年04期。

德文：《浅议吕彦直与墨菲就当年南京政府中心选址和构思之辩》，《北京规划建设》2008年04期。

董黎：《金陵女子大学的创建过程及建筑艺术评析》，《华南理工大学学报（社会科学版）》，2004年04期。

董铁军：《吕彦直的建筑设计思想及实践》，《兰台世界》2013年10期。

杜玉生：《北魏永宁寺塔基发掘简报》，《考古》1981年03期。

樊洪业：《对爱迪生致赵元任函的解读》，《科学》2014年02期。

福建省博物馆等：《泉州清净寺奉天坛基址发掘报告》，《考古学报》1991年03期。

傅熹年：《唐长安大明宫含元殿原状的探讨》，《文物》1973年07期。

甘霖：《吕彦直和中山纪念堂》，《建筑工人》1981 年 10 期。

郭道平：《辛亥以前严复林纾交游考论》，《现代中文学刊》2017 年 02 期。

郭海强：《中国园林艺术对西方园林的影响》，《广东园林》2002 年 02 期。

郭湖生：《麟德殿遗址的意义和初步分析》，《考古》1961 年 011 期。

郭湖生：《中国古代建筑的格局与气质》，《文史知识》1987 年 02 期。

洪泓：《论中山陵之自然观》，《美术大观》2012 年第 11 期。

黄建德：《吕彦直先生生平事迹补遗》，《风采》1981 年 02 期。

黄建德：《吕彦直与中山陵》，《人物杂志》1986 年 05 期。

黄天柱：《福建泉州清净寺建筑形式考察记》，《考古》1992 年 01 期。

黄野鲁：《孙中山陵墓的设计师是吕彦直》，《陕西史志》2001 年 03 期。

黄元炤：《杨锡宗：近代，从景观设计切入到建筑设计的翘楚》，《世界建筑导报》2013 年 06 期。

黄元炤：《中国古典主义（下）：中华古典在中国的实践》，《世界建筑导报》2015 年 05 期。

冀楠、李玲：《浅析中国古代建筑取材的原则与意义》，《人文天下》2021 年 01 期。

赖德霖：《阅读吕彦直》，《读书》2004 年 08 期。

赖德霖：《筑林七贤——现代中国建筑师与传统的对话七例》，《世界建筑导报》2011 年 06 期。

冷天：《茂飞与"中国古典建筑复兴"——以金陵女子大学为例》，《建筑师》2010 年 04 期。

李恭忠：《开放的纪念性：中山陵建筑精神的表达与实践》，《南京大学学报（哲学社会科学版）》2004 年 03 期。

李广志：《明州工匠援建日本东大寺论考》，《宁波大学学报（人文科学版）》2010 年 05 期。

李海清、付雪梅：《运作机制与"企业文化"——近代时期中国人自营建筑设计机构初探》，《建筑师》2003 年总第 104 期。

林克明：《广州中山纪念堂》，《建筑学报》1982 年 03 期。

刘丹枫、程建军：《中山纪念堂：一座中国固有式建筑的重读与解析》，《南方建筑》2016年05期。

刘凡：《"警钟长鸣"并非吕彦直设计中山陵的寓意》，《建筑师》1994年总第57期。

刘庆柱：《秦阿房宫遗址的考古发现与研究——兼谈历史资料的科学性与真实性》，《徐州师范大学学报（哲学社会科学版）》2008年02期。

刘天华：《斗兽场和万神庙》，《建筑工人》2001年10期。

刘文祥：《中山陵建筑风格对国立武汉大学珞珈山新校舍的影响——兼论开尔斯、李锦沛在其中之角色》，《新建筑》2019年02期。

娄承浩：《吕彦直：南京中山陵的设计者》，《上海档案》2012年05期。

卢洁峰：《大钟与十字架的叠加——中山陵新解》，《建筑创作》2011年11期。

卢洁峰：《广州中山纪念堂》，《建筑创作》2008年09期。

卢洁峰：《金陵女子大学建筑群与中山陵、广州中山纪念堂的联系》，《建筑创作》2012年04期。

卢洁峰：《吕彦直的家学渊源与他的建筑思想》，《建筑创作》2009年05期。

卢洁峰：《严复与吕增祥的旷世情谊》，《人物》2008年11期。

卢洁峰：《中国近代杰出建筑师：吕彦直生平揭秘》，《环球人物》2008年8月（下）。

路中康：《孙中山现代中国理念与中山陵》，《华中师范大学研究生学报》2009年02期。

马晓、周学鹰：《广州中山纪念堂之建造缘起及其规划建设意匠》，《华中建筑》2013年10期。

马晓、周学鹰：《吕彦直的设计思想与中山陵建筑设计意匠》，《南京社会科学》2009年06期。

彭长欣：《一个现代中国建筑的创建——广州中山纪念堂的建筑与城市空间意义》，《南方建筑》2010年06期。

祁建：《中山陵设计者吕彦直》，《炎黄纵横》2019年12期。

施黎玥：《芝加哥学派对民国时期广州建筑的影响试论——以南方大厦与中山纪念堂为例》，《城市建筑》2021年01期。

孙美琳：《别样的"中"与"西"——中山陵形式问题新探》，《南京艺术学

院学报（美术与设计）》2019 年 05 期。

孙敏：《近代著名建筑师——吕彦直》，《山东建筑史志》1986 年 02 期。

唐钺：《爱迪生传》，《科学》1915 年第 1 卷第 5、6 期。

婉雯、兰英：《中山纪念堂设计师——吕彦直》，《风采》1980 年 03 期。

王昌范：《上海银行公会选址与建楼事略》，《档案春秋》2018 年 08 期。

王贵祥：《建筑理论、建筑史与维特鲁威〈建筑十书〉——读新版中译维特鲁威〈建筑十书〉有感》，《建筑师》2013 年 05 期。

王凯：《中西交汇的起点：明末〈建筑十书〉入华史考略》，《时代建筑》2012 年 03 期。

王岩、杨焕新、冯承泽：《唐东都武则天明堂遗址发掘简报》，《考古》1988 年 03 期。

维特鲁威著，陈平译：《〈建筑十书〉》，《中华建设》2013 年 06 期。

吴焕加：《中国建筑 百年变局》，《建筑学报》2014 年 08 期。

吴雅、尧远：《中山纪念堂的文化传承》，《设计》2013 年 02 期。

徐楠：《广州中山纪念堂建筑工程解读》，《中国建筑文化遗产》第 21 辑，天津：天津大学出版社，2018 年。

徐楠：《以伟大之建筑 作永久之纪念——广州中山纪念堂建筑设计解读》，《中国文化遗产》2017 年 05 期。

徐茵：《南京中山陵设计者吕彦直籍贯新证》，《滁州学院学报》2009 年 04 期。

许康：《爱迪生致赵元任书》，《读书》1997 年 08 期。

薛颖：《美国布扎教育对中国第一代建筑师的影响——以康奈尔大学吕彦直、杨锡宗为例》，《南方建筑》2020 年 01 期。

颜晓烨：《吕彦直》，《装饰》2008 年 07 期。

杨古城、曹厚德：《日本国宝和宁波的造佛师》，《浙江工艺美术》1998 年 02 期。

姚成、吴国源：《汉建章宫布局研究》，《古建园林技术》2020 年 04 期。

殷志强：《中山陵营造始末》，《建筑师》1991 年第 40 卷。

张道康编文，吴继勋绘画：《南国圣堂——建筑师吕彦直的故事》，《建筑工人》1986 年 10 期。

张天新：《成败在于立意——中山陵等几年建筑论评》，《新建筑》1988 年 02 期。

张在元：《并非角落的领域——关于我国建筑学发展的几个问题》，《建筑学报》1986年01期。

赵冉：《浅析建筑大师吕彦直和他的建筑思想》，《美术教育研究》2015年09期。

赵远景：《中山陵建陵史实与吕彦直》，《华中建筑》1994年02期。

郑晓笛：《吕彦直：南京中山陵与广州中山纪念堂》，《建筑史论文集》1984年第14卷。

钟鸿英：《南京中山陵不是失败之作——与"立意篇"作者商榷》，《新建筑》1989年02期。

钟灵：《中山陵图案的青年设计师：吕彦直》，《史志文摘》1985年01期。

周靖程：《中国国家博物馆藏民国时期孙中山像纪念章研究》，《中国国家博物馆馆刊》2017年07期。

朱健、李鑫、董智：《以古罗马为例谈科技与思维对建筑的影响》，《山西建筑》2015年27期。

朱伟：《上海银行公会及其大楼简述》，《都会遗踪》2019年01期。

Delin Lai, "Searching for A Modern Chinese Monument: The Design of the Sun Yat-sen Mausoleum in Nanjing", *Journal of the Society of Architectural Historians*, 2005, Vol.64, No.1.

（二）学位论文

方雪：《墨菲在近代中国的建筑活动》，北京：清华大学硕士学位论文，2010年。

李晓丹：《17—18世纪中西建筑文化交流》，天津：天津大学博士学位论文，2004年。

王琳嫣：《人物·机构——20世纪上半叶中国本土性现代建筑的技术主体成长初探（1910s—1950s）》，南京：东南大学硕士学位论文，2018年。

张力：《南京东郊纪念性场所及中山陵研究》，南京：东南大学博士学位论文，2018年。

赵雅芝：《吕彦直建筑实践及理念探析》，太原：山西大学硕士学位论文，2015年。

庄凯强：《自然·社会·历史维度下的中国近代建筑师形式心理浅析——以吕彦直等为例》，南京：东南大学硕士学位论文，2010年。

Delin Lai, "Chinese Modern: Sun Yat-sen's Mausoleum as a Crucible for Defining

Modern Chinese Architecture", the University of Chicago, August 2007.

（三）相关文集

赖德霖：《中山纪念堂——一个现代中国的宣讲空间》，乐正维、张颐武主编《反思二十世纪中国：文化与艺术——纪念何香凝诞辰130周年国际学术研讨会论文集》，广州：岭南美术出版社，2009年。

刘凡：《吕彦直及中山陵建造经过》，汪坦主编《第三次中国近代建筑史研究讨论会论文集》，北京：中国建筑工业出版社，1991年。

卢洁峰：《中山纪念堂的图纸是如何保存下来的》，梁力编《羊城沧桑》，广州：花城出版社，2014年。

王振铎：《张衡候风地动仪的复原研究》，王昌燧主编《科技考古论丛》，北京：文物出版社，1989年。

徐茵：《吕彦直与滁州》，安徽省滁州市政协文史资料委员会编《皖东文史》第11辑，2011年。

徐茵：《秋樵情融〈天演论〉》，林长源、徐茵主编《琅琊人文》，合肥：黄山书社，2011年。

喻梦哲：《吕彦直与中山陵》，张怀安、成卫东主编《大户人家》（建筑家卷），上海：上海社会科学院出版社，2007年。

Jeffrey W. Cody, "Lu Yanzhi," in R. Stephen Sennott, ed., *Encyclopedia of 20th-Century Architecture*, 2004, Vol.2, New York and London, pp.798—799.

五、专著

《建筑创作》杂志社编：《伟大的建筑：纪念中国杰出的建筑师吕彦直逝世八十周年画集》，天津：天津大学出版社，2009年。

阿英编：《晚清文学丛钞·小说戏曲研究卷》，北京：中华书局，1960年。

北京大学历史系中国近现代史教研室编：《义和团运动史料丛编》，北京：中华书局，1964年。

北京市建筑设计研究院有限公司、中国文物学会20世纪建筑遗产委员会主编：《中国20世纪建筑遗产大典·北京卷》，天津：天津大学出版社，2018年。

北京市建筑设计研究院有限公司、中国文物学会20世纪建筑遗产委员会主编：

《中国 20 世纪建筑遗产大典·北京卷》，天津：天津大学出版社，2018 年。

蔡耀鸣主编：《中学生文化常识手册》，北京：北京教育出版社，2011 年。

陈从周：《梓室余墨》，上海：上海书店出版社，2019 年。

陈伟国编著：《稀珍老上海股票鉴藏录》，上海：上海远东出版社，2007 年。

滁州市地方志编纂委员会编：《滁县地区志》，北京：方志出版社，1998 年。

戴裔煊：《关于葡人居澳门的年代问题：澳门史与中西交通研究》，广州：广东高等教育出版社，1998 年。

戴卓民等编撰：《哀悼孙先生专号》，广州厂后街联义海外交通部，1925 年。

单踊：《西方学院派建筑教育史研究》，南京：东南大学出版社，2012 年。

德本康夫人、蔡路得：《金陵女子大学》，杨天宏译，王微佳校，珠海：珠海出版社，1999 年。

范景中、曹意强主编：《美术史与观念史（Ⅳ）》，南京：南京师范大学出版社，2005 年。

傅朝卿：《中国古典式样新建筑——二十世纪中国新建筑管制化的历史研究》，台北：天南书局，1993 年。

顾廷龙、戴逸主编：《李鸿章全集》，合肥：安徽教育出版社，2008 年。

胡荣锦：《建筑家林克明》，广州：华南理工大学出版社，2012 年。

胡适：《追想胡明复》，《胡适散文经典》，五家渠：新疆生产建设兵团出版社，2019 年。

黄修荣：《国民革命史》，重庆：重庆出版社，1992 年。

纪健生主编：《安徽文献研究集刊》（第 2 卷），合肥：黄山书社，2006 年。

建筑文化考察组：《中山纪念建筑》，天津：天津大学出版社，2009 年。

江中柱编：《林纾集》，福州：福建人民出版社，2020 年。

姜椿芳、梅益总编：《中国大百科全书·建筑、园林、城市规划》，北京：中国大百科全书出版社，1992 年。

蒋永敬：《胡汉民先生年谱》，台北：中央文物出版社，1978 年。

蒋赞初：《南京史话》，南京：南京出版社，1995 年。

赖德霖：《民国礼制建筑与中山纪念》，北京：中国建筑工业出版社，2012 年。

赖德霖：《中国近代建筑史研究》，北京：清华大学出版社，2007 年。

赖德霖主编：《近代哲匠录：中国近代重要建筑师、建筑事务所名录》，北京：中国水利水电出版社、知识产权出版社，2006年。

李恭忠：《中山陵：一个现代政治符号的诞生》，北京：生活·读书·新知三联书店，2019年。

李海清：《中国建筑现代转型》，南京：东南大学出版社，2004年。

李盛平主编：《中国近现代人名大辞典》，北京：中国国际广播出版社，1989年。

梁思成：《梁思成全集》，北京：中国建筑工业出版社，2001年。

林丽成、章立言、张剑编：《中国科学社档案资料整理研究·发展历程史料》，上海：上海科学技术出版社，2015年。

刘敦桢：《刘敦桢全集》，北京：中国建筑工业出版社，2007年。

刘继增、毛磊、袁继成：《武汉国民政府史》，武汉：湖北人民出版社，1986年。

刘先觉：《中国近现代建筑与城市》，武汉：华中科技大学出版社，2018年。

刘先觉等主编：《中国近代建筑总览·南京篇》，北京：中国建筑工业出版社，1992年。

娄承浩、薛顺生：《历史环境保护的理论与实践：上海百年建筑师和营造师》，上海：同济大学出版社，2011年。

卢洁峰：《"中山"符号》，广州：广东人民出版社，2011年。

卢洁峰：《广州中山纪念堂钩沉》，广州：广东人民出版社，2003年。

吕彦深编：《外交公文范》，中华书局，1936年。

马建忠：《东行初录》，陈演生辑录，神州国光社，1939年。

孟建民：《城市中间结构形态研究》，南京：东南大学出版社，2015年。

南京市档案馆、中山陵园管理处编：《中山陵档案史料选编》，南京：江苏古籍出版社，1986年。

潘谷西主编：《中国建筑史》（第六版），北京：中国建筑工业出版社，2009年。

清华大学校史研究室编：《清华大学史料选编》，北京：清华大学出版社，1991年。

邱树森主编：《中国历代人名辞典》，南昌：江西教育出版社，1989年。

三民公司编译部纂：《孙中山轶事集》，上海：三民公司出版部，1926年。

沈柔坚主编：《中国美术辞典》，上海：上海辞书出版社，1987年。

宋开玉整理：《桐城吴先生日记》，石家庄：河北教育出版社，1999年。

苏艳萍：《生死相随伴中山：廖仲恺与何香凝》，南京：南京出版社，2012年。

孙宝瑄：《忘山庐日记》，上海：上海古籍出版社，1983年。

孙常炜编著：《蔡元培先生年谱传记》，台北"国史馆"，1985年。

孙中山：《民权初步》，上海：三民公司，1929年。

孙中山：《孙中山选集》，北京：人民出版社，1981年。

孙中山先生葬事筹备处编：《孙中山先生陵墓图案》，民智书局，1925年。

唐克扬：《从废园到燕园》，桂林：广西师范大学出版社，2021年。

陶保晋：《南京市政计划书》，南京市政筹备处印行，1926年。

童寯：《童寯文集》，北京：中国建筑工业出版社，2001年。

万立明编：《上海银行公会：机构卷》，上海：上海远东出版社，2016年。

王伯恭：《蜷庐随笔》，郭建平点校，太原：山西古籍出版社，1999年。

王耿雄编：《孙中山史事详录（1911—1923）》，天津：天津人民出版社，1986年。

王浩娱、赖德霖：《清华校园文化与中国第一代建筑家》，北京：中国建筑工业出版社，2021年。

王鹏善主编：《中山陵志》，南京：南京出版社，2013年。

王栻主编：《严复集》，北京：中华书局，1986年。

王云五拟：《商务印书馆印行千种丛刊目录》，商务印书馆，1927年。

王云五主编：《英汉对照百科名汇》，商务印书馆，1931年。

王志民主编：《山东重要历史人物》（第6卷），济南：山东人民出版社，2009年。

魏宏远：《孙中山年谱》，天津：天津人民出版社，1979年。

夏征农、陈至立主编：《大辞海·美术卷》，上海：上海辞书出版社，2015年。

徐沧水编：《上海银行公会事业史》，银行周报社，1925年。

徐友春、吴志民主编：《江苏文史资料·26辑·孙中山奉安大典》，北京：华文出版社，1989年。

杨秉德：《中国近代中西建筑文化交融史》，武汉：湖北教育出版社，2003年。

杨光主编：《新教材解读·苏教版·七年级语文》，北京：农村读物出版社，2006年。

杨嘉祐编：《外滩·源》，上海：上海人民出版社，2012年。

杨廷宝：《杨廷宝全集》，北京：中国建筑工业出版社，2021年。

杨永生、刘叙杰、林洙：《建筑五宗师》，天津：百花文艺出版社，2005 年。

殷力欣：《吕彦直集传》，北京：中国建筑工业出版社，2019 年。

张迭生：《染色学》，华商纱厂联合会，1922 年。

张剑：《赛先生在中国：中国科学社研究》，上海：上海科学技术出版社，2018 年。

张连红主编：《金陵女子大学校史》，南京：江苏人民出版社，2005 年。

张玮瑛、王百强、钱辛波主编：《燕京大学史稿》，北京：人民中国出版社，2000 年。

张旭、车树昇编著：《林纾年谱长编》，福州：福建教育出版社，2014 年。

郑时龄：《上海近代建筑风格》，上海：上海教育出版社，1995 年。

郑孝胥著，劳祖德整理：《郑孝胥日记》，北京：中华书局，1993 年。

郑逸梅著，郑汝德整理：《艺林拾趣》，杭州：浙江文艺出版社，1990 年。

中共南京市委党史办公室编：《南京人民革命史》，南京：南京出版社，1991 年。

中国科学技术协会编：《中国科学技术专家传略·工程技术编·土木建筑》卷 1，北京：中国科学技术出版社，1994 年。

中国科学社编：《中国科学社社员录》，中国科学社，1930 年。

中国文物学会 20 世纪建筑遗产委员会编著：《中国 20 世纪建筑遗产名录》（第 1 卷），天津：天津大学出版社，2016 年。

中华民国大学院编：《全国教育会议报告》，商务印书馆，1928 年。

周道纯：《中山陵园博记》，南京：江苏人民出版社，1989 年。

周道纯编著：《中山园陵博记》，南京：江苏人民出版社，1989 年。

周琦等：《南京近代建筑史》，南京：东南大学出版社，2022 年。

资源委员会编：《中国工程人名录（第 1 回）》，商务印书馆，1941 年。

周学鹰、李思洋编著：《中国古代建筑史纲要（上）》，南京：南京大学出版社，2020 年。

马晓编著：《中国古代建筑史纲要（下）》，南京：南京大学出版社，2020 年。

总理奉安专刊编纂委员会编：《总理奉安实录》，南京：南京出版社，2009 年。

总理陵园管理委员会编：《总理陵园管理委员会报告》，京华印书馆，1931 年。

邹德侬：《中国现代建筑史》，天津：天津科学技术出版社，2001 年。

[美] 郭伟杰：《筑业中国》，卢伟、冷天译，北京：文化发展出版社，2021 年。

［美］斯科特·克里斯蒂安森、科林·索尔特：《改变世界的书》，阿里译，桂林：广西师范大学出版社，2019年。

［美］司徒雷登：《在华五十年：从传教士到大使——司徒雷登回忆录》，陈丽颖译，上海：东方出版中心，2012年。

六、其他

《吕彦直中山陵设计手稿回到南京 黄檀甫后人昨日捐赠一批珍贵中山陵文物》，《金陵晚报》2012年6月2日，第A06版。

《一张"工作照"破解孙中山卧像之谜》，《南京日报》2012年6月2日，第A05版。

北洋政府外交部编：《驻外各使领馆职员录》，1914年。

持志大学编：《持志大学一览》，1930年。

持志学院学生自治会编：《持志》，1933年。

国民革命军遗族学校筹委会编：《国民革命军遗族学校筹备委员会筹备报告》，1929年。

黄容惠修，贾恩绂纂：《民国南宫县志》，民国二十五年刊本。

井振武：《吕彦直与严璆》，《今晚报》2016年10月10日，第16版。

赖德霖：《吕彦直和中山陵及中山堂》，《光明日报》1996年10月23日、30日。

卢洁峰：《亟需诚实研究——浅议〈建筑师吕彦直集传〉》，微信公众号"山边峰子"，2021年7月14日。

刘叙杰：《巍巍中山陵》，《光明日报》1981年10月30日。

孙中山先生葬事筹备处编：《哀思录》第一编，1925年。

孙中山先生葬事筹备处编：《孙中山先生陵墓工程报告》（第1册），1927年。

严孝潜：《严复一九一八年的未刊笔记》，《今晚报》2010年12月9日。

张其浚修，江克让等纂：《全椒县志》，民国九年刊本。

中国征信所编：《征信工商行名录（中华民二十二年汉英对照版）》，1933年。

附 录

附录1　吕彦直作品及文存相关档案与文献

1-1 Memorandum Accompanying Preliminary Study No.1 for the General Plan of Ginling College

From our study of the site, both on the ground and from the contour map, it seems that its dominant feature is the long east-and-west swale extending through the middle of the property; and that a group of swale would realize the fullest possibilities, architecturally, of the site. Our "preliminary Study No.1" for the General Plan carries out this idea.

From a practical point of view, also, it seems best to put the buildings in a group on the plateau at the foot of the hills, rather than on the alopes or crests. The principal problem in such an institution, in the climate of Nanking, is winter comfort rather than summer; it is better, therefore, to have the shelter of the protecting hills, rather than the sweep of breezes on the hill-top sites, as the College is closed during the very hot season. It happens, also, that the finest view in the entire neighborhood is that toward the mountain peak to the Eastward, exactly on the line of the main axis shown on our plan.

For a Women's College, it is desirable that the Dormitory Group be as secluded as possible. We have therefore, placed the four Dormitory buildings so as to form a quadrangle at the Western—most end of the property; leaving only space for one additional Dormitory (to provide for possible future expansion beyond the 200 students now planned as a maximum). It is our idea that the grounds inside this Dormitory quadrangle should be treated in as Chinese a way as possible; and that everything should be done to make this part of the group very domestic.

The two Faculty Houses are placed slightly away from the College buildings proper, giving the desired privacy; while the two Recitation buildings are placed directly in front of the Dormitory group, equally accessible to bothe students and Faculty.

The two buildings to which the public should have most ready access are the Chapel, where various exercises will be held to which guests will be admitted; and the Library Building, in the lower part of which will be the offices of the President and others whom visitors would wish to see. These two buildings, therefore, are placed at the extreme Eastern end, nearest to the public road, flanking the approach in a dignified composition.

The Gymnasium is kept outside the main group, but composed with it to a certain extend; and is so placed as to be readily accessible from the Dormitories, and conveniently near to the grounds where the tennis courts, etc, will be laid out.

The orientation of the buildings is in accordance with the ideas we have found to be best in the other College groups we have laid out – ie., Dormitories with their long axis approximately East and West (North and South), and Recitation buildings with their long axis North and South (East and West). In the former, the great point is to get sun equally in all the room (one half in the morning, and the other half in the afternoon;) while in Recitation buildings, there are many rooms, such as Laboratories, etc., where the diffused North light is desirable.

The approach, so important in a College group, should work out very well as indicated on the sketch. By joining the three ponds now existing at the East side of the property, and spanning these artifical streams by little Chinese bridges, a most attractive landscape effect can be obtained; while from a practical viewpoint, the circular drive, enclosing the central ponds (pond), will give a desirable circulation for vehicles coming up to the Chapel and Library.

It seems to us unnecessary, unless provision is to be made for the possibility of considerably more than 200 students, to buy much more land. We do feel, however that it is important to secure absolute control at the Entrance, by buying the small piece of land so marked on our plan; we also feel that if it would be a help in securing this piece, the College could afford to exchange for it the piece now owned at the extreme Northwest corner of the property, and which is not essential to the present plan. The only other piece which we consider it absolutely essential to secure is the V-shaped piece immediately North West of the Dormitories, and which would form a most undesirable salient if controlled by others. With these additions, we feel that the property is admirably adapted as a site for a College group.

HKM/B　Re Ginling College

September 20th, 1918 (Received Oct, 20, 1918)

"Memorandum Accompanying Preliminary Study No.1 for the General Plan of Ginling College," September 20, 1918, Archives of United Board for Christian Higher Education in Asia, Record Group 11, Box 127, Folder 2628, Divinity School Library, Yale University, New Haven.

1-2　上海银行公会会议记录中有关上海银行公会大楼内容摘录

内容	时间与页码[①]
公布由陈光甫、徐寄庼、谢芝庭修正提出的《上海银行公会建筑公债简章草案》（附录1-3）。公推徐寄庼、庄得之、谢芝庭三位调查，并编制租金收入预算，再行会议办法。	1920年12月21日；第69页。
谢芝庭报告，建筑六层洋房，约计需资十五万两，以二层留作自用，其余四层出租，每年约可收入二万五千至三万两左右。众请先由建筑公司打一图样，检查后再定。	1921年1月26日；第71页。
钱新之主席云《公会建筑公债》前已通过，并推定徐寄庼、庄得之、谢芝庭三君调查，并编制租金收入。谢芝庭云现已请人绘图打样。众请三君继续进行。	1921年4月8日；第79页。
谢芝庭报告调查建筑会所一事，并附建筑公司所制图样五张，并将建筑及租金预算开列：（1）计房屋上下共七层，其第一层与底层留作自用，其余五层出租；（2）建筑工程费尽足二拾万两（拆去旧屋费不在内，但旧料可以变卖出价）；（3）出租五层共计二万一千三百十二方（英尺），平均最少租金每方尺以一两二钱五分计算，每年可收入银二万六千六百四十两。孙景西先生制有还本付息表一张。钱新之主席问：本公会会所应否翻造？众赞成。倪远甫云，最好另觅地点建造新屋；林康侯云，可否再打几个图样比较？众决，可再打图样，并谓暂时可先物色地点，若无时再议。	1921年6月15日；第89页。
孙景西称，前由公会打样人介绍，美国俱乐部职员谓该部闻公会拟建屋，愿订数年合同，租用数层房屋。钱新之云，公会建屋案停止，因恐造后，无人租住，现在美国俱乐部愿租甚好，前闻庄得之先生云，北京路与宁波路之间广肇会馆地，可租地建屋。孙景西云，可先非正式接洽。	1921年8月23日；第96页。
盛竹书主席云，建筑公债事尚未进行，新会员应否负担垫款？以示一律。众决，凡新会员入会，应照东亚办法，各垫三千两，其前垫各家千两之余数，应一律发还。至建筑公债当积极进行，因举谢芝庭、徐寄庼、方椒伯、孙衡甫四君为委员，规定公债章程及办理建筑事务。	1922年1月9日；第106页。

---

① 《上海银行公会：机构卷》中的页码。

(续表)

内容	时间与页码
盛竹书主席云，建筑委员会曾经议决，公平洋行有新建房屋连地出让，待得委员会报告再议，至与青年会让地七尺半一层，据谓可照办。	1922年2月9日；第109页。
盛竹书主席云，得建筑委员会报告，公平洋行仁记路造屋一所，适合本会之需，众以地点虽优，但价太高，且本会会所不必近在黄浦滩，即将来借价，恐不可靠。经众详细研究，议决仁记路房屋，准即打销，但建筑事仍须进行或另觅地点，因推倪远甫、吴蕴斋、叶扶霄、李馥荪、吴蔚如加入旧委员会，讨论进行事宜。	1922年4月29日；第114页。
叶扶霄报告建筑委员会经过情形，谓委员等曾查看两处地址，一卡尔登房屋，一北四川路桥堍，但卡尔登房屋似不适用，已打销，惟北四川路房屋，现正调查其租价收入，并由委员会议决登报招买，限定地点及亩数，现在已登报照办矣。	1922年5月27日；第116页。
登报招购地皮已多日，现应购者共三处，一在黄浦滩、外白渡桥下，即东亚银行旧址，计地一亩八分余，价约六十万两；二在二马路、三马路、山东路与山西路之间，计地四亩四分余，价二十四万两；三在博物院路（即今虎丘路）之俾尔福路角上，计地二亩五分余，工部局估价每亩五万两云。众以此项地段均不适宜，故议决招购地皮一事，准即可打销，由公会原地打样翻造，至打样一层可登报公开。	1922年6月10日；第117页。
盛竹书主席云，新华、大陆、兴业、上海等银行提议，本会建筑标样应尽先由华人组织之公司中选采之。	1922年8月30日；第119页。
专为建筑图样开标一事开会。昨日已开过委员会，议决标准分数六项及开标办法三项。众以相当造价一节，不可不有标准，因议决除前垫款不计外，造价定二十五两左右为标准。众以租金收入恐将来写字间增加，房价低落，故每方尺租金预算断不能照现在市价为准，因决应照现价折中估计。主席云，诸君对于标准分数六项之外，有何意见？若无意见，则请表决开标办法。众对于第一项无异议。林康侯君云，对于第二项顾问一节，似不必由公会延请，不如由各审查员以私人名义自请之。众以在审查期间，似不应请顾问。冯仲卿君云，开标时可将打样姓名用白纸粘贴，使无中外之分。经众讨论，因决第二项审查员必为会员，先由审查员审定后，再请中外著名打样专家各一人审定之。 众以十天审查时间似短，因定为两星期，本月十一日起开标审查。主席请推审查员，众举兴业、浙江、盐业、中孚、四明、中华、金城、东莱、大陆九家为审查员。	1922年9月7日；第121—122页。
盛竹书主席云，本公会建筑图样已经审查详细审定，择有两家，一东南建筑公司，一通和洋行，各有优劣，应否请外人审查？陈光甫君云，请外人审查，多开运动之途，本席主张选用中国行家之图样；谢芝庭君云，可用投票法表决；陈光甫君云，上海叠受外人激刺，现在所打图样，既中外各有好坏，不妨帮忙中国行家；林康侯君云，本席等前曾有信，主张用中国行家。主席云，当时登报，并未说明拒绝外国行家，诸君虽可存此心，然不必说出，不如用投标法表决之。 众议以前决请中外打样专家审查一节，因此项专家不易物色，且易招运动之途，因决将此议决案打销。 谢芝庭君请将两家优劣之点详为陈说。主席云，两家劣点是否可改？谢君云，当然可改。 经众投票，东南建筑公司得十七票，通和洋行得四票。	1922年9月26日；第123页。
盛竹书主席云，今有打样家要求陈列各家图样。众以多数图样已取去，可勿再陈列。	1922年9月29日；第124页。

（续表）

内容	时间与页码
盛竹书主席云，本会建筑应须筹备，须先研究经费。李馥荪君云，须廿五万元。众无讨论。主席云，建筑事宜，仍请建筑委员继续办理。	1923年1月23日；第129页。
盛竹书主席云，本会建筑事筹备已久，亟应进行，请委员会诸君注意。谢芝庭君云，前与东南建筑公司接洽云，内部细图尚未竣事，除由本席个人随时催促外，拟请公会再备正式函催，以免再为耽误。	1923年3月10日；第132页。
盛竹书主席请建筑委员会报告。谢芝庭君报告，建筑委员会意见书并预算表，大致建筑装修等费，计需廿五万两，清还以前垫款五万两，订为廿万两，发行公债，周息五厘，指定本会租出余屋房金拨付，不得他用，债票不得售与会外之人。据东南建筑公司过君（笔者按：应指过养默）云，此事须早定，因钢铁步步看涨，此项钢铁可由公会自行订购，惟须经建筑公司择定图样。 主席云，请先决经费问题，此两年内新入会会员如何办法？谢芝庭君云，如有新会员入会，可由旧会员酌量让去。倪远甫君云，此项债额中，可留六万为垫款，将来让与新会员。林康侯君云，债票由本公会正、副会长签字，如何？众决由本公会董事签字。 主席云，中国银行会员尚未出席，据宋汉章君对本席说，当时发起本会建筑房屋，曾与钱新之君商及公会经费，以为会员增加，中、交似不必再出双份，嘱为提出讨论。徐宝琪、王实崛君云，各行资本大小不等，应分别担负。主席云，此项建筑急须进行，以壮观瞻，姑照旧章摊派，以后负担如何分摊？再行会议，但此次必须各行勉力为之。徐寄庼君云，有分行者，资本分开，资本大小并无标准。冯仲卿君云，适于此时到会，云此项建筑费，中、交愿意与各家一律。林康侯君、倪远甫君云，此事总须勉力进行。主席云，为壮观瞻起见，建筑不容再缓，且图样早已发表，如再递延，恐于名誉上亦有关系。	1923年3月24日；第135页。
专为讨论本公会建筑事宜开会。兹据东南建筑公司报告，各项建筑上之手续已告一段落，惟铜铁市价日帐，兴筑一层亟须进行。兹因本案委员会诸君意，以此项建筑预算及房地产公债简章等俱经拟定就绪，且已报告大会，故委托上之任务，亦已告一段落，嗣后一切专待大会取决进行，并付托本席及孙副会长担任进行事宜。但本席对于建筑上自问毫无学识，孙副会长虽有建筑经验，然事实上究非个人能力所能效劳，此事实难办到，故进行一节仍烦劳众位共同商酌。因筹备时期已过，此后，须在事实上着力，责任亦较前重。本席个人意，此事仍请诸君偏劳始终，其事现在主体可分为两方进行，建筑事务仍请公推几位委员代劳。至募集公债事宜，亦请公推几位委员担任，双方积极进行，手续较为简，是否可行，尚祈诸君讨论。 众赞成，并举中国、浙江、中孚、东莱、大陆五银行为建筑委员，又举兴业、金城、东陆三银行为募集建筑公债委员。 主席报告，东南建筑公司来函，因现在市面百货价格日涨，今日委员既已举定，拟请早日进行，且有数种材料，尚须向外国订购，时间问题、物价问题均有极大关系，奉恳委员诸君全权办理。倪远甫君云，铁筋等为公司所规划，其余如库房房门、升降机等与公司无关，可由本会直接订购。 主席报告，东南建筑公司来函，为该公司应得佣金问题，以全部建筑费七厘计算，今日复得该公司过君自杭州来电，更正声明以六厘计算，应如何办法？倪远甫君云，外间手续费仅有三厘半者，应请注意。 主席云，本会旧屋拆卸事，该公司亦曾来函提及，并代拟招标承买广告一件。至迁居一层，本席曾与宋汉章先生相商，本拟暂假中、行新屋办公，后因中、行新屋自足自用，今只能在中、行旧址设法借用，倘办公室万一不足，当再就交行设法分出一部分，以资应用，但须先与中、行商妥再定。 主席临时报告云，红十字会牛惠霖君曾与本席谈及本会建筑事，意欲将本会旧屋折价捐助该会。当经本席说明此项旧屋折价已划入预算内，碍难变更，惟既受牛君委托，故特为临时报告或将来标卖时以最低之价让与红十字会，充作医院病房之用，容届期再行议办。	1923年3月31日；第136—137页。

399

(续表)

内容	时间与页码
盛竹书主席报告,建筑即将进行,已决将《周报》(笔者注:即《银行周报》)社暂移中国银行旧宅,公会暂移交通银行,惟中国银行向来不得设厨房,尚须与汉章先生商量办法。林康侯君云,不妨将公会厨役暂停,统由交通银行代办伙食。众无异议。	1923年4月10日;第138页。
主席请建筑委员会报告建筑经过情形。徐寄庼君云,旧屋现已折售与红十字会,作价二千二百两。至本会债票已由在会各家认足二十四万,其余六万由各行认垫,预备将来新会员加入时,抽出分派。至房屋包工,已决定赵新泰,计十八个月可以完工,估价十六万余。现拟商减估价,由东南公司接洽,此外如升降机归华昌公司承办,库门归新通公司承办,均用投标决定。 主席云,公会资产项下有建筑一项,现旧屋既已折售,应将此账冲销,其余额归入损益,作为特别收入。	1923年5月24日;第140页。
主席报告,建筑合同已订定,问建筑委员会有无报告?徐寄庼君云,对于建筑事宜,今日别无报告。	1923年6月4日;第142页。
倪远甫主席云,本会新屋出租事宜,前已函托中孚银行信托部代办,因目下出租房屋供过于求,租价一层大概每方尺一两二钱至一两五钱之谱,未能再高。鄙意拟即以每方尺一两二钱为最小限度,请中孚核办,如再减少,须再磋商。谢芝庭君云,拟请公会将租率规定致敝行一信,以作标准。 谢芝庭君提议,俱乐部置办器具等费需款一万两左右,拟先向公会借垫,将来以入会费抵还利息,照公会浙江银行存款一例核计。众赞成。 公会新屋应用器具,约需元二万两之谱,各行如以为可,即谓通过,以便交由建筑委员会核办。众赞成。	1925年1月10日;第181页。
孙景西君报告,本日建筑委员会提出意见书,略谓因公会建筑预算不敷,约短少元二万两,加以公会旧屋基地原系各行垫款购置,尚欠元六万两,本拟在房地产公债余额项下拨还。兹因建筑费尚属不敷,无从拨付。委员会意见拟续发房地产公债元五万两。连同现存未发债票一万四千两,共元六万四千两,并地产准备金余存二万二千余两,便足敷用,仍拟照上次办法,由在会各行分认。在垫款各行可望将垫款收回,后来入会各行当初未曾垫款,请多购一笔公债,是否可行?请诸君公决。众赞成通过。	1925年5月23日;第189页。
资料来源:万立明编:《上海银行公会:机构卷》,上海:上海远东出版社,2016年。	

1-3 上海银行公会募集房地产公债之拟议

上海银行公会为购置房地产及预备新建筑之需,拟发行房地产公债规元三十万两,分为三百份,每份实收规元银一千两,公债利率定为年息五厘,债票是为记名式,其认购者以及买卖抵押均以会员银行为限,并即以新造房屋及地产作为担保品,其建筑图样已大致告竣,各项预算亦分别拟就,刻正公议进行,会志前报。兹录该会建筑委员会意见书、预算表及房地产公债简章草案于左。

建筑委员会意见书:

迳启者委员等忝承本会委充建筑委员,数月以来开会数次,进行计划,颇有端倪,兹以建筑图样,已大致告竣,各项预算亦分别拟就,则兴筑之期,似应早为定夺,又查前拟建筑公债简章草案,按之目前状况,微有不同,业于三月十六日经委员等共同议决，略加修改，理应将建筑预算表连同房地产公债简章一并送奉，至祈察核。至以后如何进行之处，敬候公决施行，陈仰和、徐寄顾、叶扶霄、吴蔚如、钱俊骙、谢永淇、吴蕴斋、朱博泉。

建筑预算表：

（一）建筑十三万两

（二）铜钱一万五千两

（三）热气管一万五千两

（四）铅管设置一万五千两

（五）装灯四千两

（六）升降机一万两

（七）窗框连玻璃一万两

（八）桩架等六千两

（九）开门户铜件二千两

（十）旧屋折价五千两

（十一）库房门二万八千两

（十二）大理石及器具未定

（十三）可出租之空屋净计地一万四千六百三十七方尺。若以每方尺租费照一两五钱计算，每年收入总数约计二万两千两

房地产简章草案：

（一）本公会为购置房地产及预备新建筑之需，募集公债，定额上海规元三十万两，名曰上海银行公会房地产公债。

（二）此项公债分为三百份，每份实收规元一千两，合计规元三十万两。

（三）此项公债利率定为按年五厘，议定日期起算。

（四）此项公债每年按期凭票付息，指定以本公会租出，余屋房金拨付，不得移作他用。

（五）此项公债还本之期由董事会筹有的款项另定之。

（六）此项公债买卖抵押，只限于本公会会员银行。

（七）此项公债若为私人或会外银行或他种机关所执，一律作为废纸。

（八）此项公债由本公会在会各会员共同担负责任。

（九）本公会会员银行若有脱离公会，应将此项债票由公会决定转售办法，或由本公会收回，其未经本公会收回或决定转售办法以前，不得私相授受。

（十）此项公债票由本公会会长及副会长签名盖章。

（十一）此项公债为记名式，每票上应填写购票银行之行名。

（十二）此项公债即以香港路四号本公会新造房屋及地产作为担保品。

（十三）此项公债若遇水火盗窃等情，应即向本公会挂失，并邀两会员银行作保，一面登载中西著名报纸各一份，三个月后如无纠葛，由本公会另发债票。

《上海银行公会募集房地产公债之拟议》，《银行周报》1923年第7卷第13期，第30—31页；另见《建筑新会所募集房地产公债办法》，徐沧水编：《上海银行公会事业史》，银行周报社，1925年，第35—37页。

1-4 上海银行公会募集房地产公债详情

上海银行公会为建筑新屋，发行公债，详情曾志前刊。此事曾经会员会议决，定名为房地产公债，定额规元三十万两，由在会各银行分任。计中交两行各认二万两，其余每行各认一万两，当时共认足二十四万两。其余六万两，由后来入会者，每行认购一万两，以募足定额为度。自此项办法议定后，后来入会之银行有农商、工商两行，应由六万两内各认一万两，尚余四万两，须待再有入会银行认购。查现在上海银行公会，声誉甚好，所有入会银行，皆系华商银行中资本雄厚信用巩固者，故将来入会银行，必日益加多，所余公债四万两，不久可分认足额也。所有募集公债办法兹录于后：

募集上海银行公会房地产公债办法

（1）遵照　月　日会员会议决案，募集公债规元二十四万两，除中交两行各认购二万两外，其余二十行，各认购一万两。但定章三十万两，尚短六万两，俟后入会者，每行认购一万两，即以出售公债之款，平均摊还各行原有本公会垫款。

（2）后入会者，如有六家，即可购足六万两，则三十万两债额已满，如再有入会银行，届时另定办法。

（3）此项公债付息，须在建筑完工及余屋出租以后，还本须经董事会筹有的款，方可核定日期，则债票后幅还本付息栏均无从悬拟。至付息时，由本公会通告，另由各会员银行出给收据为凭。

（4）债票印竣函送各会员银行时，一面通告转账，其转账方法，付有价证券上海银行公会房地产公债规元一万两（中交各二万两）；收上海银行公会建筑户规元一万两（中交各二万两），不计利息。

（5）建筑户，各行应给公会支票一本，俟建筑需款时，凭会长签字，平均分向各会员银行支取。

（6）未认购之债票六万两，应由公会封存，由正、副会长会同签字，俟后入会银行认购时，再行启封填发。

（7）余屋出租之租金，如不敷付息时，应开会员会筹议其他方法。

（8）未认购之封存债票，不得起息，但陆续认购之债票银行，如在建筑完工余屋出租之后，应在认购债票之日起息。

《上海银行公会募集房地产公债详情》，《银行月刊》1923年第3卷第7期，第11—12页；另见《晨报》1923年7月15日，第七版。

1-5 上海银行公会新屋落成开幕纪盛

上海银行公会，创设于民国五年，于七年七月间正式成立。当创设之际，无固定会所，七年春开始购置香港路四号屋基，即以旧有房屋略加修葺，权充会所。厥后因会员银行逐渐增加而公会附设各项事务，亦日形发达，原有房屋不敷分配，十一月三日间，经众议决，翻造会所，发行上海银行公会地产公债，定额上海规元三十万两，年息五厘，仅会员银行认购，并组织建筑委员会公推徐寄顾、谢芝庭、宋汉章、李馥荪、吴蕴齐、钱俊骏、吴蔚如、叶扶霄、朱博泉、陈仰和为委员规划工事。新屋于十二年春兴工，当建筑之际银行公会暂假交通银行余屋办公。新屋经营两载，于十四年夏落成，本年二月十七日即阴历新正初五日上午十一时举行新屋开幕典礼。是日，政商学各界中西来宾参观者二百余人，由正副会长倪远甫、孙景西及本会同人分头招待，参观会所各部办事室及五层楼银行俱乐部。至十一时三十分行开幕礼，由中华汇业银行代表林康侯宣读开会秩序，单正会长、倪远甫主席首主席读开幕词，次许交涉员演说，次上海总商会副会长方椒伯演说，并读颂词（原文录后），又次钱业公会会长秦润卿演说，略谓钱业有三百余年之历史，故钱业为兄，而银行为弟，惟钱业墨守旧法，殊鲜进步，而银行则后来居上，发展至此，惟既同为金融界，则以后银钱两业亦当携手共济云云，又袁履登演说银行界过去在社会上之功绩，济济一堂，颇极一时之盛，末由主席鞠躬答谢，继以摄影。散会后并进茶点，至十二时半始散。兹录各项演词如下。

主席之开幕词：上海银行公会创始于民国五年，草昧经营二年之久，迨七月间成立，距今盖十年矣。吾国金融事业与年俱进，本会亦遂以扩充会员银行，自七行发起逐渐增至二十六行，中间虽减两行而皆完美收场，今则二十四行也。本会创设之初，无固定会址，七年始购置香港路四号屋基，以旧有房屋权充会所，更历四年，勉资应用。嗣因会员日增，而本会经营事务亦渐繁，各部办公不敷分配，于是公议酿资改建，于十二年六月开工，经营两载，全功乃蒇。今值新屋落成，辱荷远近，各界诸公贲临参观，并承嘉贶，本会不胜荣幸之至。思宏元方承乏本会，仅代表全体同人掬成伸谢。窃维银行公会之设，载在国家法令，旁稽东西各国，通都大邑，莫不有银行公会之组织。盖一国工业之发荣滋长，胥赖金融机关为之酌盈剂虚，方今世变日亟，民生憔悴，识者皆知振兴工商为苏困弭乱根本，顾工商途径至为繁赜，亦如何倡导扶持，补偏救弊，操金融业应有统筹兼善之方，乃能收利用厚生之效，且金融事业贵在流通，必也同业之间声应气求，通力合作，乃足以尽流通之利。然则公会之设，殆事势所不容已，成法良规，岂徒然哉。本会缔造累年，规模粗备，举凡应行公共事项，或以见诸实行，或亦久经计议，虽缘时局未靖，不遑充分发展，要皆以深惬人心。我同业从此互相扶助，积极进行，俾已成者发扬光大，待兴者次第观成，此则本会之所希望也。

许交涉员演词：今日得参与银行公会新会所开幕礼，深为荣幸。本人因非银行界一分子，对于过去情形，自不分熟悉，但仅就今日分送之《上海银行工会事业史》以观，亦已略知梗概。银行公会成立于民国七年，及今差近十载，而成绩已如此伟大，则推往知来，此后十年之努力，当有更不可限量预测者。在鄙意银行公会之责任，可分为对内对外两种。就对内论，则中国经济窘迫，毋庸讳言，将如何以酌盈剂虚，亦公会义不容辞之责任，政治纷扰处处与金融相关，银行界将如何以整理金融之责任，进而为政治上之主张，使国计民生均有相当之解决。就对外而论，合则力大，散则力小，万事公例，以华银行与外国银行较，若以一敌一，力或未逮，然苟能合华银行之全力，亦必有不可轻视者。鄙人对于四行合组准备库之办法最为赞成，因社会上对于一行准备库之观念何如，对于两行合组准备库之观念何如，若合二十四行合组准备库之观念又何如，可不待烦言而解。故苟能合力以图，则宁止执海上金

融之牛耳，且进而宰治世界之金融，亦非难事。鄙人观光而来，以论银行学理，窃所谓谂，敢述希望之意，以为进贺之资。

方椒伯之演词：本人今日代表上海总商会敬表祝贺之意。银行事业在上海商业上占极重大地位，自必须有巩固之组织以为之枢然。本人一方面为来宾之一，而一方面又属会员银行一分子，对于各界来宾亦应表示欢迎。新会所建筑之初，本人亦曾参预末议，嗣以事繁，未尽厥责。今日华厦落成，堂构乔皇，实不觉其钦慕艳慕，所望银行公会诸君子此后益自奋励，非特在形式上之精美，即在精神上、实际上、事业上亦能发扬光大，日进无疆也。是为祝。

总商会之颂词：上海银行公会新宇落成，会员诸君子念缔造艰巨，折束邦士，共庆隆典。时则春明景和，徽帜飘扬，宾主揖酬，庸庸肃肃。夫人唯能爱而后能群，集群而能成社会，于古为然，荀子言合群，管子言合众，胥此志也。中国之有银行公会，岁纪逾乎十棋，建置遍于全国，规制之宏壮，组织之谨严，魁率众商，调剂民用，望实交茂，匪一朝一夕矣。沪处海滨，内外贸易，于焉绾毂，金融流输，出纳遂繁。而俊乂会萃，人才称盛，故京汉沪三会鼎峙，而沪会负望尤隆。含宏光大。聿兹新筑，础基既拓，事业用张，继自今晤言一堂，共相切磋，上索飞券钞引之遗制，近究世运国计之变迁，齐其心智，一其步趋，润色鸿业，不懈益勤，向往之私，岂唯蔽会，邦人君子，咸具瞻焉。忻过斯盛，爰申颂曰：于铄公会，国实所藏，应运肇兴，并分有当，流波扬泽，遐哉八荒，不益不损，为汲为航，于我所颂，其德芬芳，挹彼注兹，规圆矩方，若网在纲，翕然群望，绘事后素，斐然成章，新宇有庆，祝贺盈堂，于时共保，永分无疆。

《上海银行公会新屋落成开幕纪盛》，《银行周报》1926年第10卷第6期，第1—3页；另见《银行月刊》1926年第6卷第3期，第1—3页；《民国日报》1926年2月18日，第二张第一版；《申报》1926年2月18日，第十三版；《时事新报（上海）》1926年2月18日，第三张第二版。

1-6 持志大学来函

敬启者　贵报所载敝校建筑消息与事实略有不符，不得不函请更正。敝校原有虹桥路基地为中山路斜穿，已不合用，故新近在水电路另购基地一方，所有建筑计划及筹募建筑债券正在进行准备。贵报所载本月念六日动工及举行奠基典礼晚间开庆祝会云云，并无其事，应请予以更正。此致主笔先生撰安，持志大学谨启。

《持志大学来函》，《时报》1929年6月18日，第六版。

1-7 持志大学将筑新校舍

持志大学，为前任临时法院院长何世桢氏手创，现有校舍，虽巍巍华厦，然系转租而来者，且学生众多，几有不敷分派之势。今春，何氏曾在天通庵水电路购有地基，需款孔多，何氏本人，纵多方罗掘，亦难凑集，乃商请立法院长胡汉民及黄克强夫人黄宗汉女士等，代为募捐，胡已慨然允诺。近何氏语人，捐款成绩极佳，本人苟于必要时，当赴南洋一行，以期早日凑集，预计新校舍动工之期，当在明年一月十号以后。盖本学期须迟至一月十号始放寒假，下学期开学，则在三月中旬，在此长时间之假期中，新校舍逆料可以建筑竣事云。

《持志大学将筑新校舍》，《上海画报》1929年第532期，第2页。

1-8 持志学院新校舍将兴工

持志学院前在闸北水电路置有基地四十余亩，本月初间曾登报招标建筑钢骨水泥二层楼教室、图书馆及办公室一大幢、钢骨水泥三层楼寄舍及礼堂一大幢，悉该校业于上星期开标，决定由吴海记营造厂承包，共计价银十二万五千两，限五个半月完工，已于昨日签订合同，一俟向上海市工务局领到执照后，即可兴工建筑。又闻该校校董会已经教育部批准立案，学院立案亦为期不远云。

《持志学院新校舍将兴工》，《申报》1931年2月26日，第十六版；另见《民国日报》1931年2月26日，第三张第三版；《时事新报（上海）》1931年2月26日，第二张第二版；《新闻报》1931年2月26日，第十二版；《时报》1931年2月26日，第六版。

1-9 持志学院新校舍举行破土礼

本埠持志学院建筑新校舍开标结果，由吴海记承包，九日举行破土礼。是日上午十时，该校长何世桢氏偕教职员赴闸北水电路新校基行礼，学生前往参加者，约六百余，时值雨雪霏霏，道路泥泞，前往观礼者，依旧兴高采烈。破土仪式，极为隆重，炮竹声动，何校长持锄破土掘地成穴，弃锄时，已汗喘不已。于掌声雷动中，宣告礼成事，后何氏复领导参加典礼者，绕行校址一周而散。闻该项新建筑本年五月决可落成，秋季开学定能全部迁入云。

《持志学院新校舍举行破土礼》，《申报》1931年3月13日，第十三版；另见《时报》1931年3月12日，第六版；《民国日报》1931年3月12日，第三张第三版；《时事新报（上海）》1931年3月12日，第二张第二版；《新闻报》1931年3月13日，第九版。

1-10 何香凝关于廖仲恺国葬事提案及会议决议（一九二六年二月一日）

第二届第一次会议（十五年二月一日）

何香凝同志提议廖仲恺先生国葬事应如何进行案

（说明）廖仲恺同志葬事前已决定举行国葬于总理墓旁，并交由上海葬事筹备处察看地位并拟具预算交国民政府财政部，俾可拨给，现据哲生同志云，可在总理墓地山下可购一千余亩，须价只五六千元。但全部预算，上海方面尚未交来，应如何指定概数，抑由此间拟具预算。

决议：廖仲恺同志葬事经费指定拟数为大洋五万元，通知财政部照拨并请张静江、陈果夫、戴季陶、孙哲生、林焕庭为廖仲恺先生葬事筹备处委员负责进行。

《何香凝关于廖仲恺国葬事提案及会议决议（一九二六年二月一日）》，档案号：1005-1-265，《中山陵档案》委员会编：《中山陵档案·民国墓葬》，南京：南京出版社，2017年，第279—280页。

1-11 孙中山葬事筹备处关于廖墓购地致孙科函（一九二六年七月）

哲生先生大鉴：

关于廖仲恺先生葬地之函均悉。本月十四日，已同梦醒女士至宁勘察磨盘山及邵家山两处之地，磨盘山地在总理陵墓之左，属公园界内；邵家山在总理墓道之口，公园界外。两地均已进行购买，邵家山已订草约，本月二十四日可成契。磨盘山地主陆姓在奉未归，故须稍候，然亦必可购成，不过稍稽时日而已。近因时有援仲恺先生训嘱，托筹备处在总理墓地附近为同志购买葬地者，又有对此事加以非难者，因于上次会议请中央党部定附葬办法及范围，俾筹备处得根据以应付各方。仲恺先生功在党国，自为根据此原则，由中央党部通过附葬之第一人。同志既知原则，必不敢加以怀疑。此为上次会议议决案之原因，曾告梦醒女士转达廖夫人。兹更详述经过，请先生就近面告廖夫人。至购地事，两山均积极进行，随时报告，并请转告勿念为幸。撰纫敬颂

党祺

孙中山先生葬事筹备处

中华民国十五年七月

《孙中山葬事筹备处关于廖墓购地致孙科函（一九二六年七月）》，档案号：1005-1-239，《中山陵档案》委员会编：《中山陵档案·民国墓葬》，南京：南京出版社，2017年，第281页。

1-12 中央执行委员会秘书处为请指定廖仲恺迁葬地点并设计墓地建筑致总理陵园管理委员会公函（一九三五年五月十日）

查关于廖仲恺先生葬事之筹备，前经中央加推汪委员兆铭等为筹备委员兹准汪委员等报告：

"查廖仲恺先生国葬仪式已于十四年八月二十五日举行，惟当时中央党部决议附葬总理陵旁而总理陵墓尚未动工，故暂葬于朱执信先生墓旁隙地。兹为遵照中央决议，将仲恺先生灵柩由暂葬地点迁至总理墓旁，并经筹备会议决：（一）请中央再拨葬费五万元；（二）函请陵园管理委员会指定迁葬地点，以便筹划；（三）假定本年十一月内举行迁葬；（四）墓地建筑请陵园管理委员会设计，其要点如下：1. 墓用中式，2. 建碑及拜坛等，3. 不必建祭堂等四项，当否，仍请核议"

一案，经中央第一六九次常会议决"通过"在案。除分行外，特录案函达，即希查照办理，见复为荷。

此致

总理陵园管理委员会

《中央执行委员会秘书处为请指定廖仲恺迁葬地点并设计墓地建筑致总理陵园管理委员会公函（一九三五年五月十日）》，档案号：1005-1-265，《中山陵档案》委员会编：《中山陵档案·民国墓葬》，南京：南京出版社，2017年，第282—284页。

1-13 革命军遗族学校筹备会议纪

中央执行委员会日前聘请蒋中正、蔡元培、何应钦、傅焕光等十一人为国民革命军遗族教育筹备委员，五日下午四时在总司令部开第一次筹备委员会会议。是日出席者，蒋中正、蔡元培、叶楚伧、何应钦、王文湘、蒋宋美龄、傅焕光，列席者章绳以，公推何应钦为主席。开会行礼如仪，次傅焕光报告，略谓中央鉴于历年国民革命军为主义奋斗，打倒军阀，为国牺牲者之众，今统一告成，而阵亡军人之遗族子女，大都缺乏教养，急应设立机关，征集阵亡军人子女，以教以养，俾养成健全之公民，藉慰忠魂而抚遗孤。前奉蒋主席面嘱，寻觅校址，规划校舍等，焕光以独立难举，由蒋主席请何敬之、叶楚伧二同志商同进行。当得孙中山先生葬事筹备处之同意，觅定朝阳门外陵园界内四方城前钟汤路北高原地为校址，曾请江苏建设厅绘具校舍详图，吕彦直建筑师另绘就校舍地盘图，并由蒋主席请章绳以女士襄同办理。次讨论：（一）遗族学校名称问题，议决定名国民革命军遗族学校；（二）修正通过国民革命军遗族学校筹备委员会组织大纲草案；（三）修正通过国民革命军遗族学校组织计划大纲；（四）修正通过征集国民革命军阵亡军人遗族入学办法草案，并议决呈请中央执行委员会核定；（五）校址地点，议决以中山陵园四方城前为校址；（六）校舍建筑设计，议决采用吕彦直建筑师所绘地盘图，由朱葆初等继续速绘详细投标图样；（七）经费问题，议决呈请中央以陇海铁路东段附加税为本校经费，于本年八月一日起照领；（八）应否推举校长及校务主任问题，议决先聘章绳以女士为校务主任；（九）筹备委员会办事地点及经费，议决筹备处暂设中山陵园，筹备费每月定六百元；（十）推举常务委员，推定蒋宋美龄、何王文湘、冯李德全、叶楚伧、傅焕光、刘纪文、江恒源七人为常务委员，讨论毕散会。

《革命军遗族学校筹备会议纪》，《新闻报》1928年11月13日，第008版。

1-14 革命军遗族学校第二次筹委会议

十二月十日下午四时，国民革命军遗族学校筹备委员会，在三元巷总司令部公馆开第二次会议，出席委员，蒋中正、蒋宋美龄、冯李德全、叶楚伧、刘纪文、江恒源、傅焕光，列席者章绳以、朱葆初。主席行礼如仪，议决各项如下：（一）应推常务委员会主席，公推蒋宋美龄、傅焕光为正、副主席；（二）审定校舍建筑图样，议决先造一部，规定五万元为建筑费；（三）校舍招标及开标日期，决定即日登报招标，十二月二十八日,为开标日期;(四)新校舍未竣工前安插学生办法,议决推蒋宋美龄、刘纪文、傅焕光接洽,商借前暨南学校校舍;(五)审查国民革命军阵亡军人子女享受教育权利办法草案,修正通过;(六)审查遗族学校预算,议决照新拟通过,先办小学部,就预算小学部经费另列;(七)函孙中山先生葬事筹备处,请筑四方城至钟汤路校舍马路;(八)函外交部将以陇海路东段附加税所购之外交宾馆房屋三宅,移交本委员会执管;(九)公推孙宋庆龄为国民革命军遗族学校校长;(十)函江苏省政府将决定逆产充公筹备遗族教养院接洽合并创办,请叶楚伧委员担任,议毕散会。

《革命军遗族学校第二次筹委会议》,《益世报(天津版)》1928年12月21日,第006版。

1-15 国民革命军遗族学校筹备经过

民国十七年十月,中央执行委员会蒋中正主席,提议设立筹备遗族学校委员会,推举蔡元培、何应钦、叶楚伧、孙宋庆龄、蒋宋美龄、廖何香凝、何王文湘、冯李德全、刘纪文、江恒源、傅焕光为委员。先是蒋主席因历年国民革命军为主义奋斗扫除军阀为国牺牲者之众,现统一告成,阵亡军士之遗族大都缺乏教养,亟应设立学校以养以教,造就健全之公民,藉慰忠烈而抚遗孤。嘱傅焕光委员在总理陵墓附近,觅地建筑校舍。蒋主席一再亲往勘视,第以建筑校舍需时甚久,拟在城内先租借临时校舍,同时选定校址及规划建筑。适蒋主席统师北伐,傅委员无由秉承进行,由蒋主席转请何应钦、叶楚伧二先生会同办理。爰商得孙中山先生葬事筹备处同意,择定中山陵园界内四方城前之地为校址,委托江苏省建设厅及总理陵墓建筑师吕彦直君计划校舍。建设厅技正张树元、钱正等当盛暑之际,尽日夜之力,至二月之久,绘具校舍详图。时吕彦直建筑师与傅焕光委员等方计划总理陵园布景,遗族学校在陵园范围以内,其校舍建筑,与陵园全部布置,颇有关系,故吕君亦绘就校舍地盘图,嗣因病未能积极工作,由朱君葆初续绘校舍详图。迨委员会成立,历次开会议定在中山陵园及天印庵设立办事处,负责进行,确定校名为国民革命军遗族学校,并拟定各项法规,如筹备委员会组织大纲、遗族学校组织计划大纲、遗族入学办法等。关于经费,议定以陇海铁路东段附捐拨充。又推举孙宋庆龄为校长,均经呈请中央执行委员会核准,并聘请章绳以女士为校务主任,秉承委员会进行校务。据学校组织大纲分全校为职工、小学、保育三部。决定先办小学，采用朱君葆初所绘校舍，招标建筑小学部校舍。十八年二月十四日，得标之三一公司实行开工，维时各省遗族纷纷来京，不可不有临时校舍以谋教养。南京自建都以后，机关林立，人口增加，公私房屋不敷应用，故寻觅相当校舍极为困难。最初由傅委员焕光向政府商借淮清桥贫儿院旧址，已蒙当局允许而工行部又欲借该地筹备国货陈列馆，恐两相争持，有伤情感，另拟商借薛家巷暨南学校女子部房屋，亦未有效果。继拟借用汉西门金陵女子神学，因修理太费，各方多争相租用，作罢。最后商借大仓园房屋，俟屋内原借之江苏省党部、东方公学及居民严姓陆续迁出后，始全部使用，四月八日就临时校舍正式开学。小学部既已成立，职工部自应继续成立，爰决定先办农科，招标建筑第二批校舍。适当学期开始之际，于是着手筹办农科农场，而主任人选，极感困难，所拟聘请之农科主任，如赵君伯基、陈君大宁，一则不能脱离原有职务，一则须东渡日本，考察农业，不得已由傅委员焕光自兼农科主任，聘请农科教员，与小学部同时开学。九月一日验收小学部新校舍，十五日迁入新屋。本会筹备经年，仅得成立小学部与职工班之农科，其他保育部与工科等尚有待于筹划，兹将一年来之筹备情形撮要记述焉。

国民革命军遗族学校筹备委员会编：《国民革命军遗族学校筹备委员会筹备报告·筹备报告·筹备经过》，1929年，第1—2页。

1-16 国民革命军遗族学校校舍招标

本筹备处现在南京朝阳门外四方城前建造国民革命军遗族学校校舍一部分，凡有愿意投标此项工程者，请开具经办各项工程略历，连同证明文件，自即日起至南京城内天印庵二号本筹备处或上海辣斐德路四四二职业教育社领取图样章程，并随缴保证金一千元正，另交押图费洋五元，限于本年十二月二十八日以前将标函送交本处。标函须用火漆封固，加盖图章，并于封面书明标函字样。投标时期截止后一星期内，由筹备委员会开标决定得标人，委员会有任择一家得标之权，不以最低标标准价为（笔者注：应为"不以最低标价为准"），未得标者凭本处所发收据将保证金发还。

国民革命军遗族学校筹备处启

《国民革命军遗族学校校舍招标》，《新闻报》1928年12月19日，第002版。

1-17 国民革命军遗族学校建筑报告

国民革命军遗族学校校舍建筑于十七年十月，初着手为计划筹备原定在首都朝阳门外总理陵园四方城前钟汤路之北划高岗一大方约计百余亩充建筑校舍之用，先行举办小学。第一期招生以三百名为度，建筑方面所需要者，由遗族学校校务主任章绳以先生交来房屋预算表单一张，计小学教室一座，容小学生二百五十名，幼稚生五十名；分课堂六个，每个课堂容五十人；又职工班教室一座，容二百人，分课堂五个，每个课堂容四十人；又礼堂一座，容六百人；又三百人一间之饭堂二大间。小学生与女生同一饭堂，职工班与教职员同一饭堂。小学宿舍，男生百五十名用叠床，共六间；女生一百名，四间。又宿舍，计职工班男生一百四十名用叠床六间，女生六十名三间，幼稚生五十名二间。又男女生洗盥、厕所、浴室各一座，男女生工厂各一座，医院一座，学生教职员俱乐部一座，厨房一座。又办公处，计校长室一间，校务主任室附寝室二间，事务处三间，共六大间；再职工班教室须附音乐与图画教室各一间，女生教室须附家事实习室，教员预备室须置于各部教室云云。又经遗族学校筹备委员会规定，该项校舍建筑以朴实实用牢固为原则，一律平房采取中国式样，建筑费不得超过洋五万元，历一个半月时间之计划绘图，经几度修改绘成正式建筑图样十大张，计有礼堂、食堂、办公处合一座，小学教室一座，小学宿舍五座，浴室连厕所二座，厨房一座，医院一座，工厂及校工宿舍二座，共大小校舍十三宅，占地面三百九十五英方丈又七尺八寸，约合华亩五亩有余，于十七年十二月十日提呈筹备委员会开会议时审查通过。旋由遗族学校筹备处广登京沪各报，开始投标，于十八年一月五日开标，计投标厂家共五家，标额之最高者为上海从新营造厂所投，计洋十三万三千五百四十七元七角八分，低者为京沪三一建筑公司，计洋八万二千七百二十六元。虽标额之最低者，犹与规定之建筑费相差甚巨，颇费踌躇。后由筹备处呈报蒋主席，幸蒙批准追加建筑费三万二千七百二十六元，交由标价最低之京沪三一建筑公司承造。于十八年二月二十五日正式订立合同，翌晨开始破土。先行测量，然后绘成地形详图，因全部校舍基地位于一高岗上，各处地土高地相差有至七八尺者，计去高填低共用土方三千余方。因经雨雪，历时近月，校基平就，遂用仪器取定方向，自四方城画一垂直线，直达钟汤路，并依该直线筑马路一条，南接钟汤路，北达总理陵园。水木两作于三月二十四日一律动工，本建筑师亦旋即偕同助理益东荣君迁住工场中，亲行监工。工程进行中最感困难者，为材料方面，本地砖瓦供给之缺乏，初行动工时，所用砌墙青砖悉数仰给于沪锡二市，运输方面迂缓困难，中间又因承包人公司内部组织不良，发生种种纠葛，以致延误工作，实为可憾。第一批校舍工程，现已告完成。今第二批校舍工程、马路与排水工程自来水及一切内部设备均正在积极进行中，统限于本年内十一月二十日前一律完工。谨将第一批校舍工程、第二批校舍工程、马路排水打凿水井装置自来水管等工作，一切招工手续情形，连同价目合同标单一一抄录于下，以供参览。

中华民国十八年十月十日建筑师朱葆初

国民革命军遗族学校筹备委员会编：《国民革命军遗族学校筹备委员会筹备报告·工程及设备·建筑报告》，1929年，第1—2页。

1-18 孙中山先生陵墓计画说明（范文照）

本计画墓地之布置，系根据悬征图样之章程，全部建筑为祭堂、墓室并墓前广场及四周道路之布置。祭堂、墓室务求雄伟壮观，足表伟人生平事迹，并于千百年后，可以瞻仰凭吊也。

现将本计画之优点，略述如下：

一、外观 外观式样系属中国式，而参以近今最新之建筑法。全部建筑，雄伟壮观，使祭堂墓室，融合为一，能在远地一望，而知为伟人之遗迹。

二、祭堂 祭堂内观美丽，四壁饰以云石，镌刻先生之遗训，地砌磁砖，上筑璇形。

三、墓室 墓室居祭堂之中，有铜门可达墓室，全部建筑坚固，可无意外之事。设若祭堂后面孙中山先生铜像为墓室而阻碍视线，可将墓室筑在地下，由石级下达墓室，或将遗柩筑在地窖，四周筑栏杆，以便凭吊。

四、墓前广场 墓前广场，因就地势及省填泥掘土起见，故择山坡较为平坦处，约在水平线上一百二十米左右。全场面积，广三百尺，阔五百尺，足容五万人驻足。

五、墓道布置 墓道务求平坦广阔，两旁筑小道，有石凳，可作游墓者休息之所，并可远望四周风景。

六、构造 全部建筑，柱架系用钢骨水泥，墙身用上等砖砌，外砌白石，内壁筑云石，坠板上筑人造石，屋瓦系铜制，取其耐久。门窗之属，亦用铜制，取其坚固。堂地面铺以云石。建筑费之多寡，视材料而定，约在三十万以内可以构造。

《孙中山先生陵墓计画说明》，孙中山先生葬事筹备委员会编：《孙中山先生陵墓图案》，民智书局，1925年，第17—18页；另见范文照：《孙中山先生陵墓计画说明》，《申报》年9月27日，第四版，内容与前者略有出入。

1-19 孙中山先生陵墓计画说明书（杨锡宗）

全部布置　全部布置分为两部——升高与倾斜。升高部分包括祭堂、陵墓与石级及空场。倾斜部分包括陵园与含纪念性质之门径及弧形之路。陵园为祭堂之点缀，同时完成全计划之配合。概言之，全部计画可为陵上林场之地面标识。

建筑　就祭堂与陵墓地位之重要而论，应融合各种建筑之要点，始能产生本建筑所需要的之庄严尊崇气概。欲达此种各建筑分子之融合，惟有采用最新建筑方法与材料。

陈列石椁之陵墓，位于计画之中部，包括穹隆式顶与窖室。穹隆之顶，其高处为一圆形之塔，直入霄汉。窖室中贮石椁，在穹隆之下，有二十六英尺之直径，其深在地面下十五英尺。入石室之门，位于屋后，上有防盗窃之铜门。石椁可从穹隆下之圆屋中观之，不必入室即可见其内容。入圆屋共有四处，皆为坚固美丽之铜门。

祭堂位于墓之两旁，形成本计划之两翼，堂中陈列纪念碑石，镌所纪念人物之功业与言论。此种祭堂，自正面观之，成本建筑之两翼；自侧面观之，则成侧面计划之中心。屋中四角之四方亭，专为镌刻故孙逸仙博士功业之用。其镌刻面积，留待著名学者与诗人之手笔，书法在中国久成美术，故此面积可留作此目的之用。

遗像堂之目的顾名可知，无待详述。

此屋之装饰点缀者，从中国古代建筑中采取。凡于清代联想有关之装饰如龙之类，以其与孙博士改革之主张相违背，皆摒不用，惟青天白日旧为中国建筑中常用之装饰，今复为民国之国徽，故用为此屋中部正面之装饰。

材料　全屋及其突出之部用石料，地面应嵌大理石，窗皆须有古雅结构之铜格，门皆当以美观之铜为之。

结论　总言之，就全部论，计画者刻意求集合中国古代建筑之分子，以成一美丽和一之总体，不特可供纪念，同时关于此项建筑之近代需要，皆能有适当之应付。

《孙中山先生陵墓计画说明书》，孙中山先生葬事筹备委员会编：《孙中山先生陵墓图案》，民智书局，1925年，第17—18页。

附录2　吕彦直（1894—1929）年谱

清光绪二十年（甲午，1894），出生

7月28日（农历六月廿六日），吕彦直出生于天津，小名渤生①，字仲宜，又字古愚。远祖来自山东，后迁居安徽滁县（今安徽省滁州市）②，曾祖如松，祖凤翔③。

父增祥（？—1901）④，字秋樵，号太微，别号君止、临城、开州等，清光绪五年（1879）己卯科举人⑤，中举第二年即光绪六年（1880），吕增祥进入北洋水师李鸿章幕中担任文案幕僚⑥。

光绪八年（1882）三月，吕增祥陪同马建忠⑦出使朝鲜，助其与美、英、法三国立约通商，并参与处理朝鲜"壬午兵变"⑧。同年，因援护朝鲜出力有功，李鸿章等奏请，著以知县留于直隶，归后补班前先补用并赏加五品衔⑨。此后至1885年，

---

① 康奈尔大学档案馆保存的吕彦直学籍材料，见论文图1-1-1。
② 徐茵：《南京中山陵设计者吕彦直籍贯新证》，《滁州学院学报》2009年第4期。
③ 侯疑始：《吕彦直病笃》，《晶报》1929年3月21日第3版。
④ 王伯恭：《蜷庐随笔》，郭建平点校，太原：山西古籍出版社，1999年，第83—84页。另，该文还以《蜷庐笔记》为题发表在《中国商报》1940年1月11日，第二张第五版。
⑤ （清）熊祖诒纂修：《滁州志》卷六，清光绪二十三年刻本，第8页。
⑥ 徐茵：《秋樵情融〈天演论〉》，林长源、徐茵主编：《琅琊人文》，合肥：黄山书社，2011年，第213页。
⑦ 马建忠（1845—1900），近代语言学家、外交家。别名干，学名马斯才，字眉叔。江苏丹徒（今镇江）人。同治九年（1870）成为李鸿章的幕僚。光绪二年（1876）被派往法国留学，学习国际法，并担任中国驻法公使郭嵩焘的翻译。1879年，获巴黎自由政治学堂（巴黎政治大学前身）法学学位。1880年，回国随李鸿章办洋务，主要负责对外交涉等事宜，次年出使印度。1882年，出使朝鲜协助政府与英、美等国签订商约。其著有中国第一部全面系统的汉语语法著作《马氏文通》，并撰有记述其外交事迹的《东行三录》。参见宋林飞主编：《江苏历代名人辞典》，南京：江苏人民出版社，2019年，第261—262页。
⑧ A. 马建忠：《东行初录》，陈演生辑录，神州国光社，1939年，第5页；
　　B. 王伯恭：《蜷庐随笔》，郭建平点校，太原：山西古籍出版社，1999年，第30页。
⑨ （清）朱寿朋：《光绪朝东华录》，北京：中华书局，1960年，第1409—1410页。

清光绪十八年（1892）吕增祥书法（局部，款署"光绪壬辰夏五滁州吕增祥拜序"，图源：孔夫子旧书网）

吕增祥在天津紫竹林水师营务处助李鸿章协理北洋海军。

光绪十一年（1885），李鸿章奏陈吕增祥以候补知县身份到省一年期满，例应甄别考察，经查其办事慎勤，堪胜繁缺之任，俟有应补缺出，照例序补[①]。

光绪十六年（1890），随李经方（字伯行，李鸿章长子）出使日本为参赞[②]。

光绪二十四年（1898）正月二十二日，吕增祥从陈鸿保手中接任天津县令，开始主政地方[③]。

光绪二十五年（1899），吕增祥调任南宫县知县，"以本任临城县[④]调署县事，精勤干练，杜防一切吏敝，清保甲，办团练，改牌为庄，风化一新，邑人立戴德碑于东门，升开州知州"[⑤]。

---

① 顾廷龙、戴逸主编：《李鸿章全集》，合肥：安徽教育出版社，2008年，第50页。
② A. 王伯恭：《蜷庐随笔》，郭建平点校，太原：山西古籍出版社，1999年，第83—84页；
B. （清）薛福成：《出使英法义比四国日记》卷五，清光绪十八年铅印本，第1页。
③ A. （清）王文韶：《王文韶日记》，北京：中华书局，1989年，第985页；
B. （清）徐宗亮纂：《光绪重修天津府志》，清光绪二十五年刻本，卷首，第14页。
④ 根据前文所引《王文韶日记》《光绪重修天津府志》等记载，吕增祥应由天津知县调任南宫知县，故此处记载应有误，当为本任天津县调署南宫县。
⑤ 黄容惠修，贾恩绂纂：《民国南宫县志》卷十三，民国二十五年刊本，第10页。

光绪二十六年（1900）四月，复任临城知县①；同年八月，已调任献县知县②。

光绪二十七年（1901），在献县知县任上升任直隶候补知府。同年五月，升任开州知州，但到任仅25日即病逝于任上③。

胞兄彦深，其人事档案见图1-1-2。根据该档案，可知吕彦深曾就读于上海青年会中学堂和南京金陵大学。

民国二年（1913），时年22岁的吕彦深调任外交部主事，其具体所在部门在外交部总务厅统计科④。同年十二月调任驻秘鲁使馆主事，翌年二月四日调任驻巴拿马总领事馆主事⑤。

根据民国时期《驻外各使领馆职员录》记载，吕彦深长期驻任巴拿马总领事馆，先后担任主事、随署习领事、属副领事、二等秘书等职⑥。

另外，作为一名外交家，其还编有《外交公文范》⑦一书。

清光绪二十一年（乙未，1895），1岁

4月17日，李鸿章代表清政府与日本签订《马关条约》。北洋水师在中日甲午战争中的全军覆没，历时30余年、以"自强""求富"为口号的洋务运动由此宣告破产。

是年，严复发表论文《论世变之亟》《原强》《辟韩》《救亡决论》等。

清光绪二十二年（丙申，1896），2岁

是年，严复开始翻译英国博物学家赫胥黎（Thomas Henry Huxley, 1825—1895）的《天演论》（原著《进化论和伦理》，英文名 Evolution and Ethics）。

---

① 北京大学历史系中国近现代史教研室编：《义和团运动史料丛编》，北京：中华书局，1964年，第99页。
② 顾廷龙、戴逸主编：《李鸿章全集》，合肥：安徽教育出版社，2008年，第319页。
③ 王伯恭：《蜷庐笔记》，《中国商报》1940年1月11日，第二张第五版。
④ 《外交部部令第一百四十三号（中华民国二年五月一日）》，《政府公报》1913年第355期，第3页。
⑤ 关于吕彦深任职驻巴拿马总领事馆主事的信息，亦可参见北洋政府外交部编：《驻外各使领馆职员录》，1914年，第10页。
⑥ 详见外交部编：《驻外各使领馆职员录》，1914年、1921年、1922年、1924年、1936年和1943年等条文。
⑦ 吕彦深编：《外交公文范》，北京：中华书局，1936年。

严复译述《天演论》系意译,并非纯粹的直译,并附有译者的按语、导言、自序,故《天演论》实际上是严复用自己的观点加以发展和改造了的译作。

清光绪二十三年（丁酉,1897）,3 岁

7 月,袁世凯晋升直隶按察使,仍专管练兵事宜。

冬,为便于商榷和修改《天演论》译稿,严复邀请吕增祥直接在自己家中住下,二人日夜相守,早晚切磋,不亦乐乎（吴汝纶《答吕秋樵》信）。《天演论》删改完毕,严复专请吕增祥作序,吕增祥谦让吴汝纶作序。

是年,吕增祥受严复之托,将《天演论》译稿抄本传播给吴汝纶、梁启超等众多知识分子精英（吴汝纶致严复信）,使《天演论》成为次年戊戌变法的重要思想武器[①]。

清光绪二十四年（戊戌,1898）,4 岁

6 月 11 日,光绪帝颁布"明定国是"诏书,宣布实行变法。

9 月 16 日,光绪帝听从康有为建议,召见直隶按察使袁世凯,赏候补侍郎,"责成专办练兵事务,所有应办事宜,着随时具奏";但袁世凯后倒向守旧派。

9 月 21 日,慈禧太后发动政变,戊戌变法（百日维新）宣告失败。

同年 9 月 11 日,日本维新重臣伊藤博文访华。翌日,时任直隶总督荣禄于北洋医学堂设宴接待,作为当时天津县知县的吕增祥列席[②];9 月 13 日晚,北洋大学堂总办王修植设宴款待伊藤一行,吕作陪[③]。

是年,吴汝纶为严复译作《天演论》作序。《天演论》单行本以"慎始基斋丛书"名义正式出版。

清光绪二十五年（戊戌,1899）,5 岁

6 月,因压制维新派有功,袁世凯升任工部右侍郎,兼管钱法堂事务。

秋,因内外矛盾交织、政治形势异常复杂,引发山东义和团运动的兴起。随着义和团运动的不断高涨,山东成为中外矛盾最激烈之地。

---

① 卢洁峰：《严复与吕增祥的旷世情谊》,《人物》2008 年第 11 期。
② 《中堂款待伊侯》,《国闻报》1898 年 9 月 13 日。
③ 《嘉宾式宴》,《国闻报》1898 年 9 月 14 日。

12月6日，为稳定形势，清政府任命袁世凯署理山东巡抚，率领武卫右军前往山东任职，大力镇压义和团。

清光绪二十六年（庚子，1900），6岁

春，义和团运动成为八国联军侵华战争的导火索。

3月，袁世凯实授为山东巡抚。

4月，父增祥交下河北南宫（在今河北省东南部，地处冀、鲁、豫三省交界处）知州之职，赴保定领委。遂留省当差，"往涞水、定兴、安肃、京师、保定之间，议剿议抚，日与痴官、乱民为伍，然犹力图匡救，冀轻后患"。此后，为"查办拳匪"而奉命辗转于河北临城（在今河北省西南部）、沧州（在今河北省东南部）等地[1]。

5月28日，八国联军侵华战争爆发。

冬，父增祥受命于山东开州。

是年，严复离开天津北洋水师学堂避往上海，住闸北长康里。从此开始过上南北奔走的生活。

清光绪二十七年（辛丑，1901），7岁

仲春，父增祥参与署检的严复《赫胥黎天演论》译本（"侯官严几道先生述 吕增祥署检"），由富文书局石印出版。

7月中旬，父增祥逝世于山东开州知州任上。亲家严复"义不容辞地协助安排吕增祥四个年幼的孩子——长子吕彦深回江宁祖父母处读书；年纪小的三子、四子则随母亲及两个姑妈住在天津吕知州原宅；二子吕彦直因长相、读书态度等酷似吕增祥而深得严复喜爱，被安排跟随其婚后多年一直没有生育的长子严伯玉夫妇一起在北京生活"[2]。

9月7日，庆亲王奕劻、李鸿章代表清政府，在北京与十一国签订《辛丑条约》。根据条约，中国对各国赔款4.5亿两白银（"庚子赔款"），其中美国分赃3200多万两白银。

---

[1] 卢洁峰：《"中山"符号》，广州：广东人民出版社，2011年，第88页。
[2] 卢洁峰：《"中山"符号》，广州：广东人民出版社，2011年，第88页。

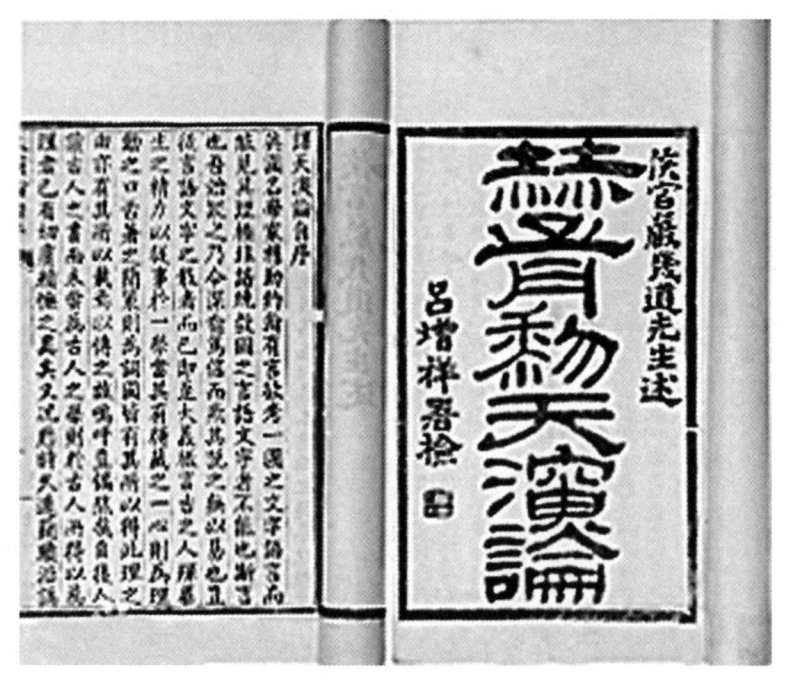

清光绪二十七年（1901）仲春，富文书局石印版《赫胥黎天演论》书影（"百度百科"之"《天演论》"词条配图）

11月，袁世凯署理直隶总督兼北洋大臣，成为封疆大吏之首。

是年，严复去天津主持开平矿务局工作。

清光绪二十八年（壬寅，1902），8岁

1月，袁世凯兼任督办关内外铁路大臣和参预政务处大臣。

6月，袁世凯实授直隶总督兼北洋大臣。

10月，袁世凯兼充督办商务大臣。

是年，严复任京师大学堂附设编译局总办。

是年10月，二姐夫严伯玉（严复长子）奉朝廷之命，随孙慕韩出使法国巴黎，二姐静宜（约长彦直10岁左右）随行，年仅8岁的彦直亦随二姐旅居法国，继续接受启蒙教育[①]。

清光绪二十九年（癸卯，1903），9岁

是年，继续旅居巴黎。

---

① 卢洁峰：《"中山"符号》，广州：广东人民出版社，2011年，第88—89页。

清光绪三十年（甲辰，1904），10岁

是年，继续旅居巴黎。关于彦直在巴黎的日常生活：

①据吕彦直的挚友、合伙人黄檀甫生前口述（最初应为吕彦直忆述）："吕彦直很懂事，每天放学后，就到巴黎歌剧院门外的停车场去给洋人擦拭汽车。巴黎的夜晚尤其是冬天的夜晚是十分寒冷的。人们都待在有暖气的房子里不愿意外出。坚强的小彦直不畏严寒，守在露天停车场给洋人擦拭汽车，挣几个小钱贴补书杂费用。"①

②另1933年7月《中国建筑》第一卷第一期所刊未署名短文《故吕彦直建筑师传》，记载彦直少年在巴黎时期即已展露艺术天赋，文笔颇为生动："九岁从次姊往法国，居巴黎数载。时孙慕韩亦在法，君戏窃画其像，俨然生人；观马戏，还家绘狮虎之属，莫不生动。盖艺术天分至高也。"②

是年，严复辞退编译局事，离开北京去上海。

是年，严复为开平矿务局赴英国打官司，在伦敦见到孙中山。孙说："俟河之清，人寿几何！君为思想家，我乃执行家也！"③

清光绪三十一年（乙巳，1905），11岁（图1-2-1）

按严复④所言，其于1905年初抵伦敦处理开平矿务局纠纷一事，后至巴黎与严璩夫妇相聚，并于当年3月与严璩、孙慕韩携家眷等一同东渡归国，5月抵沪⑤，且严璩此次回国是为奉差越南。

8月20日，由孙中山领导和组织的中国同盟会日本东京成立。

是年，严复协助马相伯创办复旦公学（今复旦大学），马相伯任校长。

清光绪三十二年（丙午，1906），12岁

是年，严复任安徽高等师范学堂校长，同时又被聘为上海复旦公学第二任校长。

---

① 此处据黄檀甫哲嗣黄建德复述，转引自卢洁峰：《"中山"符号》，广州：广东人民出版社，2011年，第89页。
② 《故吕彦直建筑师传》，《中国建筑》第一卷第一期，中国建筑师学会，1933年7月。
③ 严培庸整理：《严复年谱》，中国人民政治协商会议福州市郊区委员会文史资料工作委员会编：《福州市郊区文史资料专辑：严复与家乡》，1989年5月，内部资料，第76页。
④ "复在此候舟东归，三月之初，当与小儿（笔者按：指严璩）及慕韩家眷东渡。但小儿乃奉差越南，查检商务及人头税等事……严复顿首 正月廿六（笔者按：阴历1905年正月二十六，公历1905年3月1日）在巴黎泐"。见王栻主编：《严复集》（第三册），北京：中华书局，1986年，第556页。
⑤ "客冬随人薄游欧洲，道经英、法、瑞、义，如温州书。逮今夏四月（按：公历1905年5月）而后返沪"。见王栻主编：《严复集》（第三册），北京：中华书局，1986年，第568页。

清光绪三十三年（丁未，1907），13 岁

是年，严复身兼两校校长，自知精力不支，无暇两顾，先辞去复旦公学职务。后因安徽高等师范学堂人事复杂，难以有所作为，也辞去职务。

清光绪三十四年（戊申，1908），14 岁

是年，入北京五城中学堂初中部读书。

是年，学部聘严复为审定名辞馆总纂。

6月23日，美国国会通过"退还庚子赔款"案。美国承认向中国索取的赔款"实属过多"，由此通过了把"额外"赔款逐年退还中国以选派学生赴美留学的议案，俗称"退款办学"案。

清宣统元年（己巳，1909），15 岁

是年，严复兼任宪政编查馆二等咨议官、财政部清理财政处咨议官、币制局咨议福建省顾问官等；溥仪皇帝赐严复文科进士出身。

清宣统二年（庚戌，1910），16 岁

11月，负责选派学生留学美国的游美学务处，确定清华园为游美肄业馆校址，并更名为"清华学堂"（专门用来培养赴美留学生的清华留美预备学校）。

是年，严复以"硕学通儒"的资格被征为资政院议员，又被特授海军协都统。

清宣统三年（辛亥，1911），17 岁

1911年3月，游美肄业馆开学[①]。是年4月，更名为清华学堂[②]。

1911年6月28日至6月30日，清华学堂在北京西城铁匠胡同学部考棚招考。是年8月25日，清华学堂录取高等科、中等科学生名单（图1-2-2），共计100名（包

[①] 《游美肄业馆将开办》，《教育杂志》1911年8月25日第3卷第1期，第5—6页。
[②] A.《外务部、学部呈明游美肄业馆改名清华学堂缘由（1910年12月）》《学部札核准游美肄业馆改名清华学堂并将初等科改名中等科编定高等、中等两科课程报部查核（1911年1月5日）》《外务部札奏游美肄业馆改名清华学堂订章开学（1911年4月11日）》，参见清华大学校史研究室编：《清华大学史料选编》（第一卷），北京：清华大学出版社，1991年，第141—145页；
B.《游美肄业馆改名清华学堂准其立案文》，《学部官报》1911年第151期，第43—45页。

括高等科第三年级 9 名、第二年级 24 名、第一年级 38 名，中等科第五年级 24 名，第四年级 5 名），其中吕彦直列于高等科第二年级的 24 名学生中[①]。

10 月 10 日，武昌起义爆发，揭开辛亥革命序幕。

是年，清廷特授严复海军部一等参谋官；清廷覆亡后，严复失职闲居在家。

民国元年（1912），18 岁

是年，继续在清华学堂求学。

元旦，中华民国临时政府在南京成立，孙中山就任临时大总统。

3 月，袁世凯篡夺辛亥革命果实，就任中华民国临时大总统。临时政府迁往北京，建立以袁世凯为首的北洋军阀政权。

8 月，同盟会改组为国民党。

民国二年（1913），19 岁

7 月，从清华学校毕业[②]。

《清华学校毕业志盛》（图 1-2-3），记载 1913 年清华学校高等科首届毕业典礼的报道，文中除记录典礼仪式过程外，还详细列举了毕业生的姓名与成绩，吕彦直名列其中[③]。

是年，严复任北京大学首任校长。

民国三年至七年（1914—1918），20—24 岁

1914 年 8 月 14 日，《时报》刊登该年度清华赴美留学生名单，吕彦直位列其中[④]。

从吕彦直的康奈尔大学[⑤]学籍卡（图 1-1-1）上我们了解到，其英文名为"Lu,

[①] 《大公报（天津）》，1911 年 8 月 25 日第三张第二版。
[②] 1912 年 11 月，清华学堂改名为清华学校，监督改称校长，同时唐国安被任命为第一任校长，周贻春为第一任副校长，参见《呈外交部文》，清华大学校史研究室编：《清华大学史料选编》（第一卷），北京：清华大学出版社，1991 年，第 158 页。
[③] 《清华学校毕业志盛》，《新中国报》1913 年 7 月 4 日第九版。该消息，另见《教育杂志》1913 年第 5 卷第 5 号，第 39—40 页。
[④] 《清华学生赴美留学》，《时报》1914 年 8 月 14 日，第八版。
[⑤] "后入清华学校，民国二年毕业，三年遣送出洋，入美国康乃尔大学"。见《吕古愚略传》，《科学》1929 年第 14 卷第 3 期。

Yen-chih",籍贯为"Anhui,China",毕业于"qoing Hua College"(清华学校)。吕彦直入学康奈尔的时间(ENTERED C.U.)为1914年；所学课程(COURSE)有"Mech. Engi"(Mechanical Engineering)和"arch"(architecture),翻译应为机械工程和建筑；所获学位为"B.arch",即建筑学学士学位；获得学位时间或毕业时间为1918年12月20日。

吕彦直初入康奈尔大学,经历过转专业。

吕彦直留美时,正是美国布扎(Beaux-Arts)建筑教育发展的巅峰时期,而康奈尔大学又是最早执行布扎教育的院校之一,因此吕的学习训练与设计实践深受布扎建筑教育的影响[①]。

求学之余,吕彦直还加入了相关社团。据目前所见资料,以其在中国科学社的活动最丰富。中国科学社,原名科学社(Science Society),由留学康奈尔大学的胡明复、赵元任、过探先、任鸿隽等9人于1914年6月10日创设[②]。由于成立科学社的主要目的在于集股400美元创办《科学》杂志,因此科学社初创时采取的是股份公司的形式(后改组为学术社团形式),入社会员认筹股金成为股东[③]。

根据上海市档案馆所藏档案《科学社股东姓名住址录》,吕彦直于1914年11月10日加入科学社[④],认筹一股(图1-2-5),交股10美金,成为创始股东之一(图1-2-6),社员号为33[⑤]。

除科学社外,吕彦直进入康奈尔大学后,随即以"Freshman"(一年级新生)的身份加入康奈尔大学中国学生会(Chinese Students' Club)[⑥](图1-2-7);1917年升入"Juniors"[⑦];1918年,又进入康奈尔大学大同会(Cosmopolitan Club)[⑧];1919年,又入选了建筑会(Architectural Society, Gargoyle Club)[⑨]。

---

① 薛颖:《美国布扎教育对中国第一代建筑师的影响——以康奈尔大学吕彦直、杨锡宗为例》,《南方建筑》2020年01期。
② 张剑:《赛先生在中国:中国科学社研究》,上海:上海科学技术出版社,2018年,第27页。
③ 《科学社招股章程》,1914年6月,摘录自胡适:《追想胡明复》,《胡适散文经典》,五家渠:新疆生产建设兵团出版社,2019年,第170—171页。
④ 《科学社股东姓名住址录》,上海市档案馆藏,档案号:Q546-1-90。
⑤ 林丽成、章立言、张剑编:《中国科学社档案资料整理研究·发展历程史料》,上海:上海科学技术出版社,2015年,第5、6、8、19页。
⑥ *The Cornellian.*, v.47 1914/15.Ithaca, N.Y.:Secret Societies of Cornell University.p.390.
⑦ *The Cornellian.*, v.49 1917.Ithaca, N.Y.:Secret Societies of Cornell University.p.352.
⑧ *The Cornellian.*, v.50 1918.Ithaca, N.Y.:Secret Societies of Cornell University.p.419.
⑨ *The Cornellian.*, v.51 1919.Ithaca, N.Y.:Secret Societies of Cornell University.p.440.

1918年12月20日，吕彦直从康奈尔大学毕业，获得建筑学学士学位[①]。

毕业后，据称经建筑教授埃弗里特·米克思（Everett Meeks，图1-3-1）推荐进入Murphy & Dana（茂飞&丹纳事务所）事务所实习[②]。实际上，郭伟杰根据吕彦直于1922年3月给茂飞（图1-3-2）的辞职信内容指出，吕彦直在1918年的夏天已进入茂飞&丹纳事务所担任绘图员[③]。

是年，茂飞接受金陵女子大学委托，开始着手设计该校校舍。吕彦直参与到这个被视为茂飞中国适应性建筑代表作之一的项目中。民国时期的几则吕彦直略传，称此为吕彦直"中西建筑参合之初步"[④]。

民国八年（1919），25岁

是年，继续在茂飞&丹纳事务所工作。

5月，五四运动爆发。

9月9日，郑孝胥拜访严复，严复取出所收藏的已故去18年的亲家吕增祥的手抄诗文给郑孝胥观摩，赞赏之余倍加叹息[⑤]。

民国九年（1920），26岁

是年，继续在纽约茂飞&丹纳事务所工作。

民国十年（1921），27岁

1921年初，在纽约茂飞建筑事务所工作2年后，决定游历欧洲后回国，开创自己的事业。

途中特意取道法国巴黎，一为故地重游，二为拜访童年在巴黎的法文老师迈达

---

① 根据前述吕彦直康奈尔大学学生卡上信息，其毕业时间为1918年12月20日，所获学位为"B.Arch"；同时，《中国建筑》创刊号上所列《中国建筑师学会会员录》中，吕彦直的出身一栏填写为"B.Arch., Cornell University"，参见《中国建筑师学会会员录》，《中国建筑》创刊号，1932年11月。

② 王浩娱、赖德霖：《清华校园文化与中国第一代建筑家》，北京：中国建筑工业出版社，2021年，第112—113页。

③ [美]郭伟杰：《筑业中国》，卢伟、冷天译，北京：文化发展出版社，2021年，第67—68页。

④ 《本会会员吕彦直先生遗像（附生平简介）》，《中国工程学会会刊》1929年第4卷第3期，第1页；《吕古愚略传》，《科学》1929年第14卷第3期，第455—466页；《故吕彦直建筑师传》，《中国建筑》1933年第1卷第1期，第1页。

⑤ 卢洁峰：《严复与吕增祥的旷世情谊》，《人物》2008年第11期。

女士，三为参观卢浮宫。在卢浮宫，结识英国利兹大学毕业生黄檀甫并成为终身挚友。

夏，归国后，在茂飞事务所上海分所继续金陵女子文理学院的设计工作。

7月23日，中共一大在上海召开，中国共产党成立。

10月27日，严复在福州寓所逝世，享年68岁。

民国十一年（1922），28岁

1922年3月，吕彦直辞呈。辞职信中，吕彦直除赞扬茂飞外，还指出了其离职的主要原因——上海分部办公室不愉快气氛，表达其想要拓展能力和业务范围，并与中国境内的一些"买办"建筑作斗争的愿望[1]。

此时，吕彦直以股东身份和主要创办人之一，与黄锡麟（经理）[2]、过养默[3]合组东南建筑公司[4]，并担任建筑师（与黄檀甫同事）。期间曾设计上海银行公会大楼（图4-1-24）等。

需要说明的是，吕彦直到底是于1921年东南建筑公司开幕营业时加入，还是1922年3月脱离茂飞后加入，目前未知。

挚友黄檀甫[5]创立"真裕公司"。《真裕地产今日上市》："真裕地产股份有限公司，在江西路三五三号广东银行大楼四楼，创设于民国十一年……"[6]

民国十二年（1923），29岁

任职于东南建筑公司。

---

[1] [美]郭伟杰：《筑业中国》，卢伟、冷天译，北京：文化发展出版社，2021年，第188页。
[2] 根据《上海商业名录》所录，1921—1922年，东南建筑公司的经理亦为黄锡霖（参见徐珂：《上海商业名录》，商务印书馆，1921年，第499页。
[3] 过养默，祖籍江苏无锡，1895年生，曾留学美国康耐尔大学土木工程系、哈佛大学和麻省理工学院，设计作品有首都最高法院、上海康定路顾维钧宅等。
[4] 1924年7月16、17日刊登在《申报》《新闻报》上的《东南建筑公司改组启事》所证明。
[5] 黄檀甫（1898—1969），祖籍广东台山，吕彦直之挚友与合作伙伴，1920年毕业于英国利兹大学毛纺系。1922年与吕彦直共同创办真裕公司。1925年9月中山陵墓图案评奖结果揭晓后，吕彦直与黄檀甫设立彦记建筑事务所，黄檀甫作为计划工程师主要负责经营管理。吕彦直逝世后，他为保存亡友的设计资料、文献等，付出了毕生心血。黄檀甫先生去世后，其子女黄建武、黄建文、黄建德等继承乃父遗愿，继续为妥善保存吕彦直生平资料、向世人介绍吕彦直建筑设计成就及建筑思想作出不懈努力，如将大量珍贵资料捐赠南京博物院，为研究者提供无偿支持等。
[6] 《真裕地产今日上市》，《新闻报》1945年6月28日，第002版。

民国十三年（1924），30岁

7月15日，东南建筑公司合同期满。"鄙人前与黄锡霖、过养默二君合办之东南建筑公司，现已改组。自即日起，鄙人除与该公司另议合办事物外，业已退股脱离关系，不日即将自设事务所（现因须离沪月余，暂借上海仁记路念五号真裕公司为通信处），承办一切公私建筑、中外屋宇之打样及督理工程事宜，并担任顾问或襄理打样业务于建筑美观上之需要，尤专注意，如蒙委托，无任欢迎，特此布闻。民国十三年七月十五日"①。

与挚友黄檀甫一起离职，吕、黄正式合办"真裕公司"，除原有的主要经营设备、资产代理买卖的公司外，开始承接建筑设计、修缮设计及房屋租赁等建筑业务。

与范文照、张光圻、庄俊、巫振英等人在上海成立中国建筑界第一个学术团体"上海建筑师公会"。

民国十四年（1925），31岁

3月12日，中国民主革命的伟大先驱孙中山先生在北京病逝，终年59岁。国民党人倡议建造南京中山陵，为此专设"孙总理丧事筹备委员会"。

5月13日，孙中山先生丧事筹备委员会（原称"孙总理丧事筹备委员会"）通过《孙中山先生陵墓建筑悬奖征求图案条例》，并登报征集，期限截止至9月25日。

出于对孙中山先生的敬仰和思想观念上的高度认同，吕彦直决定参加设计竞赛。他按章在丧事筹备委员会领取墓地地形照片及紫金山地形标高图，多次赴南京紫金山之中茅山南坡踏勘，经过深思熟虑，如期绘制完成设计方案图10张（具体名目为：①墓地鸟瞰图；②陵墓鸟瞰图；③全部正面立视图；④祭堂平面剖视图；⑤祭堂正立面图；⑥祭堂侧面立视图；⑦祭堂侧面透视图（油画）；⑧祭堂横切剖视图；⑨祭堂纵切剖视图；⑩全部纵切剖视图及说明文（《孙中山先生陵墓建筑图案说明》）。

9月21日，《申报》《时报》《新闻报》《民国日报》等报纸均刊登消息，宣布孙中山先生陵墓图案征选评比结果，吕彦直从海内外四十多位应征者中脱颖而出，

---

① 《吕彦直建筑打样家启事》，《申报》1924年7月16日，第一版；7月17日，第一版；《新闻报》1924年7月16日，第一张第一版；7月17日，第一张第二版。

摘得首奖[①]（范文照、杨宗锡分获二奖、三奖）。孙中山先生丧事筹备委员会所聘评委对该设计方案给予了高度评价："完全融汇中国古代与西方建筑精神，特创新格，别具匠心，庄严俭朴，实为惨淡经营之作，墓地全局，适成一警钟形，寓意深远"。

本月，上海彦记建筑事务所成立[②]。

是年11月3日，以彦记建筑事务所的名义与孙中山先生葬事筹备委员会签订合同[③]。吕彦直率彦记建筑事务所继续绘制中山陵墓设计详图、制作建筑模型，并监理施工事宜。按照当时的建筑行业规范，吕彦直负有总体设计、施工详图、经济核算、审计和工程监理等5项职责。

12月，经两个月的辛勤劳作，至本月底完成设计样图"初定稿"，并拟定中山陵工程实施计划。中山陵工程将分三部进行：第一、二部工程包括陵墓、祭堂、平台、石阶、墓道和围墙等；第三部工程包括牌坊、陵门、碑亭、碑石和卫士休息室等。筹划工作异常繁复，吕彦直积劳成疾。

民国十五年（1926），32岁

1月，中山陵第一部、第二部工程同时开工。具体的工程建设方面，选定上海姚新记营造厂、上海新金记康号营造厂承担此二部工程（后第三部工程选定上海陶馥记营造厂承担）。

2月23日，《广州民国日报》刊登《悬赏征求建筑孙中山先生纪念堂及纪念碑图案》。因忙于中山陵工程且囿于身体状况，吕彦直本有放弃应征的想法，但出于对中山先生的敬仰，又经友人力劝，决定抱病应征。带病完成中山陵大部分施工详图，同时构思广州孙中山先生纪念堂及纪念碑设计方案。

3月12日，中山陵奠基典礼在南京举行，吕彦直因病不能到会，委派黄檀甫在典礼上发言，代为阐释其设计观念和建筑思想[④]。

---

① A.《孙墓图案选定》，《申报》1925年9月21日，第二十二版；
B.《孙中山先生陵墓图案选定》，《时报》1925年9月21日，第五版；
C.《孙中山陵墓图案选定》，《新闻报》1925年9月21日，第三张第二版；
D.《孙中山先生陵墓图案选定》，《民国日报》1925年9月21日，第三张第一版。
② 《吕彦直建筑师启事》，刊登于1925年9月22、23、24连续三日《申报》和《新闻报》相关版面。
③ 《葬事筹委会与建筑师订立合同译文》，南京市档案馆、中山陵园管理处：《中山陵档案史料选编》，南京：江苏古籍出版社，1986年，第162页。
④ 《孙中山陵墓奠基礼纪》，《申报》1926年3月14日，第十版；《代表吕彦直建筑师在中山陵墓奠基礼上的致辞》（黄建德提供）。

4月24日，范文照、黄锡霖、庄俊、张光圻、巫振英等十余人在上海香港路银行公会开会，正式成立"上海中华建筑师学会"[①]（The Society of Chinese Architects of Shanghai）。会议选举庄俊为正会长，范文照为副会长，张光圻为书记，黄锡霖为会计，吕彦直为干事[②]。

5月，北伐战争揭开序幕。由于国内政局动荡、南京紫金山地质地貌复杂、资金拮据、运输道路不畅、工程机械短缺以致过分依赖人力等众多因素，中山陵工程进展较预计缓慢（原计划第一、二部工程约用时1年）。

6月，广州孙中山先生纪念堂纪念碑筹备委员会成立，由国民党元老李济深主持。

7月19日，孙中山先生丧事筹备处发函催促工程进度，强调"应有胜任之工程师常川驻山监工"。然而，彦记建筑事务所一时找不到合适人选，吕彦直只能抱病往来于沪宁之间，继续亲理工程督导之责。

8月，吕彦直获得广州中山纪念堂及纪念碑设计竞赛应征图案首奖（杨宗锡、范文照分获二奖、三奖）。

9月，因过度劳累再次病倒。自南京返回上海后，工程监理全权委托计划工程师黄檀甫。是月5日，驻粤委员会召开会议，议决廖仲恺墓地选址在磨盘山，墓式由吕彦直计划（旁设一纪念亭），要求简单坚固，另有省墓庐一所，约三、四千元。墓及庐共约大洋三万元，阴历十月中图绘好[③]。

11月，广州孙中山先生纪念堂筹备委员会依中山陵工程旧例，与吕彦直签订工程师合同。

12月，养病期间继续完善广州纪念堂设计细节。为高质量如期完成南京、广州两地两大工程，彦记建筑事务所先后聘请李锦沛、裘燮钧、庄允昌、卓文扬、李铿、冯宝龄等建筑师、结构工程师分担广州孙中山先生纪念堂的施工设计、监理

[①] 此处的名称为当时的报纸所载。如果根据范文照在《中国建筑》创刊号上发表的《中国建筑师学会缘起》中的回忆，该团体的名称应为"上海建筑师学会"，且正式成立于1927年冬，后由于范围扩大，改为"中国建筑师学会"，参见范文照：《中国建筑师学会缘起》，《中国建筑》创刊号，1932年11月。

[②] A.《上海中华建筑师学会成立》，《申报》1926年4月27日，第十四版；
B.《上海中华建筑师学会成立》，《新闻报》1926年4月27日，第四张第三版；
C. *The North-China Herald and Supreme Court & Consular Gazette*（1870—1941），September 4, 1926, No.015.

[③] 《驻粤委员会议记录》，南京市档案馆、中山陵园管理处：《中山陵档案史料选编》，南京：江苏古籍出版社，1986年，第97—98页。

工作①。

另：1926—1927年间，孙中山葬事筹备处多次开会商讨中山陵工程事宜，吕彦直抱病出席了其中的9次。

民国十六年（1927），33岁

4月，完成广州中山先生纪念堂、纪念碑建筑设计总图初定稿（共23幅）。

5月，自上海赴南京，与邓泽如、古应芬等商议广州两工程招投标事宜。

6月，再上紫金山中山陵建筑工地检查施工进度和施工质量。为运输材料，专门铺设铁道至陵墓建筑工场。

7月，中山陵工程渐入正轨。至迟自是月起，吕彦直开始自发从事南京城市规划工作②。

约在8月，中山陵、广州中山纪念堂之设计再次修改，确定中山陵祭堂、碑亭、陵门和广州中山纪念堂之屋顶均为蓝色琉璃瓦瓦面，脊饰以借鉴岭南民居之博古纹、天狗蹲兽等装饰图案，代替原设计之宫殿式鸱吻、垂兽和仙人走兽。

9月，再度病倒。有关中山陵工程事务，均委托计划工程师挚友黄檀甫全权处理，而技术工作仍亲自裁决。因此，每一分部工程的图纸大样和做成的模型均须送往上海亲自审查、修改。为保证工程质量，所选用的建筑材料，除必须按指定的商标、产地之外，还要选送样品，经南洋大学试验并超过美国标准，方可签字准用，否则定要返工。工程营造方有"工程在宁，取决于沪"和"吕建筑师欲成其千载一时艺术之名，处处以试验出之"之叹③。本拟择日赴广州工程现场，因病体缠身，未能成行。

---

① 李锦沛（1900—1968），字世楼，祖籍广东台山，生于美国纽约。1920年毕业于美国普赖特学院建筑科，后又入麻省理工学院和哥伦比亚大学进修建筑；1923年回国工作，连续于1929年、1930年、1931年和1936年当选为中国建筑师学会会长，逐步成长为中国建筑界领袖人物。抗战胜利后，李锦沛离开上海返回美国并加入美国籍，1968年病逝。吕彦直病逝后，李锦沛受孙中山葬事筹备委员会之聘，以彦记建筑事务所名义，负责南京中山陵、广州中山纪念堂等工程的施工图设计审核工作。李锦沛主要建筑作品还有上海青年会大楼、南京聚兴诚银行、杭州浙江建业银行等。（《李锦沛》，汪晓茜：《大匠筑迹：民国时代的南京职业建筑师》，东南大学出版社，2014年9月，第104—112页。）李铿（清华学堂毕业，1916年赴美国康奈尔大学留学）、冯宝龄（上海工业专门学校土木学士，康奈尔大学研究院土木硕士）为知名建筑结构工程师。裘燮钧（1916年清华学堂毕业后赴美留学）、庄允昌、卓文扬等3人目前生平资料不详。此6人与黄檀甫同为彦记建筑事务所的重要成员。
② 《吕彦直致夏光宇函》（1928年6月5日）："自去岁本党国奠都以来，即私自从事都市设计之研究，一年以来差有心得。"
③ 张开森：《吕彦直：用生命铸就中山陵》，《中国档案》2014年第2期。

11月27日，参加国民政府大学院艺术委员会第一次会议。会议决定筹设国立艺术大学，其组织预定为国画院、西画院、图案院、雕塑院和建筑院[1]。

是年12月1日，上海建筑师学会更名为"中国建筑师学会"，吕彦直任副会长[2]。

民国十七年（1928），34岁

年初，确诊患肝癌。本年多在上海肺病疗养院（通称虹桥疗养院）疗养，期间仍坚持工作。

3月6日，广州中山先生纪念碑工程正式动工，工程分为开掘地基、浇筑钢筋混凝土、砌筑花岗岩碑体和砌筑石护坡等四部分。22日，纪念堂工程动工，工程由纪念堂庭园正门及广场、主体建筑、附属建筑等三部分组成。是年3月8日，国民政府大学院筹备召开全国教育会议第三次筹备会议，由许寿裳报告大会徽章式样，议决请吕彦直审查斟酌后再定夺；3月16日，第四次筹备会议，决定采用吕彦直所提交的徽章图样[3]。

5月，被聘为国民政府大学院艺术教育委员会委员[4]。该机构倡议举办全国美术展览。

6月，复函南京首都建设委员会夏光宇[5]，婉辞南京市府设计委员会专门委员之聘，但对南京规划直陈己见[6]。

6月，随着北伐军节节胜利，国家统一指日可待，国民对中山陵工程期待日殷。预计中山陵工程进入竣工日程，一年左右可着手安排"孙中山灵柩奉安大典"。

7月，将酝酿一年的私拟《建设首都市区计画大纲草案》委托夏光宇转呈南京

---

[1] 孙常炜编著：《蔡元培先生年谱传记》（中册），台北"国史馆"，1985年，第930页。
[2] A.《中华建筑师学会年会纪》，《申报》1927年12月8日，第十五版；《新闻报》1927年12月8日，第三张第四版；
B.Society of Chinese Architects, *The North-China Herald and Supreme Court & Consular Gazette（1870—1941）*, December 10, 1927, No.017.
[3] A.中华民国大学院编：《全国教育会议报告》，商务印书馆，1928年，第65页；
B.《全国教育会议今日开幕》，《申报》1928年5月15日，第十版。
[4] 孙常炜编著：《蔡元培先生年谱传记》（中册），台北"国史馆"，1985年，第1037页，文中误将吕彦直姓名写为"吕彦道"。
[5] 夏光宇，上海青浦人，早年入北京大学攻读建筑学。1927年4月27日，孙中山先生葬事筹委会第四十五次会议决议："聘请夏光宇君为筹备处主任干事"。南京市档案馆、中山陵园管理处编：《中山陵档案史料选编》，江苏古籍出版社，1986年9月，第102页。
[6] 原稿为《建设首都市区计画大纲草案》（黄建德先生提供），后入编1929年10月印行的《首都建设》第一期，标题为《规画首都市区图案大纲草案》。

首都建设委员会，其中包括其所绘制的南京城市规划及行政中心部分建筑设计方案图（已知绘成"规划首都都市两区图案""国民政府五院建筑设计"和"南京政府中心设计图"等3幅）。吕彦直在这份"草案"中提出"国家公园"概念："国家公园，包括现规画中之中山陵园，拟再圈入玄武湖一带……其间附设模范村，为改进农民生活之楷模。有植物及天文台学术机关，为国家文化事业附设于此者。此外则拟有烈士墓之规定，及纪念总理之丰碑……使民众日常参谒游观于其地感念遗教之长存，以不忘奋发砥砺而努力吾人之天职，得不愧为兴国之国民……"并提出，对"中国固有式建筑"的理解应是："民治国家之真精神，在集个人之努力，求供大多数之享受。故公众之建设，务宜宏伟而壮丽；私人之起居，宜尚简约。"①

7月14日，大学院公布第一次全国美术展览会（简称"全国美展"）组织大纲，并推举出会长、筹备委员会、审查委员会等人选。吕彦直与张静江、黄宾虹、徐悲鸿、李金发、刘既漂等被聘请为审查委员会委员。

8—11月，抱病工作，往来于上海虹桥疗养院②、古拔路寓所和南京中山陵工地之间。赴广州工程现场计划仍未成行。

12月，作南京国民革命军遗族学校初期规划，绘制该校校舍地盘图，后因病中止，改由朱葆初继续绘制校舍设计图纸。

民国十八年（1929），35岁

1月15日，在广州举行中山先生纪念堂及纪念碑奠基典礼，吕彦直因病缺席，再度委派黄檀甫出席。捷克雕塑家高祺创作中山陵墓室内孙中山先生卧像，法国雕塑家保罗·朗特斯基创作祭堂孙中山先生坐像及基座浮雕。

---

① 吕彦直逝世后，此"草案"更名为《规划首都都市区图案大纲草案》，刊载于原首都建设委员会秘书处1929年10月编印之《首都建设》，文中多有修改。
② 上海虹桥疗养院，原称上海肺病疗养院，建于20世纪20年代，是当时上海治疗肺病的权威医院，后于1934年由建筑师奚福泉设计建造一座阶梯式四层病房大楼，原址在今伊犁路一带。吕彦直在此接受治疗的时间，应在奚福泉设计建造新病房大楼之前。上海古拔路今称富民路，地近静安寺，是当时上海法租界中环境幽静的一条街道。吕彦直故居在当时记录为古拔路51号，因1949年之后街道里弄门牌号有变，故究竟是哪座住宅，尚有待进一步查证。又，古拔路北段在20世纪末因道路改建而被拆迁，但吕彦直故居似不在其范围之内。

3月18日，吕彦直逝世[①]。具体地点，亦即吕彦直在上海的住所，为"55 Rue Amiral Courbet"，应翻译为"古拔路55号"[②]。

此时，中山陵尚有第三部工程待开工，而广州孙中山先生纪念堂及纪念碑工程进展仅及计划之半。吕彦直终生未娶。

此后，他的同事和挚友黄檀甫、李锦沛等先生，以同样的努力继续奋斗，完成其未竟事业。

[①] A.《吕彦直逝世》，《中央日报》1929年3月21日，第二张第一版；
B.《吕彦直病故》，《华北日报》1929年3月21日，第二版；
C.《工程师吕彦直逝世》，《申报》1929年3月21日，第十五版；又见《新闻报》1929年3月21日，第十五版；
D.《工程师吕彦直逝世》，《民国日报》1929年3月21日，第三张第二版；
E.《吕彦直事迹续志》，《民国日报》1929年3月23日，第三张第二版。

[②] Mr.Yen Chih-lu（吕彦直字古愚），*The China Weekly Review*, September 1, 1928, p.28.

3月18日，吕彦直逝世①。具体地点，亦即吕彦直在上海的住所，为"55 Rue Amiral Courbet"，应翻译为"古拔路55号"②。

此时，中山陵尚有第三部工程待开工，而广州孙中山先生纪念堂及纪念碑工程进展仅及计划之半。吕彦直终生未娶。

此后，他的同事和挚友黄檀甫、李锦沛等先生，以同样的努力继续奋斗，完成其未竟事业。

---

① A.《吕彦直逝世》，《中央日报》1929年3月21日，第二张第一版；
B.《吕彦直病故》，《华北日报》1929年3月21日，第二版；
C.《工程师吕彦直逝世》，《申报》1929年3月21日，第十五版；又见《新闻报》1929年3月21日，第十五版；
D.《工程师吕彦直逝世》，《民国日报》1929年3月21日，第三张第二版；
E.《吕彦直事迹续志》，《民国日报》1929年3月23日，第三张第二版。
② Mr. Yen Chih-lu（吕彦直字古愚），*The China Weekly Review*, September 1, 1928, p.28.